从前子学时代到子学时代

边际人物、文本和思想

（上册）

王中江 袁青 刘欢 编

中国社会科学出版社

图书在版编目(CIP)数据

从前子学时代到子学时代：边际人物、文本和思想：全二册／王中江等编.
--北京：中国社会科学出版社，2024.4
ISBN 978 - 7 - 5227 - 3384 - 5

Ⅰ.①从…　Ⅱ.①王…　Ⅲ.①先秦哲学—文集　Ⅳ.①B220.5 - 53

中国国家版本馆 CIP 数据核字(2024)第 065641 号

出 版 人	赵剑英	
责任编辑	郝玉明	
责任校对	谢　静	
责任印制	李寡寡	

出　　版	中国社会科学出版社	
社　　址	北京鼓楼西大街甲 158 号	
邮　　编	100720	
网　　址	http://www.csspw.cn	
发 行 部	010 - 84083685	
门 市 部	010 - 84029450	
经　　销	新华书店及其他书店	

印　　刷	北京君升印刷有限公司	
装　　订	廊坊市广阳区广增装订厂	
版　　次	2024 年 4 月第 1 版	
印　　次	2024 年 4 月第 1 次印刷	

开　　本	710 × 1000　1/16	
印　　张	44	
字　　数	752 千字	
定　　价	228.00 元(全二册)	

序　言

纵观中国历史和思想的不同时期，往往比较重要的时刻和转变为学界所关注，如著名的殷周之变、唐宋转型、明清之际学风变迁等。同样，从"前子学时代"到"子学时代"，或者说，从"三代"到东周的转变，亦是一个具有创造性的、伟大的转变。西周一变而为东周，其名同谓周，其实大相异。社会、政治、经济和思想皆发生大转型，虽无革命之名，然确有革命之实。士人流动天下，子学兴起即一革命之实，自前子学之时代迈至子学之时代。《汉书·艺文志》称"诸子出于王官"，溯源子学于"三代"、殷周，今征诸于故实者虽颇难，但可求之于蛛丝马迹者亦不少。

大体上依次来看，关注相对少些的边际之人物，诸如伊尹、周公、吕尚、祭公谋父、芮良夫、虢文公、史伯、伯阳父、季梁、史墨、史嚚、叔兴、内史兴、臧文仲、蔡墨、医和、梓慎、裨灶、管仲、子产、邓析、叔向、师旷、晏婴、范蠡、伍子胥、左丘明、司马穰苴、柳下惠、文子、关尹子、颜回、子贡、子夏、子思、子游、公孙尼子、世硕、禽滑釐、董无心、田鸠、田俅子、孟胜、相里氏、相里勤、杨朱、詹何、列子、子华子、李悝、李克、吴起、彭蒙、田骈、慎到、告子、尸子、申不害、仲良、黄缭、陈仲、田仲、兒说、魏牟、孔穿、尉缭、桓团、公孙丑、万章、宋钘、宋荣子、尹文子、许行、环渊、鹖冠子、鬼谷子、腹䩕、王廖、兒良、邹衍、邹奭，等等。对他们的事迹、言论、文本和思想，依据或多或少、或零星记载或所传文本，展开整体性的考察和探讨，呈现其人、其事、其学之风貌，拼合前子学时代思想之图片，疏通子学时代思想支流与主流之关系，充实和细化早期中国思想和文化图像，实属必要。

这部专集就是中国哲学共同体为此而作出的虽有限但仍可谓重要的一次尝试。它是"从前子学时代到子学时代：边际人物、文本和思想与黄河文明"

会议论坛的结晶。会议由郑州大学哲学学院及老子学院、老子学研究会、洛阳老子学会、河北美术学院老庄文化研究中心、张岱年学术研究会共同举办，2022 年 8 月 9—11 日在洛阳（新友谊大酒店）召开。本论文集的出版得到郑州大学哲学学院双一流经费的支持与资助，在此一并致谢。感谢中国社会科学出版社出版这一专集，感谢郝玉明女士为编辑此专集而付出的辛劳。希望这一专集的出版能够成为这一领域的一个出发点。

编　者
2023 年 4 月

目　录

上　册

德的时代与道的时代[*]

——试论前诸子时期思想史到诸子哲学突破

郑 开

摘 要 春秋末年、战国初期是思想史上一条重要的分界线，即以
"哲学突破"为标志，划分早期思想史的两个阶段：之前
的"德的时代"和之后的"道的时代"。早期典籍里留存
了早期思想史发展变化的痕迹，比如说"天德""天道"
诸语词足以反映出早期思想史料的历史层累和哲学思考的
创造性转化。

关 键 词 德的时代；道的时代；哲学突破；创造性转化

作者简介 郑开，北京大学哲学系宗教学系教授，研究方向主要为先
秦思想史、道家哲学等。

早期思想史分期似乎应该以春秋战国之交的"哲学突破"作为分水岭。
就是说，老子、孔子的理论思考是中国哲学的真正开端，他们开启了诸子百
家争鸣论辩的哲学时代。然而，老、孔以来的诸子百家哲学并非空穴来风，
从春秋战国之交与殷周之际两条历史分界线之间，绵延了四五百年的跌宕起

---

* 本文系贵州省哲学社会科学规划国学单列课题"论中国意识的思想史建构"（19GZGX18）的阶
段性成果。

伏、摇曳生姿的思想史进程，可以认为就是诸子百家哲学思考的深刻背景。前诸子时期思想史堪称"德的时代"，因为那个时期的思想家高度聚焦于"德"的话语与观念，一切知识（包括政治社会种族伦理等诸多方面）皆诉诸"德"予以表达。① 有趣的是，老子以降，诸子百家蜂起活跃的时期，哲人们都热衷谈论"道"，似乎不约而同。那么，我们能不能把前诸子时期思想史概括为"德的时代"而将诸子时期的哲学史归结为"道的时代"？② 实际上，诸子百家（尤其是儒家和道家）皆盛言"道"，或者均以"道"作为思考问题的核心范畴；《庄子·天下》把诸子百家之分道扬镳称为"道德不一"或"古之道术为天下裂"，从一个侧面反映了这种思想史趋势。

既然早期思想史可以粗略地划分为"德的时代"和"道的时代"，而且"德的时代"先于"道的时代"，那么，更进一步的则是："由德而道"——或者更准确地说，"从德的观念向道的概念的发展"——能否理解为从前诸子时期到诸子时期思想发展的一条线索呢？这是一个值得探寻的问题。

一　德的时代

拙著《德礼之间：前诸子时期的思想史》基于陈来《古代宗教与伦理》《古代思想文化的世界》开拓的理论视野，试图进一步发掘前哲学时期思想史的内容和特质，探讨诸子时期哲学突破的历史背景和思想基础。如果说这部小书有什么创获的话，那就是阐明了德乃前轴心时期或前哲学时期思想史最为重要、支配性的主题，同时也表明了从"德礼之间"的互动关系探究思想史问题的研究方法；进而以"德的时代"概括绵延殷周之际和春秋战国之交两条重要历史分界线之间的思想史特征，与诸子哲学开启的"道的时代"形成了鲜明对照。

为什么说文化史上的前轴心时期、思想史上的前诸子时期思想史的核心问题聚焦于"德"，而不是所谓的"天命神学"呢？笔者的看法是，"德"是前哲学时期思想世界的轴心，支配了政治、宗教、社会、文化、伦理与精神

---

① 参见郑开《德礼之间：前诸子时期的思想史》，生活·读书·新知三联书店 2009 年版。

② 参见郑开《前哲学时期是"德的时代"》，《中国社会科学报》2018 年 1 月 23 日第 2 版。

气质等方面的思想及其话语，几乎牢笼一切；比较起来，西周以来的哲人虽然热衷于谈论天命，但他们所说的"天命"却不同于殷商时代的"命"，区别仅仅在于前者依据具有更多人文意味的"德"，而后者仅仅是不可解释的宿命。也就是说，周人的意识很明确：天命转移的根据就是"德"。王国维在《殷周制度论》中指出，殷周之际的转折和革命，从某种意义上说就是"有德"与"无德"之间的兴亡，体现了他的卓越洞见。

从研究方法上看"德礼之间"的互动是探讨前哲学时期思想史的钥匙抑或津梁。从世界文化文明史视野分析，古礼最能表现早期文明的特色，因而最为重要、最为独特。郭沫若曾说，礼的背后有一个精神力量在推动，那就是"德"。如果说"礼是无所不包文化体系"（陈来语），那么"德"就是无所不在的思想因素和精神气质。从某种意义上说，"德"就是"礼"建构于其中的思想空间和思想世界。"德"与"礼"的交互性和匹配关系促使我们沿着"礼"的脉络探寻"德"的意义，这也就是我们将前轴心时期文化、前哲学时期思想称为"德礼体系"的重要原因。比如说，"分封子弟建诸侯"的宗法封建制度是周礼的核心，而所谓"建侯"其实就是"建德"。更重要的是，西周推崇德政，怀柔远人，曾经有力地推动了西周政治版图的扩张，迅速改变了周初方国林立（所谓"天下万国"）的政治生态；而在"南夷与北狄交侵，中国不绝如线"的春秋时期，强韧的"德"不仅是维系华夏民族共同体的凝聚力，也是促进各民族文化认同的向心力，中华民族雏形之形成和中国意识之萌发都离不开"德"的濡染。前轴心时期留下了重要的政治文化和思想遗产——迥乎不同于西方政治演进史上"逢强必霸"的历史规律。西方世界之所以对当代中国和平崛起满怀狐疑，是因为他们没有这样的历史经验。

西方学者探讨哲学开端的时候，总是习惯于依据"从宗教到哲学的发展"进行思考。陈梦家也关注早期思想从宗教到哲学的发展，很受西方学者的青睐。张光直、李泽厚、余敦康、陈来等都很重视"巫史传统"，以为那是中国文化的根柢和中国思想的渊薮，不少学人靡然而从。然而，近来的研究却表明，前哲学时期思想史进程中人文精神的发育、发展已相当充分，早已摆脱了原始形态的宗教观念之影响，"祝宗卜史"并不占据文化大传统的显赫地位，"神道设教"只是精神文化内在转向的表面象征而已。不难发现，前哲学时期的哲人用"德"的语词和话语转写了更早时期的原始宗教之经验和观念，同时予后者以深刻的精神洗礼，使其脱胎换骨。无论如何，前轴心时期的文化、前哲学时期的思想不应该概括为原始宗教或巫史传统，更不能还原为原始宗教或巫史传统。①

二　道的时代

从早期思想史角度看，继"德的时代"而起的是"道的时代"；诸子百家蜂起时期酝酿的"哲学突破"就是这两个时代之间的分界线。实际上，"德的时代""道的时代"都是思想史上的大时代，其间的推移、转换和创造性发展相当复杂，三言两语岂能道尽？有趣的是，最早的私家著述、哲学著作《老子》却能具体而微地折射出两个大时代转折的些许消息。具体说就是，《老子》古称"道德二篇"或"道德经"，因为它的两个部分就是"道篇"和"德篇"，先"道"后"德"，然而近年来出土的马王堆汉墓《老子》甲乙两本，却是"先德后道"，那么最早的哲学文本是"德道经"还是"道德经"？就是一个耐人寻味的问题了。

如所周知，"道"的概念化完成于老子之手，或者说《老子》使用的"道"已经不同于前诸子时期的"道"：前者是哲学概念，后者属日常语词。换言之，老子思想之所以称为哲学（形态），就是因为其中出现了道、玄德、无为、自然等一系列之前文献所不能涵盖的新概念、新说法，而且这些新概念、新说法无法完全归结为前老子时期的各种观念：《老子》最能体现哲学突破时期的思想创新的高度与理论思维的深度。

然而老子思想的主旨是什么呢？这是一个人言人殊、聚讼不已的问题，魏晋以还把道家思想概括为自然、无为，这种理解影响深远，直达近现代，然而不够准确。实际上，"道""德"两个概念乃老子以来道家哲学的核心概念，而"道德之意"乃道家哲学的理论基础与根本旨趣。

汉代之前已有儒墨之名，却没有"道家"之名（尽管有"道家"之实），"道家""名家""阴阳家""法家"等名称乃两汉时期学者整理先秦学术统绪而创造出来的术语。司马谈《论六家要旨》曰："道家无为，又曰无不为。……

---

① 参见郑开《前哲学时期是"德的时代"》，《中国社会科学报》2018 年 1 月 23 日第 2 版。

以虚无为本，因循为用。"虽然司马谈概括"道家"思想旨趣没有谈到"道德之意"，但他隐约提到了"道德家"这个术语。① 司马迁《史记·孟子荀卿列传》也隐约提到了"道德家"这个称谓②，看来"道德家"乃"道家"的别称，也许这还是更为准确的说法呢。司马迁曾说："老子修道德，其学以自隐无名为务。"又说："老子乃著书上下篇，言道德之意五千余言。"（《史记·老子韩非列传》）司马迁反复提到的"道德""道德之意"，可谓深得老子思想之枢要；所谓"著书上下篇"指的是《老子》一书中包括的《德》《道》两篇。③ 今传世《老子》古卷，例如通行的王弼本、马王堆帛书本、北大汉简本，皆具上、下两篇，即《道》和《德》两部分，符合《史记》的载记，因此《老子》亦称《道德经》。《汉志》著录"老子经说"四种，皆亡佚已久。④ 总之，《老子》文献结构亦与"道德之意"的说法"若合符契"，换言之，与《老子》的文献结构和思想主旨恰好对应，这提示了老子哲学的内在脉络，不容忽视。然而值得注意的是，马王堆帛书本分别题名《道》篇、《德》篇，北大汉简本题名《道经》《德经》，皆与通行诸本次序相反，那么，我们能否认为传世诸本"道德经"的早期写本就是"德道经"呢？这个问题很深刻也很有趣，因为"德""道"两个语词/概念恰好是横跨两个时期的关键词。思想史发展似乎能从语词/概念间的推移与转换予以更深切的把握。比

---

① 司马谈所谓"道家"主要是指道家黄老学，而黄老学与老庄哲学很不一样。司马谈《论六家要旨》和司马迁《史记·陈丞相世家》中出现了"道家"的说法。然而，值得注意的是，汉人心目中的"道家"，很大程度上是指黄老学派，实际上他们常常将"黄老"与"老庄"混为一谈，班固《汉书·艺文志》表明了这一点。杨树达《汉代老学者考》所考的"老学者"，大多属于黄老学派。（参见杨树达《周易古义 老子古义》，上海古籍出版社1991年版，第104—112页）当然，黄老学派和老庄道家的思想既有联系又有区别，概而言之：黄老学的重要理论特征在于"刑名法术"，老庄的思想宗旨则是"道德之意"。

② 《史记·孟子荀卿列传》："荀卿嫉浊世之政，亡国乱君相属，不遂大道而营于巫祝，信禨祥，鄙儒小拘，如庄周等又猾稽乱俗，于是推儒、墨、道德之行事兴坏，序列著数万言而卒。"其中提到的"道德"乃"道德家"之省称。

③ 按通行本《老子》与马王堆本《老子》"篇目"相同，篇次相反。

④ 《汉志》未载《老子》，梁启超献疑说："本志如六艺略中，诸经皆先列正史后举传注。今道家《老子》著录邻（氏）、傅（氏）、徐（氏）、刘（向）四家传注而《老子》本书反不入录，然则吾侪今日谓《汉志》中之《老子》存耶，佚耶？"（梁启超：《诸子略考释》，转引自陈国庆编《汉书艺文志注释汇编》，中华书局1983年版，第122页）郭沫若甚至倾向于否定《老子》出于老子之手，其说则更加离奇："一、《老子》上下篇乃环渊所述老聃遗训，唯文经润色，多失真之处。考古者须得加以甄别。二、环渊即关尹、它嚣，因音变与字误而成为数人。"（郭沫若：《青铜时代》，科学出版社1957年版，第243页）

如说，老子所说的"天道"（往往与"人道"相对）就是西周春秋时期"天德"的转语，而《庄子·天道》出现的"天德而出宁"之"天德"概念反而残存了前诸子时期的含义。（下详）

倘若老子哲学的基本倾向可以用"尊道贵德"来概括，它们携手统摄一切，包括自然、无为。那么"道""德"两个概念之间的关系又是什么呢？老子所谓"德"与前诸子时期思想史的"德"之间的联系与区别何在？我们试通过"玄德"概念及其理论予以阐释。

饶有趣味的是，儒家和道家不但在仁义与道德关系持论相反，分歧特甚；而且对传统思想遗产中的"德"，亦予以了不同取向的创造性运用与开展，具体地说就是：儒家推崇"明德"而道家倡导"玄德"。① "玄德"乃道家"德论"最具特色且最核心的内容，也是道家区别于儒家的地方。《老子》载：

> 生之，畜之，生而不有，为而不恃，长而不宰，是谓玄德。（第10章）
> 道生之，德畜之。长之育之，亭之毒之，养之覆之。生而不有，为而不恃，长而不宰。是谓玄德。（第51章）
> 古之善为道者，非以明民，将以愚之。民之难治，以其智多。故以智治国，国之贼。不以智治国，国之福。知此两者，亦稽式。常知稽式，是谓玄德。玄德深矣、远矣！与物反矣。然后乃至大顺。（第65章）

当然，第2章所说"万物作焉而不辞，生而不有，功成而不居"②，又曰："天之道，利而不害；圣人之道，为而弗争。"可以看作对"玄德"的诠释，

---

① 倘若我们不限于《老子》和《庄子》，诉诸更广泛的历史文献来推寻"玄德"语词（概念）的来龙去脉，就会发现一个有趣的现象：儒家绝口不言"玄德"，正如道家只字不提"明德"。姚方兴所造的《孔传·舜典》经文中出现了"玄德升闻，乃命以位"，但是包括此语在内的《舜典》篇首二十八字，尤其可疑。（参见将善国《尚书综述》，上海古籍出版社1988年版，第29—30页）道家著作里亦鲜见"明德"，马王堆出土的《黄老帛书》同时提到了"玄德"与"明德"，只不过体现了黄老学"相容并蓄"的思想特征而已。这难道仅仅是出乎偶然的吗？实际上，"明德""玄德"都是视觉语词，一个表光照，一个表幽隐。很明显，"玄德"和"明德"正相反对。我们知道，"明德"是自西周以来的主流意识形态所不可或缺的话语，因而屡见于彝铭、《诗》、《书》和儒家经典，乃正面阐述政治、伦理思想的关键语词。

② 帛书乙本作："万物昔而弗始，生而弗有，功成而弗居。"唐傅奕本作："万物作而不为始。"据研究，今王本作"辞"者，后人妄改也。例如第17章："功成事遂，百姓皆谓我自然。"王弼注曰："居无为之事，行不言之教，万物作焉而不为始。"可证。详见张松如《老子校读》，吉林人民出版社1981年版，第16页。

虽然其中并没有出现"玄德"一词。《庄子》和《义子》亦诠释了"玄德",例如:

> 泰初有无,无有无名;一之所起,有一而未形。物得以生,谓之德;未形者有分,且然无间,谓之命;留动而生物,物成生理,谓之形;形体保神,各有仪则,谓之性。性修反德,德至同于初。同乃虚,虚乃大,合喙鸣,喙鸣合,与天地为合。其合缗缗,若愚若昏,是谓玄德,同乎大顺。(《庄子·天地》)

> 畜之养之,遂之长之,兼利无择,与天地合,此之谓德。(《文子·道德》)

"玄德"语词的出典已如上述。那么,怎样理解"玄德"呢?当然,我们不能"望文生义",而应该从《老》《庄》诸书寻求相互关联的概念(语词),从更多的早期文献中发现其历史脉络,更应该从更广阔的视野中,视"玄德"为前期"德"的思想的"哲学突破"之重要成果。

事实上,《老》《庄》诸书中尚有不少"玄德"的"同义词"①,例如"常德"、"上德"、"广德"、"建德"(《老子》第28、38、41章)、"至德"、"天德"(《庄子》之《马蹄》《天地》诸篇),这些概念或语词,都多少不同于前诸子时期的"德",而儒家所称的"明德"却旨在继承和传承西周以来的"德礼传统"。所以我们应该在联系与区别这种矛盾关系中理解下面的文字:

> 上德不德是以有德。下德不失德是以无德。上德无为而无以为。下德无为而有以为。上仁为之而无以为,上义为之而有以为。上礼为之而莫之应,则攘臂而仍之。故失道而后德,失德而后仁,失仁而后义,失义而后礼。(《老子》第38章)

> 上德若谷。大白若辱。广德若不足。建德若偷。质真若渝。大方无隅。大器晚成。大音希声。大象无形。道隐无名。(《老子》第41章)

> 无为也,天德而已矣。(《庄子·天地》)

---

① 《老子》的特点之一就是以具象语词作为哲学概念,比如,以"素""朴""赤子""婴儿"喻原初、自然之人性,而这几个语词都是"同义词",毕竟《道德经》是哲学初创的产物。

《老子》第38章旧题"论德章"（河上公《章句》），因为这一章阐明了道、德（包括上德）、仁、义、礼之间的关系。显而易见的是，在"上德不德，是以有德"这种吊诡语式中，"上德"和一般意义上的"德"殊为不同，所谓"上德"，即"孔德"（第21章）、"常德"（第28章）、"广德"（第41章）或"玄德"（第10、51、65章）的不同表述。"上德"或"玄德"不同于一般的"德"，它们是指最高意义上的"德"，或者深远的"德"。一般意义上的"德"在《老子》中又称"下德"（例如第38章次句），指的是德性（virtue）、道德（moral），更具体地说就是仁义礼智忠孝文美之类；相反，"上德"指的却是"自然""无为""素朴""虚静""恬淡"和"守雌""不争""处下"之类。值得注意的是，《文子》对"上德不德"的解释是"天覆万物，施其德而养之，与而不取，故精神归焉"（《文子·上德篇》）。就是说，《文子》用"与而不取"来解释"不德"，因为"与而不取"恰好符合"为而不恃，长而不宰"的"玄德"特点。在道家看来，"上德"之所以称为"上德"，就是因为它高于一般意义上的"德"。"上德不德，是以有德"，言"上德"不以一般的德（例如仁义）为德，所以才有真正的"德"。"不德"之"德"即一般意义上的"德"，而"是以有德"之"德"指真正意义上的"德"即"上德"或"玄德。"

第38章中反复出现的"为之"，即"有为"，和"无为"相反。"以为"，执着、刻意为之的意思，换言之，它出于、受限于各种各样的目的和动机（例如意识形态）。"上德无为而有以为，下德无为而有以为"两句，按傅奕古本（即《道藏》所载《道德经》）及韩非子所据"古本"，两处"以为"皆作"不为"，此两句作："上德无为而无不为，下德为之而有不为。"这也提示了，应该自"[有]为"和"无为"之间的张力中把握"上德"与一般意义上的"德"之间的关系。可见，从"精神实质"上说，"玄德"的核心内涵在于"无为"。"故失道而后德……失义而后礼"数语①，表明了："道"下落之后而有"德"，"德"失落之后而有"仁"，"仁"沦落之后而有"义"，"义"堕落之后才有"礼"，清晰排列出了一种"道""德""仁"

---

① 马王堆帛书《老子》甲本的文字略有不同："故失道。失道矣，而后德。"马总《意林》载《道德经》二卷，于"失道而后德，失德而后仁"句下注曰："道衰德生德衰而仁爱见。"

"义""礼"的价值序次。①

总之，"玄德""上德"几乎就是"道"的另一种表述，因为它是最高、最深刻的德，是"道"的最根本的体现。"明德"一词叠置了复杂的涵义，包括宗教、政治、道德、哲学等多方面内容。② 既然自西周以来的"明德"涉及政治和伦理诸方面，而老子拈出的"玄德"又与"明德"针锋相对，那么，我们就有足够的理由从"明德"的反面来理解"玄德"了，这样一来，"玄德"之"微言"之中隐含的政治、伦理两方面的主张就更加明确了。

"玄德"概念和理论之所以重要，是因为它直接交涉于道家无为政治哲学和伦理学上的自然主义倾向。西周以来盛称"明德"，儒家自觉继承了这一传统，《老子》却拈出了一个与之相反的"玄德"。在老子看来，"玄德"具有比通常所说的"明德"更深远、更深刻的意蕴。③ 比如，孔子说"以直报怨，以德报德"（《论语·宪问》）。近乎古代法典"以牙还牙，以血还血"。《老子》却说"报怨以德"（第63章），似乎超然于德、怨（对立）之上，"玄德"的意蕴可见一斑。《吕氏春秋·察今》云："至智弃智，至仁忘仁，至德不德，无言无思，静以待时，时至而应。"正是诠释了"上德不德"命题。换言之，"玄德"概念及"上德不德"命题阐明了顺应历史潮流的哲学合理性，同时也论证了"因时变法"的政治合法性。《韩非子·南面》曰：

> 管仲毋易齐，郭偃毋更晋，则桓、文不霸矣。

这句话道破了春秋时期强国之道在于因时变法。蒙文通指出，齐、晋霸制的核心在于管仲、郭偃创立的"法"，在于"更张周礼"。④ 然而，"更张周礼"

---

① 《庄子·天道》更加详明地论述了这一点。

② 姜昆武：《诗书成词考释》，齐鲁书社1989年版，第181页。《国语·楚语下》"神以是能有明德"句韦昭注："明德，谓降福祥，不为灾孽。"（徐元诰撰：《国语集解》，王树民、沈长云点校，中华书局2002年版，第514页）可见，"明德"一词的确内蕴了古代宗教意味、余绪和残留。

③ "玄德"似乎还包含了天下万物"同德"的涵义，例如：《庄子·胠箧》曰："削曾、史之行，钳杨、墨之口，攘弃仁义，而天下之德始玄同矣。"总的来说，"玄德"不同于甚至超出了一般意义上的"德"，"与物反矣""与天地合"，"无为"乃其本质特征。

④ 蒙文通：《治学杂语》，载蒙默编《蒙文通学记》，生活·读书·新知三联书店1993年版，第9—10页。

就不能不"解放思想"，突破西周以来德礼传统的束缚，那么，推进"变法"，创设新的制度，也就不得不启用"至德""玄德"，以为"旗号"或"幌子"了。①

三 创造性转化与历史层累：以"天德"和 "天道"两个语词为例

早期中国的思想文化史具有继往开来的特点。换言之，思想史和文化史未曾以某种断裂、毁灭旧传统以开新传统的方式展开，体现了某种较为明显的延续性——以创造性转化与创新性发展为途径。也就是说，从"德的时代"到"道的时代"的发展，两个思想史时代间的推移、变动从根本上说就是"继往开来"："德的时代"乃"道的时代"的历史背景，"道的时代"内化了"德的时代"的思想精华。总之，"道的时代"之于"德的时代"的关系可谓寓发展于继承而已。

也许，我们有必要启用"历史层累"概念才能更好地阐明两个思想史时代间的斗转星移。语词、概念、范畴都是思想史的活化石，而诸子百家文献里面记载的那些语词和概念自有其来龙去脉。这里，我们不妨以"天德"和"天道"两个语词为例，或者说围绕这两个语词进一步展开，以窥思想史恢宏转折之一斑。

马王堆帛书《道法》等四篇古文献屡见"天 X"（天当、天令等），几乎都相当于"天道"的代名词。这种现象表明：天道观念贯穿于早期思想史，甚至穿越了哲学突破的历史分界线。郭沫若先生曾写《先秦天道观之进展》涵盖了从前诸子时期到诸子时期的长时段思想史。

《尚书·吕刑》曰："惟克天德，自作元命，配享在下。"这里所说的"天德"就曾被认为是"天的道德性"的例证，其说无稽，不在话下。② 实际上，"天德"即"天命"的另一种表述，因为"天德""元命"乃对文，辞异

---

① 参见郑开《道家形而上学研究》（增订版），中国人民大学出版社 2018 年版，第 16—27 页；郑开《德礼之间：前诸子时期的思想史》，第 420—429 页。

② 虽然"天道赏善而罚淫"（《书·汤诰》），"天道无亲，常与善人"（《老子》第 79 章），"诚者，天之道"（《中庸》）。

义同。我们知道，"天"（相对于"帝"）和"德"（相对于"命"）乃周人区别于殷人的思想特征，所以"天德"出现于周人的思想词典里，再自然不过了。就是说，周人观念里的天似乎也有德，所谓天德。宏观地看，"天德"观念只是"天命"的变形，亦是"天道"的雏形，《墨子·天志下》曰："上利于天，中利于鬼，下利于人，三利无报不利，是谓天德。"即其例也。就是说，早期文献中的"天德"语词虽然不少，但仍不是具有标志思想史特征的语词，充其量只是一个"天命"和"天道"之间的过渡环节。进而言之，"天德"是从"天命"里面剥离出来的，尤其偏重于阐明自然现象的规律性以及人道性命等观念的语词。

我们知道，春秋时期以来的"天道"脱胎于殷周以来"天命"和"天德"之思想传统，钱大昕说，"经典所谓天道皆以吉凶祸福言"（《潜研堂文集》卷九），从一个侧面表明了这一点。就是说，"天命""天德"的部分内涵转移、摄入了"天道"概念之中，就像"投胎转世"一样。而"天道"概念又酝酿了哲学意义上的"道"的概念。同样我们还阐明了诸子哲学中的"性"的概念，亦是从"德"的观念中分化出来的，因为早期的"德"的话语反复出现在种族、姓氏语境中，而氏族特征和种族认同皆系于"德"。现在，当我们着眼于同"德礼"而"道法"的革命性转折的时候，应该特别留意它们（"道""德"）在政治语境中的运用和内涵。另一方面，政治语境里的"德"还显示出很强的"道德"（moral）或价值判断的意味，这种现象表明：道德（moral）与价值判断的"出发点"，从本质上说只能诉诸政治合理性及其后果，而不是"倒过来"——政治模式及其理念归结为"道德"（moral）或价值判断。政治与道德间的"曲径通幽"，由此可见一斑。就是说，"天德"语词融摄了自然秩序和社会秩序的思想：既说明自然过程和现象之中的规律性（自然法），阐明万物本质属性，又说明社会过程中的政治准则，以及关于人的本质（性）。那么，语词"天德"所要说明的对象就包括了两个部分，即自然过程和社会过程，或者说自然现象和社会行动。姜亮夫说："天德是整个殷周以来总的对天的概念。什么是德呢？与生俱来的就是德，即生而有之，天生成的。……德应用到天上就是'天德'，但这是抽象的，说得具体一点就是民德。因此，到了我们在政治制度上使用它的时候，便成了两方面的结合，即一方面是'天德'，一方面是民德。'天德'表示它的自然阶段，'民德'则是'天德'的内涵。"①

"天德"可以说是自然哲学（自然法）的雏形概念。《尚书》中的"天若""天时""天行"，以及更一般的"天德"，其实都是"天命"的不同表述，比如，《盘庚》所谓"天时"，《召诰》所谓"天若"，都是如此。俞樾谓："天若"犹言"天道"；于省吾则说："天德"犹言"天道"。② 这说明西周之际的哲人已经开始用"天德"诸语词表述自然规律（自然法）的思想了。《楚辞·大招》曰："天德明明。"似乎是说，自然与社会中呈现出来的"天德"是不能怀疑的而且是不可论证的，近乎孔子所谓："天何言哉？四时行焉，百物生焉。天何言哉！"先秦诸子所谓"天德"，往往是指自然规律（尤其是时序），而这样的思想倾向在庄子那里表现得尤为明显。庄子说："天德而出宁，日月照而四时行，若昼夜之有经，云行而雨施矣！"（《天道》）荀子说："变化代兴，谓之天德。"（《不苟》）细味之，"天德"乃自然过程中的秩序与规律。马王堆出土黄老佚书（《老子》乙本卷前古佚书）《十六经·姓争》曰："天地已成，黔首乃生。莫循天德，谋相覆倾。"这里所说的"天德"即下文所说的"天制"，诚如魏启鹏所说："天德含天理之意。"③ 进而言之，"天德"的确切涵义还应该诉诸"刑德"，也就是说，通过"日行月将"的时序消长之规律理解"天德"。《姓争》既谓"凡谌之极，在刑与德"。更云："刑德皇皇，日月相望，以明其当。望失其当，环视其殃。天德皇皇，非刑不行。穆穆天刑，非德必倾。刑德相养，逆顺若成。刑晦而德明，刑阴而德阳，刑微而德章。其明者以为法，而微道是行。"这段话很重要。案，比较前引《国语·越语下》，"天道皇皇，日月以为常。明者以为法，微者则是行"，可知这两段话在思想上是一脉相承的，而"天德"亦即"天道"，证据非常确凿。实际上，在黄老诸书中，"天德""天时""天道""天刑""天制""天当""天节""天法""天理""天常""天行"等，语词小异而涵义略同，也许这正反映了哲学化的天道概念尚未固定时的思想史状况。

另一方面，庄子还以"德"表示人的本质属性——性（特别是《内篇》），这一点他继承了老子的衣钵。庄子强调说，"德在乎天"（《秋水》），

---

① 姜亮夫：《楚辞今绎讲录》（修订本），北京出版社 1983 年版，第 112 页。
② 参见于省吾《双剑誃群经新证·双剑誃诸子新证》，上海书店出版社 1999 年版，第 95 页。
③ 魏启鹏：《马王堆帛书〈黄帝书〉笺证》，中华书局 2004 年版，第 141 页。

"天"指自然性,"德"指冥合于这种自然性的人性与物性,以水为例,"水之性,不杂则清,莫动则平,郁闭而不流,亦不能清,天德之象也"。老庄都曾以水比喻道,因为水性与道性相近、相似、相通。"德"(性)的概念里面包含的理想人性的思想,又集中表现在《庄子》所说"虚无恬淡,乃合天德"命题中。(《刻意》)由此可见,道家文献中的"天德"偏重于解释、阐明自然过程和自然性质。

比较起来,"天道"概念似乎比"天德"语词更明晰、更准确且更接近自然哲学概念。首先,我们讨论一下"天德"语词的社会政治语境。郭店竹简《成之闻之》说:"是故小人乱天常,君子治人伦以顺天德。""天德""天常"是对文,含义接近或相同,所以"天德"语词本身包含了秩序的意思。《周易·乾·文言》说:"飞龙在天,乃位乎天德。"又说:"夫大人者,与天地合其德,与日月合其明,与四时合其序,与鬼神合其吉凶。"细玩"天德""天地合其德",其中都不乏自然秩序的意思。儒家文献中"天德"的另外一层重要含义系于政治期望。《上博楚简·三德篇》云:"天共时,地共材,民共力,明王无思,是谓三德。"(简1)从内容上看,《三德篇》所说的"三德"近于《大戴礼记·四代》所说的"有天德,有地德,有人德,此谓三德"。《五行大义》也提到过同样的"三德",即"天德、地德、人德"。实际上,"天德""地德"和"人德"与战国时期所称的"道"分别为"天道""地道""人道"没有什么不同,《礼记·王制》说,"天德"乃"王者之政也"。这恰好说明了"德"向"道"的推移,更确切地说,"德"的哲学含义部分地转移到了"道"的概念里。这是一个非常重要的思想史线索。《礼记·乐记》说:"德者,性之端也。"这就是说儒家关于"性"的观念——不管多么复杂——还要从西周以来的"天命"(哲命)和"德"中去探寻根源。孔子说,"天生德于予"(《论语·述而》),表明了德来自天,也可以说"人德"源于"天德"(即"天命"),因为"人道"法则"天道",在后一问题上,儒家和道家是一致的。

那么,"天德"又是如何向"天道"转变的呢?古文献中"天德""天地之德"的涵义是复杂的,因为它们往往融合不止一种的思想倾向和杂多内容。总的来说,"天德"双关科学意义上的自然法(Laws of Nature)和法律意义上的自然法(Natural Laws)。例如:在庄子看来,"天德"意味着"天地之行""大道之序",这种体现天道的自然规律应当是人道的法则,因此,其言"天地之德"，又言"帝王之德配天地"（《天道篇》）。我们认为，所谓"帝王之德配天地"是"帝王之德配天地之德"的略语。至于《周易》"天地之大德"，以及"与天地合其德""阴阳合德"之例，也应当理解为天地（自然）的本质，即自然规律。傅斯年认为"天地之德"相当于"天地之性"，直接把"德"理解为"性"，还是有一定道理的。[1] 如果说到更重视"天地之行"的话，儒家则更强调"仁义之行"，这是"德行"的要害所在，而我们知道，"德"本来包含"行"的意思。

那么，古文献里的"天德明明"（《楚辞·大招》）、"物德"、"天地之德"、"阴阳合德"、"鬼神之为德"（《中庸》）话语其实就是"天德"、"天行"（《周易》）的另一种表述而已，因而不必挖空心思地曲为之解，比如朱熹《四书章句集注》。古代哲人向来都是结合"人德"讲"天德"，结合"天德"讲"人德"，与"人德"（人性、人道）的关联就是"天德"（天命、天道）的意义所在。儒家还借助于"天地之德""天地合德"阐明圣人的精神境界，圣人参于天地，并于鬼神，犹如《中庸》所谓"建诸天地，质诸鬼神"。这种思想趣向很重要，因为其中隐含了"天人合一"的早期形式。《周易·乾·文言》曰："与天地合其德，与鬼神合其吉凶。"表明了圣人德侔天地的精神境界。《礼记·礼运》曰，"天地之德，阴阳之交，鬼神之会"，同样旨在表明"圣人耐（能）以天下为一家，中国为一人者"《礼记·乐记》。曰："天地訢合，阴阳相得。""德"字依然隐没于字里行间："天地訢合"就是"天地合德"，"阴阳相得"相当于《系辞下》所说的"阴阳合德"。[2]

以上简要分析了"天德"语词之中的错综涵义，当然上述分析不可能是穷尽性[3]，而只能是示例性的。原因很清楚，"天德"只是"天命"和"天道"之间的一个历史过渡和理论过渡而已。

历史地看，作为思想主题，"德"先于"道"，那么"天德"也应该早于

---

① 见诸《性命古训辨证》（载刘梦溪主编《中国现代学术经典·傅斯年卷》，河北教育出版社1996年版，第49页），在他看来，天之所生乃性之古训（载刘梦溪主编《中国现代学术经典·傅斯年卷》，第137页）。

② 《韩诗外传》卷一曰："天地有合，则生气有精矣。"这里所说的"天地有合"亦即"天地合德"，《说苑·辨物》与《韩诗外传》略同，然"天地有合"正作"天地有德合"。

③ 《汉书·礼乐志》郊祀歌十九章，"玄德"，颜师古注曰："天德"，意思不外乎是至高无上的"德"而已。《汉书·食货志》引《周易》曰："天地之大德曰生，圣人之大宝曰位。"似乎以"天地之德"为"天德"。

"天道"。实际上，从早期文献中我们能够发现"天德""地德""人德"与"天道""地道""人道"几乎并行的现象。《老子》里面已经隐含了"天道""地道"和"人道"的说法，例如："人法地，地法天，天法道，道法自然。"所谓"自然"就是"自然而然""自己而然"，换言之，就是法则自己的意思。《庄子》已经明确区分了"天道"和"人道"。（《在宥》）马王堆帛书黄老佚书《经法·六分》曰："王天下者之道，有天焉，有人焉，有地焉。三者参用之，□□而有天下矣。"《经法·论约》说："四时有度，天地之理也。……三时成功，一时刑杀，天地之道也。四时时而定，不爽不忒，常有法式，□□□□□。一立一废，一生一杀，四时代正，冬（终）而复始。[人]事之理也，逆顺是守。"同时在《经法·亡论》里又出现了"天地之道"和"人事之理"相对的用法，值得注意。《周易》亦曰："谦亨，天道下济而光明，地道卑而上行。天道亏盈而益谦，地道变盈而流谦，鬼神害盈而福谦，人道恶盈而好谦。"（《谦·彖传》）帛书《周易·要》曰："故易有天道焉，而不可以日月星辰尽称也，故为之以阴阳。有地道焉，不可以水火金木土尽称也，故律之柔刚。有人道焉，不可以父子君臣夫妇先后尽称也，故为之以八卦。"从以上征引的文献看，或曰"天道、地道、人道"，或称"天地之道、人事之理"，还是有区别的。我们知道，晚近的哲学史和思想史很少谈"地道"，似乎已将"天道"和"地道"合并为一了。称道"天地人"，也许只是战国中期以来的一时之盛而已。究其原因，可能是当时"地有五行"观念流行的结果。自董仲舒提出"天有五行"（《春秋繁露·五行对·五行之义》）而后，"五行"就已经"兼并"于"天道"，"地道"的意义和地位亦随之削弱，乃至逐渐消亡了。

定州八角廊竹简《文子》曰："天道，德之行也。"帛书《周易·二三子问》曰："德与天道始，必顺五行。"这两段话的重要性在于提示了"天道"其实是"德"的呈现、展现，"天道"乃"天德"的另一种表述。《尚书·仲虺之诰》曰："王懋昭大德，建中于民，以义制事，以礼制心，垂裕后昆。予闻曰：'能自得师者王，谓人莫己若者亡。'好问则裕，自用则小。呜呼！慎厥终，惟其始；殖有礼，覆昏暴。钦崇天道，永保天命。"《大禹谟》曰："惟德动天，无远弗届。满招损，谦受益，时乃天道。"这两篇文献中出现的"天道"，亦即"天德"。我们知道，"德"的呈现、展现，亦诉诸天文、律历与时日，例如：《鹖冠子·王鈇》曰：

　　天者诚其日，德也日①，诚出诚入，南北有极。……天者信其月，刑也月……

　　天用四时，地用五行，天子执一而居中央，调以五音，正以六律，纪以度数，宰以刑德，从本至末，第以甲乙……

陆贾注曰："诚，诚其月德，信，信其月刑，明，明呈其稽，因，因时其则，一，一法其同。"我们已经论证过，"刑德"话语一般来说涉及"天道"。当然也可以反过来说，最初的"天道"亦诉诸"刑德"的话语而得以阐明。儒家文献《礼记·礼器》云："礼也者，合于天时。"《曲礼上》曰："外事以刚日，内事以柔日。""刚日""柔日"就是由"天时"决定的。《注》曰："甲丙戊庚壬为刚，乙丁己辛癸为柔。先儒以外事为治兵，然巡狩朝聘盟会之类，皆外事也。内事，如宗庙之际，冠昏之礼皆是。"可见，"天时（道）"已经深入了古代思想世界的核心。

　　如上所述，春秋末年以来盛行的"天道"观念，部分源于"天德"即"自然法"，更多的恐怕还是源于传统的"天命"观念。《尚书·汤诰》："天道福善祸淫。"显然，"天道"就是周初常言的"天命"。清儒钱大昕曾论"天道"颇详。

　　　经典所谓天道，皆以吉凶祸福言。（《潜研堂文集》卷九）
　　　《后汉书·桓谭传》："天道性命，圣人所难言也。自子贡以下，不和而闻。"《注》引郑康成《论语注》："性谓人受气以生，有贤愚吉凶。天道，七政变动之占也。"古书言天道者，主吉凶祸福而言。《古文尚书》："满招损，谦受益，时乃天道。""天道福善而祸淫。"《易传》："天道亏盈而益谦。"《春秋传》："天道多在西北。""天道远，人道迩。灶焉知天道？""天道不谄。"《国语》："天道赏善而罚淫。""我非瞽史，焉知天道？"《老子》："天道无亲，常与善人。"皆论吉凶之数，与天命之性自是两事。《孟子》，"圣人之于天道也"，正谓虞舜井廪、文王拘幽、孔子厄困之类，故曰"命也。"（《十驾斋养新录》卷三）

_____

① 案：或无日字。日字或属下句读。

老庄所说的"天道",《礼记》所说的"天地之道"①,已经哲学化了。但是,老氏之前"天道"观念却仍然残留了吉凶祸福、星象灾异的旧传统,这种"天道"观念的具体运用之一就是旨在阐明政治兴亡(国祚)问题。春秋战国之世闻名当时、擅长讲论"天道"的,主要是各国的史官(当然包括瞽史)和卜祝,例如周之苌弘,鲁之史墨、梓慎,郑之裨灶。从《左传》《国语》的记叙来看,他们热衷于启用阴阳、五行之类的新理论,事实上,他们就是阴阳、五行理论的实践者。例如:

> 春,无冰。梓慎曰:"今兹宋、郑其饥乎?岁在星纪,而淫于玄枵,以有时灾,阴不堪阳,蛇乘龙,龙,宋、郑之星也。"
>
> 裨灶曰:"今兹周王及楚子皆将死。岁弃其次,而旅于明年之次,以害鸟帑。"周、楚恶之。(《左传》襄公二十八年)
>
> 夏,四月,陈灾。郑裨灶曰:"五年,陈将复封,封二十五年而遂亡。"子产问其故,对曰:"陈,水属也;火,水妃也;而楚所相也。今火出而火陈,逐楚而建陈也,妃以五成,故曰五年。岁五及鹑火,而后陈卒亡,楚克有之,天之道也,故曰二十五年。"(《左传》昭公九年)②

魏启鹏指出,《周易·象传》再三提到"天行"(《蛊》《剥》《复》卦),而"天行"之说源出史官。"天行"一语最早见于《国语·晋语四》:"岁在大梁,将集天行。元年始受,实沉之星也。实沉之墟,晋人是居,所以兴也。君之行也,岁在大火。大火,阏伯之星也,是谓大辰。辰以成善,后稷是相,唐叔以封。《瞽史记》曰:'嗣续其祖,如穀之滋。'必有晋国。"③ 这段话是晋史董因在重耳流亡十九年后归晋,为之占卜而作出的解释。其中的"天行","王引之《经义述闻》卷二指出,《尔雅》:'行,道也。'古人谓天道为天行也"。④这就是先秦诸子哲学予以突破的思想传统之背景,"天道观进展"上的哲学化实际上就是上述传统的理性化开展。

---

① 《礼记·乐记》:"天地之道,寒暑不时则疾,风雨不节则饥。"
② 《左传》昭公二十七年还提出了观察"天道"的理论基础,即"天事恒象"。
③ 前文又引《瞽史之纪》曰:"唐叔之世,将如商数。"
④ 魏启鹏:《〈象传〉道论三题》,载陈鼓应主编《道家文化研究》第八辑,上海古籍出版社1995年版,第240—247页。

从上帝到天帝

——殷周之际的思想革命

赵法生

摘　　要　　殷周之际不仅发生了一场制度革命，而且发生了一场思想文化革命，核心为从殷商的上帝到西周的天帝的转变。本文主要以西周初期的诰词为依据，参考其他先秦文献，分析这一思想转变的历史进程，并彰显周公在这一转变中的关键作用。

关　键　词　　帝；天；命；德；民；伦理宗教

作者简介　　赵法生，中国社会科学院世界宗教研究所研究员，主要研究方向为儒家思想。

王国维说："中国政治与文化之变革，莫剧于殷周之际。"[①] 由于殷周之际尚未进入哲学时代，殷周之际的文化主要属于宗教文化，故其间的文化变革首先是宗教变革，这一点，王国维在《殷周制度论》中也有涉及，在分析了殷周之际制度革命后，他指出，西周思想的主要特点是，"曰命、曰天、曰民、曰德，四者一以贯之"[②]，其中居于前列的命与天，已透露出西周宗教思

---

① 周锡山编校：《王国维集》，中国社会科学出版社 2008 年版，第 4 册，第 124 页。
② 周锡山编校：《王国维集》，第 4 册，第 135 页。

想的意义。他又说，"周人为政之精髓，实存于此"①，强调了殷周宗教观念变革与政治变革之间的关联。由于《殷周制度论》重在分析殷周的制度之变，宗教思想的演变并非重点，故此一重要的结论并未展开分析。鉴于此一问题的重要性，本文将重点分析《周书》中信仰观念的变革，探究西周天命观诞生的过程及其对社会政治的影响，以深化对殷周之际文化变革的认识。

一

殷周之变首先是一场王朝更替的政治革命，武王伐纣前，曾发布《泰誓》三篇，具体阐述了纣王的罪恶与伐纣的理由，其所列举纣王的诸般罪行中，主要集中于宗教和政治两方面，上篇说：

> 今商王受，弗敬上天，降灾下民。沈湎冒色，敢行暴虐，罪人以族，官人以世，惟宫室、台榭、陂池、侈服，以残害于尔万姓。焚炙忠良，刳剔孕妇。皇天震怒，命我文考，肃将天威，大勋未集。肆予小子发，以尔友邦冢君，观政于商。惟受罔有悛心，乃夷居，弗事上帝神祇，遗厥先宗庙弗祀。牺牲粢盛，既于凶盗。乃曰："吾有民有命！"罔惩其侮。
>
> 商罪贯盈，天命诛之。予弗顺天，厥罪惟钧。予小子夙夜祇惧，受命文考，类于上帝，宜于冢土，以尔有众，厎天之罚。天矜于民，民之所欲，天必从之。

纣王的第一条罪便是"弗敬上天，降灾下民"，这句话在《泰誓》中具有提纲挈领的意义，后文的"罪人以族，官人以世"，奢侈无度，残害万姓，"焚炙忠良，刳剔孕妇"等政治暴行，可以视为"不敬上天"的结果，也是"皇天震怒"，命武王伐纣的理由。下面又列举了宗教方面的其他问题，不敬事上帝神祇，遗弃宗庙祭祀，连祭神的祭品都被偷盗，可见殷商末世社会风气之堕落与宗教管理之混乱。但是，纣王自信"'吾有民有命！'罔惩其侮"，坚信天命永远归己，这便是他暴虐无道的宗教信仰依据。可武王却认为"天矜

---

① 周锡山编校：《王国维集》，第 4 册，第 135 页。

于民，民之所欲，天必从之"，天命所要保佑的并非殷商一家而是天下百姓，平民的欲求便是天的意志，这显然是两种对立的天命观。

《泰誓》中篇继续历数纣王罪行：

> 我闻吉人为善，惟日不足。凶人为不善，亦惟日不足。今商王受，力行无度，播弃犁老，昵比罪人。淫酗肆虐，臣下化之，朋家作仇，胁权相灭。无辜吁天，秽德彰闻。惟天惠民，惟辟奉天。有夏桀弗克若天，流毒下国。天乃佑命成汤，降黜夏命。惟受罪浮于桀。剥丧元良，贼虐谏辅。谓己有天命，谓敬不足行，谓祭无益，谓暴无伤。厥监惟不远，在彼夏王。天其以予乂民，朕梦协朕卜，袭于休祥，戎商必克。受有亿兆夷人，离心离德。予有乱臣十人，同心同德。虽有周亲，不如仁人。天视自我民视，天听自我民听。

这里说纣王作恶到了只争朝夕的程度，破坏法度，抛弃老臣，亲近罪人，酗酒无度，受他影响，臣下各树朋党，相互攻灭，政治败坏。无辜的百姓呼吁上天，使纣王的秽德罪行上闻于天，从而招致天的惩罚。由于夏桀不敬天命，天便命令成汤革夏之命，而纣王再步夏桀的后尘，"谓己有天命，谓敬不足行，谓祭无益，谓暴无伤"，重申纣王由于坚信天命在己而暴戾恣睢，无法无天，甚至因此认为祭祀无益。这里已经初步展露出一种基于民本的革命观，革命的合法性来自天意，而天决定革命与否的依据又落在"天视自我民视，天听自我民听"，这一革命论实际是一种新的天命论，后来在周公那里得到了更系统的阐发，也对儒家的信仰与历史观发挥了重要影响。

《泰誓》下篇云：

> 今商王受，狎侮五常，荒怠弗敬。自绝于天，结怨于民。斩朝涉之胫，剖贤人之心，作威杀戮，毒痡四海。崇信奸回，放黜师保，屏弃典刑，囚奴正士，郊社不修，宗庙不享，作奇技淫巧以悦妇人。上帝弗顺，祝降时丧。尔其孜孜，奉予一人，恭行天罚。

其中所言政治与宗教罪行，与前两篇相近，指出全然不顾及上帝的旨意，所以武王才"恭行天罚"。

《泰誓》三篇檄文的内容与结构大致相似，从三篇所列举纣王在宗教和政治方面的种种无道行径来看，殷商末期同时经历着宗教与政治双重危机。关于宗教危机，一些其他文献也有反映，《牧誓》说，"今商王受……昏弃厥肆祀弗答"；《微子》说，"今殷民乃攘窃神祇之牺牷牲，用以容，将食无灾"；《逸周书·商誓》曰，"在商先哲王，明祀上帝……今在商纣，昏忧天下，弗显上帝，上帝弗显，乃命朕文考曰'殪商之多罪纣'，并说'今纣弃成汤之典'"，这些记述与《泰誓》中"弗事上帝神祇"，"上帝弗顺，祝降时丧"的说法一致。《墨子·明鬼》也说纣"上诟天诬鬼"。众多资料表明，纣王时期的宗教崩溃并非向壁虚构，而是严峻的现实。有的学者认为，甲骨卜辞表明纣王即位初年祭祀先祖父与先妣，后来不管卜辞和金文都见不到纣王祭祀祖先的资料，说明他的确基本放弃了祖先祭祀，殷商历来最重祖先祭祀，对于其他鬼神的祭祀更可见一斑。与纣王荒废宗教祭祀不同的是，文王武王却在恭敬地对待各种祭礼，《泰誓》上篇说武王伐纣前专门祭祀上帝与社，"类于上帝，宜于冢土"，殷人一般不祭上帝，周人却祭祀上帝，表明周人在发展殷商的信仰。周原甲骨卜辞证明文王武王也祭祀大乙、大甲、文丁等殷先王，这大概也与商末季历、文王相继迎娶商王宗室之女有关。因此，甲骨卜辞恰好为文献有关纣王荒废宗教祭祀的记载提供了证明。[①]

那么，导致这场宗教崩溃的原因何在？一个如此重视鬼神祭祀的巫教文明，一向对帝战战兢兢的殷王，何以会全然丧失了宗教虔敬？这或许与殷商宗教精神的内在矛盾有关。有的甲骨文学者发现，殷商晚期殷商宗教，祖神的地位日益重要而有了绝对化的趋势[②]，这大大增强了殷王的权力自信，因为血缘关系的唯一性，决定了祖神只能保佑其子孙，也极容易导致王权的傲慢。殷人本来就不祭上帝，祖神地位的不断提升，最终有可能使得祖神在实际上替代上帝，而作为祖先不二选择的子孙们，也就实际上被提升到了与上帝平起平坐的地位，殷商后期帝乙和帝辛名字加上帝字，表明这种情况最终变成了现实。

祖神地位上升与殷王称帝的结果，客观上消解了上帝的存在，将殷王转

① 参见王晖《商周文化比较研究》，人民出版社2000年版，第151页。
② 参见［美］本杰明·史华慈《古代中国的思想世界》，程钢译，江苏人民出版社2004年版，第37页。也有学者认为殷商祖神与上帝是合一的，这在殷商部落文明初期自然可能，但随着部落联盟的扩大和统一王权的形成，作为最高神的帝，理应具有超部落的属性。

变为肉身的上帝。既然如此，各种自然神灵也就不在话下了。在帝与各种神灵丧失权威之后，祖神本身也就无足轻重了，祭祀也就成了多余。因此，晚期殷商宗教，客观上走上了一条自我解构之路，这或许是殷商宗教崩溃的内在理路，而导致宗教崩溃的主要思想动因在于纣王自身"我不有命在天"的执着自信。

从殷商宗教原有的特点看，祭祀衰微意味着殷商宗教内部的失衡。殷商文明属于巫教文明，各种巫术与鬼神信仰同时盛行，二者又在宗教实践中密不可分地结合在一起，这体现在殷王本身，就是他同时是最高的巫和国家的大祭司。客观上而言，鬼神崇拜与巫术的精神彼此存在对立，鬼神崇拜体现了人自身的无力，而巫师降神则赋予人与神明合一的属性，包含着对人自身力量的肯定。巫术的神人合一赋予殷王以强烈的自信，使他成为半仙之体；而在虔敬的神灵祭祀与祈祷中，他又深感自己的渺小与无力，殷王多半处于这种矛盾的信仰纠结之中，在巫的天人合一的自信与教的天人二分的谦卑中摇摆不定，前者会助长他的傲慢，后者则会抑制他的膨胀，前者类似于酒神精神而后者则近乎日神精神，殷商文明的精神平衡，端赖于两种信仰精神的中道。[1]

顾颉刚和刘起釪认为，《洪范》中貌、言、视、听、思五事与肃、义、哲、谋、圣五征相配，国君的行为成为导致好的气候与坏气候的休征和咎征，说明殷王已经具备了早先帝和祖先神才具有的影响天气变化的能力，是殷王晚期殷王自身被神化的证明，这种分析是有道理的。[2] 此时殷王的精神，已经更近于巫而非祭司了。顾颉刚和刘起釪还注意到，周代官制中位列第一级的"卿士寮"包括助王处理宗教祭祀活动的太宰、大宗、大史、大祝、大卜等，可是，在《洪范》中，祭祀官员却被降到第三位，列在食、货之后，这或许也是殷商末期宗教祭祀地位下降的表现之一。[3]

以上分析表明殷商末期的确发生了严重的宗教危机，并导致了综合性的社会危机。王国维指出："夫殷道尚鬼，乃至窃神祇之之牺牲。卿士浊乱于上，而法令隳坏于下，举国上下，惟奸宄敌雠之是务，固不待孟津之会、牧野之誓，而其亡已决矣！"[4] 此说甚是，宗教危机、政治危机和社会危机的总

---

① 参见赵法生《儒家超越思想的起源》，中国社会科学出版社 2019 年版，第 51—52 页。
② 参见顾颉刚、刘起釪《尚书校释译论》，中华书局 2005 年版，第 3 册，第 1214 页。
③ 参见顾颉刚、刘起釪《尚书校释译论》，第 3 册，第 1215 页。
④ 周锡山编校：《王国维集》，第 4 册，第 136 页。

爆发，已经决定了殷商的命运。

就在殷商宗教崩溃的巨响中，西周开国者们开启了新的宗教革命，目的是重塑新的至上神，核心概念就是诰辞中多次提到的"天"："弗敬上天"，"皇天震怒"，"天佑下民"，"商贯满盈，天命诛之"，"以尔有众，底天之罚"，"天矜于民，民之所欲，天必从之"，这是个对平民充满同情心的慈善的天，具有人格神的特征，文王受命与武王伐纣都是天的意志。但是，天之赏罚的标准尚未有明确的表达。诰辞中出现了一些"德"，比如"同力度德，同德度义"，"一德一心"，"同心同德"，"离心离德"，"树德务滋"，综合诸德字，已有良善义，但这里的德还只与人相关联，尚未与天建立直接的联系，新天命观核心思想尚在孕育之中。

《泰誓》更加重视天，但各篇也均提及帝，天显得比帝更为重要，诰辞力图拉近二者距离，但二者还没有到周公诰辞中那种相互代用的程度，天与帝还是两个神灵，统合二者的意图尚不明显，因为伐纣的大业尚未完成，军事斗争的任务显得更加迫切。但显而易见的是，重塑新的至上神的工作，从文王武王时代就已经开始了。

二

武王在西周立国后三年去世，之后发生三监叛乱，新生的周朝处于风雨飘摇的境地。于是周公摄政，平定三监之乱，继而东征，根据《尚书大传》，"周公摄政，一年救乱，二年克殷，三年践奄，四年建侯卫，五年营成周，六年制礼作乐，七年致政成王"，在此期间，周公发布了一系列诰辞，阐述了他的宗教观与政治思想，是研究殷周之际思想转型的主要文献。

平定三监叛乱前，周公发布《大诰》，作为平叛的动员令，充斥着强烈的危机意识，下面是对于这场叛乱原因的说明。

"天降割于我家，不少延"，天毫不迟缓地给我家降下大灾害。

"天降威"，三监叛乱是上天呈威，其中的"威"，《汉石经》作"畏"，二字古通用，金文中"天威"多作"天畏"[1]，天威令人生畏，即"天畏"。

---

[1]　参见顾颉刚、刘起釪《尚书校释译论》，第 3 册，第 1266 页。

"予造天役，遗大投艰于朕身"，"天役"即天罚天谴，我遭受天罚，大艰难降到我的身上。

"矧今天降戾于周邦？"戾，旧解多训为"定"，"定命"之意，谓天对于周邦已有成命，于文可通，但此解与前文"天降割于我家"，以及"予造天役，遗大投艰于朕身"等说法不一致。"戾"当作"乖"，违亲和也①，这与《大诰》"不康""不靖"的说法一致，也暗指周室内部兄弟反目这一尴尬事实。

"天惟丧殷，若穑夫，予曷敢不终朕亩？"天要终结殷商国命，我就像个农夫，怎能不遵循天意去完成田地里该做的农工呢？

"予惟小子，不敢替（僭）上帝命，天休于宁王，兴我小邦周，宁王惟卜用，克绥受兹命"，我小子岂敢不服从上帝之命？文王获得了天的赞美而受命，而文王一向是通过占卜来获得并遵从天命的。

"呜呼！天明畏，弼我丕丕基！""天明畏"即"畏天命"，是宾词前置用法②，这句话是号召众人：天命可畏啊，你们应该辅助我成就大业。

"爽邦由哲，亦惟十人迪知上帝命，越天棐忱，尔时罔敢易法，矧今天降戾于周邦？惟大艰人，诞邻胥伐于厥室，尔亦不知天命不易？"本段历来难解，大意是周邦的国运本来顺畅，那时也有一批贤臣，能够知晓上帝的命令，以及不可无条件相信天命。那时他们都能够小心翼翼地不敢违背帝命，况且于今天已经降灾于周人？那些叛乱之徒，他们竟然不知道天命是不容易保守的吗？

《大诰》对于至上神的称呼偶尔用"帝"，但主要是"天"，其中的天主要是降灾和惩罚，并未显现出理性意志，无法与殷商之帝明确区分开来。诰辞中虽然谈到了"天休于文王"，但天何以赞美文王并未阐述，这构成了周公早期天命观与成熟期天命观的主要区分。《大诰》作于新生政权的危机存亡之时，主要目的在于动员犹豫观望的西周贵族们参战，基于此一目的，周公主要借用传统的宗教的权威以及文王的威信来统一思想，而不再阐发新观念。其中谈到了天命不可无条件地信仰和依赖（"越天棐忱"），以及"天命不易"，这里的"不易"，有人解释为"不变"，这与《周书》中的整体思想不

---

① 金兆梓：《尚书诠译》，中华书局2010年版，第183页。

② 参见顾颉刚、刘起釪《尚书校释译论》，第3册，第1274页。

相符，周初诰辞正是要打破纣王的天命不变论，故"不易"应指延续天命之难。《君奭》也说"不知天命不易"，"不易"同样是强调天命不容易保守的意思。

总体来看，《大诰》在新思想方面未有明显进展，甚至不及《泰誓》，这与当时形势和本诰辞的功能定位有关。在平定三监之乱和践奄后，作为摄政王的周公又发布了《康诰》《酒诰》《梓才》等，这几篇诰辞的内容，表明周公宗教与政治思想有重要发展。《康诰》的主题是谈法治问题，周公在其中首次阐发了有关德的思想，诰辞开篇说：

> 惟乃丕显考文王，克明德慎罚；不敢侮鳏寡，庸庸，祇祇，威威，显民，用肇造我区夏，越我一、二邦，以修我西土。惟时怙冒，闻于上帝，帝休，天乃大命文王。

"明德慎罚"，《尚书正义》解为"显用俊德，慎去刑罚"，德须显明而刑要慎用。文王的政治风格与纣王完全相反，文王不敢轻侮孤寡，反而敬畏他们，他的德行闻于上帝，获得上帝赞赏，并授命于他，《左传·成公二年》，"《周书》曰：'明德慎罚'，文王所以造周也"，当是对于这段话内涵的概括。文王受命，周初文献经常提及，所以受命的理由，《泰誓》《大诰》均未正面交代。周公在《康诰》中首次明确提出，上帝授命的根据是德，成为西周天命观形成中最重要的一步，标志着古代宗教观即将发生革命性变革。明德慎罚中的德字，主要指恩惠，《左传》成公二十六年："德以施惠，刑以正邪。""不敢"二字表明，之所以施惠于民，敬畏小民，还是出于对上帝的权威的畏惧。

《康诰》又说：

> 呜呼！小子封，恫瘝乃身，敬哉！天畏棐忱；民情大可见，小人难保。往尽乃心，无康好逸豫，乃其乂民。……汝惟小子，乃服惟弘王应保殷民，亦惟助王宅天命，作新民。

这里教导康叔，对待自身的过错，犹如病痛在身一样，必除之而后快。天命是靠不住的，小民是难以满足的。务必尽心政事，不可放纵自己，尽心呵护小民，施以慈惠教化，让他们做新民以安天命。后文甚至有"如保赤子"之说，可见其视民如伤的心情。

周公这篇诰辞充满危机感，多次向康叔发出"敬哉"的呼吁，因为"小人难保"，人心的动荡将会导致政治危机和国命的终结，这是天命的必然，他在命书的末尾说：

> 呜呼！肆汝小子封。惟命不于常，汝念哉！无我殄享，明乃服命，高乃听，用康乂民。

周公向康叔感叹，"惟命不于常"，天命并非恒常不变的，它不会无条件地保佑某家，这是对于殷纣王临倒台前声称"我不有命在天"的直接否定，也导致了周公本人深刻的危机意识和对未来的惊恐。《康诰》明显继承了《泰誓》的民本思想而加以发展，并以文王之敬畏和惠保小民，作为明德之典范和文王受命的依据，将天变成了理性化的上帝，如何以德配天，防止重蹈前朝下场，成了周公最关心的问题，这便将西周有关天命的思想引向了深处。

为了论证伐纣的合理性，《泰誓》就试图提出一种新的天命论，这种天命论首先是革命论，革命的前提是天要收回它赐予某王朝的天命，其中说"天乃佑命成汤，降黜夏命。惟受罪浮于桀。剥丧元良，贼虐谏辅"，这是以殷革夏命，来证明周革殷之正当，并与纣"谓己有天命"相对立。周人认为，文王已经受命，伐纣也已成功，却发生三监之乱，周公于是在《大诰》中感慨"天命不易"，这同样是对于天命不会永恒不变的自觉。至于天不断地授命又坠命的理由，《康诰》将德与"小民难保"相结合，将天命、民本和德之思想关联打通，才首次对殷周革命论进行系统论证，导致了一种新的宗教观与政治观的诞生。

周公告诉康叔，此诰之主旨在于"告汝德之说于罚之行"，德之说就是关于文王受命原因的探索与解答，罚之行则是刑罚的指导原则。"德之说"关联着两端，它一端关联着天，一端关联着民，德是天命授受的根据，德的本质则是惠民爱民的德政措施。至于"罚之行"，就是将刑罚纳于德的统率之下。因此，"德之说"比"罚之行"更为根本，是全篇立意所在。此诰最终将西周思想中关键的四个方面天、命、民、德联系在一起，是西周思想的核心。

王国维认为：

> 《康诰》以下九篇，周之经纶天下之道胥在焉，其书以皆以民为言。《召诰》一篇，言之尤为反覆详尽，曰命、曰天、曰民、曰德，四者一以贯之。……且其所谓"德"者，又非徒仁民之谓，必天子自纳于德而使民则之……故知周之制度典礼，实皆为道德而设。①

这是极富洞察力的结论。"曰命、曰天、曰民、曰德，四者一以贯之"，的确是西周思想的特点，四者一以贯之的思想体系，正始于《康诰》，对于这一思想的强调，则在《召诰》中达到高峰。

周公在《酒诰》中发布了严格的禁酒令，其理论依据同样是天命观。周公引用文王的政令，只能在祭祀时饮酒，说这一命令追溯到天命，"惟天降命，肇我民，惟元祀。天降威，我民用大乱丧德，亦罔非酒惟行"，酒后丧德是违背天命，这是《酒诰》反复强调的问题。周公以殷商历史为例，指出"在昔殷先哲王迪畏天显小民，经德秉哲。自成汤咸至于帝乙，成王畏相"，他们以德自持不敢"崇饮"，成为历史上的贤王；相反，末代殷帝纣王"纵淫泆于非彝"，"惟荒腆于酒"，威仪尽丧，众叛亲离，身死国灭，是因为"弗惟德馨香祀，登闻于天；诞惟民怨，庶群自酒，腥闻在上"，德的香气与酒的腥气均可闻达上天，致天或奖或罚，所以说"故天降丧于殷，罔爱于殷，惟逸。天非虐，惟民自速辜"，殷之丧命并非天不爱殷，而是由于纣王放逸无道而咎由自取。这样一种对于天命的历史学阐发，显然比《泰誓》《大诰》更为深入，德依然是其中的关键。

《梓材》在历史上虽有断烂朝报之说，篇幅亦短，主题却十分突出，表达的也是命、德、民一贯的思想，诰辞谆谆告诫国君务必戒杀戒虐，要安养小民，"至于敬寡，至于属妇，合由以容"，"属妇"，《小尔雅》，"妾妇之贱者谓之属妇"②，"合由以容"意思是"合众穷阨之人，用相容受"，要为底层穷苦无告之人提供生存空间，则其中敬民保民思想与《康诰》"不敢侮鳏寡"相近，比《泰誓》更深入。诰辞强调，国君只有"勤用明怀"，邦国才能前来归附献祭，王朝才能永葆天命，这包含着最早的为政以德思想。

首次出现于《康诰》的西周核心思想，在《召诰》中发出了它的最强

---

① 周锡山编校：《王国维集》，第 4 册，第 135 页。
② 顾颉刚、刘起釪：《尚书校释译论》，第 3 册，第 1425 页。

音。据郑玄的观点，《召诰》是周公摄政五年，在营建东都洛邑时发布的一篇诰辞，其中人物涉及成王、周公和召公。营建东都是周经营天下的重大举措，对于周人的长治久安影响深远，或许正是这一特定的境遇，将他一下子置于兴亡成败的历史长河，激起了强烈的家国情怀和强烈的忧患意识，从而有了这篇光耀千古的诰辞。

诰辞开头即曰：

> 呜呼！皇天上帝，改厥元子兹大国殷之命。惟王受命，无疆惟休，亦无疆惟恤。呜呼！曷其奈何弗敬？

"皇天上帝"概念的出现，标志着统合殷商至上神的工作已经完成，天与帝终于融合为一。皇天上帝要更换它的长子，于是殷商丧命而有周受命，这到底是无穷的欢庆，还是无穷的忧虑？王如何能够不敬畏天命呢？"曷其奈何弗敬？"这里的"敬"就是敬畏那个决定着王朝命运的"皇天上帝"。

继云：

> 天既遐终大邦殷之命。兹殷多先哲王在天，越厥后王后民，兹服厥命。厥终，智藏瘝在。夫知保抱携持厥妇子，以哀吁（吁）天，徂厥亡，出执。呜呼！天亦哀于四方民，其眷命用懋。王其疾敬德！

天最后还是终结了殷商王朝之命，那么多曾经的殷商明君正在天上看着吧？而末代的殷王与殷民竟然成了这般模样，贤人们究竟到哪里去了？男人们怀抱孩子，扶着妻子，向上天哀号着：我们只得逃走了，千万不要再被捉回来啊！哎！天为这些走投无路的百姓而哀痛，决心重新拣选有德者，吾王赶快敬畏德啊！

复云：

> 相古先民有夏，天迪从子保，面稽天若；今时既坠厥命。今相有殷，天迪格保，面稽天若；今时既坠厥命。今冲子嗣，则无遗寿耇，曰其稽我古人之德，矧曰其有能稽谋自天？

夏人祖先以德受命，无道坠命，殷人重复了同样的命运。吾王少年继统，千万不要忽视老年人，老年人不但能考察古人之德，而且能探测天命的走向呢！

再云：

> 呜呼！有王虽小，元子哉。其丕能諴于小民。今休：王不敢后，用顾畏于民嵒；王来绍上帝，自服于土中。"旦曰：'其作大邑，其自时配皇天，毖祀于上下，其自时中乂；王厥有成命治民今休。'王先服殷御事，比介于我有周御事，节性惟日其迈。王敬作所，不可不敬德。"

呼吁身为天之元子，应当和民畏民，在天下的中央作大城，临天下，顺从天意，祭祀神灵，不可不敬德。

又云：

> 我不可不监于有夏，亦不可不监于有殷。我不敢知曰，有夏服天命，惟有历年；我不敢知曰，不其延。惟不敬厥德，乃早坠厥命。我不敢知曰，有殷受天命，惟有历年；我不敢知曰，不其延。惟不敬厥德，乃早坠厥命。今王嗣受厥命，我亦惟兹二国命，嗣若功。

再次以夏殷两国命运告诫成王，周公以怀疑的口吻表达在夏殷两代历史演替中的洞见：国命在于敬德，不敬德者必坠其命，并再次向成王发出敬德保命的呼吁。

诰辞后面三段话，一则曰"王其德之用，祈天永命"，再则曰"欲王以小民受天永命"，最后是召公表示要团结殷民周民一起"保受王威命明德"，"用供王能祈天永命"，是对周公大声疾呼的回应。

《召诰》如同一首交响乐，在循环往复的乐章中，回荡着一个共同的主题：敬德爱民，祈天永命。周公从三代革命中领悟了历史深处的天意，理解了王朝兴衰的奥秘；从中感受到天对于百姓的拳拳关爱，也体会了天抛弃背天者的决绝和无情，从而产生了巨大的恐惧与忧虑，频频向成王发出"疾敬德"的呼吁。这篇诰辞在文法上有破空而出的气势，在主题上则有开门见山之效，文辞虽短，却有循环往复、滔滔不绝的风格，这跨越时空的叹问，犹如鹰击长空，坠入人心，令人震撼，是殷周思想革命的最强音。这篇诰辞同时具有宗教家的悲悯虔敬、历史学家的穿透力与诗人般浓郁强烈的情怀。此前的历史文献中，从未有人对民众的苦痛有如此痛切的感受，对于主宰历史的天帝意志有如此透辟的领悟，对于看似不可一世的王权的脆弱与危险具有如此深入的洞察，而这样的洞见来自他所创立的天、命、德、民一以贯之的伦理宗教思想，它成了中国两千年伦理政治的基础教义。

三

先秦文献资料证明，在殷周鼎革之前，殷商末期已经发生了宗教溃败。殷周之际与西周初年的诰辞文献所列举的纣王之罪，集中在宗教与政治两方面，在叙述顺序上，则往往以纣王"弗敬上天"开始，然后是政治暴行，以及不祀鬼神等。在解释改朝换代的原因时，往往首先归诸天命，表现了西周开国者们对于天命的高度重视，实际上将天意作为社会发展的终极原因。这不仅表现了当时神权政治特有的意识形态，也反映了宗教问题在当时的特殊意义。中国思想的哲学突破发生在春秋晚期，在此之前，宗教观念始终是社会发展中最重要的力量，在当时的历史环境中，宗教危机既是社会政治危机的诱因，也是它最重要的解决条件，政治危机和社会危机的解决，必须以宗教改革的成功为前提。

因此，殷周之际的思想革命，首先是一种宗教思想的革命，这一个革命的动因，肇始于殷商末期的宗教崩溃与社会危机。在当时的背景下，政治革命必须以宗教革命作为合法性依据；宗教整合又是民族整合的前提，故宗教革命能否成功，对于周朝的命运具有决定性影响。

如果说殷周之际的思想革命首先是宗教观念的革命，那么其核心概念就是"天命"二字。

《泰誓》指出，殷纣王的各种暴虐行径，源自心中一个根深蒂固的执念："谓己有天命"，这在后来周公的诰辞中也被反复提及，它代表了一种传统的天命论，是殷周宗教革命的主要思想对象。

纣王的天命论，首先是一种天人合一论，这种合一论取消了天人之间的距离，消解了天人之间的对立和紧张，也解构了超验性至上神对于人的约束，意味着使人完全摆脱了宗教的限制。不仅如此，它实际上将纣王本身当作了天，是以王代天，这是一种类似于西方近代思想史上杀死上帝的思想，并最终将国王变成了上帝。就思想基础而言，这种天人合一论，又以天人二分和天与人之间的敌对紧张为前提，看来这场天人之际的交战，殷纣王取得了完全胜利，正是这种胜利使他与整个殷商王国遭遇了彻底毁灭。唯有从这一角度，我们才可以领会历史上殷王射天的深层含义。

《史记》之《殷本纪》《龟策列传》和《宋世家》，分别记载了殷王和宋君射天之举，武乙曾做木偶人，称之为"天神"，令人与其赌博，先胜之后侮辱之。武乙又以革为囊，以囊盛血，仰而射之，称为"射天"。继承殷商的宋国末代国君宋偃，重演了以囊盛血而"射天"的一幕。以上看似疯狂的举动，只能放到殷商宗教中天人之际的特定背景下来理解。它反映了殷商文化中两种根深蒂固的宗教文化即巫文化与祭祀文化的冲突，辱天射天当是巫文化压倒祭祀文化的表现，而巫文化的畸形发展将使得天人之际陷于模糊，由此所导致的政治迷狂必将带来深重的社会灾难，这也是太史公记载这些故事的原因所在。

在殷周之际的语境中，"谓己有天命"论实际是一种反革命论，自称有命在天是以天命不变为前提，由此否定任何革命的合法性。这种天命不变论同时也是一种政治观与历史观，《泰誓》上纣王又说"吾有民有命"，百姓与天命只能永远归他家所有，从而排除了与其他家族发生关系的可能，历史长河没有变化，人也没有任何主动性可言。

殷周之际的宗教与思想革命，就是从打破天命不变论开始的，这不但在《泰誓》中已有清楚的表现，而且是后来周公诰辞的主题之一。为打破天命不变的神话，武王在《泰誓》中引入了民意，并以民意为天意，其中包含着对于天意和天命的一种全新的理解方向。但此一方向的意义直到周公才被彻底打开。如果只是以民意为天意，虽然可以论证天命的可变性，但天命的原则依然不清楚，天意的原则既然不清，小民的欲求又变幻莫测，则人依然无从去发现天命的真谛。

殷周之际思想革命的代表成果，是周公继承文王武王思想后提出的新的天命观，其核心创造是实现了伦理性的天命与德和民的统一。如果说殷商的帝是个无善无恶的自然神，那么周公的天便是个赏善罚恶的人格神，周公认为德就是天赏罚与授命的依据，也是天永恒的意志，《诗经·皇矣》中的"帝谓文王，予怀明德"，是对天意更为明确的表达。天命为德，德的基本涵义是惠，具体体现为文王的一系列德行，比如敬畏天命、惠保小民、不敢放逸、明德慎罚、礼贤下士等，这些德行可以发出一种馨香，上闻于天。在为天所喜悦的诸种德行中，不侮孤寡和惠保小民得到了突出强调，因为天意即民心，天在民心之外并无其他意志，这实际上将天与民合为一体，从而将最底层的民提升到天的地位，形成了天民合一的古代民本论①，这就将至上神由过去不可捉摸、阴森可怖的帝，发展为理性慈爱的天，至上神的属性发生了质的变化。现在可以说，虽然天命的授受是可变的，没有人可以垄断天命，据为己有；但天意法则即德却是永恒不变的，殷周思想革命后的天于是成为变与常的统一。

这种天、命、德、民一贯说，是对传统天人合一论的根本否定，它以天民合一论终结了以殷纣王为代表的天人合一论，将民而非王作为天意的代表，从而剥离了王与天的关系。在天、民和王三者之间，大大降低了王的地位，空前提高了民的地位。民之地位的提高，并没有削弱天的权威性，武王周公的天也是人格神，它继承了殷商之帝的权威，是宇宙与社会的主宰，时刻关注着大地苍生，监督着执政者的作为并以德为标准决定授命和坠命，进而令周公等人产生战战兢兢、如临深渊、如履薄冰的感受，这是一种基于宗教信仰的神圣情感，给后来的孔子以深刻影响。周公等在天面前所表露的戒慎恐惧，并不亚于殷人之于帝，由此可见殷周之际的思想变革依然是在古代宗教的形态中进行的，这也是儒家宗教性的源头。

因此，所谓的天、命、德、民一以贯之，具体表现为超越性的天命向下融贯的过程，所谓"天视自我民视，天听自我民听"，则民之耳目即天之耳目，天在民之外别无耳目；既然"民之所欲，天必从之"，则天心即民心，天除了民心之外别无心。这是天在殷周之际宗教革命后的另一种人格化，殷商的帝和殷周之际的天都是人格化的，但在殷周以后的天命论中，天的人格其实以民的形式出现，民意因此被提升为天意，也可以说是天意下沉表现为民意，由于天命的内涵是德，而德的根本在于爱民惠民。这是从上向下言说的，如果从下向上言说，国君爱民则有德，有德即合于天命，就有了受命资格。于是，天、命、德、民不但形成了内在联系，由此贯通为一，而且客观上形

----

① 参见陈来《古代宗教与伦理：儒家思想的根源》，生活·读书·新知三联书店 1996 年版，第182 页。

成了由圣而凡和由凡入圣的双向互动关系，神圣的天意现在是可以理解并把握的了，它现在是一种不变的理性法则，而这些理性法则具体就是为政的德行，由此形成了西周思想言天命不言人事的特征，这是一个高高在上的天命下贯于民间的过程。反过来讲，这一过程同时也是人事被提升到天命的过程，于是，超越性的天命和现实性的德行便在双向互动中完全合一了，它们各自以对方为前提，彼此内涵因密切相关和彼此依赖而合为一体，民也被上提到天的高度，而这一双向循环的枢纽在于德，德同时就有经验性和超越性，周公总结出德的概念后，天、命和民全都发生了脱胎换骨式的变化，一种新的宗教信仰宣告诞生，德正是它的最重要的催化剂与黏合剂。

天、命、德、民一以贯之的思想，是中国精神史上最重要的创造之一，这一思想主题发端于文武，形成于周公，在《康诰》中正式提出，在《召诰》中得到最集中的表达。这一思想是殷周之际思想革命的主要成果，它为中国历史带来了人道主义黎明，并对于后来的历史发挥了巨大深远的影响，是儒家德政思想之滥觞与形上依据。

念用庶征：《尚书·洪范》庶征畴略论[*]

丁四新

摘　要　《洪范》庶征畴包括两种形式的天人感应，一种是五事的修身与庶征的感应，另一种是对五纪的察省与时序、年谷、彝伦、风雨的感应。"庶征"即众征，"征"包括征验、应验、效验三义。庶征畴的"若"字不当训为"顺"或"如""似"，宋人的训释及其解义有误。五事畴与庶征畴有因果关系，五事畴的现实意义即体现在庶征畴中，而庶征畴说明了君主修身的重要性。汉人的灾异思想一般基于"五事"与"庶征"的天人感应联系，前者是感，而后者是应，中间通过主宰性的"天"起作用。天人感应经历了从神性化到去神性化的过程，但"感应"原理本身是客观存在的。宋代以后，天人感应在知识精英阶层经历了一个快速的去神性化过程，不过理学以一种变形的方式间接维护了此一理论。

关 键 词　《洪范》；庶征；五事；天人感应

作者简介　丁四新，清华大学哲学系教授，教育部长江学者特聘教授，研究方向主要为中国哲学、儒家经学与简帛思想。

---

　　* 本文内容已见于丁四新《洪范大义与忠恕之道》（商务印书馆 2022 年版）第六章第五节。

一 天人感应：庶征畴的思想背景

天人感应，从文化发生学的角度看，是一个普遍存在的人类意识，人类处于原始时期即存在于天人感应或神人感应的意识之中，中华文化亦不例外。从出土考古资料来看，国家出现之前的中国远古文明都笼罩在天人感应或神人感应的意识之中。从中华文化的发展来看，天人感应是神人感应的高级形式。中国古人的天人感应有多种形式，一种是神人或天人的直接感应和交感，一种是神人或天人的间接感应和交感。而无论是直接或间接的感应和交感，从理论上说来，它们并无高低之分，但是在具体的历史文化中却是有分别的。可以推论，人类经过了一个人人可以与神灵直接沟通和感应的阶段，也就是《国语·楚语下》观射父所描述的"民神杂糅，不可方物"和"夫人作享，家为巫史"的阶段。这个阶段带有典型的萨满教（Shamanism）特征。不过，从考古发现来看，中华文化从仰韶文化、红山文化到龙山文化一直在经历缓慢的宗教净化过程：一个是神人的分离和神权的垄断，另外一个是宗教的人文化。前者，按照《尚书·吕刑》的说法发生在龙山文化的晚期。《吕刑》曰："皇帝哀矜庶戮之不辜，报虐以威，遏绝苗民，无世在下。乃命重、黎，绝地天通，罔有降格。"引文中的"皇帝"，指帝尧，发生的重大事件叫"绝地天通"。对于"绝地天通"，《国语·楚语下》有更详细的叙述，并说此事在上古发生了两次，一次在帝颛顼时期，一次在帝尧时期。而"绝地天通"的根本目的，其实是帝颛顼和帝尧对神权的垄断。宗教净化是从宗教仪式和行为上来说的，通过从萨满教到礼仪祭祀的转变，天地崇拜和祖先崇拜转化为人文化的礼仪祭祀宗教。二者的合一，体现在对祭祀权的垄断上。祭祀权的垄断与王权的形成是统一的，互为表里。由此，天人的沟通、统一和感应是间接的，是通过礼仪化的祭祀来进行的。

进入殷末周初，或者周初时期，天人感应在"天命靡常"（《诗·大雅·文王》）的观念下再次发生转进，如何延命永命，而不发生革命或改命，这是当时周人需要回答的一个基本问题。在周人看来，延命永命而不发生革命的关键在于天子或王本人，王在上对天、下对民的政治结构中担负着秉持天命和延续天命的历史重任。由此周人不得不追问，天子或君王在其自身中担负此天命的关键主体性因素是什么？由此，周人发明了"德"的概念。从延续性来说，文王之德是周命的本源，"文"与"德"互为表里。《诗·周颂·维天之命》曰："於乎不显，文王之德之纯！"周人由祖先崇拜开导出慎终追远的"孝"观念，故后续君王均需"秉文之德"（《诗·周颂·清庙》），"不显维德，百辟其刑之"（《诗·周颂·烈文》）。从当下来说，每一位继位的天子或君王既必须具备面向天命之德，又必须同时延续文王之德，这样他的继位和在位才是正当和合法的。而天子之德或君王之德落实下来，其具体内容是什么呢？这包括三个方面，一者保民而王，二者祭祀鬼神，三者作为国家政治、伦理和宗教生活的责任主体，天子或王必须具备恭敬的精神态度和恰当的威仪。而当时的统治和治理工具无非礼、乐、刑、政四器。

从周初至汉代，天人感应向道德化、征象化和自然化三个方向发展。其中，前两者是主要的。而前两者的交叉和融合，在殷周之际发展出王者修身（"五事"）与天降休咎之征（"庶征"）的新天人感应论来。从庶征畴来看，"敬用五事"与"念用庶征"确实具有因果关系。

二　念用庶征与庶征畴大义

庶征畴是洪范九畴的第八畴。《洪范》曰：

（1）次八曰念用庶征。

（2）八，庶征：曰雨，曰旸，曰燠，曰寒，曰风。曰时五者来备，各以其叙，庶草蕃庑（楙）。一极备，凶；一极无，凶。曰休征：曰肃，时雨若；曰乂，时旸若；曰哲，曰燠若；曰谋（敏），时寒若；曰圣，时风若。曰咎征：曰狂，恒雨若；曰僭，恒旸若；曰豫（舒），恒燠若；曰急，恒寒若；曰蒙（霿），恒风若。曰王省惟岁，卿士惟月，师尹惟日。岁月日时无易，百谷用成，乂用明，俊民用章，家用平康。日月岁时既易，百谷用不成，乂用昏不明，俊民用微，家用不宁。庶民惟星，星有好风，星有好雨。日月之行，则有冬有夏。月之从星，则以风雨。

上引第一段文字，见于《洪范》九畴总叙部分，第二段文字见于分叙部分，是本畴的具体内容。

先看本畴的文本编联问题。从文义上来看，本畴可以分为两个部分，"恒风若"以上为第一部分，"曰王省惟岁"以下为第二部分。苏轼曾说："自此（指'曰王省惟岁'——引者注）以下，皆五纪之文也。简编脱误，是以在此。其文当在'五曰历数'之后。"（《书传》卷十）许多学者赞同苏说。如刘节云："东坡《书传》曰：'自（指"王省惟岁"）以下，皆五纪之文。简编脱误，是以在此。其文当在"五曰历数"之后。'金履祥《尚书表注》曰：'东坡苏氏，无垢张氏，石林叶氏，容斋洪氏皆曰：此章当为五纪之传。'今本在'恒风若'下，'九五福'上。兹从诸家说移置于此。"又屈万里、朱廷献等也赞成苏轼、刘节说。① 其实，苏轼、刘节等人的说法未必正确。原因很简单，本畴"曰王省惟岁"一段的思想重心在于"天人相征"，与五纪畴通过历象天文以制定历法的用意不同。因此第二部分文字仍应当属于本畴。依笔者意见，本畴讲庶征和天人感应分为两种形式，一种是五事畴的修身与本畴所云庶征的关系，另一种是对五纪的察省与本畴所云时序年谷彝伦风雨之关系。而时序年谷彝伦风雨属于另一种形式的庶征。

又，曾运乾认为"曰王省惟岁"下一段文字本属于皇极畴，当接在"会其有极归其有极"下。② 按，此说系猜测之辞，并无实据，也未见有学者跟从此说。

再看本畴文本的校勘和训释问题。《说文·心部》曰："念，常思也。""念"即常思、思虑、考虑之义。"庶征"即众征，"征"是征验、应验、效验之义。孙星衍《尚书今古文注疏》引郑玄曰："庶，众也。征，验也。谓众行得失之验。"③（《礼记·礼器》疏）《淮南子·修务》曰："夫歌者，乐之征也；哭者，悲之效也。"高诱《注》："征，应也，效，验也。""念用庶征"，言天子以庶征思虑天人感应。

"旸"，《史记·宋微子世家》作"阳"；"燠"，《宋微子世家》作"奥"。按，"阳"读作"旸"，"奥"读作"燠"。《说文·日部》："旸，日出也。"

① 参见刘节《洪范疏证》，载顾颉刚编著《古史辨》，上海古籍出版社1982年版，第5册，第394页；屈万里《尚书集释》，台北：联经出版事业股份有限公司1983年版，第125页；朱廷献《尚书研究》，台北：台湾商务印书馆1987年版，第164页。

② 参见曾运乾《尚书正读》卷三，中华书局1964年版，第138页。

③ （清）孙星衍：《尚书今古文注疏》卷十二，中华书局1986年版，第295页。

同书《昌部》："阳，高明也。"同书《火部》："燠，热在中也。"清人段玉裁曰："《洪范》'庶征曰燠曰寒'，古多叚奥为之。《小雅》'日月方奥'，《传》曰：'奥，煖也。'"①

"曰时五者来备"，《后汉书·杜栾刘李刘谢列传》云："得其人则五氏来备。"李贤注："是与氏古字通耳。"《后汉书·荀韩钟陈列传》云："五毗咸备，各以其叙。"李贤注："毗，是也……五是来备，各以其叙也。"按，"时"，是也，此也。"此五者"，指上文雨、旸、燠、寒、风五者。所引《后汉书》两文乃括引《洪范》文，"氏"通"是"，"毗"与"是"属于同义换字。"五是"，言证验、应验以此五者为是，外此非也。"五是"或"五毗"均就休征而言。"者"字，《今文尚书》仅一见。对于此种现象，钱宗武说："我们认为《洪范》里的'者'，有可能是后人在传抄《尚书》时，以今律古，因为构成名词性结构的结构助词'者'已大量运用，而误改'氏'为'者'。"② 与钱说相应，管燮初曾统计西周金文材料，认为"者"字"在西周金文中尚未出现"。③ 其说可参。

"蕃庑"，《史记·宋微子世家》作"繁庑"，《说文·林部》引《商书》曰"庶艸繇橆"。按，"繁"读作"蕃"，滋生也。"庑"当读作"橆"。《说文·林部》曰："橆，丰也。"《说文》"橆""无"异字，"无"字在《亡部》。同书《广部》曰："庑，堂下周屋。"《国语·晋语》曰："黍不为黍，不能蕃庑。"韦昭注："蕃，滋也。庑，丰也。"④

"曰谋"，"谋"通"敏"，通达也。王引之《经义述闻》卷三"聪作谋"条曰："引之谨案，恭与肃、从与乂、明与哲、睿与圣，义并相近。若以谋为谋事，则与聪字义不相近，斯为不类矣。今案，谋与敏同。敏，古读若每。谋，古读若媒。（并见《唐韵正》）谋、敏声相近，故字相通……《晋语》：'知羊舌职之聪敏肃给也。'聪与敏义相近。（《广韵》：'敏，聪也，达也。'）"⑤ 王说

---

① （清）许慎撰，（清）段玉裁注：《说文解字注》，世纪出版集团、上海古籍出版社 1988 年版，第 486 页。
② 钱宗武：《今文尚书语言研究》，岳麓书社 1996 年版，第 283 页。
③ 管燮初：《西周金文语法研究》，商务印书馆 1981 年版，第 203 页。
④ 徐元诰：《国语集解》，中华书局 2002 年版，第 331 页。
⑤ （清）王引之：《经义述闻》，商务印书馆 1936 年版，第 131 页。不过，中国台湾地区学者黄忠慎不同意王说。参见黄忠慎《〈尚书·洪范〉考辨与解释》，新北：花木兰文化出版社 2011 年版，第 92—93 页。

可据。

"曰狂"，倨慢也。"曰僭"，差失也。"狂""僭"均就道德行为言。"曰豫"，"豫"字，孔颖达《疏》引郑玄《注》作"舒"。按，"豫"读作"舒"。《汉书·五行志》曰："失在舒缓，故其咎舒也。"一训"豫"为"乐"，疑非。"曰急"，急迫也，严急也。"曰豫（舒）"与"曰急"相对。"曰蒙"，"蒙"字，《史记·宋微子世家》作"雾"，《汉书·五行志》作"霿"，《尚书大传·洪范五行传》作"霿"。按，"雺"即"雾"的本字，读作"蒙"或"霿"，均是愚昧、昏昧或蒙昧之义。孔颖达《疏》引郑玄曰："蒙，见冒乱也。"① 《汉书·五行志下》曰："貌、言、视、听，以心为主，四者皆失，则区霿无识，故其咎霿也。雨、旱、寒、奥，亦以风为本，四气皆乱，故其罚常风也。"

本畴上下各"若"字，古今有三训。第一种训为"顺"。《论衡·寒温》引或人曰："若，顺……人君急，则常寒顺之；舒，则常温顺之。"伪孔《传》训同，孔颖达《疏》引郑玄曰："五事不得，则咎气而顺之。"② 朱子曰："'肃，时雨若。'肃是恭肃，便自有滋润底意思，所以便说时雨顺应之。'乂，时旸若。'乂是整治，便自有开明底意思，所以便说时旸顺应之。'哲，时燠若。'哲是普照，便自有和暖底意思。'谋，时寒若。'谋是藏密，便自有寒结底意思。'圣，时风若。'圣则通明，便自有爽快底意思。"③ 这些引文都是训"若"为"顺"的例子。第二种训为"如""似"。王安石《洪范传》曰："故雨、旸、燠、寒、风者，五事之证也。降而万物悦者，肃也，故若时雨然；升而万物理者，乂也，故若时旸然；哲者，阳也，故若时燠然；谋者，阴也，故若时寒然；睿其思心，无所不通，以济四事之善者，圣也，故若时风然。狂则荡，故常雨若；僭则亢，故常旸若；豫则解缓，故常燠若；急则缩栗，故常寒若；冥其思心，无所不入，以济四事之恶者，蒙，故常风若也。"④ 这是训"若"为"如""似"之义。朱子即曰："如荆公，又却要

---

① 《十三经注疏》整理委员会整理：《尚书正义（十三经注疏）》卷十二，北京大学出版社 2000 年版，第 380 页。

② 《十三经注疏》整理委员会整理：《毛诗正义（十三经注疏）》卷十二，第 828 页。

③ （宋）黎靖德编：《朱子语类》卷七十九，王星贤点校，中华书局 1986 年版，第 2048 页。

④ （宋）王安石撰，中华书局上海编辑所编辑：《临川先生文集》卷六十五，中华书局 1959 年版，第 695 页。

一齐都不消说感应，但把'若'字做'如''似'字义说。做譬喻说了，也不得。"① 今按，庶征畴的"若"字，既不当训为"顺"，也不当训为"如""似"。训为"顺"或"如""似"，都是不对的。经文本曰"时雨若"云云，王安石却改为"若时雨然"云云，这改变了句子的文法。第三种训为语气词。王引之《经传释词》曰："若，词也……《书·洪范》曰：'曰肃，时雨若。曰乂，时旸若。曰晢，时燠若。曰谋，时寒若。曰圣，时风若。'"屈万里、刘起釪等人同意此训。②《汉书·五行志》云："上嫚下暴，则阴气胜，故其罚常雨也。"又曰："刑罚妄加，群阴不附，则阳气胜，故其罚常阳也。"又云："盛夏日长，暑以养物，政弛缓，故其罚常燠也。"又云："盛冬日短，寒以杀物，政促迫，故其罚常寒也。"又云："雨、旱、寒、燠，亦以风为本，四气皆乱，故其罚常风也。"《五行志》均未训"若"为"顺"，而似乎皆将"若"作为句末语助词来使用。据此，王引之的训释是可靠的。此外，曾运乾曰："若，譬况之词，位于句末。"周秉钧、刘起釪等同意曾说。③ 其实，这个训释未必可靠，而刘起釪前后的训释未能统一，表明他是摇摆不定的。

最后看本畴的思想。本畴言征验、征应或效应，指君王修身的休咎善恶与雨、旸、燠、寒、风五种气候现象具有证验关系。所谓"念用庶征"，即指君王为政，应当念虑庶征及其所包含的天意，考虑"王"（修身所致德行）与"天"的因果感应关系。"庶征"，具体指雨、旸、燠、寒、风五种征验。一岁之中，此五者来备，无有缺失，且来去适时、多少适度（"各以其叙"），而致草木丰茂。这种现象是非常吉利的。如果极端地具备或者极端地缺失其中任何一征④，那么就会导致凶灾。

进一步，在箕子看来，君王修身的善恶与庶征相应地具有休咎关系。肃、乂、哲、谋（敏）、圣为君之善行，狂、僭、豫、急、蒙为君之恶行，且前后

---

① （宋）黎靖德编：《朱子语类》卷七十九，王星贤点校，第 2048—2049 页。

② 参见（清）王引之《经传释词》卷七，岳麓书社 1985 年版，第 149—150 页；屈万里《尚书集释》，第 124 页；顾颉刚、刘起釪《尚书校释译论》，中华书局 2005 年版，第 1189 页。

③ 参见曾运乾《尚书正读》卷三，第 136 页；周秉钧《尚书易解》卷三，岳麓书社 1984 年版，第 144 页；顾颉刚、刘起釪《尚书校释译论》，第 1204、1205 页。

④ "一极备，一极凶"，"一"，钱宗武说："指雨、旸、燠、寒、风五者之一。《尚书》没有出现几分之几这样的分数，仅有此处一例用子数表示分数。汉语分数表示法从不完备到完备，从不规则到规则，经过了一个漫长的过程。起初也许就是用子数表示分数，后来才出现母数，然后才有'母数+之（分）+子数'式，最后才逐渐定型为'母数+分+之+子数'。"钱宗武、杜纯梓：《尚书新笺与上古文明》，北京大学出版社 2004 年版，第 141 页。

两组具有对应关系。善行与休征对应，恶行与咎征对应。对于"休征"和"咎征"，学者有两种训释。"休征"，伪孔《传》曰："叙美行之验。""咎征"，伪孔《传》曰："叙恶行之验。"① 似乎以"休"字为美行，"咎"字为"恶行"。此点已见于汉人说。《汉书·五行志》曰"故其咎狂也""故其咎僭""故其咎舒也""故其咎急也""故其咎霿也"，都是直接证据。又，《汉书·五行志》引"休征"，颜师古《注》引孟康曰："善行之验也。"② 孟康是三国魏人，他即从此一训释。另一种训释见于郑玄《注》和蔡沈《书集传》。在"曰咎征：曰狂，恒雨若"下，孙星衍《注疏》引郑康成曰："五事不得，则咎气而顺之。"③ 蔡沈曰："五事修则休征各以类应之，五事失则咎征各以类应之，自然之理也……盖雨、旸、燠、寒、风五者之休咎。"④ 从如上两条引文来看，郑玄和蔡沈不训"休""咎"为美行和恶行，而训为吉庆和凶灾。"休征"即吉庆的征验，"咎征"即凶灾的征验，"休""咎"是用来定性"征"之吉凶好坏的。笔者认为，后一种训释是恰当的。因此，如果君王对于自身之貌、言、视、听、思的修养达到了肃、乂、哲、谋（敏）、圣的地步，那么上天就会以"时雨若""时旸若""时燠若""时寒若""时风若"应验之。否则，若是狂、僭、豫、急、蒙，上天就会以"恒雨若""恒旸若""恒燠若""恒寒若""恒风若"应验之。前者，例如"曰肃，时雨若"，这是说如果君王恭肃，就会有及时雨来降；其他仿此。后者，例如"曰狂，恒雨若"，这是说如果君王狂傲，就会久雨不停；其他仿此。而不论是"时雨若"还是"恒雨若"，追根溯源，都是由天主宰和应验之的。

本畴言雨、旸、燠、寒、风五种气象因素，无疑都是基于农业生产的需要。从政治出发，古人认为，人君作为一国或天下的最高政治主体即应对影响农业生产之一年气象的好坏承担相应的责任。不过，在天人感应的意识下，本畴第一部分即直接认为，气象的好坏与君王德行的善恶相应。换言之，君王应当对影响农业生产的一年气象承担主要责任。第二部分又说，君王负责省察一岁的气象状况，卿士负责省察一月的气象状况，普通官员（师尹）负责省察一日的气象状况，如果岁、月、日、时（四时）"各以其叙"，遵循常

① 《十三经注疏》整理委员会整理：《尚书正义（十三经注疏）》卷十二，第379页。
② （汉）班固撰，（唐）颜师古注：《汉书》卷二十七，中华书局1962年版，第1351页。
③ （清）孙星衍：《尚书今古文注疏》卷十二，第314页。
④ （宋）蔡沈撰：《书集传》卷四，王丰先点校，中华书局2018年版，第170—171页。

态，没有改易，那么就会"百谷用成，乂用明，俊民用章，家用平康"，否则，就会"百谷用不成，乂用昏不明，俊民用微，家用不宁"。下文"庶民惟星，星有好风，星有好雨。日月之行，则冬有夏。月之从星，则以风雨"七句①，以"星"比喻"庶民"，以"日"比喻天子，以月比喻卿士②，来阐明普通民众（"庶民"）对于王政的影响。这段文字认为，王政有常法，其大体格局是由天子、卿士所决定的，这犹如"日月之行，则有冬有夏"；但是，庶民也会影响王政，这就好像月亮遇到箕星会刮起大风，遇到毕星会下大雨一样。这二者均为灾害，是从负的方面来说的，其用意在于警示天子和卿士。伪孔《传》曰："月经于箕则多风，离于毕则多雨。政教失常以从民欲，亦所以乱。"③ 其说是也。

总之，庶征畴贯穿着天人感应思维，与五事畴的关系密切。五事畴的现实意义即体现在庶征畴中，庶征畴进一步说明了君主修身的重要性。修身不但是天子作为最高政治主体在德行上的自我完善，并以此德行主体去治理人化的天下，而且通过主宰性的"天"与以雨、旸、燠、寒、风五种基本气象所构成的自然世界通过主宰性的"天"具有征应关系，并具体通过休征和咎征表现出来。当然，需要交代，此处所说"自然世界"在彼时其实并不自然，它充满了神意。而所谓休征和咎征，既然从征验和征应言之，那么它们显然被看作天意的表达。

此外，由于五事畴与本畴都以"五"数为基础，且彼此相应，故本畴理应包含着五元的关联性思维。而"五元"和"关联性"正是后世所谓五行思维方式的两个要素。当然，尽管《洪范》暗中采用了"五元"和"关联性"观念，但是从中我们还看不到它将"五行"与"五事""五征"直接关联起

---

① "星有好雨"指毕星。《诗·小雅·渐渐之石》："月离于毕，俾滂沱矣。"月离于箕星则多风，传记无说，孔《疏》载郑玄引《春秋纬》曰："月离于箕，则风扬沙。"《十三经注疏》整理委员会整理：《尚书正义（十三经注疏）》卷十二，第383页。《史记集解》引马融曰："箕星好风，毕星好雨。"《周礼·春官·大宗伯》郑《注》引郑司农云："风师，箕也。雨师，毕也。"《汉书·天文志》曰："月为风雨，日为寒温。冬至日南极，晷长，南不极则温为害。夏至日北极，晷短，北不极则寒为害。故《书》曰'日月之行，则有冬有夏'也。"（清）孙星衍：《尚书今古文注疏》卷十二，第316—317页。

② 伪孔《传》曰："星，民象，故民众惟若星。箕星好风，毕星好雨，亦民所好。"又曰："日月之行，冬夏各有常度。君臣政治，小大各有常法。"《十三经注疏》整理委员会整理：《尚书正义（十三经注疏）》卷十二，第382页。

③ 《十三经注疏》整理委员会整理：《尚书正义（十三经注疏）》卷十二，第382页。

来的文本证据。其中，"五行"的水、火、木、金、土，润下、炎上、曲直、从革、稼穑，咸、苦、酸、辛、甘，以及"五事"的貌、言、视、听、思，恭、从、明、聪、睿，肃、乂、哲、谋（敏）、圣的关联，它们各自都是在体用关系上建构起来的自生性关联。而"五征"则与此不同，其"休征"肃—时雨、乂—时旸、哲—时燠、谋—时寒、圣—时风，及"咎征"狂—恒雨、僭—恒旸、豫—恒燠、急—恒寒、蒙—恒风的关联，则属于以天人感应为背景和基础的因果联系。从根本上来说，无论是"五征"的天人感应式的因果联系，还是"五行""五事"的体用论式的自生性关联，它们都不是后人所说的五行思维方式。"五行思维方式"是在承认万物的普遍、有机联系基础上的五元类联性思维，它将不同系列、不同事物及其属性关联起来，体现出万有在宇宙论上的统一性。应当说，五行思维方式的产生是中国传统思维方式的重大进步。

三　去神化与对感应原理的肯定

汉代是《洪范》庶征畴大义极其昌明的时代，得到了经师和朝廷的大力提倡。而汉人对于庶征畴的阐释无疑是在神学背景下展开的，其思维性质属于神性的天人感应。汉代是神性的天人感应观念发展的最高阶段，并以阴阳灾异和五行灾异的方式表现出来。汉人的灾异思想一般基于"五事"与"庶征"的天人感应关联，前者是感，后者是应，中间通过主宰性的"天"起作用。从休征到瑞应，从咎征到灾异，庶征畴在汉代发生了思想转进。而灾异思维的基本目的是谴告和警戒人君，让其反躬自省，勤于政事，以期上合天意，下足民生，以致天下太平大治。汉代的灾异资料十分丰富，可以参看《春秋繁露》《白虎通》《汉书》《后汉书》《汉纪》及各种纬书等。

宋代，古人对于庶征畴的解释明显经历了去神化或自然化的过程。在此过程中，王安石及朱子的解释十分典型。在《洪范传》中，王安石追问了"曰肃，时雨若"云云和"曰狂，恒雨若"云云发生的原因，认为休征和咎征不过"言人君之有五事，犹天之有五物"，对它们作了客观化和自然化的处理。故在他看来，"五事"并不具备感动天地的魔力。"天之五物"（雨、旸、燠、寒、风）的施用在于适宜和成物，"一极备凶，一极无亦凶"。"人君之五事"（貌、言、视、听、思）的施用亦在于适宜和成民，"一极备凶，一极无亦凶"。所以"人君之五事"与"天之五物"是一种类比性质的证验关系，而不属于感应关系，故《洪范传》曰"故雨、旸、燠、寒、风者，五事之证也"。在《洪范传》中，王安石将"征""证"二字混用。而对于所谓证验，王安石以"法象"看待之，《洪范传》曰："君子之于人也，固常思齐其贤，而以其不肖为戒，况天者固人君之所当法象也，则质诸彼以验此，固其宜也。"所说"降而万物悦者，肃也，故若时雨然"云云①，都是此意。由此，王安石对灾异说作了批判。《洪范传》曰：

> 然则世之言灾异者，非乎？曰：人君固辅相天地以理万物者也。天地万物不得其常，则恐惧修省，固亦其宜也。今或以为天有是变，必由我有是罪以致之；或以为灾异自天事耳，何豫于我，我知修人事而已。盖由前之说，则蔽而葸；由后之说，则固而怠。不蔽不葸，不固不怠者，亦以天变为己惧，不曰天之有某变，必以我为某事而至也，亦以天下之正理考吾之失而已矣，此亦"念用庶证"之意也。②

这段话是接着上述引文来说的，它将灾异看作"天地万物不得其常"的一种现象。王安石虽然肯定了此不正常现象具有令人"恐惧修省"的价值，但是从根本上否定了所谓天人感应之说。

朱子对汉人和王安石的解释都作了批评，云："如汉儒必然之说固不可，如荆公全不相关之说亦不可。"他说：

> 《洪范》庶征固不是定如汉儒之说，必以为有是应必有是事。多雨之征，必推说道是某时做某事不肃，所以致此。为此必然之说，所以教人难尽信。但古人意精密，只于五事上体察是有此理。如荆公，又却要一齐都不消说感应，但把"若"字做"如""似"字义说，做譬喻说了，也不得。荆公固是也说道此事不足验，然而人主自当谨戒。如汉儒必然

---

① 上引《洪范传》文，均见（宋）王安石撰，中华书局上海编辑所编辑《临川先生文集》，第695页。

② 上引诸《洪范传》文，参见（宋）王安石撰，中华书局上海编辑所编辑《临川先生文集》，第695页。

之说固不可，如荆公全不相关之说，亦不可。古人意思精密，恐后世见未到耳。①

在此，朱子没有否定天人感应之说，他只是反对汉儒"为此必然之说"，即所谓"必以为有是应必有是事"之说。同时，他批评荆公之说，认为有两点错误：一者，"如荆公，又却要一齐都不消说感应"；二者，将本畴的"若"字做"如""似"字义说了，做譬喻说了。应该说，从文法及古人的意识水平来看，朱子的这两点批评都是恰当的。

根据上述引文，朱子对庶征畴及天人感应的解释大体上可以归纳为如下四点。第一，对于天人感应，他既反对汉儒的必然之说，也反对荆公的全不相关之说。第二，他肯定了传统天人感应说所包含的"人主自当谨戒"之义。第三，他从"此理"上解释感应，去除了古人天人感应说的神秘性。朱子说："但古人意精密，只于五事上体察是有此理。"又说："'肃，时雨若'，肃是恭肃，便自有滋润底意思，所以便说时雨顺应之。'乂，时旸若'，乂是整治，便自有开明底意思，所以便说时旸顺应之。'哲，时燠若'，哲是普照，便自有和暖底意思。'谋，时寒若'，谋是藏密，便自有寒结底意思。'圣，时风若'，圣则通明，便自有爽快底意思。"② 如就"肃，时雨若"一句，朱子将"肃"看作产生"滋润底意思"的心理本源，而与"时雨"之意相应，故曰"时雨若"。对于其他四征，朱子的解释均类此。简言之，朱子以一种理性化的类比关联解释了庶征畴的感应问题。或者说，朱子对于传统的感应说作了理性化的处理。第四，朱子虽然在较大程度上否定了传统的天人感应说，但他肯定了包含于其中的感应原理。这一点很重要，是建设新天人感应说的地基。

今天看来，无论"天人感应"在历史上经历了何种形态的变化，"感应"本身作为普遍原理是客观存在的。天人感应从神性化到去神性化，伴随着人类意识形态发展的过程。就中国来说，在唐代以前，神性的天人感应思维非常发达，汉代是其顶峰。在宋代以后，天人感应在精英知识阶层经历了一个快速的去神性化过程。不过，从相关解释来看，朱子肯定了"感应"原理本

---

① （宋）黎靖德编：《朱子语类》卷七十九，王星贤点校，第2048—2049页。
② 以上两条引文，俱见（宋）黎靖德编《朱子语类》卷七十九，王星贤点校，第2048页。

身，这是对的。感应从神性化转变为理性化，理学在其中起了决定作用。宋代理学虽然在字面上不怎么提天人感应，但实际上它以一种变形的方式和新内涵间接地维护了此一理论，这就是：其一，宋儒以此理说所谓感通；其二，宋儒以仁爱说所谓感应。在一种有机而感通、感应的宇宙意识中，宋儒建立了自己的新学问体系，同时以一种高度理性化和人文价值化的形式重新肯定了天人感应的命题。现当代中国是无神论或自然论大流行的时代，许多学者为了回避清末民初启蒙思想家对传统天人感应的批判和责难，有意放弃此一术语，而乐于起用"天人合一"一词。这一做法虽然没有错，但是有时候显得不够精当，比较空洞。笔者认为，"天人感应"的术语在今天还是可以使用的，只是需要我们对其重新作解释和定义。而在此一系统中，修身工夫变得更为重要，宋明儒即由此开展出一套大学问。

总之，《洪范》八政、五纪、三德、稽疑和庶征五畴都很重要，都是九畴中的一畴，在《洪范》九畴的政治哲学体系中，各为重要的一环。无八政，各种政事活动无法展开。无五纪，宇宙观念无法清晰建立，时间和时节无法辨识。无三德，天子何以中正，执掌作威作福玉食之权？无稽疑，天子何以明断吉凶？无庶征，天子何以"敬用五事"，慎己畏天？笔者曾想以专章的形式来论述和讨论"稽疑""庶征"两畴各自的思想及其相关问题，但迫于研究时间的限制，故只在本文中略加论述，粗达其意。

古典君位观的哲学分析[*]

——以清华简《系年》第九章为中心

李若晖

摘　　要　清华简《系年》第九章述晋灵公君位失而复得。诸大夫主立"强君"，是以称职为居于君位之必要条件。襄夫人却巧妙地将称职理解为君主的下位概念区别特征。亦即称职只是君主的一个类型而非所有君主的必要条件。进而分析君位传承诸要素并排列组合，可得出以称职为充要条件者为禅让制，以称职与血脉为必要条件者为族内尚贤，以血脉为充要条件者为传子制，传子制的极致为嫡长子继承制。在历史进程中，嫡长子继承制最终成为君位传承的标准制度。由于嫡长子继承制不以称职为居于君位的必要条件，而凸显继位者乃生而统御的天选之子，致使君权不必以君职所规定之君位与君主相结合，从而既构造出不受制约的君权，更培育出肆无忌惮之君主。

关　键　词　君位；君职；君权；君主；禅让制；族内尚贤；嫡长子继承制

作者简介　李若晖，中国人民大学国学院教授，研究方向主要为先秦两汉哲学史、中国经学史、中国德性政治史、古典语言文献。

---

* 本文原载《现代哲学》2023 年第 1 期。

清华简《系年》第九章：

> 晋襄公卒，灵公高幼，大夫聚谋曰："君幼，未可奉承也，毋乃不能邦？献求强君。"乃命左行蔑与随会召襄公之弟雍也于秦。襄夫人闻之，乃抱灵公以号于庭曰："死人何罪？生人何辜？舍其君之子弗立，而召人于外，而焉将真此子也？"大夫闵，乃皆背之曰："我莫命召之。"乃立灵公，焉葬襄公。

《系年》以诸大夫欲废灵公而另立强君，襄夫人则拼死以争，卒定君位。本文即尝试分析诸大夫与襄夫人关于君位之观念，以深入理解古典君位观。

作为对照，《左传》文公六年至七年有如下记载：

> 八月乙亥，晋襄公卒。灵公少，晋人以难故，欲立长君。
>
> 穆嬴日抱大子以啼于朝，曰："先君何罪？其嗣亦何罪？舍適嗣不立，而外求君，将焉真此？"出朝则抱以适赵氏，顿首于宣子，曰："先君奉此子也而属诸子，曰：'此子也才，吾受子之赐；不才，吾唯子之怨。'今君虽终，言犹在耳，而弃之，若何？"宣子与诸大夫皆患穆嬴，且畏偪，乃背先蔑而立灵公。

《史记》卷三十九《晋世家》：

> 七年八月，襄公卒。太子夷皋少。晋人以难故，欲立长君。
>
> 太子母缪嬴日夜抱太子以号泣于朝，曰："先君何罪？其嗣亦何罪？舍適而外求君，将安置此？"出朝，则抱以适赵盾所，顿首曰："先君奉此子而属之子，曰：'此子材，吾受其赐；不材，吾怨子。'今君卒，言犹在耳，而弃之，若何？"赵盾与诸大夫皆患缪嬴，且畏诛，乃背所迎而立太子夷皋，是为灵公。

一

从严格概念思维的角度来看，诸大夫与襄夫人君位观的主要歧异，在于对君主本人必须称职的认识。

在诸大夫看来，作为君主，称职应是必要前提条件，即不称职则不得为君。这就表明，诸大夫是将君位视为公职，于是君主当然以尽职尽责为必要条件。

从襄夫人的话来看，她并不否认尚在襁褓中的灵公的确不能履行君主的职责，亦即不称职。但是襄夫人却巧妙地将称职理解为君主的下位概念区别特征。亦即称职只是君主的一个类型而非所有君主的必要条件，这就意味着不称职也可以为君，于是君位并不能简单视为公职。

二

分析诸大夫的君位观。

"君幼"何以"不能邦"？如果从哲学分析的角度看，必须论证其根据何在。

这一论证的根据就是诸大夫以君位为公职，于是便可一问：君位作为公职与其他公职有何区别？

春秋时期社会结构与等级划分，略见于《左传》《国语》。《左传》昭公七年楚芋尹无宇对楚灵王曰："天有十日，人有十等。下所以事上，上所以共神也。故王臣公，公臣大夫，大夫臣士，士臣皂，皂臣舆，舆臣隶，隶臣僚，僚臣仆，仆臣台。马有圉，牛有牧，以待百事。"襄公九年楚令尹子囊谏共王伐晋，曰："不可，当今吾不能与晋争。晋君类能而使之，举不失选，官不易方，其卿让于善，其大夫不失守，其士竞于教，其庶人力于农穑。商工皂隶不知迁业。"《国语·晋语四》，叙晋文公即位之后，晋国之状况，有云："公食贡，大夫食邑，士食田，庶人食力，工商食官，皂隶食职，官宰食加。政平民阜，财用不匮。"顾德融、朱顺龙《春秋史》据以梳理当时社会等级为：

"西周至春秋时的社会等级是由天子、诸侯、卿大夫、士、庶人、工商、皂隶等各等级组成的。其中天子、诸侯、卿大夫、士都是有官职、有封邑或土地的统治者，应该属于贵族阶级，庶人、工商、皂隶基本上是劳动者，他们无官职、无土地，是被统治阶级。其中庶人、工商的社会地位要高于皂隶，是被统治者中的上层，皂隶及其以下等级是被统治者中的下层，应属奴隶阶级。"[1] 如果我们从职位的角度来看，则可以将当时的社会政治等级划分为君主、贵族、庶民、奴隶四个等级。

四个等级各有其相应的德性，其区分即在于对待利的方式。概言之，即奴隶是谋利，庶民是让利，贵族是无利，君主是为公利。

奴隶的职责是以专业技能获取生活所需。《国语·晋语四》："皂隶食职"，韦昭注："食职，各以其职大小食禄。"可见奴隶确有职责。童书业《春秋左传研究》归纳奴隶的工作即专业技能为四。其一，家庭执役。其二，从事畜牧业，即"圉""牧"等所为之工作。其三，亦有从事农业者。[2] 《国语·晋语一》："其犹隶农也，虽获沃田而勤易之，将不克飨，为人而已。"此为人耕田之"隶农"，即农业奴隶也。其四，从事手工业。奴隶的德性是通过一技之长来满足一己之私。这是一种以自身为目的的德性，而以自身为目的意味着卑微、卑贱。奴隶的以技谋利，其德性并不高于牲畜。上引芋尹无宇之语，"天有十日，人有十等"，人之十等，即由王至台。其下所言"马有圉，牛有牧"，即明以非人之马牛为"仆臣台"下之等级。牛马也以其技能获得生活所需，动物与奴隶的区分在于没有对于利益的认知，即没有形成一己之私的认识。

庶民德性能够区分利益。《国语·周语下》："子孙为隶，下夷于民。"可见隶的地位低于民。《国语·晋语四》，"庶人食力"，韦昭注："各由其力。"《左传》襄公九年亦言："其庶人力于农穑。"看起来似乎庶民与奴隶一样，也是以专业技能获取生活所需。但庶民在德性上与奴隶相比，有一重大不同。《韩诗外传》卷四："古者八家而井。……八家相保，出入更守，疾病相忧，患难相救，有无相贷，饮食相召，嫁娶相谋，渔猎分得，仁恩施行，是以其

---

① 顾德融、朱顺龙：《春秋史》，上海人民出版社 2019 年版，第 346 页。

② 参见童书业《春秋左传研究》（校订本），载童教英整理《童书业著作集》第 1 卷，中华书局 2008 年版，第 438 页。

民和亲而相好。"《韩诗外传》所论在《诗经》中可以找到依据。《诗·周颂·良耜》："其崇如墉，其比如栉，以开百室。"郑笺："百室，一族也。草秽既除而禾稼茂，禾稼茂而穀成熟，谷成熟而积聚多。如墉也，如栉也，以言积之高大，且相比迫也。其已治之，则百家开户纳之。千耦其耘，辈作尚众也。一族同时纳穀，亲亲也。百室者，出必共洫间而耕，入必共族中而居，又有祭酺合醵之欢。"孔疏："《周礼》'五家为比，五比为间，四间为族'，是百室为一族。于六乡则一族，于六遂则一鄼。是郑以乡尊于遂，故举乡言耳。上篇言千耦，此篇言百室，虽未必一人作，而其文千百不同，故解其意。千耦其芸，辈作者尚众，故举多言也。一族同时纳谷，见聚居者相亲，故举少言也。又解族、党、州、乡皆为聚属，独以百室为亲亲之意，由百室出必共洫间而耕，入必共族中而居，又有同祭酺合醵之欢也，故偏言之也。《遂人》云：'百夫有洫。'故知百室共洫间而耕。"可知庶民的德性是以合作为核心，能够让利助人。要做到合作，就必须对利益进行区分，并在此基础上对利益的大小轻重进行选择。奴隶德性则无法对利益进行区分。

贵族德性即在于超越利益，以非功利性专注于德性自身。《国语·晋语八》："叔向见韩宣子，宣子忧贫，叔向贺之，宣子曰：'吾有卿之名，而无其实，无以从二三子，吾是以忧，子贺我，何故?'对曰：'昔栾武子无一卒之田，其宫不备其宗器，宣其德行，顺其宪则，使越于诸侯，诸侯亲之，戎狄怀之，以正晋国，行刑不疚，以免于难。及桓子，骄泰奢侈，贪欲无艺，略则行志，假贷居贿，宜及于难；而赖武之德，以没其身。及怀子，改桓之行，而修武之德，可以免于难；而离桓之罪，以亡于楚。夫郤昭子，其富半公室，其家半三军，恃其富宠，以泰于国，其身尸于朝，其宗灭于绛。不然，夫八郤，五大夫三卿，其宠大矣，一朝而灭，莫之哀也，唯无德也。今吾子有栾武子之贫，吾以为能其德矣，是以贺。若不忧德之不建，而患货之不足，将吊不暇，何贺之有?'宣子拜稽首焉，曰：'起也将亡，赖子存之，非起也敢专承之，其自桓叔以下嘉吾子之赐!'"一旦贵族弃德逐利，必将导致身死宗灭。《左传》隐公元年述郑国共叔段叛乱的过程，其中有："大叔又收贰以为己邑，至于廪延。子封曰：'可矣，厚将得众。'公曰：'不义不昵，厚将崩。'"杜预注："不义于君，不亲于兄，非众所附，虽厚必崩。"郑庄公清晰地表达了这一观念。

君主作为职位，有职有责。《孟子·梁惠王下》："孟子谓齐宣王曰：'王之臣有托其妻子于其友，而之楚游者。比其反也，则冻馁其妻子，则如之何？'王曰：'弃之。'曰：'士师不能治士，则如之何？'王曰：'已之。'曰：'四境之内不治，则如之何？'王顾左右而言他。"萧公权在《中国政治思想史》中论曰："此暗示君主有职，同于百官，失职者当去也。"① 检赵岐注曰："境内之事，王所当理，不胜其任，当如之何。"孙奭疏："此章言君臣上下，各勤其任，无堕其职，乃安其身也。"萧说良是。《孟子·万章下》，孟子答北宫锜周室班爵禄曰："天子一位，公一位，侯一位，伯一位，子、男同一位，凡五等也。君一位，卿一位，大夫一位，上士一位，中士一位，下士一位，凡六等。"也明确以天子诸侯与卿大夫士皆为职位。熊十力曰："孟子本深于《春秋》者。其书盖以孔子作《春秋》，为乱后之一治。观其答北宫之语，与其民为贵之主张，原为一致。民贵，故天子有爵，与百官之有爵无异。不过其爵居第一位，为百官之首长而已。"② "天子"既为一爵位，则此一爵位亦即职位是有职责的，即"为民父母"，要衣养万民。顾炎武《日知录》卷十"周室班爵禄"条曰："为民而立之君，故班爵之意，天子与公侯伯子男一也，而非绝世之贵；代耕而赋之禄，故班禄之意，君卿大夫士与庶人在官一也，而非无事之食。是故知天子一位之义，则不敢肆于民上以自尊；知禄以代耕之义，则不敢厚取于民以自奉。不明乎此，而侮夺人之君常多于三代之下矣。"③ 牟宗三《〈公羊〉义略记》对于"天子"之职责一义也有很好的解说："天子为政治机构中之首长，不只为一人，而且为一法人。既为一法人，自是政治机构中政治等级内之一级。既串于政治等级中，自必有其等级上之限制。凡属等级，义必如此。此亦为尊尊之义所必涵。政治机构中之政治等级乃尊尊义也。尊尊为义道。一言义必有分，分即位也。义有限界，以方正之义胜。位有等差，随界限义而立也。"④《周礼·考工记·叙官》："国有六职，百工与居一焉。或坐而论道，或作而行之，或审曲面执以饬五材、以辨民器，或通四方之珍异以资之，或饬力以长地财，或治丝麻以成之。坐而论道，谓之

① 萧公权：《中国政治思想史》上册，商务印书馆 2011 年版，第 95 页。
② 熊十力：《读经示要》，载萧萐父主编《熊十力全集》第三卷，湖北教育出版社 2001 年版，第 1047—1048 页。
③ （清）顾炎武撰，（清）黄汝成集释：《日知录集释》，栾保群点校，中华书局 2020 年版，第 390 页。标点有改动。
④ 牟宗三：《〈公羊〉义略记》，《牟宗三先生全集》，台北：联经出版事业股份有限公司 2003 年版，第 25 册，第 622—623 页。标点有改动。

王公；作而行之，谓之士大夫；审曲面执以饬五材，以辨民器，谓之百工；通四方之珍异以资之，谓之商旅；饬力以长地财，谓之农夫；治丝麻以成之，谓之妇功。"也明确以王公为六职之一。

由此来分析君位作为职位与其他职位有何区别。从春秋时期社会结构中，君主、贵族、庶民、奴隶四等级之分来看，君主、贵族为公职，庶民、奴隶非公职。公职与非公职之区分，在于非公职以为私为第一义，即非公职以为己谋生为第一，担任这一"职位"的公共意义首先在于使自己与家人不成为国家社会的负担。所有公职皆不允许以权谋私，但是君主之外的其他公职（贵族）允许通过为公尽职获取报酬来满足一己之私，而君主则必须大公无私。《左传》襄公十四年："师旷侍于晋侯。晋侯曰：'卫人出其君，不亦甚乎！'对曰：'或者其君实甚！良君将赏善而刑淫，养民如子，盖之如天，容之如地。民奉其君，爱之如父母，仰之如日月，敬之如神明，畏之如雷霆，其可出乎！夫君，神之主也，民之望也。若困民之主，匮神乏祀，百姓绝望，社稷无主，将安用之，弗去何为？天生民而立之君，使司牧之，勿使失性。……天之爱民甚矣，岂其使一人肆于民上，以从其淫，而弃天地之性？必不然矣！'"卫献公出亡，师旷认为，这是因为献公身为君主，将一己之私凌驾于万民之上，其被放逐，完全是咎由自取。《礼记·檀弓》下："卫献公出奔，反于卫，及郊，将班邑于从者而后入。柳庄曰：'如皆守社稷，则孰执羁靮而从；如皆从，则孰守社稷？君反其国而有私也，毋乃不可乎？'弗果班。"卫献公被孙文子放逐，见《左传》襄公十四年。出奔十二年后，献公重返卫国。在返国之时，将要赏赐跟随自己出奔的臣下，郑玄注："欲赏从者，以惧居者。"太史柳庄尖锐地批评道，这是以君主一己之私来区分臣下以实施赏罚，实质上是君主不以社稷为重的表现。

《国语·周语上》："厉王说荣夷公。芮良夫曰：'王室其将卑乎！夫荣公，好专利而不知大难。夫利，百物之所生也，天地之所载也，而或专之，其害多矣！天地百物，皆将取焉，胡可专也！所怒甚多，而不备大难，以是教王，王能久乎！夫王人者，将导利而布之上下者也，使神人百物无不得其极，犹日怵惕，惧怨之来也。故《颂》曰，思文后稷，克配彼天。立我烝民，莫匪尔极。《大雅》曰，陈锡载周。是不布利而惧难乎，故能载周以至于今。今王学专利，其可乎？匹夫专利，犹谓之盗，王而行之，其归鲜矣！荣公若用，周必败！'既，荣公为卿士，诸侯不享，王流于彘。"《孟子·梁惠王上》，孟子也认为："是故明君制民之产，必使仰足以事父母，俯足以畜妻子，乐岁终身饱，凶年免于死亡。然后驱而之善，故民之从之也轻。"由此可知，君主的大公无私，必须是充分理解所有人之私而又无一己之私，绝非高高在上大唱高调，要求所有人都必须毫无一丝私心杂念。倘若君主贵族化，进行非功利的德性追求，必将导致尽灭天下之私，那将是国家的灾难。如若反之，则是尽灭他人之私而成一己之私。并且其尽灭他人之私而成一己之私必然是在大公无私的旗号下实行的。故《孟子·梁惠王上》曰："若民，则无恒产，因无恒心。苟无恒心，放辟，邪侈，无不为已。及陷于罪，然后从而刑之，是罔民也。焉有仁人在位，罔民而可为也？"

但这还不是最糟糕的君主。最糟糕的君主是不知"私"为何物，亦即彻底取消"私"之概念的君主。譬如一个没有"私"之观念的幼童，看见其他小孩的玩具好玩，直接过去拿起来就玩，完全不知道应该先征得玩具主人的同意。倘若他被拒绝，例如拿起的玩具被作为主人的另一幼童抢回，将令其极为惊诧。设想如此幼童身为君主，抢回玩具的幼童将极有可能遭到伤害，并被视为罪有应得。这将导致最为恶劣的境况：一国之中公私俱灭，毫无正义可言。这是以最低等的牲畜之德用于最高等的君主之身，由此为国家带来的不仅仅是灾难，更是耻辱。而此时的灵公，恰恰就是这样一名幼童。

三

春秋时期，人们已经能够区分君主与君位，即君位与居于君位上的人相区分。君位是有职有责的，由此可以判断，君主是否履行了其所应履行之职责。

《礼记·檀弓下》："卫有大史曰柳庄，寝疾。公曰：'若疾革，虽当祭，必告。'公再拜稽首，请于尸曰：'有臣柳庄也者，非寡人之臣，社稷之臣也，闻之死，请往。'不释服而往，遂以襚之。"明确区分了"寡人"与"社稷"，并以"社稷"高于"寡人"。

《礼记·曲礼下》："国君去其国，止之曰：奈何去社稷也！大夫，曰奈何去宗庙也！士，曰奈何去坟墓也！国君死社稷，大夫死众，士死制。"孔颖达疏："国君体国，国以社稷为主，若有寇难，则以死卫之，故不可去也。"又

《礼运》："故国有患，君死社稷谓之义，大夫死宗庙谓之变。"《春秋经》襄公六年："十二月，齐侯灭莱。"《公羊传》释曰："曷为不言莱君出奔？国灭，君死之，正也。"《春秋经》定公四年："夏四月庚辰，蔡公孙归姓帅师灭沈，以沈子嘉归，杀之。"何休注："不举灭为重，书以归杀之者，责不死位也。"可见君主的职责就是守卫社稷。如果国家覆灭，则君主必须为国捐躯。

《左传》襄公二十五年，齐庄公与大夫崔杼之妻通奸被杀之后，"晏子立于崔氏之门外，其人曰：'死乎？'曰：'独吾君也乎哉？吾死也？'曰：'行乎？'曰：'吾罪也乎哉？吾亡也？''归乎？'曰：'君死，安归？君民者，岂以陵民？社稷是主。臣君者，岂为其口实？社稷是养。故君为社稷死，则死之；为社稷亡，则亡之。若为己死而为己亡，非其私昵，谁敢任之？且人有君而弒之，吾焉得死之？而焉得亡之？将庸何归？'"齐庄公是以位足欲，用作为公职的君位所具有的权力，满足一己之私欲，导致作为奸夫被杀，成为国家的耻辱。晏子在此明确区分了"君为社稷死"和"为己死而为己亡"，以及自己作为大夫所应当采取的行动。这样，晏子就明确区分了履行职责的君主和不履行职责的君主。对于不履行职责的君主，臣下可以不以君道待之。

既然守社稷是国君的职责，那么国君能否守社稷当然就是国君是否称职的评判标准。不过，在现实中，国君是否称职，即其能否守社稷，却有着多种原因。灵公的年幼即其中之一。《礼记·曲礼下》："问国君之年：长曰，能从宗庙社稷之事矣；幼曰，未能从宗庙社稷之事也。"诸大夫聚谋曰："君幼，未可奉承也，毋乃不能邦？猷求强君。"诸大夫认为"能邦"，即履行君主职责是成为君主的必要条件。相应地，"强君"即"能邦"之君则是能够充分履行职责的君主。这就意味着，在诸大夫看来，只有"强君"才是君。于是，从逻辑分析的角度来看，"强君"与"君主"两个概念的外延是相同的，只不过"强君"的命名更突出了君主其人对于其职责的履行。在此意义上，"强君"的上位概念不是"君主"，而是"职位"，即孟子述周礼之"君一位"，《考工记》以"王公"为"六职"之一，其所强调的，正是有职即必履责。

四

"君"既为"职位"而有职有责，必将导致以称职与否来遴选居于君位之人，亦即以"能邦"之人居于君位而为"强君"，则必然指向"尚贤"。

另一方面，如襄夫人所坚持的，"称职"并非居于君位的必要条件。显然，襄夫人并非认为居于君位不需要任何必要条件，只是这必要条件并非"称职"而已。襄夫人所坚持的居于君位之必要条件，见于其言之中："死人何罪？生人何辜？舍其君之子弗立，而召人于外，而焉将寘此子也？""死人"指襄公，生人指"灵公"，二者为父子关系。此即下文"舍其君之子弗立"的"君之子"。亦即，襄夫人所坚持的居于君位之必要条件，是前任国君之子。并且，襄夫人对于"舍其君之子弗立"的质问是"死人何罪？生人何辜？"这就表明，襄夫人将父死子继视为天经地义，倘若"舍其君之子弗立"，就是对于国君父子的惩罚与剥夺，当这一惩罚与剥夺没有"罪""辜"与之对应时，就是极其荒谬无理的。

在襄夫人看来，在君位继承人的选取中，父死子继显然高于"强君"之"称职"。王国维《观堂集林》卷十《殷周制度论》有一著名观点，即殷周之际为中华历史上制度之一大变革：其"一曰立子立嫡之制，由是而生宗法及丧服之制，并由是而有封建子弟之制，君天子、臣诸侯之制"。在王国维看来："所谓'立子以贵不以长，立嫡以长不以贤'者，乃传子法之精髓。当时虽未必有此语，固已用此意矣。盖天下之大利莫如定，其大害莫如争。任天者定，任人者争；定之以天，争乃不生。故天子、诸侯之传世也，继统法之立子与立嫡也，后世用人之以资格也，皆任天而不参以人，所以求定而息争也。"[①] 此论在哲学思想上并无新意，不过是荀子先王制礼以定分止争的翻版而已。《荀子·礼论》："礼起于何也？曰：人生而有欲，欲而不得，则不能无求。求而无度量分界，则不能不争；争则乱，乱则穷。先王恶其乱也，故制礼义以分之，以养人之欲，给人之求。"但是王氏以"嫡长子继承制"定于天而不任人，乃定分止争最善之制，则良有以也。

不但"称职"非居于"君位"之必要条件，"强君"是"君主"的下位概念，由此再进一步，居于"君位"并非没有必要条件。在襄夫人看来，这必要条件就是"立嫡以长不以贤"，与前代国君的血脉相连，是居于"君位"最重要，甚至唯一的必要条件。也就是说，只要是前代国君的嫡长子，就必

---

① 王国维：《观堂集林》，载谢维扬、房鑫亮主编《王国维全集》，浙江教育出版社 2009 年版，第 8 册，第 303、306 页。

须无可置疑地成为新的国君。于是嫡长子身份便是居于"君位"的充要条件。

五

一般认为，君位的传承方式中，与"世袭"相对的是"禅让"。典型的论述见于郭店简《唐虞之道》："唐虞之道，禅而不传。尧舜之王，利天下而弗利也。禅而不传，圣之盛也。利天下而弗利也，仁之至也。古昔贤仁圣者如此。"上海博物馆所藏战国楚简中的《容成氏》：容成氏等一系列上古帝王"之有天下也，皆不授其子而授贤"。美国学者艾兰也将其博士学位论文命名为《世袭与禅让》，其言曰："这种历史循环的阐释表现出世袭权力（表现在王朝的延续性上）和道德统治（表现在王朝的更替性上）两种原则之间的潜在矛盾。"① 许景昭则增加了"革命"一维，认为："权力交接基本上是政治发展的必然现象，然其方式不同，所带来的后果亦大相径庭。笔者认为最大的不同，莫过于君权延续及君权更替的区别。君权延续指的是以世袭方式即位的权力交接，使一姓之天下得以延续。君权更替则是以禅让（或篡位）、革命（或攻伐）等手段来改变权力交接的对象。前者是血缘继位，后者则是易姓而王。"② 如果从更大的范围着眼，则可以概括为"亲亲"与"尚贤"。黄俊杰在《春秋战国时代尚贤政治的理论与实际》中认为："'亲亲'与'尚贤'系置于对立之立场而言。前者指封建政治之下，依亲缘背景而不以其个人能力取得高位之旧制；后者则指亲亲精神瓦解后，社会地位之取得以个人之才干与能力为取决条件之现象而言。"③

但是在晋灵公君位失而复得一事中，诸大夫虽然欲废灵公不立，却也并未由"世袭"直奔"禅让"。《左传》文公六年载诸大夫关于择君的争斗："八月乙亥，晋襄公卒。灵公少，晋人以难故，欲立长君。赵孟曰：'立公子雍。好善而长，先君爱之，且近于秦。秦，旧好也。置善则固，事长则顺，立爱则孝，结旧则安。为难故，故欲立长君，有此四德者，难必纾矣。'贾季

---

① ［美］艾兰：《世袭与禅让》，北京大学出版社2002年版，第2页。
② 许景昭：《禅让、世袭及革命：从春秋战国到西汉中期的君权传承思想研究》，上海古籍出版社2014年版，第4—5页。
③ 黄俊杰：《春秋战国时代尚贤政治的理论与实际》，台北：问学出版社1977年版，第34页。

曰：'不如立公子乐。辰嬴嬖于二君，立其子，民必安之。'赵孟曰：'辰嬴贱，班在九人，其子何震之有？且为二君嬖，淫也。为先君子，不能求大，而出在小国，辟也。母淫子辟，无威；陈小而远，无援。将何安焉？杜祁以君故，让偪姞而上之，以狄故，让季隗而己次之，故班在四。先君是以爱其子，而仕诸秦，为亚卿焉。秦大而近，足以为援；母义子爱，足以威民。立之，不亦可乎？'使先蔑、士会如秦逆公子雍。贾季亦使召公子乐于陈。赵孟使杀诸郫。"可见当时诸大夫内部意见也颇不一致。赵孟提出的择君标准，是"置善则固，事长则顺，立爱则孝，结旧则安"，分别指候选者自身的才能、在兄弟中的排行、与先君的关系、外援亲善。贾季在明知公子乐此四者皆不及公子雍的情况下，只得提出一个新的择君标准，即候选人母亲的影响力。赵孟又对此进行了反驳，比较了两位公子的母亲，并进而对自己的人选进行了补充论证。但是，两人显然谁也没有说服谁。于是，两人各自行动。不过，赵孟更狠，直接派人杀了公子乐。口头争论的结论最终只能以暴力行动方式给出。

对于君位争夺者的评论，《左传》中还有多次，比较典型的是叔向对于楚公子子干的评论。楚灵王死后，子干返国争夺王位。《左传》昭公十三年："子干归，韩宣子问于叔向曰：'子干其济乎？'对曰：'难！'宣子曰：'同恶相求，如市贾焉，何难？'对曰：'无与同好，谁能同恶？取国有五难：有宠而无人，一也。有人而无主，二也。有主而无谋，三也。有谋而无民，四也。有民而无德，五也。子干在晋，十三年矣。晋楚之从，不闻达者，可谓无人。族尽亲叛，可谓无主。无衅而动，可谓无谋。为羁终世，可谓无民。亡无爱征，可谓无德。王虐而不忌，楚君子干，涉五难以弑旧君，谁能济之？有楚国者，其弃疾乎！君陈蔡，城外属焉。苟慝不作，盗贼伏隐，私欲不违，民无怨心。先神命之，国民信之。芈姓有乱，必季实立，楚之常也。获神一也，有民二也，令德三也，宠贵四也，居常五也：有五利以去五难，谁能害之？子干之官，则右尹也；数其贵宠，则庶子也；以神所命，则又远之。其贵亡矣，其宠弃矣。民无怀焉，国无与焉，将何以立！'宣子曰：'齐桓、晋文，不亦是乎？'对曰：'齐桓，卫姬之子也，有宠于僖。有鲍叔牙、宾须无、隰朋以为辅佐，有莒、卫以为外主，有国、高以为内主，从善如流，下善齐肃，不藏贿，不从欲，施舍不倦，求善不厌，是以有国，不亦宜乎！我先君文公，狐季姬之子也。有宠于献，好学而不贰，生十七年，有士五人。有先大夫子余、子犯以为腹心，有魏犨、贾佗以为股肱，有齐、宋、秦、楚以为外主，有栾、郤、狐、先以为内主，亡十九年，守志弥笃，惠、怀弃民，民从而与之。献无异亲，民无异望。天方相晋，将何以代文？此二君者，异于子干。共有宠子，国有奥主，无施于民，无援于外，去晋而不送，归楚而不逆，何以冀国？'"在叔向看来，公子要成为国君，条件是极其复杂的，甚至成为难以担荷的重负。

既不是严格限定于一人的嫡长子继承制，也不是彻底抛弃宗族血缘而天下选贤的禅让制，而是在宗族之内或大或小的范围内选定继承人的做法，杜正胜称之为"族内尚贤"："为小宗所尊崇的大宗并不一定是嫡长子，大宗族长的必要条件是'立'的制度。当我们检讨世卿内部的政治结构时，也发现各家世代典守的职务并不一定由每代的嫡长子出任，而是由族内的贤者来担当。这种安排也是事理之必然，因为氏族成员必有贤愚、智不肖之分，嫡长不能保证必贤，非嫡长也不见得必不肖。氏族为垄断世官，似乎不能墨守所谓嫡长的原则，只有由氏族成员之精明干练者领导，才能维系家风，光耀门楣。所以凡担任家族长者，例皆称'伯'，不必嫡长。春秋晚期，周大夫毛伯过为毛得所杀，得代过之位（《左传》昭十八），八年后，毛得因王子朝之乱而奔楚，《左传》记曰：'毛伯得'（昭二十六）可见居毛氏族长之位者皆称伯。贤能的庶子职位高于嫡长是很可能的现象，《礼记·文王世子》论'庶子之正（政）于公族者'才说：'其在外朝则以官司士为之，其在宗庙之中则如外朝之位。宗人授事，以爵以官。'战国经师解释说：'宗人授事以官，尊贤也。'（《文王世子》），《礼记·中庸》亦曰，'序事所以辨贤也'，由于典掌氏族世守职官者不必嫡长，礼家才碰到'宗子为士，庶子为大夫，其祭如之何'的难题（《礼记·曾子问》）。"①

六

艾兰沿袭传统认识，将"禅让"与"世袭"的对立理解为"公""私"对立："'德'与世袭间对立也具有普遍的重要性。作为此项研究中的术语，

---

① 杜正胜：《古代社会与国家》，台北：允晨文化实业股份有限公司1992年版，第431页。

'德'实质上是对更大的社团或国家的要求的反映，即使在这一要求与个人家庭或血缘亲族利益相冲突时也如此，因为世袭是对家庭或亲族利益的保护。这一对立在任何区分以个人核心的家庭与血缘亲族的人类社会中都是固有的，但它又是随着社会的政治与社会组织的复杂系统，渐趋独立于世袭君主与非世袭官僚系统组成的政治组织之外，这种对立显得尤为重要。"①

与之相反，王国维则对严格的"嫡长子继承制"有着同情之理解："古人非不知'官天下'之名美于'家天下'，立贤之利过于立嫡，人才之用优于资格，而终不以此易彼者，盖惧夫名之可藉而争之易生，其敝将不可胜穷，而民将无时或息也。故衡利而取重，絜害而取轻，而定为立子立嫡之法，以利天下后世。"② 以"定分止争"作为严格"嫡长子继承制"的论证，只能说是负面性的底线论证，换言之，就只是论证了"嫡长子继承制"是"最不坏"的"君位"更替制度。

如若从正面言之，"嫡长子继承制"实质上也是一种德性制度。《尚书·禹贡》所述大禹功绩，一般都认为是治水。其实治水只是大禹之治的前提。大禹在平治水土之后，划分九州。《禹贡》："九州攸同，四隩既宅；九山刊旅，九川涤源，九泽既陂。四海会同，六府孔修；庶土交正，厎慎财赋，咸则三壤，成赋中邦。锡土姓，祗台德先；不距朕行。"划九州，定职贡，锡土姓，这才是大禹之治的核心内容。其尤要者为"锡土姓"，也就是以血缘与地缘合一为国家治理的基础德性。"伪孔传"释曰："天子建德，因生以赐姓。谓有德之人生此地，以此地名赐之姓以显之。王者常自以敬我德为先，则天下无距违我行者。"孔颖达疏："此一经皆史美禹功，言九州风俗既同，可以施其教化，天子惟当择任其贤者，相与共治之。选有德之人，赐与所生之土为姓，既能尊贤如是，又天子立意，常自以敬我德为先，则天下之民无有距违我天子所行者。皆禹之使然，故叙而美之。'天子建德，因生以赐姓'，隐八年《左传》文。既引其文，又解其义：土，地也，谓有德之人生于此地，天子以地名赐之姓以尊显之。《周语》称帝嘉禹德，赐姓曰姒；祚四岳，赐姓曰姜；《左传》称周赐陈胡公之姓为妫，皆是因生赐姓之事也。臣蒙赐姓，其人少矣，此事是用贤大者，故举以为言。王者既能用贤，又能谨敬，其立意

① ［美］艾兰：《世袭与禅让》，第 101 页。
② 王国维：《观堂集林》，载谢维扬、房鑫亮主编《王国维全集》，第 8 册，第 306 页。

也常自以敬我德为先，则天下无有距违我天子之行者。《论语》云：'上好礼，则民莫敢不敬。上好义，则民莫敢不服。上好信，则民莫敢不用情。'王者自敬其德，则民岂敢不敬之？人皆敬之，谁敢距违者？圣人行而天下皆悦，动而天下皆应，用此道也。"从"锡土姓"的角度来理解天子之德，即在于天子以"孝治合一"为治，故而当以敬祖为天下表率。这样一来，"孝治合一"的治理方式便与"禅让制"发生矛盾。出现桃应所谓"舜为天子，皋陶为士，瞽瞍杀人"的问题，孟子只能让舜在天下与父亲之间二选一，即所谓"舜视弃天下，犹弃敝蹝也。窃负而逃，遵海滨而处，终身䜣然，乐而忘天下"（《孟子·尽心上》）。这是孟子在"禅让制"下，天子职责与人子孝道发生矛盾时所采取的解决方式，弃天下以全孝道。而在"孝治合一"之后，死去的父祖将以七庙之制上天子尊号，在世的父亲如汉高祖刘邦之父刘太公，也被尊为太上皇。于是大禹在确立"孝治合一"之德之后，便只能废弃"禅让"而改为"传子"。《左传》襄公四年，孟乐引《虞人之箴》曰："芒芒禹迹，画为九州，经启九道。民有寝庙，兽有茂草，各有攸处，德用不扰。"即认为大禹以"孝治合一"为治，"民有寝庙"，即民同时有住宅和宗庙，才真正在德性上实现了"人禽之别"。

正是在"孝治合一"的意义上，"传子"之制就并非无德可称，而只是保障"个人家庭或血缘亲族利益"的"君位"传承制度。但是这并不意味着，"传子制"就是以天下为一家之私产。《左传》昭公二十六年，王子朝派人遍告天下诸侯曰，周初"并建母弟以蕃屏周，亦曰吾无专享文武之功"。《白虎通德论·封公侯》："王者始起，封诸父昆弟，与己共财之义，故可与共土。"这正是《禹贡》所谓"锡土姓"，即封建诸侯，一方面将"孝治合一"之德推之于天下，一方面通过天子封诸侯，诸侯封大夫的方式将天下之土与群臣共享。《汉书》卷一《高帝纪》，项羽既灭，诸侯王尊刘邦为皇帝，其言有云："诛不义，立有功，平定海内，功臣皆受地食邑，非私之也。"刘邦问通侯诸将："吾所以有天下者何？项氏之所以失天下者何？"高起、王陵对曰："陛下使人攻城略地，所降下者，因以与之，与天下同利也。项羽妒贤嫉能，有功者害之，贤者疑之，战胜而不与人功，得地而不与人利，此其所以失天下也。"十二年三月诏："吾立为天子，帝有天下，十二年于今矣。与天下之豪士贤大夫共定天下，同安辑之。其有功者上致之王，次为列侯，下乃食邑……吾于天下贤士功臣，可谓亡负矣。其有不义背天子擅起兵者，与天下共伐诛之。布告天下，使明知朕意。"可见封建功臣，是汉初君臣的共识，也是天下安定的基石。

历来一般从传贤的角度肯定"禅让制"而贬低"传子制"。如果换一个角度，从制度约束的视角来看，"禅让制"在贤者居于"君位"之后，并无对其进行约束的制度设计；反而是"传子制"，在当时的政治条件下，对居于"君位"者设计了一定的制度约束，这一制度约束的核心就是"祖宗之法"。《史记》卷一〇七《魏其武安侯列传》："梁孝王者，孝景弟也，其母窦太后爱之。梁孝王朝，因昆弟燕饮。是时上未立太子，酒酣，从容言曰：'千秋之后传梁王。'太后欢。窦婴引卮酒进上，曰：'天下者，高祖天下！父子相传，此汉之约也！上何以得擅传梁王！'"汉景帝本来只是酒后戏言，聊以博母后欢心而已，但是却立即遭到窦太后从兄之子窦婴的当众反驳，可见"祖宗之法"深入人心。窦婴的反驳的核心依据，就是景帝乃继承高祖天下，不得将天下视为一己之私，任意妄为。

在"传子制"中，仍有诸子选贤与"嫡长子继承制"两种可能，于是历史也就不可能停留于此。

七

《史记》卷十《孝文本纪》："正月，有司言曰：'蚤建太子，所以尊宗庙。请立太子。'上曰：'朕既不德，上帝神明未歆享，天下人民未有嗛志。今纵不能博求天下贤圣有德之人而禅天下焉，而曰豫建太子，是重吾不德也。谓天下何？其安之。'有司曰：'豫建太子，所以重宗庙社稷，不忘天下也。'上曰：'楚王，季父也，春秋高，阅天下之义理多矣，明于国家之大体。吴王于朕，兄也，惠仁以好德。淮南王，弟也，秉德以陪朕。岂为不豫哉！诸侯王宗室昆弟有功臣，多贤及有德义者，若举有德以陪朕之不能终，是社稷之灵，天下之福也。今不选举焉，而曰必子，人其以朕为忘贤有德者而专于子，非所以忧天下也。朕甚不取也。'有司皆固请曰：'古者殷周有国，治安皆千余岁，古之有天下者莫长焉，用此道也。立嗣必子，所从来远矣。高帝亲率士大夫，始平天下，建诸侯，为帝者太祖。诸侯王及列侯始受国者皆亦为其国祖。子孙继嗣，世世弗绝，天下之大义也，故高帝设之以抚海内。今释宜建而更选于诸侯及宗室，非高帝之志也。更议不宜。子某最长，纯厚慈仁，请建以为太子。'上乃许之。"在此，文帝和有司实际上列出了三种居于"君位"者的遴选方式："博求天下贤圣有德之人而禅天下焉"，是去除血缘的求贤，是为"禅让制"；"诸侯王宗室昆弟有功臣，多贤及有德义者"，虽然也是求贤，但是限定在现有权力集团，尤其是皇室宗亲之内，是为"族内尚贤"；"子孙继嗣，世世弗绝，天下之大义也"是"传子制"，"子某最长"则是"嫡长子继承制"。

无论汉文帝带有多少真诚，这两让然后立太子的过程，更像是一出精心导演的政治戏剧。问题是在汉初公卿大臣基本上是军功贵族，武夫出身。《汉书》卷四《文帝纪》，诸吕被诛后，"大臣遂使人迎代王。郎中令张武等议，皆曰：'汉大臣皆故高帝时将，习兵事，多谋诈，其属意非止此也。'"又卷三十六《楚元王传》附《刘歆传》载其《移让太常博士书》云，汉惠帝虽除挟书律，"然公卿大臣绛灌之属，咸介胄武夫，莫以为意"。那么这一幕两让然后立太子的政治戏剧的编剧导演会是什么人呢？《汉书》卷八十八《儒林传》："汉兴，北平侯张苍及梁太傅贾谊、京兆尹张敞、太中大夫刘公子皆修《春秋左氏传》。"以北平侯张苍为汉初传《左传》之第一人。《史记》卷九十六《张丞相列传》："张丞相苍者，阳武人也。好书律历。秦时为御史，主柱下方书……燕王臧荼反，高祖往击之。苍以代相从攻臧荼有功，以六年中封为北平侯，食邑千二百户……大臣共诛吕禄等。以淮南相张苍为御史大夫……苍与绛侯等尊立代王为孝文皇帝。四年，丞相灌婴卒，张苍为丞相……自汉兴至孝文二十余年，会天下初定，将相公卿皆军吏。张苍为计相时，绪正律历。以高祖十月始至霸上，因故秦时本以十月为岁首，弗革。推五德之运，以为汉当水德之时，尚黑如故。吹律调乐，入之音声，及以比定律令。若百工，天下作程品。至于为丞相，卒就之，故汉家言律历者，本之张苍。苍本好书，无所不观，无所不通，而尤善律历。"此传中也提及"自汉兴至孝文二十余年，会天下初定，将相公卿皆军吏"，而张苍以军功封北平侯，参与拥立文帝，立太子时，正为御史大夫。毋庸置疑，在当时军功大臣中，具有学术修养，堪为立太子之政治戏剧编剧导演者，当非张苍莫属。在确认这一点之后，我们可据以反过来证明，汉初的《春秋》学，尤其是《左传》学中，有着"君位"传承三种模式的完整学说。

八

金景芳先生认为："《尧典》虽记载尧舜时事，但是它显然是后世人所追记，篇首说'曰若稽古帝尧'就是证明。整个《尚书》二十九篇当写成于周平王东迁以后，其原始的材料是历代传下来的官方档案，下限应止于秦穆公。"① 如是，则春秋时期已有"禅让制"的思想流传。但是，在现实政治中，成为"君位"传承选项，从而形成竞争的，只有"传子制（嫡长子继承制）"和"族内尚贤"。

《左传》昭公二十六年："九月，楚平王卒。令尹子常欲立子西，曰：'大子壬弱，其母非适也，王子建实聘之。子西长而好善。立长则顺，建善则治。王顺、国治，可不务乎？'子西怒曰：'是乱国而恶君王也。国有外援，不可渎也；王有适嗣，不可乱也。败亲、速雠、乱嗣，不祥。我受其名。赂吾以天下，吾滋不从也。楚国何为？必杀令尹！'令尹惧，乃立昭王。"这也是一个在国君死后，欲废太子而立"强君"，最终仍以太子继位的例子。

王国维力主"嫡长子继承制"优于"族内尚贤"："使于诸子之中可以任择一人而立之，而此子又可任立其欲立者，则其争益甚，反不如商之兄弟以长幼相及者犹有次第矣。故有传子之法，而嫡庶之法亦与之俱生。"② 在春秋时期的现实政治中，"嫡长子继承制"越来越得到认同，如齐桓公葵丘之盟，初命即曰："无易树子。"（《孟子·告子下》）

另一方面，在思想家中，则越来越推崇"禅让制"，墨子、孟子皆为显例。这表明，当时关于"君位"传承方式的政治关切中，理想与现实已分道扬镳。

《汉书》卷八十五《谷永传》，载永上奏曰："臣闻天生蒸民，不能相治，为立王者以统理之。方制海内，非为天子；列土封疆，非为诸侯：皆以为民也。垂三统，列三正，去无道，开有德，不私一姓，明天下廼天下下之天下，

---

① 金景芳、吕绍纲：《〈尚书·虞夏书〉新解》，载吕文郁、舒大刚编《金景芳全集》，上海古籍出版社 2015 年版，第 3 册，第 1290 页。

② 王国维：《观堂集林》，载谢维扬、房鑫亮主编《王国维全集》，第 8 册，第 305 页。

非一人之天下也。"明确主张"不私一姓",则居于"君位"的唯一必要条件就是"称职",基于血统的,无论是"族内尚贤"还是"嫡长子继承制",皆非以"天下为公"。

九

正如《系年》第九章诸大夫求"强君"所示,"族内尚贤"是以"称职"为居于"君位"的必要条件。但是"族内尚贤"的选贤范围仍被限定于宗族之内,亦即宗族血脉也是居于"君位"的必要条件。"禅让制"则突破了宗族血脉的限制,将选贤范围扩及于天下。于是在"禅让制"中,"称职"便是居于"君位"的充要条件。

以"称职"为居于"君位"的必要条件,就意味着"君位"具有相应的职责。这就意味着,居于"君位"的君主如果不"称职",即未能履行其职责,将受到惩处。《左传》襄公十四年,卫国放逐其君卫献公,"师旷侍于晋侯。晋侯曰:'卫人出其君,不亦甚乎!'对曰:'或者其君实甚!良君将赏善而刑淫,养民如子,盖之如天,容之如地。民奉其君,爱之如父母,仰之如日月,敬之如神明,畏之如雷霆,其可出乎!夫君,神之主也,民之望也。若困民之主,匮神乏祀,百姓绝望,社稷无主,将安用之,弗去何为?天生民而立之君,使司牧之,勿使失性。有君而为之贰,使师保之,勿使过度。是故天子有公,诸侯有卿,卿置侧室,大夫有贰宗,士有朋友。庶人工商,皂隶牧圉,皆有亲昵,以相辅佐也。善则赏之,过则匡之,患则救之,失则革之。自王以下,各有父兄子弟,以补察其政。史为书,瞽为诗,工诵箴谏,大夫规诲,士传言,庶人谤,商旅于市,百工献艺。故《夏书》曰:遒人以木铎徇于路,官师相规,工执艺事以谏。正月孟春,于是乎有之,谏失常也。天之爱民甚矣,岂其使一人肆于民上,以从其淫,而弃天地之性?必不然矣!'"《国语·鲁语上》:"晋人杀厉公,边人以告,成公在朝。公曰:'臣杀其君,谁之过也?'大夫莫对,里革曰:'君之过也!夫君人者,其威大矣。失威而至于杀,其过多矣。且夫君也者,将牧民而正其邪者也。若君纵私回而弃民事,民旁有慝而无由省之,益邪多矣。若以邪临民,陷而不振,用善不肯专,则不能使,至于殄灭而莫之恤也,将安用之?桀奔南巢,纣踣于京,厉流于彘，幽灭于戏，皆是术也。夫君也者，民之川泽也。行而从之，美恶皆君之由，民何能为焉！'"可见在时人心目中，君主被放杀，首先应该追究君主本人的责任，其必有失职之处，才会导致这样的状况发生。

钱穆可谓目光如炬："季康子问政，孔子对曰：'政者，正也。子帅以正，孰敢不正。'又说：'苟子之不欲，虽赏之不窃。'又说：'君子之德，风。小人之德，草。草尚之风，必偃。'这里所提出的，并不是政治上的'主权'应该属谁的问题，而是政治上的'责任'应该谁负的问题。社会上一切不正，照政治责任论，全由行政者之不正所导致，所以应该由行政者完全负其责。孔子又说：'君君、臣臣、父父、子子。'君要像君样子，尽君的责任，臣才能像臣样子，尽臣的责任。臣不臣，还是由于君不君。远从《尚书》起，已说'万方有罪，罪在朕躬'。这是一种'君职论'，不是一种'君权论'。这番意思，到孟子发挥得更透彻。孟子曰：'君仁莫不仁，君义莫不义，君正莫不正。'可见社会上，一切不仁不义不正，全该由行政者负责。所以孟子曾亲问齐宣王，士师不能治士，该罢免士师：'四境之内不治，则如之何？'又说：'闻诛一夫纣矣，未闻弑君也。'这是说，君不尽君职，便不成一个君。不成一个君又如何呢？孟子说：'君之视臣如手足，则臣视君如腹心。君之视臣如犬马，则臣视君如国人。君之视臣如土芥，则臣视君如寇雠。''寇雠，何服之有？'照人道讲，不能强人服从他寇雠。臣不服君，有时责任还在君，不在臣。而且臣有臣责，'君有大过则谏，反覆之而不听则易位'。这也是臣责，臣不能将有大过之君易位，那是臣不尽其责。这些全是政治上的'责任论'，亦可说是'职分论'。"①

钱先生在此明确区分"君职"与"君权"，这是十分必要的。在传统政治观念中，"君位"之设，是为了履行"君职"。上引《左传》载师旷所言"天生民而立之君，使司牧之，勿使失性"，《国语》载里革所谓"且夫君也者，将牧民而正其邪者也"，即此"君职"。此后《荀子·大略》："天之生民，非为君也；天之立君，以为民也。"《春秋繁露·尧舜不擅移汤武不专杀》："且天之生民，非为王也；而天立王，以为民也。"则是这一"君职"观念更为清晰的表述。

---

① 钱穆：《国史新论·中国传统政治》，《钱宾四先生全集》，台北：联经出版事业股份有限公司1998 年版，第 30 册，第 96—97 页。

十

我们不能含混地讨论"君"这一观念，即便先秦时期，先哲即已对于"君"之观念有着明确清晰的划分。"立君为民"就意味着，"君职"是"君"的第一要素，举凡与"君"相关的一切，都以此为根基。为了履行"为民"这一职责，才创设了"君"这一职位，即"君位"。既有"君位"，则必择其人而居其位，于是有"君主"其人。既有"君主"其人，则必与之权以履职，于是有"君权"。此"君权"必与"君职"相应，即所谓权责对等。于是"君权"与"君职"便得以统一于"君位"。当某个人成为"君主"，就是说他得以居于"君位"，其所掌握的"君权"是为了履行其"君职"。也就是说，"君权"必须以"君职—君位"为中介而及于"君主"。如"君主"滥用"君权"而不履"君职"，臣下可以"放杀"的方式将其逐离"君位"。钱穆说得明白："中国传统政治理论，是在官位上认定其职分与责任。皇帝或国君，仅是政治上最高的一个官位，所以说天子一位，公、侯、子男各一位，共五等。君一位，卿、大夫、上、中、下士各一位，共六等。天子和君，在政治上也各有他应有的职分和责任。天子和君不尽职，不胜任，臣可以把他易位，甚至全国民众也可以把他诛了。这是中国传统政治理论之重点，必先明白得这一点，才可以来看中国的传统政治。"[1]

《左传》宣公二年："乙丑，赵穿攻灵公于桃园。宣子未出山而复。太史书曰：'赵盾弑其君。'以示于朝。宣子曰：'不然。'对曰：'子为正卿，亡不越竟，反不讨贼，非子而谁？'宣子曰：'呜呼！诗曰，我之怀矣，自诒伊戚。其我之谓矣！'孔子曰：'董狐，古之良史也，书法不隐。赵宣子，古之良大夫也，为法受恶。惜也！越竟乃免。'"杜预注："越竟，则君臣之义绝，可以不讨贼。"孔颖达疏："此注云'越竟，则君臣之义绝'者，以仲尼云'越竟乃免'，出竟则免责，明其义已绝也。襄三十年'郑人杀良霄'，传曰：'不称大夫，言自外入也。'去国不称大夫，是为义绝之验，且受君之命，乃得为臣，今君欲杀已，逃奔他国，君之於臣既已绝矣，臣之於君能无绝乎？

---

① 钱穆：《国史新论·中国传统政治》，《钱宾四先生全集》，第 30 册，第 97—98 页。

董狐云'子为正卿，反不讨贼'，明其威足讨贼，卿位犹在，故责之耳。我以君宠得为国卿，仗君之威，故群下用命，亦既失位出奔，国人不复畏我，国内自有贼乱，非我所能禁之。故越竟得免，由义绝故也。"由此可见，春秋时人对于"位"与"职责"对等性的明确认知。赵宣子必须在出境之后，才正式断绝君臣关系，失去其正卿之"位"。此后，他哪怕再次返回国都，也不必再承担任何相应的责任了。可惜的是，赵宣子未能越过国境就返回国都。于是史官便要追究他居于正卿之"位"，却未能履行正卿之"职"，因而认为他要为晋国发生的一切承担首要责任，从此赵盾便作为"弑君者"被载入史册。

学界历来将"君位"传承理解为"君权"交接，如许景昭说："所谓君权，即统治国家的权力，而君权传承则是关于君主权力的交接问题。在专制政治时代，君位至为尊贵重要，君主拥有无上权威，其贤愚睿钝或是仁德残暴均对大局有举足轻重的影响。然而，君主会因种种原因诸如自然老死、让位、被篡位或推翻，其权力最后转移到继任者的身上，这是一种权力转移或权力交接的政治现象。"[1] 这一理解最为关键之处，便是以"君主"其人直接相关于"君权"，而以"君位"为"君权"的附属物。这实质上是使"君主"其人直接掌握"君权"，而不受"君职"所规定之"君位"的约束。

事实上，正如我们在历史上所一再看到的，当"君权"不再以"君位"为中介而为某个个人所直接掌握时，掌握"君权"的这个人，往往并非居于"君位"之"君主"，而是林林总总的诸如太后、宠妃、宦官、弄臣、军头、权奸等。他们操纵"君主"其人如玩偶，戕杀"君主"其人如儿戏。在这些人看来，"君位"传承毫无意义，重要的正是他们自己手中的"君权"如何交接。

十一

从霍光的角度来看，让武帝曾孙病已嗣立为皇帝，显然是"族内尚贤"。《汉书》卷八《宣帝纪》："秋七月，光奏议曰：'礼，人道亲亲故尊祖，尊祖故敬宗。大宗毋嗣，择支子孙贤者为嗣。孝武皇帝曾孙病已，有诏掖庭养视，

---

① 许景昭：《禅让、世袭及革命——从春秋战国到西汉中期的君权传承思想研究》，第 4 页。

至今年十八,师受《诗》《论语》《孝经》,操行节俭,慈仁爱人,可以嗣孝昭皇帝后,奉承祖宗,子万姓。'奏可。"但是在宣帝本人的心中,认为这皇位本来就应该是自己的。因为自己是武帝戾太子的嫡孙,如果不是武帝末年巫蛊之乱导致祖父戾太子和父亲史皇孙冤死,那么皇位也该传给自己了,所以便强调自己才是"正统"。《汉书》卷二十五《郊祀志》下:"宣帝即位,由武帝正统兴,故立三年,尊孝武庙为世宗,行所巡狩郡国皆立庙。"无疑,在宣帝看来,"正统"显然高于"族内尚贤"。因为"族内尚贤"是人选,"嫡长子继承制"则是天选,其神圣性与唯一性在"君主"其人身上施加了耀眼的光环。

出乎意外,长信少府夏侯胜挺身谏止。《汉书》卷七十五《夏侯胜传》,胜独曰:"武帝虽有攘四夷广土斥境之功,然多杀士众,竭民财力,奢泰亡度,天下虚耗,百姓流离,物故者半。蝗虫大起,赤地数千里,或人民相食,畜积至今未复。亡德泽于民,不宜为立庙乐。"这无疑是基于"君职"而批判"君主"其人。可惜,夏侯胜的抗争未能成功。公卿共难胜曰:"此诏书也。"胜曰:"诏书不可用也。人臣之谊,宜直言正论,非苟阿意顺指。议已出口,虽死不悔。"于是丞相义、御史大夫广明劾奏胜非议诏书,毁先帝,不道,及丞相长史黄霸阿纵胜,不举劾,俱下狱。最终,居于"正统"的"嫡长子继承制"成为"君位"传承的标准模式。因为,由此居于"君位"者是天选之子,生而统治世界。正如汉宣帝对于霍光如芒在背,作为天选之子的君主最为厌恶的,就是大臣基于"君职"挑选君主。《左传》成公十八年,晋弑厉公,迎立襄公曾孙周子。周子曰:"孤始愿不及此,虽及此,岂非天乎!抑人之求君,使出命也。立而不从,将安用君?二三子用我今日,否亦今日。共而从君,神之所福也。"典型地表达了大臣选立之君对于大臣会否从君的深深忧虑。"嫡长子继承制"下的天选之子君主,则绝对性地排斥了大臣对于君主继承的介入。

如此生而统御的天选之子,仅以出生为充要条件,绝不以"称职"为必要条件。那么其长成之后,将成为何如之"君主"呢?

晋灵公就是最典型的例证。《左传》宣公二年:"晋灵公不君:厚敛以雕墙;从台上弹人,而观其辟丸也;宰夫胹熊蹯不熟,杀之,寘诸畚,使妇人载以过朝。"

近代以来，随着西方"民主"思想传入中国，也有学者在中国古代寻找"民主"的对应物，并以"民本"与之相应。张分田发现："中国古代没有'民本'这个范畴。包括孔子、孟子、荀子等先秦大儒在内的许多著名思想家、政论家也没有使用'以民为本''民为国本'等命题来表达民本思想。"① 即便从一般所谓"民本"着眼，也正如梁启超指出："美林肯之言政治也，标三介词以隐括之曰：of the people, by the people, and for the people，译言政为民政，政以为民，政由民出也。我国学说，于 of, for 之义，盖详言之，独于 by 义则概乎未之有闻。申言之，则国为人民公共之国，为人民共同利益故乃有政治。此二义者，我先民见之甚明，信之甚笃。惟一切政治当由人民施行，则我先民非惟未尝研究其方法，抑似并未承认此理论，夫徒言民为邦本，政在养民，而政之所从出，其权力乃在人民以外，此种无参政权的民本主义，为效几何？我国政治论之最大缺点，毋乃在是？"②

是时候终结"民本"幻象了。刘泽华认为："重民的主体是君主，民仅是被君主重视的对象。重民思想在局部问题上与专制君主虽有冲突，但从全局看，它不是对专制君主的否定，而是提醒君主注意自己存在的条件。思想家们倡导重民不是要否定君主，而是向君主献策，把重民作为巩固君主地位的手段。笔者看来，重民思想与君主专制主义是不矛盾的，它可以是君主专制主义的一种补充。"③ 对于牧羊人来说，当然要以羊为本，要爱护羊、关心羊，绝不能虐待羊。但是也就仅此而已——羊是不能参与甚至主导羊圈管理的。就此意义而言，所谓"民本"的真实内涵，是以"民本"为"君职"，即规定君主的职责为"牧民"。

在历史进程中，嫡长子继承制最终成为君位传承的标准制度。由于嫡长子继承制不以称职为居于君位的必要条件，而凸显继位者是生而统御的天选之子，致使君权不必以君职所规定之君位与君主相结合，从而既构造出不受制约的君权，更培育出肆无忌惮之君主。由是而论，春秋以来"民本"思想的最新进展，就是在嫡长子继承制中，君位隐退，君权直接与君主其人相结合，于是君位所内含的君职被抛弃，君职所对应的民本便被逐出政治的核心。

① 张分田：《民本思想与中国古代统治思想》，南开大学出版社 2009 年版，上册，第 42 页。
② 梁启超：《先秦政治思想史》，商务印书馆 2014 年版，第 8 页。
③ 刘泽华主编：《中国传统政治思维》，吉林教育出版社 1991 年版，第 305 页。

清华简《虞夏殷周之治》与先秦儒家的文明史观[*]

夏世华

摘　要　清华简《虞夏殷周之治》的思想主旨，不在于礼的俭奢和崇俭戒奢，而在于用文质论的观点来权衡四代的文明得失。有虞氏用素，质而不文；夏后氏受有虞氏之质，而又益之以文，虽有文盛之忧，但文质相当，天下仍是平治的；殷人开始文胜其质，天下未洽，海内已有不至者；周人至文，文盛而质衰之弊大显，以致"海外之诸侯归而不来"。在竹简的论述中，隐含了"虞夏之质""殷周之文"这样的宏观区分，以及对文盛质衰的政治文明之弊的担忧。这种观点与道家对礼的批评不同，更接近于反映在《礼记》《论语》等书中以孔子为代表的先秦儒家的文明史观。

关 键 词　虞夏殷周；四代；礼乐；文质；孔子

作者简介　夏世华，中南财经政法大学哲学院副教授，研究方向主要为出土楚地简帛文献、先秦儒道哲学、秦汉政治思想等。

＊ 本文系国家社科基金冷门绝学研究专项项目《禅让类出土文献综合研究》（20VJ XG003）阶段性成果。

《虞夏殷周之治》是《清华大学藏战国竹简》（捌）中的一篇，共三枚简，其文云：

> 曰：昔有虞氏用索。夏后受之，作政用倍，首服收，祭器四㙠，作乐羽篇九成，海外有不至者。殷人代之，以晶，教民以有威威之，首服作㝅，祭器六瑚，作乐韶濩，海内有不至者。周人代之，用两，教民以宜，首服作冕，祭器八簋，作乐武象，车大辂，型钟未弃文章，海外之诸侯归而不来。

目前关于该篇竹简的研究主要包括四个方面：其一，整理者的文字隶写与考释；其二，对该篇所涉礼乐制度的考察；其三，对简文的主旨予以概括；其四，对竹简可能的学派归属和作者的探讨。前两个方面是目前研究的重点，后两个方面往往是顺带论及。比如整理者概括说："本篇以虞、夏、商、周礼乐由朴素一步步走向奢华，以致从夏代的'海外有不至者'，到商代的'海内有不至者'，周代的'海外之诸侯归而不来'，来阐发崇俭戒奢的治国思想。"其着眼点是"简文涉及夏、商、周三代的礼乐制度"，该篇的价值亦体现在，"对于研究夏、商、周的礼乐制度有一定的文献价值"。[1] 从整理者的判断来看，其视角是历史学的，所关心的是简文对考察三代礼乐制度演变的史料价值。在进一步考察了简文所涉礼乐制度后，学者又试图指出，该篇竹简"反映了道家崇俭戒奢的治国思想"[2]。有论者甚至认为篇首的"'曰'者为老子，《虞夏殷周之治》乃孔子赴周问礼时老子所作"[3]。该篇竹简确实表达了对三代礼乐日盛的批评态度，然而，仅仅据其批评礼乐的态度，就将其归于道家乃至老子，是否合适？目前对于该篇竹简的思想主旨和学派归属的判断，还有待商榷。

---

① 赵平安：《〈虞夏殷周之治〉释文》，载清华大学出土文献研究与保护中心编，李学勤主编《清华大学藏战国竹简（捌）》，中西书局 2018 年版，第 161 页。

② 石小力：《清华简〈虞夏殷周之治〉与上古礼乐制度》，《清华大学学报》（哲学社会科学版）2018 年第 5 期。

③ 马文增：《清华简〈虞夏殷周之治〉六题》，《北京社会科学》2019 年第 6 期。

一　简文补证

在描述三代礼乐制度演变及差异的内容之外，简文还有一些值得注意且难以理解的内容，比如"作政用俉"，"以晶""用两"及"受之""代之"等，这些表述究竟意指什么？所谈到的"教民"内容，意义何在？

第一，"作政用俉"的意义。"用俉"之"俉"，整理者读为"御"，训为治，并提及一说读为"五"。学者多从前说。"俉""御"两字同为疑母鱼部，声同可通。然而，如果注意到简文"夏后受之，作政用俉"，"殷人代之，以晶"，"周人代之，用两"在句式上的相似性和内容上的相关性，那么结合"以晶""用两"来理解和释读"用俉"，应是更合乎简文语境的。《说文》云："曑，商星也，从晶，㐱声。参，曑或省。"甲骨、金文该字亦有从品的字形。马王堆帛书《二三子问》也以"品"字作为"三"的借字。同理，"晶"，也可以视为三、叁、参等字的借字，整理者直接把"晶"读为"三"，可从。《说文》云："以，用也。"《楚辞·九章·涉江》"忠不必用兮，贤不必以"，用、以乃同义换用。与此相类，"以晶"犹如"用三"。由此来看，"用俉""以三""用两"在辞例上的相似性十分明显。然而，整理者在直接把"晶"读为"三"的时候①，却并未采用"俉""一说读为五"的意见，对于"以三""用两"的意义也没有说明。这样的选择，可能主要考虑的是"俉"读为"御"、训为治，与前面"作政"之"政"可以相对。传世文献中以政、治连言，不乏其例，如"不以仁政，不能平治天下"（《孟子·离娄上》），"周公摄政，践阼而治"（《礼记·文王世子》）等，但以政、御对言来表达政与治的对待关系，则殊为少见。且"御"用为治理义的时候，往往是以动宾结构出现的，如"御民""御马""御天下""御政"（《孔子家语·执辔》）等，而如简文这样作为"用"的宾语的用法，也很少见。因而，将"俉"读为"御"，恐怕既与先秦时期的语言习惯有差异，也与简文的辞例不合。

---

① 赵平安：《〈虞夏殷周之治〉释文》，载清华大学出土文献研究与保护中心编，李学勤主编《清华大学藏战国竹简（捌）》，第162页。

"用伍""以参""用两"该如何理解呢？在传世文献中，同时出现参、两、伍的有几种情况。其一，《易·说卦》说"参天两地而倚数"，《系辞上》说"参伍以变"，这都关乎卦爻之象，也是具有象征意义的神圣数字。其二，《左传》昭公元年云："乃毁车以为行，五乘为三伍……为五陈以相离，两于前，伍于后，专为右角，参为左角，偏为前拒。"这是讲兵阵行伍之法。孔颖达特别强调了《周礼·地官·小司徒》的比法"五人为伍，五伍为两"，没有《左传》"专参偏"这三种名，因而与之不同。① 其三，《周礼·天官·太宰》云："施典于邦国，而建其牧，立其监，设其参，傅其伍，陈其殷，置其辅。乃施则于都鄙，而建其长，立其两，设其伍，陈其殷，置其辅。乃施法于官府，而建其正，立其贰，设其考，陈其殷，置其辅。"按照古人的解释，这是立官之法，伍指五大夫，参指三卿。② 其四，《大戴礼记·盛德》"均五政"，卢辨注云："五政，谓天子、公、卿、大夫、士。"从简文的语境来衡量，"作政用五"，"用五"是紧接着"作政"而言的，因而所用的"五"很可能指的是"五政"这样的内容，亦即天子、公、卿、大夫、士五级政治系统或与五官之制有关。③ 殷人"以参"可能指殷的三公之制④，周人"用两"可能与周的二伯之制有关⑤。

除"作政"的"作"，简文中还有"作乐羽籥九成""首服作冔""作乐韶濩""首服作冕""作乐武象"等，都用到了"作"字，其意义都如孔子

---

① 孔颖达疏云："服虔引司马注云：'五十乘为两，百二十乘为伍，八十一乘为专，二十九乘为参，二十五乘为偏。'彼皆准车数多少以为别名。此传去车用卒而有此名，则此名不以车数为别也，杜云皆临时处置之名，其意不同服说，则名与人数不可得而知也。《周礼》则五人为伍，二十五人为两，无专参偏之名也。"（清）阮元校刻：《十三经注疏》，上海古籍出版社1997年版，第2023页。

② 郑玄注云："以候伯有功德者加命作州长谓之牧，所谓八命作牧者。监谓公侯伯子男各监一国，书曰王启监厥乱为民。参谓卿三人，伍谓大夫五人。"贾公彦疏云："每一州之中立一牧，立其监者，每一国之中立一诸侯，使各监一国；设其参者，谓诸侯之国各立三卿；傅其伍者，谓三卿下各立五大夫。"（清）阮元校刻：《十三经注疏》，第649页。

③ 《商君书·君臣》云："地广、民众、万物多，故分五官而守之。"《礼记·曲礼下》云："天子之五官，曰司徒、司马、司空、司士、司寇，典司五众。"郑玄注云："此亦殷时制也。"

④ 《墨子·尚贤下》载汤举伊尹、武丁用傅说，皆"立为三公"，《史记·殷本纪》载纣"以西伯昌、九侯、鄂侯为三公"。不过，三公所指的太保、太傅、太师，甲骨卜辞仅见保和少傅，太师见于西周中期以后金文。参见张亚初、刘雨撰《西周金文官制研究》，中华书局2004年版，第1—3页。

⑤ 《礼记·王制》分天下为九州，除天子之州外，八州八伯，"八伯各以其属，属于天子之老二人，分天下以为左右，曰二伯"。《白虎通·巡狩》引《传》曰："周公入为三公，出为二伯。"《风俗通义·六国》说召公"成王时入据三公，出为二伯"。

"述而不作"（《论语·述而》）之"作"，有兴起、始创义。简文的"政"字，从通假的可能性来看，既可读为正长之"正"，亦可读如字。然而，就上下文语境来看，读如"作政"更加合适，原因有三。其一，说夏后"作正"，开始设立官长，似乎于古无征。《左传》昭公十七年郯子说黄帝以云名官，炎帝以火名官，太昊以龙名官，少皞以鸟名官。从这些传说可知，古人对华夏之始立官正的溯源，至少到了黄帝时期，说夏后"作正"，有悖于先秦人的常识。其二，"作政"之"政"，与简文下面两个"教民"之"教"，应是对言之词。先秦典籍常以政、教对言。① 其三，说夏后"作政"，合乎先秦的一般历史观点。有官长并不意味着就有了邦国乃至天下意义上的政治系统的建立，在政治演进的历史中，很可能是先有部落之正长，而后有邦国之君，而后有天下之王。② 在先秦的政治史观中，夏王朝位居三王之首，可谓立天下之政的始作俑者。《左传》哀公七年云："禹合诸侯于涂山，执玉帛者万国，今其存者，无数十焉。"禹因治理洪水有功而继舜称王，然而，禹合会万国诸侯，并以其国为中心，建立起一个有序的天下体系，这才是禹在政治历史上最显赫的地方。楚简《容成氏》云："因民之欲，会天地之利，夫是以近者悦治，而远者自至，四海之内及，四海之外皆请贡。禹然后始为之号旗，以辨其左右，使民毋惑。"在得到天下的认同与归服之后，"禹然后始为之号旗"。如学者所总结的，"凡国家大检阅和治兵，参加的天子、诸侯、卿大夫及乡遂州里官吏都在各自之位，树立旗帜，旗帜上画有图形，各级官吏的旗上，并书姓名、职别、地区等名号"。"天子朝觐，众诸侯亦先树旗帜于各自之位，乃就旗而立。"③ 由此可知，在殷、周比较成熟的政治运行中，号旗作为重要的政治象征物，发挥着重要的作用。禹合会诸侯，"始为之号旗以辨其左右"，可以说是区分不同层级的政治权力，始作天下之政的重要象征，这可以与简文夏后氏"作政"关联起来。简文在殷、周后面，不再出现关于"政"的表述，这可以理解为夏王朝始创之后，殷、周沿用，而仅在"政"之内容方面出现了

---

① 比如《孟子·尽心上》云："善政，不如善教之得民也。善政民畏之，善教民爱之；善政得民财，善教得民心。"《礼记·王制》云："修其教，不易其俗；齐其政，不易其宜。"又云"明七教以兴民德，齐八政以防淫"。

② 《吕氏春秋·孟秋纪·荡兵》云："未有蚩尤之时，民固剥林木以战矣，胜者为长；长则犹不足治之，故立君；君又不足以治之，故立天子。天子之立也，出于君；君之立也，出于长；长之立也，出于争。"

③ 参见钱玄《三礼通论》，南京师范大学出版社1996年版，第242—245页。

从"用五"到"以三""用两"的变化。

第二，"受之"与"代之"的意义。简文中的"夏后受之""殷人代之""周人代之"，也是一个值得注意而难以理解的排列句式。《说文》云："受，相付也。"从授受关系来说，承受者从授予者那里接受某物，是"受"的主要意义。在政治的语境中，上下层级之间往往有命令、爵禄等的授受，"受命""受爵（禄）"等是经典习见的用法。在战国中期以前，甚至流行着关于君权授受的话语，其典型就是早期儒家所宣扬的"尧授舜，舜授禹"（《礼记·礼器》）的传说，以及"子哙不得与人燕，子之不得受燕于子哙"（《孟子·公孙丑下》）。学者已经指出，《韩非子·十过》《说苑·反质》所载的一段由余和秦穆公的对话，与简文颇为相似。①《十过》在描述四代的君权更替时说，"尧禅天下，虞舜受之"，"舜禅天下而传之于禹"，"夏后氏没，殷人受之"。而《反质》在转述时则统一表述为"尧释天下，舜受之"，"舜释天下而禹受之"，"夏后氏没，殷周受之"。《十过》《反质》与简文的相似性，确实提示着简文的"受之""代之"与君权更替方式可能相关。在更宽泛的意义上，王朝之间的更替也可以称为"受之"，《大戴礼记·保傅》云："殷为天子，三十余世而周受之；周为天子，三十余世而秦受之。"

然而，简文对礼乐的详细描述，也是重要的语境，古人在谈到两个王朝之间礼乐和政治制度方面的沿革关系时，有时也会用到"受之"之类的语词。比如《国语·周语下》伶州鸠说"星与日辰之位，皆在北维。颛顼之所建也，帝喾受之"，这是说帝喾继承了颛顼所建的律历之法。《墨子·耕柱》说夏后启作鼎，"'九鼎既成，迁于三国。'夏后氏失之，殷人受之；殷人失之，周人受之。夏后、殷、周之相受也。数百岁矣"。三代相受的是国之重器九鼎。由此看来，简文的"受之"究竟是与《十过》《反质》那样就着君权更替而言，抑或从礼制沿革来说，似乎还难以断定。

同样，简文"代之"也可能有两种意义。《说文》云："代，更也。""代"常用于描述君权变更。春秋战国时期最典型的例子莫过于田氏"代"齐。而就三代历史而言，汤、武革命是更多被述及的君权更替事件。《书·多方》载周公说汤"代夏作民主"，《荀子·解蔽》说汤"代夏王而受九有"，

---

① 参见石小力《清华简〈虞夏殷周之治〉与上古礼乐制度》，《清华大学学报》（哲学社会科学版）2018 年第 5 期。

文王"代殷王而受九牧"。"代"也可以概括礼乐制度及其精神的变更。比如《礼记·祭法》云："大凡生于天地之间者，皆曰命。其万物死，皆曰折；人死，曰鬼；此五代之所不变也。七代之所以更立者：禘、郊、宗、祖；其余不变也。"《大戴礼记·虞戴德》公问孔子云："三代之相授，必更制典物，道乎？"这些虽未直接用"代"字来表示礼乐的变更，但都表明先秦时人对三代乃至更久远历史中的礼乐之器物、名数、制度等的沿革关系十分关心。

根据以上所述，"代之"和"受之"一样，都可以就君权更替和礼制沿革而言。那简文是否还提示了有助于理解它们意义的其他信息呢？仔细比较上引《韩非子》《说苑》和简文的叙事结构，便会发现，简文有一些关键的内容，是由余的话里面没有的。在提及"夏后受之""殷人代之""周人代之"之后，简文并未直接转入对三代礼乐之沿革的比较，而是插入了"作政""用伍""以参""用两"，以及"教民以有威威之""教民以宜"等内容，也就是说，简文对三代的比较，并不局限于礼乐的因革，同时还涉及了"政""教"。这种叙事结构表明两点关键的信息：其一，相比于礼乐的差异，政、教的差异更根本；其二，"受之""代之"很可能是就比政、教差异更加根本的君权更替方式而言的。

二　以文质论来权衡虞夏殷周四代文明

对于整理者主要从三代礼乐制度来概括简文主旨，有学者表示赞同①，也有学者指出，"整理者对《虞夏殷周之治》主旨的理解值得商榷"，因为"'礼乐'仅是《虞夏殷周之治》内容的一部分，而且非主要部分"。②诚然，仅仅依据礼乐这一线索来论其思想主旨，未能涵盖简文"受之""代之""作政""教以"等方面的内容，难免以偏概全之嫌。不过，"《虞夏殷周之治》是对虞夏殷周四代治理天下之道的高度概括，意在以虞夏殷周为实例而言治

---

① 石小力说："本篇的主题较为明确，即以虞、夏、商、周礼乐的奢俭为例来劝谏君王以俭兴国，以奢失国。"石小力：《清华简〈虞夏殷周之治〉与上古礼乐制度》，《清华大学学报》（哲学社会科学版）2018年第5期。

② 马文增：《清华简〈虞夏殷周之治〉六题》，《北京社会科学》2019年第6期。

天下之道有'变'与'不变'之理"①，这样的概括的确更接近于简文的主题，只是略显抽象。

简文第一句"有虞氏用索"对于理解其思想主旨至关重要。索，整理者读为素，训为质朴、无饰。② 这样的释读和训诂，不外乎是认为，简文用一个"素"来概括虞舜时期的质朴而不加任何装饰的礼乐制度。③ 索、素俱为心母铎部字，字形也相近，故典籍时有换用。④ 在简文中，处于篇首的"用素"，和处于篇末的"型钟未弃文章"，素质与文章在文义上正好相呼应。因而，将"索"读为"素"，从古音、字形、训诂及上下文语境来说，都是可以接受的。只是这里仍有两点需要注意。其一，按照简文的表述，在有虞氏"用索"之后，夏后作政"用伍"，殷人"以三"，周人"用两"，四句都含有"用某"的辞例。"索"可训为独一无匹之独⑤，索、伍、参、两又都含有数目字的意义。这些可类比的特征是否意味着在把"索"理解为素时，至少应先说明，为何不能根据文例将"索"理解为与伍、参、两相对的概念？如果上文将用五、以三、用两作为"作政"这个语境下的内容来理解是可从的，那么这也能反过来说明"用索"不必解为用独，因为即便"用索""用五""以三""用两"在文例上高度相似，也必须考虑"作政"在这里的分界意义，只有在始作政之后，才出现"用五""以三""用两"等分别，而始作政之前的"用索"，则不在其例之内。其二，从礼乐制度来理解"有虞氏用素"这样的原初状态可能不够准确。礼乐的确有以素为贵者⑥，但"有虞氏用素"却未必仅仅是就礼、乐制度有质无文而言的，因为下文在谈礼、乐之前，还涉及政、教。也就是说，有虞氏之"素"和下文的周人至"文章"，是在类似董仲舒《三代改制质文》那种较为宽泛的意义上使用的质文概念。

---

① 马文增：《清华简〈虞夏殷周之治〉六题》，《北京社会科学》2019 年第 6 期。

② 参见赵平安《〈虞夏殷周之治〉释文》，载清华大学出土文献研究与保护中心编，李学勤主编《清华大学藏战国竹简（捌）》，第 162 页。

③ 虞舜时代十分遥远，文献无征，当时的礼乐制度无人知晓，但是根据推想，应该是十分素朴的。参见石小力《清华简〈虞夏殷周之治〉与上古礼乐制度》，《清华大学学报》（哲学社会科学版）2018 年第 5 期。

④ 参见高亨纂著《古文字通假会典》，齐鲁书社 1989 年版，第 910 页。

⑤ 《广雅·释诂三》云："索，独也。"王念孙《疏证》云："《周南·桃夭》正义引《尔雅》云：'无夫无妇并谓之寡，丈夫曰索，妇人曰嫠。'索与索同。《檀弓》'吾离群而索居'，亦谓独居也。"

⑥ 《礼记·礼器》云："有以素为贵者：至敬无文，父党无容，大圭不琢，大羹不和，大路素而越席，牺尊疏布幂，樿杓，此以素为贵也。"

　　简文在谈到三代文明特质发生变化所引起的效果时，说夏后氏作政，用礼乐治国，"海外有不至者"；殷人用政，"教民以有威威之"，礼乐趋繁，"海内有不至者"；周人也用政，"教民以宜"，礼乐至文，"海外之诸侯归而不来"。简文明确表达出了对于政、教、礼、乐日趋于"文"的批评导向，但并未彻底否定政教礼乐出现和存在的价值。夏后氏的"海外有不至者"和殷人的"海内有不至者"，应有根本差异。海内即四海之内，有时只说四海，是表达类似于天下、九州这样政治地理的常用语词，四海、四海之内等语词习见于《论语》《孟子》及其后典籍。海外，相对于海内而言，有时也写作海之外、四海之外。《诗·商颂·长发》云"相土烈烈，海外有截"，《山海经》几次提及海外、东海之外等表述，而在《大戴礼记》《庄子》等战国中晚期及其后的文献中，海外、海之外、四海之外等语词开始成为常用词。① 在先秦时期的政治地理观念中，海内即天下，因而"海外有不至者"可以理解为：其一，海外仅有部分的邦国不至，并非全部；其二，海内仍可能是和洽的，亦即天下仍是平治的。而"海内有不至者"，则意味着天下未平。与"海内有不至者"相应，简文说殷人"教民以有威威之"也是值得注意的。从上下文语境来看，殷人的教民可以理解为相对于夏后以政、礼乐来导民的一种增设，"以有威威之"来"教民"，透显了礼乐政教规范性、强制性的需求，而这即意味着文盛于质之后，质已经不足以动人了。周人的"教民以宜"，可以理解为对殷人"教民以有威威之"的一种矫正，因为"以威威之"的强制性终究不如"以宜"的合理性入人之深。不过，周人虽然重视"以宜"教民，但是仍然继续走在文盛质衰的路上，"型钟未弃文章"可以说表达了一种遗憾，即周人虽然凸显了"宜"的价值，却未能挽救质衰之弊。从简文的整体论述来看，批评文渐胜质的弊端是比较明显的，但这种批评已经是在礼乐文明的视域中展开的，它以肯定礼乐政教的文明要素为前提。

　　关于周人致"海外之诸侯归而不来"的说法，值得注意的是，传世古籍未见"海外之诸侯"这样的表述，而有"荒服"的说法。所谓"荒服者终王"，按照韦昭的《注》，是说那些九州之外的藩邦，只需"世一见"，"朝嗣

---

　　① 根据《史记·孟子荀卿列传》所载，后于孟子的邹衍倡大小九州说，"先列中国名山大川，通谷禽兽，水土所殖，物类所珍，因而推之，及海外人之所不能睹"。邹衍在原有九州、中国、诸夏等政治地理概念之外，发挥大九州说，应该是"海外"观念流行的重要动力之一。

王及即位而来见"。① 这些戎狄之邦若归而不来，当修文德以来之。从历史的角度来看，三代是否已经以"诸侯"来对待荒服者，史无明文，到了汉代，这却成了一个真正的问题。匈奴正式归服，请求朝正朔之时，汉王朝的皇帝和大臣集体商议该给匈奴单于何等待遇。在《汉书·萧望之传》的记载中，京师、诸夏可类比于四海之内，夷狄可类比于海外。对于海外主动归服的匈奴单于，丞相等欲视诸侯之义等而下，以臣礼待之，而萧望之以为匈奴"非正朔所加"，应"以客礼待之"，而"位在诸侯王上"，以体现"中国让而不臣"的"羁縻之谊"，这一建议最后为汉宣帝采纳，写入诏书。② 从这起历史事件来看，海外之诸侯和海内之诸侯的性质有两点重要区别：其一，海外之诸侯乃天子之客，而不宜视为天子之臣；其二，海外之诸侯比海内之诸侯的位次更高。匈奴单于归服这样的事是否真如汉臣所言在夏商周三代"自古未之有"，于今已经很难考证，不过至少在汉代，此事已无旧例可循，需要因时、因义制礼。本篇竹简也可能属于列国并立的战国中后期的文字，其中所提到的海外、海外之诸侯，既无汉代那种一统王朝为依托，则所言更接近于政治想象，而非历史真实。

三 简文的思想主旨与学派归属

结合以上分析，再来看清华简《虞夏殷周之治》的思想主旨和学派归属

---

① 《国语·周语上》祭公谋父曰："夫先王之制：邦内甸服，邦外侯服，侯、卫宾服，蛮、夷要服，戎、狄荒服。甸服者祭，侯服者祀，宾服者享，要服者贡，荒服者王。日祭、月祀、时享、岁贡、终王，先王之训也。有不祭则修意，有不祀则修言，有不享则修文，有不贡则修名，有不王则修德，序成而有不至则修刑。于是乎有刑不祭，伐不祀，征不享，让不贡，告不王。于是乎有刑罚之辟，有攻伐之兵，有征讨之备，有威让之令，有文告之辞。布令陈辞而又不至，则增修于德而无勤民于远，是以近无不听，远无不服。"徐元诰撰：《国语集解》，王树民、沈长云点校，中华书局 2002 年版，第 7 页。

② 《汉书·萧望之传》云：初，匈奴呼韩邪单于来朝，诏公卿议其仪，丞相霸、御史大夫定国议曰："圣王之制，施德行礼，先京师而后诸夏，先诸夏而后夷狄。《诗》云：'率礼不越，遂视既发；相土烈烈，海外有截。'陛下圣德充塞天地，光被四表，匈奴单于乡风慕化，奉珍朝贺，自古未之有也。其礼仪宜如诸侯王，位次在下。"望之以为："单于非正朔所加，故称敌国，宜待以不臣之礼，位在诸侯王上。外夷稽首称藩，中国让而不臣，此则羁縻之谊，谦亨之福也。书曰'戎狄荒服'，言其来，荒忽亡常。如使匈奴后嗣卒有鸟窜鼠伏，阙于朝享，不为畔臣。信让行乎蛮貊，福祚流于亡穷，万世之长策也。"天子采之，下诏曰："盖闻五帝三王教化所不施，不及以政。今匈奴单于称北藩，朝正朔，朕之不逮，德不能弘覆。其以客礼待之，令单于位在诸侯王上，赞谒称臣而不名。"此事亦见于《汉书·宣帝纪》。

问题。

第一，简文的思想主旨在于用文质论的观点来权衡虞夏殷周四代的文明得失。简文以有虞氏用"素"开始，以周人之"文章"结束，分别标示出政治文明之质与文的两端。以礼乐为内核的文明必会因革损益，不断由质而文，发展出后世繁复、系统化的状态。有虞氏用素，质而不文。夏后"作政用偌，首服收，祭器四璜，作乐羽籥九成"，政、首服、祭器、乐都是夏后氏增益的文，虽然这可能导致偏重文而忽略质的趋势，但是夏后氏还应属于文质均衡的状态，因而还足以维持天下和洽，仅仅"海外有不至者"。到了殷人代之，"首服作冔，祭器六瑚，作乐韶濩"，首服、祭器、乐都更趋于文，文胜于质，礼的形式化的倾向和弊病便逐步显现出来，"教民以有威威之""海内有不至者"都由此而起。周人"首服作冕，祭器八簋，作乐武象，车大辂，型钟未弃文章"，不仅首服、祭器、乐都达到至文，且"型钟未弃文章"，文盛而质衰，虽"教民以宜"，但"海外之诸侯归而不来"，周文已经不足以使远者服之。

整体来看，竹简勾勒了四代文明演进的大体趋向，从中可以诠释出几个基本的观点。其一，有虞氏是这种由质而文的政治文明的母体、端始。其二，这种政治文明的演进，从"文"的角度看，它处在不断丰富的过程中；从"质"的角度看，它处在不断被遮蔽的过程中。其三，周人的"文章"，若能以有虞氏之"素"为内核，则可能更接近于这种政治文明的理想形态。

第二，基于以上对简文思想主旨的理解，把该篇竹简归为道家乃至老子的观点是难以成立的。认为简文"反映了道家崇俭戒奢的治国思想"①，这一判断明显受到了《韩非子·十过》《说苑·反质》相关记载的影响。然而，仔细比较会发现，《韩非子·十过》《说苑·反质》都以尧之俭为理想状态，而舜致"国之不服者十三"，禹致"国之不服者三十三"，殷周则致"国之不服者五十三"，这与简文对礼乐因革之效果的描述至少有两点明显差异：其一，《十过》《反质》都是通过越来越多的海内诸侯的不服来反显礼愈奢愈不得人心的，缺乏简文那种海外的设想；其二，《十过》《反质》都把舜作为败坏之始，而简文把有虞氏作为原初状态。除了简文与这两篇传世文献在具体表述上的这些差异，也还需要考虑作为"崇俭戒奢"范型的有虞氏，为何从未成为道家的理想人物？

---

① 石小力：《清华简〈虞夏殷周之治〉与上古礼乐制度》，《清华大学学报》（哲学社会科学版）2018年第5期。

在先秦诸子中，"崇俭戒奢"并非道家独特的主张，墨家、儒家都不乏这方面的思想，然而如韩非子所言，儒、墨"俱道尧舜"（《韩非子·显学》），却未曾听闻道家推崇尧舜，从《庄子》一书多次编织尧、舜让天下而有道者不受等故事来看，尧舜往往是庄子及其后学所代表的先秦道家试图解构的圣人形象。庄子及其后学的这些让帝王故事，很大程度上是针对早期儒家宣扬尧舜禅让说的，从儒家与道家的思想分歧来看，庄子的解构也可谓理所当然，因为从老子开始，基于道法自然、上德无为的观念，来反思以基于人为的仁、义、礼为内核，以尧舜为圣王典范的道德文明，就已经是道家之自觉。有学者将简文直接指为老子之言，是"周敬王二年（前518）孔子赴周问礼于老子时老子对孔子所言，事后老子将其笔之于书存档"的。[①] 这种观点看到了老子对礼乐的批评，可是老子的批评是从自然与人为之别来展开的，而简文的文质论已经是以肯定人为造作的礼乐政教为前提的了。

除了不宜将《虞夏殷周之治》视为道家文献，也不宜将其视为墨家文献。《墨子·三辩》说"昔者尧舜有茅茨者，且以为礼，且以为乐"，墨家不仅和儒家一样推崇尧舜，而且也支持最简朴的礼乐形式，把"有虞氏用素"和墨家关联起来，似乎可以。然而，若从文明演进的角度来看，简文对周人"文章"的批评，并非像墨家那样要求质而不文，而是批评文盛质衰破坏了文质的平衡。

第三，该篇竹简反映的主要是以孔子为代表的先秦儒家的文明史观。由于简文同时涉及虞夏殷周四代，而学者也早已注意到《礼记》一书中独多对四代礼制因革的记载[②]，将简文与《礼记》论四代因革的内容加以比较，应是有助于理解简文思想主旨和学派归属的。在《礼记》的记载中，有些涉及虞夏商周四代，有些则仅以夏商周三代为说。比如《礼记·檀弓》云：

> 有虞氏瓦棺，夏后氏塈周，殷人棺椁，周人墙置翣。周人以殷人之棺椁葬长殇，以夏后氏之塈周葬中殇、下殇，以有虞氏之瓦棺葬无服之殇。夏后氏尚黑，大事敛用昏，戎事乘骊，牲用玄。殷人尚白，大事敛用日中，

---

① 马文增：《清华简〈虞夏殷周之治〉六题》，《北京社会科学》2019 年第 6 期。

② 参见李文武、戴海陵《〈礼记〉中虞夏殷周礼、礼例及分类考》，《湖南第一师范学院学报》2014 年第 5 期。

　　戎事乘翰，牲用白。周人尚赤，大事敛用日出，戎事乘骝，牲用骍。

　　这段话就同时涉及了四代和三代。从逻辑上说，这样的记载中暗含了某种溯源的意义。在"有虞氏瓦棺"之下，郑玄注云："始不用薪也。"亦即有虞氏开始不再用火葬之法，开始改用棺葬，此后棺制逐步由简入繁。夏后尚黑、殷人尚白、周人尚赤，应当也有这种意思。因为这种对色的崇尚，背后依据的是建正和正统的政治观念①，而这样的政治观念和相应的制度建构往往被溯源到夏王朝，而从未及于有虞氏②。不过，这种溯源之义也不可执为通例。在简文涉及的冠制上，《礼记》中便有两种说法。《郊特牲》云："委貌，周道也。章甫，殷道也。毋追，夏后氏之道也。周弁，殷冔，夏收。三王共皮弁素积。"这和简文一样，都提到了夏收、殷冔、周冕。而《王制》《内则》并云："有虞氏皇而祭，深衣而养老。夏后氏收而祭，燕衣而养老。殷人冔而祭，缟衣而养老。周人冕而祭，玄衣而养老。"在夏收、殷冔、周冕之外，还提到了"有虞氏皇而祭"。郑玄注云："皇，冕属也，画羽饰焉。"孙希旦指出，"郑谓'画羽饰焉'，盖以《周礼》皇舞推之"③。其说是。严格来说，皇是取鸟羽为饰，仅有冠之意，而不必称冠。《郊特牲》在言三代冠法之后，又说"诸侯之有冠礼，夏之末造也"。可能正因如此，汉儒也不再言有虞氏之冠。④ 与上所述相类，简文记载了祭器夏用四琏，殷用六瑚，周用八簋，而不

---

　　① 对于夏后尚黑、殷人尚白、周人尚赤，郑玄注依次云："以建寅之月为正，物生色黑。""以建丑之月为正，物牙色白。""以建子之月为正，物萌色赤。"这一注释与董仲舒在《春秋繁露·三代改制质文》中关于三正三统的说法基本一致。

　　② 《礼记·礼运》引孔子云："我欲观夏道，是故之杞，而不足征也；吾得夏时焉。"郑玄注云："得夏四时之书也，其书存者有小正。"小正，即《大戴礼记·夏小正》。

　　③ （清）孙希旦撰：《礼记集解》，沈啸寰、王星贤点校，中华书局1989年版，第386页。《周礼·春官·宗伯》云："凡舞，有帗舞，有羽舞，有皇舞。"郑玄注云："故书皇作坐，郑司农云：帗舞者，全羽；羽舞者，析羽；皇舞者，以羽冒覆头上，衣饰翡翠之羽。"

　　④ 《荀子·哀公》说"鲁哀公问舜冠于孔子"，表明先秦时人对舜冠仍有兴趣，汉人则不再提及。蔡邕《独断》言三代冠制云："周曰爵弁，殷曰冔，夏曰收，皆以三十升漆布为壳，广八寸，长尺二寸，加爵冕其上，周黑而赤，如爵头之色，前小后大，殷黑而微白，前大后小，夏纯黑而赤，前小后大，皆有收以持笄。"《白虎通·绋冕》发挥三代冠名之义云："《礼》曰：'周冕而祭。'又曰：'殷冔、夏收而祭。'此三代宗庙之冠也。十一月之时，阳气冕仰黄泉之下，万物被施前冕，而后仰，故谓之冕。谓之冔者，十二月之时，施气受化诩张而后得牙，故谓之冔。谓之收者，十三月之时，气收本，举生万物而达出之，故谓之收。冕仰不同，故前后乖也。诩张，故萌大，时物亦牙萌大也。收而达，故前葱大者，在后时物亦前葱也。"

及《礼记·明堂位》所载的"有虞氏之两敦"。关于乐，简文谈到夏有羽籥九成，殷有韶濩，周有武象，却不及舜之韶乐。① 这种表述上的差异，并不必然表明有虞氏不用冠、祭器、乐等，而有可能是因为有虞氏处于政治文明的开端，"用素"是对有虞氏仅仅具备政治文明之质的概括。简文备述三代之制的因革关系，却仅以"用素"二字来概括有虞氏，这意味着"有虞氏用素"是政教礼乐尚未展开的原初状态，也可以说是一种素简质朴状态。

简文所涉及的有虞氏和夏后氏的关系，是需要讨论的。它们前后相继，有虞氏用素，而夏后氏作政，用礼乐，看起来对有虞氏的用素有较多的兴作改变。然而，夏后氏在由素而文的文明演进过程中，对有虞氏的改变是否是根本性的？抑或只是初步的？这关涉夏后氏是否也可以归入有虞氏所用"素"的类型。在《礼记》对四代的整体比较中，有一种区分虞夏、商周的观点，值得注意。比如《檀弓》篇云：

> 鲁人有周丰也者，哀公执挚请见之，而曰不可。公曰："我其已夫！"使人问焉，曰："有虞氏未施信于民而民信之，夏后氏未施敬于民而民敬之，何施而得斯于民也？"对曰："墟墓之间，未施哀于民而民哀；社稷宗庙之中，未施敬于民而民敬。殷人作誓而民始畔，周人作会而民始疑。苟无礼义忠信诚悫之心以莅之，虽固结之，民其不解乎？"

在鲁哀公的问题中，有虞氏、夏后氏的内容虽有别，但两者都是作为以无为素简而得民的形象被提及的，而周丰的回答，不仅正面解答了虞、夏何以是成功的政治典范，而且顺带批评了"殷人作誓而民始畔，周人作会而民始疑"。这表明在当时鲁国人的观点中，虞夏礼义虽素朴，但有忠信诚悫之心；商周虽作誓、会，但却致使民始叛、疑。《表记》篇引孔子之言云："虞夏之道，寡怨于民；殷周之道，不胜其敝。""虞夏之质，殷周之文，至矣。虞夏之文不胜其质；殷周之质不胜其文。"这可以理解为从礼的文质论层面对上引鲁哀公和周丰对话内容的一种理论概括。

---

① 《周礼·春官·宗伯》载"云门、大卷、大咸、大韶、大夏、大濩、大武"，《白虎通·礼乐》云："《礼记》曰：'黄帝乐曰《咸池》，颛顼乐曰《六茎》，帝喾乐曰《五英》，尧乐曰《大章》，舜乐曰《箫韶》，禹乐曰《大夏》，汤乐曰《大濩》，周乐曰《大武象》，周公之乐曰《酌》。'"

除《礼记》中孔子以文质论的尺度来权衡四代文明的内容可以与竹简比较，《论语》中的相关记载也值得注意。从文质论的角度而言，以孔子为代表的早期儒家，首先强调"质胜文则野，文胜质则史，文质彬彬，然后君子"（《论语·雍也》）这样文质兼备的观点，在两者不可得兼的时候，则重质尤胜于重文。林放问礼之本，孔子赞为"大哉问"，并说"礼，与其奢也，宁俭"（《论语·八佾》），文俭而质厚，比多文而少质更能得"礼之本"。从这个意义来说，即便是声称"周监于二代，郁郁乎文哉！吾从周"（《论语·八佾》），"文王既没，文不在兹"（《论语·子罕》）的孔子，对于周文的态度也是二分的，即除了赞叹周文之美外，孔子还对其多文而少质的倾向有所批评，"人而不仁，如礼何？人而不仁，如乐何？"（《论语·八佾》）《中庸》说"仲尼祖述尧舜，宪章文武"，孔子一方面祖述尧舜的精神，一方面取法文武的宪章制度，而祖述尧舜与宪章文武，从文质论来说，既是一种互相批评，也是一种互相补足。具体到四代，孔子说为邦要"行夏之时，乘殷之辂，服周之冕，乐则韶舞"（《论语·卫灵公》），对于四代的优良传统，要综合地继承和运用。

前文已经论及，简文的"受之""代之"都可以从君权的变更和礼乐制度的因革两个角度来理解。若从礼乐制度因革的角度来说，简文以"夏后氏受之"区别于"殷人代之""周人代之"，可以理解为间接表达了和孔子类似的文质论的观点。如前文所论，本文把"受之""代之"理解为君权更替方式的差异，从其后所记的政、教、礼、乐的内容，尤其是夏后氏致"海外有不至者"而殷人致"海内有不至者"这一关键差别，也仍可以导出"虞夏之质""殷周之文"这样的整体判断。把虞夏之质、殷周之文熔铸为一个新的"文质彬彬"的政治文明形态，这正是以孔子为代表的先秦儒者的理想，清华简《虞夏殷周之治》也反映了先秦儒家这种基于文质论的政治文明史观。

前孔子时期人性论发微[*]

任蜜林

摘　要　中国的人性论思想虽由孔子奠定，但在孔子之前，人性论就已经萌发和发展了。讨论孔子之前，尤其是春秋时期的人性论，对于认识孔子的人性论思想有重要意义，因为前者是后者的历史背景。从现有材料来看，春秋时期对于人性的讨论大多是在政治视野下进行的，即从君民关系的角度予以探讨。因此，春秋时期的人性论并非着眼于"性"本身，而是有着明确的政治意图。这种政治视野下的"民性"论有其局限性，这既是孔子之前人性论的主流，也是孔子人性论思想形成的前提与基础。

关 键 词　政治；君民关系；民性；人性

作者简介　任蜜林，中国社会科学院大学哲学院教授、中国社会科学院哲学研究所研究员、博士生导师，研究方向主要为中国哲学史、两汉魏晋哲学、儒家哲学、道家哲学。

───────────

　* 本文为贵州省 2020 年度哲学社会科学规划国学单列课题"人性、物性关系视域下的中国人性论研究"（20GZGX18）、国家社会科学基金重大项目"董仲舒传世文献考辨与历代注疏研究"（19ZDA027）的阶段性成果。

    按照通常的说法，中国的人性论思想实际是由孔子奠定的。如张岱年说："第一个讲性的，是孔子。"① 徐复观也说："中国正统的人性论，实由他（孔子）奠定其基础。"② "由于孔子对仁的开辟，不仅奠定了尔后正统的人性论的方向，并且也由此而奠定了中国正统文化的基本性格。"③ 这一论断是有其道理的。但孔子的人性论思想也是有其思想渊源的，并非无源之水、无本之木。春秋时期是孔子生活的时期，也是其思想之所以形成的历史背景。在孔子之前的春秋时期，人们对于"性"观念的讨论已经非常丰富了。这种丰富性主要表现在对于"性"的内涵、来源、根据提出了很多新看法。对此，学界已经作了许多积极有益的探索，如徐复观从人文化倾向的角度对春秋时期的人性论作了探讨："通过《左传》《国语》来看春秋二百四十二年的历史，不难发现在此一时代中，有个共同的理念，不仅范围了人生，而且也范围了宇宙；这即是礼。如前所述，礼在《诗经》时代，已转化为人文的征表。则春秋是礼的世纪，也即是人文的世纪。"④ 这种人文化倾向，对宗教也产生了积极影响，使其变为人文化的宗教，从而"渐渐地开出后来人性论中性与命结合的道路"⑤。在徐复观看来，春秋时期的人文化倾向为人性论的产生奠定了思想基础。在此基础上，徐复观从性与天命结合的角度探讨了春秋时期的人性论，认为这一时期虽然指出了人性与天地之性的关联，但这种关联是通过外在的方式而非自觉的工夫得出的，因此只算"真正人性论的边缘"，而非"真正人性论的自觉"。⑥ 徐氏的这一说法颇具洞见，但这种外在的方式毕竟指出了人性与天地之性的关联，这也是孔子后来能够提出"性与天道"思想的理论基础。徐氏仅仅看到了春秋时期人性论的"性与天道"的面向，并未注意到孔子与其之前春秋时期人性论思想政治向度上的区别。这一区别对于我们认识春秋时期人性论的思想特征以及孔子人性论的贡献都有着非常重要的意义。这也是徐氏讨论春秋时期人性论思想的局限所在。唐君毅则对春秋时期言性的特点作了概括，认为"凡此在《左传》《国语》中言性，皆同时

---

① 张岱年：《中国哲学大纲》，中国社会科学出版社 1982 年版，第 183 页。
② 徐复观：《中国人性论史》，华东师范大学出版社 2005 年版，第 40—41 页。
③ 徐复观：《中国人性论史》，第 63 页。
④ 徐复观：《中国人性论史》，第 30 页。
⑤ 徐复观：《中国人性论史》，第 36 页。
⑥ 徐复观：《中国人性论史》，第 38 页。

言及一对此性之态度：如'正之''厚之''不失之''保之'等。即皆是对一政治上亦道德上之理想而言性"①。唐氏虽然提出了春秋时期言性有政治上的特点，但并未对此有进一步的论述，也没有把其与道德方面言性完全区别开来。在前人研究的基础上，本文试图立足政治视野，对春秋时期的人性论思想作一新的探讨，以期有一新的认识。

一　《左传》中的民性与"天地之性"

与春秋之前相比，春秋时期的人性论思想有一个特点，即从政治角度讨论人性。因此，当时的人性论讨论常常是置于君民关系下进行的，其最为突出的表现就是民性的观念开始流行，此在《左传》《国语》中有着明显的反映。

《左传》襄公十四年师旷答晋侯"卫人出其君"时说：

> 良君将赏善而刑淫，养民如子，盖之如天，容之如地，民奉其君，爱之如父母，仰之如日月，敬之如神明，畏之如雷霆，其可出乎？夫君，神之主而民之望也。若困民之主，匮神乏祀，百姓绝望，社稷无主，将安用之？弗去何为？天生民而立之君，使司牧之，勿使失性。有君而为之贰，使师保之，勿使过度。是故天子有公，诸侯有卿，卿置侧室，大夫有贰宗，士有朋友，庶人、工、商、皂、隶、牧、圉，皆有亲暱，以相辅佐也，善则赏之，过则匡之，患则救之，失则革之。……天之爱民甚矣，岂其使一人肆于民上，以从其淫，而弃天地之性？必不然矣！②

此从天的角度说明了君臣之间的相互关系。在师旷看来，君主应该为民众着想，赏善罚恶，养民如子，这样才能得到民众的爱戴和敬畏。如果君主恣意妄为，不为民众着想，那么就会被民众唾弃。上天通过设立君主管理民众，

① 唐君毅：《中国哲学原论·原性篇》，中国社会科学出版社2005年版，第8页。
② 《十三经注疏》整理委员会整理：《春秋左传正义（十三经注疏）》卷三十二，北京大学出版社2000年版，第1063—1066页。

就是为了使民众不丧失其本性。仅有君主管理民众还是不够的，君主周围还要有许多大臣辅佐。之所以如此，也是为了使君主的行为不至于过度违背正道。因此，君主需要师傅等人辅佐，对其私欲加以限制，不致过度。于是天子、诸侯、大夫以至于庶人等都有相应的人来辅佐，褒扬其善行，匡正其过错，挽救其祸患，革正其过失。从君王以下也各有父兄子弟等来监督其施政之得失并给予相应的补救措施。上天是爱护民众的，不会为了满足君主的私欲而让民众丧失自己的本性。

从前后文来看，"勿使失性"中的"性"就是"天地之性"的"性"。但"天地之性"究竟指什么，师旷并未明言。徐复观认为"失性，是就人民方面来说的。因为人民常常不能满足应有的欲望。由此可知此处之性，乃指生而即有的欲望而言"[1]。唐君毅也说："此中所谓性，盖皆指人自然生命要求而言。"[2] 牟宗三则认为"此言天地以爱民为性。此是超越意义之性。'弗使失性'即使人民各遂其生，各适其性，此指生活欲望等言"[3]。这三种解释都认为这里所讲的"性"指人的生活欲望、生命要求而言。另外，牟氏的解释有些矛盾，认为两处所说的"性"并不一样，前者是从生活欲望方面讲的，后者是从超越意义上说的。从"勿失其性"前所说"天生民"来看，这里的"性"显然也是从天而来的，因此其与后面的"天地之性"指的是同一个"性"，即超越意义而非生活欲望意义上的"性"。

从上可知，人性即源于"天地之性"。也就是说，天地是人性的形而上根源，人性之所以成立就在于其有天地上的依据。《左传》昭公二十五年对此有着更为详细的论述：

> 子大叔见赵简子，简子问揖让周旋之礼焉。对曰："是仪也，非礼也。"简子曰："敢问，何谓礼？"对曰："吉也闻诸先大夫子产曰：'夫礼，天之经也，地之义也，民之行也。'天地之经，而民实则之，则天之明，因地之性，生其六气，用其五行，气为五味，发为五色，章为五声。淫则昏乱，民失其性。是故为礼以奉之：为六畜、五牲、三牲，以奉五

---

[1] 徐复观：《中国人性论史》，第36—37页。
[2] 唐君毅：《中国哲学原论·原性篇》，第8页。
[3] 牟宗三：《心体与性体（上）》，上海古籍出版社1999年版，第175页。

味；为九文、六采、五章，以奉五色；为九歌、八风、七音、六律，以奉五声。为君臣上下，以则地义；为夫妇外内，以经二物；为父子、兄弟、姑姊、甥舅、昏媾、姻亚，以象天明，为政事、庸力、行务，以从四时；为刑罚威狱，使民畏忌，以类其震曜杀戮；为温慈惠和，以效天之生殖长育。……"①

子大叔对于"礼"和"仪"作了明确的区分。在他看来，"仪"是揖让周旋等表现外在形式的礼仪，而礼则是天地之经，是人类生活效法的自然准则。天地之经，也就是天地之所以能够成为天地的常道。在子大叔看来，这种常道就是礼。孔颖达曰："天地之有常道，人民实法则之。法则天之明道，因循地之恒性，圣人所以制作此礼也。"② 礼并非直接就是天地之常，而是体现了天地之常。天地之常虽然有着不同的表现，如天以光明为常，地以刚柔为常等，但就恒常方面来讲二者则是相同的。民众的行为活动也都要以此为准则，"民之所行，法象天地，象天而为之者，皆是天之常也，象地而为之者，皆是地之宜也"③。天地不但是人类效法的对象，而且为人类的生存提供了基础，如通过阴阳、风雨、晦明"六气"、金木水火土"五行"来为人类提供"五味"（酸、咸、辛、苦、甘）、"五色"（青、黄、赤、白、黑）、"五声"（宫、商、角、徵、羽）。这些基础对于人类虽然是有益的、必需的，但过度使用则会损害人的本性，故须节之以礼。具体来说，以六畜、五牲等奉"五味"，以九文、六采等奉"五色"，以九歌、八风等奉"五声"。不仅人类社会中的祭祀牺牲、宗庙彝器、音律歌乐要效法自然界的"五味""五色""五声"等，而且人类社会的君臣上下、父子兄弟、夫妇内外等等级秩序、刑罚奖赏的政治治理也要以自然界的天地之常为法则。可以说，人类社会的一切都是效法天地之常的结果。

天之六气、地之五行落实到人身上就成为人的"六气"。子大叔说：

民有好恶、喜怒、哀乐，生于六气，是故审则宜类，以制六志。哀

---

① 《十三经注疏》整理委员会整理：《春秋左传正义（十三经注疏）》卷五十一，第 1666—1674 页。
② 《十三经注疏》整理委员会整理：《春秋左传正义（十三经注疏）》卷五十一，第 1667 页。
③ 《十三经注疏》整理委员会整理：《春秋左传正义（十三经注疏）》卷五十一，第 1667 页。

有哭泣，乐有歌舞，喜有施舍，怒有战斗，喜生于好，怒生于恶。是故审行信令，祸福赏罚，以制死生。生，好物也；死，恶物也。好物，乐也；恶物，哀也。哀乐不失，乃能协于天地之性，是以长久。①

"民有好恶、喜怒、哀乐"，杜预注曰："此六者，皆禀阴阳风雨晦明之气。"②意思是说，六气与民之好恶等"六志"等并非一一对应，而是每种都禀有六气。孔颖达引贾逵说曰："好生于阳，恶生于阴，喜生于风，怒生于雨，哀生于晦，乐生于明。"③ 这种看法认为六志与六气是一一对应的关系，每种气生出其中的一志。孔颖达赞同杜预的看法，对贾逵的看法作了批评，认为"谓一气生于一志，谬矣。……此民之六志，亦六气共生之，非一气生一志"④。从郭店楚简的相关文献来看，杜预、孔颖达的解释是符合子大叔思想的。《性自命出》说："喜怒哀悲之气，性也。……好恶，性也。"⑤ 这里说的"六性"与"六志"的说法已经非常接近，所不同者仅在"悲"与"乐"。《性自命出》又说："性自命出，命自天降。道始于情，情生于性。"⑥ 这也认为人的性情是从天而来的。而且每种情之间及其与性之间并非一一对应的关系，如《语丛二》说："恶生于性，怒生于恶。""喜生于性，乐生于喜，悲生于乐。"⑦这里的恶与怒、喜与悲有着前后生成关系。既然是前后生成关系，那么其与六性也就不是一一对应的关系了。从子大叔所说来看，好恶、喜怒、哀乐之间也不是平行关系。好恶在六志中处于基础地位，喜怒分别是从好恶中产生的。哀乐也是属于好恶的。只有六志适度，合乎准则，民众才能与其"天地之性"相协调，这样才能达到长久。而六志只有在礼的规范下才能合乎准则。

按照孔颖达的解释，"六志"就是六情，"此六志，《礼记》谓之六情。在己为情，情动为志，情志一也，所从言之异耳"⑧。现存《礼记》中并没有

① 《十三经注疏》整理委员会整理：《春秋左传正义（十三经注疏）》卷五十一，第1674—1675页。
② 《十三经注疏》整理委员会整理：《春秋左传正义（十三经注疏）》卷五十一，第1674页。
③ 《十三经注疏》整理委员会整理：《春秋左传正义（十三经注疏）》卷五十一，第1674页。
④ 《十三经注疏》整理委员会整理：《春秋左传正义（十三经注疏）》卷五十一，第1674页。
⑤ 李零：《郭店楚简校读记（增订本）》，中国人民大学出版社2007年版，第136页。
⑥ 李零：《郭店楚简校读记（增订本）》，第136页。
⑦ 李零：《郭店楚简校读记（增订本）》，第221页。
⑧ 《十三经注疏》整理委员会整理：《春秋左传正义（十三经注疏）》卷五十一，第1675页。

"六情"的提法，而有"七情"的说法。《礼运》曰："何谓人情？喜、怒、哀、惧、爱、恶、欲，七者弗学而能。……故圣人所以治人七情。"① 孔颖达所说应该即指此。孔颖达认为情是在内心的，其发动就是志，二者指的实际是一个东西。郭沂对于情、志有着进一步的辨析，其说："'情'是主观意识和心理活动之一，因而'志'与'情'的关系，是种概念与属概念的关系。……'情'本来就是'志'的一部分，古人说'情、志一也'、'情，志也'是没有任何问题的，而游吉称六情为'六志'也是合情合理的。"② 从子大叔所说来看，这里的"情"和"志"是相近的。但到了后来，"情"和"志"则是有区别的。大体来说，"情"指感情，一般与"性"对应。而"志"则指心之所向，《说文解字·心部》曰："志，意也。"《春秋繁露》曰："心之所之谓意。"③ 在郭店竹简《性自命出》中，"情"和"志"已经有了区别，"情"与"性"相应，"情生于性"，"志"与"心"相关，"心无定志""凡心有志也"。④

由上可知，礼最重要的表现无疑是国家政治方面。《左传》昭公五年女叔齐说："礼所以守其国，行其政令，无失其民者也。"⑤ 如果从本末关系来看，礼是本，仪是末。除了国家政治方面，礼对于人的喜怒、哀乐、好恶等性情也有着规范作用。礼既然是天地之经，那么民众的一切也就以此为法则。天地赋予了民众好恶、喜怒、哀乐的性情，民众只有使其正当地表达才能与"天地之性"相一致。否则，就会丧其"天地之性"。可以看出，这里的"天地之经"已经不是自然界意义上的天地，而是预设其为具有道德意义上的礼的表现。这种"天地之性"显然具有"性善"的含义，虽然其相对人类来说是外在的，而非内在的。后来《中庸》"天命之谓性"，《易传》"乾道变化，各正性命"，《性自命出》"性自命出，命自天降"等思想都是这一思想的进一步发展。

上面所说的"天地之性"显然已经不是纯粹从人的自然属性来讲人性，

① 杨天宇：《礼记译注》，上海古籍出版社 2004 年版，上册，第 275 页。
② 郭沂：《游吉的人性论及其历史地位》，《孔子研究》2021 年第 5 期。
③ （清）苏舆撰：《春秋繁露义证》卷十六《循天之道第七十七》，钟哲点校，中华书局 1992 年版，第 452 页。
④ 李零：《郭店楚简校读记（增订本）》，第 136 页。
⑤ 《十三经注疏》整理委员会整理：《春秋左传正义（十三经注疏）》卷四十三，第 1400 页。

而具有一定的道德意义。《左传》成公十三年刘康公所说可以帮助我们进一步理解这一思想，其说：

> 吾闻之，民受天地之中以生，所谓命也。是以有动作礼义威仪之则，以定命也。能者养之以福，不能者败以取祸，是故君子勤礼，小人尽力。[1]

刘康公虽然没有指出"天地之中"就是礼，但从后面其说的"动作礼义威仪之则""君子勤礼"等表述来看，这里的"天地之中"实际包含礼的因素。徐复观说："中是礼所要达到的目的。因此，古人常以'中'表示礼。……民受天地之中以生，即民受天地之礼以生。"[2] 虽然我们不必认为礼就是中，但至少在刘康公的表述中，"天地之中"的"中"是可以包含礼的因素的，否则后面的"动作礼义威仪之则"就无从说起了。这里的"民受天地之中以生"即民众禀受"天地之中"以作为自己本性的意思。"命"与"性"实则一体之两面，前者着眼于天地，后者着眼于人类。刘康公说此话的时间是鲁成公十三年（前578），由于其是听说来的，因此，"民受天地之中以生"思想形成还要早一些。"天地之性"的说法分别出自鲁襄公十四年（前559）、鲁昭公二十五年（前517）。这样看来，"天地之性"的说法应该受到了"天地之中"思想的影响。

从上可知，春秋时期"天地之性"的说法虽然是从人性论的根据上讲的，但只是针对普通民众而言，因此，其提出的这一根据并非面对普遍的人类，而是出于政治治理的需要。因此，其在论性的时候是基本上置于君民关系中论述的。在中国古代，"人"和"民"有时候是可以相通的，有时候又是有区别的。《说文解字·民部》说："民，众萌也。"段玉裁注曰："萌犹懵懵无知皃也。"这里的民就是蒙昧无知的意思。[3] 这实际上表现了古代统治阶层对于民众的偏见。《说文解字·人部》说："人，天地之性最贵者也。"与民相比，人显然更具有普遍性，因为不能说统治阶层也是蒙昧无知的。

---

[1] 《十三经注疏》整理委员会整理：《春秋左传正义（十三经注疏）》卷二十七，第866—867页。

[2] 徐复观：《中国人性论史》，第38页。

[3] 孔子对于人性虽然有着新的洞见，但其并未完全摆脱春秋时期政治视野下的人性观念，如其说"民可使由致，不可使知之"（《论语》）即带有民性愚昧的偏见，后来训"民"为"萌"的思想或许与此有关。但这并非孔子人性论的主要内容，并不能由此否定孔子对人性论的超越与贡献。

二　春秋之前的民性思想及其可靠性

从上可知，春秋时期对于人性的讨论主要是从政治视野下进行的，这是春秋时期人性论别于其以前关于人性讨论的主要特征之一。那么在春秋之前有没有从政治视野下讨论人性的情况呢？也就是说，在春秋之前有没有民性的观念呢？这一问题关系到我们对于春秋时期人性论特征的认识，因此，我们有必要对此进行考察。

从现有资料来看，"性"观念在春秋之前就已经产生了。学界一般把"性"字的起源追溯到甲骨文、金文中的"生"字。从现有资料来看，甲骨文、金文中虽然出现了"生"字，但其并未包含"性"的含义。在《诗》《书》等早期文献中，"生""性"二字已经并用，说明二者已经有了明确的区分，这也意味着至少在西周初年就形成了"性"的观念。在《诗经》中，"性"字出现了 3 次，均在《大雅·卷阿》篇，都以"俾尔弥尔性"的面貌出现。从前后文语境来看，其含义指的应是"德性"。在《尚书》中，"性"字则出现了 5 次（今文 2 次，古文 3 次）。在今文《尚书》中，"性"指人的自然本性，其中《西伯戡黎》中的"不虞天性"指民众的自然本性，《召诰》中的"节性"指的则是商旧臣的自然本性。[①] 虽然"不虞天性"有从政治治理角度解说"性"的层面，但并不明显。

除了今文《尚书》外，在古文《尚书》中，"性"出现了 3 次，2 次与人性有关，1 次与土性有关，可以看出当时的"性"观念不仅仅局限于人性，而且包含物性。古文《尚书》的真伪历来受到怀疑，但由于这两条涉及人性的材料与本文的主题有着密切关系，因此，我们有必要对其讨论一下。

从古文《尚书》对人性的两次记载来看，其一在政治视野下讨论人性，其二讨论个体的本性。对于前者，《商书·汤诰》曰：

> 王归自克夏，至于亳，诞告万方。王曰："嗟！尔万方有众，明听予

---

① 关于甲骨文、金文以及《诗经》、今文《尚书》的"生""性"观念，拙文《心、生为性——早期"性"观念的发生学考察》（《哲学研究》2022 年第 11 期）有着详细的讨论。

一人诰。惟皇上帝，降衷于下民。若有恒性，克绥厥猷惟后。……"①

《汤诰》记载了汤打败桀，胜利回到都城亳之后，各国诸侯朝见，汤向天下昭告征讨夏桀的道理。在昭告诸侯时，汤提到人性问题。在他看来，民众的本性都是由上天降下来的，只有君王能够顺从这种本性制定稳妥的礼仪法则。从前后文来看，这里的"恒性"的主体显然是前面的"民"，商汤在这里讨论的"性"显然是从政治治理的角度来着眼的。"衷"，孔安国注："善也。"孔颖达正义曰："天生烝民，与之五常之性，使有仁义礼智信，是天降善于下民也。"② 宋儒蔡沉注曰："天之降命，而具仁义礼智信之理，无所偏倚，所谓衷也。人之禀命，而得仁义礼智信之理，与心俱生，所谓性矣。"③ 不难看出，孔安国、孔颖达、蔡沉等用后世通行的观念来解释"衷"字，显然不是《汤诰》的本义。对此，牟宗三有着比较深入的分析，其结合《左传》刘康公"民受天地之中以生"，认为这里的"衷"应该通"中"。其说："天降衷，民受中，因而有其生也。即有其个体生命之存在。有其生命之存在，即有其恒性。"④ 正因为有个体生命的存在，所以这里的"恒性"并非"超越之义理当然之性"而是"实然之生性"。⑤ 从上面所说来看，这里的"衷"指的就是后面的"恒性"。这里究竟指人的自然本性还是道德本性，尚难断定。但无论如何，这里的"民"是与"王"相对的，此处的"性"也是从政治治理的角度讲的。

对于后者，《商书·太甲上》曰：

> 王未克变。伊尹曰："兹乃不义，习与性成。予弗狎于弗顺，营于桐宫，密迩先王其训，无俾世迷。王徂桐宫居忧，克终允德。"⑥

这是伊尹对于太甲的劝说。太甲继承王位以后，残酷暴虐，不明居丧之礼，

---

① 《十三经注疏》整理委员会整理：《尚书正义（十三经注疏）》，北京大学出版社 2000 年版，第 238 页。

② 《十三经注疏》整理委员会整理：《尚书正义（十三经注疏）》，第 238 页。

③ （宋）蔡沉撰，王奉先点校：《书集传》，中华书局 2018 年版，第 102 页。

④ 牟宗山：《心体与性体（上）》，第 172 页。

⑤ 牟宗山：《心体与性体（上）》，第 174 页。

⑥ 《十三经注疏》整理委员会整理：《尚书正义（十三经注疏）》，第 250 页。

于是伊尹把其放逐到桐宫，使其思过。伊尹代理太甲处理国事。听了伊尹的劝说后，太甲并未改变自己的恶习。伊尹认为太甲是不道德的，习惯久了就会成为不好的本性。为了改变这种情况，伊尹放逐太甲，让其在汤的墓地守墓以改变他不好的本性。这里的"性"与"习"相对，说明习惯对于人的本性的影响。与上条材料相比，这条材料讲的"性"是仅就太甲本人来说的，并不具有太大的普遍性，其含义应该指人的自然本性，并不涉及道德本性方面。

由于古文《尚书》的这两条材料不见于先秦典籍，因此，其可靠性值得怀疑，其对于"性"的论述并不能反映当时的真实面貌。这样看来，其从政治治理角度所说的"若有恒性"并不具有可靠性，因此不能说从殷商时期就已经开始从政治治理角度（即君臣关系）来讨论人性论了。

三 《左传》《国语》关于民性的其他论述

从上可知，真正从政治治理角度讨论人性是从春秋时期开始的。除了上述《左传》两处关于人性的论述外，还有三处涉及人性的地方，而且都是从政治治理角度方面来讲的。《左传》昭公八年师旷答晋侯"石何故言"时说：

> 石不能言，或冯焉。不然，民听滥也。抑臣又闻之曰："作事不时，怨讟动于民，则有非言之物而言。"今宫室崇侈，民力雕尽，怨讟并作，莫保其性。石言，不亦宜乎！①

牟宗三说："'莫保其性'即莫保其生。此则只应作'生'字读解。"② 其实从前后文来看，这里的"莫保其性"中的"性"指的是民众之性，显然是从政治治理的角度讲的，与前引师旷所说"勿使失性"是一致的。

《左传》昭公十九年沈尹戌答周平王说：

> 吾闻抚民者，节用于内，而树德于外，民乐其性，而无寇雠。今宫

---

① 《十三经注疏》整理委员会整理：《春秋左传正义（十三经注疏）》卷四十四，第1448—1449页。
② 牟宗山：《心体与性体（上）》，第176页。

室无量，民人日骇，劳罢死转，忘寝与食，非抚之也。①

孔颖达正义曰："性，生也。"② 牟宗三也说："乐其性即乐其生也。乐其生当然是其生活之欲望有相当之满足。"③ 其实这里的"性"还是从其本字为好，"民乐其性"即民安于其性，与"勿失其性"意义相近。既然是"抚民"，那么这里的"民乐其性"也是从政治上讲的。此外，《左传》襄公二十六年子产说："夫小人之性，衅于勇，啬于祸，以足其性而求名焉者，非国家之利也。"④ 这里的"小人"并非道德意义上的，而是政治意义上的。"小人之性"说的也就是民众之性，虽然其含义与前面说的"天地之性"正相反，表示人的自然欲望。

除了《左传》外，《国语》也从政治角度讨论人性，并且提出"民性"的观念。《晋语四》说：

> 元年春，公及夫人嬴氏至自王城。秦伯纳卫三千人，实纪纲之仆。公属百官，赋职任功。弃责薄敛，施舍分寡。救乏振滞，匡困资无。轻关易道，通商宽农。懋穑劝分，省用足财。利器明德，以厚民性。举善援能，官方定物，正名育类。昭旧族，爱亲戚，明贤良，尊贵宠，赏功劳，事耇老，礼宾旅，友故旧。胥、籍、狐、箕、栾、郤、柏、先、羊舌、董、韩，实掌近官。诸姬之良，掌其中官。异姓之能，掌其远官。公食贡。大夫食邑，士食田，庶人食力，工商食官，皂隶食职，官宰食加。政平民阜，财用不匮。⑤

此为晋文公元年（前636）的事情。晋文公与夫人到达王城，秦穆公设置防备。为了应对秦国，晋文公采取了很多措施，其中一项就是劝勉稼穑、劝有分无，省减国用，备足财物以备凶年，利器用，明德教，以满足民众的自然

---

① 《十三经注疏》整理委员会整理：《春秋左传正义（十三经注疏）》卷四十八，第1594—1595页。

② 《十三经注疏》整理委员会整理：《春秋左传正义（十三经注疏）》卷四十八，第1595页。

③ 牟宗山：《心体与性体（上）》，第176页。

④ 《十三经注疏》整理委员会整理：《春秋左传正义（十三经注疏）》卷三十七，第1204页。

⑤ 徐元诰撰：《国语集解·晋语四第十》，王树民、沈长云点校，中华书局2002年版，第349—350页。

生命要求。对于"厚民性"，韦昭注曰："厚民性，厚其情性。"汪远孙曰："性，读为生。"① 在《周语上》中也有类似的记载："先王之于民也，懋正其德而厚其性，阜其财求而利其器用，明利害之乡，以文修之，使务利而避害，怀德而畏威，故能保世以滋大。"韦昭注曰："性，情性也。"汪中曰："性与生通。"王念孙曰："性之言生也。……云'厚其性'，即'厚生'也。"② 这里究竟读"性"还是读"生"，从上下文来看皆可。但考虑到《国语》生、性并用，这里读作"性"更为合适。因此，这里的"民性"也是从政治的角度来讲的，这里也是说通过德教的方式来培养民众的本性。

除了"民性"外，《国语》中还有关于"人性"的论述。《周语中》单襄公说：

> 君子不自称也，非以让也，恶其盖人也。夫人性，陵上者也，不可盖也。求盖人，其抑下滋甚，故圣人贵让。且谚曰："兽恶其网，民恶其上。"故《书》曰："民可近也，而不可上也。"《诗》曰："恺悌君子，求福不回。"在礼，敌必三让，是则圣人知民之不可加也。③

"夫人性"，徐元诰根据王引之《经传释词》所说注曰："'夫人'犹云'凡人'也，夫，犹凡也。"④ 其实，这里的"夫"是发语词，不必解释成"凡"。无论是"夫"还是"凡"，都不影响我们对此的理解。从后面其引"谚"、《书》以及"圣人知民之不可加也"等文可以知道这里的"人性"并非指所有人的人性，而是指民众之性。君子不善自举，并非因为谦让，而是厌恶凌驾、掩盖他人。而一般的人的性情则喜欢凌驾、掩盖他人。君子谦让故不被掩盖。通过掩盖他人而使自己变得高大的人，结果则是被黜退而变得越来越低下，因此统治者是贵谦让的。对于一般的民众，统治者是不会让其陵上的。不难看出，这里的"人性"与上面《左传》讲的"小人之性"含义是相近的。此外，《国语》还有"膏粱之性"的说法，《晋语七》说："夫膏粱之性

① 徐元诰撰：《国语集解·晋语四第十》，王树民、沈长云点校，第350页。
② 徐元诰撰：《国语集解·周语上第一》，王树民、沈长云点校，第2—3页。
③ 徐元诰撰：《国语集解·周语中第二》，王树民、沈长云点校，第74—75页。
④ 徐元诰撰：《国语集解·周语中第二》，王树民、沈长云点校，第75页。

难正也，故使惇惠者教之，使文明者导之，使果敢者谂之，使镇静者修之。"① 韦昭注曰："膏，肉之肥者。粱，食之精者。言食肥美者率多骄放，其性难正。"② 这里的"膏粱之性"指纨绔子弟的性情，是其所处环境所导致的特殊阶级的性格。因此，对于人性论来说，这种说法并不具有代表性。

综上可知，与之前相比，春秋时期对于人性论的讨论一个显著的特征就是将其置于政治视野下进行，因此，民性的观念成为当时人性论思想的主流。这点在之前以《诗经》《尚书》等为代表的典籍中是很难看到的。这种政治视野下对于人性的讨论，主要着眼于政治治理的需要。因此，当时对于人性的讨论主要是在君民关系的视野下进行的，其大多是与"民"而非与"人"联系在一起的。这也说明，春秋时期对于人性论的讨论是有针对性的，而不具有普遍的意义。正唯如此，其对于人性论的讨论有着一定的局限性，即不能从人性本身来探讨人性论思想的普遍意义。正是这种局限性促成了后来孔子在人性论思想方面的超越与突破。

---

① 徐元诰撰：《国语集解·晋语七第十三》，王树民、沈长云点校，第407页。
② 徐元诰撰：《国语集解·晋语七第十三》，王树民、沈长云点校，第407页。

《左传》"泓之战"所涉伦理问题与马王堆《春秋事语》士匄论战故事

刘　亮

摘　要　《左传》泓之战叙述中的宋襄公是否遵循了彼时的战争伦理，长久以来为学界所关注。若在"不鼓不成列"等戎礼可否存在的路径上讨论，此问题会因《左传》的模糊态度，以及这类戎礼可否适用于参战的宋楚双方等难点的存在而陷入僵局。湖南长沙马王堆汉墓帛书《春秋事语》"宋荆战泓水之上"章中以士匄名义提及宋襄有悖于推近及远的行动次序，以及依照亲疏差别确定行动立场的"亲亲"原则，为我们应对上述《左传》泓之战的伦理问题提供了启发。这两项基本原则在《左传》中同样被强调，可作为评价宋襄的依据：违背正确行动次序使这场战争在整体上无法获得正面的伦理评价；违背"亲亲"原则更使宋襄在具体作战处置上负有罪责。相比这两项原则，"不鼓不成列"等具体戎礼即使存在亦属枝蔓，在与上述基本原则有冲突的情势下，并无适用的可能。

关 键 词　《左传》；《春秋事语》；泓之战；战争伦理

作者简介　刘亮，北京师范大学副教授，研究方向主要为早期中国思想。

　　针对《春秋》经文"东十有一月己巳朔，宋公及楚人战于泓，宋师败绩"，《公羊》《穀梁》对宋襄的作为，褒贬理由陈述得较明确。左氏贬宋襄，理由却稍有晦涩。长久以来，学界对这个涉及古代政治伦理、军事伦理、文化认同以及族群认同等诸多领域的问题，保持着高度的兴趣。在长沙马王堆出土的帛书《春秋事语》中，"亲亲"原则又被运用到这一事件的评价中。若以此原则作为考察角度，左氏看似晦涩的评价，能够得到更明确的解释。请略言之。

一

　　针对宋楚泓之战，《左传》僖二十二年传文云：

　　　　楚人伐宋以救郑。宋公将战，大司马固谏曰："天之弃商久矣，君将兴之，弗可赦也已。"弗听。
　　　　冬十一月己巳朔，宋公及楚人战于泓。宋人既成列，楚人未既济。司马曰："彼众我寡，及其未既济也，请击之。"公曰："不可。"既济而未成列，又以告。公曰："未可。"既陈而后击之，宋师败绩。公伤股，门官歼焉。
　　　　国人皆咎公。公曰："君子不重伤，不禽二毛。古之为军也，不以阻隘也。寡人虽亡国之余，不鼓不成列。"子鱼曰："君未知战。勍敌之人，隘而不列，天赞我也。阻而鼓之，不亦可乎？犹有惧焉。且今之勍者，皆吾敌也，虽及胡耇，获则取之，何有于二毛？明耻教战，求杀敌也，伤未及死，如何勿重？若爱重伤，则如勿伤；爱其二毛，则如服焉。三军以利用也，金鼓以声气也。利而用之，阻隘可也；声盛致志，鼓儳可也。"①

宋襄讨伐亲楚的郑国引发了这场往往被后人称为"泓之战"的战争。此战楚

---

　　① 本文《左传》原文，皆引自〔日〕竹添光鸿《左氏会笺》，台北：新文丰出版公司1978年版。

国有规模上的优势，如引文"彼众我寡"所言。然对楚人而言，作为必要步骤的渡泓水以及其后的布阵，使这场战争接近所谓登陆作战，战术上成为不利因素。此种不利对规模上处于劣势的宋国一方，却是难得的机会。当然，其机会被作为统帅的宋襄以"不以阻隘""不鼓不成列"为由而放弃。宋襄的此一行为，不仅在上述故事情节中被宋国国人以及子鱼指责，且成为历史上著名的争议事件。①

对于引文战斗过程中宋襄公上述行为②的评价，可约略分为两种。第一种认为宋襄的举措是合于礼法的。如郑玄《箴膏肓》引《考异邮》谓："襄公大辱，师败于泓，徒信，不知权谲之谋，不足以交邻国、定远疆也……"批评襄公泥于礼矩而不知诡诈；虽是批评，却无法否认其行为遵守了戎礼。③ 王樵《春秋辑传》虽对宋襄的争霸行为颇有指摘，对其战场处置却给予明确的肯定。其书针对《左传》传文"彼众我寡，及其未及济也请击之"注曰"司马此言，非也"；针对传文"古之为军也，不以阻隘也；寡人虽亡国之余，不鼓不成列"注曰"耻以诈胜。军法：鸣鼓以战，因谓交战为'鼓'；彼未成列，则此不鼓也。公之所言盖是正道"；其后文按语，又谓"以子鱼平日之言，则知迨其未毕陈而击之者非子鱼之言也；襄公尤耻诈胜，仁且知如子鱼而肯反以此劝之乎"；亦即仍以"不鼓不成列"为正确，以未毕陈而击之为谲诈。④ 吕思勉先生援引《左传》僖三十三年楚子上"退舍"以待晋阳處父渡泒之事，《左传》襄十一年萧鱼之会赦归郑囚，"纳斥候、禁侵掠"事，《孟子·离娄下》庾公之斯"发乘矢而后返"事，《左传》宣十二年楚庄王邲之战中种种宽大处置，《左传》成二年齐侯"入于狄卒，狄卒皆抽戈楯冒之"，"入于卫师，卫师免之"事，《左传》成十六年韩厥以"不可以再辱国君"为辞停止追击郑伯事，郤至"见楚子必下，免胄而趋风"事，《左传》宣十二

---

① 引文中的"阻隘"，章太炎《春秋左传读》释曰："即上文之'既济而未成列'，司马欲击之也；击其未列，故曰'阻隘'，言先踞者而动也。"参见《章太炎全集》第一辑《春秋左传读》，上海人民出版社 2014 年版，第 251—252 页。

② 《左传》涉及宋襄的情节较多，为避免头绪繁多，本文仅选取有关泓之战的战争伦理，作为考察角度。

③ 参见（汉）郑玄《箴膏肓》，《丛书集成初编》影印问经堂丛书刊本，商务印书馆 1936 年版，第 14 页；《景印文渊阁四库全书·经部·春秋类·箴膏肓》，台北：台湾商务印书馆 1986 年版，第 869 页。

④ 《景印文渊阁四库全书·经部·春秋类·春秋辑传》，第 600—601 页。

年乐伯射麋事，以及《礼记·檀弓》工尹商阳毙人则掩目、毙三人即止事，孔子"杀人之中，又有礼焉"之说，陈太宰嚭"古之侵伐者，不斩祀，不杀厉，不获二毛"等众多例证，言宋襄能守"偏战"之义。而子鱼"明耻教战，求杀敌也，伤未及死，如何勿重"，"虽及胡耇，获则取之，何有于二毛"之说，"纯系战国时人议论，以多杀为主，可以勿论"。① 徐中舒先生亦援引《礼记·檀弓》"不斩祀，不杀厉，不获二毛"之说，《淮南子·氾论》"古之伐国，不杀黄口，不获二毛，于古为义，于今为笑"之论，以及《淮南子·人君》与《后汉书·东夷传》所述徐偃王行仁义而亡其国事，论证"古代战争公法在这些地区尚有保留"，宋襄因坚持传统礼法而"自取败亡"。②

第二种观点则认为宋襄公违反了礼法。如孔颖达《正义》释传文"且今之勍者，皆吾敌也"曰："用兵之法，前敌无问强弱，不可遗留。且复若留，强者还为己害，故曰'且今之'。陈上不被损伤，材力强者，皆能与吾相敌，若其不杀，还来害我，是以虽及胡耇，获则取之，何有恩义于二毛之人。"孔说虽为解释文义，然将杀敌务尽作为"用兵之法"，已有指摘宋襄背离正确作战规矩的倾向。魏了翁《左传要义》亦从此说。③ 钱锺书《管锥篇·左传正义》更提出，"（《左传》成公二年）邴夏曰：'射其御者，君子也。'公曰'谓君子而射之，非礼也'"；《注》"齐侯不知戎礼"；《正义》"僖二十二年《传》曰：'虽及胡耇，获则取之，明耻教战，求杀敌也。'宣二年《传》曰：'戎，昭果毅以听之之谓礼，杀敌为果，致果为毅。'是戎事以杀敌为礼"。按昭公二十一年，"华豹曰'不狃，鄙'，抽矢"；《正义》："此豹亦不达军之战礼也。"郑玄《箴膏肓》论宣公二年狂狡事亦讥其"临敌拘于小仁，忘在军之礼"。足见"礼"者非揖让节文（code of courtesy），乃因事制宜（decorum）之谓；故射仪则君子必争，戎礼则君子亦杀。昭公五年，女叔齐对晋侯曰："鲁侯焉知礼！是仪也，不可谓礼。"二十五年，赵简子问揖让周旋之礼，

---

① 详见吕思勉《吕思勉读史札记》，上海古籍出版社 2005 年版，上册，第 312—322 页。当然，其中有些例证并不证明论点，如子上令楚师退舍，本就是为防止晋师诈战，"半涉而薄"而选取的一个相对有利于己方的方案；又如工尹商阳毙三人即止一事，并非纯然遵守戎礼，更兼有对楚国统治者的不满（即其所谓"朝不坐，燕不与"），等等。

② 徐中舒：《先秦史论稿》，巴蜀书社 1992 年版，第 200—201 页。

③ 参见《十三经注疏》整理委员会整理《春秋左传正义（十三经注疏）》，北京大学出版社 2000 年版，第 463 页；（宋）魏了翁《左传要义》，载《景印文渊阁四库全书·经部·春秋类·左传要义》，第 429 页。

子大叔对曰："此仪也，非礼也。"合观愈明。德谚有曰："'战争本旨较战争之方式为先'（Kriegsräson geht vor Kriegsmanier）。杀敌者战之本旨；三舍之退、一麋之献，以及下车免胄、执桴犒师，皆方式而已，戎仪也，非戎礼也。"① 也就是说，作战时英勇杀敌、尽力赢得战争的胜利本就是戎礼内容，战场上对敌的礼貌、辞让以及"不鼓"等行为，仅能作为"戎仪"；"戎礼"高于且优先于"戎仪"而存在。此一规范结构之下，宋襄错将"不鼓不成列"置于杀敌求胜之上，是违背了戎礼。②

上述古代学者，多止于提出论点启发读者，鲜有详细的论证。吕思勉先生之说论证较为清晰，且能合于古代历史流变的宏观趋势：由春秋至战国秦汉，周代传统战争规则渐次瓦解，"兵以诈立"的新趋势继之而起。③ 考虑到成书时间等因素，前引《左传》中子鱼的言论反映战国时代战争思想的可能性的确存在。然而，吕先生意在讨论历史"事实"中可否存在此类戎礼，而不在于讨论《左传》的思想倾向。换言之，我们应承认《左传》文献内容与历史上的"事实"状况无法等同：若如吕先生所言，《左传》所叙子鱼言论"纯系战国时人议论"，则更是说其书远离历史真实状况。相比之下，钱锺书之说将探究对象限于《左传》本身，从而直接回应了我们所关注的疑问。其说亦敏锐地指出《左传》以及前贤的注疏反复提及的"杀敌为礼"。按照钱的解释，是宋襄的违背戎礼，直接招致了此战的败局以及宗族国人的殒命，与传文"国人皆咎公"以及战后子鱼之论皆相协调。更为重要的是，其说有意区分"礼"的不同层次。钱引《左传》昭五年女叔齐将礼的枝节部分称为"仪"，以区别其本旨部分，即可作为这一划分的有效依据。④ 钱说的难点，是"以杀为上"的宏观本旨与放弃战争程序（如"成列而鼓"等）与内容（如"不禽二毛"等）上的细节限制，并非势不两立的关系。具言之，钱所

---

① 钱锺书：《管锥编》，中华书局 1979 年版，第 1 册，第 205—206 页。

② 此两类观点之外尚有其他观点。如童书业称："《左传》所载宋襄'不重伤、不禽二毛'，'不以阻隘'等语，皆儒家之义，《左传》作者兼兵家之教，故托子鱼言以非之。《公羊传》则抱儒家迂阔之义，美之以'虽文王之战亦不过此也'。《谷梁传》亦非宋襄公，与左氏同。考《墨子·非儒》云'又曰，君子胜不逐奔，揜函弗射，施则助之胥车'，下文非之，则左氏所载子鱼之言及《谷梁传》之说则与墨家之义合，要之皆非春秋时人之思想也。"参见氏著《春秋左传研究》，上海人民出版社 2019 年版，第 53 页。鄙意《左传》或仍为儒家思想中之派别，理由见后文。

③ 此类观点可参见黄朴民《从"以礼为固"到"兵以诈立"：对春秋时期战争观念与作战方式的考察》，《学术月刊》2003 年第 12 期。

④ 这一点后文仍有提及。

援引的例证，从认为射君子非礼的齐侯，出郑人于井的狂狡，到相互对射的华豹与公子城，皆未涉及泓之战最为关键的争议点——"不鼓"等戎礼是否存在。而杀敌致果的原则与"不鼓"这样的限制条款理论上是能够同时成立的，一如近现代拳击比赛中，击倒对手的取胜原则与各项限制条款（如禁止袭击对方腰部以下等）同时存在那般。事实上，将杀敌致果始终如一地置诸战争各类限制性条款之上，是不符合《春秋》经文与《左传》传文内容的：两者皆明确提及战争双方因一方发生丧事而使另一方中止作战的情形。如襄十九年，经文"晋士匄帅师侵齐，至穀，闻齐侯卒，乃还"；又如襄四年，《左传》传文"楚人将伐陈，闻丧乃止"，等等。其经传之中，并未永远将"杀敌者战之本旨"置于最优先的位置。所以说，对此问题的讨论仍有未尽之处。

二

鄙意前贤针对《左传》泓之战中宋襄是否遵守战争伦理问题的讨论，争执点在《左传》作者是否将上述"不鼓"原则认作戎礼。然《左传》似在此关键处并未表达明确的倾向，从而使讨论难以持续：如庄十一年，宋侵鲁，"[庄]公御之。宋师未陈而薄之，败诸鄑"，对此，《左传》解释说，"凡师，敌未陈曰败某师，皆陈曰战，大崩曰败绩……"①，此处传文未明确指出"敌未陈"而击之是否属于违背礼法的"诈战"——这与面对宋襄与子鱼意见的相互对立保持沉默的处理方式，保持着一致。② 我们既可依照字面解释，以传文未指之为非礼，而不认为此类规则在《左传》作者那里成立，又可将其"未陈而薄"的陈述，视作措辞暗含一定程度的贬义。③

退一步说，"不鼓不成列"的戎礼即使成立，仍旧面临"是否适用于作战的宋楚双方"这样（涉及诸多复杂关系）的疑点。在《左传》作者那里，夷夏之间所适用的礼仪是有区别的。如僖二十五年传文云"德以柔中国，刑以

---

① 这一并不适用全书的解释引发了注释家们的异议。参见 [日] 竹添光鸿《左氏会笺》，第31页；杨伯峻编著《春秋左传注》，中华书局2009年版，第186页。

② [口] 奥田元继：《春秋左氏传评林》引李于鳞评论称，长勺与鄑"并以诈谋取胜"，转引自李卫军编著《左传集评·庄公十一年》，北京大学出版社2016年版，第245页。

③ 如此亦可不与子鱼的评论相矛盾，后文将有解释。

威四夷"，高度概括出夷夏问题与诸夏内部问题在处置原则（"刑""德"）上的差异。具体到戎礼方面，此差异意味着诸夏之间的战争与夷夏间的战争，适用的戎礼内容当有差别。庄三十一年传文云："凡诸侯有四夷之功，则献于王，王以警于夷……"即体现出此种差别。成二年鞌之战后，晋献齐捷于王而受到后者斥责，又证明了这一点。① 此类差别意味着一种可能："不鼓""不禽"等能够体现"德"的戎礼即使存在，或亦仅适于诸夏内部。盖夷狄作战的方式习惯与诸夏有异的现实状况，导致彼时适用于诸夏间的戎礼难以适用于夷夏间的战争实际，不论是在《左传》的表达中，还是在（依据目前证据所推测而来的）实际的历史上。就《左传》而言，隐九年郑国与北戎之间的战争，可作为例证："北戎侵郑，郑伯御之。患戎师，曰：'彼徒我车，惧其侵轶我也。'公子突曰：'使勇而无刚者，尝寇而速去之。君为三覆以待之。戎轻而不整，贪而无亲，胜不相让，败不相救。先者见获必务进，进而遇覆必速奔，后者不救，则无继矣。乃可以逞。'从之。戎人之前遇覆者奔。祝聃逐之。衷戎师，前后击之，尽殪。戎师大奔。"根据引文，北戎的作战或许无"鼓"与"列"等章法可循，是以郑有"侵轶我"之忧。与此种敌人作战盖需灵活应对，甚至不排斥诈术，如文中所谓"尝寇而速去""为三覆以待"等。值得注意的是，《左传》仍未明确指出此类用兵诈术不合礼矩。就历史本身的探究而言，目前所见器物铭文似乎也有利于证明西周以来包括周天子在内的诸夏在处理夷夏之间的战争时，确实有"及胡耇"、追求俘杀数量、以灭敌为本旨的倾向。如 1942 年出土的禹鼎，就有"伐噩侯驭方，勿遗寿幼"的内容，即申明不分寿幼的屠戮指令，与前引"不禽二毛"对立。② 著名的虢季子白盘铭文中，有"〈干+専〉（搏）伐猃狁，于洛之阳。折首五百，执讯五十"的内容③，多友鼎铭文中，亦有对"折首""执讯""孚（俘）戎车"等杀、俘及其数量反复罗列，等等。④ 所以回到我们的议题，即使"不鼓不成列"作为戎礼（对《左传》作者而言）的确存在，它们是否在

① 吕思勉先生亦有提及。参见《吕思勉读史札记》，上册，第 314 页。

② 参见徐中舒《禹鼎的年代及其相关问题》，《考古学报》1959 年第 3 期。又，"伐噩侯驭方，勿遗寿幼"之语一方面或在标明此种作战方式在此种情景之下是不违礼矩的，否则难以想象这类内容会出现在礼器上；另一方面，或许这也暗示着"遗寿幼"惯例存在的可能，否则此处毋需专门申说。

③ 陈梦家：《西周铜器断代》，中华书局 2004 年版，第 327—328 页。

④ 可参见田醒农、雒忠如《多友鼎的发现及其铭文试释》，《人文杂志》1981 年第 4 期；李学勤《论多友鼎的时代及意义》，《人文杂志》1981 年第 6 期，等等。

泓之战这个特殊场合适用于楚国方面，不仅需要明确其礼是否适用于夷夏间的作战，且要明确楚国身份上是被视作诸夏还是蛮夷。

面对前一问题，我们亦因《左传》的未提及而无法回答；对后一问题，前贤仍是观点相歧。倾向于楚国应被视作夷狄的观点，如吕祖谦《左氏传说》谓："齐晋所以霸，皆先弱楚。盖楚与中国，其势不两立；惟齐晋能攘戎狄、尊中国，此所以成霸业。桓公有葵丘之会以弱楚，晋文有城濮之战以服楚……宋襄尚且不识霸者题目。霸者欲尊周会诸侯，大要在摒楚。盖楚与中国相为消长，宋襄欲成霸业，反求诸侯于楚，便不能攘戎狄、尊中国与齐晋皆异，此霸业所以不成。"其说将宋襄时期的楚视作"戎狄"，与"中国"相对立。① 赵汸《春秋左氏传补注》释僖二十一年"楚执宋公以伐宋"曰："不书楚人，为中国讳。"② 万斯大《学春秋随笔》指责宋襄"失伯体之重，伤中国之威"；严杰所辑《经义丛钞》谓楚在这一时期"北向以抗衡中夏"等，皆有将楚置于与"中国"对立位置之意。③ 沈钦韩《春秋左氏传补注》受公羊立场影响，明确提出"宋襄虽寡德，中夏之上公也；楚虽强大，荆山之蛮夷也"④；朱鹤龄亦在所撰《左氏春秋集说》中引汪克宽说，谓"宋襄身伤，不言宋公败绩者，为中国讳也；若楚子败绩，则直书之矣"；又引李廉说，谓"中国与夷狄战者，泓、城濮、邲、鄢陵，虽胜负不同，皆以中国及之"，等等。⑤ 与之相对的观点，则如程端学《三传辨疑》引陈岳说，谓"楚自屈完盟于召陵之后，兵与中国敌，礼与等，会与同，盟与伉；初以夷狄之僭，终于《春秋》称子而已。其所书不与中国异，故执郑良霄、执齐庆封、灭陈、灭蔡，皆书'楚'也"⑥。毛奇龄《春秋属辞比事记》更对楚的夷狄身

① （宋）吕祖谦撰：《左氏传说》卷三，商务印书馆1937年版，第27页。
② （元）赵汸：《春秋左氏传补注》卷二，载《景印文渊阁四库全书·经部·春秋类·春秋左氏传补注》，第349页。这一解释近于《公羊传》：僖二十一年"执宋公以伐宋"，公羊传文曰"曷为不言楚子执？不与夷狄之执中国也"；"楚人使宜申来献捷"，传文曰"公子目夷谏曰：'楚，夷国也，彊而无义……'"，等等。
③ 参见（清）朱鹤龄《左氏春秋集说》卷四，清道光二十九年（1849）强恕堂刊本；（清）万斯大《学春秋随笔》，载（清）阮元、（清）王先谦编《清经解·清经解续编》，上海书店出版社2014年版，第1册，第335页；（清）严杰辑《经义丛钞》，（清）阮元、（清）王先谦编《清经解·清经解续编》，第7册，第736页。
④ （清）沈钦韩：《春秋左氏传补注》，载（清）阮元、（清）王先谦编《清经解·清经解续编》，第10册，第10—032页。
⑤ （清）朱鹤龄：《左氏春秋集说》卷四，清道光二十九年（1849）强恕堂刊本。
⑥ （元）程端学：《三传辨疑》，载《景印文渊阁四库全书·经部·春秋类·三传辨疑》，第185页。

份作整体否认，称："荆楚本先王所封国，实五等诸侯，非夷狄也；《诗》曰：'戎狄是膺，荆舒是惩。'戎狄指淮夷、徐戎，非荆舒也。"① 这一类争论的出现，自是由于《左传》态度模糊。左氏未必以解读《春秋》为目的，未必事事刻意以夷夏为角度区别诸侯。即使硬要参照韩愈"孔子之作《春秋》也，诸侯用夷礼则夷之，夷而进于中国则中国之"②（亦即其行为是否符合诸夏之礼）的观点，这一问题也并未变得易于解答。仅就楚人在泓之战中的表现，既未见"用夷礼"亦未见其尊中国之礼。而楚在发生泓之战的僖二十二年前后的行为亦是如此：早于泓之战七年的僖十五年，传文云"楚人伐徐，徐即诸夏故也"；其文称徐在诸夏，是否意指此时之楚与诸夏相斥？发生泓之战的僖二十二年，传文言"丙子晨，郑文夫人芈氏、姜氏劳楚子于柯泽。楚子使师缙示之俘馘。君子曰：'非礼也。妇人送迎不出门，见兄弟不逾阈，戎事不迩女器。'丁丑，楚子入飨于郑，九献，庭实旅百，加笾豆六品。飨毕，夜出，文芈送于军，取郑二姬以归。叔詹曰：'楚王其不没乎！为礼卒于无别，无别不可谓礼，将何以没？'诸侯是以知其不遂霸也。"其文以诸夏之礼要求楚，是彰显将楚视作诸夏之趋向，抑或批评楚不符诸夏之礼，证明它仍属夷狄？③ 针对最后一句，竹添光鸿《会笺》曰："齐桓没而荆楚……霸形殆成矣。至此天下始知楚子之非其人也。"批评其"不遂霸"亦暗含以"霸"相期许之意，是否此时传文不仅以诸夏之礼要求楚子，更以诸夏之"霸"相期许？晚于泓之战六年的僖二十八年城濮战后，晋侯"献楚俘于王"的举动，明确将楚视作夷狄。针对此举传文仍未予评价。④ 若"不鼓"等戎礼不适于夷狄，且我们综合前后数年乃至数十年间传文内容，认为其间楚国凌虐弱小诸侯等举措不合礼矩，左氏更倾向于将楚视作外夷，则我们能够得出是宋襄对此战所适用之戎礼的错误选取招致了宋的败绩。他本可以甚至应当将与外夷作战不必拘泥诸夏戎礼作为理由，却并没有这样做；子鱼"君未知战"的批评，以及"今之勍者，皆吾敌也，虽及胡耇，获则取之，何有于二毛"等

---

① （清）毛奇龄：《春秋属辞比事记》，（清）阮元、（清）王先谦编《清经解·清经解续编》，第 1 册，第 689 页。

② （唐）韩愈：《原道》，《五百家注韩昌黎集》，中华书局 2019 年版，第 675 页。

③ 亦即若戎狄视之，自不需以诸夏之礼相责。北宋孙觉提出，"《春秋》之义，外裔无褒贬之法……非无恶也，外裔之恶，贬不足以动之也"。参见氏著《春秋经解》，商务印书馆 1935 年版，第 229—230 页。

④ 较远的例子还有襄二十六年传文"楚失华夏"的措辞等。

观点，更适用于这场夷夏间的作战；于价值倾向而论，此处传文应非宣扬兵家或墨家之教，而仅为"德以柔中国，刑以威四夷"添加了一个反面的例证而已。当然，这是一个建立在一系列假设之上，如"空中楼阁"般的结论。如果我们认为尚未获得充足的证据证明传文在"不鼓"等戎礼细节上区分夷夏，或将楚视作蛮夷，那么在这个未能奏效的观察角度上，伦理争论仍旧难以为继。

综上，"不鼓"等戎礼本身是否成立这一路径，或非讨论泓之战战争伦理问题的通途。这不仅是因为《左传》作者对此未有明确的表示，且是由于即使假定其存在，后面仍需解决一系列疑难问题——如是否适用于参战的宋楚双方等。面对这些后续的疑难问题，只要我们在其中任何一个环节上无法给予清晰判然的答复，伦理争论就会陷入僵局。

三

1973 年出土的湖南长沙马王堆汉墓帛书《春秋事语》（后文简称《事语》）有"宋荆战泓水之上"一章，以士匄名义对泓之战予以评价。其评价较之《左传》虽有诸多细节差异，却为《左传》泓之战的伦理评价提供了新的观察角度，使讨论不再陷入"不鼓不成列"等具体戎礼的泥淖。其文云：

宋荆战〈弓+口〉（弘－泓）水之上，宋人□□陈（阵）矣，荆人未济。宋司马请曰："宋人寡而荆人众，及未济，击之，可破也。"宋君曰："吾闻［之］，君子不击不成之列，不童（重）伤，不禽（擒）二毛。"士匄为鲁君槀（犒）师，曰："宋必败。吾闻之，兵□三用，不当名则不克。邦治适（敌）〈皿+乚〉（乱），兵之所〈辶+束〉（迹）也。小邦□大邦，邪以〈羊+务〉（攘）之，兵之所□也。诸侯失礼，天子诛之，兵□□□也。故□□□□□□□于百姓，上下无却，然后可以济。伐，深入多杀者为上，所以除害也。今宋用兵而不□，见间而弗从，非德伐回，陈（阵）何为。且宋君不佴（耻）不全宋人之腹〈豆+坙〉（颈），而佴（耻）不全荆陈（阵）之义，逆矣。以逆使民，其何以济之。"战而宋人果大败。①

章文所塑士匽形象对宋襄提出批评，批评内容可初步分为两点。其一，指出宋襄热衷邦际的争霸、发起对外战争的宏观战略，违背了推近及远的处置次序。引文先是列举了其所认为是发起战争的三种正当理由："邦治适乱"，"小邦□大邦邪以攘之"（裘锡圭先生解为小国暴虐无道或兴兵作乱，大国应战而攘取之）以及"诸侯失礼，天子诛之"。然具体到泓之战，宋对于楚不具有"大邦"的体量，其战又非奉周天子的指令行事，故宋襄想要战胜楚，只剩"邦治适乱"这条途径。此途径实际上涉及古代（为儒家等所倡之）伦理对先后次序的关注：它意味着对外征伐，要以显胜于外部（亦即"敌方"）的内部治理为前提。《大学》云："物有本末，事有终始，知所先后，则尽道矣；古之欲明明德于天下者，先治其国；欲治其国者，先齐其家；欲齐其家者，先修其身……"此处"道"有"正确的途径"之义，亦即"明明德于天下"的正确途径，当由内而外，由近及远，由修身齐家以至于治国、治天下。② 这是一种颇为朴素的思路：一个连邦国内部都不能统率得很好的君主，如何能够兼济天下？传统伦理上的是非对错有时候需要讲求这种朴素的次序；次序的错误被称为"逆"或"悖"，不仅将招致功利上的失败，伦理上亦有负面（immoral）涵义。上述《事语》引文即蕴有此原则，争取霸主身份应先"□□□□□□□于百姓"，内政方面做到有德于民，以达成内部精诚团结、"上下无却"之局面，然后方可考虑对外征伐。次序的错乱致使伦理上的不正当（"不当名"）。

其二，战争中"不禽""不鼓"的具体指令，违背了作为基本伦理的"亲亲"原则。《事语》所谓"宋君不伟不全宋人之腹颈，而伟不全荆陈"，文义近于《韩非子·外储说左上》所述泓之战的情节。后者亦借右司马之口，

---

① 湖南省博物馆、复旦大学出土文献与古文字研究中心编纂，裘锡圭主编：《长沙马王堆汉墓简帛集成（叁）》，中华书局 2014 年版，第 192—193 页。

② （宋）朱熹：《四书章句集注》，中华书局 1983 年版，第 3 页。类似的观点还有《大戴礼记·主言》所谓"虽有国焉，不教不服，不可以取千里；虽有博地众民，不以其地治之，不可以霸主"［参见（清）王聘珍《大戴礼记解诂·主言》，中华书局 1983 年版，第 2 页］；孔广森《大戴礼记补注》该篇篇名作"王言"，"虽有国焉"作"虽有国马"，"霸主"作"霸王"［参见（清）孔广森《大戴礼记补注》，中华书局 2013 年版，第 17—18 页］；《吕氏春秋·仲春纪·贵生》谓："道之真以持身，其绪余以为国家；其土苴以治天下。"上述观点皆主张一种推近及远的治理次序。

批评宋襄称"君不爱宋民，腹心不完，特为义耳"（《韩非子·外储说左上》）。《韩非子·外储说左上》与《事语》皆指出，这种事关生死的时刻优先讲求对敌人的仁善，则意味着将己方作战人员的生命视草芥之。认为这种做法在伦理上不正确，是基于"亲亲"的基本伦理原则。《孟子·尽心上》云，"亲亲，仁也"，言"爱其亲者"是一种最为基本的良知良能；又云："君子之于物也，爱之而弗仁；于民也，仁之而弗亲。亲亲而仁民，仁民而爱物。"赵岐注曰："先亲其亲戚，然后仁民，仁民然后爱物，用恩之次也。"① 鄙意"仁爱"不仅需要以亲疏差别来确定缓急次序，有如前述，且要依据亲疏差别来确定具体情势之下，行为人自身的立场；亦即不能两全的情势之下，须站在与自身更为亲近的那一边（即"君子之于物也，爱之而弗仁；于民也，仁之而弗亲"所揭示）。② 此一原则同样适用于战争中的敌我关系。亦即在这个标准上，处于战争状态的诸侯国，其本国将士较之敌国参战者，在亲疏差别上清晰判然：即使并非亲戚臣属，将士愿意担负丧失生命的风险为其君侯出阵作战，君侯尚且绝无将其生命视作草芥之理；遑论依照周代传统，诸侯国基本上是在分封贵族的宗族基础上演变而来，本国将士本就是由国君的宗族子弟以及国人臣属构成。所以身为军事统帅的宋君，显然应当站在为他作战的宋人这一边。故"宋君不恤不全宋人之腹颈，而恤不全荆陈"之处置不仅严

---

① 《十三经注疏》整理委员会整理：《孟子正义（十三经注疏）》，第443—444页。

② 前贤已有关注到宋襄不恤将士民众这一点。如家铉翁评价称："公羊取之而所取非所当取，乃以其不迫人于险，不鼓不成列者为王者之师。夫王者行事在未战之前，安有兵刃交接以假仁谲义而陷百姓于死者哉。"参见氏著《春秋集传详说》，《景印文渊阁四库全书·经部·春秋类·春秋集传详说》，第208页。朱朝评价称："宋襄初则狭小齐桓，欲以威力折服天下，及试之而不效，反取辱焉，乃仁义以行之，又不得其假之之术，至于师败身伤而死，为天下笑。公羊氏以为文王之师亦不过此，何其谬也。榖梁之说颇得之，其言曰：'倍则功，敌则战，少则守'；'道之贵者，时，其形势也'。由此论之，宋襄之不仁，不必数他，罪而责之，如胡氏所云也，即此以少击众，又不扼之于险，是以其卒予敌矣。诚不忍于敌人，何独忍于国人乎？以此诘宋襄，宋襄亦不能自解也。"参见《景印文渊阁四库全书·经部·春秋类·读春秋略记》，第79页。（清）严杰辑《经义丛钞》中，亦有宋襄轻用民力的评论。参见（清）阮元、（清）王先谦编《清经解·清经解续编》卷一三七八，第7—776页。章太炎评价称："文王之战，未有自败者也。不忍敌国之士卒，独忍己国之士卒乎？"参见《章太炎全集·第一辑·驳箴膏肓评》，上海人民出版社2014年版，第833页。目前学界多将1973年马王堆三号汉墓出土的帛书《春秋事语》视作秦汉之际的抄本，而其内容的形成，或在更早的时间。所以《事语》中类似的评价，则可证明这一考虑问题的角度，在汉代前期抑或更早即存在。参见湖南省博物馆、复旦大学出土文献与古文字研究中心编纂，裘锡圭主编《长沙马王堆汉墓简帛集成（叁）》，第167页。

重打击宋人士气，招致宋人怨恨，更在伦理上是罪恶的。① 此种战场情势之下，"不禽""不鼓"之类戎礼即使存在，亦当较"亲亲"原则为次要，而仅能在与后者不冲突的具体情势之下方可援引。泓之战宋君所面对情势，唯一的正确选项就是以高级原则"亲亲"来对抗细节性的戎礼。

这就是《事语》的评论给予我们的启发：我们可以发现回到前面《左传》泓之战的伦理问题上，《事语》提出的理由依然成立。

就其争霸的宏观步骤违背正确的本末次序而言，《左传》僖十九年子鱼劝谏宋襄云：

> 文王闻崇德乱而伐之，军三旬而不降，退修教而复伐之，因垒而降。《诗》曰："刑于寡妻，至于兄弟，以御于家邦。"今君德无乃犹有所阙，而以伐人，若之何？盍姑内省德乎？无阙而后动。

谏辞提及文王的例子与《诗·大雅·思齐》内容，与《事语》所谓"邦治适乱"极接近，仍是认为争当霸主的正确的途径，为"刑于寡妻，至于兄弟，以御于家邦"；仍是劝说宋襄所热衷之邦际的争霸行动以及对外战争，须在内政处置的成功之后再行考虑。成十六年传文对外战以内治为前提的观点又有重复，其文云："德、刑、详、义、礼、信，战之器也。德以施惠，刑以正邪，详以事神，义以建利，礼以顺时，信以守物。民生厚而德正，用利而事节，时顺而物成。上下和睦，周旋不逆，求无不具，各知其极。故《诗》曰：'立我烝民，莫匪尔极。'是以神降之福，时无灾害，民生敦庞，和同以听，莫不尽力以从上命，致死以补其阙。此战之所由克也。今楚内弃其民，而外绝其好，渎齐盟，而食话言，奸时以动，而疲民以逞。民不知信，进退罪也。人恤所底，其谁致死？"引文列举成就战事的方式②，首要一项是"德"："德以施惠"，"民生厚而德正"亦即统治者善治内政、有德于民，民众有充足的生存资源，是获得民意、"上下和睦"的前提条件。反之，统治者若"内弃其民"，民众自然也不会为之舍命作战（"其谁致死"）。统治者"疲民以逞"，

---

① 这是早期儒家并未处处详细分辨伦理与功利的缘故。
② 亦即"战之器"；杜预注："器，犹用也。"可参见［日］竹添光鸿《左氏会笺·成十六》，第35页。

置民众生死于度外，在自身支配欲或虚荣心的驱使下轻易发动对外战争，只能招致（伦理上的）罪名与（效果上的）溃败。① 泓之战事件中因讨伐郑国而发起战争的宋襄，不能先从改善内政，争取民意做起，悖于正确的行动次序，正属于成十六年传文所批评的那一类。

就基本伦理原则"亲亲"而言，《左传》更有反复的强调。如隐十一年，传文云：

> 君子是以知息之将亡也：不度德，不量力，不亲亲，不征辞，不察有罪。犯五不韪而以伐人，其丧师也，不亦宜乎。

引文"亲亲"即依据血缘、宗族等的亲疏关系确定行动立场之意。这是传文明确提出"亲亲"，并将之视为一项事关邦国存亡的高级原则。又如，僖二十四年传文云："庸勋，亲亲，暱近，尊贤，德之大者也。""亲亲"与"暱近"并列，仍在申说依照包括却不限于血缘、宗族的亲疏关系来处理事务的原则。② 该原则既属"德之大者"，那么在泓之战中其原则较之"不鼓"这样连成立与否都尚存争议的原则，应得到优先遵循。前文钱锺书所提及《左传》昭五年之文，更是清楚区分了礼仪在内外上的轻重缓急。其云：

> 公如晋，自郊劳至于赠贿，无失礼。晋侯谓女叔齐曰："鲁侯不亦善于礼乎？"对曰："鲁侯焉知礼？"公曰："何为？自郊劳至于赠贿，礼无违者，何故不知？"对曰："是仪也，不可谓礼。礼所以守其国，行其政

---

① 《左传》类似的事例，还有桓二年"宋殇公立，十年十一战，民不堪命"而终引发动乱一事，以及襄七年，"恤民为德"之论，等等。

② "亲亲"所涉及的亲疏远近关系，并不局限在血缘、宗族的界限之内，还有政治、文化、物类等方面的认同。如前引《孟子·尽心上》"仁民而爱物"中，"民"亲于"物"，是建立在作为同一物种之人类的物类认同上；韩愈"用夷礼则夷，夷而进于中国则中国"中，夏亲于夷，则是建立在文化认同上。又，文中僖二十四年引文，其前文有"大上以德抚民，其次亲亲以相及也"之说。以德抚民，杜预注："无亲疏也"，"亲亲以相及也"，杜预注："先亲以及疏，推恩以成义。"（引自［日］竹添光鸿《左氏会笺》，第46—47页）字面虽言亲亲相及次于"以德抚民"之意。但考虑到前后文语境，以及《左传》写作习惯，常有先树立一种难以实现的理想状态，次之提出一种更为现实的观点（如《左传》昭二十年："唯有德者能以宽服民，其次莫如猛。夫火烈，民望而畏之，故鲜死焉；水懦弱，民狎而习之，则多死。故宽难……"考其语境，是重在"猛"而言），此处是更侧重"亲亲相及"而言。

令，无失其民者也……"

在女叔齐对礼仪的划分中，"礼"为协调内部秩序，维持民意支持（"所以守其国，行其政令，无失其民者也"）的存在，而如引文中的外事行动，则为"仪"。此处"礼"本"仪"枝的设定，本身就是先内而外、先亲而疏的"亲亲"原则在礼仪领域的表现——亦即对《左传》而言，前述先内而外的次序，与依据亲疏差别来确定立场二者，最终应统一于"亲亲"原则。

上述各例所含原则若应用于泓之战，则皆指向同一方向：在"彼众我寡"，己方作战人员的生命安危都失去保障的战争情势之下，宋君在战场上首先需要考虑的，当是尽力保全为自己作战之宗族子弟、国人臣属的生命安全，而绝非遵循"不鼓""不禽"这一类有争议的枝节。是以宋襄战争中的选择取舍，难逃不辨敌我亲疏，将宋国子弟的生命安危视土芥的罪责。

也就是说，对《左传》作者而言"不鼓"作为戎礼成立与否似乎并不重要，因为它不会改变这场战争的整体性质，以及发起战争一方的非正义形象。宋襄虽然遵守了"不鼓不成列"，却违背了比它更为高级的伦理原则。

若仅从"不鼓""不禽"等具体戎礼是否存在，是否适用于战争中的宋楚双方来评价《左传》泓之战的战争伦理问题，则可能会因《左传》未涉及此类内容，或倾向的不明确而无法得出确切的结论。《事语》"宋荆战泓水之上"章士匄的言论，为我们开启了更有价值的考察角度：宋襄的发动战争之举，宏观上违背了先以善政达成内部的团结与和谐，而后对外的次序；这导致他的战争整体上失掉了正当性。具体作战中宋襄又以存在与否尚有争议的"不鼓""不禽"为辞，无视"亲亲""昵近"之基本伦理。而这两项评判标准，在《左传》中又皆有反复的申说。我们于是不仅可以依据此类评价标准提出其书暗贬宋襄的理由，亦可由此出发，指出非如前引钱锺书所言，戎事皆以"杀敌之本旨"优先于"不鼓""不禽"之仪，而是泓之战的具体情势之下，保全己方人员的"本旨"显然优先于宽待外人的枝"仪"。

在这个角度上，左氏、谷梁对泓之战的伦理评价远较公羊为优。公羊称美宋襄泓之战"不鼓不成列"为"临大事不忘大礼"，"虽文王之战亦不过此"，用意或在扭转战国以来"兵以诈立"的流行趋势，将战争重新纳入伦理规则的管辖范围。然借宋襄泓之战这样一个蹩脚的例子来抒发，危险处是反使其观点成为那些好高骛远，不顾民众利益，只求满足一己作威作福的私欲而逞强于邦际之各类统治者自我开脱的说辞。①当然，这并不是说单方面将"亲亲"作为高级原则的做法就一定是完美的：以亲疏差别来确定立场的高级原则如若全无明确的限制性条款，势必招致礼法关系上较为疏远的主体之间，陷于某种事实上无规则可依的丛林状态。此种丛林状态，以及对此种状态的恐惧心理，又往往成为各类强权虐政所能求得，且为数不多的存在理由。

---

① 《新语·至德》亦云："……宋襄，乘大国之权，仗众民之威，军师横出，陵轹诸侯，外骄敌国，内刻百姓，邻国之雠结于外，群臣之怨积于内，而欲建金石之统，继不绝之世，岂不难哉？"

空间经验与精神修辞：早期中国的心概念[*]

李 巍

摘 要 心作为古典中国思想的关键概念之一，往往被比附于主体性之类的抽象概念，某种意义上，这是对古典中国思想缺乏理解力的表现。因为观察中国古人对心的言说，尤其在早期文本中，可知其涵义并非抽象，而是关联于实际经验，尤其是空间经验，比如以"胸中""居中""在中"描述心的位置，以"容""藏""虚"形容心的结构，并以具有中空结构的实物，尤其是房间，来充当心的表象。通过分析此类空间经验如何被中国古人应用于描述精神领域，能对理解心概念在中国思想中的涵义产生实质性的推进。

关 键 词 心；精神；修辞；中国哲学

作者简介 李巍，武汉大学哲学学院教授，博士生导师，研究方向主要为早期中国思想。

毋庸讳言，古典中国思想中占据关键位置的心概念，在名为"中国哲学"的现代研究中并未得到充分澄清。这或许和心作为精神范畴的概念所固有的

---

[*] 本文原载《天津社会科学》2023 年第 3 期。

晦暗性相关，即除非将精神范畴视为物理范畴的特定形式①，否则精神领域的话题似乎在本性上就难以澄清。但笔者认为，对中国哲学的研究来说，心这个概念的晦暗性不仅来自它本身，更来自研究者的阐释，而一度成为主流且至今仍有影响的一种策略，就是以西方哲学的主体性概念来言说中国思想中的心，尤其令后者变得难以理解。② 因为用于阐释的概念，姑且不论来源何等复杂，涵义上并不比有待阐释的概念更明晰，所以这种阐释，也不论其洞见是否深刻，至少会在技术层面令晦暗的东西更晦暗。只不过，鉴于主体性是西方哲学的概念，此类阐释困境又往往被归咎于以西释中。这实际是倒果为因，即并非因为引入西方哲学的概念会干扰对古典中国思想的理解，而是阐释者已经在一定程度上丧失了对古典思想的理解力，才会求助于西方的概念资源，也才有以主体性论心的策略。那么，如何才能重建理解力呢？笔者认为，这仰赖一种修辞进路的概念研究。因为古人对心的言说，至少就早期中国来看，一个典型特征就是用描述物理空间的词汇来描述精神领域，或者说是凭借空间经验来构造一种精神修辞③，比如（1）以"胸中""居中""在中"描述心的位置，（2）以"容""藏""虚"等形容心的结构，还有（3）以具有中空结构的实物，如水渊、房间，充当心的表象。而本文意欲展示的，就是通过分析这些修辞，要比诉诸主体性之类的抽象概念更利于把握心的概

① 这是当代心灵哲学的倾向之一，也可说是一种唯物主义态度，其激进形式即"取消式唯物主义"（eliminative materialism）。参见［美］斯蒂芬·P.斯蒂克等编《心灵哲学》，高新民等译，中国人民大学出版社 2014 年版，第 76 页；［新］戴维·不拉登-米切尔、［澳］弗兰克·杰克逊《心灵与认知哲学》，魏屹东译，科学出版社 2015 年版，第 203—205 页。

② 这主要来自现代新儒家的论述，本质上是一种关于中国思想的哲学定性，那就是：以心性之学为中国思想的核心，并认为这反映了中国古人的哲学关切聚焦于"主体性"（subjectivity）、"道德的主体性"（moral subjectivity）或"内在道德性"（inner-morality）（参见牟宗三《中国哲学的特质》，上海古籍出版社 1997 年版，第 4—5、69 页）。因此，是否有见于古人对"主体性"的思考，关涉是否把握中国哲学的"哲学性"（劳思光：《新编中国哲学史》第一卷，广西师范大学出版社 2005 年版，第 306—308 页）。不过，匡钊在其对道家心论的最新研究中已致力于对这种论述方式进行反思，尤其认为"对于主体性之所是的断定仍有进一步讨论的余地和必要"，其实就是有感于这一术语的晦暗复杂，并试图将人们对它的运用归结于从中国思想中发掘"道德形而上学"的抽象旨趣（参见氏著《先秦道家的心论与心术》，中国社会科学出版社 2021 年版，第 12—14 页）。笔者也赞同这一反思路径，并尝试从修辞的角度提供说明。

③ 本文讨论不涉及空间概念本身，而是汉语空间词汇的修辞。但值得注意的是建构汉语精神哲学的努力中，空间概念非常重要，如陈少明先生在谈论"精神世界的空间向度"时提出了一个有趣的问题是"精神占有空间吗"，对这个问题的回答就有赖于对空间概念的辨析。参见氏著《"精神世界"的逻辑》，《哲学动态》2020 年第 12 期。

念在中国思想中的实质意涵。

一　空间位置：心身与心物

　　中国古人将空间词汇挪用于描述精神领域，这看似奇特的修辞方式暗含着一种问题意识，就是被称为"心"的东西究竟在人身上的哪个"位置"？但相对于抽象的理论兴趣，这种问题意识更可能是来自现实，尤其是政治上进行人才选拔的需要。比如，在托名周文王的一套选人办法中，基本的理念就是一个人的真实情况并不在其外表，而是在外表之下的心志，所以人才选拔的关键是以某种方式"探取"后者。（《大戴礼记·文王官人》）据此，要说中国古人对心的最初理解，大概就是将心看成人身上隐藏最深的东西，比如：

> 人藏其心，不可测度。（《礼记·礼运》）
>
> 人心险于山川，难于知天。（《庄子·列御寇》）
>
> 人之心隐匿难见，渊深难测。（《吕氏春秋·观表》）

但也正因人心难知，才需要以特定的手段予以"探取"。而在早期中国，这类手段主要来自纵横家的设计，如《鬼谷子》所见的"探心"技术，就是用于揭示一个人外表之下的隐情：

> 必以其见者而知其隐者，此所谓测深揣情。（《揣篇》）
>
> 微摩之以其所欲，测而探之，内符必应。（《摩篇》）
>
> 探心在内以合者也。探心，探得其主也。（《中经》）

然而"探心"之为可能，不仅是技术问题，更是观念问题，如《诗经·巧言》的"他人有心，予忖度之"，就是把"探心"的前提归结于观念上对"他人有心"的断定。同样，上引文中的"探心在内"也是一种观念上的断定，即被称为"心"的东西虽然隐秘，却能被定位在人体之"内"。而此断定的实质，不难看出，就是把描述物理空间的"内"挪用于精神领域，因此正是依赖空间经验的精神修辞。

众所周知，这种修辞方式至今仍然流行，所以现代汉语也有"内心"一词，与之相对的则有"外貌""外物"等词。只不过，今天人们运用这些表述时，早已遗忘其背后的空间经验。但在早期中国，把对空间的理解挪用于精神领域，尤其是谈论心的"位置"，则是一自觉为之的修辞传统。其中，位居体"内"的心通常被称为"中心"①；但所谓"中"，并非宽泛来说的人体之中，而是个相对确切的位置，比如"胸中"：

> 死生惊惧不入乎其胸中。(《庄子·达生》)
>
> 胸中正，则眸子了焉；胸中不正，则眸子眊焉。(《孟子·离娄上》)
>
> 流于天地之间，谓之鬼神，藏于胸中，谓之圣人。(《管子·内业》)

显然，"胸中"不仅是生理上的胸腔之中，更象征着发生精神活动的"场所"，因此最适合表示心在人体中的"位置"。不过，如下所见，除了"胸中"，心还有更确切的"位置"，就是相对人体诸官能来说的"居中"。而这，不仅显示了心在"胸中"的精神性，更进一步显示了心之于身的主宰性，即：

> 心居中虚，以治五官，夫是之谓天君。(《荀子·天论》)
>
> 心，中。处身之中以君之，目、耳、口、肢四者为相，心是谓中。(清华简《心是谓中》)
>
> 心之在体，君之位也。九窍之有职，官之分也。心处其道，九窍循理。嗜欲充益，目不见色，耳不闻声。故曰：上离其道，下失其事。(《管子·心术上》)

如上，"居中"是一个支配人体的"位置"，所以"心是谓中"的潜台词就是心为身的主宰。为了显示这种主宰性，如上所见，心在空间上的"中"位被比拟为政治上的"君"位；而此类比之为可能，又在于空间上"中"不仅能用于描述精神，也能用于描述政治，如周人设想的"宅兹中国，自之乂民"

---

① 如"中心藏之，何日忘之"(《诗经·隰桑》)，"鸣谦贞吉，中心得也"(《易·谦·象传》)，"中心憯怛，爱人之仁也"(《礼记·表记》)等。

（《何尊》），就是把"中"视为实施统治的"位置"，所以治天下也能形容为"中天下"。①

回到文本来看，以"中"位象征心对身的主宰，又主要是在道家语境中被证成的，即所谓"心居中虚，以治五官"实际是被说成道家式的无为而治，如：

> 心之在体，君之位也。九窍之有职，官之分也。耳目者，视听之官也，心而无与视听之事，则官得守其分矣。夫心有欲者，物过而目不见，声至而耳不闻也……故曰心术者，无为而制窍者也。（《管子·心术上》）

以上，"无为而制窍"指的就是心不干涉耳目等"九窍"的职能，这当然意味着心与诸官能在人体小王国的运转中扮演了不同角色。因此维系心的主宰性，核心就是将之与其他官能的运用区别开。而此区别，除了能说是心不干扰其他官能，也能反过来说是不被其他官能干扰，如：

> 不以物乱官，不以官乱心，是谓中得……正心在中，万物得度。（《管子·内业》）
>
> 心者形之君也……出令而无所受令。自禁也，自使也，自夺也，自取也，自行也，自止也。（《荀子·解蔽》）

但将心的主宰性描述为不为官能所"乱"，或所谓"出令而无所受令"，涉及的不仅是心身关系，更是心物关系，因为耳目形体正是外接于物，内通于心的，所以作为"形之君"的心也应当不被外物扰乱。换言之，心对身的主宰最终就表现为在环境保持自主（"自禁也，自使也，自夺也，自取也，自行也，自止也"）。而要点是，这种自主性仍是基于空间经验得到论说的，即：

> 中无主而不止，外无正而不行。由中出者，不受于外……由外入者，无主于中。（《庄子·天运》）

① 如"予畏周室不延，俾中天下"（《逸周书·作雒解》），"中天下而立，定四海之民"（《孟子·尽心上》），"圣人之治天下……以此中天下，可以制礼"（《关尹子·三极》）等。

> 自外入者，有主而不执；由中出者，有正而不距。(《庄子·则阳》)

以上关于"中"和"外"的讨论，正是将空间关系挪用于说明心物关系，而所谓"中"之"有主"或"主于中"正是指心具有不被外物干扰的自主性。并且，为了展现这种自主性，上引文还在引入了描述运动状态的词汇，即宣称在"中"的心丧失自主性时会运动"不止"，那么"主于中"也能说是使心保持静止。

其他文本中，也经常能看到动静这对范畴从事物领域挪用于精神领域的修辞，如"动心"(《孟子·公孙丑上》)，"心未尝不动也，然而有所谓静"(《荀子·解蔽》)，正是将心类比于物理世界的运动者。但不难看出，这一类比仍是基于空间经验，即正因为"中"指明了心的"位置"，才能谈论其动或静，如：

> 心之在体，君之位也。……位者，谓其所立也……故曰动则失位。……故曰静乃自得。(《管子·心术上》)
>
> 圣人与时变而不化，从物而不移。……定心在中，耳目聪明，四枝坚固，可以为精舍。(《管子·内业》)
>
> 治心在于中，治言出于口……中不静，心不治。(《管子·心术下》)

如上，"动""静"所描述的实际就是心受外物影响时是否处于其"位"，或能否保持"在中"。可见中国古人对心物关系的论述中，空间上的以"中"言心才是最初始的精神修辞，即只有相对"心是谓中"，物才能被称为"外物"①；也只有使心保持"在中"，才谈得上不为外物所"动"。

二　空间结构：能藏心与所藏心

以上，初步呈现了空间经验如何支撑起中国古人对心的论说。但在以"中"言心的案例中，除了谈及心的"位置"，有时也会谈及心的"结构"，

_____

① 如"内省而轻外物"(《荀子·修身》)，"中心不定，则外物不清"(《荀子·解蔽》)等。

比如：

> 心之中又有心。意以先言……凡心之形，过知失生。（《管子·心术下》）
>
> 心以藏心，心之中又有心焉。彼心之心，音（意）以先言……不治必乱，乱乃死。（《管子·内业》）

如上，"心之中又有心"正可被视为一种结构刻画，即"心"所意指的东西呈现出空间上的嵌套关系，那就是一种被称为"心"的东西"藏"在另一种被称作"心"的东西"中"，前者即所藏心，后者则为能藏心。① 而用"藏"来描述心，不仅显示出早期中国以"中"言心的修辞从"位置"（"居中"）转向"结构"（"……之中又有……"），更能视为观念上的重要推进，因为即便不清楚能藏心与所藏心究竟是什么，也能从后者在前者之"中"的结构来判断能藏心才是第一序的心，或说是一种功能上的根本心。

　　不过，虽然是能藏心承载了所藏心，但似乎是后者才更易了解，因为至少在经验领域，某一空间容纳的东西显然要比空间本身更直观。那么，就让我们从"所藏心"谈起。从文本来看，这一范畴几乎覆盖了中国古人谈及的全部精神活动，比如意向上的"志"或"意"、认知上的"智"或"虑"、偏好上的"欲恶"或"好恶喜怒哀乐"，这些主观项目都能被视为能藏心中的所藏心②，因此是一个极其宽泛的概念。但所藏心的范畴越是宽泛，就越能凸显能藏心作为"空间"的功能是将实际精神活动整体性地收摄其中。只是在修辞上，这一功能除了被描述为"藏"，早期文本中也用"容"来表示，如：

> 宋钘、尹文……接万物以别宥为始，语心之容，命之曰心之行。

---

① 显然，上引《管子》对心的区分是空间义的，曹峰先生将之解释为"生理心"与"精神心"，可能超出了文本的意谓，参见氏著《稷下道家的"两重心"意识——兼论与古希腊心灵意识之比较》，《管子学刊》2019 年第 3 期。

② 如"志也者，臧也"（《荀子·解蔽》），"闭九窍，藏心志"（《淮南子·俶真》），"彼心之心，音（意）以先言"（《管子·心术下》），"探人而居其内……射其意也"（《鬼谷子·反应》），"欲恶者，心之大端也。人藏其心，不可测度也"（《礼记·礼运》），"形具而神生，好恶喜怒哀乐臧焉"（《荀子·天论》），"备物以生形，藏不虞（虑）以生心"（《庄子·庚桑楚》），"内藏我智，不示人技"（《孔子家语·观周》）等。

（《庄子·天下》）

> 心容其择也无禁，必自现，其物也杂博，其情之至也不贰。（《荀子·解蔽》）

尹宋学派的"语心之容"，就其所指是对万物的思虑不为特定见解所限（"别囿"）来看，意思就是心有包容，因而正是对能藏心来说。再看荀子说的"心容其择"，因为他所谓"择"是所藏心范畴的"虑"①，可知"心容"也是对能藏心来说的，"杂博"则是对其容纳能力的进一步描绘。但重点是用"容"描述心，仍是基于空间经验的精神修辞，就像今天人们常说的"容忍""包容""宽容"等，实际是将空间经验挪用于精神或价值领域。而以上所见的"心容""心之容"，则主要是类比于空间的容纳功能来描述能藏心。

由此，则进一步表明"心以藏心"的嵌套结构本质上是能藏心的中空结构。但早期文本中，描述这一结构特征的词汇除了"藏"和"容"，还有个更典型的表述就是"虚"，比如：

> 人何以知道？曰：心。心何以知？曰：虚壹而静。心未尝不臧也，然而有所谓虚；心未尝不两也，然而有所谓壹；心未尝不动也，然而有所谓静。人生而有知，知而有志；志也者，臧也；然而有所谓虚；不以所已臧害所将受谓之虚。心生而有知，知而有异；异也者，同时兼知之；同时兼知之，两也；然而有所谓一；不以夫一害此一谓之壹。心卧则梦，偷则自行，使之则谋；故心未尝不动也；然而有所谓静；不以梦剧乱知谓之静。（《荀子·解蔽》）

相当程度上，《荀子》这段著名论述就是对《管子》"心以藏心"说的展开。"心未尝不臧（藏）也""心未尝不两也""心未尝不动也"，作为对"知"的描述，正属于所藏心或实际精神活动的范畴；但在此范畴外明言"然而有所谓虚""有所谓壹""有所谓静"，则指向更初始的能藏心；也就是说，"臧（藏）"与"虚"、"两"与"壹"、"动"与"静"实际是对两种心的描述。其中，"虚"正是对能藏心的结构描述，是以中空结构来象征其包容性，因此

---

① 即所谓"心为之择谓之虑"（《荀子·正名》）。

要求它不能被"所已臧（藏）"的东西完全占据，这与今天说的摒弃成见、保持虚心意思相近。但今天人们使用"虚心"一词时，早已遗忘它本质上是一个空间隐喻。当然在"虚"这个空间词之外，上引文又引入"壹"这个数量词和"静"这个状态词来描述心，这虽然是其他形式的精神修辞，却仍然是对能藏心之"虚"的进一步刻画。所谓"壹"，应是指能藏心作为"虚"，具有整全一体或无所不受的包容性。与之相比，所藏心或"知"被说成"未尝不两"的，正指其存在差异（"知而有异"），因而不具有包容性。再看"静"，应是指能藏心作为"虚"，其包容性是不变的或恒定的；与之相比，所藏心或"知"被说成"未尝不动"，亦指其存在变化（"卧则梦，偷则自行"），因而不具有包容性。可见用"虚壹而静"描述心，"虚"才是最根本的描述，是将能藏心在修辞上刻画为一种精神性的"空间"。

当然不仅在《荀子》，在其他文本尤其是道家典籍中也经常能看到以"虚"言心的例子。应该说，这是比以"中"言心更初始的精神修辞，因为"中"所象征的心的主宰性与自主性，涉及的是精神领域和其他领域的关系，如心与身、心与物；但"虚"所象征的心的包容性，涉及的则是精神领域内心与心的关系；因此至少在关系形式上，谈论心对心的"包容"要比谈论心对身的"主宰"和心对物的"自主"更为初始。而就早期中国的实际理解看，认为以"虚"言心更初始，尤其是指"虚"所象征的包容性也能视为一种更初始的主宰性与自主性，即先于心身关系与心物关系来说的，心之于心的主宰和自主，正如：

> 无一心，五识并驰，心不可一；无虚心，五行皆具，心不可虚。（《关尹子·五鉴》）
> 心不胜心，大乱乃作；心如能胜心，是谓小彻。……心之所贵，（唯）一。（上博简《凡物流形》）

如前所见，"虚"和"壹"都是对能藏心的描述，因此上引文的"一心"与"五识"或"虚心"与"五行"（"五识"的运行）就能分属于能藏心与所藏心。由此，所谓"心不可一""心不可虚"和"心不胜心"就能看成能藏心被所藏心扰乱、破坏结构秩序的表现（"大乱乃作"）。反过来，"心如能胜心"当然就是能藏心主宰所藏心的表现；可见，心的主宰性不仅是对身体官能的主宰，更是精神领域内的以心胜心。不过，着眼于心的"结构"，可知能藏心"胜"于所藏心，并不是力量上的制约，而是"空间"上的收摄，即无论所藏心具有何种形式，都不能独立于能藏心的中空结构，就好像足球比赛不能独立于足球场。所以，能藏心的主宰性就可说是它的"虚"构成了所藏心的活动"辖域"，也即精神空间统摄了一切形式的精神活动。而这，在《荀子》中被描述为"壹"，上引文则说是"心之所贵，［唯］一"，都是统一收摄的意思。

再来看能藏心之于所藏心的自主性。某种意义上，这也涉及心物关系，因为所藏心的差别（"未尝不两"）与变化（"未尝不动"）正是精神活动关联于环境影响的表现；所以能藏心"胜"于所藏心，就有在环境影响中保持自主的意味。但这并不是初始的自主性，因为能藏心是否会被环境影响，要以所藏心为中介，所以初始的自主性应该是能藏心不被所藏心扰乱，如：

> 人迫于恶，则失其所好，怵于好，则忘其所恶，非道也。故曰：不怵乎好，不迫乎恶……故曰君子恬愉无为，去智与故，言虚素也。……君子之处也若无知，言至虚也。（《管子·心术上》）
>
> 君服性命之情，去爱恶之心，用虚无为本，以听有用之言谓之朝。（《吕氏春秋·审分览》）
>
> 人无愚智，莫不有趋舍。……而后变乱。所以然者，引于外物，乱于玩好也。（《韩非子·解老》）

如上，使能藏心保持自主，指的正是排除所藏心的思虑（"去智与故"）、偏好（"好恶""爱恶"）的影响，甚至是排除所藏心本身（"若无知"），令能藏心处于"至虚"的状态。这说明，能藏心之于所藏心的自主性其实就是"空间"不依赖"占位者"的独立性，比如不举行足球比赛，足球场还是足球场。而就此独立性来说，能藏心正应视为精神领域中第一序的心或根本心。

只不过，这一根本心在什么意义上被称为"心"，仍是有疑问的。因为将实际的精神活动称为"心"，这不难理解，今天人们也这样说；但要说容纳精神活动的"空间"也是一种"心"，似乎让人费解，这不仅因为将形容物理空间的"虚"挪用到精神领域，只是基于类比的修辞，更在于即便只从修辞的角度看，以"虚"言心也是相当抽象的，因为所谓"虚"总是某个东西的

"虚"，如"六邑为虚"（《左传》哀公十三年）、"众窍为虚"（《庄子·齐物论》），但能藏心的"虚"并不容易想象，正如：

> 所以贵无为无思为虚者，谓其意无所制也。夫无术者，故以无为无思为虚也。……其意常不忘虚，是制于为虚也。虚者，谓其意无所制也。今制于为虚，是不虚也。（《韩非子·解老》）

上引文用"虚"描述"意无所制"，其实谈的是所藏心，是把意向活动的自由归结于有一个象征精神空间的"虚"。但上引文强调的，是"虚"固然是一种"无思无为"的状态，却不能刻意追求它（"故以……为虚"），因为这等于把"虚"当成某个对象，则"意"的活动必定因为指向这一对象而受制于它，反倒否定了"虚"所象征的"意无所制"的自由。据此，正因为"虚"不能被对象化，则将之描述的东西称为"心"，即便是区别于实际精神活动（所藏心）的另一种心（能藏心），也是不易想象的。

三　空间表象：道心与人心

然而回到早期文本，会发现"至虚"的能藏心非但不是难以想象的，反而还被赋予某些具体形象。这正与精神修辞的运用有关，即虽然以"虚"言心并不意指某个东西，却并不妨碍在修辞上给出诉诸实物的表象。笔者在探讨早期中国的道概念时就涉及这种情况，因为不仅是心，道也常被中国古人形容为"虚"；但同样不是无法想象的"虚"，而是能在修辞上被实物化，比如把道视为车轴、风箱、房间等，这类文本中常见的修辞就是以具有中空结构的实物来表象道之"虚"。[①]笔者认为，类似的情况也见于早期思想对心的论述，所以在讨论心的"位置"与"结构"之后，还要再注意与之相关的"表象"。

当然在文本中，相比于能藏心，修辞上的实物表象更多针对所藏心。典

---

① 参见李巍《道家之道：基于类比的概念研究》，《深圳大学学报》（人文社会科学版）2020年第5期。

型如以水喻心，尤其是以水的"清"和"明"形容认知能力，进而又衍生出认知与明镜的类比①，就是对作为实际精神活动的所藏心来说的。但既然所藏心能被比拟为水，换个角度看，盛水的器物或场所也有可能成为能藏心的实物表象，比如：

> 上善若水……居善地，心善渊。（《老子》第8章）
>
> 汝慎无撄人心。……其居也渊而静……其唯人心乎。（《庄子·在宥》）
>
> 建心乎窈冥之野，而藏志乎九旋之渊，虽有明目，孰能窥其情。（《淮南子·兵略》）
>
> 人之心隐匿难见，渊深难测，故圣人于事志焉。（《吕氏春秋·事君览》）
>
> 是故神者智之渊也，渊清则明矣。智者心之府也，智公则心平矣。（《淮南子·俶真》）

不难看出，用"渊"描述实际精神活动（"心""志""智"）的处所，就是对作为精神空间的能藏心的表象。并且，这一表象正是用具有中空结构的实物来形容能藏心的"虚"。只不过，水渊之外，早期文本中更典型的是以房间充当心的实物表象，并能追溯到西周，比如：

> 往敷求于殷先哲王用保乂民，汝丕远惟商耇成人宅心知训。（《尚书·康诰》）
>
> 文王惟克厥宅心，乃克立兹常事司牧人，以克俊有德。（《尚书·立政》）

所谓"宅心"，正隐含着心是房间的表象，因为"宅"正表居住之义。而在诸子文本中，作为心之实物表象的房间则被称为"府""舍"或"宫"：

---

① 如"人心譬如盘水，正错而勿动，则湛浊在下，而清明在上，则足以见鬃眉而察理矣"（《荀子·解蔽》），"水静犹明，而况精神。圣人之心静乎，天地之鉴也，万物之镜也"（《庄子·天道》），"是故神者智之渊也，渊清则明矣。智者心之府也，智公则心平矣。人莫鉴于流沫，而鉴于止水者，以其静也"（《淮南子·俶真》）。

> 圣人托其神于灵府。（《淮南子·俶真》）
>
> 失其所守之位，而离其外内之舍。（《淮南子·原道》）
>
> 虚其欲，神将入舍。扫除不洁，神乃留处。（《管子·心术上》）
>
> 洁其宫，阙其门，宫者，谓心也。心也者，智之舍也。故曰宫，洁之者，去好过也。（《管子·心术上》）

不难看出，这些以房间喻心的修辞说的就是能藏心，并且还有一个衍生性的修辞，就是使能藏心处于"虚"的状态，亦即排除所藏心的影响，这被形容为打扫房间（"洁其宫""扫除不洁"）。

进而，在早期文本中还能看到，当能藏心被比拟为"房间"，排除所藏心被比拟为"打扫房间"时，精神领域的"虚"又被赋予了"洁净"的形象，并通常是用"白"这个颜色词来形容，如"虚者，心斋也。……虚室生白"（《庄子·人间世》），"机心存于胸中，则纯白不备"（《庄子·天道》），"夫不累于俗，不饰于物……以此白心"（《庄子·天下》），"白"或"纯白"正是用白色象征心的"洁净"。① 不过在文本中，使心"洁净"除了被类比于打扫房间，也被描述成擦镜子（"涤除玄览"）和某种形式的清洗（"洗心""澡雪精神"）②，它们在后世中国思想中更加流行。但所以"虚室生白"或"洁其宫"等表述更值得注意，就在于房间更适合作为能藏心的实物表象。而此"实物表象"，如下所见，不仅有修辞的价值，亦传达了中国古人对心的实质看法，即能藏心并非被表象为普通的房间，而是道的居所或"道舍"：

> 摄汝知，一汝度，神将来舍。德将为汝美，道将为汝居。（《庄子·知北游》）
>
> 喜之则多事，恶之则生怨。故去喜去恶，虚心以为道舍。（《韩非子·扬权》）
>
> 道不远而难极也……虚其欲，神将入舍。扫除不洁，神乃留处。（《管子·心术上》）

---

① 如"大白若辱"（《老子》第41章），"以洁白为污辱"（《淮南子·说善》），"修身洁白"（《韩非子·饰邪》），"中情洁白"（《吕氏春秋·审分览》）等。

② 详见《老子》第10章、《庄子·知北游》、《易传·系辞上》、《老子河上公章句·爱己》。

> 是谓中得，有神自在身……敬除其舍，精将自来。(《管子·内业》)
> 去载则虚，虚则平。平者，道之素也；虚者，道之舍也。(《淮南子·诠言》)
> 心能得一，乃有其术。术者，心气之道所由舍者，神乃为之使。(《鬼谷子·盛神法五龙》)

以上，正是把精神上的"虚"即能藏心比喻为道的居所。而所谓"精"或"神"，实际是齐文化传统中对道的另一表述，因此"神将来舍"或"精将自来"还是对"虚心以为道舍"的描述，并尤其意味着，只要能藏心保持在"虚"的状态，也即留出精神上的"空间"，道就会自动入住。

这也说明，以"虚"为特征的能藏心并非绝对的空虚，而是已然有道在其中，因此就是"道心"：

> 人心之危，道心之微。危微之几，惟明君子而后能知之。……孟子恶败而出妻，可谓能自强矣；有子恶卧而焠掌，可谓能自忍矣；未及好也。辟耳目之欲，可谓自强矣，未及思也。蚊虻之声闻则挫其精，可谓危矣；未可谓微也。夫微者，至人也。至人也，何强？何忍？何危？故浊明外景，清明内景，圣人纵其欲，兼其情，而制焉者理矣。夫何强？何忍？何危？……此治心之道也。(《荀子·解蔽》)

荀子所论"道心""人心"之分，基于前述心的"结构"，就是能藏心与所藏心之分。"人心"即所藏心，前引文中不乏证据（如"人藏其心""人之心隐匿难见"）。所谓"人心之危"，则应是指所藏心作为实际的精神活动最易受到外物干扰，亦即"人心之动，物使之然也"（《礼记·乐记》），所以对"危"的克服就表现为努力抵制外在影响，如所谓"自强""自忍"，就是今天说的坚定意志。那么，与"人心"或所藏心相区别的"道心"就只能是作为"道舍"的能藏心。所谓"道心之微"，则同样表明能藏心并非绝对的"虚"，而是其中具有精微神妙的东西——这里称之为"微"，其实与前引文中的"精""神"相似，也是对道的描述。要点是，荀子宣称保持"道心"，则毋须刻意抵制环境干扰（"何强""何忍""何危"），就能令"人心"达到认知上的"清明"状态——这说的还是能藏心对所藏心的统摄——但尤其提示了能藏心的统摄作用是出于此心中的道，或者说，本质上是道对所藏心的统摄。所以，上引文又提及所藏心范畴的"情"和"欲"能被"制焉者理矣"，"理"仍是道的另一表述。

但所谓"道心"，作为修辞，并不能简单理解为能藏心中有被称为"道"的东西。因为早期中国对道的理解，尤其是道家对道不可名、不可说的强调，就是反对把道对象化；因此"道心"或"道在心中"并非真的是指某个"东西"（道）存于心中，而毋宁说是用空间关系的"在之中"来表现道与心的相关性，就像现代汉语中的"在一起"也是用空间关系来形容相关性。不过，这究竟是怎样的相关性，还需要进一步界定。参照荀子的以下说法，心能在认知上把握道，或者在意愿上遵循道，或许就是二者具有相关性的表现：

> 何谓衡？曰道。故心不可以不知道……心知道，然后可道；可道然后守道以禁非道。（《荀子·解蔽》）
>
> 心也者，道之工宰也。道也者，治之经理也。心合于道，说合于心，辞合于说。（《荀子·正名》）

但"心知道"或"心合于道"的"心"，作为认知和意愿，显然属于实际精神活动即所藏心的范畴，"道心"或"道在心中"却是对能藏心来说的；并且已经知道的是，后者并非实际精神活动，而是一种精神性的"空间"。那么，认为此心与道相关，如果不同于认知上的"知道"或意愿上的"合于道"，就只能理解成作为精神空间的心本身就是道，或者更确切地说，能藏心就是精神形态的道。

笔者认为，这才是"道心"的确切意指，并能通过观察早期文本中的"道"和"心"在修辞上的关联得到印证，那就是："虚"这个空间词汇除被用于描述心，更早是被用于描述道，而且还有一簇同义语，比如：

> 道冲而用之或不盈。（《老子》第 4 章）
>
> 唯道集虚。（《庄子·人间世》）
>
> 虚无无形之谓道。（《管子·心术上》）
>
> 言虚空者乃可用盛受万物，故曰虚无能制有形。道者空也。（《老子河上公章句·无用》）

以上，"冲""虚""空""虚空""虚无""不盈"都是在描述道的空间性；此外，早期文本中，也能看到以深渊、风箱、车轴、陶轮等中空结构的实物来表象其空间性的大量案例。至于上文谈及的用房间表象能藏心，最早仍是道的实物表象，比如：

> 玄之又玄，众妙之门。（《老子》第 1 章）
> 夫道，覆载万物者也……万物一府，死生同状。（《庄子·天地》）
> 道之象门户是也。（《鹖冠子·能天》）
> 怀囊天地，为道开门。（《淮南子·原道》）
> 若受我而假我道，是犹取之内府而藏之外府也。（《吕氏春秋·权勋》）

笔者曾专门指出，以空间和具有中空结构的实物来描述道，是对其根本性的一种修辞，就是把作为万物之本的道形容为令万物各得其所的"存在空间"。[①] 因此，同样的修辞方式从道延伸到心，就应当理解为把道的根本性从事物领域延伸到精神领域——而修辞上，就是把道的空间性从统摄万物活动的"存在空间"扩展为统摄精神活动的"精神空间"，所以能藏心就是精神性的道，也才有"道心"这一表述。

那么回到之前提出的问题，为什么在早期中国思想中，除了实际的精神活动被称为"心"，隐喻性的精神空间也能被称为"心"？答案就是：不仅万物的活动仰赖作为"存在空间"的道，精神活动同样仰赖作为"精神空间"的道。因此，将这样的道称为"心"，就是对其精神性的象征，而将这样的心称为"道心"，是对其根本性的强调。

结　语

论述至此，可以肯定，空间经验在中国古人对心的言说中扮演了关键

---

① 参见李巍《道家之道：基于类比的概念研究》，《深圳大学学报》（人文社会科学版）2020 年第 5 期。

角色。

（1）被称为"心"的东西有其"位置"，范围上处于象征人体精神领域的"胸中"，更精确的，是相对耳目口鼻等身体官能来说的"居中"，这首先象征着心对身的主宰性（"处身之中以君之"），进而表现为心不被与身接触的物或环境影响的自主性（"中有主""主于中"）。

（2）被称为"心"的东西也有"结构"（"……之中又有……""藏""容"），包括指涉实际精神活动的所藏心和象征精神活动之"空间"的能藏心，因此对心的理解除了涉及心身关系、心物关系，还有更初始的心与心的关系。而作为精神空间的能藏心，其空间性的描述就是"虚"，是以中空结构象征能藏心对所藏心的收摄，并由此显示出能藏心作为根本心的地位。

（3）把"虚"所象征的精神空间称为"心"，还能以具有中空结构的实物进行表象。其中，将能藏心表象为道所居住的"房间"或"道舍"，显示出能藏心就是精神性的道，也即"道心"。而"道心"所以能被视为根本心，就在于道不仅被看成统摄万物活动的"存在空间"，更被看成统摄精神活动的"精神空间"，也就是道的根本性从事物领域扩展到精神领域的结果。

不过，认为空间经验在中国古人对心概念的言说中扮演了关键角色，如上所见，应该更确切地表述为与心相关的概念语言，至少就早期中国来看，并非抽象的理论语言，而是基于空间经验的精神修辞。对此类修辞的探讨，亦如上所见，能为澄清这一概念提供知识上的实质推进。当然，从某种意义上说，诉诸主体性概念的阐释也是一种修辞，甚至比中国古人对心的言说更具修辞属性，因为主体性固然是一个来源复杂、涵义抽象的概念，却也是一个极具代表性的哲学概念——那么以主体性阐释中国古人的心概念，如果不能取得知识性的实质收益，就只能说是在为某种阐释提供哲学性的象征。

一本还是二本？

——夷之与实践理性的困境*

谢晓东

摘　要　墨家伦理有两个版本。墨子确立了墨家伦理的功利主义基本走向，并把兼爱作为不偏不倚的程序性原则。但是，片面强调兼爱（或不偏不倚）导致忽略了个体利益的理性发展。故而，夷之就对墨子思想予以了明确化与局部修正。其一，以爱无差等来阐释兼爱，从而凸显了墨家伦理的不偏不倚的基本特点。其二，以施由亲始来修正爱无差等原则，试图容纳个体的合理自爱。夷之的做法遭到了孟子的反击而被贬称为"二本"，与此同时，孟子以"一本"来指称儒家伦理。孟子关于一本与二本的划分引起了广泛关注，朱子认为二本的实质是爱无差等，故而二本同时适用于墨子和夷之。汉学家则多从伦理学角度去解读二本，认为夷之面临两个道德方向相互冲突的困境。从基本道德原则的数量去看，墨子、孟子的伦理学都是一本，只有夷之的才是二本。实际上，夷之和古典功利主义的集大成者西季威克面临着相同的实践理性的困境，即功利主义与利己主义的自爱之间的冲突。

＊　本文英文版"One or Two Roots? Yi Zhi and the Dilemma of Practical Reason"原载 *Religions*，2022年第 10 期。

关 键 词	墨子；孟子；夷之；功利主义；不偏不倚；一本；二本；实践理性
作者简介	谢晓东，厦门大学哲学系教授，研究方向主要为朱子学（东亚儒学）、儒家哲学、先秦诸子、政治哲学、道德哲学和比较哲学。

作为一对哲学概念，"一本""二本"两词来自《孟子》一书。出于论证的需要，兹录该段文字于下：

> 墨者夷之，因徐辟而求见孟子。孟子曰："吾固愿见，今吾尚病，病愈，我且往见。"夷子不来。他日，又求见孟子，孟子曰："吾今则可以见矣。不直，则道不见。我且直之。吾闻夷子墨者，墨之治丧也，以薄为其道也。夷子思以易天下，岂以为非是而不贵也。然而夷子葬其亲厚，则是以所贱事亲也。"徐子以告夷子。夷子曰："儒者之道，古之人若保赤子。此言何谓也？之则以为爱无差等，施由亲始。"徐子以告孟子。孟子曰："夫夷子，信以为人之亲其兄之子，为若亲其邻之赤子乎？彼有取尔也。赤子匍匐将入井，非赤子之罪也。且天之生物也，使之一本，而夷子二本故也。盖上世尝有不葬其亲者，其亲死，则举而委之于壑，他日过之，狐狸食之，蝇蚋姑嘬之，其颡有泚，睨而不视。夫泚也，非为人泚，中心达于面目。盖归反虆梩而掩之。掩之诚是也，则孝子仁人之掩其亲，亦必有道矣。"徐子以告夷子。夷子怃然为间曰："命之矣。"（《孟子·滕文公上》）

这段著名的文字讲的是墨者夷之和孟子之间的一桩公案，关注者甚众。从后来的诠释史来看，大多认为以孟子为代表的儒家属于一本，墨家或夷之代表了二本。区别于海内外就此问题的各种阐释，本文从实践理性的困境这一视角去理解二本，并以此为基础从哲学上去重新解释孟子与夷之的讨论。我们的基本观点是：夷之"二本"问题的实质是陷入了一个道德哲学的著名困境——"实践理性的二元论"。

一 墨家伦理的两个版市：墨子与夷之

在上述文本中，孟子首先指出了墨者夷之的一个知行不一之处。具体来说就是，墨家的创始人墨子（名翟）有节葬的教义，作为墨家门徒的夷之理应遵循这个教义。但是，夷之却在行动上否定了节葬——他厚葬了其父母。对此之批评，夷之以"爱无差等，施由亲始"予以回应。从某种意义而言，孟子对夷之的第一个批评逼出了"爱无差等，施由亲始"的回应。夷之此人，除《孟子》一书中有记载，均未见其踪影，故而梁启超对他的评判是"系次无考"①。在分析夷之为何要以"施由亲始"来修正"爱无差等"之前，有必要首先考察墨子伦理及其受到的多重挑战。

1. 墨子伦理的性质：功利主义

自梁启超、胡适和冯友兰以来，用功利主义（Utilitarianism）去指称墨子的道德哲学，是中国大陆学界的共识。此后，海外及中国港台学者比如史华兹、葛瑞汉、倪德卫、劳思光②和韦政通等，也都赞同这种定位。确实，墨子伦理与古典功利主义的基本思想若合符节。一般认为，墨子学说的核心命题是"兼相爱，交相利"（《墨子·天志上》）。于是，不少研究者就认为墨子的基本观念是"兼爱"。③ 以"兼爱"观念为中心，墨家提出了十大主张，这就是所谓的"十论"。其具体内容是：尚贤、尚同、兼爱、非攻、节用、节葬、天志、明鬼、非乐、非命。墨者夷之"厚葬其亲"的行为似乎违背了墨家的次要主张——节葬。这是孟子的第一个批评的要点所在。针对孟子的攻击，夷之为自己作了辩护。要理解其辩护是否有力，就需要回到墨家学说的基本性质之处：功利主义及其作为不可分割的程序性手段"兼爱"。功利主义有一个最大化后果的核心主张，在这种观点看来，一个行为的对错取决于是否能

---

① 《梁启超论墨子》，载蔡尚思主编《十家论墨》，上海人民出版社 2008 年版，第 16 页。

② 他认为"墨学学说第一主脉为功利主义"。劳思光：《新编中国哲学史》第一卷，广西师范大学出版社 2005 年版，第 217 页。

③ 清代的张惠言（1761—1802）首先提出了"墨之本在兼爱"的观点，后来的孙诒让、梁启超都认可该种提法。

够利益最大化，这就是"最大多数人的最大幸福"原则。① "兴天下之（大，笔者加）利"与"除天下之（大，笔者加）害"可以视为墨家版本的最大多数人的最大幸福原则。对于墨子来讲，"天下"是外延最广的利益主体，就此而言，其有一种视人类为命运共同体的思想。

要实现"天下之大利"，墨子推荐的基本方法就是"兼爱"。对于本文来说，我们强调"兼爱"是实现人类普遍利益的基本途径。用道德哲学的术语来讲，兼爱所反映的实质就是"不偏不倚"（impartiality）。"不偏不倚"的观点是功利主义的一大贡献，是一个革命性的观念。② 而墨子就是强调要"不偏不倚"，而反对"别"。从哲学上讲，不偏不倚是普遍主义的。故而，论者多认为墨家比儒家提供了更好的普遍主义的视野与论证。③ "兼爱"观念表明行动者应该是中立的、不偏不倚的。只有这样，才能达到功利的最大化。反之，如果不能够做到"兼爱"而是爱有差等，于是有的人就被给予了更大的权重，这就破坏了最大化原则。应该说，爱有差等是儒家的正面主张④，而墨子的兼爱是对孔子仁爱主张的修正。兼爱有些时候表现为利他主义，从而在爱的调门上明显比儒家要高。墨子原版的兼爱重平等，强调不偏不倚的立场，从而是爱无差等，也就是夷之所总结出来的原则。虽然从形式上看夷之是以"爱无差等，施由亲始"对孟子的第一个批评予以了回应，但是我们也应当把爱无差等理解为墨子所主张的兼爱主义所蕴含者。

2. 墨子伦理受到的根本挑战：道德要求（moral demand）过高

从学理上来看，对功利主义有两个基本批评：第一，后果最大化的基本要求；第二，不偏不倚的观点。这两点可以总结为功利主义对道德要求过高。第一点批评涉及合理性的问题。在早期中国哲学中，虽然蕴含了合理性问题，但是尚未完全凸显，因而第二点的批评是本文论述的核心。从功利主义来看，

---

① 比如，功利主义的杰出阐释者穆勒（Mill）就认为："功利主义的行为标准并不是行为者本人的最大幸福，而是全体相关人员的最大幸福。"［英］约翰·穆勒：《功利主义》，徐大建译，上海世纪出版集团 2008 年版，第 12 页。

② 参见徐向东编《后果主义与义务论·编者导言》，浙江大学出版社 2011 年版，第 12 页。

③ 参见［德］罗哲海《轴心时期的儒家伦理》，陈咏明、瞿德瑜译，大象出版社 2009 年版，第 346 页。

④ 后来的朱熹就是这么理解的，参见（宋）朱熹撰《四书章句集注》，中华书局 1983 年版，第 262 页。也可以参见杨海文《爱"无"差等与爱"有"差等的较量——〈孟子·滕文公上篇〉第五章解读》，《学术评论》2017 年第 2 期。

最初是通过亚当·斯密所发明的"理性的旁观者"概念去把握不偏不倚的，即寻求一种纯粹的理性的眼光去计算功利，从而作出理性选择。同于古典功利主义，墨子也面临类似的难题。在《墨子》中，他就遭到了同时代人巫马子的追问。巫马子认为自己缺乏兼爱的能力，是因为"兼即仁矣、义矣。虽然，岂可为哉？"（《墨子·兼爱下》）在其看来，墨家的兼爱理想陈义太高，故而无法实行。应该说，巫马子的疑虑和后来庄子对墨子的观察比较一致。庄子认为墨子的主张，"使人忧，使人悲，其行难为也，恐其不可以为圣人之道。反天下之心，天下不堪。墨子虽能独任，奈天下何？"（《庄子·天下》）换言之，庄子认为墨子的一系列主张对人提出了过高的要求，故而难以普遍化。据此可以发现，庄子认为墨家的兼爱主张无法普遍化（行难为）。虽然墨子能够做到，但是不能用来要求其他人也这么做，否则就是"反天下之心"。墨子的主张可以作为个体对自己的高标准来严要求，但是不能对别人也这么要求。就此而言，庄子实际上反对了墨子"己所欲，施于人"的预设。要言之，或可从令人难以接受的角度去揭示墨子的核心主张无法实行，从而支持庄子"以此教人，恐不爱人；以此自行，固不爱己"（《庄子·天下》）的判断。上述话语表明，一些人认为墨子的道德要求过高因而令人难以接受。不过上述挑战只是消极地指出了墨子伦理存在的问题，却没有推荐可替代的办法。

杨朱的"为我"学说的意义在此基础上可以得到更好的理解。关于杨朱和庄子的早晚问题，本文采纳的是在庄子之前道家有一个杨朱阶段的观点。[1]对于墨子来说，杨朱的挑战是什么呢？《淮南子·氾论训》试图在墨子、杨朱与孟子之间建立一种思想的因果关系链。"兼爱、尚贤、右鬼、非攻，墨子之所立也，而杨子非之。全性，葆真，不以物累形，杨子之所立也，而孟子非之。"据此，杨朱的"为我"观念反击的是墨子的兼爱说丧失了自我，无我地爱世人。可以认为，这是从个体主义角度提出的异议。当然了，这个解释和朱熹的相反。在朱子看来，既然孟子是杨、墨并称，那么杨朱应该要比墨子更早。基于此，他提出了一个墨子的核心思想是针对杨朱之类的利己主义者的判断。"墨氏见世间人自私自利，不能及人，故欲兼天下之人人而尽爱之。"[2]相对而言，本文觉得《淮南子》的观点更为合理，也接受把墨子放在杨朱之

---

① 参见冯友兰《中国哲学简史》，涂又光译，北京大学出版社1996年版，第54—59页。
② （宋）黎靖德编：《朱子语类》卷五十五，王星贤点校，中华书局1986年版，第1320页。

前的做法。① 在这种情况下，可以认为杨朱是墨子的第一个有力挑战者，是第一人称的利己主义对利他主义的挑战。从道德哲学的角度来看，杨朱之挑战的实质是要容纳一个独立的有规定性的自我。

紧接着，孟子也对墨子的兼爱主义发起了挑战。在《孟子》里，除了本文引言中的引文外，还有两段文字也提到了墨家，其中一句是这样的，"摩顶放踵，利天下，为之"（《孟子·尽心上》）。也就是说，墨家是一群为天下之大利而奋斗的热心肠的人。同于孟子，《淮南子·泰族训》描述了墨家的伦理态度，"赴火蹈刀，死不旋踵"。总之，墨家是置生死于度外的救世者。上述话语似乎是对墨家作为道德圣徒的赞扬。但是，孟子却给墨家的兼爱主义以差评。"圣王不作，诸侯放恣，处士横议，杨朱、墨翟之言盈天下。天下之言，不归杨则归墨。杨氏为我，是无君也；墨氏兼爱，是无父也。无父无君，是禽兽也。"（《孟子·滕文公下》）何止是差评，简直是谩骂。这是批评墨家的兼爱原则导致了极端的利他主义，从而不肯赋予亲人以特殊的优先地位。后来，朱熹也认同孟子的观点。"杨朱但知爱身，而不复知有致身之义，故无君；墨子爱无差等，而视其至亲无异众人，故无父。无父无君，则人道灭绝，是亦禽兽而已。"② 朱子批评的一个要点是，墨家的爱无差等忽略了至亲的特殊道德地位，从而是属于儒家道德意义层面的禽兽。对孟子和朱子严厉指责墨子"无父"，也有人提出了质疑。"问：'墨氏兼爱，何遽至于无父？'曰：'人也只孝得一个父母，那有七手八脚，爱得许多！能养其父无阙，则已难矣。想得他之所以养父母者，粗衣粝食，必不能堪。盖他既欲兼爱，则其爱父母也必疏，其孝也不周至，非无父而何。'墨子尚俭恶乐，所以说'里号朝歌，墨子回车'。想得是个淡泊枯槁底人，其事父母也可想见。"③ 朱熹从资源有限的角度指出，兼爱原则必然导致给父母亲的资源减少了，爱父母也就更薄了。从现代道德哲学来讲，孟、朱批评的实质在于，墨家兼爱原则是一种强调不偏不倚的非个人性（impersonal）立场，其无法容纳个人性（personal）立场。④

---

① 参见（清）孙诒让撰《墨子后语》，载《墨子间诂》，孙启治点校，中华书局 2001 年版，第 711 页。
② （宋）朱熹撰：《四书章句集注》，第 272 页。
③ （宋）黎靖德编：《朱子语类》卷五十五，王星贤点校，第 1320 页。
④ 关于非个人性立场、个人性立场的概念，可以参见［美］托马斯·内格尔《平等与偏倚性》，谭安奎译，商务印书馆 2016 年版，第一章至第六章。

3. "施由亲始"是对墨子兼爱原则的修正

根据上段《淮南子》的话语，或可得出如下思想线索：墨子批评孔子、杨朱批评墨子，而孟子又批评了墨子。再加上《孟子》所提供的孟子与夷之的交锋，本文提供一种假说：夷之以关注自我利益的方式回应了杨朱的批评（厚葬其亲），而孟子又批评了墨子和夷之，特别指出了夷之面临二元论的困境。当然了，夷之对杨朱的回应，客观上导致了他修正墨子的强势观点①，即不偏不倚，从而容纳一些特殊关系。由于儒家非常强调亲亲之类的特殊关系，故而从外部表现来看，夷之就给人一种向儒家靠拢的倾向。在孟子看来，节用—薄葬，是一个普遍的主张；而夷之厚葬其父母，违背了薄葬的主张，从而有损于兼爱的主旨。这是因为，夷之的行为意味着他对于父母亲的爱大于对其他人的爱，故而违背了兼爱的立场。孟子要求对方不偏不倚，即薄葬所有的人。对于孟子的指责，夷之是这样辩护的，"儒者之道，古之人若保赤子。此言何谓也？之则以为爱无差等，施由亲始"。对此，一种可能的解释是：施由亲始表明夷之打算弱化墨子的革命性主张：不偏不倚，强调对自我利益的理性发展，从而就构成了对"兼爱"或"爱无差等"的修正。或可提供另外一种可能性：孟子指责墨子"无父"，夷之对此的回应是厚葬其亲，从而修正了墨子的以利他主义为特色的功利主义版本，加入了利己的成分。但如果这样的话，夷之必须能够自圆其说。对于孟子的攻击，他引用了《诗经》中"若保赤子"来为自己辩护。该词的含义是最高统治者把被统治者都看成自己的小孩一样予以同等的爱护。孟子所举的例子认为，所有人对小孩都有恻隐之心。夷之就从这种恻隐之心的普遍性出发，说明它就是墨子所宣扬的"兼爱"。应该说，夷之的这个做法是比较聪明的。此外，这种证明也表明他试图在人的心性中寻找兼爱的内在根源，这和墨子几乎不谈心性的做法有较大不同。

夷之"此言何谓也"的反问，是对孟子的一种嘲讽。需要指出的是，夷之所引用的话语，只能证明墨子的兼爱原则是有理由的。换言之，只能证明"爱无差等"的原则。笔者以为，夷之是第一个以"爱无差等"来把墨子的兼爱原则具体化的人，从而是对墨家思想的一种明晰化和通俗化。更重要的

---

① 董平也认为夷之对兼爱说予以了修正，从而提出了"爱无差等，施由亲始"。具体参阅氏著《"差等之爱"与"博爱"》，《哲学研究》2015 年第 3 期。不过，他仅提供了一个论断（孤语），也没有从道德哲学的角度予以深入的考察。

是，通过这种诠释，就区别了墨家的爱的原则和儒家的爱的原则。孔子的仁原则是一个非常重要的创新，该原则可以具体化为仁爱。对于仁观念，曾经受学于儒家的墨子也是拥护的。[①] 但是在墨子看来，儒家的仁爱原则比较狭隘，所以他就以普遍主义的兼爱原则来取代之。也就是说，墨子是把儒家的仁爱看作他所批评的"别爱"。夷之进一步把墨子对儒家仁爱原则的批评具体化了，他在"爱有差等"与儒家的仁爱之间确立了一个等式，而把其反命题"爱无差等"确立为墨子兼爱原则的同义词。应该说夷之的观察是敏锐的，他对于儒墨基本差异的概括就得到了朱子的认可。[②]

二 "一本"与"二本"之争

对于夷之的辩护，孟子不以为然。他予以了全面反击，反击的要点有二：一是认为儒家的伦理原则以一本为基本特征，而对手夷之的伦理原则是二本；二是从道德心理之起源的角度说明了儒家伦理观念——孝。[③] 从本文主旨来讲第二点不重要，故而下文就以第一点为中心来展开。

1. 问题的提出：一本还是二本？

先来看一下孟子本人的话语："夫夷子，信以为人之亲其兄之子，为若亲其邻之赤子乎？彼有取尔也。赤子匍匐将入井，非赤子之罪也。且天之生物也，使之一本，而夷子二本故也。"在孟子看来，夷之过于天真了——一个人怎么可能对于其侄子和邻人之子有相同的爱呢？！与此同时，他也反驳了夷之用"若保赤子"的儒家观念来证明兼爱。理由是，对于无知无辜的幼儿即将跌入深井，人对之产生普遍的恻隐之心不假。不过儒家的恻隐之心是一种比较薄的概念，而墨家的兼爱则是一种比较厚的概念。故而，不能用前者去证明后者。传统上认为孟子总结的"一本"还是"二本"的问题，才是儒、墨的根本差异所在。因而，下文就主要围绕"一本"与"二本"的问题去分析。

---

① 根据《淮南子·要略》，墨子本人曾经"学儒者之业，受孔子之术"。

② 参见（宋）朱熹撰《四书或问》卷五，黄坤校点，上海古籍出版社、安徽教育出版社2001年版，第444页。

③ 参见 JEFFREY RIEGEL（王安国），"A Root Split in Two: Mengzi 3A5 Reconsidered", *Asia Major: a Journal of Far Easter Studies*, Vol. 28, Part I, 2015, pp. 37–59。

2. 朱熹对二本的理解：爱无差等

需要指出的是，这两个术语（"一本""二本"）的原意并不明确①，因而一些英译者多从字面上去处理，比如刘殿爵就是如此。② 即便这样，历代注释者仍围绕上下文以及整个《孟子》的文本发表了自己的看法，其中赵岐和朱熹的观点颇引人注意。赵岐是《孟子》的最早注者，他认为，"天生万物，各由一本而出。今夷子以他人之亲，与己亲等，是为二本，故欲同其爱也"③。在他看来，万物由天而生，本原只有一个。夷之视自己双亲的价值与他人之亲相等，故而构成了二爱并立的局面。赵岐解释的要点是：他人之亲 = 己亲，这种爱的相同就是二本。由于夷之是以爱无差等去诠释墨子的兼爱观念，故而赵岐对夷之二本的定性或可视为也指向了墨子。但是，赵氏并没有明言之。区别于赵岐仅就夷之而谈二本，朱熹则认为二本的帽子可以同时戴在夷之和墨子的头上。换言之，他把二本的适用范围扩大了。"既是一本，其中便自然有许多差等。二本，则二者并立，无差等矣。墨子是也。"④那么，这种扩大是否符合孟子的原意呢？要回答这个问题，就需要理解二本的本质。

朱熹也对《孟子》文本中"二本"一词所在的段落予以了解释。"孟子言人之爱其兄子与邻之子，本有差等……且人物之生，必各本于父母而无二，乃自然之理，若天使之然也。故其爱由此立，而推以及人，自有差等。今如夷子之言，则是视其父母本无异于路人，但其施之之序，姑自此始耳。非二本而何哉？然其于先后之间，犹知所择，则又其本心之明有终不得而息者，此其所以卒能受命而自觉其非也。"⑤ 朱子的解释突出了三点：第一，孟子所强调的儒家爱有差等的基本立场；第二，人物之生只有一本是存有论的必然，这种哲学的阐释明显要比汉代的章句训诂之学深刻；第三，夷之"施由亲始"的说法已经不同于原始墨家的教义，从而构成了某种矛盾。⑥ 在朱熹看来，儒

---

① 参见杨伯峻译注《孟子译注》，中华书局1960年版，第137页。

② 参见 *Mencius*, Translated with an Introduction and Notes by D. C. Lau, Revised Edition, PENGUIN BOOKS, 2003, p.63。

③ （清）焦循撰：《孟子正义》，沈文倬点校，中华书局1987年版，第404页。

④ （宋）黎靖德编：《朱子语类》卷五十五，王星贤点校，第1314页。

⑤ （宋）朱熹撰：《四书章句集注》，第262—263页。

⑥ 此外，一些现代诠释者也认为夷之前后不一致。参见 *Mencius*, Translated with an Introduction and Notes by D. C. Lau, Revised Edition, PENGUIN BOOKS, 2003, p.63, Notes: By a dual basis, Mencius is presumably referring to the incompatibility between the denial of graduation of love and the insistence on its beginning with one's parents。

家爱有差等的日常表述的根本依据是"一本"。朱子引用了尹氏的观点，"何以有是差等，一本故也，无伪也"①。因为一本，所以爱有差等。要是颠倒二者关系，严格说来也是不行的。"又有以爱有差等为一本者，虽无大失，而于文义有所未尽。盖谓其一本故爱有差等则可，直以爱有差等为一本则不可也。"② 很明显，一本蕴含着爱有差等，但是爱有差等却不是一本自身，而是一本的本质属性。

从常识来看，自然情感的亲疏远近（分）是一个普遍现象。上文"自然""无伪"这些词语表明，儒家爱有差等的主张具有强有力的心理基础。反之，爱无差等的反命题则是反人类的自然心理的。就此而言，可以说是反自然的。在朱熹看来，夷之所表述的墨家的基本立场则问题不少。"今夷之乃谓爱无差等，则是不知此身之所从出，而视其父母无以异于路人也。虽其施之先后，稍不悖于正理，然于亲而谓之施焉，则亦不知爱之所由立矣。是非二本而何哉？而说者乃或谓其施由亲始之言，暗合于吾儒之一本者。愚以为差之毫厘，谬以千里。为是说者，亦自不知一本所以为一本矣。"③ 朱熹的战斗性很强，对于夷之"施由亲始"的新表述虽有一定的同情的理解，但也严格捍卫墨家和儒家的基本界限。据此，朱熹反驳了认为夷之施由亲始的观点"暗合"于儒家一本论的错误意见。仿照朱子的提法，可以认为"爱无差等"是二本的基本属性。或者说，二本的本质是爱无差等。从道德价值的角度来看，墨子拒绝赋予父母亲以高于陌生人的地位，而是强调，在亲人与陌生人之间应采纳"不偏不倚"的客观立场。正如康德"人是目的"的观点所揭示的，没有一个人比另一个人的道德价值更高，大家在道德价值上一律平等。④ 对于儒家来说，路人千千万，而夷之视父母"无以异于"这千千万路人。在这个意义上，朱子调侃道："'爱无差等'，何止二本？盖千万本也。"⑤ 对于墨子和夷之的爱无差等的基本立场，赵岐和朱熹并不认同。其实，儒家本身也不一概反对非个人的客观的道德立场，他们也有"一视同仁"的看法。

————————

　　① （宋）黎靖德编：《朱子语类》卷五十五，王星贤点校，第1314页。

　　② （宋）朱熹撰：《四书或问》卷五，黄坤校点，第444页。

　　③ （宋）朱熹撰：《四书或问》卷五，黄坤校点，第444页。

　　④ 参见［德］康德《道德底形上学之基础》，李明辉译，台北：联经出版事业股份有限公司1990年版，第53页。

　　⑤ （宋）黎靖德编：《朱子语类》卷五十五，王星贤点校，第1313—1314页。

只不过，其"一视同仁"的立场适用于公共领域或陌生人之间。

3. 汉学家对二本的理解：伦理原则之间的冲突

同于朱熹，葛瑞汉也认为"二本"同时适用于夷子和墨子。但是，他对于二本的本质的理解明显不同于朱熹。没有纠缠于传统的爱有差等还是爱无差等的问题，葛瑞汉认为夷之二本的内容是无差别地爱所有人与偏爱自己的亲人。他同时指出，二本被孟子视为自相矛盾的原则。① 应该说，葛瑞汉发挥了西方哲学家注重逻辑分析的传统，指出了夷之不能同时追求两个不同的伦理方向。他还以为，该问题不但是夷之的问题，也是整个墨家的问题。"然而，墨家有一个如何协调对他人的均等的爱与对父母和君王的偏爱的问题，而这恰使孟子谴责墨者夷子'二本'。"② 应该说，夷之确实同时承诺了两种立场，一是强调不偏不倚的非个人的客观立场，一是对个人利益的理性发展的个人观点或个人立场。问题在于，这两种立场要如何协调与平衡呢？

同于葛瑞汉，倪德卫也是从伦理学角度去分析二本问题。他写道，"看起来完全可能：他在谈论夷之道德体系之基础（本）。孟子批评这种体系是'二本'，而他自己坚持：从道德上考虑，人作为天生之一物，只有'一本'。当然，对孟子来说，这个本就是'心'，是不同方面的意向之'心'……这样，夷之的麻烦就在于：他因既接受来自他的'心'的指导又接受来自于此'心'不相关的一系列教义的指导而陷入混乱③。作者指明夷之受到了两种力量的牵引，一是来自内心的自然情感（爱亲），一是来自理性的教义（兼爱）。从表面上看，夷之似乎陷入了精神分裂。就这个层面而言，夷之陷入了困境或冲突。④ 作者试图区分感性与理性，感性来自心中产生的情感（心），而理性则试图超越感性的束缚而独立地得出自己的原则（言）。⑤ 因而，倪德卫凸显了夷之在理性的言与感性的心之间的困境。需要指出的是，倪德卫并

---

① 参见［英］葛瑞汉《论道者：中国古代哲学论辩》，张海晏译，中国社会科学出版社 2003 年版，第 55 页。

② ［英］葛瑞汉：《论道者：中国古代哲学论辩》，第 185—186 页。

③ ［美］倪德卫著，［美］万白安编：《儒家之道：中国哲学之探讨》，周炽成译，江苏人民出版社 2006 年版，第 127 页。

④ 其实，通过内格尔的观点也可以很好地解释夷之的困境。就此而言，夷之实际上陷入了自我的分裂或立场的二元性的相互拉扯，某种程度上体现了个人立场与非个人立场（或社会立场）的冲突/分离。

⑤ 参见［美］倪德卫著，［美］万白安编《儒家之道：中国哲学之探讨》，周炽成译，第 169 页。

没有明确墨子的伦理学是否也是二本。但是根据其分析来看，似乎可以推测出墨子的伦理学不存在二本问题。

在对一本二本问题的具有代表性的观点予以分析之后，本文试图继续从道德哲学角度去深化对该问题的理解。

三　夷之二本的实质：实践理性的二元论

孟、夷之辩凸显了一个非常重要的道德哲学问题，那就是实践理性的二元论/二重性。对此问题的探讨，需要从西季威克开始。

1. 西季威克的苦恼

西季威克（1838—1900）是 19 世纪英国著名的功利主义哲学家，罗尔斯视之为古典功利主义的集大成者。在 1874 年出版的名著《伦理学方法》（*The Methods of Ethics*）中，西季威克试图整合功利主义（普遍快乐主义）、利己主义（利己的快乐主义）与直觉主义三种方法为一个系统论述。但是，他发现自己能够整合功利主义与直觉主义，但是却无法整合功利主义与利己主义。正是在功利主义与利己主义之间，构成了所谓的"实践理性的二元论"概念。这个概念本身，反映出了实践理性的某种困境。在该书中，西季威克至少三次提到并解释了"实践理性的二元论"概念。在《第二版序言》中，作者首次提出了上述概念。不过，《第六版序言》中的陈述更加系统。他写道，"我发现他（巴特勒）直截了当地承认'利益，我自己的利益，是一种显明的责任'，承认'合理的自爱'［是'人的本性中的两种主要的或优先的原则之一'］。这就是说，他承认'调节能力的二重性'——或者，我更愿意说，'实践理性的二重性'"①。其实，上述两段文字中的"实践理性的二元论"和"实践理性的二重性"都是对英文 dualism of practical reason 的翻译。在《伦理学方法》正文第四编《功利主义》中，西季威克也在一个脚注中使用了上述概念。根据廖申白的翻译，其内容是，"我同时应当说，我认为一个人把自己的幸福当作他的终极目的也同样合理。对于这种'实践理性的二重性'，我们

———————

① ［英］享利·西季威克：《伦理学方法》，廖申白译，中国社会科学出版社 1993 年版，第 17 页。

将在本书尾章中作进一步的讨论"①。对于西季威克的苦恼及其道德哲学含义，有人评述道："尽管西季威克在《伦理学方法》中试图为功利主义提出一种系统的理论辩护，但他最终也认识到功利主义无法避免他所说的'实践理性的二元论'，即对自我利益的理性发展和从一个不偏不倚的观点来看最大化普遍福利之间的张力。他对功利主义的最终判断构成了后来的争论的一个理论起点，迫使后来的哲学家去探究一系列与道德的本质有关的问题，其中就包括'道德的观点是否必须是一种严格不偏不倚的观点'这一问题。"② 为了能够理解和探讨上述问题，有必要考察实践理性概念。"从哲学上说，实践理性就是我们通过反思来解决如何行动的问题的一般能力。"③ 规范伦理学的根本问题是"我应当如何行动"，而实践理性就是为如何行动（包括了如何选择）提供理由的。因而宽泛说来，道德实际上就成了实践理性的一个部分。根据上述对实践理性的理解，或可得出结论：西季威克所说的实践理性的二元论，主要是指经由不偏不倚的理性计算而达到功利主义的最大化后果与从个体理性来看的自我发展之间的对峙。也可扼要地陈述为：功利主义与利己主义的自爱之间的对立。④

2. 在现代道德哲学的视角下看夷之的可能的回应

在笔者看来，当代美国哲学家托马斯·内格尔发展了西季威克的观点，他提出了个人立场与非个人（社会）立场的对立及其调和方式。在内格尔看来，这两种立场的二元性源于自我的分裂或者说这两种立场来自自我的二元性。⑤ 这就比西季威克的观点似乎更进了一步。根据这两位道德哲学家的观点，可以认为，夷之从非个人立场吸收个人立场，而儒家则有从个人立场发展到非个人立场的需要。当然了，儒家的该种改进型的完整陈述需要在宋儒的万物一体说那里去寻找。⑥ 从道德哲学来看，夷之支持后果主义。而从后果的角度来考察行为，当然是能够带来最大后果的选择胜出。而孟子则具有义

①　［英］享利·西季威克：《伦理学方法》，廖申白译，第419页。

②　徐向东编：《后果主义与义务论·编者导言》，第19页。

③　徐向东编：《实践理性·编者导言》，浙江大学出版社2011年版，第2页。

④　参见陈江进、郭琰《试析西季威克的实践理性二元论及其理论意义》，《武汉大学学报》（人文科学版）2008年第1期。

⑤　参见［美］托马斯·内格尔《平等与偏倚性》，第3—4、16、23、49、58页。

⑥　对此，陈乔见予以了分析，具体参见氏著《普遍之爱与特殊之爱的统一如何可能——以宋明儒者仁义说为中心的考察》，《华东师范大学学报》（哲学社会科学版）2012年第1期。

务论的基本特性，因而强调对亲人的义务。一般而言，儒家也是同意"兴天下之利"与"除天下之害"的，从而促进普遍的幸福，但是最大化不是其目标（当然也不排斥最大化的后果，如果有的话）。因而，儒家一方面批评利己主义（个体的快乐主义），即杨朱的观点，另一方面也反对墨子伦理对行为后果要求最大化的倾向。从后者来看，和威廉斯的观点就有异曲同工之妙。威廉斯为个人的观点辩护，他从个人的完整性观念出发，认为功利主义的不偏不倚的原则反对人对于自身利益的理性发展，从而破坏了人的完整性。① 儒家也强调了个人观点的重要性，认为个人观点也是道德的，甚至只有从个人观点出发才是道德的，这就打破了墨家在不偏不倚的立场与道德之间的直接同一。简单地说，以孟子为代表的儒家认为，最大化不是道德的目标，不偏不倚/兼爱不是评价道德对错的必要条件。而墨子则认为，凡是道德必须是不偏不倚的，而个人观点则不是不偏不倚的因而是不道德的。从儒家角度来看，西季威克的方法是有问题的，即忽略了工夫论。也就是说，西方道德哲学把人看作理性人，认为正确的道路只有一条，而错误的道路则有很多条。正确道路能够提供充分的理由，从而获得人们的一致同意。而孟子则不完全是这样的，他强调了感性与理性的合一②，故而意志的发动需要工夫的事先锤炼。有一点需要注意，即对于儒家来说，作为境界的仁爱和兼爱的要求是一致的。虽然孟子强调可以从亲之爱发展到普遍的仁爱③，但是爱有差等与博爱之间不是必然的逻辑关系。这是因为前者也可能会堵塞后者的实现，从而陷入裙带关系等不可欲的后果。从纯理论去看，夷之可以援引内格尔的相关思考去回应孟子的反批评，而不必像文本里给人以屈服于孟子观点的印象。④

---

① 参见［英］B. 威廉斯：《伦理学与哲学的限度》，陈嘉映译，商务印书馆 2017 年版，第 86—87 页。

② 参见 David B. Wong（黄百锐），"Is There a Distinction between Reason and Emotion in Mencius?"，*Philosophy East and West*，Vol. 41，No. 1，1991，pp. 31 – 44。为了使儒家的爱避免一种狭隘的情感主义，黄百锐试图将情感理性化并从而普遍化。

③ 李景林就此作出了详细的论证，他认为孝道亲亲是自爱与人类普遍之爱的中介，具体论述参见氏著《孟子的"辟杨墨"与儒家仁爱观念的理论内涵》，《哲学研究》2009 年第 2 期。

④ 一些论者就根据"夷子怃然，为间曰：'命之矣'"的话语和朱熹"所以卒能受命而自觉其非"的解释，从而得出了夷之被孟子说服而"逃墨归儒"了。参见杨海文《"本心之明"的遮蔽与唤醒——夷子在"亲亲"等问题上"逃墨归儒"的伦理学解读》，《哲学研究》2019 年第 9 期。拙文的论证表明，杨海文观点的证明力是很有限的。

3. 夷之在道德哲学史上的地位

夷之之所以面临实际理性的困境，是因为他试图整合墨子所发明的兼爱（爱无差等）和个体的合理自爱（施由亲始）。在边沁、密尔或墨子看来，强调不偏不倚就可以了，根本没有必要去管什么个体的合理自爱。换言之，墨子和密尔的道德哲学只有一个基本原则，这就是一本。或许在他们看来，只有夷之这种不追求理论彻底性的思考者才可能出现二本。以孟子为代表的儒家哲学，大致属于义务论一系。① 义务论强调履行道德义务，而一些义务不是基于选择而是出于自然，比如亲属关系。义务论会强调基于特殊关系而产生的对亲人的义务，只是要求这样的义务必须能够经受可普遍化原则的检验。就此而言，孟子的道德哲学的基本原则也只有一个，也属于一本。义务论对于功利主义的一个基本批评就是不近人情，从而不肯赋予和主体具有特殊关系的人以某种优先性。应该说，义务论对于功利主义的这种批评还是具有效果的。考察功利主义的发展史，可以发现其一个趋势便是试图容纳一些具体于个人的考量（即所谓的 agent relative）。比如，戴维·索萨的道德哲学就是如此。② 在功利主义的近期发展中，认为关照亲人和朋友这些和主体具有特殊关系的人的行为也是道德的，从而弱化了不偏不倚的道德要求。在这种理论演进中，西季威克则处在转折点上。同理，夷之的转向总体上看已经不属于理想类型的古典功利主义了，而是和其后期的一些发展有明显的相似性。在这个意义上，夷之对于墨子伦理学的修正就具有特别的道德哲学价值。对于强调人与人之间不平等的古代中国来说，极为强调工具理性的后果最大化的要求（墨子的兼爱原则），遭到忽视是一种必然。在现代条件下，墨家的兼爱主义之实现就具有了可能性与现实性。比如，罗尔斯就认为他的差别原则是对自由、平等、博爱（fraternity）三原则中博爱原则的一

---

① 一些研究者认为儒家伦理学基本上是或就属于美德/德性伦理学，比如黄勇《儒家伦理学与美德伦理学：与李明辉、安乐哲和萧阳商榷》，《社会科学》2020 年第 10 期。根据亚里士多德的观点，德性的形成基于习惯，而习惯则是正确行为反复出现的结果。但是，正确行为其实就是"我应当如何行动"的问题，而该问题是规范伦理学（义务论和后果主义）的中心问题。就此而言，德性伦理学无法构成一种独立的伦理学类型。退一步讲，即便视孟子伦理学为德性伦理学，也同样会强调给予亲人更多的爱是一种美德，从而在反对墨子功利主义伦理学上和义务论是同盟军。（参见［古希腊］亚里士多德《尼各马可伦理学》，廖申白译注，商务印书馆 2003 年版）

② 参见 David Sosa, "Consequence of Consequentialism", Mind, Jan., *New Series*, Vol. 102, No. 405, 1993, pp. 101 - 122。

个说明。① 而我们知道，不少人认为兼爱就是中国版本的博爱。即便如此，对于夷之是否能够走出实践理性的困境，到目前为止还没有满意的答案。② 在道德哲学领域或许是无法解决此问题的，或可进入政治哲学领域处理之，即对导致行为后果最大化的个体的相关损失由国家予以补偿。

四　结论

本文发掘和表彰了儒学大师孟子的理论对手——夷之——的道德哲学之意义。一般的研究并不区分墨子和夷之的伦理学，但是本文则认为墨家功利主义伦理学有两个版本：墨子原版和夷之修正版。墨子片面强调兼爱（或不偏不倚）导致忽略了个体利益的理性发展。故而，夷之就对墨子思想予以了明确化与局部修正：其一，以爱无差等来阐释兼爱，从而凸显了墨家伦理的不偏不倚的基本特点；其二，以施由亲始来修正爱无差等原则，试图容纳个体的合理自爱。夷之的做法遭到了孟子的反击而被贬称为"二本"，与此同时，孟子以"一本"来指称儒家伦理。实际上，夷之和古典功利主义的集大成者西季威克面临着相同的实践理性的困境，即功利主义与利己主义的自爱之间的冲突。对此，内格尔把这个困境重新表述为自我的二重化，即自我的个体（personal）向度与非个体（impersonal）向度之间的冲突。借用道德哲学发展出来的最新术语去表述即为：墨子伦理学是行为者中立（agent neutral）的，其追求的是后果的最大化因而通常偏向共同体的利益，而孟子伦理学是行为者相对（agent relative）的，因而比较重视个体的完整性而反对无原则地为共同体而牺牲个体。夷之伦理学则介于两者之间，在强调共同体利益的前提下要求容纳个体的合理自爱。以夷之为镜，一定程度上也可以凸显儒家传统在个体与集体（共同体）关系上的特质。

---

① 参见 John Rawls, *A Theory of Justice*, revised edition, Cambridge, MA: The Belknap Press of Harvard University Press, 1999, p. 90。

② 内格尔也指出："设计出公正地对待所有人的同等重要性而又不对个体提出不可接受的要求的制度，这一问题尚未得到解决——而之所以如此，部分地又是因为，对我们的世界而言，每一个个体内部个人的与非个人的立场之间的恰当关系这一问题尚未得到解决。"参见氏著《平等与偏倚性》，潭安奎译，第 5 页。虽然他是从政治哲学的角度来立论的，但是笔者以为对于道德哲学来说也是适用的。因为正如内格尔、诺奇克（Nozick）等人所指出的，政治理论一定程度上只是道德理论的应用而已。

"法天"以"利人","修身"以"为义"*

——墨家天人关系视域下的伦理思考

王　正

摘　　要　墨家的伦理学常被概括为功效主义，但其背后的哲学谱系非常多维与丰富。墨家如儒家、道家一样是在天人关系论中展开其伦理思考的，不过墨家的天人论是一种天对人监察与赏罚而人只能效法天的比较"强硬"的天人观。在这样一种天人观影响下，墨家一方面与儒家一样认为人禽之间有根本性差异，但墨家所认可的人禽之别在于人有"力"（勉力而为）；另一方面墨家不像儒家那样重视人性论、心性论，而认为以"所染"来理解人性即可，因为人行为的关键不在于心性，而在于对天的效法。这样一种对人的理解虽然更强调人应"被动"地效法天，但仍旧需要言行合一、学以成智、明义以成德等个人修养来既实现对天志、鬼神之真理智慧的认知，又将这些真理智慧——墨家的"十大主张"实践于现实。

关 键 词　天人关系；天志；鬼神；兼相爱；交相利

作者简介　王正，中国社会科学院哲学研究所编审、中国社会科学院

---

* 本文原载《伦理学研究》2022 年第 2 期。

大学哲学院教授，中国哲学博士，研究方向主要为先秦诸子哲学、儒家工夫论。

传统中国伦理学对墨家的研究过于强调其功效主义甚至功利主义的一面①，而比较缺乏将之放置于中国先秦伦理思想发展的整体脉络中进行研究。如果我们将墨家伦理学放入中国先秦伦理思想的整体脉络来看则可以发现，墨家伦理学是一种在天人关系视域下进行伦理建构的哲学思想。而由这种视野出发，我们一方面可以发现墨家伦理学也是在"推天道以明人事"的中国传统思想模式下进行的，其之所以形成比较重功效的伦理倾向是与其天人关系论分不开的；另一方面可以发现墨家的"十大主张"虽然与儒家迥异，但墨家的很多伦理思考路径与儒家的思路非常相近，墨家和儒家的同与异构成了墨家伦理思想的独特性与复杂性所在。正是在这样一种思考背景下，我们可以更加恰当地反思以功利主义这样一种西方近现代的伦理学派标签来定性墨家伦理学，是否恰当。②

一　墨家的天人关系论

在先秦诸子百家中，墨家的天人观既有与儒家、道家等相似的地方，又

---

① 如梁启超认为："质而言之，则利之一字，实墨子学说全体之纲领也。……故墨学者，实圆满之实利主义也。"（梁启超：《梁启超论诸子百家》，商务印书馆 2012 年版，第 264 页）又如王讚源言："墨子的兼爱和贵义思想，是基于功利主义。"（王讚源：《墨子》，台北：台湾东大图书公司 1996 年版，第 252 页）又如方旭东虽然改称墨家为后果论，但后果论的代表正是功利主义（参见方旭东《从后果论看儒墨会通的一个可能》，《孔子研究》2021 年第 1 期）。相近论说非常之多，乃学界主流。但近年来开始出现反思这一倾向的讨论。参见郝长墀《墨子是功利主义者吗？——论墨家伦理思想的现代意义》，《中国哲学史》2005 年第 1 期；韦正翔《墨家和法家思想与西方趋利思想的关系分析》，《中国人民大学学报》2008 年第 4 期；张耀南《论"大利"之作为"中华共识"——兼及"西式功利主义"与中国"大利主义"之比较》，《清华大学学报》（哲学社会科学版）2010 年第 4 期；陈乔见《正义、功利与逻辑：墨家非攻的理由及其战争伦理》，《清华大学学报》（哲学社会科学版）2019 年第 3 期等。

② 关于功利主义的一个清晰而简短的介绍，参见［加］威尔·金里卡《当代政治哲学》，刘莘译，上海译文出版社 2015 年版，第 12—66 页。

有其独特性所在。于同者，墨家也认为人应当效法天；于异者，墨家对天的效法之强调要"强硬"得多，较诸儒家的天人以德贯通、道家的天人皆自然无为，墨家的天是以赏罚来"强制性"要求人行德的。① 之所以墨家在天人关系上采取了这种"强关联"的方式，在于墨家思想中对有效性的极度强调。②

众所周知，墨家是极富改良社会、拯救百姓之意识的，所以其理论凸显了具体有效性和现实应用性，而其对天的理解正是从这方面切入的："然则奚以为治法而可？故曰莫若法天。天之行广而无私，其施厚而不德，其明久而不衰，故圣王法之。既以天为法，动作有为，必度于天，天之所欲则为之，天所不欲则止。然而天何欲何恶者也？天必欲人之相爱相利，而不欲人之相恶相贼也。"（《墨子·法仪》）在墨家看来，无论人的个体生活还是社会治理、政治改良都必须效法于天。那么，天到底是什么样的呢？墨家在这里先探讨了天的外在表现，进而由此来理解天的内在内容。墨家认为，天表现出来的状态是大公无私、善对万物、德行深厚而不自我夸耀的，且它的这种状态是恒常如此而不会改变的，由此可以推出天是以爱万物、利他者为内容的，故而天的意志是希望人也如它一般兼相爱、交相利，所以人在社会生活和现实政治中，应当顺从天志，贯彻"兼相爱，交相利"的原则，不可互相伤害。③

在墨家的这种理解中，天和人都应当是大公无私、兼爱互利的，即天是以兼爱互利为考察原则来审视人们的诸种行为并进行赏罚的："今天下无大小国，皆天之邑也。人无幼长贵贱，皆天之臣也。此以莫不犓羊牛、豢犬猪，洁为酒醴粢盛，以敬事天，此不为兼而有之，兼而食之邪？天苟兼而有食之，夫奚说以不欲人之相爱相利也？故曰：'爱人利人者，天必福之，恶人贼人者，天必祸之。'曰：'杀不辜者，得不祥焉。夫奚说人为其相杀而天与祸乎？是以知天欲人相爱相利，而不欲人相恶相贼也。'"（《墨子·法仪》）天下的邦国无论大小，在天看来都是平等的，天下的人无论贫富、贵贱，在天那里

---

① 关于儒家、道家、墨家在天道观上的差异以及墨家对儒家、道家相关思想的批评，参见高华平《墨学四论》，中国社会科学出版社 2020 年版，第 21—57 页。

② 如张纯一指出，儒家和墨家虽皆重视天道和道源于天，但儒家未如"墨者为人之多，救世之勇"，即墨家具有更强的用世追求。参见张纯一《墨子闲诂笺》，知识产权出版社 2015 年版，第 153 页。

③ 葛瑞汉就此指出，墨家是具有统一的道德原则的，且其伦理学是具有普遍性的，即"墨家对利与害的权衡是为了所有的人，由'兼爱'原则所主导"。参见［英］葛瑞汉《论道者：中国古代哲学论辩》，张海晏译，中国社会科学出版社 2003 年版，第 128 页。

都是一样的，因此无论是大国小国，还是贫人富人，只要肯诚心祭祀，天都会接受他们的祭品而予以福佑。由此可见，天是兼爱天下而不分大小、贵贱的。故而人必须效法天的无私、兼爱，否则就违背了天的志欲，天就不会再福佑之，反而会降下灾祸以惩戒之。为了更好地论证这一点，墨家与儒家同样援引了历史上的圣王来为自己的理论作证明："昔之圣王禹、汤、文、武，兼天下之百姓，率以尊天事鬼，其利人多，故天福之，使立为天子，天下诸侯皆宾事之。暴王桀、纣、幽、厉，兼恶天下之百姓，率以诟天侮鬼，其贼人多，故天祸之，使遂失其国家，身死为僇于天下，后世子孙毁之，至今不息。故为不善以得祸者，桀、纣、幽、厉是也。爱人利人以得福者，禹、汤、文、武是也。爱人利人以得福者有矣，恶人贼人以得祸者亦有矣！"（《墨子·法仪》）在儒家那里，禹、汤、周文王、周武王等是因为兴善除恶、彰显德性与德政而为天子的，他们身上的宗教色彩被弃去了很多，基本只在天人以德贯通的角度上来讲；而在墨家这里，这些古代圣王除了具有高尚德行外，更重要的是他们既能兼爱百姓，又能率领百姓"尊天事鬼"，所以天才赐福于他们，使他们成为天子。同样，桀、纣、周幽王、周厉王在儒家那里是因为虐民、丧德而被认为是暴君，所以失去天下；在墨家这里则添上了"诟天侮鬼"这一条极富宗教色彩的重要罪名。显然在墨家看来，统治者能否被天承认是由于两方面因素：一方面是他们是否大公无私地兼爱百姓，这是统治者能否得到天之福佑的根本原因；另一方面是统治者是否对天、鬼予以很好的祭祀，这也是决定统治者能否得到天之青睐的重要原因。在这里我们可以发现墨家和儒家的一个重要区别：墨家和儒家虽然同样重视祭祀，但是儒家的祭祀、事天从根本上来说是一种对自我之超越性的延伸性肯定和对外在无限而不可知者的敬畏①；墨家的祭祀和事天、鬼则是从人的希求现实幸福与天、鬼可对人进行赏罚之意义上来讲的②。这样看来，前者更多是一种哲学意义上的带有一定宗教性的行为，后者则是一种世俗意义上的宗教性行为，两者存在着重要差异。正是由于这种差异，墨家在天人关系中更多强调了人的被动而又

---

① 儒家的天道观是一种德性意义的天道观。参见颜炳罡、彭战果《孔墨哲学之比较研究》，人民出版社 2012 年版，第 151—155 页。

② 墨家的天志、鬼神都是具有人格意义的。参见颜炳罡、彭战果《孔墨哲学之比较研究》，第155—169 页。

"强制"性地效法天志、鬼神之意义。①

另外如上所言，天是无私的、兼爱的，那么天对待人是否在所有方面都是没有差别的对待呢？并不是的。"故古圣王以审以尚贤使能为政，而取法于天。虽天亦不辩贫富、贵贱、远迩、亲疏，贤者举而尚之，不肖者抑而废之。"（《墨子·尚贤中》）天在人的贫富、贵贱、亲疏等这些外在性方面是无私的，但是在人的德行方面则是差异对待的，即只有有德者才会得到天的福佑，丧德者则会得到天的惩罚。其中赏罚的标准就在于人是否顺从、实行了"兼相爱、交相利"的天之志欲。"然则天亦何欲何恶？天欲义而恶不义。然则率天下之百姓以从事于义，则我乃为天之所欲也。我为天之所欲，天亦为我所欲。然则我何欲何恶？我欲福禄而恶祸祟。若我不为天之所欲，而为天之所不欲，然则我率天下之百姓，以从事于祸祟中也。然则何以知天之欲义而恶不义？曰天下有义则生，无义则死；有义则富，无义则贫；有义则治，无义则乱。然则天欲其生而恶其死，欲其富而恶其贫，欲其治而恶其乱，此我所以知天欲义而恶不义也。"（《墨子·天志上》）天之志欲被墨家理解为义，即人对待事事物物时应当遵从的标准与法则。由此，义在墨家哲学中被推到了一个很高的位置，成为与仁并称对举的重要德目。可以说，墨家在推动中国传统伦理学之形成仁义并重的特色中起到了关键作用，即它特别突出了义的重要价值。② 墨家还认为，是否有义是人能否持续生存、变得富贵和社会秩序逐渐优良的根本原因。可见，天的志欲是义，天是以义为标准来赏罚众人的。

那么什么是义呢？"顺天意者，义政也。反天意者，力政也。"（《墨子·天志上》）"天为贵，天为知而已矣。然则义果自天出矣。"（《墨子·天志中》）"天之志者，义之经也。"（《墨子·天志下》）义是源于天的，因此其根本内容在于天的志欲，而天的志欲就是希望人们兼爱互利、厌恶人们互相残害——"天之意不欲大国之攻小国也，大家之乱小家也，强之暴寡，诈之谋

---

① 正如罗哲海指出的，墨家"对于天的信仰，建立起凌驾于社会权威的客观、终极之标准，而不只是以实用目标来诱发行为的一种手段而已"，即"天志"这种至高无上的标准以更强的力度使人们践行"兼爱"。[德]罗哲海：《轴心时期的儒家伦理》，陈咏明、瞿德瑜译，大象出版社2009年版，第304页。

② 如朱伯崑所言："墨子推崇仁义，是对孔子伦理思想的继承，其仁义并提，更早于孟子。"朱伯崑：《先秦伦理学概论》，北京大学出版社1984年版，第149页。

愚，贵之傲贱，此天之所不欲也。不止此而已，欲人之有力相营，有道相教，有财相分也"（《墨子·天志中》）——天赏罚众人的根本标准就是人们是否做到了兼爱、互利。所以，墨家的天人关系是天一方面大公无私地兼爱万民，另一方面又以兼爱、互利的原则来监察万民、赏罚众人；人则必须按照天的志欲去生活——在生活实践中按照兼爱、互利的原则去做，才能得到天的福佑、获得现实幸福，否则便会受到天的惩罚而不得幸福。[1]

可见，墨家的天人关系和人效法天是一种人对天比较具有"强硬性"的服从，那么为什么现实中还总是有人违背天的志欲而做出互相残害的行为呢？墨家对此给予了一种认识论的解释："天下之所以乱者，其说将何哉？则是天下士君子，皆明于小而不明于大。何以知其明于小不明于大也？以其不明于天之意也。何以知其不明于天之意也？以处人之家者知之。今人处若家得罪，将犹有异家所，以避逃之者，然且父以戒子，兄以戒弟，曰：'戒之慎之，处人之家，不戒不慎之，而有处人之国者乎？'今人处若国得罪，将犹有异国所以避逃之者矣，然且父以戒子，兄以戒弟，曰：'戒之慎之，处人之国者，不可不戒慎也！'今人皆处天下而事天，得罪于天，将无所以避逃之者矣。然而莫知以相极戒也，吾以此知大物则不知者也。"（《墨子·天志下》）人们之所以会违背天志，在于人在认识上对生活中大大小小的界域未能有真正清楚明白的了解，即未能从根本上认识到自己是生活在整个天下——天的志欲之下的，而并非仅仅生活在一家、一国之中。墨子举例道，现实中的人们一般能认识到自己生存在一国之中，因此知道仅仅按照对一家有利的自私标准是难以持续生存的，所以人们会对此有所认知，从而服从国家的众多规定。但是人们常常无法认识到自己从根本上来讲是生活于整个世界之中，也就是天之下的，是无法逃脱天的监察、赏罚的，所以便会产生自己可以逃脱天的惩罚的侥幸观念，这样人就因为认识的不当而犯下了互相残害的错误，最终招致天的惩罚。也就是说，人根本上是无所逃于这个世界——天的，因为"天为知"——天是遍知万事万物的，所以人的所作所为不可能逃脱天的监察。"故子墨子置天之，以为仪法。"（《墨子·天志下》）此处的"天之"当即"天

---

[1] 墨家这种对天志、鬼神的信仰显然继承了上古泛神论的宗教观；但墨家在这种宗教观中又贯注了极强的人文色彩，即天志、鬼神之赏罚的决定权实际在于人本身，即人是否按照兼爱、互利的原则去行为（参见李卓《从天志明鬼看墨子道德思考的二重向度》，《中国哲学史》2020 年第 6 期）。而这样一种具有极大张力的天人观，为笔者下面所论述的人的认知、修养等主动性内容开辟了空间。

志"。墨家因为发现了人无所遁逃于天，所以认识到天的志欲便是人的行为标准，因此在天人关系中，人必须遵从天的志欲去兼爱、互利，这样天才会福佑人，否则便会惩罚人。这种带有"强硬"色彩的人"法天"理论，是墨家天人关系的特质所在。

二 "法天"视野下的墨家人论

如上所述，在墨家的天人关系中，人处于一种被天监察而比较"被动"的位置。但这是否意味着人在现实生活中就是绝对被动而毫无自主性的呢？墨家对此的理解是比较复杂的。因为在墨家的天人关系中，人之受到赏罚与否全看人自身的行为如何，所以人自身的主动性、主体性也在此得到展现。因此与儒家通过人禽之辨来将道德性内在地赋予人一样，墨家虽然不认为仁义等道德是人禽之辨的根本，但同样以严肃的人禽之辨为人的道德主体注入了内容，只不过其内容是"力"。

墨家也将人丧失道德的行为称为禽兽的行为，并加以贬抑与反对："天下之百姓，皆以水火毒药相亏害，至有余力不能以相劳，腐臭余财不以相分，隐匿良道不以相教，天下之乱，若禽兽然。"（《墨子·尚同上》）天下人不"兼相爱、交相利"而互相荼毒残害的行为导致了天下大乱，这就与禽兽的互相攻击、捕食一般无二。显然，墨家认为人和禽兽之间是有重要差别的，这种差别即墨家理解的"良道"。但与儒家将"良道"理解为道德，进而将道德本原归于"本心""良知"等不同，墨家将"良道"理解为"力"。即在墨家看来，人禽之间的根本差异在于"力"："今人固与禽兽麋鹿、蜚鸟、贞虫异者也，今之禽兽麋鹿、蜚鸟、贞虫，因其羽毛以为衣裘，因其蹄蚤以为绔屦，因其水草以为饮食。故唯使雄不耕稼树艺，雌亦不纺绩织纴，衣食之财固已具矣。今人与此异者也，赖其力者生，不赖其力者不生。君子不强听治，即刑政乱；贱人不强从事，即财用不足。"（《墨子·非乐上》）这里的"力"并不是力量、暴力等意，而是"强"的意思——不是强大的"强"，而是勉力而为、努力行之的"强"：禽兽鱼虫是只以自身所具有的自然生命能力为根本功能而进行简单生物性生存的存在，所以它们并不需要从事生产生活就可以自然生存；人类则不同，人类一定要依靠自身的能力而勤勉生活，统治者要努力于治理的工作，否则刑罚政令就会混乱，被统治者要努力于生产活动，这样生活资料才会丰富。显然，禽兽们过的是一种自然而无意识性的单纯生命存活层面的生活，人类过的则是一种含有丰富维度的具有自主意识的有价值意义的生活：他们既有男耕女织之分工复杂的生产生活，也有政令刑罚等政治秩序生活。在墨家这里，"力"具有了深刻的哲学意义：它既指人的生活是有意识的、有自主性的，否则谈不上勉力而为，也指人的生活是富有积极的人文性的，因为人从事的生活中有意义赋予、秩序建设等方面的内容，更指人的生活是具有道德价值的，因为其生活的原则是"兼相爱、交相利"。总之，"力"是墨家人禽之辨的核心观念。而由这个观念出发，墨家认为在人的道德生活和社会实践中需要反对那些对人的"力"之发挥具有障碍或消耗性的内容，像墨家"十大主张"中的"非乐""节葬"等，都由此推出。

对这种意义的"力"，墨家有专门定义："力，形之所以奋也。"（《墨子·经上》）努力、勉力就是人积极主动地运用自身的形体来进行具有价值性的实践活动。墨家认为人人都应尽"力"而为，在自己所当努力的事情上竭尽所能：农夫农妇当竭力于耕织，贤人当竭力于辅佐君主，君主当竭力于治理国家以顺从天、鬼之意。这个由人人竭力而形成的社会，即上面所述的"义政"。一方面墨家认为"夫义者政也，无从下之政上，必从上之政下"（《墨子·天志上》）。在"义政"的社会治理模式中，平民、各层治理者乃至天子都要既竭力于自己的职责所在，又意识到自己的不足，并接受更上一层对自身的管理、纠正，而最高的管理者是天。另一方面，"是故天下之欲同一天下之义也，是故选择贤者，立为天子。……是故古者天子之立三公、诸侯、卿之宰、乡长家君，非特富贵游佚而择之也，将使助治乱刑政也"（《墨子·尚同下》）。天为了使纷杂混乱的世间归于同一的理想社会而立人间的贤者为天子，天子及各级治理者皆意识到自身智慧和力量的不足，于是又层层设立下级来共同实现社会的治理。因此上到天子、下到乡里之长，这些治理者并不是为了享受人间利益而产生的，而是为了竭力于社会治理才产生的。在墨家理想的"义政"社会中，层层治理者都既要竭力于自己的职责所在，又要服从于上层的管理、分权于下层的他者，而根本上是要依从天"兼相爱、交相利"的意志。这样一个社会是墨家意义上"力""义"结合的社会，所谓

"力"即勉力、努力,"义"即兼相爱、交相利。① 显然,墨家以"力"为核心观念构建了由人禽之辨生发出的人生之应然状态与社会之理想状态。

可以说,墨家思想继儒家而起,对人禽之辨进行了另外一种模式的论说——以"力"为核心的论说,并由此展开了其关于人生与社会的诸多思考。但因为墨家的天人关系和儒家的天人观迥然不同,因此与儒家在人禽之辨视野下进行丰富的人性论思考不同,墨家并没有沿着人禽之辨进一步发展出深厚的人性论考虑,它仍旧是从效法天的角度提出了"所染"这样一种比较简单的人性思考。②

《墨子》中明确谈到"性"这个词语并进行讨论的内容其实很少,其中一处为:"为暴人语天之为是也而性,为暴人歌天之为非也。诸陈执既有所为,而我为之陈执;执之所为,因吾所为也。若陈执未有所为,而我为之陈执,陈执因吾所为也。暴人为我为天之以人非为是也而性。不可正而正之。"(《墨子·大取》)这节文字的句读是有一些可讨论之处的,但整体来说,墨家在这里讨论的人性并不是一种确定的人性,而是一种人们通过自身对之赋予含义而构建的人性,另外也是一种对他人进行陈说性的可变的人性。虽然这里对人性的讨论并不是墨子人性论思想的核心内容所在,但是这里的讨论仍旧对我们理解墨家人性论有两点提示:第一,墨家认为人性一定是符合天意的,所以暴戾等不符合天意,必然不是人性;第二,墨家对人性的思考乃认为人性是由后天的"诸陈执"所影响而成的,所以在其理论中,人性不是先天固定的,而是后天受各种环境和行为之影响而不断变化的。

因此,最能代表墨家人性论的仍是《墨子·所染》篇所言:"子墨子言见染丝者而叹曰:染于苍则苍,染于黄则黄。所入者变,其色亦变。五入必而已,则为五色矣。故染不可不慎也。"墨家以染丝来比喻外在因素对人性和人的各类生活的影响:对于丝来说,用不同的颜色进行浸染,就会有不同的结

---

① 需要指出的是,"力"在墨家的使用中除了正面的勉力、努力之含义外,还有暴力的含义。当然,对暴力意义上的"力"墨家是极度贬斥的,此即上文所引"反天意者,力政也"(《墨子·天志上》)。在墨家看来,"力政"与"义政"处处相反:强者征服弱者、贵族欺凌平民、聪明者欺骗愚钝者。在这个社会中,人与人为仇敌,人们既不信奉上天和鬼神,也不竭力于生产生活,最终人人遭殃,天、鬼也无人祭祀。对这样的"力政"社会,墨家认为应以"恶名加之",并称呼这个社会的统治者为"暴王"。

② 徐复观曾通过统计《墨子》中的"性""情"出现的次数及具体用法,指出墨家在心性论上不及儒家透彻。参见徐复观《中国人性论史》,华东师范大学出版社 2005 年版,第 196 页。

果；对于国君来说，是受贤臣良人的影响，还是受奸臣佞人的影响，结果完全不同；对于一般的士人来说也是如此，身边的人若都是崇德行、遵法纪的人，则自己会变得德名荣显，身边的人若都是败德无行的人，则自己也会声名狼藉。显然，墨家所持的是一种后天环境影响论的人性论，这和儒家尤其是孔子、孟子所持的先天人性论是大为不同的。[1] 但是这里有一个重要的问题：丝虽然可以染成不同的颜色，但是它的材质毕竟还是丝，而如果其材质是棉、麻等则将如何呢？对于逻辑问题十分敏感的墨家，不可能对此问题毫无感觉，所以他们事实上还持有一种带有一定先天意义的人性论。

墨家这种带有一定先天意义的人性论，其实是一种当时一般人都持有的人性论：人都是好生恶死、趋利避害的。"民生为甚欲，死为甚憎，所欲不得而所憎屡至，自古及今未尝能有以此王天下、正诸侯者也。"（《墨子·尚贤中》）人们爱惜的是生、厌恶的是死，这是人生存的基本诉求。而人为什么会是如此的呢？墨家认为这正来自天志："天欲其生而恶其死，欲其富而恶其贫，欲其治而恶其乱，此我所以知天欲义而恶不义也。"（《墨子·天志上》）天是希望人生存而不希望人死亡、希望人富贵而不希望人贫穷、希望人间为治世而不希望为乱世的，正因为天是如此的，所以效法天的人也便如此。可见，墨家认为好生恶死、趋利避害是人的先天人性。然而这种先天人性却是一种变化的、缺乏实质内容的人性，其中尤其没有具体的善恶价值观念。故而墨家认为，"故时年岁善，则民仁且良；时年岁凶，则民吝且恶。夫民何常此之有？"（《墨子·七患》）不同年景、不同环境都会对人性产生影响，甚至是决定性的作用。可见，墨家始终认为人是没有恒常的价值意义之人性的，人的先天人性只是一种趋利避害的意欲。

可见，墨家一方面认为人是有普遍人性的，即人性都是好生恶死、趋利避害的；另一方面这种人性又是没有恒常的善恶价值内容的，所以在人的生活中最重要的是后天影响。回到染丝的比喻上来，墨家认为重要的不是最初的材质，而是后天的所染，是后天所染决定了布的美丑（善恶），所以关键的问题在于后天之影响。故而在墨家的思想中，需要着重探讨的是后天影响之问题，而不是先天的人性问题。

---

[1] 朱伯崑明确指出，墨学"承认人没有与生俱来的善与恶，其善恶的品质是后天形成的，即人们所处的环境影响的结果"。朱伯崑：《先秦伦理学概论》，第 166 页。

但这种理论是否和墨家对义的重视构成冲突呢？为什么墨家认为将人性定义为好生恶死、趋利避害就够了呢？笔者认为这恰恰与其天人关系论有极大关系。如上所述，儒家的天人观是一种天以德命人而人具有积极主动性的理论，而墨家的天人观是一种天以赏罚来主宰人而人根本上只要效法天即可的理论。所以在儒家那里，先天人性便极为重要，因为它是人一切行动的根本动力与方向所在；而在墨家这里最重要的是天志，人只要根据认识了解到自己应当遵循的天志之内容去生存便可以了，所以人本身的人性内容并不重要。故而在墨家的伦理学中并不需要人性中具有善恶的内容，而只要人能认识到天志并使自己的言行符合天志即可。总之，对于墨家来说，人性并不是一个重要的伦理学问题；人遵从天志而生存并获得幸福的生活，才是墨家伦理思想的关注点。

三 墨家的修身理论

既然人的生活应当遵循天志，那么在墨家看来，人只要能按照天的标准来努力、作为，就可以获得幸福。然而这种努力、作为并不是简单就能实现的，它也需要个体的修养、修身，因此墨家也同儒家一样重视人的自我修养与自我养成。当然，因为墨家在人性论、心性论上没有进行丰富的建构与论述，所以其修养论的丰富度不如儒家。而这种差异与张力也反映了墨家和儒家的复杂关系。

在墨家看来，"君子战虽有陈，而勇为本焉。丧虽有礼，而哀为本焉。士虽有学，而行为本焉"（《墨子·修身》）。人的各种行为都应以德行为根本，所以德行的养成是成就君子的根本所在。这种以德行养成为君子的思想，不得不说是受到了儒家的影响。而且与儒家相似，墨家也特别重视人的自我反省："是故先王之治天下也，必察迩来远，君子察迩而迩修者也。见不修行，见毁，而反之身者也，此以怨省而行修矣。"（《墨子·修身》）君子发现自己不被他人理解甚至被他人诋毁，却并不怨恨别人，而是反躬自省自己的道德品行是否有不足，这样通过不断的自我反思和自我修养，自己的品德就会日益高尚，他人的诋毁也就会逐渐消失。需要指出的是，这里所讲的先王与君子的"察"之行为，其中一个隐含前提是从先王到君子都是进行了自我反省和自我修养的。这在某种意义上也是一种"自天子以至于庶人，壹是皆以修身为本"（《礼记·大学》）观念。

墨家还认为，"君子力事日强，愿欲日逾，设壮日盛。君子之道也，贫则见廉，富则见义，生则见爱，死则见哀。四行者不可虚假，反之身者也。藏于心者，无以竭爱。动于身者，无以竭恭。出于口者，无以竭驯。畅之四支，接之肌肤，华发隳颠，而犹弗舍者，其唯圣人乎!"（《墨子·修身》）首先，墨家强调人自我修养的"日强、日逾、日盛"。这种修身观与儒家一样，应当受到了古代圣王"日新"等思想的影响①，即认为努力行动、坚定志向、完善品德等是君子每天都需要进行的，不可有一日懈怠。其次，墨家认为自我修养是以心发动、以身显现、以言表达的，所以墨家也很重视身心的一致性以及德行在身体发肤上的外在表现。这和儒家的身心关系论也有一定相似性，即都肯定了内在修养和外在气象的统一。最后，墨家在这段表达中也呈现了一个从君子到圣人的个人修养目标脉络，即君子是自我修养的初步，继而君子通过不断的身心修养最终达到了内外一贯而气象极佳的圣人境界。

当然因为墨家的人性论是比较简单的，尤其没有在心性论上深入展开，所以墨家的修身工夫欠缺深刻、精微的心性维度，而更多强调言行合一、学行一致等方面。墨家认为："志不强者智不达，言不信者行不果。……务言而缓行，虽辩必不听。多力而伐功，虽劳必不图。慧者心辩而不繁说，多力而不伐功，此以名誉扬天下。言无务为多而务为智，无务为文而务为察。故彼智无察，在身而情，反其路者也。善无主于心者不留，行莫辩于身者不立。名不可简而成也，誉不可巧而立也，君子以身戴行者也。思利寻焉，忘名忽焉，可以为士于天下者，未尝有也。"（《墨子·修身》）在墨家关于修身之具体内容的讨论中，特别强调立志、言行合一、守道、笃学博闻、反身、辨义利、成智等种种修养项目。然而因为墨家欠缺一种系统性的心性体系和修养理论，所以未能将这些项目整合成一个逻辑贯通的修身系统。这就如墨家的"十大主张"虽有一个大概的脉络，但更多是平铺式的关系，而欠缺一个逻辑推演的思想系统。就此而言，墨家虽然极其重视逻辑，但它并没有形成一整

---

① 《礼记·大学》载："汤之盘铭曰：'苟日新，日日新，又日新。'"熟悉"商周虞夏之记"的墨家对此很可能也有了解。

套的逻辑体系，这是其逻辑观的重要欠缺。① 回到修养方面，可见，尽管墨家提出了多种修身项目，但这些项目是一种平铺式的陈列，如果一定要从中提炼出一些纲领性的内容，或许言行合一、学以成智、明义以成德是墨家修养论中最为核心的三点。

言行合一是墨家修养工夫论的基础，因为墨家认为人禽之辨在于"今人与此异者也，赖其力者生，不赖其力者不生"（《墨子·非乐上》），所以努力行之、勉强而为是墨家最为看重的德行。但墨家也知道，行动是要以思虑和表达为配合甚至是前提的，因此能正确地思虑和表达也是墨家颇为强调的。"嘿则思，言则诲，动则事，使三者代御，必为圣人。"（《墨子·贵义》）在墨家看来，人能够不断地进行沉默而不受干扰的思考、言语能教导他人、行动能符合道义，即思虑、表达、行动皆正确而一致，这样便可趋近于圣人。所以思虑上的产生真正的智慧、言语上的符合正确的道理、行动上的按照道义而行，是墨家修养工夫的三条重要法则。

因此墨家特别强调学习，而学习的目的在于获得真正的智慧：兼爱、非攻、天志、明鬼、非乐等"十大主张"。《墨子》中有很多关于三代之道的记载，包括很多《尚书》《诗经》的内容，这表明墨家非常重视对三代文献的学习，这与儒家是完全相同的。但是墨家对三代文献的认识与理解却和儒家迥异，即面对内容相近的文献，墨家解读出了和儒家不同的内容，这就是他们所提倡的"十大主张"。也就是说，墨家和儒家学习的内容大体相同，但从中所得出的智慧截然不同，这正是招致后来韩非子攻击儒墨两家的重要原因。② 不过需要指出的是，墨家虽然认为人的智慧可以达到"十大主张"这十个在墨家看来具有真理性的认识，但是人的这种对于真理的认识并不是至高的，因为至高真理是由鬼神所掌握的："鬼神之明智于圣人，犹聪耳明目之与聋瞽也。"（《墨子·耕柱》）故而人必须跟随鬼神的意志才能始终保持自己的智慧是符合真理的。由此，人的智慧和鬼神的智慧就产生了一种张力。墨

---

① 王讚源引述钟友联、陈孟麟的研究，指出"墨子逻辑有反对形式化的倾向，重视语意关系，甚于重视语法关系"，当然他认为这并不妨碍墨家的逻辑有一个实质上的体系。但逻辑的实质体系不同于哲学的实质体系，它需要以严格的形式为基础，而墨家在这方面的缺失使其逻辑无法真正体系化。参见王讚源《墨子》，第141—144页。

② 《韩非子·显学》："孔子、墨子俱道尧、舜，而取舍不同，皆自谓真尧、舜，尧、舜不复生，将谁使定儒、墨之诚乎？"《墨子》中颇为引用《诗》《书》，其中虽有与今存《诗》《书》不同者，但仍可见墨家主要学习的内容和立论的根据在于《诗》《书》。

家之所以在此形成了一种张力性的认识，仍在于其对天人关系的理解：人对天是一种带有"被动性"的效法之关系，天对人则具有监察与奖赏的根本权力。而"效法"正意味着人可以通过自身的"力"（勉力而为）实现对鬼神的意志——"十大主张"的认识，所以墨家事实上又将鬼神的智慧与人的智慧统一起来。① 而且墨家认为人会因为"所染"等造成"一人则一义，二人则二义，十人则十义，其人兹众，其所谓义者亦兹众"（《墨子·尚同上》）等现实状况，所以人只有理解了自身智慧并不是真理后才能勉力而为地进行"尚同"——同于天子并最终同于天志、鬼神，即让自己的智慧统一于鬼神的智慧。

除了重视学习以达到真正的智慧外，墨子还特别强调通过义利之辨而践行道德。如上所述，墨子特别重视义，"不义不富，不义不贵，不义不亲，不义不近"（《墨子·尚贤上》），义在墨子这里被提到了和仁同等重要的地位。因为在墨家这里，义不是什么空虚的德目，而是，"义，利也"（《墨子·经上》），"义：志以天下为芬，而能能利之，不必用"（《墨子·经说上》），"义，利；不义，害"（《墨子·大取》）。义就是对天下人有利，这正是天的意志所在，所以义就是人们行为的标准和最高的道德。故而人的行为都应当符合义，而不可背离之。另外，墨子所谓"义，利也"的利是公利，不是私利，所以墨子认为"思利寻焉，忘名忽焉，可以为士于天下者，未尝有也"（《墨子·修身》）。可见，墨子也和儒家一样对义利之辨严格对待。而且墨子同样认识到人在实践仁义之时，情感和肉体等因素会产生不良影响，故而指出，"必去喜，去怒，去乐，去悲，去爱，而用仁义。手足口鼻耳，从事于义，必为圣人"（《墨子·贵义》）。人的喜、怒、悲、乐、爱等情感会让人的行为失去方向，从而无法符合义的标准，所以我们在生活实践中必须克制这些不良情感；同时不仅让心灵，更让自己的身体、感官等也都按照义的标准去行动，这样我们的行为才能始终符合义。可见，通过明确正确的义之行为标准而令自己的身、心皆符合义，是墨子修身工夫论的另一重要内容。

总之，墨家的修身工夫论虽然没有如儒家那样具有系统性、结构性，但是在日新德行、言行合一、学以成智、明义以成德等方面也有比较精彩的论

---

① 正如方授楚所言，"天之意志，即墨子之意志也"，墨家之知和鬼神之明在根本上是一致的。参见方授楚《墨学源流》，山东文艺出版社 2018 年版，第 121 页。

述。而且虽然修身并不在墨家的"十大主张"之中，但其实如果说"十大主张"是高明智慧、真理认识、行为准则的话，那么上述的修身理论则是达到这种智慧、认知的基本方法。因此墨子说："世之君子欲其义之成，而助之修其身则愠，是犹欲其墙之成，而人助之筑则愠也，岂不悖哉！"（《墨子·贵义》）"十大主张"如成形的墙壁，修身则是筑墙的行为，故而我们在研究墨家伦理思想时，不可轻忽其与儒家相似的这一修养论面向。

综上所述，墨家的伦理学是一种在天人关系视野下展开的具有丰富意涵的伦理学说。其虽然具有重视现实有效性的特质，但仍旧在人禽关系、修身理论等方面分享了与儒家相近的思想理路，这与墨子曾学于儒家有重要关系。而这也提示我们，韩非子之所以批评儒、墨，不仅因为他们是显学，更因为他们都有"俱道尧、舜""言先王之仁义"（《韩非子·显学》）的特质，这种对德行、德政的强调乃和韩非子的法家理论根本相反。因此墨家的伦理学说虽然有重视实效的特征，但它实际上仍是一种重视德行的伦理学，我们不能因为它对功效的肯定就否定了其德行论的底色。因为德行的运用"总是需要承认对于社会和道德生活中的某些特征的某些先在的解说"，而儒家和墨家的这一前提正是他们的"明据先王，必定尧、舜"（《韩非子·显学》）。① 根据这样一个前提，墨家和儒家一样坚决反对通过理性计算而牺牲少数人的利益来获取多数人的最大幸福这一功利主义的重要主张②，并认为"杀一人以存天下，非杀一人以利天下也。杀己以存天下，是杀己以利天下。于事为之中而权轻重之谓求。求为之，非也。害之中取小，求为义，非为义也"（《墨子·大取》）。墨家认为，杀一人就已经违背了利天下的追求，因此这种行为根本不具有道德性；而且这种在道德与政治生活中权衡利弊的行为本身就是违背了天志、鬼神的意志——义的，因此需要予以拒斥。可见，墨子的伦理学并

① 参见［美］麦金泰尔《追寻美德：伦理理论研究》，宋继杰译，译林出版社 2003 年版，第229—257 页。方旭东提出，不只墨家可以被理解为后果论，儒家也可以被理解为后果论，而且两者都"欣赏'老谋深算的功利主义'"（方旭东：《从后果看儒墨会通的一个可能》，《孔子研究》2021 年第 1 期）。这其实是只在表现上理解儒家与墨家而造成的误解，因为儒家和墨家的所谓"老谋深算"都不是工具理性之计算所能涵摄的，其中有着强烈的德论论基调。因此笔者认为与其将两者定性为后果论，毋宁为德行论。因为这种带有实现更大目标之考虑的德行论述正是当代西方美德伦理学所认可的美德论。

② 金里卡通过分析功利主义中偏好和平等的无法平衡，深刻指出了功利主义包含着一种"允许为了大多数人的利益牺牲弱小群体"的危险，进而蕴含着一种始终无法整合少数群体与多数群体的根本困难。（参见［加］威尔·金里卡《当代政治哲学》，刘莘译，第49—66 页）

不是一种贯彻西方近现代功利主义原则的伦理学，故而当我们运用功利主义这一范畴来描述墨家伦理学时常有一种纠结的感觉。① 因此笔者认为，墨家伦理学更应当被理解为一种人在天人关系视野下通过认知来了解"兼相爱、交相利"的天志、通过"力"来践行"义"、通过修身来落实墨家的"十大主张"，进而获得幸福的一种德行论伦理学。②

---

① 陈汉生在论述墨家伦理学时一方面指出功利主义主要包含"行动功利主义"和"规则功利主义"两种，另一方面既认为墨家不同于这两种功利主义，又最终将之归结为功利主义，于是他创造出"词语功利主义""体系功利主义"等词汇来描述墨家伦理学。（参见［美］陈汉生《中国思想的道家之论：一种哲学解释》，周景松、谢尔逊等译，张丰乾校译，江苏人民出版社 2020 年版，第 212—283 页）事实上，墨家并非西方近现代哲学意义上享乐主义的功利主义、个人主义的功利主义，他其实与儒家一样具有责任伦理、德行伦理的特色。

② 一些西方中国哲学研究者也多将墨家归为功利主义，如史华慈指出墨家的学说始终关注"外在世界"，以"行善"为导向而不关注"成善"，其所谓"爱"也缺乏感情性（参见［美］本杰明·史华慈《古代中国的思想世界》，程钢译，江苏人民出版社 2004 年版，第 150—161 页）。不过如本文指出的，墨家虽对人性的讨论不够精细，但也具有改良人性、修养道德人格的诸多理论，以及同样关注人的"内在世界"，而且其伦理学需要放在天人关系的视野下来讨论，就这种视野呈现的墨家伦理学来说，由此，它实际上将"行善"和"成善"融合为一体。就此而言，对墨的功利主义描述是有失公允的。

再探早期道家思想中"一"的演化与发展

——以《老子》及黄老道家为中心

崔晓姣

摘　　要　本文以"一"这一早期道家思想中的重要观念为研究对象，以《老子》与黄老道家文献为主要研究资料，考察了"一"以及与之相关的"抱一""执一"等概念在上述文献中的不同理论内涵。本文认为，在《老子》书中，"一"最主要是作为"道"的别称而出现的，用以阐发宇宙生成论、政治哲学和身心修养等方面的内容。而经由黄老道家的阐释与发展，一方面，"道"逐渐趋于虚无化；另一方面，随着"道"的虚无化，"一"作为准则、标准的义涵被突出了，进而被引申为统一、齐一之法令或法则。这样，通过黄老道家的解释，"一"便更加接近于"法"，而"道"拉开了一定的理论距离。

关 键 词　一；道；抱一；执一

作者简介　崔晓姣，北京师范大学哲学学院讲师，研究方向主要为早期道家哲学、法家哲学、出土文献。

　　作为早期道家思想中的重要哲学概念，无论是在宇宙生成论、政治哲学，还是在身心修养层面，"一"都具有重要的理论意义，是建构早期道家哲学思想的核心观念之一。在《老子》《庄子》，以及黄老道家诸篇什中，"一"首先与"道"密切相关，时常作为"道"的别称或代名词而出现。但与此同时，在早期道家的理论发展过程中，"一"又逐渐被赋予了不同于"道"的思想义涵，从而呈现了更加丰富也更为复杂的理论面向。经由黄老道家的演绎与发展，因其所蕴含的"准则""标准"乃至"统一""齐一"之内容指向，"一"更是被置于了"道"与"法"之间，成为黄老道家由"道"而"法"之理论建构中的关键一环。当然，此种意义上的"一"也就与"道"拉开了一定的理论距离，而更加接近于"法"。总之，早期道家思想中的"一"是一个变化着的概念，正如王中江教授所言，"在前后不同的文本中，它也有着不同的风貌和特点"①。而考察"一"以及相关概念在不同文本中的演化与发展，不仅有助于理解"一"在早期道家中的丰富理论面向，无疑也将加深我们对早期道家思想发展脉络的理解。

一　《老子》哲学中的"一"与"道"

《老子》书中提及"一"的内容共计十五处，其中具有哲学意涵的内容为以下五章：

> 载营魄抱一，能无离乎？专气致柔，能如婴儿乎？涤除玄览，能无疵乎？爱民治国，能无为乎？天门开阖，能为雌乎？明白四达，能无知乎？生之，畜之，生而不有，为而不恃，长而不宰，是谓玄德。（《老子》第 10 章）
>
> 视之不见，名曰夷；听之不闻，名曰希；搏之不得，名曰微。此三者不可致诘，故混而为一。其上不皦，其下不昧。绳绳不可名，复归于无物。是谓无状之状，无物之象，是谓惚恍。迎之不见其首，随之不见其后。执古之道，以御今之有。能知古始，是谓道纪。（《老子》第 14 章）
>
> 曲则全，枉则直，洼则盈，敝则新，少则得，多则惑，是以圣人抱一为天下式。不自见，故明；不自是，故彰；不自伐，故有功；不自矜，

---

① 王中江：《早期道家"一"的思想的展开及其形态》，《哲学研究》2017 年第 7 期。

故长。夫唯不争，故天下莫能与之争。（《老子》第 22 章）

昔之得一者：天得一以清，地得一以宁，神得一以灵，谷得一以盈，万物得一以生，侯王得一以为天下正。（《老子》第 39 章）

道生一，一生二，二生三，三生万物。万物负阴而抱阳，冲气以为和。（《老子》第 42 章）

总体说来，这五章内容所涉及关于"一"的思想议题有二：其一，"道"与"一"的理论关系；其二，与之相关的"抱一"及其哲学义涵。

1. "一"与"道"

就"一"与"道"的理论关系来说，较为明确的是，第 14 章中的"一"是对于"道"之浑沦状态的描述，第 39 章中的"一"则直接作为"道"的别称而出现。这两章中的"一"，义涵都非常接近甚至直接等同于"道"。而在第 42 章，"一"作为道家宇宙生成论序列中的一环而出现，仅次于"道"。

首先，第 14 章通过对道体状态的描述，解释了"道"别称为"一"的原因——"道"不可为视觉、听觉或触觉中的任何一项所捕捉或割裂，"道"不是与认识主体相对的客体，而是无所对待、浑沦一体的。从这个意义上来说，"道"也就是绝对的"一"，与万物判然有别。换言之，《老子》在此章中之所以用"一"代称"道"，主要是看重"一"所蕴含的整全性，"一"因其浑沦不可分的特性而区别于万物，并获得了与"道"相同的理论地位。也正因为"一"所具有的这种整全特征，第 39 章更是直接以"一"来指称"道"，论述了天地万物皆由"一"生成，并由"一"而获得其存在本质。无论是在宇宙论层面还是本体论层面，"一"或"道"都是万物得以生成和存在的根本[1]，同时也为人间秩序奠定了基础。

总之，无论是在第 14 章还是第 39 章中，"一"都是与"道"相似甚至相同的，具有和"道"一致的特性——整全、难以为感官所把握、作为万物的本源或本根而存在。在这一意义上来说，"一"在黄老道家乃至法家哲学中"齐一""规定""准则""法则"的意味尚不突出，而主要是作为"道"的"同位的、辅助的、伴随性的概念"[2] 而出现。

---

[1] 参见曹峰《〈老子〉生成论的两条序列》，《文史哲》2017 年第 6 期。

[2] 王中江：《早期道家"一"的思想的展开及其形态》，《哲学研究》2017 年第 7 期。

2. "抱一"的不同意涵与发展

第10章与第22章均提到"抱一"。但若深入分析，不难发现的是，这两章中"抱一"的内涵并不相同。而在其后的道家哲学中，"一"的不同意涵均得以延伸。

第10章谓"载营魄抱一，能无离乎"，历代注家多从身心修养的角度阐释此句。王弼注曰，"营魄，人之常居处也。一，人之真也。言人能处常居之宅，抱一清神能常无离乎，则万物自宾也"①，"人之常居处""人之真"与"抱一清神"等，都直接指向了个体生命的身心修养与精神安顿。《庄子·庚桑楚》更是直接将"抱一"视为"卫生之经"②，简单说，即为涵养生命的方法。沿此诠释方向，河上公释此章之"一"曰，"一者，道之所生，太和之精气也，故曰一"③。河上公以"精气"解"一"，当然也是从修身的角度而言的。此外，陈鼓应将"抱一"解作魂、魄二者的"合而为一"，并指出此种状态下的"合一"亦即"合于道"。④ 总之，就第10章本身的内容而言，并结合诸家注释，无论其中的"一"是否直接等同于"道"，其意涵都很难让人联想到"法""法令""法则"等，而毋宁说是"道"在修身意义层面上的延伸，意指人的精神或精气之专一。"一"的这一层意义在《庄子》书中得到了充分的延伸，例如，《在宥》中有"天地有官，阴阳有藏，慎守女身，物将自壮。我守其一，以处其和……"，《刻意》谓"纯素之道，惟神是守，守而勿失，与神为一。一之精通，合于天伦"。其中的"守其一"和"与神为一"都指精神专一而合于"道"的状态。

第22章的内容则整体指向了政治哲学。其中，通行本中"是以圣人抱一以为天下式"一句，帛书《老子》甲、乙本皆作"是以圣人执一以为天下牧"⑤。通行本中的"式"字，《说文》解之曰"式，法也"。帛书中的"牧"指治理、统治。而"抱一"或"执一"中的"一"在此均指涉圣人所持守以治理天下之"道"。这样，"一"在政治哲学的维度上便已具备了法度、规则

---

① （魏）王弼著，楼宇烈校释：《王弼集校释》，中华书局1980年版，第22页。

② 《庄子·庚桑楚》："老子曰：卫生之经，能抱一乎？能勿失乎？能无卜筮而知吉凶乎？"

③ 王卡点校：《老子道德经河上公章句》，中华书局1993年版，第34页。

④ 参见陈鼓应《老子注译及评介》，中华书局2009年版，第94页。

⑤ 正如郑开教授所观察到的，帛书中的"是以圣人执一以为天下牧"一句，"表达了《老子》的政治哲学，同时也说明了第二十二章中的'抱一'与第十章含义不同"。详见郑开《道家政治哲学发微》，北京大学出版社2019年版，第226页。

的意味。黄老道家正是进一步发挥了"一"的这一意义空间,并最终使得"一"与"道"拉开了一定的理论距离,而更加接近于"法"。

二 "道"的虚无化与"一"的法则化:
黄老道家中的"一"

在黄老道家的思想中,"一"作为规律和法则的意味加强了。文章认为,这一变化事实上是一种双重的变化。其一,这与黄老道家对"道"的虚无化密切相关。虚无化的"道"之中,"无"的意味更加突出了,而法度和规则的意义则被弱化了。其二,"道"的虚无化导向了"一"在政治哲学层面意义的加强,换言之,"一"承担起了"道"原本具有的法度和规则的意义。

1. "道"的虚无化

值得注意的是,即便如第 14 章所描述的,"道"是无所对待、难以认知的,也绝不意味着"道"在《老子》那里完全是虚无的。相反,在《老子》的理解中,"道"是具有实质内涵的,可看作某种实存。正因为如此,第 14 章才会以"无状之状""无物之象"来指称"道"——即便"道"具有"无"的特性,也仍可被视作某种"状"或"象"。[①] 第 21 章和第 25 章更是直接以"物"指称"道",谓"道之为物""有物混成"。作为"物"的"道",当然和物理世界中的"万物"有着本质区别[②],但通过这种描述,不难得出的结论是,《老子》并没有将"道"虚无化,"道"包含着某些实有的内容。

这一点在《老子》书中关于"道"和有、无二者关系的论述中也有着明确体现。在老子看来,"道"同时涵括有、无两个方面,所谓"无名,天地之始;有名,万物之母"(《老子》第 1 章),"有之以为利,无之以为用"(《老

---

① 在这一意义上来说,《老子》第 35 章"执大象,天下往"、第 41 章"大象无形,道隐无名"中的"大象",也都可以看作对"道"的指称。关于这一点,不少学者也曾提到。详参方东美《原始儒家道家哲学》,中华书局 2012 年版,第 156 页;刘笑敢《老子古今》上卷,中国社会科学出版社 2006 年版,第 393 页。

② 关于《老子》第 21 章、25 章所言之"物"的具体意涵,以及这两章中道物关系的讨论,可参见宋德刚《辨析〈老子〉之"物"》,《中州学刊》2018 年第 12 期;叶树勋《老子"物"论探究——结合简帛〈老子〉的相关信息》,《中国哲学史》2021 年第 1 期。

子》第 11 章）。同时包含着有和无的"道"不仅生成万物，同时也为世间万物和人间秩序提供了运行准则，由此而具备规则、准则乃至法度的理论意味和现实功用。反过来说，在老子那里，也正是因为道"要承担法则的功能，所以必须是'实'而不是虚的"①。

发展到了黄老道家，"道"虚无的一面被突出了，"有"的一面随之弱化。具有黄老思想特色的《庄子·天地》一篇描述"道"时说"泰初有无，无有无名"，《管子·心术上》曰"虚无形谓之道"，马王堆帛书《黄帝四经》中也有类似的说法，《经法·道法》一篇谓"虚无形，其寂冥冥，万物之所从生"，《道原》中亦有：

> 恒无之初，迥同太虚。虚同为一，恒一而止。湿湿梦梦，未有明晦，神微周盈，精静不熙。故未有以，万物莫以。故无有形，大迥无名。②

《庄子》《管子》和帛书《黄帝四经》直接使用了"无""虚""太虚"等语词描述"道"。《老子》书中虽然也有"致虚极，守静笃"（《老子》第 16 章）的说法，但从未直接将"道"等同于"虚"。而当黄老道家以"无""虚"等指称"道"，"道"不仅不再是某种意义上的"物"或"象"，其中与"有"相关的内容也在一定程度上被剥离了出来，"道"原本蕴含的"法"的意味也是如此。在黄老道家的理论体系中，"道"更多是作为"法"形成和运作的形上依据而存在，而其中原本蕴含的规则、准则之理论意味则更多由"一"来承担。"一"由此而与"道"拉开了一定的理论距离。

2. "一"的法则化

在黄老道家的著述中，"一"与"道"的混用仍然是存在的。但和《老子》不同的是，即便黄老道家沿用了老子以"一"代指"道"的表述方式，但更多的是在齐同、规律、法则的意义上来使用，而不仅仅指涉"道"的浑沦一体以及精神修养层面的身心合一。另外，"一"在黄老文本中还时常与"法""治""理"等概念并用，其中的政治哲学意味是十分明显的。与此同时，与"一"一同组成词组的动词有"用""执""握"等，若体会这些动词

---

① 王博：《庄子哲学》，北京大学出版社 2020 年版，第 186 页。
② 陈鼓应注译：《黄帝四经今注今译——马王堆汉墓出土帛书》，商务印书馆 2007 年版，第 399 页。

与"抱一"之"抱"的微妙差异，不难察觉出"一"在黄老道家思想中被对象化、客体化而成为理则、法度的倾向。

首先，如果说《老子》注重阐发"一"浑沦的特性，以及"一"在身心修养层面上的意义，由此而从体道的角度出发讲"抱一"，那么，黄老道家则更加强调"一"作为可被执持的治国手段或工具的意义，并由此而讲"用一""执一""握一"等。① "执"有操持、执行之意，而可被操持、执行或使用的"一"，显然是对象化或客体化的，这一层面上的"一"绝不可简单等同于生成万物而视之不见、听之不闻、搏之不得的"道"②，而是可被把握并施用的治国原则乃至具体方略。

关于"用一"，具有黄老思想色彩的《韩非子·扬权》一篇曰：

> 用一之道，以名为首。名正物定，名倚物徙。故圣人执一以静，使名自命，令事自定。不见其采，下故素正。因而任之，使自事之。因而予之，彼将自举之。正与处之，彼皆自定之。上以名举之，不知其名，复修其形。形名参同，用其所生。

"用一之道"和"圣人执一"都是指圣人或统治者所执持的统治术，因此有注者直接将"用一之道"解作"用术之道"。③ 而结合文义并综观韩非思想，这里的"术"当指循名责实之术。（《韩非子·定法》篇曰："术者，循名而责实。"）统治者把持官职之"名"以及与之相应的职事，令臣下各行其是、各称其"实"，这种明确的、统一的统治标准，即韩非此处乃至黄老道家所理解的"一"。《管子》谓"有一体之治，故能出号令，明宪法矣"（《管子·七法》）说的也是这层意思。

在此一意义层面下，除了"用一"，"执一"的说法在黄老道家中则更为普遍和明显。例如，上博简《凡物流形》中有，"闻之曰：能执一，则百物不

---

① 正如王中江教授所观察到的，通行本《老子》中"有'得一'和'抱一'的术语，但没有'执一'的用法"。详参王中江《早期道家"一"的思想的展开及其形态》，《哲学研究》2017 年第 7 期。

② 当然，黄老文本中也有"执道""执道者"的说法，但这些语境中的"道"主要指统治方略，而非作为万物本原之道。关于"执道者"中"道"的意涵，曹峰教授曾有详细讨论，参见曹峰《〈黄帝四经〉所见"执道者"与"名"的关系》，《湖南大学学报》（社会科学版）2008 年第 3 期。

③ 参见（战国）韩非著，陈奇猷校注《韩非子新校注》，上海古籍出版社 2000 年版，第 145—146 页。

失；如不能执一，则百物俱失。……此一以为天地稽"，"执一"被视作治理天下的根本手段；《鹖冠子·王鈇》提到，"天用四时，地用五行，天子执一以居中央，调以五音，正以六律，纪以度数，宰以刑德"，"执一"在这里是与天地运行相合的统治方式，五音、六律、度数、刑德等具体的人间秩序皆来自与天地相合的"一"，换言之，"一"蕴含生成人间秩序的理则，是生成并保障秩序运行的根本，与此同时，"一"也是有着明确规定性的治国之方。

也正是基于黄老道家对于"一"的这种理解，帛书《黄帝四经》也同样论及了"一"的作用与重要性，并在"执一"之外使用了"握一""守一"等语词：

> 一之解，察于天地；一之理，施于四海……彼必正人也，乃能操正以正奇，握一以知多，除民之所害，而持民之所宜。抱凡守一，与天地之同极，乃可以知天地之祸福。（马王堆帛书《黄帝四经·十大经·成法》）

在这里，"一"虽然仍具备"道"的特性，能够会通天地并施及四海，但正如"执一"中能够被执守的、作为治国法则的"一"，"握一"和"守一"中的"一"同样是指或抽象或具体的治国纲要与法则。总之，无论是"执一"中的"执"，还是"用一""握一"中的"用"和"握"，都是颇值得留意与玩味的动词，这些动词本身即揭示了黄老道家将"一"对象化、法则化的倾向。而在这样的理解之下，黄老思想中的"一"自然与老子思想中作为"道"之别称的"一"有所区别，也和"道"本身拉开了一定的思想距离，而更加接近于"法"。或者说，作为治国准则的"一"最终会导向具体的"法"的生成。

最后，需要补充的是，"一"在黄老道家文本中也作为动词而被使用，表示"使……齐同"，例如，《管子》中有：

> 明主者，一度量，立表仪。而坚守之。……明主者有法度之制，故群臣皆出于方正之治，而不敢为奸。（《管子·明法解》）

表征"齐同"的"一"，自然会使人联想到在一定程度上承袭了黄老道家思想的韩非。可以说，韩非所提倡的循名责实、明赏严罚而完全排除君主个人意志的治国策略，正是"齐同"意义层面下的"一"的自然延伸。

三　小结

总之，在早期道家的思想脉络下，"一"无疑是颇值得留意与仔细考察的概念，这首先当然是由于"一"和"道"二者之间复杂的理论关联，即便是在黄老学文献中，"一"也仍然时常用以指称道，例如，帛书《黄帝四经》在论述"道"时曾直接提到"一者，其号也"（马王堆帛书《黄帝四经·道原》）；其次，就"一"本身所具有的丰富内涵，以及"一"随早期道家思想发展而产生的意义转变来说，对于"一"这一概念的考察都是极为必要的。而经过上文的梳理与论述，不难得出的结论是，"一"在《老子》书中虽然主要是作为"道"的别称出现，表征"道"的浑沦一体，以及身心的专一与合一等。但发展到了黄老道家那里，"一"则主要被用来指涉治国方略，乃至于具体的法则、理则等，是可以被执守和利用的统治术。可以说，这一意义层面的"一"是更加接近于"法"而非"道"的。事实上，通过考察"一"这一思想观念的演化与发展，我们也不难从中窥得由老子至黄老道家这一条思想脉络之下，道家思想旨趣的发展与变化。

战国纵横家的道德意识与生存之道

李国斌

摘　要　　纵横游说之士在战国时虽声名显赫，却是后人评述中声名狼藉的一个群体：他们与权力和权贵有着剪不断理还乱的关系；他们的言行更多充斥着谄谀和献媚意味；他们通过自己的生活呈现了历史充满激情和欲望的一面。所有这些都与我们对战国"游士"的美好想象大不一样。

关 键 词　　战国；纵横家；道德意识；生存之道

作者简介　　李国斌，西南财经大学人文学院讲师，研究方向主要为周秦诸子哲学，尤其是周秦转变中的思想、制度和文化问题。

一　"游说"作为生存方式

翻检战国时期的著作，在惊叹于纵横家的言辞和功业的同时，也被他们仅凭三寸不烂之舌却取得显赫声名和地位而迷惑。"公孙衍、张仪岂不诚大丈夫哉，一怒而诸侯惧，安居而天下熄。"① 苏秦合燕、齐、韩、魏、赵、楚六

---

① （清）焦循撰：《孟子正义》卷十二《滕文公下》，沈文倬点校，中华书局1987年版，第415页。

国，即所谓"合纵"，"为约长，并相六国"①；张仪远交近攻，挑拨齐、楚联盟，连韩、赵、燕三国以弱魏国，即所谓"连横"，并先后为秦、魏相。"犀首者，魏之阴晋人也，名衍，姓公孙氏。""张仪已卒之后，犀首入相秦。尝佩五国之相印，为约长。"② 这些人声名显赫，穿梭奔走于战国诸强之间，身居要职，他们的言行，很大程度上影响了各国的内政和外交。"当此之时，虽有道德，不得施设；有谋之强，负阻而恃固；连与交质，重约结誓，以守其国。故孟子、孙卿儒术之士，弃捐于世，而游说权谋之徒，见贵于俗。是以苏秦为从，张仪为横；横则秦帝，从则楚王；所在国重，所去国轻。"③ 时人给予以苏秦、张仪为代表的纵横游说之士如此这般评价，单纯从他们所取得的地位和影响力来说，诚不为过。

然纵横游说之士，多出身卑微。苏秦不事产业，"出游数岁，大困而归，兄弟嫂妹妻妾窃皆笑之"④。张仪"尝从楚相饮，已而楚相亡璧，门下意张仪"，依据是"仪贫无行，必此盗相君之璧"，于是"共执张仪，掠笞数百，不服，醳（释）之"。⑤ "范雎者，魏人也，字叔。游说诸侯，欲事魏王，家贫无以自资，乃先事魏中大夫须贾。""蔡泽者，燕人也。游学干诸侯小大甚众，不遇。而从唐举相。"⑥ 剧烈的政治社会和文化变革，使得"以学说干君王"有了用武之地。刘向《战国策序》曰："战国之时，君德浅薄，为之谋策者，不得不因势而为资，据时而为，故其谋，挟急持倾，为一切之权，虽不可以临国教化，兵革救急之势也。皆高才秀士，度时君之所能行，出奇策异智，转危为安，运亡为存，亦可喜，皆可观。"⑦ 刘向的说法可谓持中，也在很大程度上肯定了战国纵横游说之士的功业。游说之徒无不以言辞干诸侯，或锐意改革，或针砭时弊，或求利禄名位，或著书立说，或特立独行，尽管"游说"方式本身缺乏批判性，但他们却对迫切问题的解决贡献了巨大力量。

战国时，"天下大乱，无有安国，一国尽乱，无有安家，一家尽乱，无有

---

① （汉）司马迁撰：《史记》卷六十九《苏秦列传》，中华书局 1959 年版，第 2261 页。

② （汉）司马迁撰：《史记》卷七十《张仪列传》，第 2304 页。

③ 何建章注释：《战国策注释》，中华书局 1990 年版，第 1356 页。

④ （汉）司马迁撰：《史记》卷六十九《史记·苏秦列传》，第 2241 页。

⑤ （汉）司马迁撰：《史记》卷七十《史记·张仪列传》，第 2279 页。

⑥ （汉）司马迁撰：《史记》卷七十九《史记·范雎蔡泽列传》，第 2401 页。

⑦ 何建章注释：《战国策注释》，第 1357 页。

安身"①。人们陷入了一种时代性和整体性的危机和焦虑当中。"道德大废，上下失序"②，表现为谲诈、权谋、战争、兼并、篡逆、弑杀、劫掠等，整个社会陷入了混乱和无序。混乱和无序的背后，是时人对现实的危机感和焦虑感。

强烈的生存危机和身心焦虑，外加剧烈的社会政治变动，使得那些无法逆来顺受、甘于命运摆布的人，努力尝试着去改变现状。出身底层的纵横游说之士，本该"治产业，力工商，逐什二以为务"，却不安于现状，要"释本而事口舌"，"困，不亦宜乎！"③ 在游说之士的内心，命运的不确定性所带来的无助感自然更为强烈。"无恒产者无恒心"④，这些离了自己家业而游说诸侯权贵的人，真正能功成名就的又有几人？孟尝君养士三千，大多也还是"鸡鸣狗盗之徒"，混口饭吃而已。另一方面，纵横游说之士在游说的过程中，必然要忍受各种辛劳和屈辱，因此他们一朝得势，多少会生出小人得志的姿态。《史记·苏秦列传》记载苏秦"合纵"成功以后："北报赵王，乃行过洛阳，车骑辎重，诸侯各发使送之甚众，疑于王者。周显王闻之恐惧，除道，使人郊劳。苏秦之昆弟妻嫂侧目不敢仰视，俯伏侍取食。苏秦笑谓其嫂曰：'何前倨而后恭也？'嫂委蒲服，以面掩地而谢曰：'见季子位高金多也。'苏秦喟然叹曰：'此一人之身，富贵则亲戚畏惧之，贫贱则轻易之，况众人乎！且使我有雒阳负郭田二顷，吾岂能佩六国相印乎！'"⑤ 苏秦的感慨，恰恰道出了游说之徒深藏于内心的孤寂与无奈，"前倨而后恭"意在表明，纵横游说之士们可能持有远大的抱负，并且也可能会为实现抱负而努力奋斗，然而当他们真正进入权力核心，可以通过自身言行影响政治和社会时，他们收到的回馈却是"见季子位高金多也"。命运总是那般捉弄人，不论纵横游说之士抱有多么远大的抱负，以什么样的身份出场，一旦他们真正进入政治和权力斗争的漩涡，依然和普通人并没有什么两样，究竟是现实同化了他们，还是他们的抱负根本就无用武之地，恐怕连他们自己也不那么清楚吧！

---

① 许维遹撰，梁运华整理：《吕氏春秋集释》，中华书局 2009 年版，第 305 页。
② 何建章注释：《战国策注释》，第 1356 页。
③ （汉）司马迁撰：《史记》卷六十九《苏秦列传》，第 2241 页。
④ （清）焦循撰：《孟子正义》卷三《梁惠王上》，沈文倬点校，第 93 页。
⑤ （汉）司马迁撰：《史记》卷六十九《苏秦列传》，第 2262 页。

钱穆先生在《国史大纲》中划分了战国诸子思想的几种趋向，分别为："劳作派，此可以许行、陈仲为代表"；"不仕派，此可以田骈、淳于髡为代表"；"禄仕派，此可以公孙衍、张仪为代表"；"义仕派，此可以孟轲为代表"；"退隐派，此可以庄周为代表"。① 这样的划分，不仅是基于人们对待现实政治和生活的态度，更是本于他们的思想和学说。在此，我们不去讨论这样的划分是否合理，但它起码揭示了一个问题：战国时期，不仅政治上缺乏一个统一的力量，思想观念上的混乱和无序程度，要远远胜过列国激烈变幻的内政和外交。在这样的背景下，诸子百家都以"游说"的方式，表达了对这个时代的态度，以及他们所期盼的理想统治秩序和社会形态。因此战国时期，只存在游说纵横之士，却不存在《艺文志》所列的作为"行人之官"的"纵横家"。原因在于，"游说"是战国诸子的生存方式，这些持不同学说、以不同动机游说诸侯权贵的人，并不构成一个流派，更不要说有严格定义的学派了。

纵横家的言行是一种"与政"的方式，通过"言辞"和"说服行动"呈现了政治和政治过程当中的"理性取向"，而"理性取向"可以让游说者和游说对象从特定的道德主张和话语中摆脱出来，让政治变成可控的和可行的理性决策和行动。尽管纵横游说是为了禄仕，但他们却在客观上推动了政治活动和政治决策趋于理性化，因为只有理性化，言说双方才能理性交流，"游说"才是可能的。

当然，纵横游说之士对战国政治和社会的影响往往被夸大了，其中最为后世所称扬的是魏文侯养士和齐愍王时的稷下学宫，其实都有渲染成分。魏文侯尊师养贤，在当时是广为传扬的，身后则更被渲染成一位有道明君礼贤下士的故事。《史记·魏世家》载："文侯受子夏经艺，客段干木，过其闾，未尝不轼也。秦尝欲伐魏，或曰：'魏君贤人是礼，国人称仁，上下和合，未可图也。'文侯由此得誉于诸侯。"② 这在诸侯力政的战国时代，无论如何也不可能真实发生。事实上，能否受到君王的礼遇，主要不在纵横游说之士的性格和操守，而在于君王本人的好恶和政治目标。齐愍王时稷下学宫汇聚了当时最有影响力的一批纵横游说之士，他们"著书言治乱之事，以干世主"，

---

① 钱穆：《国史大纲》，商务印书馆 1996 年版，第 107—108 页。

② （汉）司马迁撰：《史记》卷四十四《魏世家》，第 1839 页。

"皆赐列第，为上大夫"，"不治而议论"。"不治而议论"常被理解为"自由知识分子"的象征，"古代知识分子的言论自由在稷下学宫中发挥到了它的最大限度"①。事实却不然，"皆赐列第，为上大夫"才是纵横游说之士聚集的主要原因所在。田骈"滋养千钟，徒百人，不宦则然矣，而富过毕矣"②。邹衍、淳于髡、慎到、环渊、接子、田骈、驺奭等人的言论，多为口舌之辩，务虚名以相高，于文化传承和思想批判，以及诸侯国的内政外交难题，其实无多建树。

二　道德的现实主义

以"游说"作为一种生存方式，本身依赖特定的时代条件，只有在旧的秩序崩溃而新的秩序尚未确立起来的过渡时期，"游说"的方式才是可能的，一旦新秩序确立以后，这种方式必然走向衰亡。究其原因主要有两点。一方面，纵横游说之士是旧的封建统治秩序结构之外的力量，只有封建秩序破裂了，他们才能以新的社会力量的代表进入该秩序，但由于缺乏实质性的资源作为依据，始终无法在新秩序中获得一席之地。另一方面，纵横游说之士的生存方式，不论与旧秩序还是新秩序之间，都是一种不即不离的关系。纵横游说之士总试图与政治权力保持一定的间隔，却又无法完全脱离政权而存在，这类纵横游说之士是有自己的理想信念的，他们希望遇到一个圣明的君主，从而将自己的理想变成现实，比如孔、孟、老子后学；或者是另一类，他们干脆就是寄生于特定的政权，比如苏秦、张仪、公孙衍之徒，挟万乘之主的威势，"后车数十乘，从者数百人，以传事于诸侯"③，表面上威风凛凛，实质上也只是狐假虎威罢了。

寄食于君主或权贵是纵横游说之士主要的生计方式。纵横之徒大都出身卑微，"不治生产"，外加背井离乡而干禄食君，游走于不同的政治力量之间，

---

① 白奚：《稷下学研究：中国古代的思想自由与百家争鸣》，生活·读书·新知三联书店1998年版，第56页。

② 何建章注释：《战国策注释》卷十一《齐策四》，第411页。

③ （清）焦循撰：《孟子正义》，沈文倬点校，第427页。

也不隶属于某个特定的政治集团①，他们成了"无根的寄食者"。他们或多或少拥有某种特殊技能，最典型的莫过于孟尝君门下那些个"鸡鸣狗盗"之徒；部分"特立独行"的纵横游说之士，能够为自己所坚持的价值而赴汤蹈火。纵横游说之士的这些特点，恰好也应了一些政治家的野心，最为我们所熟悉的，当属战国四公子。孟尝君有"食客数千人"②；信陵君"致食客三千人"，窃符救赵时能"约车骑百余乘"③；春申君"争下士，招致宾客，以相倾夺，辅国持权"④，依凭私人势力，足以与楚王分庭抗礼。私门养士的背后，是不同政治力量之间的角逐，纵横游说之士声名的高昂，是纵横游说之士与各国政治势力之间互相作用的结果，他们更多只是前台的"狐假虎威者"，真正左右时局变换的是他们赖以"托身"的君主和权贵。纵横游说之士本不足以构成一个强大的社会阶层，只有在他们被纳入国家政权结构，并进入权力核心之后，才能真正发挥影响，如商君、吴起等。纵横游说之士的特殊性，又使之成为国家重点关注的对象，因为他们极有可能被某些野心家利用，成为对抗君主统治的势力。举例而言，秦国的吕不韦，"亦招致士，厚遇之，至食客三千人"⑤；西汉的吴王濞，"即山铸钱，煮海为盐，诱天下亡人谋作乱逆"⑥。因此秦始皇统一六国之后，便禁止纵横游说之士迁徙，函谷关也设了关卡，进出皆需"传"。吴、楚七国之乱后，本来已经解除的关禁又重新设立，主要目的也是防止这些势力的迁移和扩散。

战国是君权急剧扩张的时期，纵横游说之士恰恰应了君主的需求，因此各国所谓的招贤纳士，其实大多是这类流动人员。"游说"的生存方式决定了他们高度依赖君主，纵横游说之士从来就不可能脱离政权而存在。首先，这

---

① 比如吴起，《史记》卷六十五《孙子吴起列传》记载：吴起和田文争魏国相位，尽管吴起战功累累，但最终田文为相，理由是："主少国疑，大臣未附，百姓不信，方是之时，属之于子乎？属之于我乎？"于是起默然良久，曰："属之子矣。"（2167 页）又比如翟璜，《史记》卷四十四《魏世家》记载：翟璜和魏成子争魏国相，最后魏成子为相。翟璜不高兴，李克对他说："'君不察故也。居视其所亲，富视其所与，达视其所举，穷视其所不为，贫视其所不取，五者足以定之矣，何待克哉！'是以知魏成子之为相也。且子安得与魏成子比乎？魏成子以食禄千钟，什九在外，什一在内，是以东得卜子夏、田子方、段干木。此三人者，君皆师之。子之所进五人者，君皆臣之。子恶得与魏成子比也？"（1840 页）此类例子不胜枚举。

② （汉）司马迁撰：《史记》卷七十五《孟尝君传》，第 2353—2354 页。

③ （汉）司马迁撰：《史记》卷七十七《魏公子列传》，第 2377 页。

④ （汉）司马迁撰：《史记》卷七十八《春申君列传》，第 2395 页。

⑤ （汉）司马迁撰：《史记》卷八十五《吕不韦列传》，第 2510 页。

⑥ （汉）班固：《汉书》三十五《荆贾吴传》，中华书局 1962 年版，第 1906 页。

些"无恒产"的游民，如何生存是他们面临的第一大难题，贵族"养士"为他们提供了生存的门道，但这也意味着，他们必须依附于特定的组织或势力集团。其次，纵横游说之士更多是以言谈方式寄身权贵，他们的言行，很大程度上还是为贵胄们服务的，即便是少数有强烈理想信念的"士"，更多时候也只能是通过周流游说的方式存身，而并不能真正将自己的理想付诸实践。再次，真正对诸侯国内政外交产生切实影响的，当属商鞅、吴起、张仪、苏秦、李斯等"三晋功利之士"①，而非以"上古三代""尧舜禹汤"为旗号的儒生。最后，进入诸侯国权力中心的纵横游说之士，更多是作为君主或权贵的"私人"，并不能真正意义上融入其他国的政治与文化。

"干君求禄"改变了君臣之间的伦理关系。在周代的礼乐秩序中，"忠"是从属于"孝"的，在血缘和宗族内部，等级关系同时也是伦理关系。"忠"的范围，指的是等级社会中，下级对上级的尽心竭力。②"为人谋而不忠乎？""忠告而善导之。""忠焉，能无诲乎？"③ 在这个意义上，"忠"其实蕴含了"信"。④ 伦理意义上的君臣关系，是以道义和礼法为基本的行为准则，臣子对君主不是完全的从属关系。《论语·先进》记载孔子与季子然的对话，可以看成伦理意义上君臣关系最好的解读。其言曰："季子然问：'仲由、冉求可谓大臣与？'子曰：'吾以子为异之问，曾由与求之问。所谓大臣者，以道事君，不可则止。今由与求也，可谓具臣矣。'曰：'然则从之者与？'子曰：'弑父与君，亦不从也。'"只不过，"以道事君"有其自身的脆弱性，毕竟君臣之间总无法摆脱权力和利益关系，"有道则进，无道则隐"，更多时候只能是一种理想性追求，与现实之间总存在差距。孔子自己也道出了这种矛盾，"以道事君"最直接的含义是："邦有道，危言危行；邦无道，危行言孙。"但置身现实政治中的人，更有可能的状态是"邦有道，不废，邦无道，免于刑戮"。便是孔子自己也感慨："宁武子，邦有道则知，邦无道则愚，其知可及也，其愚不可及也。"⑤ 生活于乱世，个人的信念和理想在残酷的现实面前，

---

① 钱穆：《秦汉史》，九州出版社 2011 年版，第 6—9 页。

② 参见杨伯峻译注《论语译注》，中华书局 2008 年版，第 252 页。

③ 程树德撰：《论语集释》卷一《学而》、卷二十五《颜渊》、卷二十八《宪问》，蒋见元、程俊英点校，中华书局 1990 年版，第 18、877、958 页。

④ 理学家以"尽己之谓忠"解释"忠"〔（宋）朱熹：《四书章句集注》，中华书局 2008 年版，第 48 页〕，其含义已经完全限于德性的范围内，并不是"忠"最原始的含义了。

⑤ 程树德撰：《论语集释》，蒋见元、程俊英点校，第 950、287、340 页。

其实是很苍白的，个体可以选择努力将自己的理想信念付诸实践，但终究能实现多少，则非自己所能决定了。

君权急剧扩张使得"忠"的含义被限制于君臣之间的从属关系，不再泛指上下级之间的等级和伦理秩序，"君使臣以礼，臣事君以忠"①。与之相应，"信"的适用范围大大增加，几乎取代了"忠"的地位，仁、义、礼、智、信"五常"之德包括"信"，却没有"忠"。"忠""信"含义及其关系的变化，反映出战国时期人伦关系尤其是君臣关系的一个根本性的变化：君臣之间的等级关系和伦理关系脱钩，伦理关系逐渐被缩减到氏族或家族内部成员之间，由君臣关系为基础的官僚系统，表现为严格的等级关系，这种等级关系的实质是权力和利益关系。孟子云："君之视臣如手足，则臣视君如腹心；君之视臣如犬马，则臣视君如国人；君之视臣如土芥，则臣视君如寇仇。"②言外之意，君臣之间伦理和文化关联逐渐淡化，代之以更强的政治和经济关系。原因在于，基于血缘关系的"家父长式"统治秩序崩溃后，对于君主而言，越来越多的大臣都是"外人"，这也意味着，他们不再是君主的"族人"。这些不具备血缘关系的"外人"，在一定程度上对君主的统治形成威胁，伴随这些力量的成长，君主和大臣身份的"外人"之间，出现越来越多的矛盾甚至对立，爆发冲突也是在所难免的了。"春秋之中，弑君三十六，亡国五十二，诸侯奔走，不得保其社稷者，不可胜数。"③进入战国以后，弑君篡国、破家灭族的惨事也愈演愈烈。

君主想要维持自身统治的长久，就需要通过严密的制度设计，以及自身实力的培育，使得这些进入权力核心的"外人"，在君权可控的范围内，否则他们便会蚕食君王的统治权力，甚至在能力可行的情况下行篡逆之事，就像田氏篡齐国而代之一样。

君主统治权的危机主要来自同姓"公族"，理论上他们都有"居位""当王"的资格，而事实上他们也在瞄准一切可能的机会取而代之。以宋国为例：庄公、昭公（杵臼）、文公、昭公（公子特）、君偃等，都是通过弑父杀兄戮弟的方式成为国君的。④君主的权位虽不说朝不保夕，但总处于危机当中，因

① 程树德撰：《论语集释》，蒋见元、程俊英点校，第 197 页。
② （清）焦循撰：《孟子正义》，沈文倬点校，第 546 页。
③ （汉）司马迁撰：《史记》卷一三〇《太史公自序》，第 3297 页。
④ 参见（汉）司马迁撰《史记》卷三十八《宋微子世家》，第 1624—1632 页。

此他们需要引入外部力量来扩充自己的实力，在与"公族"的竞争中占据优势地位，同时获得与朝廷各方势力之间的平衡。无产业、无根基的纵横游说之士，自然正应了君主的需求。他们不会对君主的统治地位形成任何实质性的威胁，却能以"私人"身份，在很大程度上增强君主自身的实力。

君主引入纵横游说之士，必高予之爵、厚予之禄，如齐桓公之于管仲一样："桓公解管仲之束缚而相之。管仲曰：'臣有宠矣，然而臣卑。'公曰：'使子立高、国之上。'管仲曰：臣贵矣，然而臣贫。公曰：'使子有三归之家。'管仲曰：'臣富矣，然而臣疏。'于是立以为仲父。"① 这段文字的真实性可以怀疑，但作为一则有寓意的故事，却也符合时人的政治和道德意识。战国时游说君王成功，名声最著且功业赫赫的，当属商君。商君以霸道游说秦孝公，获得了孝公的支持，并主导了秦国的改革，使秦国从西鄙戎狄之国，发展成为战国一霸。改革中非常重要的一条，便是"宗室非有军功论，不得为属籍"，这项改革是非常困难的，"商君相秦十年，宗室贵戚多怨望者"。② 因此孝公一死，惠公继位，商君即被车裂灭族。这也表明，真正能对一国内政外交产生实际影响的纵横游说之士，必然是应了君主某方面需求的情况下，才是可能的，换句话说，他们更像是君主实现自己目标的一枚棋子。一旦失去来自君主的支持力量，他们就难逃被驱逐甚至死亡的命运。魏文侯在世时吴起身居要职，"为西河守"，魏文侯死后，即受公叔排挤，也不为魏武侯所信用，只能逃到楚国；楚悼王以吴起为相，主导了楚国的改革，"明法审令，捐不急之官，废公族疏远者，以抚养战斗之士"，但悼王一死，"宗室大臣作乱而攻吴起"③，吴起在叛乱中，被乱箭射死。

君权的扩张，也严重影响到当朝权贵的利益，进而威胁到他们的地位。私门"养士"在战国的勃兴，最根本的原因，还在于"公族"大夫们出于安全考虑的权宜之计。尊之高名、予之厚禄、礼贤下士的背后，是在关键时刻有求于"游士"。"鸡鸣狗盗"的故事，是我们所熟悉的，自不必多言；而其门下的客人魏子，在孟尝君受到齐王怀疑的时候，能够挺身而出，"乃上书言孟尝君不作乱，请以身为盟，遂自到宫门以明孟尝君"（《孟尝君列传》）。孟

---

① （清）王先慎撰：《韩非子集解》卷十五《难一》，钟哲点校，中华书局 2013 年版，第 389—390 页。

② （汉）司马迁撰：《史记》卷六十八《商君列传》，第 2233 页。

③ （汉）司马迁撰：《史记》卷六十五《孙子吴起列传》，第 2168 页。

尝君本人，本质上只是齐国境内一个割据势力，"孟尝君在薛，招致诸侯宾客及亡人有罪者，皆归孟尝君"（《孟尝君列传》）。湣王时，吕礼为齐相，为保自己的权位，劝秦伐齐，逼走吕礼；其后竟然联合魏、秦、赵、燕共同伐齐，赖田单之力，齐国社稷才没有易主。至于孟尝君本人的人品，则更无足道了，表面上礼贤下士，尊重宾客，其实内心是非常忌刻的，《史记》本传记载："孟尝君过赵，赵平原君客之。赵人闻孟尝君贤，出观之，皆笑曰：'始以薛公为魁然也，今视之，乃眇小丈夫耳。'孟尝君闻之，怒。客与俱者下，斫击杀数百人，遂灭一县以去。"① 至于战国时盛行的"死士"，诸如信陵君门下的侯嬴，《史记·刺客列传》所载专诸、豫让、曹沫、荆轲等，则与纵横家无关，但却也是私门"养士"的结果。"臣事范、中行氏，范、中行氏皆众人遇我，我故众人报之。至于智伯，国士遇我，我故国士报之。"② "士为知己者死，女为悦己者容。"③ 没有纵横家的纵横捭阖，也没有儒学后生的大义明文，却也是时代精神的重要维度。

卑微的出身和逼仄的生存环境，使得纵横游说之士表现出了明显的精神分裂。一方面，他们都是某种程度上的乐观主义者，他们真诚地相信说服是可能的。正是这种乐观主义激发了他们屡挫屡战地去奔走游说诸侯。归结而言，主要体现在以下几方面。（1）趋利避害的理性自利是共同的，对安全和利益的诉求超过所有其他目标，人们的价值选择和行动理由可以化约为"利弊分析"，在某种意义可以被"计算"。（2）人们（包括个人，也包括家和国）共享了这种理性方法，对同一事物会有着同等或者起码相近的看法，通过分析事态来说服诸侯权贵接受自己的分析和建议是可能的。（3）个体可以依靠智识和信息搜集，分析和判定事态的发展，从而作出最佳（最有利的）决策。要言之，说服的本质是让说服对象接受"这么做是最佳的"，将关注的焦点从"说服对象接受道理"转换为"说服对象依据现实条件作出最佳行动"。（4）言辞游说只是第一步，他们能迅捷有力地通过自身行动将"言说"变成"行动"，以实际行动游说对象摆脱困境。另一方面，纵横家又都是彻头彻尾的现实主义者，他们非常清晰地意识到如下几个问题。（1）只有进入国

---

① （汉）司马迁撰：《史记》卷七十四《孟尝君列传》，第 2355 页。
② （汉）司马迁撰：《史记》八十六《刺客列传》，第 2521 页。
③ 何建章注释：《战国策注释》卷十八《赵策一》，第 618 页。

家权力核心，谋求利益和寻求变革才是可能的（如苏秦携六国相印）。（2）能够巧妙地利用形势，威逼利诱以至于欺诈来达成目标（如张仪）。（3）他们在很大程度上扮演了"工具人"的角色。（4）将实现自身和游说对象的利益最大化作为首要目标，以最为有效的方式解决游说对象所面临的难题。总而言之，纵横游说之士的生活、心理和言行都充满了复杂性，绝不可以将他们简单描绘为实用主义、功利主义或政治投机分子。

三　道德意识与说服技艺

　　游士大都孑然一身、孤立无助，在没有任何凭借的情况下，以言辞游说君主和权贵，自然需要一定的方法。《鬼谷子》常被看成纵横家的理论著作，其中关于游说双方心理的描写，是为先秦各家所没有的。就游说之士，正如《韩非子·说难》所言："凡说之难，非吾知之有以说之之难也；又非吾辩之能明吾意之难也；又非吾敢横失而能尽职难也。凡说之难：在所知之心，可以吾说当之。"因此，游说之士首先需要清晰地知晓游说对象的好恶和欲求，"用其意，欲入则入，欲出则出，欲亲则亲，欲疏则疏，欲去则去，欲求则求，欲思则思"①。不仅如此，游说者还需要掌握游说对象的名位、性格、好恶等信息，"贤不肖、智愚、勇怯"，"志意、喜欲、思虑、智谋"等②；以及游说对象所处的环境，包括政治、经济、文化等因素，"自天地之合离、终始，必有巇隙，不可不察也"③；在此基础上选择合适的游说时机，"揣情者，必以其甚喜之时，往而极其欲也，其有欲也，不能隐其情，必以其甚惧之时，往而极其恶也，其有恶也，不能隐其情，情欲必出其变"④；选择最佳的游说方式，"由夫道德、仁义、礼乐、忠信、计谋"⑤，是直言还是婉言，是明谏还是暗讽等。古希腊有一种人，专门以教授辞令、律法、论辩、修辞等"术"为业，称为"智者"。用苏格拉底的话说，"智者"是以"贩卖知识"，谋取

---

① 许富宏撰：《鬼谷子集校集注》，中华书局 2010 年版，第 46 页。
② 许富宏撰：《鬼谷子集校集注》，第 7、15 页。
③ 许富宏撰：《鬼谷子集校集注》，第 72 页。
④ 许富宏撰：《鬼谷子集校集注》，第 104 页。
⑤ 许富宏撰：《鬼谷子集校集注》，第 56 页。

名誉和利益的一群人。以《鬼谷子》为代表的纵横家，在很大程度上也是这样一群人。① 所不同之处在于，"士遭世异时危，或当因免阗坑，或当伐害能言，或当破德为雄，或当抑拘成罪，或当戚戚自善，或当败败自立"②，他们更多表现出一种时代的责任感和使命感，"凡民有丧，匍匐救之"（《诗经·邶风·谷风》），赴时之急，救人于水火，消祸患于端倪。尽管这背后有着非常强烈的自我保存的动机，"道贵制人，不贵制于人"③，但求名牟利却也落为次一等的目的了。

游说的目标是说服，因此纵横之士需要保持相对于游说对象的独立性，这使得他们能冷静理性地诱导游说对象作出对于他而言"最理性"的决断，同时也让他们能在不同游说对象之间自由地游走。这对游说者的游说技艺提出了非常高的要求，也使得他们的说服技艺带有强烈的个人色彩。总体而言，游说者需尽可能地弱化游说者个人的道德和利益诉求，凸显游说对象的道德和利益理性，在以心理诱导的同时弱化情感因素的影响。具体而言包括如下几个层面。（1）搁置道德判断，只作利害分析。（2）将复杂的经验信息和道德诉求，化约为简单的形势和权谋，并从正反两面来分析，正面意在"如果这么做会怎么样"，反面意在"如果不这么做会怎么样"。（3）游说对象的个人诉求始终被置于中心地位。最终的权衡和决断只能由游说对象作出。（4）遵从远近亲疏的原则。（5）在利益问题上凸显理性自利，在道德问题上凸显情感。所有这些让纵横游说之士的言说活动变成了一种纯粹的政治技艺。游说活动带有鲜明的个人色彩，无论语言风格还是行动目标。如前所述，他们的游说技艺可以归结为某种意义上的心理学，游说技艺因此不是可教授的知识。他们客观上推动政治决断和政策施行，但动机却是谋求个人的利益。

相比时人对"士"担负道义和责任的期许或自我期许，纵横游说之士不背负这样的道义和责任。对于游说对象而言，游说者自始至终都是"外人"。保持冷静、客观和理性的态度和分析方法尤为重要。同时也要保持与游说对象之间的独立性，能够做到进退自如。因此游说者要时刻谨记给自己留退路，

---

① 郑杰文将中国文化分为"道德文化"和"智谋文化"，将纵横家归为"政治智谋文化"，兵家为"军事智谋文化"，此两者与儒家的"道德文化"并立。具体参见氏著《能辩善斗——中国古代纵横论》，山东人民出版社1995年版，第581页。

② 许富宏撰：《鬼谷子集校集注》，第244页。

③ 许富宏撰：《鬼谷子集校集注》，第244页。

见好就收。这也使得他们不追求行动目标的一劳永逸，而是提供就现状而言的最佳方案。道德现实主义和急功近利使得纵横家放弃了追求自我幸福和圆满的终极目标，他们对自身"不能善终""无法圆满"的命运自始至终都是清晰的。这也使得他们的人生呈现两种不同类型。事一主，代表是苏秦。事多主，代表是张仪。从道德圆满的角度看，他们的生命都是矛盾和冲突的，游说的成功并不能掩盖个体寻求道德完满的失败。

这让他们展现出完全不同于儒家"士君子"的公共形象。孟子于师道一伦尤为看重，"位卑而言高，罪也，立乎人之朝，而道不行，耻也"。因此帝王若要尊师的话，必须隆师重道，"盛德之士，君不得而臣，父不得而子"。原因在于："以位，则子，君也；我，臣也。何敢与君友也？以德，则子事我者也。奚可以与我友？"孟子将"师儒"所持之道提升到非常高的地位，自然会遇到实践上的困难。实际的情况可能是："缪公之于子思也，亟问，亟馈鼎肉。子思不悦。于卒也，摽使者出诸大门之外，北面稽首再拜而不受。曰：'今而后知君之犬马畜伋。'盖自是一无馈也。悦贤不能学，又不能养也，可谓悦贤乎？"① 朱熹已经意识到孟子师儒观念所存在的困难："前世固有草茅韦布之士献言者，然皆有所因，皆有次第，未有无故忽然犯分而言者。纵言之，亦不见听，徒取辱耳！若是明君，自无壅蔽之患，有言亦见听。不然，岂可不循分而徒取失言之辱哉！如史记说商鞅范雎之事，彼虽小人，然言皆有序，不肯妄发。"② 言下之意，以师儒自居的君子，能否受到君王的礼遇，其实决定权不在自身，而在于君王本人的好恶和政治目标。正如朱熹所举商鞅的例子："商鞅初说孝公以帝道，次以王道，而后及伯道。彼非能为 帝王之事也，特借是为渐进之媒，而后吐露其胸中之所欲言。先说得孝公动了，然后方深说。范雎欲夺穰侯之位以擅权，未敢便深说穰侯之恶，先言外事以探其君，曰：'穰侯越韩魏而取齐之刚寿，非计也。'昭王信之，然后渐渐深说。彼小人之言，尚有次序如此，君子之言，岂可妄发也！"③ 孟子的遭遇，恰恰表达了"有道"的游士在现实中的困顿与无奈。鲁平公仅因嬖人臧仓的一句话，便取消了对孟子的拜访。而孟子本人，也只能感慨道："行或使之，

---

① （清）焦循撰：《孟子正义》卷二十一《万章下》，沈文倬点校，第713页。
② （宋）黎靖德编：《朱子语类》卷五十八《孟子八》，王星贤点校，第1373页。
③ （宋）黎靖德编：《朱子语类》卷五十八《孟子八》，王星贤点校，第1373页。

止或尼之。行止，非人所能也。吾之不遇鲁侯，天也。臧氏之子焉能使予不遇哉？"① 聊表心意而已。

纵横之士奔走游说，本无任何凭借，他们多是伺机而动，看到某国内政外交上有需要的时候，立刻奔赴之。"公孙鞅闻秦孝公下令国中求贤者，将修缪公之业，东复侵地，乃遂西入秦，因孝公宠臣景监以求见孝公。"② 其他诸如惠王时的张仪、陈轸、甘茂、司马错、公孙衍，昭襄王时的范雎等，都是这样的角色。有意思的是，战国诸雄的客卿中，只有秦国客卿获得了高位厚禄，严耕望先生《论秦客卿执政之背景》一文，特别考证了秦国客卿之所以能进入政权核心并获得实权的原因。"秦史传统，君主与贵族门争至烈，雄主以客卿为爪牙以与贵们抟斗，贵族之势既夺，君主之威既隆，则客卿自亦因缘得势耳。"③《史记》所载秦国诸客卿中，尤以范雎的例子最为发人深省。"范雎者，魏人也，字叔。游说诸侯，欲事魏王，家贫无以自资，乃先事魏中大夫须贾。"后因人报复，被魏相魏齐"使舍人笞击雎，折胁摺齿"，范雎"佯死"方逃过一劫，更名张禄，通过秦昭王使谒者王稽逃到秦国。当时的秦国，"穰侯，华阳君，昭王母宣太后之弟也；而泾阳君、高陵君皆昭王同母弟也。穰侯相，三人者更将，有封邑，以太后故，私家富重于王室"。范雎借机说服昭襄王，"废太后，逐穰侯、高陵、华阳、泾阳君于关外……收穰侯之印，使归陶，因使县官给车牛以徙，千乘有余。到关，关阅其宝器，宝器珍怪多于王室"。而范雎本人，官居秦相，辱须贾、戮魏齐、坑赵人四十万于长平，战功累累。却在功成名就之后，被昭王黜退，辩士蔡泽取代了秦相位。蔡泽道出了范雎必然被黜退的原因："今君相秦，计不下席，谋不出廊庙，坐制诸侯，利施三川，以实宜阳，决羊肠之险，塞太行之道，又斩范、中行之涂，六国不得合从，栈道千里，通于蜀汉，使天下皆畏秦，秦之欲得矣，君之功极矣，此亦秦之分功之时也。如是而不退，则商君、白公、吴起、大夫种是也。"④ 这就是纵横游说之士的命运，能求得高官厚禄，其实已经很幸运了，更多的人，只是勉强糊口维生而已。

与商君和范雎相比，纵横之徒中声名最为显赫的苏秦和张仪更像是燕王

---

① （清）焦循撰：《孟子正义》卷五《梁惠王下》，沈文倬点校，第170页。
② （汉）司马迁撰：《史记》六十八《商君列传》，第2228页。
③ 严耕望：《严耕望史学论文集（上）》，上海古籍出版社2009年版，第1页。
④ （汉）司马迁撰：《史记》七十九《范雎蔡泽列传》，第2401、2404、2412、2423页。

和秦王的"私人"；他们的功业，实质上只是借君主和所在国的威势，威逼利诱其他各国就范罢了。韩非道出了"合纵"和"连横"的实质："纵者，合众弱以攻一强也；横者，势一强以攻众弱也。"① 苏秦、张仪"显赫"声名的背后，是他们各自应了东方诸国共同抗秦和秦国以"各个击破"方式"瓦解"东方联盟的需要，他们只是诸侯国之间的"传信者"而已。也就是说，纵横之士显赫的声名，其实只是在他们手握权力之时，一旦他们被抛出权力系统，其结局是很悲惨的。苏秦、张仪都未能善终，大概也是辩士这一角色在历史中的必然结局吧。

结　语

秦汉以后，"游士"失去了赖以生存的土壤，他们更多依附于某一势力集团，在他们的庇护下，以讲习典籍、著述文章、充当参谋等方式存身，"职业"和"志业"分离，"游"的色彩越来越淡。换句话说，他们越来越被一些诸如"郎""小吏""骑""狱吏"等身份匡束，"职业化"的同时，"志业"也逐渐内化为个体性的信念或价值追求，如余英时先生所说，他们更多带有"俳优"色彩。② 汉初的"招贤纳士"，有三种完全不同的动机和形态。第一种以河间献王刘德为代表，纯粹出于对儒生耆老的敬重，以及对先秦典籍文章的爱好。第二种是以吴王濞为代表，有非常高的政治野心，招纳纵横游说之士的目的是培植自己的割据势力，在可能的情况下行篡逆之事。第三种是如梁孝王刘武、淮南王刘安等，有一定的政治野心，但更多出于保全自身利益而为之。

地方势力招贤纳士的行为，本来就和中央政府的意志相左。《汉书·卫青霍去病传》班固赞曰："苏建尝说责：'大将军至尊重，而天下之贤士大夫无称焉，愿将军观古名将所招选者，勉之哉！'青谢曰：'自魏其、武安之厚宾客，天子常切齿。彼亲待士大夫，招贤黜不肖者，人主之柄也。人臣奉法遵

---

① （清）王先慎撰：《韩非子集解》，钟哲点校，第452页。
② 参见［美］余英时《士与中国文化》，上海人民出版社2003年版，第114页。

职而已，何与招士！'票骑亦方此意，为将如此。"①吴、楚七国之乱后，地方诸侯王的割据势力遭到了极大的打击，他们再也不能形成对中央政府实质性的威胁。此时的"游士"，多为文学辞赋之士，完全成为帝王的私人。② 武帝一朝，中朝"文士"盛极一时，"朱买臣、吾丘寿王、司马相如、主父偃、徐乐严安、东方朔、枚皋、胶仓、终军、严葱奇等，并在左右"，此外还有严助、东方朔、司马相如等，济济一堂，营造了西汉文章辞赋的鼎盛时期。不过这些人，都是帝王的私人，他们都有官职和身份，严助为"郡贤良"，后为"侍中"，朱买臣为"中大夫"，吾丘寿王为"郎"，徐乐、严安为"郎中"，后"迁谒事、中郎、中大夫，岁中四迁"，终军"为博士弟子"，后为"谒者给事中"。③ 这帮人要么以官吏的身份存身，要么退出朝廷，过隐逸生活，除此之外，再没有第三种方式可以让他们生活了。可以这么说，昭、宣以后，汉王朝只有特立独行之士，再无纵横游说之士。

① （汉）班固《汉书》卷九十二《游侠传》也有同样的记载。
② 钱穆先生敏锐地发现，武帝时诸如严助、朱买臣、徐乐、严安、终军、主父偃、司马相如、吾丘寿王等中朝"文人"，与战国纵横家之间，有着非常深厚的渊源，甚至可以说他们就是纵横家的余影。具体参考氏著《秦汉史》，九州出版社2011年版，第82—85页。
③ 以上并见（汉）班固《汉书》卷六十四《严朱吾丘主父徐严终王贾传》，第2775—2840页。

传世文献与出土文献所见伊尹的复杂面貌

曹　峰

摘　　要　先秦历史上留下了很多以伊尹为主角的记载，在战国秦汉各种文献中伊尹出现的频率极高，诸子百家竞相使用伊尹的各种面向来为自己的学说服务。本文尽可能全面地收集先秦秦汉与伊尹相关的文献，希望为今后的伊尹研究提供完整的资料。伊尹事迹的多元、故事的多变、评价的多样，是先秦秦汉思想丰富性的重要体现。看先秦秦汉时人如何消费伊尹现象，可以为梳理先秦秦汉思想线索提供帮助。

关 键 词　传世文献；出土文献；伊尹

作者简介　曹峰，中国人民大学哲学院教授，主要研究方向为先秦秦汉哲学、诸子学、出土文献。

商末周初的伊尹是先秦秦汉之际被广为传颂的一个历史人物，而且得到了包括儒家、法家、道家尤其黄老道家的一致肯定，这是极为难得的。例如在《孟子》中，伊尹被推为"圣之任者"。在《韩非子》中，伊尹被看作掌握了"法术赏罚"的能臣。而在《吕氏春秋·先己》里面记载了这样一段话：

汤问于伊尹曰："欲取天下若何？"伊尹对曰："欲取天下，天下不可取。可取，身将先取。"凡事之本，必先治身，啬其大宝。用其新，弃其陈，腠理遂通。精气日新，邪气尽去，及其天年。此之谓真人。

这是典型的道家口吻和典型的从养生到治国的黄老道家思路。

《汉书·艺文志》中有《伊尹》五十一篇，位列道家之首，可见视其为道家思想的渊源。还有小说家类里面有《伊尹说》27 篇①，从现存的资料看，伊尹故事充满传奇，很适合作为小说的题材，并因此使其事迹广为流传。《伊尹》《伊尹说》均已不存，后世也无伪托之作。《史记》虽然记载了伊尹的一些事迹，但并未为他列传。② 在《殷本纪》中有如下的记载：

> 汤征诸侯。葛伯不祀，汤始伐之。汤曰："予有言：人视水见形，视民知治不。"伊尹曰："明哉！言能听，道乃进。君国子民，为善者皆在王官。勉哉，勉哉！"汤曰："汝不能敬命，予大罚殛之，无有攸赦。"作汤征。
>
> 伊尹名阿衡。阿衡欲奸汤而无由，乃为有莘氏媵臣，负鼎俎，以滋味说汤，致于王道。或曰，伊尹处士，汤使人聘迎之，五反然后肯往从汤，言素王及九主之事。汤举任以国政。伊尹去汤适夏。既丑有夏，复归于亳。入自北门，遇女鸠、女房，作女鸠女房。
>
> 当是时，夏桀为虐政淫荒，而诸侯昆吾氏为乱。汤乃兴师率诸侯，伊尹从汤……
>
> 桀败于有娀之虚，桀奔于鸣条，夏师败绩。……伊尹报。于是诸侯毕服，汤乃践天子位，平定海内。
>
> 汤归至于泰卷陶，中垒作诰。既绌夏命，还亳，作汤诰……以令诸侯。伊尹作咸有一德，咎单作明居。
>
> 汤崩，太子太丁未立而卒，于是乃立太丁之弟外丙，是为帝外丙。帝外丙即位三年，崩，立外丙之弟中壬，是为帝中壬。帝中壬即位四年，崩，伊尹乃立太丁之子太甲。太甲，成汤适长孙也，是为帝太甲。帝太

---

① 班固云"其语浅薄，似依托也"。见《汉书·艺文志》小说家部分。
② 伊尹在先秦时期，地位类似周公、太公望，都是开国元勋，但在《史记》中三人都没有专门的传记。周公事迹主要见于《鲁周公世家》，太公望事迹主要见于《齐太公世家》，伊尹事迹则夹杂于《殷本纪》中。

> 甲元年，伊尹作伊训，作肆命，作徂后。
>
> 帝太甲既立三年，不明，暴虐，不遵汤法，乱德，于是伊尹放之于桐宫。三年，伊尹摄行政当国，以朝诸侯。
>
> 帝太甲居桐宫三年，悔过自责，反善，于是伊尹乃迎帝太甲而授之政。帝太甲修德，诸侯咸归殷，百姓以宁。伊尹嘉之，乃作太甲训三篇，褒帝太甲，称太宗。
>
> 太宗崩，子沃丁立。帝沃丁之时，伊尹卒。既葬伊尹于亳，咎单遂训伊尹事，作沃丁。

这应该是司马迁综合了当时流行的伊尹传说和所能看到的伊尹文献后撰写的，内容很丰富，其间穿插有很多商汤及其他商王的言行，但也和伊尹有关，因此几乎就是一篇伊尹的传记了。司马迁描述了他的族属、名称，主要事迹以及主要作品。例如出身低贱的伊尹利用烹调接近商汤，商汤礼贤下士，使其成为最重要的辅佐。伊尹向其陈述了"素王"与"九主"的统治原理，然后共谋灭夏。伊尹是商代贤臣中最重要的人物，开国元勋，四朝元老。商汤去世后，伊尹辅佐商汤长孙太甲继位，开始时太甲乱德，故对其采取严厉的措施，将其流放，并实际摄政，等其悔过之后，又归政太甲。伊尹死后，咎单作《沃丁》篇，总结了伊尹的事迹。

现存传世文献中，伊尹的资料散见各处，记载非常丰富，与之相关的资料时间跨度也极大。新出土文献中，伊尹的资料又大为增加。过去的研究远远不足，而且也只是依据有限的资料作出研究，显得支离破碎。因此，对此人物的材料加以完整的收集，作出适当的整理，非常有益于先秦思想史流变性的考察。本文主要进行资料整理工作，按照时代、文本的差别以及经史子集的顺序，尽可能完整地列出先秦秦汉时代伊尹的资料，并施以适当的分析。因为材料甚多，限于篇幅，只能对先秦传世文献与出土文献相关资料作出较详细的介绍，汉以后资料不再详尽列出，仅列出处并简单概括。检索主要使用五个关键词，那就是"伊尹"、"伊挚"、"阿衡"[①]、"小臣"和"伊"，关于伊尹的材料，很可能还有用其他关键词加以表达的方法，待发现之后，再作增补。

---

① 不过，"阿衡"是否即"伊尹"，学术界是有争议的，参见夏毅榕《伊尹及其学术源流初探》，载魏启鹏《马王堆汉墓帛书〈黄帝书〉笺证》，中华书局 2004 年版。

第一部分　先秦传世文献所见伊尹资料

一　《尚书》所见伊尹资料

《胤征》：

> 伊尹去亳适夏，既丑有夏，复归于亳。入自北门，乃遇汝鸠、汝方。作《汝鸠》《汝方》。

这一段《史记》直接采用。但未说明为何要离开商进入夏，后来又为何回到商。其他文献则有伊尹入夏是为了考察夏政混乱的实际情况，甚至有通过苦肉计，使伊尹获得夏桀信任的故事，这一点也被出土文献证明。

《汤誓》：

> 伊尹相汤伐桀，升自陑，遂与桀战于鸣条之野，作《汤誓》。

这一段《史记》基本采用。但《汤誓》的作者被模糊了，没有明确指伊尹。

《伊训》：

> 成汤既没，太甲元年，伊尹作《伊训》《肆命》《徂后》。
>
> 惟元祀十有二月乙丑，伊尹祠于先王。奉嗣王祗见厥祖，侯、甸群后咸在，百官总己以听冢宰。伊尹乃明言烈祖之成德，以训于王。
>
> 曰："呜呼！古有夏先后，方懋厥德，罔有天灾。山川鬼神，亦莫不宁，暨鸟兽鱼鳖咸若。于其子孙弗率，皇天降灾，假手于我有命，造攻自鸣条，朕哉自亳。惟我商王，布昭圣武，代虐以宽，兆民允怀。今王嗣厥德，罔不在初，立爱惟亲，立敬惟长，始于家邦，终于四海。
>
> 呜呼！先王肇修人纪，从谏弗咈，先民时若。居上克明，为下克忠，与人不求备，检身若不及，以至于有万邦，兹惟艰哉！敷求哲人，俾辅于尔后嗣，制官刑，儆于有位。曰：'敢有恒舞于宫，酣歌于室，时谓巫

风，敢有殉于货色，恒于游畋，时谓淫风。敢有侮圣言，逆忠直，远耆德，比顽童，时谓乱风。惟兹三风十愆，卿士有一于身，家必丧；邦君有一于身，国必亡。臣下不匡，其刑墨，具训于蒙士。'

呜呼！嗣王祗厥身，念哉！圣谟洋洋，嘉言孔彰。惟上帝不常，作善降之百祥，作不善降之百殃。尔惟德罔小，万邦惟庆；尔惟不德罔大，坠厥宗。"

《伊训》是伊尹写给商王太甲的教导与告诫。篇名见于《史记》，在今天所见《尚书》中属于古文。

《太甲上》：

太甲既立，不明，伊尹放诸桐。三年复归于亳，思庸，伊尹作《太甲》三篇。

惟嗣王不惠于阿衡，伊尹作书曰："先王顾諟天之明命，以承上下神祇。社稷宗庙，罔不祗肃。天监厥德，用集大命，抚绥万方。惟尹躬克左右厥辟，宅师，肆嗣王丕承基绪。惟尹躬先见于西邑夏，自周有终。相亦惟终；其后嗣王罔克有终，相亦罔终，嗣王戒哉！祗尔厥辟，辟不辟，忝厥祖。"

王惟庸罔念闻。伊尹乃言曰："先王昧爽丕显，坐以待旦。旁求俊彦，启迪后人，无越厥命以自覆。慎乃俭德，惟怀永图。若虞机张，往省括于度则释。钦厥止，率乃祖攸行，惟朕以怿，万世有辞。"

王未克变。伊尹曰："兹乃不义，习与性成。予弗狎于弗顺，营于桐宫，密迩先王其训，无俾世迷。王徂桐宫居忧，克终允德。"

《太甲中》：

惟三祀十有二月朔，伊尹以冕服奉嗣王归于亳，作书曰："民非后，罔克胥匡以生；后非民，罔以辟四方。皇天眷佑有商，俾嗣王克终厥德，实万世无疆之休。"

伊尹拜手稽首曰："修厥身，允德协于下，惟明后。先王子惠困穷，民服厥命，罔有不悦。并其有邦厥邻，乃曰：'徯我后，后来无罚。'王懋乃德，视乃厥祖，无时豫怠。奉先思孝，接下思恭。视远惟明；听德惟聪。朕承王之休无斁。"

《太甲下》：

> 伊尹申诰于王曰："呜呼！惟天无亲，克敬惟亲。民罔常怀，怀于有仁。鬼神无常享，享于克诚。天位艰哉！德惟治，否德乱。与治同道，罔不兴；与乱同事，罔不亡。终始慎厥与，惟明明后。先王惟时懋敬厥德，克配上帝。今王嗣有令绪，尚监兹哉。若升高，必自下，若陟遐，必自迩。无轻民事，惟难；无安厥位，惟危。慎终于始。有言逆于汝心，必求诸道；有言逊于汝志，必求诸非道。呜呼！弗虑胡获？弗为胡成？一人元良，万邦以贞。君罔以辩言乱旧政，臣罔以宠利居成功，邦其永孚于休。"

这三篇记载了伊尹放逐太甲最后又将其迎归的过程及其训诫。见于《史记》，在今天所见《尚书》中属于古文。

《咸有一德》：

> 伊尹作《咸有一德》。
> 伊尹既复政厥辟，将告归，乃陈戒于德。曰："呜呼！天难谌，命靡常。常厥德，保厥位。厥德匪常，九有以亡。夏王弗克庸德，慢神虐民。皇天弗保，监于万方，启迪有命，眷求一德，俾作神主。惟尹躬暨汤，咸有一德，克享天心，受天明命，以有九有之师，爰革夏正。非天私我有商，惟天佑于一德；非商求于下民，惟民归于一德。德惟一，动罔不吉；德二三，动罔不凶。惟吉凶不僭在人，惟天降灾祥在德。今嗣王新服厥命，惟新厥德。终始惟一，时乃日新。任官惟贤材，左右惟其人。臣为上为德，为下为民。其难其慎，惟和惟一。德无常师，主善为师。善无常主，协于克一。俾万姓咸曰：'大哉王言。'又曰：'一哉王心。'克绥先王之禄，永砥烝民之生。呜呼！七世之庙，可以观德。万夫之长，可以观政。后非民罔使；民非后罔事。无自广以狭人，匹夫匹妇，不获自尽，民主罔与成厥功。"
> 沃丁既葬伊尹于亳，咎单遂训伊尹事，作《沃丁》。

此篇在《尚书》中属于古文。可与《礼记·缁衣》提到的《尹吉》以及清华简《尹诰》对照。《礼记·缁衣》篇两引《尹吉》，其一云："《尹吉》曰：'惟尹躬及汤，咸有壹德。'"郑玄认为："'吉'，当为'告'。'告'，古文'诰'，字之误也。'尹告'，伊尹之诰也。《书序》以为《咸有壹德》，今亡。咸，皆也。君臣皆有壹德不贰，则无疑惑也。"就是说汤与伊尹皆有壹德。此处清华简《尹诰》首句作："惟尹既及汤，咸有一德。"郭店楚简和上海博物馆藏战国楚竹书本《缁衣》篇"躬"之字形当释为"允"，"允及"就是"以及"，清华简的"既及"就是"暨及"，也是以及的意思。然而《礼记·缁衣》的孔颖达疏以为"是伊尹诰大甲，故称'尹诰'"，则是据后世的《咸有一德》立论。清华简则证明了与伊尹对话者是汤。所以孔颖达说的"诰大甲"，实质是上了晚起的古文《尚书》之《咸有一德》的当。从而证明《咸有一德》确属伪书，而清华简本才是真正的《尹诰》或《咸有一德》。[1]

《说命下》：

> 王曰："呜呼！说，四海之内，咸仰朕德，时乃风。股肱惟人，良臣惟圣。昔先正保衡作我先王，乃曰：'予弗克俾厥后惟尧舜，其心愧耻，若挞于市。'一夫不获，则曰时予之辜。佑我烈祖，格于皇天。尔尚明保予，罔俾阿衡专美有商。惟后非贤不乂，惟贤非后不食。其尔克绍乃辟于先王，永绥民。"

此篇在《尚书》中属于古文。这是一段殷高宗武丁和其相傅说之间的对话，里面的"保衡""阿衡"均为伊尹，先描述伊尹如何忠心于商汤，并获得美名。然后希望傅说向伊尹学习，说你不要做得比伊尹差。

《君奭》：

> 公曰："君奭！我闻在昔成汤既受命，时则有若伊尹，格于皇天。"

这是周公历数的商代贤臣，伊尹排在第一。《君奭》是今文《尚书》。

---

① 详参廖名春《清华简与〈尚书〉研究》，《文史哲》2010 年第 6 期。

二 《诗经》所见伊尹资料

《长发》：

> 昔在中叶，有震且业。允也天子，降予卿士，实维阿衡，实左右商王。

《长发》是《商颂》里的一篇，有伊尹与商汤并配上帝、共受先王祭礼的记载。据说这一记载还得到了有关甲骨卜辞和铜器铭文的支持。① 按照《史记·殷本纪》，商族从契至汤整个先商时期共有先公 14 位，在这么多先公之中，作为商民族史诗性质的《长发》只提出"契""相土""汤"，但将"伊尹"位列其间，可见伊尹在商族历史上地位的重要。鉴于伊尹享受了商先公祖宗同样的祀典，有学者认为伊尹与商汤实际上是地位近似的两位部族首领，而且实行的是禅让制，只不过后来伊尹这一支落败了。②

三 《左传》所见伊尹资料

《左传》襄公二十一年：

> 伊尹放大甲而相之，卒无怨色。

《左传》只此一见，说的是伊尹流放太甲之事。

四 《逸周书》所见伊尹资料

《逸周书·王会解》：

> 伊尹朝，献商书。③ 汤问伊尹曰："诸侯来献，或无马牛之所生，而

① 参见江林昌《〈商颂〉所见伊尹、商汤并祭与"禅让制"遗风及先商社会性质》，《民族艺术》2000 年第 2 期。

② 参见江林昌《〈商颂〉所见伊尹、商汤并祭与"禅让制"遗风及先商社会性质》，《民族艺术》2000 年第 2 期。

③ 也有学者认为这里当读为"伊尹朝献"，是一本书名，是一部《商书》，主要记载伊尹辅佐商汤作四方令之事。

献远方之物，事实相反，不利。今吾欲因其地势所有献之，必易得而不贵，其为四方献令。"伊尹受命，于是为四方令曰："臣请正东……请令以……为献。正南……请令以……为献。正西……请令以……为献。正北……请令以……为献。"汤曰："善。"

这段话显示伊尹对于中国各地山川物产的熟悉和了解，可见伊尹具有特殊的智慧。

五 《国语》所见伊尹资料

《国语·晋语一》：

> 昔夏桀伐有施，有施人以妹喜女焉，妹喜有宠，于是乎与伊尹比而亡夏。

这是关于商亡于伊尹之阴谋的较早期的记载。所谓"比"，指的是妹喜与伊尹合谋。

《国语·晋语四》：

> 伊尹放太甲而卒以为明王，管仲贼桓公而卒以为侯伯。

这是比较早把伊尹和管仲并列起来的文献，认为臣下某些过激的行为，如果对君主产生了良好的影响，则是值得赞赏的。

六 《晏子春秋》所见伊尹资料

《晏子春秋·谏篇·谏上·景公将伐宋瞢二丈夫立而怒晏子谏》：

> 明日，晏子朝见，公告之如占瞢之言也。公曰："占瞢者之言曰：'师过泰山而不用事，故泰山之神怒也。'今使人召祝史祠之。"晏子俯有间，对曰："占瞢者不识也，此非泰山之神，是宋之先汤与伊尹也。"公疑，以为泰山神。晏子曰："公疑之，则婴请言汤伊尹之状也。汤质皙而长，颜以髯，兑上丰下，倨身而扬声。"公曰："然，是已。""伊尹黑而

短，蓬而鬐，丰上兑下，偻身而下声。"公曰："然，是已。今若何?"晏子曰："夫汤、太甲、武丁、祖乙，天下之盛君也，不宜无后。今惟宋耳，而公伐之，故汤伊尹怒，请散师以平宋。"景公不用，终伐宋。晏子曰："伐无罪之国，以怒明神，不易行以续蓄，进师以近过，非婴所知也。师若果进，军必有殃。"

这说的是晏子解梦的事，晏子推断齐景公梦到了商汤和伊尹，并说出了两个人的脸型。伊尹和商汤一样已经成为商人及宋国之神，作为鬼神可以对人产生神秘的作用。"兑"即锐，"兑上丰下"指脸颊比额头大，"丰上兑下"指额头比脸颊大，汉代的谶纬之书对《晏子春秋》这段描述有兴趣，作出了解读。

七 《战国策》所见伊尹资料

《战国策·楚策四·客说春申君》：

> 客又说春申君曰："昔伊尹去夏入殷，殷王而夏亡。管仲去鲁入齐，鲁弱而齐强。夫贤者之所在，其君未尝不尊，国未尝不荣也。"

和《国语·晋语四》一样，这里也是伊尹和管仲并列，但强调的是贤能之士的任用对于君主和国家有多么重要，带有强烈的战国时代特征。

《战国策·楚策四·楚考烈王无子》：

> 春申君相楚二十五年，考烈王病。朱英谓春申君曰："世有无妄之福，又有无妄之祸。今君处无妄之世，以事无妄之主，安不有无妄之人乎?"春申君曰："何谓无妄之福?"曰："君相楚二十余年矣，虽名为相国，实楚王也。五子皆相诸侯。今王疾甚，旦暮且崩，太子衰弱，疾而不起，而君相少主，因而代立当国，如伊尹、周公。王长而反政，不，即遂南面称孤，因而有楚国。此所谓无妄之福也。"

这是强调春申君的地位有如历史上的伊尹、周公，可"代立当国"。可见伊尹、周公的长期摄政在中国古代是非常罕见，也影响深远的事情。

《战国策·赵策四·冯忌请见赵王》：

> 昔者尧见舜于草茅之中，席陇亩而荫庇桑，阴移而授天下传。伊尹负鼎俎而干汤，姓名未著而受三公。

这是把伊尹和尧相并列，强调草根也可登天，这在身份制度受到挑战，阶层地位可以重新洗牌的战国时代，是个非常好的话题。

《战国策·燕策二·奉阳君告朱欢与赵足》：

> 伊尹再逃汤而之桀，再逃桀而之汤，果与鸣条之战，而以汤为天子。伍子胥逃楚而之吴，果与伯举之战，而报其父之仇。

历史上伊尹曾经既服务于汤，也服务于桀，但最终选择汤。此文将其与伍子胥相比，强调两人对于改变历史之作用的强大。

八 《墨子》所见伊尹资料

《当染》：

> 非独染丝然也，国亦有染。舜染于许由、伯阳，禹染于皋陶、伯益，汤染于伊尹、仲虺，武王染于太公、周公。此四王者所染当，故王天下，立为天子，功名蔽天地。得其人臣，则得天下。

此文通过排列一系列曾经产生巨大历史影响的名臣，强调这些人对于希望"王天下""得天下"之君主的重要性。这是典型的强调任贤使能之重要性的春秋晚期以后的话题。

《尚贤上》：

> 故古者尧举舜于服泽之阳，授之政，天下平；禹举益于阴方之中，授之政，九州成；汤举伊尹于庖厨之中，授之政，其谋得；文王举闳夭泰颠于罝罔之中，授之政，西土服。

《尚贤中》：

古者舜耕历山，陶河濒，渔雷泽，尧得之服泽之阳，举以为天子，与接天下之政，治天下之民。伊挚，有莘氏女之私臣，亲为庖人，汤得之，举以为己相，与接天下之政，治天下之民。傅说被褐带索。庸筑乎傅岩，武丁得之，举以为三公，与接天下之政，治天下之民。此何故始贱卒而贵，始贫卒而富？

强调选拔人才必须不拘一格，也是典型的春秋晚期以后的话题。这里面的贤人都出身卑微。历史上伊尹以身份低微著称，所以也在其中。

《尚贤下》：

昔伊尹为莘氏女师仆，使为庖人，汤得而举之，立为三公，使接天下之政，治天下之民。昔者傅说居北海之洲，圜土之上，衣褐带索，庸筑于傅岩之城，武丁得而举之，立为三公，使之接天下之政，而治天下之民。是故昔者尧之举舜也，汤之举伊尹也，武丁之举傅说也，岂以为骨肉之亲、无故富贵、面目美好者哉？惟法其言，用其谋，行其道，上可而利天，中可而利鬼，下可而利人，是故推而上之。

是故昔者尧有舜，舜有禹，禹有皋陶，汤有小臣，武王有闳夭、泰颠、南宫括、散宜生，而天下和，庶民阜，是以近者安之，远者归之。

《尚贤下》同样继续上述话题，但加上了举荐贤才不能被"骨肉之亲、无故富贵、面目美好"束缚之类的话，并突出了贤人对于明主的重要性。符合《墨子》十论虽然主题相同，语言相关，但时代越晚篇幅越大的规律。

《贵义》：

昔者，汤将往见伊尹，令彭氏之子御。彭氏之子半道而问曰："君将何之？"汤曰："将往见伊尹。"彭氏之子曰："伊尹，天下之贱人也。若君欲见之，亦令召问焉，彼受赐矣。"汤曰："非女所知也。今有药此，食之则耳加聪，目加明，则吾必说而强食之。今夫伊尹之于我国也，譬之良医善药也。而子不欲我见伊尹，是子不欲吾善也。"因下彭氏之子，不使御。彼苟然，然后可也。

这又是一个求贤若渴，不顾周围反对的故事，其情节类似清华简《汤处于汤丘》。从《墨子》可以看出，伊尹在里面的出镜率非常高。可见伊尹故事到了春秋战国之际，开始被大量消费，成为诸子著书立说的重要资材。

九　《管子》所见伊尹资料

《地数》：

> 管子对曰："昔者桀霸有天下，而用不足。汤有七十里之薄，而用有余。天非独为汤雨菽粟，而地非独为汤出财物也。伊尹善通移轻重，开阖决塞，通于高下徐疾之厕，坐起之费时也。"

类似《逸周书》《吕氏春秋·本味》，都突出了伊尹对于地理、物产的了解和掌握。说他能够积极利用自然资源为人类服务。

《轻重甲》：

> 桓公曰："轻重有数乎？"管子对曰："轻重无数，物发而应之，闻声而乘之，故为国不能来天下之财，致天下之民，则国不可成。"桓公曰："何谓来天下之财？"管子对曰："昔者桀之时，女乐三万人，端噪晨乐，闻于三衢，是无不服文绣衣裳者，伊尹以薄之游女，工文绣纂组，一纯得粟百锺于桀之国。夫桀之国者，天子之国也，桀无天下忧，饰妇女钟鼓之乐，故伊尹得其粟而夺之流，此之谓来天下之财。"

这里管仲把伊尹描述成了具有经济头脑的人，说他善于"来天下之财"，并借此向齐桓公阐述了他的经济治理之策。

十　《论语》所见伊尹资料

《颜渊》：

> 樊迟问仁。子曰："爱人。"问知。子曰："知人。"樊迟未达。子曰："举直错诸枉，能使枉者直。"樊迟退，见子夏。曰："乡也吾见于夫

子而问知，子曰，'举直错诸枉，能使枉者直'，何谓也?"子夏曰："富哉言乎! 舜有天下，选于众，举皋陶，不仁者远矣。汤有天下，选于众，举伊尹，不仁者远矣。"

《论语》谈到伊尹仅此一见，但开始把伊尹列于"仁者"的系列。伊尹与皋陶并列，将其视为有强大政治执行力的人。

十一　《孙子兵法》所见伊尹资料

《用间》:

> 昔殷之兴也，伊挚在夏。周之兴也，吕牙在殷。故明君贤将，能以上智为间者，必成大功，此兵之要，三军之所恃而动也。

《孙子》谈到伊尹仅此一见，利用了伊尹曾经做过间谍的故事，强调伊尹、姜子牙都有做过卧底的经历。

十二　《孟子》所见伊尹资料

《公孙丑上》:

> "伯夷、伊尹何如?"曰："不同道。非其君不事，非其民不使；治则进，乱则退，伯夷也。何事非君，何使非民；治亦进，乱亦进，伊尹也。可以仕则仕，可以止则止，可以久则久，可以速则速，孔子也。皆古圣人也，吾未能有行焉；乃所愿，则学孔子也。"

这是通过"进退"，对伯夷、伊尹、孔子三个人作了评价，认为伊尹不是一个隐者，而是一个有担当有能力的积极有为的政治家。但依然不能同孔子相比，孔子有进有退有久有速，是最高的政治家。

《公孙丑下》:

> 故汤之于伊尹，学焉而后臣之，故不劳而王；桓公之于管仲，学焉而后臣之，故不劳而霸。……汤之于伊尹，桓公之于管仲，则不敢召。

这也是将伊尹同管子相比，认为好的臣下可以成为君主之师。

《万章上》：

> 益、伊尹、周公不有天下。伊尹相汤以王于天下。汤崩，太丁未立，外丙二年，仲壬四年。太甲颠覆汤之典刑，伊尹放之于桐。三年，太甲悔过，自怨自艾，于桐处仁迁义；三年，以听伊尹之训己也，复归于亳。周公之不有天下，犹益之于夏，伊尹之于殷也。

> 万章问曰："人有言'伊尹以割烹要汤'有诸？"

> 孟子曰："否，不然。伊尹耕于有莘之野，而乐尧舜之道焉。非其义也，非其道也，禄之以天下，弗顾也；系马千驷，弗视也。非其义也，非其道也，一介不以与人，一介不以取诸人，汤使人以币聘之，嚣嚣然曰：'我何以汤之聘币为哉？我岂若处畎亩之中，由是以乐尧舜之道哉？'汤三使往聘之，既而幡然改曰：'与我处畎亩之中，由是以乐尧舜之道，吾岂若使是君为尧舜之君哉？吾岂若使是民为尧舜之民哉？吾岂若于吾身亲见之哉？天之生此民也，使先知觉后知，使先觉觉后觉也。予，天民之先觉者也；予将以斯道觉斯民也。非予觉之，而谁也？'思天下之民匹夫匹妇有不被尧舜之泽者，若己推而内之沟中。其自任以天下之重如此，故就汤而说之以伐夏救民。吾未闻枉己而正人者也，况辱己以正天下者乎？圣人之行不同也，或远或近，或去或不去，归洁其身而已矣。吾闻其以尧舜之道要汤，未闻以割烹也。伊训曰：'天诛造攻自牧宫，朕载自亳。'"

> "伊尹曰：'何事非君？何使非民？'治亦进，乱亦进。曰：'天之生斯民也，使先知觉后知，使先觉觉后觉。予，天民之先觉者也；予将以此道觉此民也。'思天下之民匹夫匹妇有不与被尧舜之泽者，若己推而内之沟中，其自任以天下之重也。"

> 孟子曰："伯夷，圣之清者也；伊尹，圣之任者也；柳下惠，圣之和者也；孔子，圣之时者也。孔子之谓集大成。"

通过这段话可以看出，孟子对伊尹事迹非常熟悉。主要赞赏他以下几点。第一，和周公一样，可以有天下，但却不拥有天下。第二，伊尹是一个乐于尧舜之道的人，并明确自己的使命在于"使先知觉后知，使先觉觉后觉"，因此是一个政治伦理的教化者。第三，否定长期以来流传的伊尹以"滋味要汤"的特殊经历，可能觉得这样有损其形象，竭力想要将其打造成为儒家的圣人。第四，将其评价为"圣之任者"，即勇于任事、敢担当、有责任的人。仅次于孔子的"圣之时者"。孟子的有些说法似乎并无历史记载可以印证，可能是孟子杜撰也未可知。

《告子下》：

> 淳于髡曰："先名实者，为人也；后名实者，自为也。夫子在三卿之中，名实未加于上下而去之，仁者固如此乎？"
>
> 孟子曰："居下位，不以贤事不肖者，伯夷也；五就汤，五就桀者，伊尹也；不恶污君，不辞小官者，柳下惠也。三子者不同道，其趋一也。一者何也？曰：仁也。君子亦仁而已矣，何必同？"（又见《说苑·杂言》）

这是把伊尹与伯夷、柳下惠进行比较，将其塑造成一个能屈能伸的人物，属于仁者之一，但还不能和孔子比，和上面一段一样，也是为了借助伊尹衬托孔子形象的伟大。

《尽心上》：

> 公孙丑曰："伊尹曰：'予不狎于不顺。'放太甲于桐，民大悦。太甲贤。又反之，民大悦。贤者之为人臣也，其君不贤，则固可放与？"
>
> 孟子曰："有伊尹之志，则可；无伊尹之志，则篡也。"

借助伊尹流放太甲但又不代而自立之事，孟子论述了"伊尹之志"的重要性，即是否影响尊卑上下的君臣大义，关键在于伊尹之心是否符合儒家伦理。这样的解释颇具儒家特色。①

《尽心下》：

---

① 宋洪兵认为孟子这里存在"伊尹悖论"，体现了儒家道德政治下企图以实质正义代替形式正义而实际上又无法真正达成实质正义的悖论。这个悖论到了韩非子这里才解决。参见氏著《孟子与韩非的"伊尹悖论"》，《诸子学刊》第十二辑，上海古籍出版社 2015 年版。

> 孟子曰："由尧舜至于汤，五百有余岁，若禹、皋陶，则见而知之；若汤，则闻而知之。由汤至于文王，五百有余岁，若伊尹、莱朱则见而知之；若文王，则闻而知之。由文王至于孔子，五百有余岁，若太公望、散宜生，则见而知之；若孔子，则闻而知之。由孔子而来至于今，百有余岁，去圣人之世，若此其未远也；近圣人之居，若此其甚也，然而无有乎尔，则亦无有乎尔。"

这又是对伊尹的崇高评价，但认为他是"见而知之"者，即还只是一个高级的智者，孟子将孔子抬升为"闻而知之"者，那就是圣人级别了。"见而知之""闻而知之"等如何知之的问题，是春秋战国之际一大话题，《老子》、《论语》、《中庸》、《五行》、竹简《文子》都作过讨论。

总之，《墨子》之后，孟子也开始大量消费伊尹故事，但不同于墨子借助伊尹宣扬从底层选拔人才的重要性。孟子完全否认伊尹曾经地位卑下，而是直接将其塑造成儒家圣人，并借助伊尹的影响力，进一步衬托出孔子的伟大，用心良苦。在先秦诸子中只有孟子这样做，看来到了战国中期，历史人物的形象已经可以按照作者的心愿随意塑造了。

十三 《庄子》所见伊尹资料

《庄子·庚桑楚》：

> 雀适羿，羿必得之，威也；以天下为之笼，则雀无所逃。是故汤以胞人笼伊尹，秦穆公以五羊之皮笼百里奚。是故非以其所好笼之而可得者，无有也。

《庄子》内篇未见伊尹，在《庚桑楚》这里，庖人的标志非但不是身份低贱的象征，反而成为商汤投其所好、笼络伊尹的手段。天下之人就是因为各有所好，而不能免于名利的束缚。这也是典型的伊尹传说消费方式。但对伊尹并无批判之意。

《庄子·让王》：

> 汤将伐桀，因卞随而谋，卞随曰："非吾事也。"汤曰："孰可？"

曰："吾不知也。"汤又因瞀光而谋，瞀光曰："非吾事也。"汤曰："孰可?"曰："吾不知也。"汤曰："伊尹何如?"曰："强力忍垢，吾不知其他也。"汤遂与伊尹谋伐桀。

这是对伊尹的评价，说他能够"强力忍垢"，有点类似孟子所说的"圣之任者"。总的来说，对伊尹评价不高，认为他不如卞随、瞀光，通过伊尹衬托卞随、瞀光的高洁。

总的来说，《庄子》里面伊尹引用不多，而且仅见于外杂篇，这有些让人意外。历史人物在《庄子》中大量出现，依照伊尹的知名度，庄子应该大量消费才是。其中原因值得探讨。

十四　《鹖冠子》所见伊尹资料

《世兵》：

> 君子不惰，真人不怠，无见久贫贱，则据简之，伊尹酒保，太公屠牛，管子作革，百里奚官奴。海内荒乱，立为世师，莫不天地，善谋日月，不息乃成，四时精习象神，孰谓能之，素成其用，先知其故。

是金子一定会发光，有能力者一定会受到赏识。像伊尹、太公、管仲这样曾经十分低贱的人，也有可能最终"立为世师"。《鹖冠子》作为积极进取的黄老道家，特别重视贤能的任用选拔，在其中伊尹受到很高评价是正常的。

《备知》：

> 昔汤用伊尹，周用太公，秦用百里，楚用申麃，齐用管子。……今世非无舜之行也，不知尧之故也，非无汤武之事也，不知伊尹太公之故也。

同样，此文也竭力强调挖掘任用人才的重要性。

《世贤》：

> 昔伊尹医殷，太公医周武王，百里医秦，申麃医郢，原季医晋，范蠡医越，管仲医齐，而五国霸。其善一也，然道不同数。

此文后面通过扁鹊大兄二兄善于治未病的故事，阐述了治国之道在于无为的重要性。把伊尹比作扁鹊，还没有达到道家治国的最高境界。可见只是把伊尹看作一个著名能臣，但还不是道家心目中最高明的政治家。

十五　《荀子》所见伊尹资料

《非相》：

> 伊尹之状，面无须麋。

这是说伊尹脸上没有胡须眉毛。关于伊尹之形容，除此之外只有《晏子春秋》提及，说他"伊尹黑而短，蓬而髯，丰上兑下，偻身而下声"。

《王霸》：

> 故能当一人而天下取，失当一人而社稷危。不能当一人，而能当千百人者，说无之有也。既能当一人，则身有何劳而为？垂衣裳而天下定。故汤用伊尹，文王用吕尚，武王用召公，成王用周公旦。

这是叙述用人之得当与否涉及社稷安危。将伊尹和吕尚、召公、周公相媲美。

《臣道》：

> 故齐之苏秦，楚之州侯，秦之张仪，可谓态臣者也。韩之张去疾，赵之奉阳，齐之孟尝，可谓篡臣也。齐之管仲，晋之咎犯，楚之孙叔敖，可谓功臣矣。殷之伊尹，周之太公，可谓圣臣矣。

这是对臣下进行分类，伊尹和太公放在一起，称为"圣臣"，要高于其他文献中与之并列的管仲，管仲在这里只是"功臣"。

《臣道》：

> 故明君之所赏，暗君之所罚也；暗君之所赏，明君之所杀也。伊尹箕子可谓谏矣，比干子胥可谓争矣，平原君之于赵可谓辅矣，信陵君之

于魏可谓拂矣。传曰:"从道不从君。"此之谓也。故正义之臣设,则朝廷不颇;谏争辅拂之人信,则君过不远;爪牙之士施,则仇雠不作;边境之臣处,则疆垂不丧。

这是把伊尹称为能够纠正君过的"正义之臣"。

《解蔽》:

> 成汤鉴于夏桀,故主其心而慎治之,是以能长用伊尹,而身不失道,此其所以代夏王而受九有也。文王监于殷纣,故主其心而慎治之,是以能长用吕望,而身不失道,此其所以代殷王而受九牧也。

把成汤、文王之所以"受九有""受九牧",说成因为能够接受殷鉴,并任用伊尹之类的贤人。

总的来看,《荀子》也较多地使用了伊尹材料,但《荀子》这里的伊尹形象并无新意,既无随意歪曲,也无随意拔高,基本上是对当时流传形象的直接利用。

十六 《韩非子》所见伊尹资料

《难言》:

> 故度量虽正,未必听也;义理虽全,未必用也。大王若以此不信,则小者以为毁訾诽谤,大者患祸灾害死亡及其身。故子胥善谋而吴戮之,仲尼善说而匡围之,管夷吾实贤而鲁囚之。故此三大夫岂不贤哉?而三君不明也。上古有汤至圣也,伊尹至智也;夫至智说至圣,然且七十说而不受,身执鼎俎为庖宰,昵近习亲,而汤乃仅知其贤而用之。故曰以至智说至圣,未必至而见受,伊尹说汤是也;以智说愚必不听,文王说纣是也。

《难言》认为伊尹虽然至智,并遇到至圣,其言也未必能全部接受。强调贤臣要被君主完全接受是很难的。这种说法,以前的文献没有见到过,不知道是否也像孟子一样,依据语境的需要,对故事作了新的编排。

《说难》：

> 伊尹为宰，百里奚为虏，皆所以干其上也，此二人者，皆圣人也，然犹不能无役身以进，如此其污也。

伊尹、百里奚以善于进言闻名，但即便如此，要想接近君王，最先仍不免自贱，慢慢被接受之后才能畅所欲言。这是为了证明"游说之难"的主题。和《难言》有些类似。

《奸劫弑臣》：

> 治国之有法术赏罚，犹若陆行之有犀车良马也，水行之有轻舟便楫也，乘之者遂得其成。伊尹得之汤以王，管仲得之齐以霸，商君得之秦以强。此三人者，皆明于霸王之术，察于治强之数，而不以牵于世俗之言；适当世明主之意，则有直任布衣之士，立为卿相之处；处位治国，则有尊主广地之实；此之谓足贵之臣。汤得伊尹，以百里之地立为天子；桓公得管仲，立为五霸主，九合诸侯，一匡天下；孝公得商君，地以广，兵以强。

这一段非常有趣，其他文献虽然强调伊尹是能臣，但没有一处像《韩非子》这样明确说他掌握的是"法术赏罚"的霸王之术。可见随着时代的变迁，伊尹身上的特征和精神也在不断地改变。

《南面》：

> 不知治者，必曰："无变古，毋易常。"变与不变，圣人不听，正治而已。然则古之无变，常之毋易，在常古之可与不可。伊尹毋变殷，太公毋变周，则汤、武不王矣。管仲毋易齐，郭偃毋更晋，则桓、文不霸矣。

《韩非子》在强调变法的重要性时，说伊尹和管仲、郭偃都是与时俱进、不墨守成规的人。这可能也是依据语境的需要，对故事作了新的编排。

《饰邪》：

> 凡败法之人，必设诈托物以来亲，又好言天下之所希有，此暴君乱

主之所以惑也，人臣贤佐之所以侵也。故人臣称伊尹、管仲之功，则背法饰智有资；称比干、子胥之忠而见杀，则疾强谏有辞。

韩非子认为，"伊尹、管仲之功""比干、子胥之忠"作为社会上津津乐道的谈资，很容易被不同的人置于不同的用途。可见韩非子也意识到在那个时代，伊尹就是一个广为消费的对象。

《难一》：

> 夫仁义者，忧天下之害，趋一国之患，不避卑辱谓之仁义。故伊尹以中国为乱，道为宰于汤；百里奚以秦为乱，道为虏于穆公；皆忧天下之害，趋一国之患，不辞卑辱，故谓之仁义。

这是借助伊尹、百里奚谈什么是仁义。他们都不因自己身份的卑微，而忘却"忧天下之害，趋一国之患"。"为宰"就是为厨。在把伊尹与仁义关联起来这一点上，类似《论语》《孟子》，但实质意义显然不同。

《难一》：

> 或曰：昔者齐桓公两用管仲、鲍叔，成汤两用伊尹、仲虺。夫两用臣者国之忧，则是桓公不霸，成汤不王也。泯王一用淖齿而手死乎东庙，主父一用李兑，减食而死。主有术，两用不为患；无术，两用则争事而外市，一则专制而劫弑。今留无术以规上，使其主去两用一，是不有西河、鄣、郓之忧，则必有身死减食之患。是缪留未有善以知言也。

这是说明主如果有御臣之术，那么即便朝中有两位权臣，也不会构成危险，这里韩非子反驳的对象提出，成汤两用伊尹、仲虺，结果不王，这是增添了伊尹故事的新版本。

《难二》：

> 伊尹自以为宰干汤，百里奚自以为虏干穆公，虏所辱也，宰所羞也，蒙羞辱而接君上，贤者之忧世急也。

这说的是贤人并不难寻求，他们甚至会降低身份、自甘低贱来寻求任用。

《说疑》：

> 若夫后稷、皋陶、伊尹、周公旦、太公望、管仲、隰朋、百里奚、蹇叔、舅犯、赵衰、范蠡、大夫种、逢同、华登，此十五人者为其臣也，皆夙兴夜寐，卑身贱体，竦心白意，明刑辟、治官职以事其君，进善言、通道法而不敢矜其善，有成功立事而不敢伐其劳，不难破家以便国，杀身以安主，以其主为高天泰山之尊，而以其身为壑谷釜洧之卑，主有明名广誉于国，而身不难受壑谷釜洧之卑。如此臣者，虽当昏乱之主尚可致功，况于显明之主乎？此谓霸王之佐也。

这里包括伊尹在内，一下子列了十五位忠心耿耿、不惜牺牲自己以成就君主的名臣，说即便是昏主，获得了他们的辅佐，也会成为霸主，可见能臣贤臣的重要。

《显学》：

> 今不知治者必曰："得民之心。"欲得民之心而可以为治，则是伊尹、管仲无所用也，将听民而已矣。民智之不可用，犹婴儿之心也。

这段话在于批判儒家提出的政治之要在于得人心。如果仅靠得人之心，那么伊尹、管仲就没有用武之地了。

《韩非子》中，提到伊尹之处总共有十段，可以说是论及伊尹非常多的文献。而且显然韩非子根据自己的需要，对伊尹故事进行了适当的改编，甚至有可能是新编，这有点类似孟子。总体上韩非子把伊尹当作治国之能臣看待，而且是懂得"法术"的能臣，是具有变革精神的人，也是需要防范的权臣。这种解释唯《韩非子》独有，具有非常典型的法家色彩。

十七　《吕氏春秋》所见伊尹资料

《当染》：

> 非独染丝然也，国亦有染。舜染于许由、伯阳，禹染于皋陶、伯益，

> 汤染于伊尹、仲虺，武王染于太公望、周公旦，此四王者所染当，故王天下，立为天子，功名蔽天地，举天下之仁义显人必称此四王者。

这一段显然来自《墨子·当染》。强调贤臣对于王者的重要。

《尊师》：

> 神农师悉诸，黄帝师大挠，帝颛顼师伯夷父，帝喾师伯招，帝尧师子州支父，帝舜师许由，禹师大成贽，汤师小臣，文王、武王师吕望、周公旦，齐桓公师管夷吾，晋文公师咎犯、随会，秦穆公师百里奚、公孙枝，楚庄王师孙叔敖、沈尹巫，吴王阖闾师伍子胥、文之仪，越王句践师范蠡、大夫种。此十圣人六贤者，未有不尊师者也。

类似《当染》，论述古代成功的帝王君主，一定有其相应的师傅。

《先己》：

> 汤问于伊尹曰："欲取天下若何？"伊尹对曰："欲取天下，天下不可取。可取，身将先取。"凡事之本，必先治身，啬其大宝。用其新，弃其陈，腠理遂通。精气日新，邪气尽去，及其天年。此之谓真人。

这段话为《吕氏春秋》所独有，借助伊尹之言阐述了黄老道家从养生到治国的原理。整体风格和马王堆帛书医简、《论六家要旨》、《黄帝内经》接近。《汉书·艺文志》把《伊尹》列为道家之首，但从传世文献看，可资证明的材料不多，这一篇比较典型。

《古乐》：

> 汤乃命伊尹作为大护，歌晨露，修九招、六列，以见其善。

伊尹曾为商汤作乐的事，其他文献未见。

《本味》：

> 有侁氏女子采桑，得婴儿于空桑之中，献之其君。其君令烰人养之。

察其所以然，曰，"其母居伊水之上，孕，梦有神告之曰：'白出水而东走，毋顾。'明日，视白出水，告其邻，东走十里，而顾其邑尽为水，身因化为空桑"，故命之曰伊尹。此伊尹生空桑之故也。长而贤。汤闻伊尹，使人请之有侁氏。有侁氏不可。伊尹亦欲归汤。汤于是请取妇为婚。有侁氏喜，以伊尹为媵送女。故贤主之求有道之士，无不以也；有道之士求贤主，无不行也。相得然后乐。不谋而亲，不约而信，相为殚智竭力，犯危行苦，志欢乐之，此功名所以大成也。固不独。士有孤而自恃，人主有奋而好独者，则名号必废熄，社稷必危殆。故黄帝立四面，尧、舜得伯阳、续耳然后成，凡贤人之德有以知之也。汤得伊尹，祓之于庙，爝以爟火，衅以牺猳。明日，设朝而见之，说汤以至味，汤曰："可对而为乎？"……

此文很长，这是节选，几乎是一部伊尹的传记，说伊尹生于"空桑"，这是第一次看到。前半部分论述贤人与有道之士的相知相得。后半部分侧重调味与政治的关系，最后得出"道者止彼在己，己成而天子成，天子成则至味具。故审近所以知远也，成己所以成人也"的道理，有助于理解《中庸》的成己成人。其中关于山川物产的描述有些类似《逸周书·王会解》。

《慎大》：

桀为无道，暴戾顽贪，天下颤恐而患之，言者不同，纷纷分分，其情难得。干辛任威，凌轹诸侯，以及兆民，贤良郁怨。杀彼龙逢，以服群凶。众庶泯泯，皆有远志，莫敢直言，其生若惊。大臣同患，弗周而畔。桀愈自贤，矜过善非，主道重塞，国人大崩。汤乃惕惧，忧天下之不宁，欲令伊尹往视旷夏，恐其不信，汤由亲自射伊尹。伊尹奔夏三年，反报于亳，曰："桀迷惑于末嬉，好彼琬、琰，不恤其众，众志不堪，上下相疾，民心积怨，皆曰'上天弗恤，夏命其卒'。"汤谓伊尹曰："若告我旷夏尽如诗。"汤与伊尹盟，以示必灭夏。伊尹又复往视旷夏，听于末嬉。末嬉言曰："今昔天子梦西方有日，东方有日，两日相与斗，西方日胜，东方日不胜。"伊尹以告汤。商涸旱，汤犹发师，以信伊尹之盟，故令师从东方出于国，西以进。未接刃而桀走，逐之至大沙，身体离散，为天下戮，不可正谏，虽后悔之，将可奈何？汤立为天子，夏民大说，

> 如得慈亲，朝不易位，农不去畴，商不变肆，亲郼如夏。此之谓至公，此之谓至安，此之谓至信。尽行伊尹之盟，不避旱殃，祖伊尹世世享商。

这一段主要描述商汤和伊尹如何谋划夺取夏政，并付诸行动之事，其中"恐其不信，汤由亲自射伊尹"是难得的苦肉计的描述，而与末嬉的对话，可印证《国语·晋语一》，但要详细得多，有小说的味道。清华简《尹至》和《赤鹄集于汤之屋》均与此有关。

《知度》：

> 绝江者托于船，致远者托于骥，霸王者托于贤。伊尹、吕尚、管夷吾、百里奚，此霸王者之船骥也。……故小臣、吕尚听，而天下知殷、周之王也；管夷吾、百里奚听，而天下知齐、秦之霸也。

强调成功者需要伊尹、吕尚、管夷吾、百里奚这样的贤人。

《具备》：

> 汤尝约于郼薄矣，武王尝穷于毕裎矣，伊尹尝居于庖厨矣，太公尝隐于钓鱼矣，贤非衰也，智非愚也，皆无其具也。故凡立功名，虽贤必有其具然后可成。

以"汤""周武王""伊尹""太公"为例，论述穷达以时、大器晚成的道理。

《离俗》：

> 汤将伐桀，因卞随而谋。卞随辞曰："非吾事也。"汤曰："孰可？"卞随曰："吾不知也。"汤又因务光而谋。务光曰："非吾事也。"汤曰："孰可？"务光曰："吾不知也。"汤曰："伊尹何如？"务光曰："强力忍诟，吾不知其他也。"汤遂与伊尹谋夏伐桀，克之。

这一段同于《庄子·让王》。说伊尹是"强力忍诟"，既能屈能伸，又能做大事的人。

《求人》：

尧传天下于舜，礼之诸侯，妻以二女，臣以十子，身请北面朝之，至卑也。伊尹，庖厨之臣也；傅说，殷之胥靡也。皆上相天子，至贱也。

以"舜""伊尹""傅说"为例，论述明君求贤若渴、礼贤下士的重要性。

《赞能》：

贤者善人以人，中人以事，不肖者以财。得十良马，不若得一伯乐；得十良剑，不若得一欧冶；得地千里，不若得一圣人。舜得皋陶而舜受之，汤得伊尹而有夏民，文王得吕望而服殷商。夫得圣人，岂有里数哉？

以"皋陶""伊尹""吕望"为例，论述明君获得贤士的无比重要。

我们发现，除了《孟子》《韩非子》，谈及伊尹最多，内容最丰富的就是《吕氏春秋》了，《吕氏春秋》涉及伊尹形象的各个侧面，而且更为丰满。尤其是传记色彩的东西较多。《本味》与《先己》两篇，还具有比较浓厚的黄老道家特征。

十八　《楚辞》所见伊尹资料

《天问》：

帝乃降观，下逢伊挚。

《天问》问的都是宇宙与人间最为重大的事情。伊尹也多处出场，这一段说的是商汤来到民间考察民情时，遇到了伊挚。

成汤东巡，有莘爰极。
何乞彼小臣，而吉妃是得？
水滨之木，得彼小子
夫何恶之，媵有莘之妇？

这一段交代了伊尹所属的族属，伊尹的出身，以及作为有莘女的媵臣来到商汤身边的故事。"水滨之木"可能就是"空桑"的意思。前引《吕氏春秋·本味》和后引《列子·天瑞》也谈到"空桑"。

> 初汤臣挚，后兹承辅。
> 何卒官汤，尊食宗绪？

屈原继续发问，伊尹死后为什么能得到配享成汤的崇高地位，牌位进入商王的宗庙，和成汤一起受到配天的祭祀？显然屈原看到了《诗经·长发》，但是进入战国时期，伊尹广为流行的是出身卑微的贤臣形象，贤臣再高明，贡献再大，也无法进入基于血缘世袭的宗庙之中，所以伊尹是没有资格的。因此，如前文所示，有当代学者认为伊尹其实是和商汤势力同等的部族首领。①

总之，伊尹在《天问》中出现的次数非常多，这也证明了伊尹在世人心目中地位极高。

《九章·昔往日》：

> 闻百里之为虏兮，伊尹烹于庖厨。
> 吕望屠于朝歌兮，甯戚歌而饭牛。
> 不逢汤武与桓缪兮，世孰云而知之。

此处感叹了人才如果一生中不能遇到贤主，会埋没一辈子。

十九 《竹书纪年》

> 殷仲壬即位，居亳，其卿士伊尹。
> 仲壬崩，伊尹放大甲于桐，乃自立也。伊尹即位，放大甲七年，大甲潜出自桐，杀伊尹，乃立其子伊陟、伊奋，命复其父之田宅而中分之。

这是一段完全不见于其他古籍的记载，把伊尹和太甲完全描述成两股对立的

---

① 参见江林昌《〈商颂〉所见伊尹、商汤并祭与"禅让制"遗风及先商社会性质》，《民族艺术》2000 年第 2 期。

政治势力，和《尚书》的《太甲》上中下三篇的记述完全不同。所以有学者认为这段话正好反映了由原来的氏族联盟禅让制向君主独权制转变的历程。①

第二部分　两汉传世文献所见伊尹资料

两汉之际，先秦文献伊尹话题仍大量流行，因此可见不少与伊尹相关的资料，基于传播学的放大原理，有些资料在细节上还会更加丰满。受篇幅限制，这里不再大段引出原文，仅列书名、篇名及主要内容。

一　《新语》

见于《道基》（如果明君能够掌握道德仁义，就能出现"圣人王世，贤者建功，汤举伊尹，周任吕望，行合天地，德配阴阳，承天诛恶，克暴除殃"等一切美好的政治现象）；《慎微》（论述大事要从小事做起，"是以伊尹负鼎，屈于有莘之野，修达德于草庐之下，躬执农夫之作，意怀帝王之道，身在衡门之里，志图八极之表，故释负鼎之志，为天子之佐，克夏立商，诛逆征暴，除天下之患，辟残贼之类，然后海内治、百姓宁"。贤明若汤、武之君，伊、吕之臣，可以"因天时而行罚，顺阴阳而运动，上瞻天文，下察人心，以寡服众，以弱制强"）。

二　《史记》

见于《魏世家》（秦国统一之势不可阻挡，"魏虽得阿衡之佐，曷益乎？"）；《燕召公世家》（周公作《君奭》，提到伊尹）；《绛侯周勃世家》（说周勃的功劳，"虽伊尹、周公，何以加哉！"）；《老子韩非列传》（通过"伊尹为庖，百里奚为虏"论及被君主注意和发现多么不容易）；《孟子荀卿列传》（在描述邹衍时，说他类似"伊尹负鼎而勉汤以王，百里奚饭牛车下而缪公用霸"，"其言虽不轨，傥亦有牛鼎之意乎"）；《春申君列传》（说春申君像伊尹那样有"代立当国"的地位，文同《战国策·楚策》）；《游侠列传》（通过

---

① 参见江林昌《〈商颂〉所见伊尹、商汤并祭与"禅让制"遗风及先商社会性质》，《民族艺术》2000 年第 2 期。

"昔者虞舜窘于井廪，伊尹负于鼎俎，傅说匿于傅险，吕尚困于棘津，夷吾桎梏，百里饭牛，仲尼畏匡，菜色陈、蔡"论述即便"有道仁人"也有命运上的缓急）；《货殖列传》（在描述白圭的商战技巧，说他"治生产"时，有"伊尹、吕尚之谋，孙吴用兵，商鞅行法"）。《太史公自序》则说："维契作商，爰及成汤；太甲居桐，德盛阿衡；武丁得说，乃称高宗；帝辛湛湎，诸侯不享。"夸赞伊尹为有德之人。

三 《淮南子》

见于《原道》（在论述"故体道者逸而不穷，任数者劳而无功"时提到如果采用有为的、强制的手段，"虽伊尹、造父弗能化"，伊尹在这里是聪明的象征）；《主术》（在论述"智不足以治天下"时提及即便是贤相的伊尹也未必能和胡人比御马之术）；《齐俗》（在论述各有所能、各尽其才时，提及"伊尹之兴土功也，修胫者使之跖锸，强脊者使之负土，眇者使之准，伛者使之涂，各有所宜，而人性齐矣"。伊尹成为因人善任的象征）；《汎论》（论述"小恶不足妨大美"。虽然有"百里奚之饭牛，伊尹之负鼎，太公之鼓刀，甯戚之商歌"，但他们都"其美有存焉者"）；《修务》（借助"伊尹负鼎而干汤，吕望鼓刀而入周，百里奚转鬻，管仲束缚，孔子无黔突，墨子无暖席"。歌颂忧劳百姓的圣人）；《泰族》（借助"舜、许由异行而皆圣，伊尹、伯夷异道而皆仁，箕子、比干异趋而皆贤"阐述"天地不包一物，阴阳不生一类"，圣人需要兼容并包的道理）；《泰族》（把伊尹和周公、管仲、孔子并列，讲述他们的崇高情怀。"伊尹忧天下之不治，调和五味，负鼎俎而行。五就桀，五就汤，将欲以浊为清，以危为宁也。""游不论国，仕不择官，行不辟污，曰伊尹之道也；分别争财，亲戚兄弟构怨，骨肉相贼，曰周公之义也；行无廉耻，辱而不死，曰管子之趋也；行货赂，趣势门，立私废公，比周而取容，曰孔子之术也。"这说的是人看上去都有污点，但实际上要从他们最终取向去加以判断）。

四 《韩诗外传》

见于卷二（关于伊尹之志，与《孟子》同，可能来自《孟子》。还有一段故事讲伊尹劝诫夏桀不听，遂去夏入殷，投靠商汤）；卷三（描述伊尹辨析谷物，而治天下兴亡，将伊尹描述成先知先觉的人）；卷四（提到伊尹去夏入殷之事）；卷五（说殷用伊尹、周用太公，乃是大用，齐用管仲、楚用孙叔敖，乃是小用）；卷五（通过伊尹等人的故事，论述时运的重要）。

五 《说苑》

见于《君道》（通过伊尹与商汤的问对，阐述求贤选贤的方法）；《臣术》（通过伊尹与商汤的问对，阐述"三公九卿大夫列士"的区别以及"何谓臣""何谓不臣"，有点类似马王堆帛书《九主》，但这里论述的是臣下）；《尊贤》（举例伊尹论述尊贤的重要）；《权谋》（描述伊尹与汤商议如何通过调整对夏贡赋来激怒夏桀，故事性强）；《杂言》（有两个部分，一部分说伊尹"五就桀、五就汤"之事，另一部分论述贤人能否得到选拔任用，很大程度被命运掌控）；《至公》（说伊尹、吕尚都是大公无私的人。"彼人臣之公，治官事则不营私家，在公门则不言货利，当公法则不阿亲戚，奉公举贤则不避仇雠，忠于事君，仁于利下，推之以恕道，行之以不党，伊吕是也"）。

六 《新序》

见于《杂事二》（通过伊尹等人论述"无贤臣，虽五帝三王，不能以兴"）；《杂事四》（论述王者能够"劳于求人，佚于得贤"。如"汤文用伊、吕"）；《杂事五》（论述神圣君王均有其师，伊尹就在其列。"神农学悉老，黄帝学大真，颛顼学伯夷父，帝喾学伯招，帝尧学州文父，帝舜学许由，禹学大成执，汤学小臣，文王武王学太公望周公旦，齐桓公学管夷吾隰朋，晋文公学咎犯随会，秦穆公学百里奚公孙支，楚庄王学孙叔敖沈尹竺，吴王阖闾学伍子胥文之仪，越王勾践学范蠡大夫种，此皆圣王之所学也"）；《刺奢》（类似《韩诗外传》卷二，讲伊尹劝诫夏桀不听，遂去夏入殷，投靠商汤）。

七 《扬子法言》

见于《孝至》（说安汉公王莽"勤劳则过于阿衡"）。

八 《孔子家语》

见于《正论解》（通过伊尹故事论述"古者天子崩，则世子委政于冢宰三年"）。

九　《盐铁论》

见于《力耕》（御史大夫一派论述物资需要交换，人类需要分工，"使治家养生必于农，则舜不甄陶而伊尹不为庖"。而贤良文学一派也以伊尹为例，"昔桀女乐充宫室，文绣衣裳，故伊尹高逝游薄，而女乐终废其国"，论述物质会败坏人欲）；《非鞅》（御史大夫一派认为不能简单否定商鞅，"今以赵高之亡秦而非商鞅，犹以崇虎乱殷而非伊尹也"。贤良文学一派则认为"伊尹以尧、舜之道为殷国基，子孙绍位，百代不绝。商鞅以重刑峭法为秦国基，故二世而夺"。贤良文学这种说法，显然来自孟子）；《论儒》（御史大夫一派认为"伊尹以割烹事汤，百里以饭牛要穆公，始为苟合，信然与之霸王"，即一开始双方只是苟合。贤良文学一派则认为："伊尹之干汤，知圣主也。百里之归秦，知明君也。"即伊尹一开始就有美好的情怀，远大的理想）；《轻重》（贤良文学一派认为"伊尹、太公以百里兴其君，管仲专于桓公，以千乘之齐，而不能至于王，其所务非也。故功名隳坏而道不济"。这就不同于先秦，把伊尹和管仲完全对立起来）；《相刺》（"夫以伊尹之智，太公之贤，而不能开辞于桀、纣"，论述神圣如伊尹，遇到昏主依旧没有办法。公卿是"四海之表仪，神化之丹青"，伊尹、周、召就是三公之才，太颠、闳夭就是九卿之人）；《论诽》（为了论证孔子所言"德不孤，必有邻"。而云："故汤兴而伊尹至，不仁者远矣。"与《论语·颜渊》吻合）；《水旱》（御史大夫一派认为即便"禹、汤圣主，后稷、伊尹贤相"也会有水旱之灾，无法避免）；《论勇》（贤良文学一派提出"汤得伊尹，以区区之亳兼臣海内，文王得太公，廓酆、鄗以为天下"，都是"义服不义"的体现）。

十　《白虎通》

见于《辟雍》（论圣人之师，"传曰：黄帝师力牧。帝颛顼师绿图，帝喾师赤松子，帝尧师务成子，帝舜师尹寿，禹师国先生，汤师伊尹，文王师吕望，武王师尚父，周公师虢叔，孔子师老聃"）。

十一　《中论》

见于《贵验》（论述之所以"伊尹放太甲，展季覆寒女，商、鲁之民不称淫篡焉"，在于事情的效果得到验证）；《爵禄》（通过伊尹、孔子等人讲"求之有道，得之有命"）；《亡国》（和《孟子》一样，说伊尹"乐尧舜之道"）。

十二　《论衡》

见于《逢遇》（通过伊尹、箕子讲贤才和时遇的问题）；《吉验》（提到伊尹出生之时其母之梦）；《偶会》（同为贤才，命运完全有别）；《感类》（提及"周公曰：'伊尹格于皇天。'""伊尹死，大雾三日"等类似谶纬的话语）；《死伪》（对《晏子春秋》所载齐景公梦伊尹一事作出合理解释）；《知实》（讨论了《孟子》所见两段对于伊尹的评价）。

十三　《潜夫论》

见于《赞学》（论圣人之师，"黄帝师风后，颛顼师老彭，帝喾师祝融，尧师务成，舜师纪后，禹师墨如，汤师伊尹，文、武师姜尚，周公师庶秀，孔子师老聃"，类似《白虎通·辟雍》）；《实边》（论伊尹善于通物产之有无，"伊尹之佐汤也，设轻重而通有无，损积余以补不足，故殷治而君尊"）；《交际》（提到"伊、吕之才"）。

十四　《风俗通义》

见于《孙况》（用"伊尹去夏入殷"比照荀况之离开楚国）；《六国》（用"虽阿衡宰政，贲、育驭戎，何益于事"，来称赞伊尹的执政能力）。

十五　《孔丛子》

见于《论书》（提及伊尹放太甲于桐）；《执节》（讨论为何伊尹流放太甲，而太甲不怨。提到"昔伊挚在夏，吕望在商，而二国不理。岂伊、吕之不欲哉？势不可也"，即伊尹、吕尚都曾在敌对国做事，当命运无法转变时，即便有伊尹、吕尚这样的贤人也无济于事）。

十六　《列女传》

见于《汤妃有㜪》（"颂曰：汤妃有㜪，质行聪明，媵从伊尹，自夏适殷，勤恿治中，九嫔有行，化训内外，亦无怨殃。"说商汤的妃子好，媵从伊尹也好）；《齐管妾婧》（卑贱者不可小视，"夫伊尹，有㜪氏之媵臣也。汤立以为三公，天下之治太平。由是观之，贱可贱邪？"）。

十七 《汉书》

见于《百官公卿表上》（伊尹位列三公"舜之于尧，伊尹于汤，周公、召公于周"）；《律历志下》（记载伊尹作《伊训》之事）；《艺文志》（《道家》中有《伊尹》五十一篇，小说家中有《伊尹》二十七篇）；《礼乐志》（说殷周之雅颂，对于包括"阿衡"在内"君臣男女有功德者，靡不褒扬"）；《刑法志》（将伊尹、吕尚视为用兵之人）；《董仲舒传》（说董仲舒的地位作用，在伊尹吕尚之上）；《霍光金日磾传》（说霍光的作用、影响"虽周公、阿衡，何以加此"，与之相应的《叙传》也说霍光"立帝废王，权定社稷，配忠阿衡"）；《楚元王传》（以"伊尹、周公之位"比拟最高权位）；《楚元王传》（用伊尹故事论证"在上则引其类，在下则推其类，故汤用伊尹，不仁者远，而众贤至，类相致也"）；《公孙刘田王杨蔡陈郑传》（提到"伊吕之列"，比喻地位极高）；《杨胡朱梅云传》（提到"周召之师，伊吕之佐"等非同寻常的辅臣）；《严朱吾丘主父徐严终王贾传下》（"伊尹勤于鼎俎，太公困于鼓刀，百里自鬻，甯子饭牛"是因为不得明主）；《东方朔传》（东方朔排列历代贤臣，假设他们组成一个管理团队，"譬若以周邵为丞相，孔丘为御史大夫，太公为将军，毕公高拾遗于后，弁严子为卫尉，皋陶为大理，后稷为司农，伊尹为少府，子赣使外国，颜闵为博士，子夏为太常，益为右扶风，季路为执金吾，契为鸿胪，龙逢为宗正，伯夷为京兆，管仲为冯翊，鲁般为将作，仲山甫为光禄，申伯为太仆，延陵季子为水衡，百里奚为典属国，柳下惠为大长秋，史鱼为司直，蘧伯玉为太傅，孔父为詹事，孙叔敖为诸侯相，子产为郡守，王庆忌为期门，夏育为鼎官，羿为旄头，宋万为式道候"。反映出伊尹在当时人心中善于管理财物）；《东方朔传》（"故伊尹蒙耻辱负鼎俎和五味以干汤，太公钓于渭之阳以见文王。心合意同，谋无不成，计无不从，诚得其君也。……太公、伊尹以如此，龙逢、比干独如彼，岂不哀哉！"论述贤人得遇明君的重要）；《扬雄传》（说当时天下之士"家家自以为稷契，人人自以为咎繇，戴縰垂缨而谈者皆拟于阿衡，五尺童子羞比晏婴与夷吾"）；《王贡两龚鲍传》（说霍光的功劳"虽周公、伊尹亡以加也"）；《王贡两龚鲍传》（强调教化的重要，"舜、汤不用三公九卿之世而举皋陶、伊尹，不仁者远"）；《赵尹韩张两王传》（提及伊尹"五就桀，五就汤"）；《谷永杜邺传》（说位高权重的人"宜夙夜孳孳，执伊尹之强德，以守职匡上"）；《循吏传》

（说即便有才，也需伊尹、吕望这样的人推荐才可登进）；《货殖传》（白圭故事，类同《史记》，提到"伊尹、吕尚之谋，孙吴用兵，商鞅行法"）；《王莽传上》（王莽篡位前，下面的人将其比作伊尹、周公，因为"伊尹为阿衡，周公为太宰"，故上书劝其"采伊尹、周公称号，加公为宰衡"，并劝王莽模仿伊尹行"居摄之义"）；《王莽传中》（王莽登基后，遍封圣人后代，其中有伊尹之后，"伊玄为褒衡子，奉伊尹后"）；《礼乐志》（说古之雅颂，从君王到臣下，"有功德者，靡不褒扬"，其中提到"下及辅佐阿衡、周、召、太公、申伯、召虎、仲山甫之属"）。

十八　《说文解字》

《说文解字》："伊：殷圣人阿衡，尹治天下者。从人从尹。""栌：柱上柎也。从木卢声。伊尹曰：'果之美者，箕山之东，青凫之所，有栌橘焉。夏孰也。'""秏：稻属。从禾毛声。伊尹曰：'饭之美者，玄山之禾，南海之秏。'""侇：送也。从人夵声。吕不韦曰：'有侁氏以伊尹侇女。'古文以为训字。""爝：苣火，祓也。从火爵声。吕不韦曰：'汤得伊尹，爝以爟火，衅以牺豭。'"

十九　《焦氏易林》

此书多次重复"望尚阿衡，太宰周公"，当指能获得高位。两次重复"阿衡服箱，太乙载行"（一作"太一"），当指提供服务的人地位非常高。"服箱"意为负载车箱，驾车之意。三次重复"伊吕股肱，国富民安"；两次重复"仁圣相遇，伊吕集聚"；一次提及"伊吕百里，应聘辅国"。

二十　《文子》

《文子》成书时代有争议，当有大量先秦资料，也有两汉加入的内容，姑列于此。

见于《自然》（在阐述"一人之明，不能遍照海内，故立三公九卿以辅翼之"时提到"神农形悴，尧瘦癯，舜黧黑，禹胼胝，伊尹负鼎而干汤，吕望鼓刀而入周，百里奚传卖，管仲束缚，孔子无黔突，墨子无暖席"，即便能力最强的人依然有其弱点和短处）。

二十一 《列子》

《列子》成书时代有争议，当有大量先秦资料，也有两汉魏晋加入的内容，姑列于此。见于《天瑞》（"后稷生乎巨迹，伊尹生乎空桑"，伊尹被神化）。

汉人关于伊尹的资料，大部分和战国时代没有什么两样。但有两本书值得注意，一本是《论衡》，一本是《盐铁论》。王充因为"疾虚妄"而多次提到当时流行的谶纬之说，使得有机会保留了一些关于伊尹的神秘传说，如伊尹出生时其母之梦以及"伊尹死，大雾三日"等。《盐铁论》则向我们展示了御史大夫与贤良文学这两派对立的人物心目中的伊尹，可见伊尹到了后来完全可以被不同立场的人拿来佐证自己的观点。从而使伊尹形象的复杂程度达到极致。

第三部分 出土文献所见伊尹资料

为方便阅读，本文所引出土文献均已改写为通行文字，并交代释文出处。甲骨文中已有一些伊尹的记载，显示其地位崇高，但本文因为以思想史史料为主，故这里从略。①

一 叔夷镈

赫赫成汤，有严在帝所，溥受天命，翦伐夏司，败厥灵师，伊小臣惟槫（辅），咸有九州，处禹之堵。

叔夷镈是春秋晚期齐国青铜器。齐灵公时（前581—前554在位）叔夷所作。北宋宣和五年（1123）在临淄齐国故城出土。镈上铭文有四百九十二字。同时有编钟十三件，铭文与镈略同。铭文记叔夷伐莱有功，里面提到小臣即伊

---

① 具体可参见陈梦家《殷墟卜辞综述》，中华书局1988年版，第363页；于省吾《甲骨文字释林》，中华书局1979年版，第193—195、206页；夏毅榕《伊尹及其学术源流初探》，载魏启鹏《马王堆汉墓帛书〈黄帝书〉笺证》；蔡哲茂《伊尹（黄尹）的后代——武丁卜辞中的黄多子是谁》，载宋振豪主编《甲骨文与殷商史》新五辑，上海古籍出版社2015年版。

尹帮助商汤打败夏国之事。李守奎指出："伊尹是历史存在的真实人物，在甲骨文中地位十分显赫。伊尹官为小臣，辅佐汤灭夏有功，在商代世世血食，这应当是历史的事实。"①

二　马王堆帛书《九主》（节录）

伊尹受令于汤，乃论海内四邦□□□□□□□□□□图，□知存亡若会符者，得八主。八主适恶，专授之君一，劳［君一，半］君一，寄［主］一，破邦之主二，灭社之主二，凡与法君为九主。从古以来，存者亡者，□此九已。九主成图，请效之汤。汤乃延三公伊尹布图陈策，以明法君法臣。

伊尹既明八商之所道生。请命八商□［法］君明分，法臣分定，以绳八商，八商毕名。过在主者四，罪在臣者三，臣主同罪者二。

灭［社之主，专授之能悟者，能］用威法其臣，其臣为一，以听其君，恐惧而不敢尽［其忠］。是□□□昔扐□□施□伐仇雠，民知之无所告愬。是故同形，共谋为一，民自□。此王君所明号令，□无道，处安其民。故兵不用而邦□举。两主异过同罪。灭社之主也，过在上矣。"

后曰："哀哉！寄主！臣主同罪何也？"伊尹对曰："破邦之主，专授之不悟者也。臣主同术为一，以策于民。百姓绝望于上，分倚父兄大臣，此王君之所因以破邦也。两［主］异过同罪。破邦之理也。故曰臣主同罪。"②

马王堆帛书《九主》篇与《五行》《明君》《德圣》同抄于《老子》甲本之后，系《老子》甲本卷后第二种古佚书。该篇共五十二行，一千五六百字。原无篇名，整理小组据其内容定名为《九主》。也有学者称之为《伊尹·九主》（如李学勤、魏启鹏等）。该篇是伊尹与汤王论述九主之事。《九主》将天下君主分为九类，只有"法君"是理想的君主，而其他八种有过错的君主

---

① 李守奎：《汉代伊尹文献的分类与清华简中伊尹诸篇的性质》，《深圳大学学报》（人文社会科学版）2015 年第 3 期。叔夷镈释文也引自此文。

② 本文所引《九主》释文依据的是湖南省博物馆、复旦大学出土文献与古文字研究中心编纂，裘锡圭主编《长沙马王堆汉墓简帛集成（肆）》，中华书局 2014 年版。

（"八商"）正是需要避免的。

《史记·殷本纪》中提到伊尹对汤言"九主之事"，而自刘宋裴骃《集解》引刘向《别录》解释"九主"已有错乱，作："九主者，有法君、专君、授君、劳君、等君、寄君、破君、国君、三岁社君，凡九品，图画其形。"唐司马贞《索隐》则更是望文生义，说"九主者，三皇五帝及夏禹也；或曰：九主谓九皇也"，称刘向所称之九主"名称甚奇，不知所凭据"。说明唐人对"九主"的本义，已茫然不知。而今证之帛书《九主》，"九主"指"劓（专）授之君一，劳［君一、半君］一，寄［主］一，破邦之主二，威（灭）社之主二，凡与法君为九主"。可以校正《别录》所载之误和后人之穿凿。

此文甚长，无法全文引用，这里仅作概括。《九主》的内容基本上可以分为两大主题。其一，最高明的君主能够以天地为法则。其二，最高明的君主能够掌握形名之道。前者的思想来源可能比较早，后者只有到了战国中晚期才大行其道。因此《九主》很可能是战国时期伪托伊尹之作。

《九主》说"法君"是"法天地之则者"，"法君者，法天地之则者。《志》曰天、曰［地］、曰四时，复（覆）生万物。神圣是则，以肥（配）天地"。《九主》提到有一部名为《志》的书，其中讲到了天、地、四时的作用，以及万物的发生，"法君"必须以此为法则，使其言行能够与天地相配。这种说法很容易使人联想到司马迁用"法天则地"来形容黄帝。也容易联想到清华简《汤在啻门》中小臣（伊尹）向商汤陈述的"何以成天、何以成地、何以成人、何以成邦"的道理。

《九主》还提出"主法天、佐法地、辅臣法四时、民法万物"①，这显然是一种递进的关系，那就是"民—辅臣—佐—主"或者"万物—四时—地—天"，也就是说人间的等级可以与自然的等级相配比，不同的等级要效法不同的对象。《吕氏春秋·圜道》说"天道圜、地道方，圣人法之，所以立天下。……主执圜、臣处方，方圜不易，其国乃昌"。《吕氏春秋·行论》有"得天之道者为帝、得地之道者为三公"。这同样说的是法天则地才能获得统治地位并治理天下，也同样把"天地"的上下关系和"君臣"的等级秩序作了对比。因此这是一种比较典型的从天道到人道，人道必须符合天道的思路，在黄老道家中最为常见。

---

① 在《九主》中，臣下依据地位的不同，又分"佐"和"辅臣"两级。

《老子》第25章"人法地、地法天、天法道、道法自然"也呈现出类似的结构，即老子不仅效法天地，还在此之上进一步延伸出了"道"和"自然"，则是老子哲学的进一步发明。

《九主》还借助形名之学，来阐明作者的为君之道，此文指出君臣关系应该君操其名，臣效其实，在君主专权的前提下，形成君臣各司其职、最终无为之治的政治格局，其学说总体类似重视道法形名的战国晚期黄老思想。

三　上博简《容成氏》

《容成氏》讲述的是上古帝王传说。从容成氏一直到周武王。其中商代的部分有伊尹的记载。以下所引释文采用的是季旭升主编的《上海博物馆藏战国楚竹书（二）·容成氏》①，其中第五节可能涉及商汤让伊尹做间谍，以乱夏政，遂灭夏桀的内容。

> 汤乃谋戒求贤，乃立伊尹以为佐。伊尹即已受命，乃执兵禁暴。伴得于民，遂迷。

四　清华简《尹至》

> 惟尹自夏徂亳，逯至在汤。汤曰："格！汝其有吉志。"尹曰："后！我来越今旬日。余蠈其有夏众［不］吉好，其有后厥志其丧、宠二玉、弗虞其有众。民率曰：'余及汝偕亡。'惟滋虐德、暴动、亡典。夏有祥，在西在东，见彰于天。其有民率曰：'惟我速祸。'咸曰：'何今东祥不彰？'今其如台？"汤曰："汝告我夏隐率若兹？"尹曰："若兹。"汤盟誓及尹，兹乃柔大倾。汤往征弗附。挚度，执德不僭，自西翦西邑，戡其有夏。夏料民，入于水曰战。帝曰："一勿遗。"②

---

① 参见季旭升主编《上海博物馆藏战国楚竹书（二）读本》，台北：万卷楼图书股份有限公司2003年版。

② 本文释文参考了季旭升主编《清华大学藏战国竹简（壹）读本》，台北：艺文印书馆2013年版。

《尹至》全篇叙述夏因失去民心而灭亡的过程。主要内容讲伊尹从夏回到商，告诉商汤在夏的所见所闻，由于夏桀施行暴政，百姓甚至说"余及汝偕亡"。而且夏已经出现种种灾异，于是商汤决定实施征夏计划。这则故事显然发生于商汤取代夏桀之前。从"惟尹自夏徂亳"来看，印证了伊尹有过深入夏国的经历。《尹至》和《尹诰》一样，都扣紧了民心所向这一主题。李守奎认为："《尹至》《尹诰》是两篇性质相同、战国中期已经普遍流传的《商书》类文献。"① 内容可与《尚书·汤誓》《吕氏春秋·慎大》《史记·殷本纪》对读。②

五　清华简《尹诰》

惟尹既及汤咸有一德，尹念天之败西邑夏，曰："夏自绝其有民，亦惟厥众，非民亡与守邑，厥辟作怨于民，民复之用离心，我捷灭夏。今后胡不监？"挚告汤曰："我克协我友。今惟民远邦归志。"汤曰："呜呼，吾何祚于民，俾我众勿违朕言？"挚曰："后其赉之，其有夏之[金]玉实邑，舍之吉言。"乃致众于亳中邑。③

《尹诰》就是《尚书》中的《咸有一德》，不过这和伪古文《尚书》中的《咸有一德》完全不是一回事，而是真正的古文《尚书》。④ 有关论证可参前文所引《尚书·尹诰》的部分。杜勇指出："商汤在篇中只有提问，并无实质性的谈话内容。而伊尹一言夏朝背弃民众招致亡国的历史教训，二言商朝新立民心不附的政治危机，三言赉民致众的治国方略，正体现出本篇为伊尹之诰。"⑤

---

① 李守奎：《汉代伊尹文献的分类与清华简中伊尹诸篇的性质》，《深圳大学学报》（人文社会科学版）2015 年第 3 期。

② 李学勤认为"《慎大》的作者曾见到这篇《尹至》或类似文献"。参见李学勤主编《清华大学藏战国竹简（壹）》，中西书局 2010 年版，第 127 页。

③ 释文参见清华大学出土文献研究与保护中心编，李学勤主编《清华大学藏战国竹简（壹）》，中西书局 2010 年版。

④ 详参李守奎《汉代伊尹文献的分类与清华简中伊尹诸篇的性质》，《深圳大学学报》（人文社会科学版）2015 年第 3 期。

⑤ 杜勇：《清华简〈尹诰〉与晚书〈咸有一德〉辨伪》，《天津师范大学学报》（社会科学版）2012 年第 3 期。

六　清华简《赤鹄之集汤之屋》

日古有赤鹄，集于汤之屋，汤射之获之，乃命小臣曰："旨羹之，我其享之。"汤往□。小臣既羹之，汤后妻纴芿谓小臣曰："尝我于尔羹。"小臣弗敢尝，曰："后其［杀］我。"纴芿谓小臣曰："尔不我尝，吾不亦杀尔？"小臣自堂下授纴芿羹。纴芿受小臣而尝之，乃昭然，四荒之外，无不见也；小臣受其余而尝之，亦昭然，四海之外，无不见也。汤返廷，小臣馈。汤怒曰："孰调吾羹？"小臣惧，乃逃于夏。汤乃□之，小臣乃眜而寝于路，视而不能言。众鸟将食之，巫乌曰："是小臣也，不可食也。夏后有疾，将抚楚，于食其祭。"众鸟乃讯巫乌曰："夏后之疾如何？"巫乌乃言曰："帝命二黄蛇与二白兔居后之寝室之栋，其下舍后疾，是使后疾疾而不知人。帝命后土为二陵屯，共居后之床下，其上刺后之体，是使后之身疴蛊，不可及于席。"众鸟乃往。巫乌乃歠小臣之喉胃，小臣乃起而行，至于夏后。夏后曰："尔惟谁？"小臣曰："我天巫。"夏后乃讯小臣曰："如尔天巫，而知朕疾？"小臣曰："我知之。"夏后曰："朕疾如何？"小臣曰："帝命二黄蛇与二白兔，居后之寝室之栋，其下舍后疾，是使后梦梦眩眩而不知人。帝命后土为二陵屯，共居后之床下，其上刺后之身，是使后混乱甘心。后如撤屋，杀黄蛇与白兔，发地斩陵，后之疾其瘳。"夏后乃从小臣之言，撤屋，杀二黄蛇与一白兔；乃发地，有二陵麠，乃斩之。其一白兔不得，是始为陴丁诸屋，以御白兔。[①]

此文讲述了一个非常离奇的故事，巫术色彩非常浓厚。汤射获一只赤鹄（也有学者读为"鸠"），令小臣（伊尹）做成羹汤，汤的妻子强迫伊尹把羹给她吃，还让伊尹自己也吃，结果两人都具备了神奇的能力，伊尹因为害怕汤的惩罚而逃往夏国，结果商汤诅咒伊尹，伊尹倒在路边不能动弹，一群乌鸦要吃了伊尹，被为首的神鸟制止。伊尹能够听懂乌鸦们的话，知道上帝派了黄蛇、白兔作祟，要让夏桀生病。神鸟帮助伊尹恢复了健康，之后伊尹去了夏

---

① 释文参见清华大学出土文献研究与保护中心编，李学勤主编《清华大学藏战国竹简（叁）》，中西书局2012年版。

桀之处，帮助他斩杀了作祟的动物，得到了夏桀的信任，但一只白兔逃跑了。

因此此文印证了商汤曾用苦肉计让伊尹进入夏国刺探情报的传说，这一点传世文献有所体现，例如《吕氏春秋·慎大》，但不如此文之描述详细丰满。另外此文也印证了《汉书·艺文志》著录《伊尹》二十七篇的可靠性。但我们不能因为此文具有小说风格，就将其与《尹至》《尹诰》区别对待，因此文和《尹至》《尹诰》乃至《汤处于汤丘》的内容是可以对应的。《赤鹄之集汤之屋》未完的部分，应该是伊尹探明夏的国情民情，最终潜回商国，这就和《尹至》可以接应起来。

七　清华简《良臣》

　　唐有伊尹。

《良臣》记载黄帝以来到春秋时期的良臣，伊尹也在其中。"唐"即商汤。

八　清华简《汤处于汤丘》（节录）

　　汤处于唐丘，娶妻于有莘，有莘媵以小臣。小臣善为食烹之和，有莘之女食之，绝芳旨以粹，身体痊平，九窍发明，以道心嗌，舒快以恒。汤亦食之，曰："允！此可以和民乎？"小臣答曰："可。"乃与小臣慗谋夏邦。

　　古之先圣人何以自爱？不事问，不居疑；食时不嗜饕，五味皆哉，不有所重；不服过文，器不雕镂；不虐杀；与民分利。此以自爱也。①

此篇由 19 支竹简组成，约 600 字，内容完整无缺，这里是节选。从编痕位置看，《汤在啻门》《汤处于汤丘》两篇当时很可能被编连在一册，《汤在啻门》排在《汤处于汤丘》之前。此文借助"食烹之和"来阐述"和民"思想，认为只有"和利万民"才能强大商邦、顺从天意、征伐夏桀。其"和"的观念

---

　　①　释文参见清华大学出土文献研究与保护中心编，李学勤主编《清华大学藏战国竹简（伍）》，中西书局 2015 年版。

和表达方式与《国语》《左传》《吕氏春秋》等文献所载烹调之道及其治国理念属于同一系列。

《汤处于汤丘》的时间设计是很清楚的，那就是在伊尹成功地"以滋味悦汤"之后，被作为间谍派往夏国之前。此文先讲伊尹如何善于"食烹之和"，因为受到商汤赏识，话题转到"和民"之道以及灭夏大计。但这时伊尹病了，于是商汤不顾自己身份尊贵，三顾茅庐前往伊尹住地请教，甚至引起侍从的不满。伊尹向商汤阐述了夏桀为什么离心离德，征伐夏桀之前该如何自重、爱民，以及如何让臣下用命。

《汤处于汤丘》开头部分在讲述"乃与小臣惎谋夏邦"后，接下来没有讨论具体的计策，而是开始讲伊尹患病，"三月不出"，成汤"反复见小臣，归必夜"，以至于引发身边近臣不满的事。这和《史记·殷本纪》所见"伊尹处士，汤使人聘迎之，五反然后肯往从汤，言素王及九主之事"可以形成对照，只不过所言之事有所不同。

伊尹对话的内容可以分为这样几个部分。第一，夏桀之德非常败坏，已经不可能再拥有天下。第二，因为成汤敬天爱民，举伐夏国一定会成功。第三，小臣告诉成汤，古之圣人如何自爱，那就是做事不走极端，懂得与百姓分利。第四，小臣告诉成汤，该如何为君为臣，那就是为君要爱民，为臣要恭命。

此文最为引人注目的是伊尹关于"和"的论述，这是以往的伊尹文献中所少见的（《吕氏春秋·本味》有一些），不但助于我们了解伊尹"以滋味悦汤"的具体内涵，也可以为战国时期"和"思想提供新的资料，因此具有较高的思想价值。

上博简《天子建州》有一段话，也涉及"和"，可能与《汤处于汤丘》有关，"洛尹行身和二，一喜一怒"。结合这段话前面关于文武、阴阳的记载，我们理解这里可能说的是洛尹"立身行事"不走极端，善于调和阴阳喜怒之气，实行中和之道。林文华推测"洛尹"就是"伊尹"，因伊、洛地理相近，"伊尹"又称为"洛尹"。[1] 这虽然属于推测，但从伊尹的思想特征看，确实可以关联起来。

---

① 林文华：《〈天子建州〉零释》，简帛网，2007 年 10 月 10 日。

九　清华简《汤在啻门》（全文）

正月己亥，汤在啻门，问于小臣："古之先帝亦有良言情至于今乎？"小臣答曰："有哉。如无有良言情至于今，则何以成人？何以成邦？何以成地？何以成天？"

汤又问于小臣曰："几言成人？几言成邦？几言成地？几言成天？"小臣答曰："五以成人，德以光之；四以成邦，五以相之；九以成地，五以将［之］。九以成天，六以行之。"

汤又问于小臣曰："人何得以生？何多以长？孰少而老？胡犹是人，而一恶一好？"小臣答曰："唯彼五味之气，是哉以为人。其末气，是谓玉种。一月始扬，二月乃裹，三月乃形，四月乃固，五月或收，六月生肉，七月乃肌，八月乃正，九月显章，十月乃成，民乃时生。其气潜歇发治，是其为长且好哉。其气奋昌，是其为当壮。气融交以备，是其为力。气促乃老，气徐乃献，气逆乱以方（疒），是其为疾殃。气屈乃终，百志皆穷。"

汤又问于小臣曰："夫四以成邦，五以相之，何也？"小臣答曰："唯彼四神，是谓四正，五以相之，德、事、役、政、刑。"

汤又问于小臣："美德奚若？恶德奚若？美事奚若？恶事奚若？美役奚若？恶役奚若？美政奚若？恶政奚若？美刑奚若？恶德奚若？"小臣答［曰］："德潽明执信以义成，此谓美德，可以保成；德变亟执讷以亡成，此谓恶德，虽成又渎。起事有获，民长赖之，此谓美事；起事无获，疒（病）民无故，此谓恶事。起役时顺，民备不用，此谓美役；起役不时，大费于邦，此谓恶役。政简以成，此谓美政；政祸乱以无常，民咸解体自恤，此谓恶政。刑轻以不方，此谓美刑；刑重以无常，此谓恶刑。"

汤又问于小臣："九以成地，五以将之，何也？"小臣答曰："唯彼九神，是谓地真，五以将之，水、火、金、木、土，以成五曲，以植五谷。"

汤又问于小臣："夫九以成天，六以行之，何也？"小臣答曰："唯彼九神，是谓九宏，六以行之，昼、夜、春、夏、秋、冬，各司不懈，此惟事首，亦惟天道。"

> 汤曰："天尹，唯古之先帝之良言，则可以改之。"①

这是一篇思想性很强的文章，内容是汤向小臣请教留存于今的"古之先帝之良言"，也就是说古之先帝是如何认识把握人世间最为根本问题的。这个根本问题可以总结为"何以成人？何以成邦？何以成地？何以成天？"四大问题。即构成"人""邦""地""天"各自最为重要的因素究竟是什么。伊尹的回答简明而神秘，那就是"五以成人，德以光之；四以成邦，五以相之；九以成地，五以将［之］。九以成天，六以行之"。作者有好用数字传递宇宙间重要信息的倾向，这些数字中"五"出现最多，显然，此文具有"五行"的意识，出现了"五以成人""五以相之""五以将之""五味之气""五曲""五谷"等说法，而且明确出现了"水、火、金、木、土"的排列。② 文中还有关于十月怀胎、以气养生等重要论述。而无论是用气养生，还是对"天""地"运行规律的遵循，都最终为了治国。因此，在传世文献中《吕氏春秋·先己》以下这段话可以说最具参考价值：

> 汤问于伊尹曰："欲取天下若何？"伊尹对曰："欲取天下，天下不可取。可取，身将先取。"凡事之本，必先治身，啬其大宝。用其新，弃其陈，腠理遂通。精气日新，邪气尽去，终其天年。此之谓真人。"

如果说"地真"是地之神，"九宏"是天之神，"四正"是国之神，那么，关于人的描述，虽然没有提到人之神，可以说也已经呼之欲出了，那就是既能够用"气"养生，又能把握天地之道、懂得治国之道的《吕氏春秋·先己》中的"真人"。所以，在《汤在啻门》中，伊尹就是天道代言人。

总之，清华简这五篇伊尹文献，把传世文献以及其他出土文献所见伊尹的主要特征全都涵盖进去了。如出身卑贱、以滋味悦汤；以间谍身份进入夏地；作为天道代言者开启商汤；作为政治引领者辅佐商汤。因此，远远超过

---

① 本释文是笔者参照整理者李守奎的释文、注释以及学界已有研究成果，加以裁断调整的结果。整理者释文参见清华大学出土文献研究与保护中心编，李学勤主编《清华大学藏战国竹简（伍）》，中西书局 2015 年版。

② 关于《汤在啻门》所见"五"的观念，笔者有详细研究，参见曹峰《清华简〈汤在啻门〉所见"五"的研究》，台湾《哲学与文化》2017 年第 10 期。

传世文献，成为目前所见最集中、最系统的伊尹资料，在战国中期的楚国，会有如此多的伊尹资料集中出现，可以想见伊尹对于当时中国思想界的影响。从而也说明战国时代为什么会有那么多的伊尹资料可供他们从多面向加以运用。

小　结

从以上搜集和整理的传世文献与出土文献来看，无论是前诸子时代还是诸子时代①，伊尹都占据着思想舞台的中心，在很长一段时间里，都是人们津津乐道，反复消费的话语对象。因此，对于伊尹的研究，可以影响到先秦秦汉思想史始终。如果按照后世经史子集的文献分类，伊尹在里面全部都可以找到。

伊尹具有这样一些特征，是我们在从事思想史研究时必须加以重视的。第一，伊尹故事具有完整性，例如他出身卑微，以庖人身份接近商汤，以滋味悦汤，以用间的方式深入夏国，与商汤共谋灭夏，太甲期间又代立当国，先流放太甲，后归政太甲（但《竹书纪年》有另外的说法）。是一名具有神奇经历、非凡智慧的辅臣、能人、贤人。在三代人物中，这样的完整性是比较少见的，这使他既形成了一个正统政治家的形象，也有可能被小说作夸张的刻画，甚至被涂上神秘的色彩。当然，时代越晚，其形象越丰满，这符合层累形成的规律，但伊尹形象为何能够层累形成，不同历史阶段具有哪些不同时代要求，诸子从他身上吸收了哪些资源，又创造了哪些资源，是非常值得研究的。

第二，伊尹的地位极为重要，作为商汤辅臣、五朝元老，他在历史上留下了重要的痕迹，在各种叙事中往往和周公、太公、管仲放在一起。甚至高于管仲，仅被视为周公、太公一类的帝师。

第三，历史上留下了很多以伊尹为主角的文献，传至今天的《尚书》中有《伊训》、《太甲》上中下三篇和《咸有一德》，共计五篇，都是古文，真

---

① 笔者认为，前诸子时代还要分为两类，那就是孔老这一类"非典型诸子"之前的前诸子时代和孟庄这一类战国诸子之前的前诸子时代，对于孟庄等战国诸子而言，孔老等春秋诸子就是"前诸子"。两种不同的诸子面临的时代、思想、知识背景大为不同，因此考虑的问题、形成的文风也大为不同。关于这个问题，笔者将另文撰述。

伪存疑，但即便是依托，也说明历史上曾经存在过。《史记》的记载则有《女鸠》、《女方》、《伊训》、《肆名》、《徂后》、《咸有一德》、《太甲》上中下①，甚至还可能包括《汤誓》。里面有一些是代表最高政治意志的诰体文献（如清华简《尹诰》），有一些是用于教导训诫的训体文献（如《伊训》）。某种意义上讲，伊尹留下的文献比周公都多，在三代文献中属于代表商人政治思想的最重要的作品。如清华简所示，后世还产生了不少以伊尹为主角的"帝师类文献"，用于阐述天道、养生、和民等重大问题。因此伊尹文献作为一种重要的思想资源曾经在思想史上产生重大影响。

第四，伊尹形象极为复杂，他的一生充满起伏，具有戏剧性，早年身份卑贱，以善于烹调闻名，后来用烹调原理阐明为政之道，获得商汤欣赏，共谋灭夏，成为开国元勋。后来成为摄政大臣，但并没有代而自立。他极为能干，也极为博学，这一点在前引资料中多次提及，连《说文解字》都多次引用伊尹的话作为举证，如"栌：柱上柎也。从木卢声。"这一条就引了"伊尹曰：'果之美者，箕山之东，青凫之所，有栌橘焉。夏孰也。'""秏：稻属。从禾毛声。"这一条引了"伊尹曰：'饭之美者，玄山之禾，南海之秏。'"可见很长一段时间里，以伊尹的名义传承的知识、技术系统不在少数，这一点和黄帝类似。正因为这样，伊尹可以被社会各个层次全方位地接受、利用和诠释。例如战国时代贤能政治大为流行之际，有为的君主必须不拘一格、降尊纡贵发掘人才，而底层的士人则需要利用一切手段吸引君主。因此，像伊尹这样的富有戏剧性和多元色彩的人物比较容易成为战国流行的"说体文"中的重要角色。

第五，《伊尹》为何能够列于《汉书·艺文志》道家类之首，且有五十一篇，仅仅通过先秦两汉传世文献资料来看，确实很难理解。因为除了《吕氏春秋》的《先己》《本味》等几篇有若干关联，并无太多好的例证。然而，出土文献的大量出现，却大大改变了这种局面。例如马王堆帛书《九主》，如前文所示，和重视法天则地的黄帝知识思想系统显然相关，也和重视刑名的黄老之学有关，这两者的结合，在马王堆帛书《黄帝四经》中结合最为紧密，而《九主》与《黄帝四经》同时出土，应该不是偶然的事。姚振宗说："道

---

① 从《史记》引用的顺序来看，司马迁所看到的《咸有一德》早于《伊训》及《太甲》上中下，所以不可能是伊尹诰太甲的。

家之言，托始黄帝。史言伊尹从汤，言素王之事，盖亦述黄虞之言为多。此其所以为道家之祖，而老子犹其后起者也。"① 姚振宗并没有见到《黄帝四经》，但显然他的感受是敏锐的，即这是不同于老子的另外一个道家系统。在这个道家系统中，《伊尹》可能占有重要的一席之地。这个道家系统，强调天道的绝对性、养生的重要性，把天地人看作互动的、和谐的系统，注重把握事物背后的根本原理、规律、法则，注重利用数术、鬼神等自然规则、禁忌的力量，注重对于事物关系与走向的把握（这也就是谋略），注重现实政治效果的长久与完美，这些特征在清华简《汤处于汤丘》与《汤在啻门》中可以看到。例如《汤在啻门》站在"何以成人？何以成邦？何以成地？何以成天？"的宇宙观高度考虑问题。另外，笔者在考察《汤在啻门》之际曾经指出，"《汤在啻门》体现出养生以治国的思想特色，黄老道家尤其重视这个问题。伊尹是道家的重要人物，'地真'是特有的道教用语，'四神'、'九神'、'天尹'也很有可能和道家、道教中的'神人'、'真人'、'天人'等神仙有关，因此后世道家、道教可能从《汤在啻门》这类文献中吸收过资源。就鬼神观而言，《汤在啻门》既重视鬼神，又不惟鬼神，既重视人的理性思考，又借重鬼神作为禁忌所能产生神秘力量，因此和将鬼神视为绝对力量的墨家无关，思想倾向更接近黄老道家"②。《汤处于汤丘》的话题和生命之源、生命之和有关，郭梨华将《汤处于汤丘》与《汤在啻门》两者并论，从"味"与"气"的关系角度出发，提出："可以发现清华简这两篇简文，确实在殷商之'和羹'思维的流传中，开展出属于'味—气'论述之特质，展现出既有道家思想的传承，又与战国时期《管子》思想有所关联，这正展现其归属黄老思维的特质。"③

郭梨华把出土文献所见伊尹资料分为三类，"一类是与《尚书》、伪古文《尚书》有关之清华简（一）之〈尹至〉、〈尹诰〉；一类是夹杂史事的野史或小说类记载，如〈赤鸠之集汤之屋〉与部分之〈汤处于汤丘〉；还有一类是与思想论述有关，可探究其中之哲学义理，如部分之〈汤处于汤丘〉、〈汤在啻门〉、〈九主〉"。第三类的大量出现尤其重要，为我们解决伊尹和道家尤其

---

① 姚振宗：《汉书艺文志条理》，载《二十五史补编》，第 2 册，开明书店 1936 年版。
② 曹峰：《清华简〈汤在啻门〉所见"五"的研究》，台湾《哲学与文化》2017 年第 10 期。
③ 郭梨华：《出土资料中的伊尹与黄老思想》，台湾《哲学与文化》2017 年第 10 期。

是黄老道家的关系，提供了重要线索。关于伊尹成为黄老学代言人的原因，袁青也作过重要研究，他提出了以下几条重要的论据：（1）伊尹与儒墨的关系不如尧舜那样密切，客观上为伊尹成为黄老学象征提供了有利条件；（2）伊尹的帝师身份与黄老学文献多为帝师类文献相合；（3）伊尹事迹和传说与黄老学思想具有一致性。①

至于《韩非子》认为伊尹的政治主张就是"法术赏罚"，《盐铁论》中御史大夫认为伊尹和商鞅不冲突，很可能也是受到伊尹身上黄老道家特色的影响。

第六，再来看伊尹与儒家的关系。李守奎曾经指出：

> "小臣"一职，在商代与西周初年地位显赫，学者多有论述。西周中晚期以降，渐渐沦为台臣奴仆。《礼记·礼运》："故政不正，则君位危；君位危，则大臣倍，小臣窃。"其中的小臣与大臣相对，指的是地位低下而大权在握的人。伊尹曾为小臣这个历史的事实流传下来，但战国人已经不知道商代"小臣"的真实身份，按照当时的理解，将其曲解为媵臣，进而理解为庖人，演绎出以"滋味干汤的故事"，当时的孟子就不相信这是事实。②

李守奎从"小臣"一职演变的角度，指证伊尹曾为媵臣、庖人，是后世演绎出来的，因此孟子看到的是本来的伊尹面貌，史学界也确实有人论证伊尹就是与商汤结盟灭夏的部族首领，他们两者的关系类似周文王与太公望的关系③，这确实有一定的道理。但是通过前面文献梳理可知，这一传说在《墨子·尚贤上》中已经出现，"汤举伊尹于庖厨之中，授之政"，因此并不是无本之木，孟子也知道当时社会上流行这一话题，他选择不信的理由，很可能

① 具体可参见袁青《伊尹与早期黄老之学》，《中州学刊》2019 年第 8 期。

② 李守奎：《汉代伊尹文献的分类与清华简中伊尹诸篇的性质》，《深圳大学学报》（社会科学版）2015 年第 3 期。

③ 参见徐喜辰《论伊尹的出身及其在汤伐桀中的作用》，《人文杂志》1990 年第 3 期；张碧波《伊尹论——兼论中国古代第一代文化人诸问题》，《学习与探索》2004 年第 2 期；蔡哲茂《伊尹（黄尹）的后代——武丁卜辞中的黄多子是谁》，载宋振豪主编《甲骨文与殷商史》新五辑，上海古籍出版社 2015 年版。蔡哲茂认为"伊尹之于商汤，犹如姜尚之于周武王，二者都是以舅氏的身份辅佐商周的君王建立新王朝，并且都存在着联姻关系"。

来自《尚书》等经典中的伊尹形象。经过孔子等儒家的整理，尧舜以及三代文献具有了一脉相承的可能性，通过《孟子·万章上》可以看出，孟子对于《尚书》所见的伊尹从政经历及其政治学说是比较熟悉的，因此说伊尹"乐尧舜之道"，并将其精神实质向"仁义之道"靠拢。

但我们认为这只是孟子个人的有意解读而已，从前面整理的文献来看，伊尹具有非常复杂的面向，其他各家如道家、小说家也可以借助伊尹多元的思想、特殊的经历阐述学说、撰写小说，不然很难理解《汉志》为何要把伊尹列入道家及小说家类，而非儒家类。孟子对"伊尹之志"精神实质的总结主要从他牺牲小我、服务大众的角度出发，与杨朱正好形成对照，至于伊尹"和"的观念、伊尹的天道观、伊尹的养生观等，或者孟子没有看到，或者就是被孟子有意识排除了，因为这样一位与周公地位等同的人物不纳入儒家谱系是可惜的，因此孟子作了相当的努力。

然而其他各家也同样在消费伊尹，其中道家、小说家可能最为成功，这一点以文献的形式，在《艺文志》中得到了充分的反映。在战国时期求贤若渴、个人命运会发生巨大变化的时代，伊尹被挖掘出来，作为挑战命运、能屈能伸的象征，绝非偶然，一定在其身上有过类似的特征，才有可能被进一步放大和演绎。同时，战国时代是一个渴望从无序走向有序的时代，伊尹作为政治经济能臣的形象，作为谋略之士的形象，作为熟悉天道物产的智者形象，作为积极有为又不墨守成规的改革形象被不断地开发出来，这就是伊尹会在战国时代诸子之间大放光彩的原因。到了汉代，虽然还在延续战国时代的伊尹话题，但是重点开始转移，伊尹维护中央集权，可以有天下但不有天下的事迹受到更高的颂扬，而孟子对于伊尹的评价，借助儒学的流行，借助贤良文学的努力，开始占据上风，这也是《艺文志》著录了那么多作为道家、小说家文献的《伊尹》，后世却没有一本传世的原因。

总之，伊尹作为前诸子时代最重要的人物之一，是不可能不被诸子们消费的。这种消费本身，应该成为先秦秦汉思想史研究的重要一环。

德治、礼教与共同体意识

——试论祭公谋父的政治思想[*]

朱 承

摘　　要　祭公谋父的政治思想主要表现为德治与礼教，他主张"耀德而不观兵"的治理思想，反对滥用武力，主张推行修德、利民和文教的治理策略。在礼治天下的问题上，他主张依照先王所定下的礼制制度来构造依礼和谐的天下秩序。祭公谋父的政治思想中蕴含了共同体意识，他将天下看成一个有中心、有边缘的差序格局共同体，在这个共同体里，和平发展是最为重要的价值，亲亲尊尊是保证秩序稳定的伦理和政治原则，而尊重传统、尊重礼制的普遍共识对于解决共同体成员的分歧来说不可或缺。

关 键 词　祭公谋父；德治；礼制；共同体意识

作者简介　朱承，华东师范大学中国现代思想文化研究所暨哲学系教授，博士生导师，研究方向主要为中国哲学、政治哲学。

祭公谋父是周公的直系后裔，其事迹、思想并不多见于中国古代思想文献资料的记载中。在不多的传世文献记载中，大致上有两条最广为流传，一

---

* 本文原载《孔学堂》2022 年第 4 期。

条是《左传》里楚左使倚相所言："昔穆王欲肆其心，周行天下，将皆必有车辙马迹焉。祭公谋父作《祈招》之诗，以止王心。"（《左传》昭公十二年）这里说的是祭公谋父反对周穆王出游并作诗劝谏的事迹。另一条就是本文即将讨论的《国语·周语》的"祭公谏征犬戎"，说的是祭公谋父反对周穆王征讨犬戎之事，《史记·周本纪》里也有记述此事。[①]《左传》的转述比较简略，而《国语·周语》里的内容相对翔实。祭公谋父在中国思想史上出场不多，但这两条内容都是其高光时刻，主要关乎祭公谋父以"从道不从君"的姿态来劝谏周穆王，反映了祭公谋父在重大政治问题上的立场和态度，是其政治思想的直接体现。李学勤先生曾指出，"祭公谋父的政治思想，上承周公，下启儒家的端绪，与金文亦可印证，值得注意"[②]。就《国语》的记述而言，祭公谋父提出了"耀德而不观兵"的思想，陈述了西周"五服制"的天下格局，展现了西周的德礼观念与共同体意识，以下将对此申述之。

一　耀德而不观兵

政府依靠什么形成并维护公权力的权威？这是政治哲学思考中的重要问题。现代政治哲学的核心主张是"人民同意"赋予了政府合法性，作为民意代表的政府集中了人民的意志，故而有着推行政令、从事治理的权威性。而在早期儒家哲学里，政府的权威很大程度上来源于为政者（特别是君主）推行的德治，德治既是天命眷顾的依据，也是百姓拥戴君主及其政权的前提，所谓"皇天无亲，惟德是辅；民心无常，惟惠是怀"（《尚书·周书·蔡仲之命》）。周初统治者深谙"以德配天""敬德保民"之道，认为只有德治才能获得人民的拥戴和天下的长治久安，故而主张"以德治国"，这一思想为祭公谋父所发挥。

周穆王意图以"不享"之罪名来兴兵征讨犬戎，祭公谋父极力劝阻，而其劝阻的理论依据之一就是在治理天下的过程中首要依靠的是"德"，依靠德治让人心悦诚服而不是诉诸武力让人屈服。《国语》上记述：

---

① 参见（汉）司马迁撰《史记》，中华书局 1959 年版，第 1 册，第 135—136 页。
② 李学勤：《祭公谋父及其德论》，《齐鲁学刊》1988 年第 3 期。

> 穆王将征犬戎，祭公谋父谏曰："不可！先王耀德不观兵。夫兵，戢而时动，动则威；观则玩，玩则无震。"是故周文公之《颂》曰："载戢干戈，载櫜弓矢；我求懿德，肆于时夏。允王保之。"先王之于民也，茂正其德而厚其性；阜其财求而利其器用；明利害之乡，以文修之，使务利而辟害，怀德而畏威，故能保世以滋大。（《国语·周语上》）

祭公谋父主张，无论在什么情况下都不要随便诉诸武力，而是要依靠德治手段解决问题。换言之，在天下治理中，首先要做的是宣扬德治而不是炫耀兵威，即"耀德而不观兵"。祭公谋父的理由可以分作三个层面去理解。一是统治者滥用武力使民众失去对于政权的信任，随意以武力予以恐吓，将导致人们对于政权的敌视。老子说："民不畏死，奈何以死惧之？"（《老子》第74章）孔子也说："自古皆有死，民无信不立。"（《论语·颜渊》）民众一旦对政权不再信任，使用暴力恐吓是达不到效果的。因此，动用武力要慎之又慎，使用武力要达到明确的效果，不动则已，一动就要展现出其威力，而不是在随意滥用武力中失掉民心，失掉民心的政权将岌岌可危。二是先王留下了讲求美德治理的优良政治传统，祭公谋父以先王的德治传统作为论据，希望穆王遵循这一传统，因为正是德治传统使得周代赢得并保有天下，也只有继续实行德治才可能继续壮大。三是德治本身是符合民众本性发展及其利益诉求的，引导并鼓励民众巩固其自身的德性，创造条件满足民众的生活欲求，制定礼法让民众明确行动的界限，这几条就是德治顺应民众本性及其利益诉求的本质所在。祭公谋父从反正两个方面说明了"耀德而不观兵"的理由，概言之，观兵有害，德治有利。在这种利害关系的情势下，穆王应该如何选择，自然不言自明。

为了加强上述观点的论证，祭公谋父还对周穆王进行了"家史""国史"教育，以强化说明周王室一直以来的德治传统。他说道：

> 昔我先世后稷，以服事虞、夏。及夏之衰也，弃稷弗务，我先王不窋用失其官，而自窜于戎、翟之间，不敢怠业，时序其德，纂修其绪，修其训典，朝夕恪勤，守以惇笃，奉以忠信，奕世戴德，不忝前人。至于武王，昭前之光明，而加之以慈和，事神保民，莫不欣喜。商王帝辛，

大恶于民，庶民弗忍，欣戴武王，以致戎于商牧。是先王非务武也，勤恤民隐而除其害也。(《国语·周语上》)

祭公谋父祖述先人无论在什么时候都谨守德性、推行德治并勤于利民、保民之事，从后稷、不窋等远祖一直说到武王。远祖们无论作为农官还是杂处戎狄之中，无论是为官还是为民，都能恪守德性，继承并弘扬先人的德行，以德履职、以德处世，没有形成以武立国的传统。在祭公谋父看来，周武王虽然动了刀兵取得天下，但这并不是崇尚武力、滥用武力，而是为了救民于水火中的不得已之举。祭公谋父对于周人祖先事迹的简述，是为了强调德治是周之所以为周、周之所以能得天下的原因在于"德"使得家族绵延不息、发展壮大而受世人拥戴，也就是说周人最终能够拥有天下的合法性在于其弘扬了德性、推行了德治。至于周武王动用武力，正如后世儒家为"武王伐纣"正当性的辩护一样，祭公谋父认为"武王伐纣"恰恰也是德治的体现，是不忍天下人遭受纣王暴虐的戕害而实施的无奈之举。孟子曾为"武王伐纣"进行辩护：

> 齐宣王问曰："汤放桀，武王伐纣，有诸？"孟子对曰："于传有之。"曰："臣弑其君，可乎？"曰："贼仁者谓之贼，贼义者谓之残，残贼之人谓之一夫。闻诛一夫纣矣，未闻弑君也。"(《孟子·梁惠王下》)

"弑君"是有悖于儒家"忠君"之德的，齐宣王抓住这一点诘问孟子，而孟子有力地回击了齐宣王对儒家之道的挑衅。孟子认为君之所以为君，是因为有仁有义，而丧失了仁义之人，不再拥有为君的合法性，故而"伐纣"只不过是去"诛杀"一个不仁不义的普通人而已。孟子以是否合乎仁义为"武王伐纣"进行了有力辩护，这和祭公谋父为武王使用武力推翻杀商纣的方式一样。虽然使用的是武力，但其动机和依据在于德治能够更好、更广泛、更持久地得到推行，因此这与"耀德而不观兵"的主张并不矛盾。通过对祖先事迹的讲述，祭公谋父以诉诸历史合理性的思路再一次强化了推行德治的重要性。

由上可见，祭公谋父比较有力地论证了"耀德而不观兵"，并指出了德治的内涵在于厚民之性、顺民之求、导民之行，这一主张既是周代德治传统的延续，又对周代德治的具体方略与措施有所展现，也与后世儒家所宣扬的为政以德、王道仁政、德礼之教的政治思想在逻辑上是相洽的，是儒家推行王道、崇尚和平、拒斥霸道、反对战争的命运共同体理念的宣示。

二 德礼服人

为了打消穆王征伐犬戎的念头，在阐述了"耀德而不观兵"的政治理念之后，祭公谋父又从礼治制度和礼教精神上予以论证。这里所涉及的具体制度是周代天子与诸侯所奉行的"服制"，《周礼·夏官·职方氏》中曾提到"九服之邦国"，这里的"服"，按郑玄所解："服，服事天子也。《诗》云：'侯服于周。'"① 具体来说，就是以周天子及其所居之王畿为中心，按照距离王畿的远近，以礼仪制度来明确诸侯对于天子的伦理和政治义务。② 据《国语》记述，祭公谋父用"五服制"来说明周天子与犬戎之间处在合乎礼制的关系中，即使偶有冒犯，周天子也要以礼教人、以德律己，而不能随意兴征伐之事。

在早期中国思想文献里，关于"五服制"，除《国语》里所记述的之外，更早也更权威的《尚书》里对先周时期的服制也有类似记载：

> 五百里甸服：百里赋纳总，二百里纳铚，三百里纳秸服，四百里粟，五百里米。五百里侯服：百里采，二百里男邦，三百里诸侯。五百里绥服：三百里揆文教，二百里奋武卫。五百里要服：三百里夷，二百里蔡。五百里荒服：三百里蛮，二百里流。（《尚书·禹贡》）

在《尚书》的记载里，五服制共有五个层级，分别是甸服、侯服、绥服、要服和荒服，每个层级另有细分，规定了诸侯对天子具有亲疏差等之别的义务关系。在《国语》中，祭公谋父也叙述了周代先王所确立的五服制：

---

① 《十三经注疏》整理委员会整理：《周礼注疏（十三经注疏）》，北京大学出版社2000年版，第1030页。

② 齐义虎认为，"畿服之制"是"中国古代的政治地理学，是古人对于天下格局之政治思考在地理空间的投射"。齐义虎：《畿服之制与天下格局》，《天府新论》2016年第4期。齐义虎的这一观点，对于描述中国早期政治格局来说，确有所见。

> 夫先王之制：邦内甸服，邦外侯服，侯、卫宾服，夷、蛮要服，戎、狄荒服。甸服者祭，侯服者祀，宾服者享，要服者贡，荒服者王。日祭，月祀，时享，岁贡，终王，先王之训也。(《国语·周语上》)

祭公谋父叙述的五服制度与《尚书》里有所不同，但与《荀子》所叙之五服制相近，荀子说：

> 诸夏之国同服同仪，蛮、夷、戎、狄之国同服不同制。封内甸服，封外侯服，侯卫宾服，蛮夷要服，戎狄荒服。甸服者祭，侯服者祀，宾服者享，要服者贡，荒服者终王。(《荀子·正论》)

从上可以看出，祭公谋父所叙之五服制，反映了儒家在差序政治格局中的礼治精神，即各地以与王畿的远近为依据来履行对天子的伦理和政治义务，所谓"称远近而等贡献"(《荀子·正论》)。按照祭公谋父所述，在天子直辖的地区，邦民为天子种田纳税，直接为天子贡献祭祀祖父、父亲的祭品，以日为计，是为"甸服"；在天子分封诸侯来治理的地区，因诸侯与天子有着相近的血缘关系，要参与天子祭祀高祖、曾祖的祭祀活动并贡献祭品，以月为计，是为"侯服"；在近支诸侯与边境之间的地区，与天子有着共同的远祖，要参与天子祭祀远祖的活动并贡献祭品，以季为计，是为"宾服"；在边境地区，要参与天子祭神活动并贡献祭品，以年为计，是为"要服"；在边境之外的地区，其首领在任职期间要朝觐天子一次，终生一次，是为"荒服"。通过祭公谋父的叙述，大致可了解周代中央政权和地方政权的政治格局，周天子只能直接控制和治理王畿周围的地区，其他地方则是通过分封制来维持形式上的依附关系。张利军教授在讨论西周要服、荒服制度的时候曾认为，"边疆族邦因朝王以献祭或献力役的形式参与西周王朝国家祭祀，成为周代国家的重要组成部分。从这个角度讲，西周王朝对边疆族邦的治理策略是，使边疆族邦以朝贡方式表达政治上对西周王朝的臣服，以献祭或献力役参与王朝国家祭礼方式表达对周王朝的宗教文化认同"[1]。诚如所言，由于空间距离所造成的

---

[1] 张利军：《五服制视角下西周王朝治边策略与国家认同》，《东北师大学报》(哲学社会科学版) 2017 年第 6 期。

实际管控无法跟进的原因，王畿之外的远地只是对天子表示礼仪和文化上的服从与尊崇，特别是对要服、荒服的边远地区而言，情况更是如此。

在上述五服制里，地方政权对于中央政权的政治义务被明确规定下来，显示了儒家礼治思想中的差序格局。礼制虽然明确，但总有不按照既定制度执行的例外情况，遇到了不遵守礼制的情况，按照周代的德治传统，天子首先要反省和检讨自己的不足，"有不祭，则修意；有不祀，则修言；有不享，则修文；有不贡，则修名；有不王，则修德"（《国语·周语上》）。照祭公谋父所述，甸服地区出了问题，天子要反省自己的意念；侯服、宾服、要服、荒服地区不来履行政治义务，天子则要依次反省自己的言论、检查以天子之名颁布的法令、核定以天子之名规定的名号、检讨天子本人的德行。孟子曾说："行有不得者皆反求诸己，其身正而天下归之。"（《孟子·离娄上》）在儒家德治传统中，当政令不畅、礼制被违的时候，领导者首要的是反省自己的作为是否正当、德行是否端正。从祭公谋父所述来看，在西周所推崇的政治品德中也有着类似"行有不得，反求诸己"的明确意识。就"五服制"的实行来看，在天子进行反省、纠正以后，如果地方诸侯依然存在不履行政治义务的情况，天子就要考虑惩罚违背礼制者，"序成而有不至，则修刑"（《国语·周语上》）。由于政治义务是随与天子的亲疏关系而有差等的，故而惩罚措施及其力度也由是而有差异：

> 于是乎有刑不祭，伐不祀，征不享，让不贡，告不王。于是乎有刑罚之辟，有攻伐之兵，有征讨之备，有威让之令，有文告之辞。（《国语·周语上》）

针对恶意不履行伦理和政治义务者，按照甸服、侯服、宾服、要服、荒服的差等次序，天子可以依次有刑罚惩戒、兴师攻伐、武力威慑、严令谴责、文辞晓谕等不同措施来施加压力，并迫使他们回到正常的礼制秩序轨道上来。值得注意的是，对于不守礼制者，天子并不是不加区别地使用刑罚和武力，而是对较为亲近者更加严格，对较为疏远者更为宽松。这种差异是与天子德治相联系的，也就是要想他人服从礼制，更为重要的是德治和教化，而不是滥用武力。所以，在列举惩罚性措施后，祭公谋父又回到修德文教的问题上，"他说：布令陈辞而又不至，则又增修于德，无勤民于远。是以近无不听，远无不服"(《国语·周语上》)。如果惩罚不奏效的话，就不要固执于劳师动众地使用武力，而是转回头来从自己身上努力，通过修德并端正自己来从根本上予以解决，以端正自身作为教化的范本。天子只有以德治和教化作为手段，才能使得天下人真正地服从礼制，从而履行伦理和政治义务。

从祭公谋父对于五服制的阐述来看，当时的天下政治格局是由与天子亲疏远近关系而形成的，政治秩序的稳定与既定礼制能否被遵循相关密切。天下格局通过礼制来形成，而不是基于武力的统治。进一步看，天子治理天下要依靠修德与礼制，政治秩序要凭借德礼之教才能维系与巩固。五服之制建构了一种差等的政治服从关系，从而形成了天下共同体的秩序意识，不过这种秩序不是建基于政治强力和武力恐吓，而是在很大程度上依赖于天子的德性与德行。换言之，理想的天下共同体秩序是在德治和礼教的前提下形成并得以长期维系的。

三　共同体意识

由上观之，祭公谋父用以劝谏周穆王不要征讨犬戎的依据主要有两条：一是天下治理要依靠德治而不是诉诸武力；二是要遵守先王制定的礼制，在这里具体为五服制，五服制依赖德礼之教得以维系。无论是从历史还是从制度层面，祭公谋父都认为穆王征伐犬戎缺乏正当性，既违背德治传统也违背礼制精神，故而应该予以制止。当然，穆王最终也没有听从祭公谋父的劝谏，依旧我行我素地去征伐犬戎，无果而还。从周穆王与祭公谋父君臣之间的观念差异里，我们可以看到儒家政治理想与现实情势之间的矛盾，祭公谋父有理有据的劝谏，体现了儒家"从道不从君"的高贵品质，而穆王一意孤行的政治强力表现，则说明了儒家之道实际上已经难以"行于天地之间"了，儒家之道的理想信念与现实窘境的张力展露无遗。这种张力，在后世的政治生活中时有回响，现实的强力政治总是可以左右儒家之道的落实。不过，跳出这种理念与现实的张力，从祭公谋父所陈述的"耀德而不观兵"理念以及"五服制"的制度设计里，我们还可以由此分析早期儒家思想中的命运共同体意识。

在祭公谋父的论述里，我们可以看到，天子与民众，王畿与诸侯、边远的地方并不是敌我的对立性关系，而是一种有差异的同一关系，他们共同组成了命运与共的天下共同体。就君主和民众而言，君主滥用武力则民众遭殃，民众欲求不能得到保障则君主之位岌岌可危；就王畿内外而言，王畿是中心需要四方支持，四方与王畿有着共同的祖先神灵，有必要共同祭祀。由是，在西周人的视域里，整个天下实际上是以天子和王畿为中心、以诸侯和地方为成员而共同组成的共同体，其中没有敌我之别，只有中心和边缘、近和远的差序。天下共同体要想实现永续发展与安宁，其成员要具备共同体的意识，在祭公谋父的阐述里，这三种意识分别是和平发展、差序格局和普遍共识，以下分别申论之。

一是共同体中的和平发展意识。祭公谋父明确而坚定地反对穆王滥用武力来进行天下治理和远地管控，认为使用武力对君主、民众都没有好处。众所周知，人们之所以结成共同体，其目的是更好地保全自己，使个人生活在共同体里得到更好的发展，而共同体的领导者正是因为能够领导人民创造好的生活，人们才愿意接受其领导。在中国的思想传统里，初民之所以能够悦纳圣王，正是因为圣王能够改善其生活状态，韩非子曾说："上古之世，人民少而禽兽众，人民不胜禽兽虫蛇。有圣人作，构木为巢以避群害，而民说之，使王天下，号之曰有巢氏。民食果蓏蚌蛤，腥臊恶臭而伤害腹胃，民多疾病。有圣人作，钻燧取火以化腥臊，而民说之，使王天下，号之曰燧人氏。"（《韩非子·五蠹》）正是由于有巢氏、燧人氏等圣王具有为民众创造生活福利的杰出才能，人们才奉其为王。质言之，从源头上看，圣王因其特殊才德才获得统治合法性，而不是因为其拥有并使用暴力令人屈服。正因明鉴此理，祭公谋父才提倡"耀德而不观兵"的思想，主张在和平状态下通过德治来完善共同体的治理，而不是通过武力征服、暴力恐吓来维系秩序。在祭公谋父的意识里，为了维系和巩固共同体的长久和平，共同体的领导者要为民众做好三个方面的工作：第一是"茂正其德"；第二是"阜其财求"；第三是"明利害之乡，以文修之"。"茂正其德"是领导者鼓励民众按照道德原则来生活，消除戾气，消弭人与人为了利益而产生的争夺意识，从而形成一个讲道德、讲礼让的社会风气，让暴力、斗争意识无从生发；"阜其财求"就是满足民众生活富足的要求，人不能仅靠道德意识活着，还需要物质资料的满足，这是人自我保全的本能，作为领导者要正视人们的这一需求，当人民生活富足时才可能不会生发动乱的念头，这才能避免使用武力来维持秩序；"明利害之乡，以文修之"，意味着用文教礼法引导民众明确行为的边界，知道什么会带来祸害以及什么会带来利好，也就是说不仅让民众知道哪些能干哪些不能干，而且让他们知道为什么应该如此，这不是武力或暴力所能实现的，只有通过礼法教育才能达到这一效果，只有"文治"而不是"武功"才能真正做到让人们明礼守法、远离暴力。可见，在如何通过良好治理实现和平的问题上，祭公谋父提出了三个关键性的因素，即道德、财富和文教。祭公谋父的这一思路不仅针对周穆王的天下治理有意义，而且也具有超越时空的普遍性意义。如前所述，共同体及其领导者的存在是因为民众希望得到生命安全、生活发展，而道德能够保证人们在共同体里友善相处，财富能够保证物质资料的丰富和生活逐渐走向美好，文教能够让人走出野蛮状态进入文明社会，只有这样，人们才能实现走出原子个体状态而形成共同体意识的初衷。祭公谋父对于和平共同体的设想，在一定意义上来看，是与近代以来自然法、社会契约等理论的基本预设有所相通的，人们基于个体欲求和自我保全的原始动机结成共同体，并赋予共同体的领导者以权力，但是这一权力只有满足人们个体欲求和自我保全才是有效的，领导者滥用武力破坏和平状态则会带来共同体的破裂以及领导权的丧失。就此而言，祭公谋父"耀德而不观兵"的和平共同体意识，具有一定的普遍性价值，对于思考人类命运共同体也有启发意义。

二是共同体的差序格局意识。祭公谋父以及西周时代人们眼中的政治世界，是一个以天子、王畿为中心的天下共同体。在"五服制"的政治地理格局中，王畿是甸服、侯服、宾服、要服、荒服等地区的中心，而天子又是王畿的中心之所在。天子是天命所系，也是祭祀神灵、祖先的代表，是文化认同的象征，拥有世间至高无上的权威性，因而是天命的代言人以及天下共同体的最高领导者。天下共同体的中心确立了，接下来要以天子为中心，依据与其宗法关系的亲疏远近来构造政治秩序格局。王国维先生在论述周初天下大一统的规模时曾指出："逮克殷践奄，灭国数十，而新建之国皆其功臣、昆弟、甥舅，本周之臣子；而鲁、卫、晋、齐四国，又以王室至亲为东方大藩……由是天子之尊，非复诸侯之长而为诸侯之君……盖天子诸侯君臣之分始定于此。"① 如其所示，周初形成了以天子为中心、以诸侯封国为成员的共同体，天子为天下之共主，诸侯为效忠于共主的天子至亲或功臣。在这样的

---

① 王国维：《殷周制度论》，载谢维扬、房鑫亮主编《王国维全集》第 8 卷，浙江教育出版社2009 年版，第 312 页。

格局里，天下是放大的"家"，天下的政治义务与家族的伦理义务是混为一体的，这时候，天下共同体就成了"天下一家"。在"天下一家"的血缘宗法政治格局里，各地诸侯因与天子的亲疏远近关系来履行伦理和政治义务，于是便出现了五服等差序格局。在五服制差序格局里，天子所代表的是最广泛的天下共同体，而诸侯所代表的是组成天下共同体的小共同体，各部分的小共同体共同组成了天下共同体。在天下共同体里，有着中心和边缘之分，越靠近中心，所需履行的伦理和政治义务越多，一旦违背义务，所要承担的政治后果也更为严重。另外，天子认为自己作为天下共主，对天下政治秩序失范负有不可推卸的责任，所以当五服地区的人不履行政治义务的时候，天子首先要反思自己的言行与品德，这显然是天子将自己作为能产生最大影响的中心者来看待的。由上可见，在五服制所呈现的天下秩序是有中心、有层级、有边缘的差序格局，在天下共同体里，失去了中心和层级之分，稳定的天下秩序就不复存在。这种天下共同体的差序格局是围绕着中心而形成的，换言之，五服制是为了巩固天子权威而造就的，王晖教授在讨论"要服"问题时认为，"其实'服'就是从服、臣服，指蛮夷臣服于周王室"[1]。既然边缘要臣服于中心，故而一旦共同体的某个组成部分触犯了天子的权威，就可能招致惩罚。周穆王正是这样来看待犬戎的，"以不享征之，且观之兵"（《国语·周语上》）。当然，照祭公谋父所言，当时情况并不是这样的，"犬戎树惇，能帅旧德，而守终纯固"。周穆王认为犬戎触犯了天子权威，而祭公谋父认为并不是如此，更不能以宾服之礼要求荒服之地。不管当时历史事实究竟如何，我们都可以知道，触犯了作为共同体中心的天子，是导致武力征伐的原因之一。这就是说，在天下共同体里，共同体的组成部分不能触犯中心的权威，诸侯不能在礼制上冒犯天子，同理，诸侯下辖的民众也不能触犯诸侯，否则会导致武力征伐的杀身之祸。由此，天下共同体因血缘宗法关系建构了差序格局，又展现为从边缘到中心逐层对上服从的等级意识，从本质上看，天下共同体依然是建基于权利、义务差等的一种共同体，这与去中心、成员平等的现代共同体意识有着明显的差别。

三是共同体的普遍共识意识。在祭公谋父的劝谏内容里，他以当时社会

---

[1] 王晖：《西周蛮夷"要服"新证——兼论"要服"与"荒服"、"侯服"之别》，《民族研究》2003年第1期。

的两个普遍性共识为依据来进行劝谏。这两个共识分别是：尊重传统，尊重
礼制。关于尊重传统的共识，儒家思想总是将现实合理性诉诸历史合理性，
于是尊崇传统就成为各种论辩的裁判路径。祭公谋父以周代先王的德治方略、
礼制传统作为论据试图说服周穆王，正是这种尊重传统意识的体现。在现实
中，人们常常因为现实事务表达不同意见，如周穆王与祭公谋父在是否征伐
犬戎这件事上意见完全不同，如何裁决？祭公谋父选择诉诸历史来支持其论
点，认为按照先王的传统，一定不会兴征伐之事，而是以修德文教的手段予
以解决。不管周穆王是否接受祭公谋父的劝谏，或许他还会找出先王的其他
事迹来予以反驳，但有一点可以肯定，他一定不会公开表示对先王传统的背
弃，而只会想办法证明他才是坚持真正传统的。由是观之，尊重传统是儒家
政治共同体的普遍共识，正是如此，后世儒家文化中才有"祖述尧舜、宪章
文武""重回三代""法先王""春秋决狱"以及经学意识等，这些都是出于
对传统之合理性的重视。在历代诠释儒家经典的活动中，虽然不断地推陈出
新，但其中总要一个理论预设存在着，这就是如何解释才是更符合先儒的本
意。虽然最终的结果未必符合先儒本意，但总要披着合乎先儒之意的合理性
外衣。这就是儒家式政治共同体中对于传统之尊重的普遍共识。关于尊重礼
制的共识，礼制是儒家式政治共同体进行公共治理的路径依赖和机制保障，
只有依据礼制的礼治精神才能凝聚最大的治理共识。祭公谋父对周穆王详细
阐述五服制，就是企图依据礼治精神来告诫周穆王的行为可能会违背既定的
礼制。与尊重传统相关，礼制是在共同体内部层累而成的，其形成不是一日
之功，经过了一定的时间检验，从某种意义上讲，尊重礼制也是尊重传统的
表现。祭公谋父拿来劝说周穆王的五服制，不是他的主观设想，而是在周初
的伦理和政治生活中长期而广泛实践的，因而也是一种具有广泛社会共识的
制度。可以说，在当时五服制既有历史传统又有社会共识，是伦理和政治生
活为人普遍接受的制度。周穆王以"不享"之罪名来征伐犬戎，正是因为他
认为犬戎违背了礼制，故而要兴师问罪，这和祭公谋父维护礼制的出发点是
一样的。而他们的区别在于到底是谁违背了礼制，在祭公谋父看来，周穆王
的无故"观兵"违背了礼制，而在周穆王看来，犬戎"不享"违背了礼制。
在这个争辩中，礼制是双方用来论证自己立场的论据，一定意义上成了不同
立场的人用来达成自己目的的工具，但同时也说明，在儒家式政治共同体里，
礼制是一种普遍的共识。虽然可能对礼乐生活的具体内容存在着不同认识和

判别，但在伦理和政治生活中，人们对礼制以及礼治精神还是能够达成共识的。如上所述，尊重传统、尊重礼制是儒家式政治共同体的普遍共识，这为解决现实中的分歧提供了一种可能，具有一定的积极意义。

由上分析，祭公谋父的劝谏之辞大致蕴含儒家式共同体的三种意识，和平发展意识为共同体的和谐与存续提供可能；差序格局意识展现了天下共同体的存在样式，保证了儒家所重视的权威与中心之存在并能建构一种亲亲尊尊的秩序；而对于传统和礼制的普遍共识，则展现了儒家式共同体内部解决分歧的路径依赖，虽然这种对于传统和礼制的路径依赖存在被工具化的可能性，但依然说明了共识意识对于共同体的重要。

小 结

已有很多文献考证说明祭公谋父其人其事存在的确定性，但严格来说，在中国思想史上，祭公谋父并不是一个十分重要的人物，关于他的思想的文献资料，要么是语焉不详，比如说《左传》里的记述；要么是不够十足的权威可信，如《国语》的记述。但即便如此，我们还是可以将祭公谋父视为儒家自周公到孔孟之间的符号性人物，《国语》所呈现之祭公谋父的思想，在一定程度上也能代表西周时期上层贵族的政治意识。通过对《国语·周语》中"祭公谏征犬戎"故事的分析，大致可以看到，祭公谋父的政治思想主要表现为德治与礼教，他主张"耀德而不观兵"的政治治理，反对滥用武力，主张修德、利民和文教的治理手段。而在礼治天下的问题上，他主张依照先王所定下的制度，构造依礼和谐的天下秩序。祭公谋父的政治思想还可以从共同体意识的角度去认识，在劝谏周穆王的过程中，祭公谋父的论述反映了和平发展、差序格局和普遍共识的共同体意识，他将天下看成一个有中心、有边缘之层级明确的差序共同体，在这个共同体里，和平发展是最为重要的价值，亲亲尊尊是保证秩序稳定的伦理和政治原则，而尊重传统、尊重礼制的普遍共识对于解决共同体成员的分歧有着不可或缺性。虽然祭公谋父的共同体意识与现代的共同体意识还存在很多差异，如其基于血缘宗法的等级意识显然与现代性价值有所冲突，但其对和平发展、秩序稳定和普遍共识的追求，对于我们当下思考命运共同体问题，依然具有思想资源的意义。

彭祖与早期道家*

袁 青

摘　　要　　在早期传世文献中，关于彭祖八百岁的解释有两种，一种认为这是指彭国存在八百年时间，另一种认为是指彭祖寿命八百多。先秦诸子显然接受了第二种说法，诸子眼中的彭祖都是以善于治气养生的高寿形象出现的，其中先秦道家最为重视彭祖，彭祖形象应与道家思想存在某种契合。马王堆竹简《十问》、张家山汉简《引书》、上博简《彭祖》、清华简《殷高宗问于三寿》等出土文献也都提到彭祖，《十问》和《引书》都描绘的是作为养生家的彭祖，而上博简《彭祖》、清华简《殷高宗问于三寿》主要阐述的是其治国理念。上博简《彭祖》与清华简《殷高宗问于三寿》都遵循从天道到人道、从养身到治国的黄老学思维方式，其治国思想与黄老学是一致的。可见，无论传世文献还是出土文献，无论阐述养生还是治国，有关彭祖的文献都与道家思想有着千丝万缕的关系，彭祖俨然成为道家思想的代言人。

关 键 词　　彭祖；早期道家；传世文献；出土文献；治国思想

---

* 本文原载《宏德学刊》2021 年第 2 期。

作者简介 ┊ 袁青，中山大学哲学系（珠海）副教授，研究方向主要
┊ 为道家哲学与出土文献。

彭祖是早期文献中一位十分著名的寿星，有关彭祖的记载较为丰富，但
其多是以善于养生而高寿的形象出现的，又在后世为道教所重而成为一个神
话人物，因此学界关于彭祖的研究多集中在其养生思想以及神话传说。[1] 但近
年来彭祖在出土文献中也经常被提及，尤其是上博简《彭祖》和清华简《殷
高宗问于三寿》主要阐述彭祖的治国理念，这是以前文献所未有的，因此，
综合传世文献和出土文献研究早期文献中的彭祖显得尤为重要。

一　早期传世文献中的彭祖

在现存早期文献中，关于彭祖的记载是很多的。较早记载彭祖的是《国
语·郑语》："大彭、豕韦为商伯矣。……彭姓彭祖、豕韦、诸稽，则商灭之
矣。"韦昭注曰："大彭，陆终第三子，曰篯，为彭姓，封于大彭，谓之彭祖，
彭城是也……彭祖，大彭也。豕韦、诸稽，其后别封也。大彭、豕韦为商伯，
其后世失道，殷复兴而灭之。"[2] 按照这种说法，彭祖为陆终第三子，又叫彭
篯，封地在大彭，即彭城，故又称大彭，为彭姓之祖，故称彭祖，殷商时期
大彭为商所灭。《史记·五帝本纪》载："禹、皋陶、契、后稷、伯夷、夔、
龙、倕、益、彭祖，自尧时皆举用。"可见，彭祖是尧舜时期的大臣。《史
记·楚世家》说："陆终生子六人……三曰彭祖……彭祖氏，殷之时尝为侯

---

① 参见刘德华《彭祖与"治气"之道》，《深圳大学学报》（人文社会科学版）1986 年第 2 期；
郝勤《养生与彭祖》，《文史杂志》1986 年第 4 期；李大明《彭祖长年新论》，《四川师范大学学报》
（社会科学版）1988 年第 4 期；[日] 坂出祥伸《彭祖传说的研究》，高大伦译，《宗教学研究》1994
年第 4 期；刘怀荣《彭祖神话考略》，《中国文化研究》1996 年秋之卷；陈广忠《道家先驱与养生
论——彭祖考》，《中国道教》1997 年第 1 期；朱存明《彭祖的养生之道》，《中国道教》2001 年第 5
期；汪燕岗《彭祖考略》，《中国社会科学院研究生院学报》2005 年第 2 期；刘美言《彭祖的养生长
寿术》，《文史杂志》2005 年第 5 期。
② 徐元诰撰：《国语集解》，王树民、沈长云点校，中华书局 2002 年版，第 467 页。

伯，殷之末世灭彭祖氏。"《集解》引虞翻之说曰："名翦，为彭姓，封于大彭。"①"翦""篯"可通假，《史记》的记载与《国语》基本一致。从《国语》与《史记》的记载来看，彭祖为彭姓之祖，他的封地在大彭，故又称大彭，殷商时期大彭氏被灭国。今本《竹书纪年》关于大彭氏的记载也印证了这一点，今本《竹书纪年》载："［夏启］十五年，武观以西河叛。彭伯寿帅师征西河，武观来归。"② 关于彭伯寿，《逸周书·尝麦解》也有记载："皇天哀禹，赐以彭寿，思正夏略。"可见，大彭氏在夏代地位之尊崇。今本《竹书纪年》又载："［河亶甲］三年，彭伯克邳。……五年，侁人入于班方。彭伯、韦伯伐班方，侁人来宾。""［祖乙］己巳，王即位，自相迁于耿。命彭伯、韦伯。"在商代，大彭氏仍享有崇高地位，为商代立下极大的功绩。但在商王武丁时代大彭氏与商王朝产生了冲突，为商所灭，今本《竹书纪年》载："［武丁名昭］四十三年，王师灭大彭。"《国语》、今本《竹书纪年》和《史记》的记载表明，大彭立国从唐虞之际到商王武丁时期，所谓彭祖八百岁不过是指彭国存在八百年时间。清代孔广森就说："彭祖者，彭姓之祖也。彭姓诸国：大彭、豕韦、诸稽。大彭历事虞夏，于商为伯，武丁之世灭之，故曰彭祖八百岁，谓彭国八百年而亡，非实篯不死也。"③

《世本》也有关于彭祖的记载④，不过与以上记载有所不同，它说："陆终……是生六子……三曰篯铿，是为彭祖。彭祖者，彭城是也，姓篯，名铿，在商为守藏史，在周为柱下史，寿八百岁。"⑤ 据《世本》，则彭祖为陆终第三子，又名篯铿，活了八百岁，一直延续到周朝，彭祖在商代做过守藏史，在周代则为柱下史。《世本》中的彭祖是一个长寿形象。

先秦诸子文献中关于彭祖的记载几乎均与长寿有关，其中道家文献中彭祖出现的次数最多。《庄子·逍遥游》载："而彭祖乃今以久特闻。"成玄英疏曰："彭祖者，姓篯，名铿，帝颛顼之玄孙也。善养性，能调鼎，进雉羹于

① （汉）司马迁撰：《史记》，中华书局 1959 年版，第 1691 页。
② 王国维撰：《古本竹书纪年辑校·今本竹书纪年疏证》，黄永年校点，辽宁教育出版社 1997 年版，第 50 页。以下所引今本《竹书纪年》文字，均引自此书，不另注。
③ 杨伯峻撰：《列子集释》，中华书局 1979 年版，第 19 页。
④ 关于《世本》的成书年代问题，历来争议较大，笔者认同《世本》史料主要成于战国时期的观点，相关讨论详见原昊《〈世本〉的史料来源、时代归属及流传过程新探》，《历史文献研究》2019 年第 1 期。
⑤ （汉）宋衷注，（清）茆泮林辑：《世本》，中华书局 1985 年版，第 8 页。

尧，尧封于彭城，其道可祖，故谓之彭祖。历夏经殷至周，年八百岁矣。"①
成玄英说彭祖"进雉羹于尧"与屈原《天问》中彭铿的事迹联系起来②，成
玄英疏中关于彭祖其他描述与《世本》基本一致。《庄子·齐物论》说："夫
天下莫大于秋豪之末，而太山为小；莫寿乎殇子，而彭祖为夭。""彭祖"与
"殇子"相对，强调的也是彭祖之长寿。《庄子·大宗师》说："彭祖得之，
上及有虞，下及五伯。"成玄英疏曰："彭祖，帝颛顼之玄孙也。封于彭城，
其道可祖，故称彭祖，善养性，得道者也。五伯者，昆吾为夏伯，大彭豕韦
为殷伯，齐桓晋文为周伯，合为五伯。而彭祖得道，所以长年，上至有虞，
下及殷周，凡八百年也。"③《大宗师》不仅突出彭祖之长寿，同时也强调彭
祖"得道"而善养生。《庄子·刻意》说："吹呴呼吸，吐故纳新，熊经鸟
申，为寿而已矣。此道引之士，养形之人，彭祖寿考者之所好也。"这详细说
明了彭祖之类的长寿之人如何养形。《列子·力命》说，"彭祖之智，不出尧、
舜之上，而寿八百"，也是强调彭祖长寿。《吕氏春秋·仲春纪·情欲》："虽
有彭祖，犹不能为也。"《吕氏春秋·离俗览·为欲》："其视为彭祖也与殇子
同。天子至贵也，天下至富也，彭祖至寿也。"《吕氏春秋·审分览·执一》
说："彭祖以寿，三代宜昌。"高诱说："彭祖，殷之贤臣，治性清净，不欲于
物，盖寿七百岁。"梁玉绳说："'彭祖'乃彭姓之祖，生当高阳时，历及唐、
虞。"关于彭祖，有说彭祖年八百岁，有说彭祖年七百岁，陈奇猷认为："考
经传中言寿长者皆以彭祖为比，余疑彭祖乃古人想象之长寿者，本属虚拟，
非实有其人，故传说各不相同也。"④ 但不管传说如何，在以上所举《庄子》
《列子》和《吕氏春秋》等道家文献中，彭祖都是以高寿的形象出现的。

《论语·述而》说："子曰：'述而不作，信而好古，窃比于我老彭。'"
关于其中的"老彭"所指为何，主要有以下几种说法。其一，"殷贤大夫"
说，如包咸说："老彭，殷贤大夫，好述古事。"其二，"老聃、彭祖"说，
如邢昺疏引王弼之说："老是老聃，彭是彭祖。"其三，"彭祖"说，皇侃疏
曰："老彭，彭祖也，年八百岁，故曰老彭。"其四，"老子"说，如王夫之

---

① （晋）郭象注，（唐）成玄英疏：《庄子注疏》，曹础基、黄兰发点校，中华书局 2011 年版，
第 8 页。

② 参见汪燕岗《彭祖考略》，《中国社会科学院研究生院学报》2005 年第 2 期。

③ （晋）郭象注，（唐）成玄英疏：《庄子注疏》，曹础基、黄兰发点校，第 138 页。

④ （战国）吕不韦著，陈奇猷校释：《吕氏春秋新校释》，上海古籍出版社 2002 年版，第 89 页。

说:"老彭即问礼之老子矣。"① 笔者以为,孔子为殷商人后裔,"我老彭"中的"我"字表明老彭是殷贤大夫的可能更大。《大戴礼记·虞戴德》载:"昔商老彭及仲傀。""商老彭"表明老彭是殷商时期人,可见《论语》中的"老彭"与寿七八百岁的"彭祖"可能不是同一人。先秦儒家文献中,《荀子》明确提到彭祖,《荀子·修身》说:"扁善之度,以治气养生则后彭祖,以修身自名则配尧、禹。"杨倞注曰:"言若用礼治气养生,寿则不及于彭祖,若以修身自为名号,则寿配尧、禹不朽矣。"② 可见,在荀子看来,彭祖是善于治气养生的,也是长寿之人。但荀子强调不能效仿彭祖,而应修身自为名号。

由上可见,彭祖在早期传世文献中的形象是丰富的,关于彭祖八百岁的解释也主要有两种看法:从《国语》、今本《竹书纪年》与《史记》的记载来看,彭祖为彭姓之祖,封地在大彭,故又称大彭,殷商时期大彭氏被灭国,大彭立国从唐虞之际到商王武丁时期,所谓彭祖八百岁不过是指彭国存在八百年时间;而《世本》中的彭祖是一个长寿的形象,他从唐虞之际一直活到周朝,活了八百多岁。先秦诸子中,提到彭祖的有《庄子》《列子》《吕氏春秋》和《荀子》,在这"四子"心目中,彭祖都是以善于治气养生的高寿形象出现的。这四子中,《庄子》《列子》和《吕氏春秋》均为道家文献③,只有《荀子》为儒家文献,但荀子中的彭祖不是普通人效法的对象,荀子实际强调的是个人的道德修身,可见先秦道家最为重视彭祖,彭祖形象应与道家思想存在某种契合。

二 早期出土文献中的彭祖

彭祖不仅见于早期传世文献,马王堆三号墓竹简《十问》、张家山汉简《引书》、上博简《彭祖》、清华简《殷高宗问于三寿》等出土文献也均与彭

---

① 程树德撰:《论语集释》,程俊英、蒋见元点校,中华书局1990年版,第434页。
② (清)王先谦撰:《荀子集解》,沈啸寰、王星贤点校,中华书局1988年版,第21—22页。
③ 《庄子》无疑为先秦道家文献。《列子》也是战国时代的一部道家典籍,基本保存了列子及其后学的思想。参见许抗生《〈列子〉考辨》,载陈鼓应主编《道家文化研究》第一辑,上海古籍出版社1992年版,第344—358页。《吕氏春秋》也是以道家思想为主体,参见熊铁基《秦汉新道家》,上海人民出版社2001年版,第104—129页。

祖有关。马王堆三号墓下葬于前 168 年①，竹简《十问》出现在当时偏远的长沙，考虑当时书籍传播不易，从成书到流传需要一定时间，从文化发达地区传播到偏远地区又需要一定时间，因此《十问》当为春秋战国时期著作。张家山汉简的下葬年代在吕后或更晚一点时间，与马王堆三号墓下葬时间相当，有学者推测张家山汉简《引书》是战国中晚期成书，尤其可能是战国晚期的著作。② 上博简和清华简的年代都在战国中晚期之际，即公元前 300 年左右。③ 可见，彭祖相关的四篇文献均成书于战国中晚期。

马王堆竹简《十问》和张家山汉简《引书》中的彭祖均与养生相关。马王堆竹简《十问》载："王子巧父问彭祖曰：'人气何时为精乎？'彭祖答曰：'人气莫如朘精。朘气菀闭，百派生疾，朘气不成，不能繁生，故寿尽在朘。朘之葆爱，兼予成佐，是故道者发明垂手循臂，摩腹从阴从阳。必先吐陈，乃翕朘气，与朘通息，与朘饮食，饮食完朘，如养赤子。赤子骄悍数起，慎勿□使，则可以久立，可以远行，故能寿长。'"④ 在此，彭祖认为只有保持精液不泄漏才能长寿，而要做到精液不泄漏则需要借助"垂手""循臂""摩腹""吐陈"等导引方式。张家山汉简《引书》："春产、夏长、秋收、冬藏，此彭祖之道也。"⑤ 这是说彭祖的养生之法就是要随着一年四季的变化而更换不同的养生法。汪燕岗认为彭祖的长寿养生传说主要是魏晋以后的道教学者附会上的⑥，从马王堆竹简《十问》和张家山汉简《引书》可以看出，有关彭祖的长寿养生之术在先秦时期就已经广泛流行了，汪说不确。

上博简《彭祖》和清华简《殷高宗问于三寿》中的彭祖主要与治国相关。上博简《彭祖》是以耇老与彭祖的问答而展开的，耇老之名不见于传世文献，但见于马王堆竹简《十问》，《十问》载商王磐庚向耇老询问长寿之法，可见耇老是殷商时期一个精通养生的人。上博简《彭祖》主要记载的是

---

① 中国科学院考古研究所、湖南省博物馆写作小组：《马王堆二、三号汉墓发掘的主要收获》，《考古》1975 年第 1 期。

② 参见高大伦《张家山汉简〈引书〉研究》，巴蜀书社 1995 年版，第 82—85 页。

③ 参见上海大学古代文明研究中心、清华大学思想文化研究所编《上博馆藏战国楚竹书研究》，上海古籍出版社 2002 年版，第 3 页；李学勤《论清华简〈保训〉的几个问题》，《文物》2009 年第 6 期。

④ 湖南省博物馆、复旦大学出土文献与古文字研究中心编：《长沙马王堆汉墓简帛集成（陆）》，中华书局 2014 年版，第 146—147 页。

⑤ 高大伦：《张家山汉简〈引书〉研究》，第 90 页。

⑥ 参见汪燕岗《彭祖考略》，《中国社会科学院研究生院学报》2005 年第 2 期。

作为国君继承人的耇老向彭祖请教如何治国以使国祚长久。耇老相对商王磐庚而言是帝师，而彭祖相对耇老而言是帝师。在上博简《彭祖》中，耇老所问的是"臣何艺何行，而举于朕身，而愆于禘尝"①，表明耇老是以国君继承人身份来询问治国之道的，而彭祖所答的是"彼天之道，唯亟……"，彭祖的回答侧重于天道，耇老进一步说："眇眇余冲子，未则于天，敢问为人？"耇老认为他不懂天道，所感兴趣的是人道，彭祖才告知耇老天道与人道是表里关系，在耇老坚持"三去其二"的情况下，彭祖才告知其"人伦""五纪"，彭祖告诫耇老"戒之毋骄，慎终保劳"，"远虑用素，心白身懌"，始终保持谦卑的态度。清华简《殷高宗问于三寿》主要以殷高宗向三寿（主要是彭祖）请教治国方法的形式来阐述其思想内涵，在《殷高宗问于三寿》中，彭祖也是以帝师的形象出现的，这是一篇较为全面展现彭祖政治思想的文章，其内容主要可分为三个部分：第一部分主要解释何谓"长""险""厌""恶"，"长"即长久、安定，"险"即危险、不安定，"厌"即满足，"恶"即不满足，这部分主要论述影响国家长治久安的因素；第二部分主要是彭祖向殷高宗阐述"祥""义""德""音""仁""圣""智""利""信"九个范畴的含义，这是先王之遗训，是治国最重要的九个理念；第三部分主要讨论人性具有"阳""晦"两个方面，《殷高宗问于三寿》肯定民性"晦"的一面而否定"阳"的一面，它讲人性论的目的是因循人性而治国，由于民性中"晦"的一面是好的，因此君主统治也要尚阴而不能尚阳。②

可见，马王堆竹简《十问》、张家山汉简《引书》等所阐述的是彭祖的养生之法，彭祖是以养生家的身份出现的，上博简《彭祖》、清华简《殷高宗问于三寿》中的彭祖是以帝师的形象出现的，主要阐述的是彭祖的治国理念。彭祖的养生之法，传世文献多有记载，而彭祖的治国理念则是传世文献所缺失的，上博简《彭祖》、清华简《殷高宗问于三寿》正好弥补了这一点，因而显得尤为珍贵。

---

① 周凤五：《上博楚竹书〈彭祖〉重探》，载上海社会科学院《传统中国研究集刊》编辑委员会编《传统中国研究集刊》第一辑，上海人民出版社 2006 年版，第 273—275 页。本文所引上博简《彭祖》释文，主要参考周凤五的考释，不另注。

② 参见袁青《清华简〈殷高宗问于三寿〉是儒家著作吗——兼与李均明等先生商榷》，《学术界》2017 年第 8 期。

三　彭祖文献中的治国思想

马王堆竹简《十问》、张家山汉简《引书》中的彭祖与早期道家传世文献中的彭祖形象是吻合的，其养生理念也是道家所推崇的。那么上博简《彭祖》、清华简《殷高宗问于三寿》中彭祖的治国思想与道家思想是否也存在某种一致性呢？

关于上博简《彭祖》的思想倾向，学界多有争论，陈斯鹏认为上博简《彭祖》是先秦道家佚籍。① 周凤五说："综观《彭祖》全篇，阐述'人伦'、'五纪'，强调谦恭，其主张似以儒家思想为主。……本篇虽以儒家思想为主，但不排斥道家，甚至隐然寓有'扬道抑儒'的倾向。"② 魏启鹏认为上博简《彭祖》重视"人伦"，其主旨有颇浓的儒家思想色彩，但也含稷下黄老意。③ 林志鹏认为上博简《彭祖》乃宋钘一派遗著。④ 赵炳清认为上博简《彭祖》是熔儒道于一炉的，而黄老道家不批判儒家，反而吸收了儒家的"人伦"思想，《彭祖》应是一篇黄老道家的作品。⑤ 总的说来，学界都认为上博简《彭祖》既有儒家思想因素，也有道家思想因素，争论的焦点在于《彭祖》以儒家思想为主还是以道家思想为主。

仔细分析上博简《彭祖》，可以看出《彭祖》是一篇道家文献，主要理由有三个方面。

其一，上博简《彭祖》记载耇老向彭祖询问治国之道，彭祖答之以天之道，在耇老的再三请求下，才向其述说人道，可见在彭祖心目中，人道必须从天道开始说起，《彭祖》说："天地与人，若经与纬，若表与里。"

---

① 参见陈斯鹏《上海博物馆楚竹书〈彭祖〉新释》，载《华学》编辑委员会编《华学》第七辑，中山大学出版社 2004 年版，第 156 页。

② 周凤五：《上博楚竹书〈彭祖〉重探》，载上海社会科学院《传统中国研究集刊》编辑委员会编《传统中国研究集刊》第一辑，第 275 页。

③ 参见魏启鹏《楚简〈彭祖〉笺释》，载四川师范大学汉语研究所编《语言历史论丛》第二辑，巴蜀书社 2008 年版，第 10—12 页。

④ 参见林志鹏《宋钘学派遗著考论》，台北：万卷楼图书股份有限公司 2009 年版，第 111—120 页。

⑤ 参见赵炳清《上博楚简〈彭祖〉性质探析》，《西华师范大学学报》（哲学社会科学版）2010 年第 1 期。

天道与人道是经纬、表里的关系。魏启鹏说这与儒家"与天地相参"的观念是吻合的。① 儒家"与天地相参"是说天、地、人三者不可偏废，而上博简《彭祖》中彭祖显然不愿意直接谈论天道，认为人道必须从天道说起，这是一种从天道到人道的思维方式。

其二，上博简《彭祖》中彭祖向耇老说："余告汝人伦：戒之毋骄，慎终保劳。大图之数，难易遣欲。""大图之数，难易遣欲"，李零释作"大匡之，难易款欲"，周凤五释为"大往之衍，难以迁延"，此从陈斯鹏释文，"大图之数，难易遣欲"是说大图之道在于能慎难保易，去除多欲。② 彭祖强调人伦的内容是处世谦卑谨慎、去除多欲，尤其是前辈谨慎在上博简《彭祖》中多次提到，上博简《彭祖》载彭祖告诫耇老曰："一命一俯，是谓益愈。一命三俯，是谓自厚。三命四俯，是谓百姓之主。一命一仰，是谓遭殃。一命［三仰］，是谓不长。三命四仰，是谓绝杀。"陈斯鹏说："'一命一俯'、'一命三俯'、'三命四俯'，盖言君主之命臣民，须俯首以示卑逊。苟能如此，则可'益愈'、'自厚'、'为百姓主'。"③ "一命一仰""一命［三仰］""三命四仰"即指君主对待臣民趾高气扬，因此才带来"遭殃""不长""绝杀"等后果。上博简《彭祖》强调处世谦卑谨慎、去除多欲的思想是儒道共通的思想，尤其为道家所重，曹峰等曾说从理论上全面论述谦卑的重要性、必要性，就理论深度、广度、高度而言，没有一家可以和道家相比。④ 因此，周凤五、魏启鹏依据《彭祖》中有论述"人伦"之语就论定其以儒家思想为主，这种看法是经不起推敲的。

其三，上博简《彭祖》说："远虑用素，心白身泽。""远虑用素"即说要摆脱智虑而任用素朴，魏启鹏引《管子·心术上》"君子恬愉无为，去智与故，言虚素也"一句来说明这句话的含义⑤，这句话是典型的道家思想，今本

① 参见魏启鹏《楚简〈彭祖〉笺释》，载四川师范大学汉语研究所编《语言历史论丛》第二辑，第 10 页。
② 参见陈斯鹏《上海博物馆楚竹书〈彭祖〉新释》，载《华学》编辑委员会编《华学》第七辑，第 158—159 页。
③ 陈斯鹏：《上海博物馆楚竹书〈彭祖〉新释》，载《华学》编辑委员会编《华学》第七辑，第 162 页。
④ 参见曹峰、柳悦《道家与谦逊》，《河南社会科学》2017 年第 12 期。
⑤ 魏启鹏：《楚简〈彭祖〉笺释》，载四川师范大学汉语研究所编《语言历史论丛》第二辑，第 7 页。

《老子》第 19 章曰："绝圣弃智，民利百倍；绝仁弃义，民复孝慈；绝巧弃利，盗贼无有。此三者以为文，不足，故令有所属：见素抱朴，少私寡欲。"这段话又见于郭店竹书《老子》甲本，写作："绝智弃辩，民利百倍；绝巧弃利，盗贼无有。绝伪弃诈，民复孝慈。三言以为使不足，或令之有乎属：视素抱朴，少私寡欲。"① 上博简《彭祖》"远虑"相当"绝圣弃智"或"绝智弃辩"，"用素"即"见素抱朴"或"视素抱朴"。"心白"即《管子》中的"白心"思想②，即说要清洁其心。"泽"，整理者释为"释"。③ 周凤五释为"怿"。④ 魏启鹏释为"绎"，并训为"治"。⑤ 从"白心"与"身泽"相对来看，"泽"释为"绎"更为合理，因此，"心白身泽"即说洁其心而身治，这与《老子》第 10 章"涤除玄览（鉴）"，《老子》第 48 章"损之又损，以至于无为"以及《管子·心术上》所谓"洁其宫"的论述是一致的，也是典型的道家思想。因此，"远虑用素，心白身泽"指的是道家治身思想。上博简《彭祖》又说："多务者多忧，贼者自贼也。"魏启鹏指出"多务"即"多事"，"贼者自贼也"可参照《淮南子·山林训》"人生事，反自贼"一句。⑥ 可见，"多务者多忧，贼者自贼也"是说不要多事、生事，即彭祖告诫作为君主继承人的耇老要施行无为政治，这也体现出道家精神。上博简《彭祖》从治身"远虑用素，心白身泽"论述到治国应无为，这是一种典型的从治身到治国的思维方式。

可见，上博简《彭祖》蕴含从天道到人道、从治身到治国的思维方式，并且特别突出君主对待臣民应谦卑谨慎并且应去除多欲，这种思想合乎黄老学的思想特征⑦，当是一篇黄老学文献。

---

① 李零：《郭店楚简校读记（增订本）》，中国人民大学出版社 2007 年版，第 5 页。

② 参见周凤五《上博楚竹书〈彭祖〉重探》，载上海社会科学院《传统中国研究集刊》编辑委员会编《传统中国研究集刊》第一辑，第 275 页；魏启鹏《楚简〈彭祖〉笺释》，载四川师范大学汉语研究所编《语言历史论丛》第二辑，第 7 页。

③ 参见马承源主编《上海博物馆藏战国楚竹书（三）》，上海古籍出版社 2003 年版，第 307 页。

④ 参见周凤五《上博楚竹书〈彭祖〉重探》，载上海社会科学院《传统中国研究集刊》编辑委员会编《传统中国研究集刊》第一辑，第 275 页。

⑤ 参见魏启鹏《楚简〈彭祖〉笺释》，载四川师范大学汉语研究所编《语言历史论丛》第二辑，第 7 页。

⑥ 参见魏启鹏《楚简〈彭祖〉笺释》，载四川师范大学汉语研究所编《语言历史论丛》第二辑，第 7—8 页。

⑦ 曹峰认为全盛时期的黄老道家有四个特征，即从天道到人道，从养身到治国，虚无为本、因循为用，兼综百家。其中兼综百家只是一个结果，主要判定依据是前三个特征。参见曹峰《近年出土黄老思想文献研究》，中国社会科学出版社 2015 年版，第 1—5 页。

相较上博简《彭祖》，清华简《殷高宗问于三寿》有关彭祖治国思想的内容更为丰富，是目前所见关于彭祖治国思想最为全面的文献。关于《殷高宗问于三寿》的思想属性，整理者李均明认为《殷高宗问于三寿》所反映的观点主要承自儒家，与荀子思想颇为相似。① 曹峰不同意李均明的论断，认为《殷高宗问于三寿》没有明确的思想属性，与《荀子》距离遥远，部分内容的思想倾向比较接近早期道家和《易传》。② 笔者也曾著文指出，《殷高宗问于三寿》中充满恐惧情绪，近于《老子》，而且《殷高宗问于三寿》具有从天道到人道、从养生到治国、因循等黄老学思想特征，表明《殷高宗问于三寿》应是黄老学著作。③ 清华简《殷高宗问于三寿》是一篇道家文献是无疑的，如《殷高宗问于三寿》认为"夫险莫险于心"，与先秦道家对"心"的认识基本一致。《殷高宗问于三寿》认为民性包含"阳""晦"两部分，肯定"晦"而否定"阳"，与先秦儒家论性距离较远，总体与先秦道家贵阴贱阳思想是一致的。④ 又如《殷高宗问于三寿》用"揆中水衡"来解释治国九大范畴中的"德"，"揆中水衡"应解释为治国当做到持守公平公正，就如水面一样平整，也暗含着要以"法"来"揆中"。儒、道两家均要求治国公平公正，但保障儒家公正观施行的主要手段是财富分配的均平以及公正地选拔人才，而《殷高宗问于三寿》则是以"法"来保障公平公正，并且儒家的公平公正观是一种德性伦理，而《殷高宗问于三寿》的"德"主要着眼于政治，而非道德主体问题。道家的公平公正观则是以效法道（天道）为前提的，这与《殷高宗问于三寿》类似。在道家中庄子与黄老学的公平公正观有所不同：庄子认为儒家的公正观是建立在仁义基础上的，而仁义是一种私意，与《殷高宗问于三寿》肯定仁义的立场有所不同；黄老学则肯定仁义并提出用"名""法"来保障公正理念的实施，这在《殷高宗问于三寿》中得到体现。可见，

① 参见李均明《清华简〈殷高宗问于三寿〉概述》，《文物》2014 年第 12 期。
② 参见曹峰《清华简〈殷高宗问于三寿〉上下两部分简文的研究》，日本出土资料学会编《中国出土资料研究》2016 年第 20 号。
③ 参见袁青《清华简〈殷高宗问于三寿〉是儒家著作吗——兼与李均明等先生商榷》，《学术界》2017 年第 8 期。
④ 参见袁青《清华简〈殷高宗问于三寿〉与先秦道家的心论和性论》，载张福贵主编《华夏文化论坛》第 22 辑，吉林大学出版社 2019 年版，第 41 页。

《殷高宗问于三寿》的思想立场更近于黄老学。①

由此可见，上博简《彭祖》与清华简《殷高宗问于三寿》都是阐述彭祖治国思想的珍稀文献，这两篇文献都遵循从天道到人道、从养身到治国的黄老学思维方式，其治国思想与黄老学是一致的。

四　结语

彭祖在早期传世文献中的形象可分为两种：一种认为彭祖八百岁不过是指彭国存在八百年时间；一种认为彭祖寿命八百多岁。彭祖寿命八百多岁的说法为先秦诸子所广泛接受，在提及彭祖的《庄子》《列子》《吕氏春秋》和《荀子》中，彭祖都是以善于治气养生的高寿形象出现的。这"四子"中，《庄子》《列子》和《吕氏春秋》均为道家文献，只有《荀子》为儒家文献，但《荀子》中的彭祖不是普通人效法的对象，荀子实际强调的是个人的道德修身，可见先秦道家最为重视彭祖，彭祖形象应与道家思想存在某种契合度。马王堆竹简《十问》、张家山汉简《引书》、上博简《彭祖》、清华简《殷高宗问于三寿》等出土文献也都提到彭祖，在马王堆竹简《十问》、张家山汉简《引书》中，彭祖是以养生家的身份出现的，而上博简《彭祖》、清华简《殷高宗问于三寿》中的彭祖是以帝师的形象出现的，主要阐述的是其治国理念。上博简《彭祖》与清华简《殷高宗问于三寿》都遵循从天道到人道、从养身到治国的黄老学思维方式，其治国思想与黄老学是一致的。可见，无论传世文献还是出土文献，无论阐述养生还是治国，有关彭祖的文献都与道家思想有着千丝万缕的关系，彭祖俨然成为道家思想的代言人。

---

① 参见袁青《清华简〈殷高宗问于三寿〉与先秦儒道的公平公正思想》，载武汉大学哲学学院编《哲学评论》第 24 辑，岳麓书社 2019 年版，第 12—13 页。

试论虢文公的阴阳观念及其历史定位[*]

冯　鹏

摘　要　虢文公是周宣王时期重要的政治家和思想家。有关他的思想的材料在传世文献中保存很少，只有《国语·周语上》谏宣王"不籍千亩"一事。其中涉及阴阳的内容，对于我们研究西周时期的观念和思想颇有价值。在谏言中，虢文公提出了明确的"阳气"观念，并认为阳气随着"时"的变化而发生上升（"蒸"）运动；这种"阳气"观念的形成，应当与农事、农耕的实际需要有重大的关系；此外，它还隐含了人事活动要顺"时"和助"气"的观念。通过对《国语》其他相关记载，以及甲骨文、《诗经》、《左传》等涉及阴、阳及阴阳观念的文本的梳理和分析，基本可以确定，《国语·周语上》所记虢文公"谏言"，应当是当时的实录，且很可能反映了阴阳思想的早期形态，并在阴阳学说的发展历程中占据了关键的一环。

关　键　词　虢文公；《国语》；阴阳；阳气

作者简介　冯鹏，河南大学哲学与公共管理学院副教授、历史与文化

---

　　* 本文的部分内容已发表于拙著《西汉经学与灾异思潮》（中华书局 2022 年版）。需要说明的是，在原书中笔者曾推断"《国语》之中的阴阳思想应当是春秋晚期到战国早中期的遗存"；本文对原观点作了修正，认为虢文公谏言里的"气"与"阳气"观念，极有可能是西周后期思维水平的如实反映。

学院博士后，研究方向主要为中国哲学与儒家经学。

在《国语·周语》中，有一则关于虢文公的记载。具体事件是周宣王不行籍田之礼，虢文公上谏言以为"不可"，并向宣王郑重解释了"籍礼"的重要性及其具体流程。所谓"籍"，《说文·耒部》作"秶"，并解释说："秶，帝秶千亩也。古者使民如借，故谓之秶。"这里的"帝"是指上帝，而非天子。因为籍田上的收获，是用来祭祀上帝的。"籍礼"就是天子在上帝的籍田上率众躬耕的仪式。作为一个历史事件，周宣王"不籍千亩"和虢文公进谏的真实性应当是不容置疑的，因为我们在《史记·周本纪》和清华简《系年》中，同样可以看到详略不同，但基本一致的记述。《国语·周语》的可贵之处在于，它十分详尽地保存了虢文公所上的"谏言"，为我们研究虢文公的思想，乃至西周时期的制度、观念和思想，提供了宝贵的材料。

据笔者阅读所及，已有不少学者基于《国语·周语》的这段文本，对西周史，周人的上帝观念，籍礼的仪式流程、文化功能和政治功能等问题进行了很有意义的讨论。尤其是在清华简《系年》正式出版后，关于西周史与籍礼的研究又取得了不少成果。① 需要指出的是，在虢文公的"谏言"中，还有一项与传统思想的解读和研究关系密切的内容，即有关"阳""阳气""阴阳"的文字和论述。其所蕴含的观念，很可能反映了阴阳思想的早期形态，并在阴阳学说的发展历程中占据了关键的一环。目前看来，这个问题受到的关注似乎是不够的，因而很有进一步讨论的必要。

一　虢文公生平述略

由于即将讨论的思想文本来自虢文公的"谏言"，因而对虢文公的生平略作交代，是一件很有必要的工作。不过，遗憾的是，传世史料中有关虢文公

---

① 相关论著主要有李学勤《清华简〈系年〉及有关古史问题》，《文物》2011 年第 3 期；雷晓鹏《清华简〈系年〉与周宣王"不籍千亩"新研》，《中国农史》2014 年第 4 期；付林鹏《由清华简〈系年〉看西周帝籍礼之兴废》，《井冈山大学学报》（社会科学版）2017 年第 4 期；路懿菡《清华简〈系年〉与周宣王"不籍千亩"原因蠡测》，《辽宁师范大学学报》（社会科学版）2018 年第 5 期。

的记载实在是太少了，即便加上与之相关的出土材料，仍然显得很不充分。这种材料的不充分，使得我们甚至无法勾勒出他的生平概况。结合史籍记载和出土材料，我们可以确知的情况大致有如下几条。

其一，虢文公，姬姓，是周文王同母弟虢仲或虢叔的后代，但具体是虢仲之后还是虢叔之后，汉魏时期已有争论。宋裴骃《史记集解》引贾逵曰："文公，文王母弟虢仲之后。"又引韦昭曰："文公，虢叔之后，西虢也。"[①]这两说孰是孰非，似已难加考证。

其二，虢文公生卒年不详，主要生活于周宣王（前827—前782）时期，并且曾担任过周王室的"卿士"，即执政长官。这个卿士地位的取得，应当是由世袭而来的。《尚书·君奭》篇说："惟文王尚克修和我有夏，亦惟有若虢叔，有若闳夭，有若散宜生，有若泰颠，有若南宫括。"《国语·晋语》记胥臣之言曰："文王在母不忧，在傅弗勤，处师弗烦，事王不怒，孝友二虢……及其即位也，询于八虞，而咨于二虢，度于闳夭，而谋于南宫。"[②] 可见，虢氏在周初就是周王室的左膀右臂。虢文公在宣王时出任卿士，正是继承祖业。

其三，据郭沫若先生的考证，虢文公之名当为"子段"，他不仅是周王室的卿士，同时也是虢国的国君。这一判断的得出，主要得益于20世纪50年代河南三门峡上村岭虢国墓地的发现与发掘。该墓葬的1631号墓出土了"虢季氏子段鬲"，唇内沿有铭文十六字："虢季氏子段乍（作）宝鬲，子子孙孙永宝用亯。"郭沫若先生判定，此鬲与传世的"虢文公鼎"为同人之器。鼎铭云："虢文公子段作叔妃鼎，其万年无疆，子子孙孙永宝用亯。"虢文公子段即虢文公，是虢国的国君。[③]

二 虢文公论"籍礼"中的阴阳观念

在《国语·周语上》记录的虢文公谏言中，阴阳观念的表达，是与"籍

---

① （汉）司马迁撰：《史记》，中华书局1959年版，第145页。

② 徐元诰撰：《国语集解》，王树民、沈长云点校，中华书局2002年版，第361、362页。

③ 郭沫若：《三门峡出土铜器二三事》，《文物》1959年第1期。虢国墓葬的发掘与研究，参见河南省文物考古研究所、三门峡市文物工作队《三门峡虢国墓》（第一卷）上、下，文物出版社1999年版；王斌主编《虢国墓地的发现与研究》，社会科学文献出版社、时代（远东）出版社2000年版；张彦修《三门峡虢国文化研究》，中国社会科学出版社2002年版。

礼"密切相关的。该则故事的全文，共计 570 个字。首句点明谏言的背景——"宣王即位，不籍千亩"，末句叙述虢文公进谏以后的事态发展——"王不听。三十九年，战于千亩，王师败绩于姜氏之戎"①。除此之外，全部是虢文公论"籍礼"的内容。此事，司马迁《史记·周本纪》记为："宣王即位，二相辅之，修政，法文、武、成、康之遗风，诸侯复宗周。十二年，鲁武公来朝。宣王不修籍于千亩，虢文公谏曰不可，王弗听。三十九年，战于千亩，王师败绩于姜氏之戎。"② 从文本的相似程度来看，《史记·周本纪》很可能是在《国语·周语上》的基础上作的简写，而有意省去了虢文公所上谏言的具体内容。在《周语上》中，虢文公说：

> 不可。夫民之大事在农，上帝之粢盛于是乎出，民之蕃庶于是乎生，事之供给于是乎在，和协辑睦于是乎兴，财用蕃殖于是乎始，敦庞纯固于是乎成，是故稷为天官。
>
> 古者，太史顺时覛土，阳瘅愤盈，土气震发，农祥晨正，日月厎于天庙，土乃脉发。
>
> 先时九日，太史告稷曰："自今至于初吉，阳气俱蒸，土膏其动。弗震弗渝，脉其满眚，谷乃不殖。"稷以告王曰："史帅阳官以命我司事曰：'距今九日，土其俱动，王其祗祓，监农不易。'"王乃使司徒咸戒公卿、百吏、庶民，司空除坛于籍，命农大夫咸戒农用。
>
> 先时五日，瞽告有协风至。王即斋宫，百官御事各即其斋三日，王乃淳濯飨醴。
>
> 及期，郁人荐鬯，牺人荐醴，王裸鬯，飨醴乃行，百吏、庶民毕从。
>
> 及籍，后稷监之，膳夫、农正陈籍礼，太史赞王，王敬从之。王耕一墢，班三之，庶人终于千亩。其后稷省功，太史监之。司徒省民，太师监之。毕，宰夫陈飨，膳宰监之。膳夫赞王，王歆太牢，班尝之，庶人终食。
>
> 是日也，瞽帅音官以（省）风土，稷则遍诫百姓，纪农协功，曰："阴阳分布，震雷出滞。土不备垦，辟在司寇。"乃命其旅曰："徇。"农

---

① 徐元浩撰：《国语集解》，王树民、沈长云点校，第 15、21 页。
② （汉）司马迁撰：《史记》，第 144 页。

师一之，农正再之，后稷三之，司空四之，司徒五之，太保六之，大师七之，太史八之，宗伯九之，王则大徇。耨获亦如之。廪于籍东南，钟而藏之，而时布之。民用莫不震动，恪恭于农，修其疆畔，日服其镈，不解于时，财用不乏，民用和同。

是时也，王事惟农是务，无有求利于其官，以干农功。三时务农，而一时讲武，故征则有威，守则有财。

若是，乃能媚于神而和于民矣，则享祀时至而布施优裕也。今天子欲修先王之绪，而弃其大功，匮神之祀而困民之财，将何以求福用民？①

《国语》原文本不分段，以上引文分作九段，乃据文意而推定。其中，第一段和第九段，首尾照应，一说行籍田之礼的意义与功能，一说行籍田之礼可以取得的效果，并批评宣王"不籍千亩"的做法。从中可见，在周人的正统观念里，籍田之礼是一件极其重要的大事。它关乎人间政治的神权保障、社会财富的创造与积累，以及社会的和谐等。

第二段至第八段，是虢文公向周宣王讲解"籍礼"的具体流程。其中的三段，有涉及阴阳观念的文字。它们分别是：

古者，太史顺时覛土，阳瘅愤盈，土气震发，农祥晨正，日月底于天庙，土乃脉发。

先时九日，太史告稷曰："自今至于初吉，阳气俱蒸，土膏其动。弗震弗渝，脉其满眚，谷乃不殖。"稷以告王曰："史帅阳官以命我司事曰：'距今九日，土其俱动，王其祗被，监农不易。'"

是日也，瞽帅音官以风土，稷则遍诫百姓，纪农协功，曰："阴阳分布，震雷出滞。土不备垦，辟在司寇。"

这三段话的意思是说，按照古代的传统，太史要依照时节对土地的情况进行观察，当发现土壤阳气厚积，有盈满起动之势；且房星于清晨现于南方，日月会于营室，这一天便是立春。此前的第九天，太史去告知负责农事的官长稷："从这一天开始直到二月朔日，'阳气俱蒸，土膏其动'，如果没有雷霆惊

---

① 徐元诰撰：《国语集解》，王树民、沈长云点校，第15—21页。

蛰（'震'）与及时翻土（'渝'），土气无法发泄，则气盈满而郁结，以至发生灾害，谷物便无法生长。"① 而得知此信息的稷，又去向王报告说："太史率领他的下属阳官向我说：'九天之后，土气就要发动了，大王您要恭敬地斋戒祓除，对于农事万万不可大意。'"到了立春这一天，知晓风声的乐大师率领音官，以音律观测土风，负责农事的官长稷则广泛地告诫民众说："现在正是'阴阳分布，震雷出滞'的时节，你们要一同来治理农事，否则司寇将惩处你们的罪过。""阴阳分布"，韦昭《国语解》谓"日夜同也"，并引《明堂月令》"日夜分，雷乃发声"为证，意即春分那一天白昼与夜晚等长，这应当是准确的解释。②

"阳瘅愤盈，土气震发"，"阳气俱蒸，土膏其动"，"阳官"，"阴阳分布，震雷出滞"是虢文公谏言中出现的与阴阳观念相关的关键词。从中我们大致可以总结出以下几个要点。其一，它已经提出了明确的"阳气"观念，并认为阳气随着"时"的变化而发生上升（"蒸"）的运动。其二，它多次将阳气的升腾运动与土气、土膏的"震发"与"动"连言，这透露出它的阳气观很可能是从农业活动，尤其是从对土地的观察中得来或建立的。换句话说，谏言中"阳气"观念的形成，应当与农事、农耕的实际需要有重大的关系。其三，从它主张要在"阳气俱蒸，土膏其动"的时节，进行及时翻土和耕耘活动来看，它还隐含了人事活动要顺"时"和助"气"的观念，当然这里的"气"主要是指"阳气"。总之，我们在虢文公的论述中，发现了一种介乎具体与抽象之间的"气"和"阳气"的概念，它被用来描述与土壤变化、农业生产相关的自然现象，并很好地解释了相应的自然规律，对当时人类的生产生活足以起到有效的指导作用。这是非常值得肯定的理论成果。

三 虢文公阴阳观念的历史定位问题

当然，这里还有一个问题需要引起我们的注意，那就是《国语·周语上》的虢文公谏言的真实性或时代性问题。它是史官对虢文公言论的如实记录？

---

① 此处白文语译参考了萧汉明《阴阳大化与人生》，广东人民出版社 1998 年版，第 16 页。
② 参见徐元诰撰《国语集解》，王树民、沈长云点校，第 20 页。

还是出自后世学者的追记，因而掺杂了后来的思想因素呢？有学者曾指出，《国语》的编成年代当不早于战国中期，因为经历了战国学人的整理加工，其中难免有受到作者的影响而将后起思想置入的现象。① 考虑到上古时期书籍传写的困难和文化传播的一般形态，这种情况并不是完全不可能的。不过，如果我们结合《国语》中时代相近的其他相关记载，并梳理诸如《诗经》《左传》等典籍中阴阳观念的发展脉络，则大致可以断定，虢文公谏言里的"气"与"阳气"观念，应当是西周后期思维水平的如实反映。或者说，《国语·周语》所记载的"谏言"，它的作者应当就是虢文公本人，而不是战国时代的《国语》编纂者。对此观点，我们可以试加论析。

（一）从《国语》的相关记载看虢文公阴阳观念的定位

在《国语》所记时代相近的史事中，我们可以找到其他涉及阴阳观念的例证。其中，最为显著的就是《周语上》记载的伯阳父论地震事。此事，《国语》系于周幽王二年，即公元前 780 年。而虢文公上谏言的具体时间，据《史记》推定，当在周宣王十二年至周宣王三十九年，即公元前 815 年至公元前 788 年。二者在时间上较为接近。《国语·周语上》曰：

> 幽王二年，西周三川皆震。伯阳父曰："周将亡矣。夫天地之气，不失其序，若过其序，民乱之也。阳伏而不能出，阴迫而不能烝，于是有地震。今三川实震，是阳失其所而镇阴也。阳失而在阴，川源必塞，源塞，国必亡。夫水，土演而民用也。土无所演，民乏财用，不亡何待！昔伊、洛竭而夏亡，河竭而商亡。今周德若二代之季矣，其川源又塞，塞必竭。夫国必依山川，山崩川竭，亡之征也。川竭山必崩。若国亡，不过十年，数之纪也。夫天之所弃，不过其纪。"是岁也，三川竭，岐山崩。十一年，幽王乃灭，周乃东迁。②

这则记载主要讲述了周幽王二年西周发生地震之事。伯阳父因见"三川皆震"，而推测出周将亡国。此一判断的基本逻辑是：地震之后，"川源必塞"；

---

① 参见王树民《国语的作者和编者》，载徐元诰撰《国语集解》，王树民、沈长云点校，第601—604 页。

② 徐元诰撰：《国语集解》，王树民、沈长云点校，第26—27 页。

源塞，则国必亡。为了增加可信度，伯阳父还援引了历史的故事，即"昔伊、洛竭而夏亡，河竭而商亡"，作为川源塞而周必亡的证据。其中，伯阳父用阴阳的观念，对地震发生的原因作了解释。他认为，天地之气是有固定的次序或正常的状态的，如果阳气伏于地下不能发出，又遭到阴气的压迫而无法进行正常的蒸腾运动，那么就会发生地震。而本次的"三川实震"，就是阳气为阴气所镇压而不能维持其正常状态所导致的。将这则故事与上引虢文公论"籍礼"两相比较，我们可以发现，虽然二者讨论的主题一为农业活动，一为地理变化，但是，它们都认为阳气聚于地下，且自然地具有向上蒸腾的发展趋势，如果这种趋势遭到破坏，便会有灾害发生。这也就是说，它们的阴阳观念大体上是相似的。除此之外，在《国语》中我们还能见到其他三则含有阴阳观念的记载。

（1）《鲁语上》记鲁宣公"夏滥于泗渊"，鲁太史里革"断其罟而弃之"，并上谏言事。此事，《国语》未书明年份，当在鲁宣公在位时期，即公元前608 年至公元前 591 年。里革说："古者大寒降，土蛰发，水虞于是乎講（王念孙以为通'構'，犹合集也）。罜䍡，取名鱼，登川禽，而尝之寝庙，行诸国人，助宣气也。"其中的"大寒降，土蛰发"，韦昭《国语解》谓："降，下也。寒气初下，谓季冬建丑之月，大寒之后也。土蛰发，谓孟春建寅之月，蛰始震也。"王引之辨其误，认为"大寒降，亦谓孟春也。降，犹减也，退也"[①]。此处当以王说为是。里革的意思是说，孟春之时寒气减退，土蛰震发，才是水虞取鱼、登禽，"尝之寝庙，行诸国人"的时节，这叫作"助宣气"。而宣公于夏季捕泗渊之鱼，违背了气的运行规律，是不可取的。这里虽然没有用到"阴阳"二词，但"助宣气"之"气"乃指天地之气或阴阳之气，是可以意会的。

（2）《周语下》记周灵王二十二年（前550），"谷、洛斗，将毁王宫。王欲塞之"，太子晋以为不可，并上谏言事。太子晋认为，"川，气之导也"。川谷的作用在于疏导"气"，并使之达到"不沉滞而亦不散越"的有序状态，这也是天地之气的本来状态；只有这样，老百姓才能"生有财用而死有所葬"。他又举大禹治水的事迹，认为共工的"壅防百川，堕高堙庳"打破了

---

① 所引《国语》原文、韦昭《国语解》及王引之之论，均参见徐元诰撰《国语集解》，王树民、沈长云点校，第 167、168 页。

天地阴阳之序，后来禹与四岳的"疏川导滞"，又最终恢复了"天无伏阴，地有散阳"（按，"有"当为"无"）的秩序。这是他反对周灵王"壅谷"的依据。[①] 显然，在太子晋看来，作为天地之气的阴阳二气，本身是有"序"的，"谷、洛斗"只是阴阳二气"有序"运转的一种表现，人为的横加阻拦是错误的选择，正确的做法应当是助其疏导，这也隐含了"助气"的观念。

（3）《周语下》记周景王二十三年（前522），"王将铸无射，而为之大林"，伶州鸠出言劝阻事。他认为景王之为不合声乐之道，提出只有声乐之道正，才能使"气无滞阴，亦无散阳"；并主张"乐正"（声乐之道正）可以带来"阴阳序次，风雨时至，嘉生繁祉，人民歆利，物备而乐成，上下不罢"的效果。[②] 伶州鸠在这里也提到了"阴阳"和"气"的观念，并认为阴阳二气的最好状态是"序次"，是"无滞阴，亦无散阳"。这和前引太子晋所言非常接近。

总之，从《国语》的相关记载来看，虢文公于公元前九、八世纪提出的阴阳观念，应当不是后人追补的，而是当时人们思维水平的反映；不仅如此，根据时代靠后的其他几例材料综合研判：气的观念、阴阳二气的观念，最早应当是和农业耕作活动密切相关的；随后，由于它具有相对强大的解释能力，又逐渐被应用于人类生活事务（捕鱼、取禽、祭祀）的安排、地质变化（地震、河流改道）原因的解释和声乐之理的说明等各个方面。《国语·周语上》所记虢文公"谏言"，极有可能反映了阴阳观念初起时的状态。至于这些事例时代相差数百年，而观念变化并不太大的情况，很有可能是彼时文化传播的困难和思想发展的缓慢造成的。

（二）从甲骨文、《诗经》和《左传》的相关记载看虢文公阴阳观念的定位

鉴于《国语》的撰成时代存在疑义，我们还可以借助甲骨文、《诗经》和《左传》之中的相关记载，来对虢文公阴阳观念的定位问题作进一步的梳理和研判。阴、阳的繁体作陰、陽，段玉裁《说文解字注》以为陰、陽的正字原作侌、昜。在殷代甲骨卜辞中没有出现"侌"字，但有多处"昜日"

---

① 事见徐元诰撰《国语集解》，王树民、沈长云点校，第92—102页。

② 事见徐元诰撰《国语集解》，王树民、沈长云点校，第107—117页。

"不易日"的记录。关于"易"字的初始义，王筠《说文释例》以为"象气郁勃凑地而出之形"，徐复观先生则以为"象日初出时的光芒"。相较而言，徐说当更为可靠，王筠用"气郁勃凑地"进行解释，明显是受后世阴阳学说的影响，不足为据。据徐复观的推断，易字的原意当是指有日光的天气。[①] 为避免"气"字可能带来的误解，笔者以为用"天况"可能更合适。结合卜辞中"易日""不易日"的记录，徐先生的这种解释应当是准确的。卜辞的"易日"可能是指天晴，"不易日"则指天阴。

在甲骨文之后的典籍之中，最早出现阴、阳二字的，当推《诗经》。其中，"阴"字约出现 8 次，多就天况言。如《邶风·谷风》："习习古风，以阴以雨。"《曹风·下泉》："芃芃黍苗，阴雨膏之。"也有作阴暗解的，如《豳风·七月》："三之日纳于凌阴。"另有一处当作覆荫解，即《大雅·桑柔》："既之阴女。"此外，《易经》中也有一处"阴"字，《中孚》："鹤鸣在阴，其子和之。"表示阳光被遮挡的树枝处，是"荫"的假借字。《诗经》中的"阳"字较"阴"字为多，且意义丰富。其中多数是就山水方位而言的，即所谓山南水北为阳。例如《召南·殷其雷》"在南山之阳"；《唐风·采苓》"首阳之颠""首阳之下"；《小雅·六月》"至于泾阳"，等等。另有一处是指日光，即《小雅·湛露》："匪阳不晞。"还有三处引申为温暖，如《豳风·七月》："春日载阳。"《小雅·采薇》："岁亦阳止。"《小雅·杕杜》："日月阳止。"此外，"阳"字在《诗经》中还出现了鲜明、得志之貌等引申意。字意的多重性，从一个侧面反映了"阳"字传习的悠久历史，以及使用的普遍化。在《大雅·公刘》篇中，我们甚至还可以见到阴阳二字合文的情况，诗文说："笃公刘，既溥既长。既景乃冈，相其阴阳，观其流泉。"所谓"相其阴阳"，郑《笺》以为是指"观相其阴阳寒煖所宜"[②]。

在《左传》之中，阴、阳二字的内涵出现了新的发展，它们大多是在抽象的意义上被使用的。相关例证较多，其中显著者主要有 6 处。

（1）僖公十六年（前 644），出现"陨石于宋五"和"六鹢退飞过宋都"的怪异现象，宋襄公问于周内史叔兴曰："是何祥也？吉凶焉在？"叔兴回答说："今兹鲁多大丧，明年齐有乱，君将得诸侯而不终。"待退出之后，他又

---

① 参见徐复观《中国思想史论集》，九州出版社 2013 年版，第 2—4 页。
② （清）阮元校刻：《毛诗注疏》，《十三经注疏（一）》，中华书局 2009 年版，第 1170 页。

向其他人说道："君失问。是阴阳之事，非吉凶所在也。吉凶由人。吾不敢逆君故也。"① 这里所谓"阴阳之事"，徐复观先生认为是天候失调之意。② 这种解释似乎并不准确。将"陨石"和"六鹢退飞"归结为"阴阳之事"，应当是表明，在叔兴的意识之中，这些事都是可以用阴阳观念来进行解释的。此即暗示了阴阳观念已经扩展至解释"陨石"和"六鹢退飞"等异常现象的领域内。这是阴阳观念得到长足发展的体现。

（2）襄公二十八年（前545），出现"春，无冰"的异常现象，梓慎用占星学的知识预测灾异。梓慎说："今兹宋、郑其饥乎？岁在星纪，而淫于玄枵，以有时菑，阴不堪阳。蛇乘龙。龙，宋、郑之星也，宋、郑必饥。玄枵，虚中也。枵，耗名也。土虚而民耗，不饥何为？"③ 这里的占星学知识我们略过不谈。梓慎的预测之中出现了"阴不堪阳"的说法。推考其意，应当是说阴气不能压服阳气，于是便出现了"春，无冰"之异象。此处的阴、阳，也是具有抽象意义的、与"气"相关的概念。

（3）昭公元年（前541），医和为晋侯诊病，也论及了阴、阳。医和说："天有六气，降生五味，发为五色，征为五声，淫生六疾。六气曰阴、阳、风、雨、晦、明也。"④ 这里的"天有六气"，是指阴、阳、风、雨、晦、明。这六者之中的后四种，是常见的天气状况；与前二者的"阴"和"阳"十分不类。笔者怀疑这是医和先有了阴阳的抽象观念，然后又将之附会到天气状况的结果。从中可以看出，阴阳的观念内容较《诗经》已有所拓展，并开始呈现抽象化的趋势。

（4）昭公四年（前538），出现"大雨雹"的异象，"季武子问于申丰曰：'雹可御乎？'"申丰在回应时论及藏冰与用冰，也提到了阴、阳。他说："其藏之也周，其用之也徧，则冬无愆阳，夏无伏阴。"⑤ 这里前两句的"其"字都是指冰。古时有藏冰、用冰的习惯。通常于一年最寒冷之时取冰藏之，至春暖而用冰。申丰认为，如果顺时藏冰、用冰，则冬天便不会出现"愆阳"，

① （清）阮元校刻：《春秋左传注疏》，《十三经注疏（四）》，中华书局2009年版，第3924、3925页。
② 参见徐复观《中国思想史论集续编》，九州出版社2013年版，第5页。
③ （清）阮元校刻：《春秋左传注疏》，《十三经注疏（四）》，第4338、4339页。
④ （清）阮元校刻：《春秋左传注疏》，《十三经注疏（四）》，第4396、4397页。
⑤ （清）阮元校刻：《春秋左传注疏》，《十三经注疏（四）》，第4416—4418页。

夏天也不会出现"伏阴"。"愆阳"和"伏阴"，杜预《注》文以为谓"冬温"与"夏寒"，即冬天过于温暖，夏天过于寒冷，阴阳取寒暖意。笔者以为杜注的解释并不可靠。推寻文意，冬温和夏寒是结果，而其原因则在于"愆阳"和"伏阴"，阴、阳仍是抽象的意味重。

（5）（6）两处记述都涉及日食事件，前一处是昭公二十一年（前521），"秋七月壬午朔，日有食之"。梓慎预测说："阳不克也，故常为水。"[1] 后一处是昭公二十四年（前518），"夏五月乙未朔，日有食之"。梓慎预测将发生水灾，昭子则提出不同意见，认为将发生旱灾，原因是"日过分而阳犹不克，克必甚，能无旱乎？阳不克莫，将积聚也"[2]。内中所谓"阳不克也""阳犹不克""阳不克莫"，杜《注》均以阳气不能胜阴气为说，这应当是合于文本原意的解释。据此，梓慎预测将发生水灾，是基于阳气不能胜阴气，则阴气将盛；而昭子的预测则是认为阳气虽一时为阴气所胜，至其积聚深厚则定然可以战胜阴气，故而将发生旱灾。

从上述对甲骨文、《诗经》至《左传》相关文本的分析，我们可以看出，阴阳观念的早期发展经历了多个阶段，它们最初是表示有无日光的两种天况，后来又引申出向阳与背阳、寒冷与温暖等意义，而到了《左传》所记的春秋时代，阴、阳的抽象程度突然得到了提升，且与前引《国语》的三则事例，在思维水平上大致相当。

四　结语

通过前文对《国语·周语上》所记虢文公论及阴阳观念的文本的解读，对《国语》、甲骨文、《诗经》和《左传》涉及阴、阳及其观念内涵的梳理和比较，笔者认为，过去学界因怀疑《国语》的著作时代，进而认为其中的阴阳观念乃后世所追补的意见，很可能并不可靠。就阴阳观念的早期发展而言，在《诗经》和《左传》，以及《国语》所记春秋时代的言论之间，应当存在一个过渡的环节。而此一环节，就是《国语·周语上》记载的虢文公论"籍

---

① （清）阮元校刻：《春秋左传注疏》，《十三经注疏（四）》，第4557页。
② （清）阮元校刻：《春秋左传注疏》，《十三经注疏（四）》，第4573、4574页。

礼"中的阴阳观念，以及稍后的伯阳父论"地震"事。虢文公论"籍礼"的文本，不仅应当是真实的记录，而且极有可能占据了阴阳思想早期发展历程中的关键一环，即由于在农业活动中的应用，阴、阳逐步被抽象化，并与土、气、天地之气相结合。战国时代阴阳思想的兴盛，虽然涉及的领域极多，但其源头正在于此。

老子天下观念的四层意蕴[*]

萧 平

摘 要 　天下是老子哲学中的重要观念，可以从四个不同层面开显其意蕴。从存在论角度来看，天下是指天地万物包括人类，老子认为"道"是天地万物的根源，同时又内在于天地万物之中。从政治哲学视角来看，天下指国家的政治权力或政治权力辐射范围内的民众与国家，或掌握国家最高权力的天子、侯王之位，老子主张"贵身"优于"贵天下"，强调治理天下者的德性要求，倡导以无事取天下。从认识论角度来看，天下既指作为认知主体的世人，又指作为认知对象的天地万物及其规律，老子主张整体性认知，反对追逐外物的辨析性认知。从修养论角度来看，天下通常指人类的生活世界，老子主张将历史经验中提炼出来的生存智慧运用于人类生活世界。

关 键 词 　老子；天下；政治权力；天地万物；生活世界

作者简介 　萧平，湖南师范大学公共管理学院哲学系副教授，研究方向主要为道家与道教，宋明理学。

---

* 本文系国家社会科学基金一般项目"唐宋时期道家的自然观念及其与儒家、佛教思想的互动研究"（22BZX047）的阶段性成果。

　　"天下"是中国古代思想中的一个重要观念，可以从历史学、宗教学、人类学等不同角度展开讨论。近三十年来，学界对于天下观念保持着高度的关注，相关研究成果很丰富。① 然而已有的研究要么侧重思想史，要么侧重儒家的天下观，对于道家天下观的研究似乎仍有待深化。② 事实上，"天下"观念也是道家哲学中的重要观念，以五千余言的《老子》为例，仅"天下"一词就出现了 61 次，仅次于老子的核心概念"道"（79 次）以及"人"（85 次）③，而高于"德"概念（47 次）④，由此可见，老子哲学的主旨正是将"道"推行于"天下"，或者说"道"是"天下"（天下人、天下事、天下秩序）之"道"，"道"在"天下"中的表现就是"德"。总之，"天下"是一个以"人""物""事"为中心的观念。

　　"天下"从字面意义上来看，就是指"天"之"下"，或者说"天"的下面。然而要理解"天下"观念显然还不能如此简单，因为这里涉及古代思想中的一个重要观念"天"。为何与"天"相对的"地"并没有与表达方位的"上"或"下"形成一个重要观念，而是只能由"天"与表达方位的"下"构成一个观念呢？很显然，这里的"天"并不仅仅是物理之天、自然之天，还具有超越的、威严的、至上的含义，在这种超越性存在之下的是大地与万物，包括人类，也就是天地之间的所有存在者。在先秦典籍中，"天下"一词

---

　　① 近三十年来关于天下观念的研究成果相当丰富，仅以"天下"为核心观念的著作就有陈廷湘、周鼎《天下·世界·国家：近代中国对外观念演变史论》，上海三联书店 2008 年版；甘怀真编《东亚历史上的天下与中国概念》，台北："国立"台湾大学出版社中心 2007 年版；许纪霖《家国天下——现代中国的个人、国家与世界认同》，上海人民出版社 2017 年版；赵汀阳《天下体系：世界制度哲学导论》，中国人民大学出版社 2011 年版；赵汀阳《天下的当代性：世界秩序的实践与想象》，中信出版集团 2016 年版；李宪堂《大一统的迷境：中国传统天下观研究》，社会科学文献出版社 2018 年版，等等。此外关于"中国""中华民族""华夷之辩""国家""天下主义""新天下主义""世界秩序""世界主义"等相关研究更是数不胜数，兹不赘举。

　　② 关于《老子》天下观念的研究，目前主要有：陈鼓应《老子与孔子的"天下"观》，载陈鼓应主编《道家文化研究》第三十三辑，中华书局 2021 年版；李若晖《老子基于大国关系的天下秩序观：钩沉及建构》，《云南师范大学学报》（哲学社会科学版）2016 年第 3 期；谢清果《"新子学"承载回应时代问题的神圣使命——以老子"天下观"意蕴与普世价值为例》，载方勇主编《诸子学刊》第十三辑，上海古籍出版社 2016 年版；文卫勇、晏拥《老子的世界秩序观：道、国与天下》，载詹石窗等主编《中华老学》第六辑，九州出版社 2021 年版。

　　③ 这里的"人"其实包括"圣人"（31 次）、"众人"（5 次）、"俗人"（2 次）、"愚人"（1次）、"善人"（4 次）、"不善人"（3 次）、"人主"（1 次），单独作为一个概念的人只有 38 次。

　　④ 本统计依据王弼本，下文所引以王弼本为准，采取正文夹注形式。

语义丰富，有时候指地理空间意义上的天下，有时候指政治伦理意义上的天下，有时候指文化礼仪意义上的天下，还有的语境中指文化心理或民族心理意义上的天下。那么《老子》中的"天下"具体的意蕴是什么？下面笔者尝试从四个层面加以考察。

一　存在论视域中的天下观念

（一）道为天下母

老子的哲学建立在"道"的基础上，"道"是天地万物的总根源。正如前文所述，"天下"指"天"之下的万事万物，这层含义主要源于天地万物包括人类都生活在"天"之下这一事实，"天下"往往也用来统括天地万物，这种含义在老子中可以得到印证。如：

> 有物混成，先天地生。寂兮寥兮，独立不改，周行而不殆，可以为天下母。（《老子》第 25 章）

天地原本是上古中国人关于事物开端的一个观念，凡是讲天地，就意味着这是一个巨大的生存空间，有了天地然后才有万物，故《易传·序卦》曰："有天地，然后万物生焉。"在天地之前就已经存在，那也就意味着这个混成之物是产生出"天地"的东西，故曰"可以为天下母"。这里的"天下"，帛书《老子》甲乙本、北京大学藏西汉竹简《老子》（下文简称汉简《老子》）均作"天地"，郭店楚简《老子》作"天下"。作"天地"，正好与"先天地生"相合，与先有天地然后形成万物的流行观念相合；而作"天下"则范围更广，不仅天地包括在内，还包括天地形成之后才有的万物以及作为万物之灵的人类。简言之，"天下"是一个对"物"进行统括以至于无所不包的概念。"天下"都尊奉这个混成之物为"母"。与此相似的另一个表述就是：

> 天下有始，以为天下母。（《老子》第 52 章）

"天下有始"意味着天地万物包括人类等一切存在物有一个开端、根源

（"始"），这个根源就是老子所命名的"道"，"道"可以被看作一切存在物之"母"。"道"的这种身份是老子对于一切存在者终极根源的追问所得出来的结论。"道"就是一个根，为现实生命的安顿、现实秩序的稳定奠定了基础。

如果说上述两章表达了"道"与"天下"（天地万物）的关系，那么第40章则从更抽象的层面探讨了"天下万物"与"有""无"的关系问题：

天下万物生于有，有生于无。（《老子》第40章）

"天下万物"，帛书乙本、楚简《老子》、汉简《老子》均作"天下之物"，传世诸本中有傅奕本、范应元本等同，严遵本作"天地之物"①。这里的"天下"紧接"物"这一核心词，因而"天下"本身并不是指天地万物等一切存在者，而更像是一个限定词。"天下"意味着无所不包的、代表着万物所处的最广泛的存在之域。如果从经验角度来看，在一个无所不包的境域中的一切存在者都是分别由有形的具体存在者生成的，但是这种形形相生如果不断地去追溯，就必然产生无穷的回溯，而哲学显然不能停留于这种无止境的追溯之中，必然要设置一个终极来截断众流，"有生于无"就是这种思维方式的体现。何谓"无"？这里的"无"当然不是一种绝对的"虚无"或不存在，这里的"无"仍然是从"有"的视角进行观照的结果。换言之，从存在论角度来看，"无"是终极性的存在或根据，但从概念本身的形成与使用角度来看，"无"并不是超越"有"的一个概念，毋宁说"无"仍然是依据"有"所进行的追问而产生出来的。甚至可以说，"无"恰恰是以"有"的存在为基础但同时又克服了"有"的各种局限性的结果。

（二）道在天下

《老子》中关于"道"为"天下母"的表述方式显然还带有比较浓厚的生成论色彩，如果说这种表述彰显的是"道"产生天地万物所必然具有的一种历时性特征，那么要超越与克服这种生成论色彩的最好的解决方式就是探讨"道"与"天下（天地万物）"的现时性关系问题。也就是"道"生成万物之后，"道"还在何处的问题以及"道"如何"在"的问题。关于"道"与"天下"的关系，老子曰：

---

① 参见高明撰《帛书老子校注》，中华书局1996年版，第28页。

> 道常无名，朴虽小，天下莫能臣也。（《老子》第 32 章）

首先，"道"原本无名，老子为了让人认识那个混成之物，不得已而命名。但被称作"道"的混成之物并不是只有一个"名"，老子从不同角度给出了很多"名"，如"强为之名曰大"（《老子》第 25 章），"万物归焉而不为主，可名为大"（《老子》第 34 章）。可见，"大"也是混成之物的"名"。之所以说"道"又可以被名为"大"，是因为"道"产生了天地万物，其作用很大。并且"大"又通"太"，表达"初始"的含义。不仅如此，老子还说"衣养万物而不为主，常无欲，可名于小"（《老子》第 34 章），结合此章的"朴虽小"，可见"小"也是一个名。"道"虽然隐于万物之中而不显（"道隐无名"），"道"又像"朴"一样，没有分化，没有名称，微不足道，但"天下"却不能将它臣服。这里的"天下"意即天下万物。为什么万物不能使"道"臣服呢？那反过来说，"道"可以臣服"万物"吗？这就涉及"道"与"万物"的关系问题。

"道"产生了天地万物，那么之后的"道"还"在"吗？"道"以何种方式"在"？对此，老子使用了一个比喻：

> 譬道之在天下，犹川谷之于江海。（《老子》第 32 章）

这是理解老子道物关系的一段重要经文。"道"在天下，这里的"天下"仍然是指天地万物包括人类，就好比川谷流入江海。问题是这里用来比喻"道"的究竟是"川谷"还是"江海"？通常认为江海比川谷要广阔，加上"海纳百川"等惯常表述，似乎只有江海才能配得上"道"。但实际上，这里真正比喻"道"的不是江海，而是川谷。关键在于理解川谷与江海之间的本质关系。只从具体形态层面看到江海比川谷要广阔，还不足以把握两者之间的本质关系。换言之，两者的关系不是经验层面上的"大与小"的关系，而是"源"与"流"的关系，进而言之，川谷与江海源流不断，一体交融。老子借用这个比喻旨在强调"道"就内在于天地万物之中，而不是脱离万物之外的实体性存在。从这个比喻可以看出，"天下"就是由"道"所生的"天下"，同时"天下"又是"道"之所在，脱离了"天下"也就无所谓"道"。

既然"道"就内在于"天下"之中，那么"天下"以何种方式存在才是真正符合"道"的呢？甚至严格来说，我们不能用"符合"两个字，讲"符合"已经意味着是"二者"，而"道"与"天下"是一体的，浑然不可分的，因此"道"必然要在天下表现出来，这种表现方式首先就是"德"。"德"意味着"得"，是天下从"道""获得"了存在的根据，因而能够存在。然而"德"仍然过于抽象，要进一步来展现，则必然借助于两个重要概念：自然、无为。老子以"自然""无为"来阐述"道"在天下中的呈现，主要是从政治哲学、修养论两个维度展开的。

二　政治哲学视域中的天下观念

"天下"一词在《老子》书中一共出现了61次，其中直接关涉政治治理意义上的多达25次，接近一半。由此亦可见老子天下观念的重心在于政治治理。

（一）"贵身"优于"贵天下"。

个体生命与作为政治权力产物的天下，孰轻孰重？这里涉及"身体"与"政治"两个主题。老子曰：

> 何谓贵大患若身？吾所以有大患者，为吾有身，及吾无身，吾有何患！故贵以身为天下，若可寄天下；爱以身为天下，若可托天下。（《老子》第13章）

这一章长期以来存在着诸多理解分歧，主要是关于"贵身"与"忘身"的分歧。贵，《说文解字》曰："物不贱也。"物品价格高也是"贵"，引申为"高贵""尊贵""崇尚""贵重"。① 在此章语境中，"贵大患"其实就是"重视大灾难"，或以大祸患为重。② 古人特别重视大患，面临各种大的灾难时往往

---

① 《玉篇·贝部》："贵，高也。"《广雅·释言》："贵，尊也。"
② 郭世铭将"患"解为"串"，释为"亲信"。详见郭世铭《老子究竟说什么》，华文出版社1999年版，第84页。其实"大患"是一个较为常见的固定词语，就是指大的忧患、祸患、灾难，如《荀子·君道》："今人主有大患：使贤者为之，则与不肖者规之。"《韩非子·难势》："势者，养虎狼之心，而成暴乱之事者也，此天下之大患也。"

十分谨慎、虔敬。老子指出"贵大患若身"，正是要警惕世人，应当以对待大灾难一般的态度来对待自己的生命。"贵大患若身"其实应当是"贵身若大患"的表述。① 这里的"身"，并不是指狭隘的肉身，而是指人的整个生命，"贵身"其实也就是"珍重生命"。我们之所以会有"大患"以及对"大患"的敬畏观念，主要是因为我们人类必然要以生命体的形式存在，"生命体"就是我们的"身"。现实世界中的大灾难、大祸患对于人的生命构成极大的威胁，所以只要人类以生命体的形式存在，就必然会有"大患"的观念相伴随。如果我们不再以生命体的形式存在，即"无身"，那么也就无所谓忧患了。那么要如何才能做到"无身"呢？显然在经验世界中是无法摆脱生命体这种存在形式的，因此"无身"不能从字面上理解为消解生命体，而只能从积极的向度将生命体扩大，所谓"大其身"，实现与"道"合一，这才是真正的无身无患，才能真正地实现永恒。这就是老子所讲的"道乃久，没身不殆"（《老子》第16章），"复守其母，没身不殆"（《老子》第52章）。要实现这一点显然需要一个修养工夫。然而此章老子的重心并不在于讨论这个问题，而是要强调"贵大患若身"，由此引出珍重生命，并且将珍重生命与看重大患一样，进而将珍重生命与拥有天下相比较。这就是此章的结论："故贵以身为天下，若可寄天下；爱以身为天下，若可托天下。"此处经文传世诸本颇有差异，帛书《老子》甲本作："故贵为身于为天下，若可以迀（托）天下矣；爱以身为天下，女（如）可以寄天下。"传世本的第一句多缺一"于"字，"于"字在此显然是用于比较，应当以帛书本为优。"贵为身于为天下"意即"为身贵于为天下"，"为"训为"治"，"治身"甚过治理天下，看重生命胜过看重拥有天下的权力。在老子看来，只有这种人才能放心让他去治理天下，因为这种人不会将天下当作谋一己之私的工具，治理天下的权力在一个珍重自身生命的人那里无足轻重。② 这种思想发展到庄子那里就是"道之真以治身，其绪馀以为国家，其土苴以治天下"（《庄子·让王》）。

---

① 王道曰："贵大患若身，当云：贵身若贵大患。倒而言之，文之奇也，古语多类此者。"参见（明）王道《老子亿》，载熊铁基、陈红星主编《老子集成》第六卷，宗教文化出版社2011年版，第233页。

② 其实不管是儒家还是道家，似乎都对政治权力等外在的功利性的东西有一种超脱。道家主张珍重个体的生命，认为珍重生命甚过外部世界的功名利禄，激进者如杨朱主张"拔一毛而利天下不为也"（《孟子·尽心上》）。儒家则主张保全个体与个体之间天然形成的关系，如亲情，故"舜视弃天下，犹弃敝蹝也。窃负而逃，遵海滨而处，终身欣然，乐而忘天下"（《孟子·尽心上》）。

然而，现实的统治者往往本末倒置，为了攫取权力、满足私欲，横征暴敛、穷兵黩武，最终"身死国灭，为天下笑"（欧阳修《伶官传序》），故老子批判道："奈何万乘之主，而以身轻天下？轻则失本，躁则失君。"（《老子》第 26 章）河上公注曰："王者至尊，而以身行轻躁乎？疾时王者奢恣轻淫也。"① 苏辙注曰："人主以身任天下，而轻其身，则不足以任天下矣。"② 吴澄曰："以身轻天下，谓以其身轻动于天下之上也。"③ "轻身"与第 13 章的"贵身"相对，轻躁之行丧失自己的生命，进而丧失了国家。在生命（身）与政治权力（天下）的关系上，老子主张以生命为本，统治者只有珍重生命，以修治自身为主，才适合掌握国家社稷的最高权力。

关于"身"与"天下"的关系，一方面老子主张"贵身"优于贵天下，另一方面，老子又主张由"身"推广至"天下"，即由自身的修道、修德推广到天下。

> 善建者不拔，善抱者不脱，子孙以祭祀不辍。修之于身，其德乃真；修之于家，其德乃余；修之于乡，其德乃长；修之于国，其德乃丰；修之于天下，其德乃普。故以身观身，以家观家，以乡观乡，以国观国，以天下观天下。吾何以知天下然哉？以此。（《老子》第 54 章）

这里的"身—家—乡—国/邦—天下"的结构可以与儒家经典《大学》的"身—家—国—天下"相比，显示儒道在身心修养、治理国家上的差异。"修之于身，其德乃真"，这是道家的根本主张，修道或修德最重要的目的是自身，这也就是《庄子》所讲的"道之真以治身"（《庄子·让王》）。但老子同时也关注修之于身之外的向度，保持着对外部世界的关注，即除了修之于身，还要修之于家、国、天下。这里的"天下"与"家、乡、国"并称，显然是指政治权力所辐射之范围。真正能够实现修之于天下的显然不是普通人，而是掌握了国家权力的天子/侯王，治理者如果不仅修之于身，还能逐渐扩充至国家、天下，那么他的德性就能遍及天下，天下百姓自然会赢粮而景从。笔

① 王卡点校：《老子道德经河上公章句》，中华书局 1993 年版，第 107 页。
② （宋）苏辙：《道德真经注》，载熊铁基、陈红星主编《老子集成》第三卷，第 13 页。
③ （元）吴澄：《道德真经注》，载熊铁基、陈红星主编《老子集成》第五卷，第 621 页。

者认为，在《老子》这章的背后其实很可能蕴含着历史经验，周文王将一个很小的诸侯国发展壮大，不断扩充其影响力，以至于最终取代殷商王朝，这一段历史正好体现了"以身观身，以家观家，以乡观乡，以国观国，以天下观天下"。

（二）治天下者之德性要求

如果说老子的贵身思想强调只有珍重自身生命的人才值得托付天下，那么进一步，珍重自己生命的人还需要同时具备何种德性才能胜任天下之主呢？对此老子亦有不少探讨。

> 是以圣人云："受国之垢，是谓社稷主；受国不祥，是为天下王。"（《老子》第78章）

只有能够承受国家屈辱的人，才能真正地担当社稷之主，只有承受国家灾难的人才能为天下之王。"社稷"与"天下"相对，当属互文形式，含义相近，都是指国家。这一思想其实在上古时代较为流行，即认为统治者应当作为万民的表率，代表着万民、国家去承担各种屈辱、灾难，如《尚书·汤诰》曰："其尔万方有罪，在予一人；予一人有罪，无以尔万方。"《尚书·泰誓》亦曰："天视自我民视，天听自我民听。百姓有过，在予一人，今朕必往。"这其实就是周初以德配天的思想，治理者只有具备了这种德性才能真正地为天下之王。周初统治者为了论证政权的合法性，往往从天命更新这个角度来进行辩护，如"周虽旧邦，其命维新"（《诗经·大雅·文王》），一方面是自身德性足以配天，一方面是天命常新，上天将统治万方的使命交付给新的治理者，这就是一种新的天命。就后者而言，老子淡化了这种"天命"，因为"天"已经不再是老子哲学中的最高存在，取而代之的是"道"，统治者统治天下的合法性根据就是"道"：

> 侯王得一以为天下贞。（《老子》第39章）
> 执大象，天下往；往而不害，安平太。（《老子》第35章）
> 清静为天下正。（《老子》第45章）

"贞"，帛书《老子》作"正"，古文通用。"为天下贞"也就是"为天下

正"，含义与"为天下式"或"为天下牧"（详见下文）一致。"得一"之
"一"，一般解读为"道"，"得一"其实也就是"抱一"或"执一"，侯王只
有持守与遵循"道"才能成为天下万民的"准则"①和"表率"。老子不再强
调治理者要得"天命"，而是主张得"道"，持守"道"。"大象"在这里也是
比喻"道"，治理者执守大道，则天下万民纷纷归往，归往而不会有任何伤
害，因而社会归于和平与安泰。如果说"得一"或得道的说法过于抽象的话，
那么"清静"就是比较具体的一种德性要求，即要求治理者保持清虚、宁静
的品德。

治理者除了要"忍辱负重""清静"外，还要有谦下不争的品德：

江海所以能为百谷王者，以其善下之，故能为百谷王。是以欲上民，
必以言下之；欲先民，必以身后之。是以圣人处上而民不重，处前而民
不害。是以天下乐推而不厌。以其不争，故天下莫能与之争。（《老子》
第66章）

老子由自然的天道观引申出"下"这种德性，进而以此规范人道，要求治理
者遵循谦下的德性，以获得人民的拥护和爱戴。作为理想的治理者形象，圣
人因为保持谦逊、先人后己的德性，所以能得到天下万民的拥护。这里的
"天下"指的是天下万民，也就是政治权力所辐射范围内的民众。"以其不争，
故天下莫能与之争"的类似表述还有"夫唯不争，故天下莫能与之争"（《老
子》第22章），可见"不争"是治理者的重要德性，是能身处万民之上掌握
国家权力的重要条件。此外，治理者还应当有奉献精神：

天之道，其犹张弓与！高者抑之，下者举之；有余者损之，不足者
补之。天之道，损有余而补不足。人之道则不然，损不足以奉有余。孰
能有余以奉天下？唯有道者。是以圣人为而不恃，功成而不处，其不欲
见贤。（《老子》第77章）

① 张松如认为"正"乃"一般准则之义"。参见张松如《老子说解》，齐鲁书社1998年版，第
226页。

自然的天道总是能够保持动态平衡，而不会导致两极分化，在有余与不足之间的动态变化是维系整个系统稳定的重要方式。老子以这种自然的天道运行法则与人类社会中的秩序失衡相比较，强调后者应当遵循天道、效法天道，尤其是针对治理者而言，应当"有余以奉天下"。这种奉献精神其实与老子贵身的思想一致，老子之所以相信只有那种看重生命甚过看重政治权力的人才值得托付天下，是因为这种人不会将天下人的权力拿来牟取私利，聚敛财富，从而能实现天下人的东西归于天下人。

（三）以无事取天下

得道才能治理天下，就治理原则或方式而言，老子提出了无为。老子之所以主张无为，是因为作为天地万物根源的道本身就是以无为的方式存在和发挥作用的，因此为道所生的万物也应当遵循无为：

> 道常无为而无不为，侯王若能守之，万物将自化。化而欲作，吾将镇之以无名之朴。无名之朴，夫亦将无欲。不欲以静，天下将自定。（《老子》第 37 章）

侯王如果能够遵循天道，以无为的方式来治理天下，那么万物就能够完全按照自身本性来发展。"化而欲作"是一种假设说法，当侯王遵循天道来治理天下时，不会出现这种情况。如老子曰："以道莅天下，其鬼不神。非其鬼不神，其神不伤人；非其神不伤人，圣人亦不伤人。"（《老子》第 60 章）可见如果完全以道来治理天下，处于幽暗之域的鬼神都不再是神秘的存在，不仅鬼神不再像先前那样神秘，即便他们仍然有一些神秘性的作用发挥出来，这种神秘作用也不会给人类带来伤害。"非其鬼不神，其神不伤人"是退一步的讲法，这与本章的"化而欲作"相似，即便会出现一些私欲兴作，也能在持守大道的治理者的引导之下归于宁静，最终天地万物（天下）都能重新归于自然的生存状态。

遵循天道，以无为的方式治理天下意味着要节制权力，减少干涉，是故老子反对战争：

> 以道佐人主者，不以兵强天下。（《老子》第 30 章）
> 夫乐杀人者，则不可以得志于天下矣。（《老子》第 31 章）

这里的"天下"既包括天下的其他国家，又包括天下的百姓。遵循天道来治理天下，不是依靠武力来霸凌其他国家，也不是依靠残酷的刑罚政令等高压措施来管控百姓。那些滥用武力、杀戮百姓并以此来维系自身淫乐与苟安的人，最终不可能得到百姓和其他国家的拥护。"夫乐杀人者"很可能针对的就是历史上桀纣之类的暴君，商纣王残暴地杀害了有仁德之人，又创制炮烙之刑，这是典型的以杀人为乐。在老子所处时代，战争是判断天下秩序是否稳定的重要标准，老子目睹战争带来的深重灾难，透过历史，提出了深刻的反思：

> 天下有道，却走马以粪；天下无道，戎马生于郊。祸莫大于不知足，咎莫大于欲得。故知足之足，常足矣。（《老子》第 46 章）
> 师之所处，荆棘生焉。大军之后，必有凶年。（《老子》第 30 章）

"天下有道"是当时一个流行的表述，《论语》等书中曾多见①，这里的"天下"就是指现实治理者（侯王）所治理的范围，也就是政治权力所辐射的范围。在这个范围内秩序稳定，天道畅行，那么马都被用来耕种。反之，社会秩序失衡，国家内部或国家与国家之间冲突不断，战争频繁，那些有孕在身的母马都被征用从而在战场上诞下小马驹，由此可见战争的惨烈。战争过后必然带来各种灾害、瘟疫等，百姓流离失所，满目疮痍。

那么要如何来获取天下呢？《老子》书中多次谈到"取天下"的问题。

> 取天下常以无事，及其有事，不足以取天下。（《老子》第 48 章）
> 以正治国，以奇用兵，以无事取天下。（《老子》第 57 章）
> 将欲取天下而为之，吾见其不得已。天下神器，不可为也，为者败之，执者失之。（《老子》第 29 章）

"取天下常以无事"之"取"，河上公注训为"治"②，刘笑敢曾对此提出

---

① 孔孟老庄皆有这种表述，如"天下有道则见，无道则隐"（《论语·泰伯》）。"天下有道，则礼乐征伐自天子出；天下无道，则礼乐征伐自诸侯出。……天下有道，则政不在大夫。天下有道，则庶人不议。"（《论语·季氏》）"天下有道，以道殉身；天下无道，以身殉道。"（《孟子·尽心上》）

② 王卡点校：《老子道德经河上公章句》，第 186 页。

质疑①。然而河上公在注释"将欲取天下而为之"时，明确将"将欲取天下"解释为"欲为天下主也"②，注释第 57 章时则曰"以无事无为之人，使取天下为之主"③。实际上"取天下"这种说法在先秦典籍中较为常见，如《墨子·鲁问》："昔者三代之圣王，禹汤文武百里之诸侯也，说忠行义取天下；三代之暴王，桀纣幽厉仇怨行暴失天下。"这是将"取天下"与"失天下"对应，显然"取天下"就是获取天下，得到天下。再如《荀子·正论》："汤武非取天下也，修其道，行其义，兴天下之同利，除天下之同害，而天下归之也。桀纣非去天下也，反禹汤之德，乱礼义之分，禽兽之行，积其凶，全其恶，而天下去之也。""取天下"与"去天下"相对，也是表达取得天下的意思。这种例子很多，不赘举。由此可见，对于《老子》中的"取天下"只需要按照通行的理解即可。

这里的"天下"也就是上文所讲的"社稷"，代表着政治权力所辐射的范围，指代王朝的政权。"无事"在《老子》书中出现了 4 次，指的是无为而治，与之相反的就是有为之治。"以无事取天下"意味着要以无为的方式来施政，从而获得国家的政权。当然这里还涉及一个问题，那就是"国"与"天下"的关系问题，第 57 章明确将"治国"与"取天下"并称④，在《老子》书中，"国"（邦）或"治国"（治邦）是就诸侯国而言的"天下"则强调王朝的政权或政治权力及其辐射范围。从这个角度来看，天下显然要比"国"更广泛。

关于"天下神器"一句，理解颇有分歧。关键在于对神器的解读。"神器"一词先秦较为少见，后世解读主要有三种观点。

第一种将神器释为"人"。河上公注曰："器，物也。人乃天下之神物也。神物好安静，不可以有为治。"⑤ 以"人"来解释"神物"，则"天下神器"

---

① 刘笑敢：《老子古今：五种对勘与析评引论》，中国社会科学出版社 2006 年版，第 324—326 页。
② 王卡点校：《老子道德经河上公章句》，第 118 页。
③ 王卡点校：《老子道德经河上公章句》，第 220 页。
④ 在先秦经典中，"天下"与"国"并称并不罕见，《孟子·梁惠王》有"晋国，天下莫强焉"，"乐天者保天下，畏天者保其国"等，《礼记·大学》中的"治国"与"平天下"并称，《礼记·中庸》提出"天下国家可均也"，"知所以治人，则知所以治天下国家矣"，"凡为天下国家有九经"等，《荀子·非相》有"然而身死国亡，为天下大僇"，《荀子·非十二子》有"不知壹天下建国家之权称"，等等。
⑤ 王卡点校：《老子道德经河上公章句》，第 118 页。

即"天下之神器",意思是生活在王权覆盖范围之内的人。当然从政治治理角度而言,这里的"人"主要是指民。

第二种解读将"天下神器"解读为"天下者,神器也",帛书老子作"夫天下神器也",似乎可以提供一种证据。王弼注曰:"神,无形无方也。器,合成也。无形以合,故谓之神器也。"(《老子注》)"天下"虽然代表的是政治王权所辐射的地方,但在古代中国人的语境中,往往不是指代有具体地理边界的疆域,换言之,天下是一个王权所辐射的范围,但这个范围是不固定的,可大可小。辐射范围取决于治理者,这个范围是无形的。或许正是从这个角度来看,王弼以"无形以合"来解释"神器"。

第三种解读将"神器"视为国家权力,李荣注曰"安大宝,守神器"①,唐玄宗注曰:"大宝之位,是天地神明之器,谓为神器。"②将"大宝"与"神器"并称,指代的正是国家权力。"神器"也就是指神圣之器,神明之器,"大宝"是指帝王之位,将"大宝""神器"并称,可见神器是指掌管国家的最高权力。

综上三种理解,笔者认为第三种理解更为恰当。在老子看来,"将欲取天下而为之,吾见其不得已",其实很可能对应的就是汤武获取天下这两段历史。"不得已"是出于对暴君的一种反抗,拯救天下秩序于衰败之际。而"天下神器,不可为也,为者败之,执者失之"则很可能对应的是桀纣的残暴统治,将天子的这种权力滥用,最终身败,丧失了天下。

老子认为最理想的治理天下的状态并不是积极地治理,而是一种"在天下"的方式:

> 圣人无常心,以百姓心为心。……圣人在天下歙歙,为天下浑其心,百姓皆注其耳目,圣人皆孩之。(《老子》第49章)

"圣人无常心",当从帛书本作"圣人恒无心"。所谓"恒无心",就是不带有自己的私心,不以私己之心去治理天下,而是顺应百姓之心,即以百姓之心为心。圣人这种治理天下的方式被老子概括为"在天下",这个"在"字值

---

① (唐)李荣:《道德真经注》,载熊铁基、陈红星主编《老子集成》第一卷,第364页。
② (唐)唐玄宗:《御注道德经》,载熊铁基、陈红星主编《老子集成》第一卷,第429页。

得玩味,发展到庄子则曰:"闻在宥天下,不闻治天下也。在之也者,恐天下之淫其性也;宥之也者,恐天下之迁其德也。天下不淫其性,不迁其德,有治天下者哉!"(《庄子·在宥》)"在天下"意味着一种宽松政治,圣人不去干涉百姓的生活。"歙"是"合"的意思,"合"也就意味着"合闭""关闭",也就是"塞其兑,闭其门"(《老子》第52章),圣人要关闭的是各种感官通道,同时也是关闭自己的私己之心,与百姓混同一体,这也就照应了"圣人恒无心"。"浑其心"意味着"将以愚之"(《老子》第65章)。"孩",传世诸本或作"骇""咳""恀",一般解为圣人却孩童般看待他们。① 高明采纳高亨之说,将"孩"解为"阂",关闭的意思,"闭塞百姓耳目之聪明,使无闻无见也"②。两种解读都有一定道理,笔者倾向于第一种。"孩"原本就是指"婴孩""赤子",这是人最初比较淳朴的状态,象征着"朴"。百姓往往循自己的耳目感官而动,圣人则以无知无欲的婴孩状态来教育他们。"百姓皆注其耳目"其实就是第37章的"化而欲作","圣人皆孩之"就是"吾将镇之以无名之朴"。

总之,老子所处的时代背景促使他思考如何才能真正建立起稳定的秩序,对"天下有道"的向往是老子、孔子的共同之处。不过与孔子不同的是,老子并不是通过克己复礼的方式来实现秩序,而是主张遵循天道,采取无为的方式来治理天下。这种无为而治的方式以珍重生命为基础("贵身"),对统治者的自身德性有一定的要求,主张谨慎对待掌控天下的政治权力,节制欲望,从而促成天地万物包括百姓充分地按照自身本性生存在世。

三 认识论视域中的天下观念

(一) 作为认知主体的天下

天下还可以指天下人,即天地之间的所有人。天下的这层含义往往关涉的是一般认知主体,具有认识论的意义。如老子曰:

---

① 参见陈鼓应注译《老子今注今译》,商务印书馆2003年版,第255页。
② 高明撰:《帛书老子校注》,第64页。

> 天下皆知美之为美，斯恶已。皆知善之为善，斯不善已。故有无相生，难易相成，长短相较，高下相倾，音声相和，前后相随。（《老子》第 2 章）

美丑、善恶产生的根源是人的认知心，因此第 2 章的核心词就是"知"。既然对于事物的各种价值评断都根源于人心，那么事物的原初本性就被人为创设的各种"名"包裹，建立在繁杂的"名"基础上的各种法令制度在现实世界中起着维系社会秩序的作用，然而这种人的认知心所构建出来的"名"却没有真正地实现维系秩序稳定，相反，在"名"的堆积中，社会反而动荡不安，各种违背"名"的现象层出不穷，老子所生活的晚周就是礼乐文明走向衰落的时期，原有的完备的礼乐制度开始崩塌。在如何构建稳定的天下秩序的道路上，老子采取了消解与节制"名"的方式，这就是此章后文所讲的：

> 是以圣人处无为之事，行不言之教。万物作焉而不辞，生而不有，为而不恃，功成而弗居。夫唯弗居，是以不去。（《老子》第 2 章）

圣人以无为的方式处世，旨在消解"名"所带来的消极影响，进而言之，消解人的认知心所带来的消极作用。如果说这一章前半段主要是探讨认知论意义上的天下，那么后半段则主要是探讨政治秩序意义上的天下如何得以建构或恢复的问题。由此可知，老子极少从纯粹认识论角度探讨"天下"，即便是追溯"名"的产生必然要从认知论视角展开，但最终仍然导向现实政治秩序。

此外，《老子》书中还有专门探讨世人（天下人）对他所讲的道理的认知与理解问题，如：

> 吾言甚易知，甚易行，天下莫能知，莫能行。言有宗，事有君。夫唯无知，是以不我知。知我者希，则我者贵。是以圣人被褐怀玉。（《老子》第 70 章）
>
> 天下莫柔弱于水，而攻坚强者莫之能胜，其无以易之。弱之胜强，柔之胜刚，天下莫不知，莫能行。（《老子》第 78 章）

"天下莫能知"与"天下莫不知"两句中的"天下"都是指一般意义上的认

知主体，也就是普通天下人。"天下莫能知"，帛书《老子》甲本作"而人莫之能知也"，帛书乙本作"而天下莫之能知也"。甲本的"人"正好诠释乙本及通行本的"天下"，可见"天下"就是指世人或芸芸众生。然而"天下莫能知"与"天下莫不知"两种表述似乎有矛盾。

一方面，老子认为自己的这番言论很容易理解，也很容易去实行，但天下人往往不能理解（"天下莫能知"），也不能实行。另一方面，在老子的言论所蕴含的具体道理中，"柔弱胜刚强"就是其中的一种具体道理，这种道理天下人人皆知，却没有人能够真正地遵照实行。那么老子所讲的道理究竟是易知还是难知？从文本上来看，景龙本、敦煌辛本、遂州本、顾欢本、林志坚本等传世版本中的"天下莫不知"作"天下莫能知"①，这种版本就比较好地与第70章圆融了。然而帛书《老子》作"天下莫弗知也"，北大汉简本《老子》作"天下莫弗智（知），而莫能居，莫能行"。早期《老子》版本似乎并不支持这一点，由此这两章中的矛盾说法依然存在着。

与此章相似的还有：

> 天下之至柔，驰骋天下之至坚。无有入无间，吾是以知无为之有益。不言之教，无为之益，天下希及之。（《老子》第43章）

这一章前两处"天下"显然是指普天之下，相当于"世界上"。世界上最柔弱的东西可以进入世界上最坚硬的东西之中，老子由此推出无为的价值。然而不言之教、无为之益这种道理很难被人认知和理解，所以老子讲"天下希及之"。这里的"天下"就是指天下人，世人，和上文"天下莫能知"之"天下"含义一致。从"天下希及之"似乎可以推断，"天下莫不知，莫能行"的讲法应当有误。

（二）作为认知对象的天下

> 不出户，知天下；不窥牖，见天道。其出弥远，其知弥少。是以圣人不行而知，不见而名，不为而成。（《老子》第47章）

---

① 高明撰：《帛书老子校注》，第210页。

"出户"与"窥牖"相对，代表着人认识世界的方式，在经验世界中，人们通常通过自己的感觉器官来认知外部世界。然而这种认知方式所获得的只是关于外部世界的碎片式的、分解式的知识，尤其是这种诉诸耳目感官的认知活动激发了人的感官欲望，扰乱了内心的宁静，故老子曰"不见可欲，使民心不乱"（《老子》第 3 章），又曰"塞其兑，闭其门，终身不勤；开其兑，济其事，终身不救"（《老子》第 52 章）。"天下"与"天道"相对，这里的"天下"是指天地万物等一切身外存在者（相当于人、事、物），而"天道"则是一切存在者的存在方式（相当于"理"，亦即根本规律）。老子想要追求的是对天地万物的整体性认知，对天道的根本性认知，而要达到这种认知，老子认为不能向外部世界去探究，从而放逐自己的心灵，而只能向内探索，从自己的身体和生命中去体验和感悟。这种认知得以可能的前提就是"道"，毕竟天地万物最终都本源于"道"，同时又是"道"的现实载体，以"道"观之，万物是相通的。正是从这个角度，老子认为只有圣人才能真正实现从自身来观"道"，故不通过出行而获得对天地万物的整体性认知，不通过感官之知而达到"明白四达"（《老子》第 9 章）的状态，不通过作为而实现"功成事遂"（《老子》第 10 章）。真正实现了对天下、天道的整体性认知后，往往无法诉诸言语，这就是老子所说的"知者不言，言者不知"（《老子》第 56 章）。进而言之，要达到这种认知状态，其实还有一段修养工夫：

> 塞其兑，闭其门，挫其锐，解其分，和其光，同其尘，是谓玄同。故不可得而亲，不可得而疏；不可得而利，不可得而害；不可得而贵，不可得而贱。故为天下贵。（《老子》第 56 章）

关闭感官通道，消解意识的锋芒和思想的纷争，最终达到超越各种差异、纷争的玄同境界。在玄同境界中，常规认知视角下的亲疏、利害、贵贱（六者皆为"名"）皆得以化解，因而不再产生纷争与对立，这种状态最终被天下尊崇。"故为天下贵"又出现于第 62 章，"天下"应当是指天下人，即被普天之下的人尊贵和推崇。普天之下的人在这里既可以理解为认知主体，又可以理解为被治理者，即百姓。不过结合圣人的"不为而成"，似乎解读为"百姓"（被治理者）更为恰当。这也再次说明，老子的天下观念极少单纯局限在认识论领域，最终都转向了政治治理层面。

四　修养论视域中的天下观念

老子哲学中"天下"的含义如上所述，主要是指"天地万物，包括人类"，"天下人（一般意义上的认知主体）"，"百姓，民众"，"国家、社会的秩序"，"天子/侯王权威所辐射之范围"，"天子/侯王为代表的国家最高权力"等。"天下"的这几层含义，老子分别从存在论、政治哲学、认识论角度展开了探讨，同时，还有一个重要的视角就是修养论。

（一）抱一为天下式

> 曲则全，枉则直，洼则盈，敝则新，少则得，多则惑。是以圣人抱一，为天下式。不自见故明，不自是故彰，不自伐故有功，不自矜故长。夫唯不争，故天下莫能与之争。古之所谓曲则全者，岂虚言哉！诚全而归之。（《老子》第22章）

"曲则全"等数句体现的都是一种实践智慧，而不是一种思辨智慧，但一般人很难真正领悟这种实践智慧，因而只是一味地去追求"全""直""盈""新"，而忽视了实现这种目标的方式问题，或者说只看到实现目标的单一方式，而无法看到另一面。比如说"全"，这里的意思是完整、完备，作动词即"保全""保存"，可是要如何去实现这种"全"呢？不管这种"全"是个体的"保全"，还是家庭、组织、社区、社会、国家乃至天下的"保全"，通行的做法就是以"直"（刚直的处世方式、态度或刚性的制度与规范）求"全"，然而这种"直"往往容易破坏人与人、人与物之间的关系，最终很难实现"全"，即便实现了，也很难长久地、持续地保全。我们当然不能说老子不赞同"直"这种价值，只是老子所赞同的"直"是不以伤害和破坏人性为前提的，即"直而不肆"（《老子》第58章），这种"直"看上去往往不像一般意义上的"直"，即世俗人所认可的那种"直"，甚至就是通常所谓"直"的反面——"屈"，这就是"大直若屈"（《老子》第45章）。一个社会、一个国家显然不可能不确立正直、公正的价值观念，也不可能缺失一些刚性的律法与规范，但老子看到这种刚性的规范在现实社会中不是太少了，而是太多了；这种东西对人性以及人与人、人与物之关系的处置不是太弱了，而是太强了。在通常都采用"直"的方式处理问题时，老子看到"曲"的方式能更好地解决问题，达到目标。毕竟，"方则易挫，曲以应之，此所以能全也。直则易折，故枉以待之，此所以能直也"（王安石《老子注》）。

众人只看到一面，忽略了另一面，只有圣人能看得完整，所以圣人"抱一为天下式"，帛书《老子》、汉简《老子》皆作"执一以为天下牧"。"抱一""执一"都是道家的话语，不过"抱一"还出现在第10章。"式"，意即"法式""范式""标准"，"牧"也有"法式"的意思。① 文本略有差异，但含义基本一致。"一"意味着完整、全面，通常认为老子中的"一"多指"道"，这种理解不能说错，但具体来看，"一"更像是统括了不同面相的"一"，即既看到常规处理方式这一面，又看到非常规处理方式的一面，两面兼顾，这才是完整的"一"。圣人持守这种原则可以作为天下人的榜样或典范，或者说圣人正是以执守"一"的原则来治理天下。"圣人抱一为天下式"中的"天下"，流行的各种《老子》译本一般直接援用原文，不再过多解释，陈鼓应先生译作"天下事理"②。笔者认为这里的"天下"应是指"天下人"，"曲则全"等数句所体现出来的是一种实践智慧，也是一种修养论。圣人掌握了这种实践智慧，并依照这种智慧来生存处世，作为普天之下所有人共同学习的典范。

"一"是统括了两个不同方面的"一"，也就是"道"，因为只有"道"才是全面的、圆满的，这种理解还可以从第28章得到印证。

> 知其雄，守其雌，为天下溪。为天下溪，常德不离，复归于婴儿。知其白，守其黑，为天下式。为天下式，常德不忒，复归于无极。知其荣，守其辱，为天下谷。为天下谷，常德乃足，复归于朴。朴散则为器，圣人用之则为官长，故大制不割。（《老子》第28章）

本章是《老子》书中"天下"一词出现最多的一章。"为天下溪""为天下

① 帛书整理者认为，《逸周书·周祝》："为天下者用牧。"并注说："牧，法也。"参见马王堆汉墓帛书整理小组《马王堆汉墓帛书（壹）》，文物出版社1980年版，第15页。
② 陈鼓应注译：《老子今注今译》，第162页。

式""为天下谷"的表述形式相似，显然"溪""式""谷"三字含义也是相
近的。"溪"同"蹊"，即"蹊径"，引申为道路、方式、方法。"为天下式"
与第22章"圣人抱一以为天下式"用法相同，"式"就是"法式""准则"
"典范"的意思。"谷"即"山谷""河谷""川谷"，《说文解字》曰："泉出
通川为谷。"可见"谷"是大川小川以及大海的开端、源头，引申为原初、本
原。什么才是天下的根本道路、法式、本原呢？显然是"道"。但"道"不
是偏于一极，而是无所不包、无所偏私。因此"知雄守雌"两个方面缺一不
可，只是"守雌"并不是真正地持守大道，正如严复所说："今之用《老》
者，只知有后一句，不知其命脉在前一句也。"① 陈鼓应先生亦指出："在雄
雌的对待中，对于'雄'的一面有透彻的了解，而后处于'雌'的一方。
'守雌'的'守'，自然不是退缩或回避，而是含有主宰性在里面，它不仅执
持'雌'的一面，也可以运用'雄'的一方。因而，'知雄守雌'实为居于
最恰切妥当的地方而对于全面境况的把握。"② 可见"知雄守雌""知白守黑"
"知荣守辱"才是"抱一"或"执一"，单一地持守一个方面并不是真正地持
守大道。本章的"天下"不是空间意义上的普天之下，或作为治理对象的百姓
或民众，从"知"与"守"这个核心词来看，"天下"是指天下之人，尤其是
特指人类及其生活世界。老子通过经验的观察和历史的总结，提炼出"知雄守
雌"的"抱一"哲学。圣人在"朴散则为器"之后，仍然能够持守作为本原
的大道，从存在方式上来看，就是"知雄守雌"，因而能够为成为治理万民的
官长，并且实现真正完整的治理，而不会出现制度的割裂与支离。

（二）历史经验运用于天下

老子哲学中始终渗透着历史的沉淀，从历史角度审视人性、反思人类的
生活世界，并进而提出一番修养工夫，这是老子思想中的重要内容，在很多
章节都得到了集中体现：

> 图难于其易，为大于其细。天下难事必作于易，天下大事必作于细，
> 是以圣人终不为大，故能成其大。夫轻诺必寡信，多易必多难，是以圣
> 人犹难之，故终无难矣。（《老子》第63章）

① 严复：《老子道德经评点》，载熊铁基、陈红星主编《老子集成》第十一卷，第545页。
② 陈鼓应注译：《老子今注今译》，第186—187页。

> 其安易持，其未兆易谋，其脆易泮，其微易散。为之于未有，治之于未乱。合抱之木，生于毫末；九层之台，起于累土；千里之行，始于足下。为者败之，执者失之。是以圣人无为，故无败；无执，故无失。民之从事，常于几成而败之。慎终如始，则无败事。是以圣人欲不欲，不贵难得之货。学不学，复众人之所过。以辅万物之自然，而不敢为。（《老子》第64章）

如果我们相信今本《老子》的主要内容确实是作为史官的老聃所作的，那么《老子》书中浓厚的历史经验也就不足为怪了。班固在《汉书·艺文志》中曾说："道家者流，盖出于史官。历记成败、存亡、祸福、古今之道。"历史上丰富的人物形象及其故事为老子的思考提供了素材，对这些素材加以提炼，就形成了各种类似于箴言谚语的表述。关于"难易""大小"等辩证关系的思考，老子往往是从历史中总结提炼出来的，而不是在纯粹思辨领域中获取的。"天下难事必作于易，天下大事必作于细"就是这种历史经验的总结。这里的"天下"指的是人类过往生活的世界以及现实与未来的生活世界，困难之事往往从容易开端，大事往往从细微之处起始，由此老子提出要谨慎对待开端，见微知著，只要防患于未然，慎终如始，就可以避免失败。

除此之外，老子还提出了三宝：

> 天下皆谓我道大，似不肖。夫唯大，故似不肖。若肖，久矣其细也夫。我有三宝，持而保之。一曰慈，二曰俭，三曰不敢为天下先。慈，故能勇；俭，故能广；不敢为天下先，故能成器长。今舍慈且勇，舍俭且广，舍后且先，死矣。夫慈，以战则胜，以守则固。天将救之，以慈卫之。（《老子》第67章）

"天下皆谓我道大"，此句诸本有差异。帛书本作"天下谓我大"，汉简《老子》作"天下皆谓我大"，均无"道"字。传世诸本中还有傅奕本、范应元本、河上本等多个版本首句无"道"字。① 今从王弼本略作疏解。"天下"指的是天下人，世人都认为我所讲的"道"太宏大，不像经验世界中的任何东

---

① 参见高明撰《帛书老子校注》，第159页。

西，也正是因为它的"大"，所以才不像，如果和某种具体事物相似，那么它也就是一个很微不足道的东西了。老子接着提出了人生存处世应当保有的三种珍贵品质：慈、俭、不敢为天下先。慈即爱，老子很少正面使用表达"爱"的另外一个流行概念"仁"。① 只有真正有爱才能勇猛，缺乏慈爱精神只会导致刚强、强暴。俭即节俭、节制，广大和丰盛不是依靠强取豪夺，而是通过节制，无节制的横征暴敛、巧取豪夺，只会激发矛盾。"不敢为天下先"即谦下、不争。"天下"指的是天下人、世人。"故能成器长"，帛书甲本作"故能为成事长"，乙本作"故能为成器长"，文本虽异，语义却基本一致，都是指成为万民之长，意味着处于国家权力的最高地位，也就是掌握国家权力的侯王。不敢和世人争先，意味着不敢与人争名利，而是保持着谦逊、退让、不争的品德。舍弃这些品德，则必将遁入死地。

---

① 《老子》全书一共使用了8次"仁"，除了"与善仁"，其他的都是在批判意义上使用的，如"大道废，有仁义"，"绝仁弃义"，"天地不仁"，"圣人不仁"，"失德而后仁，失仁而后义"，包括"上仁为之而无以为"。

《老子》第3章愚民说驳议 *

邓联合

摘　要　古今多有学者认为《老子》第3章是愚民之说。但老学史的考察表明，把本章断为愚民说始于宋儒特别是朱熹，宋以前对本章义旨的诠释并没有愚民思想的痕迹。通过回溯王弼、河上公、严遵等早期学者的注解，结合《老子》全书使用"不争""无知""无欲""不敢"等重要语词的常例，检讨朱熹对本章语法结构和关键字"使"的误判，辅以《慎子》《文子》等黄老学文献的佐证，可知本章表达的实际是清静无为的政治理念，愚民说是后儒为贬黜异端而妄加于老子之污。

关 键 词　老子；《老子》第3章；愚民

作者简介　邓联合，中山大学哲学系（珠海）教授、博士生导师，研究方向主要为道家哲学。

历来误认为老子倡愚民之说者，多以第3、65章为据。关于持此论者对

---

　* 本文原载《中国哲学史》2020年第5期，是国家社会科学基金项目"王夫之《庄子解》注释与疏义"（19BZX064）、教育部人文社会科学重点研究基地重大项目"《庄子》篇义题解辑要与研究"（12JJD720003）的研究成果。

第 65 章的误读，朱谦之、高明、陈鼓应、刘笑敢、陈荣捷等已作出有力反驳。① 第 3 章虽然也有学者为老子辩诬，但笔者认为其中仍有进一步辨析和澄清之必要。为论述方便，兹据王弼《老子注》本，引此章如下：

> 不尚贤，使民不争；不贵难得之货，使民不为盗；不见可欲，使民心不乱。② 是以圣人之治，虚其心，实其腹，弱其志，强其骨。常使民无知无欲，使夫智者不敢为也。为无为，则无不治。（本文所引《老子》，若无特别标示，皆据王弼本）

一　古今误说

从思想史的角度看，批评老子主愚民之说，实质上是儒家贬拒异端的话语。回顾儒家黜老的历史可知，以第 3 章为据而批评老子主愚民之说，乃自宋儒始，其中朱熹的看法最具代表性。

《论语·泰伯》云"民可使由之，不可使知之"，朱熹针对弟子提出"王介甫以为'不可使知'，尽圣人愚民之意"，直接反驳道："申韩庄老之说，便是此意。"③ 这是对老子主愚民说的总断语。在谈及《老子》第 3 章"不见可欲，使心不乱"云云时，朱熹进一步指出：

> 老氏之说，非为自家不见可欲，看他上文，皆是使民人如此。如"虚其心"，亦是使他无思无欲；"实其腹"，亦是使他饱满。④
>
> 老子之意，是要得使人不见……"圣人之治，虚其心"，是要得人无思无欲；"实其腹"是要得人充饱，"弱其志"是要得人不争，"强其骨"

---

① 参见朱谦之撰《老子校释》，中华书局 1984 年版，第 264 页；高明撰《帛书老子校注》，中华书局 1996 年版，第 142 页；陈鼓应注译《老子今注今译》，商务印书馆 2003 年版，第 306—307 页；刘笑敢《老子古今：五种对勘与析评引论》上卷，中国社会科学出版社 2006 年版，第 634—637 页。

② 王弼本、傅奕本作"使民心不乱"，帛书本作"使民不乱"，汉简本、河上公本、想尔本作"使心不乱"。

③ （宋）黎靖德编：《朱子语类》，王星贤点校，中华书局 1986 年版，第三册，第 937 页。

④ （宋）黎靖德编：《朱子语类》，王星贤点校，第五册，第 1856 页。

是要得人作劳。①

细玩其解，可知本章被朱熹断为愚民思想，从语法角度说，关键在于他把前半章的"使民不争""使民不为盗"都理解为使令类的兼语句②，"使"是表示使令意义的动词，且"使"前省略了主语（圣人），谓语动词"不争""不为盗"表示的动作则由"使"（致使）的宾语"民"发出；接下来，朱熹又顺承上两句的语脉，断言"不见可欲"是同样句式的省略，意谓不是圣人而是圣人"使"民众不见可欲之物。与此一致，后半章的"虚其心，实其腹，弱其志，强其骨"以及"使民无知无欲"也都是省略的兼语式的使动句，四"其"字皆指民众，句谓圣人"使"民众虚心、实腹、弱志、强骨、无知无欲。

朱熹的看法在老学史上影响深远，后世凡认为此章乃愚民说者，无论对其语法结构的理解，还是文句的负面释义，均未脱出朱熹的解读模式。朱元璋注此章，虽未必受到朱熹的直接影响，但其解仍与朱子大旨非常相似。他说："不见可欲，使民不乱，大概使民不知贤贵，不知货财之难得，天下安。"③"使民无知无欲，即前文不尚贤、不贵难得之物，致民不见而不贪是也。"④"虚其心……强其骨"，朱元璋注："圣人常自清薄，不丰其身；使民富，乃实腹也。民富则国之大本固矣。然更不恃民富而国壮，他生事焉。是为实腹弱志强骨也。"⑤ 言下之意，圣人应使民众富裕而至于腹实、骨强、"国壮"，同时也应使民众"弱志"，以免生出事端。这种毫不掩饰帝王心态的看法颇为独特，但愚民之旨仍无异于朱熹的解读。

现代学者中，钱穆对所谓老子愚民思想的误解较为典型，他基本沿袭了朱熹之说。钱穆首先认定，老子的圣人"实欲玩弄天下人皆如小孩，使天下人心皆浑沌，而彼圣者自己，则微妙玄通，深不可识，一些也不浑沌。此实一愚民之圣也"⑥。进而，他又引第 3 章"是以圣人之治……使夫智者不敢为

---

① （宋）黎靖德编：《朱子语类》，王星贤点校，第五册，第 1855 页。

② 兼语句是指一个动宾结构套上一个主谓结构，动词的宾语兼主谓结构的主语。其中，使令类的兼语句"多表示由主语所代表的施事一方指派命令（或致使）受事者发出（或具有）某种动作"。（参见杨伯峻、何乐士《古汉语语法及其发展（修订本）》，语文出版社 2001 年版，第 588—589 页）

③ 高专诚：《御注老子》，山西古籍出版社 2003 年版，第 18 页。

④ 高专诚：《御注老子》，第 22 页。

⑤ 高专诚：《御注老子》，第 21 页。

⑥ 钱穆：《庄老通辨》，生活·读书·新知三联书店 2005 年版，第 132 页。

也"一段，认为段中四"其"字皆指"民"，意谓"虚其心则无知，弱其志则无欲。……老子之政治理想，夫亦曰如何以善尽吾使民无知无欲之法术"。①承钱穆之说，余英时不仅将老子定为道家"反智论"于政治领域的"始作俑者"，更对第 3 章的所谓愚民思想作了深度揣测和发挥：

> 老子在此是公开地主张"愚民"，因为他深切地了解，人民一旦有了充分的知识就没有办法控制了。老子的"圣人"要人民"实其腹"、"强其骨"……因为肚子填不饱必将铤而走险，而体格不健康则不能去打仗或劳动。但是"圣人"却决不许人民有自由的思想（"虚其心"）和坚定的意志（"弱其志"），因为有了这两样精神的武器，人民便不会轻易地奉行"圣人"所订下的政策或路线了。②

这段话堪称今人对第 3 章之愚民说最周详的阐述，同时也是最具代表性的误解。此外，高亨、任继愈、许抗生、李零等人也将本章释为愚民说，限于篇幅，兹不赘引。③ 综观这些学者的解读，如前文所言，无论语法结构还是文句释义，都没有从根本上摆脱朱熹之说的窠臼。

二 早期注解

如果我们把考察触角延伸到宋儒之前，就会发现对第 3 章的早期注解并未有愚民说的踪迹。这一事实表明，将此章解读为愚民说是一个后起的酿生于特殊社会语境的思想史事件。

先看王弼注。"不尚贤……使民心不乱"，王注："唯能是任，尚也曷为？唯用是施，贵之何为？尚贤显名，荣过其任，为而常校能相射。贵货过用，

---

① 钱穆：《庄老通辨》，第 133 页。

② ［美］余英时：《文史传统与文化重建》，生活·读书·新知三联书店 2004 年版，第 160—161 页。

③ 参见高亨《老子注译》，清华大学出版社 2010 年版，第 20—21 页；任继愈译著《老子新译（修订本）》，上海古籍出版社 1985 年版，第 66—67 页；许抗生《帛书老子注译与研究（增订本）》，浙江人民出版社 1982 年版，第 69 页；李零《人往低处走：〈老子〉天下第一》，生活·读书·新知三联书店 2008 年版，第 32—33 页。

贪者竞趣，穿窬探箧，没命而盗。故可欲不见，则心无所乱也。"这段话的中心是提倡"唯能是任""唯用是施"，反对"荣过其任""贵货过用"。王注"虚其心……强其骨"云："心怀智而腹怀食，虚有智而实无知也；骨无知以干，志生事以乱。"这里描述了心、腹、骨、志的功能或特点，强调心虚则"有智"，心实则"无知"；值得重视的是，不同于朱熹，王弼并未认定四"其"字指"民"。"常使民无知无欲"和"使夫智者不敢为也"两句，王注分别为"守其真"，"知者，谓知为也"，主张持守真朴而反对有为。显然，王弼在对《老子》进行"顺向诠释"①的过程中，没有从第 3 章解读出丝毫的愚民思想。

再看河上公注。"是以圣人之治"，注云："说圣人治国与治身同也。"以此为中心，本章全部注文阐述的都是圣人的治国与治身之术。"虚其心，实其腹，弱其志，强其骨"四条，其注分别为："除嗜欲，去烦乱"；"怀道抱一，守五神也"；"和柔谦让，不处权也"；"爱精重施，髓满骨坚"。这四种身国兼治之术都是对圣人而言的。由此可推知，注者认为原文四"其"字皆指圣人而非民众，这与朱熹的解释迥异。其他几句常被后人作负面解读的原文，河上公注也没有愚民说的倾向，例如"不见可欲"，注云"不邪淫，不惑乱也"；"常使民无知无欲"，注云"返朴守淳"。总体来看，河上公注的重点是圣人如何"治己"而非"治民"的问题，愚民说完全无从谈起。②

早于河上公注的严遵《老子指归》道经部分于后世失传，从今人所辑第 3 章"指归"佚文③来看，其中兼有黄老和儒家色彩。"不尚贤"，严遵的解释是：主臣、圣贤皆基于不同的"天生之资"，"此乃自然，非由尚也"。据此，他认为"尚贤""尚礼义""贵货"将使人背离各自的"自然之数"而为乱、为伪、为盗。正确的为政之术是："无爵禄以劝之，而孝慈自起；无刑罚以禁之，则奸邪自止。……翱翔自然，物物而治也。"这种治术强调的是因循人性自然，并无愚民之意。严遵又说："虚心以静气，专精以积神。寂然无为，泊

---

① 关于"顺向诠释"，参见刘笑敢《诠释与定向——中国哲学研究方法之探究》，商务印书馆 2009 年版，第 135—137 页。

② 值得注意的是，河上公《老子章句》本章题为"安民"，刘笑敢认为该题名"似得其意"（刘笑敢：《老子古今：五种对勘与析评引论》上卷，第 116 页）。"安民"与"愚民"无疑是两种截然不同的思想。

③ （汉）严遵撰，樊波成校笺：《老子指归校笺》，上海古籍出版社 2013 年版，第 238—239 页。

然无治。"这句话当是由原文"虚其心""弱其志"引出的。据此也可反推，"虚其心……强其骨"的四"其"字应是指君主而非民众——这与河上公注一致，这句话的本旨则是君主应自虚其心以寂然无为，而绝非愚民。

同样是御注《老子》，唐玄宗对本章的解读①却并不主张愚民。依玄宗注，"不尚贤"指"使贤不肖各当其分"，"不贵难得之货"指不贵"性分所无者"，不尚不贵则"物任其性，事称其能"，"无可见之欲，而心不惑乱"。这些说法显然有魏晋玄学性分思想的痕迹。又，玄宗注"虚其心"云："心不为可欲所乱，则虚矣。道德内充，则无矜徇，亦如属厌而止，不生贪求。"注"使民无知无欲"云："使民无争尚之知，无贪求之欲。"注"使夫智者不敢为"云："清静化人，尽无知欲，适有知者，令不敢为。"概言之，玄宗注所表达的是以性分思想为基础的节欲祛争、清静无为而非愚弄下民的政治主张。

把本章原文与王弼、河上公、严遵以及唐玄宗的诠解加以比较，可发现后四者虽然或多或少都援用了《老子》原本没有的语词和概念，从而程度不同地与本章原意不尽一致，但大要而言，他们的诠解并未从根本上违背甚至像朱熹那样故意曲解老子的主旨，而是在另立己说的同时，尽量贴合或阐扬其自然无为的基本理念。

事实上，现代学者对本章的还原式诠释，以及借此为老子愚民说所作的辩诬，恰与王弼等人的早期注解不谋而合。例如张舜徽认为，"虚其心……强其骨"中的"四'其'字，皆指人君自己。虚其心，谓少欲也……弱其志，谓谦抑能下人也"。②陈鼓应说，"无知""不是行愚民政策，乃是消除巧伪的心智"，"无欲""不是要消除自然的本能，而是消除贪欲的扩张"。③王中江认为，对老子来说，尚贤用智是"有为"，"无为之治"则要求统治者不断做"减法"（如"不尚贤"等），"做减法的首先是统治者，其次才是百姓"；因此，即便说老子"反智"，也"首先是对统治者而言，其次才是对百姓而言。它主要是要求统治者和百姓都要保持纯朴"。④这些看法都强调本章主旨在于通过克除贪欲和巧伪，以持守人性和世风的自然真朴，实现清静无为的政治

---

① 高专诚：《御注老子》，第 17—23 页。
② 张舜徽：《周秦道论发微 史学三书平议》，华中师范大学出版社 2005 年版，第 167 页。
③ 陈鼓应注译：《老子今注今译》，第 89 页。
④ 参见王中江《根源、制度和秩序：从老子到黄老》，中国人民大学出版社 2018 年版，第243—245 页。

理想，这与王弼等人的解读并无二致。从这个意义上说，作为一种辩诬策略，现代学者对本章所作的还原式诠释，可看作对以王弼注为代表的早期注解的回溯。

三　重要语词用例

笔者认为，为剥除宋以后学者妄加于《老子》第 3 章的愚民说，除了通过回溯早期注解，以呈现其自然无为的本旨，还可以有另外两种辩诬的进路。其一是把本章放在《老子》全书中加以考察，特别是把本章出现的重要语词与它们在其他章中的相关用例进行对照分析，以揭示本章的思想主旨。这些语词包括："虚其心""弱其志""不争""无知""无欲""不敢"。

先看"虚其心"和"弱其志"。"虚"于《老子》全书凡 5 见，除本章外，比较重要的用例还有第 5 章"圣人不仁……天地之间，其犹橐籥乎？虚而不屈，动而愈出"，第 16 章"致虚极，守静笃"。从第 5、16 章的上下句语脉看，其中的两个"虚"或间接或直接都针对圣人而言。扩大范围说，老子及道家的"虚"，本体论上乃道的体性，如第 4 章"道冲，而用之或不盈"，"冲"即"虚"；工夫论上，"虚"则是圣人的心术或心境①，如"致虚极"。"弱"凡 10 见，其他章的用例有第 16 章"将欲弱之，必固强之……柔弱胜刚强"，第 46 章"弱者，道之用"，第 55 章"骨弱筋柔而握固"，第 76 章"坚强者死之徒，柔弱者生之徒……坚强处下，柔弱处上"，第 78 章"天下莫柔弱于水，而攻坚强者莫之能胜"，等等。在老子思想中，作为基于道且效法水、婴儿的术，唯有圣人方可用"弱"。其他章中"弱"和"虚"的这些用例反过来提示我们：第 3 章的这两个字作为动词，当是指圣人自虚其心、自弱其志。据此，我们可以进一步推知："虚其心……强其骨"中的四"其"字皆应指圣人而非民众。② 如上所述，河上公、严遵以及张舜徽等人已正确指出了这一点，朱熹认为四"其"字指民众，是因为他并未从《老子》全书出

---

① 《庄子·人间世》："唯道集虚，虚者，心斋也。"

② 可为辅证者，《老子》第 12 章："驰骋畋猎令人心发狂，难得之货令人行妨。是以圣人为腹不为目。"其意与"虚其心，实其腹"形成对应，这种对应也表明第 3 章的四"其"字应指圣人。另外，第 40 章："圣人常无心，以百姓心为心。"可见老子认为圣人应自虚其心，而不是使民众虚心无知。

发，其说实属断章摘句之误。着眼于《老子》全书，"虚其心""弱其志"的本意是指圣人应内心虚静、意志谦弱，而不是指虚民之心以使其无知愚钝、弱民之志以使其无意抗争；"实其腹"则与第12章所谓"为腹不为目"相应，指圣人应但求安饱，不可纵情于声色犬马。

再来看其他几个重要语词的情况。

（1）"不争"。除本章外，其他用例有第8章"水善利万物而不争①……夫唯不争，故无尤"，第22章"夫唯不争，故天下莫能与之争"以及第66章"以其不争，故天下莫能与之争"，第68章"善用人者为之下，是谓不争之德"，第73章"天之道，不争而善胜"，第81章"圣人之道，为而不争"。在这些用例中，"不争"是水和天道的特质，而作为老子推崇的"德"或行为方式，"不争"的主体则是圣人。

（2）"无知"。其他章的重要用例有第10章"爱民治国，能无知乎"，第70章"夫惟无知，是以不我知"。另外，与"无知"义近的说法有第48章"为道日损"，第19章"绝圣弃智"（王弼本）或"绝智弃辩"（郭店本），第20章"绝学无忧"，第65章"不以智治国，国之福"。在老子，这些用例中的"知"以及"智""学"，都是指偏私巧伪之知，所以他反对以此治国。这也就是说，"无知"的主语是圣人或人主。

（3）"无欲"。其他章的用例有第34章"大道氾兮……衣养万物而不为主，常无欲，可名于小"，第57章"我无欲而民自朴"，以及第1章"故常无欲，以观其妙"（依帛书本、汉简本、河上公本、傅奕本）。与"无欲"义近，第37章"不欲以静，天下将自定"，第64章"圣人欲不欲，不贵难得之货"，以及第19章"故令有所属：见素抱朴，少私寡欲"。在这些用例中，老子否定的是人主膨胀的一己私欲，而不是普通民众正常的自然欲求。由此可说，"无欲"是针对人主或圣人而不是针对民众来说的。

（4）"不敢"。其他章的用例有第30章"以道佐人主者……善有果而已，不敢以取强"，第64章"辅万物之自然而不敢为"，第67章"我有三宝……三曰不敢为天下先……不敢为天下先，故能成器之长"，第69章"用兵有言：吾不敢为主而为客，不敢进寸而退尺"，第73章"勇于敢，则杀；勇于不敢，则活"。这些用例中的"不敢"无一例外都指向统治者，老子借此告诫那些拥

---

① 帛书本、汉简本作"水善利万物而有争"。

有至高权力的统治者应自我限制、主动收敛其所作所为。

综上可见，同"虚"和"弱"一样，"不争""无知""无欲""不敢"这几个于《老子》全书常用，并且透显着老子社会政治思想取向的重要的否定性语词①，在其他章中的用例皆针对在上的圣人或人主而言，在下的民众并不是"不争""无知""无欲""不敢"的主语或主体。由此反观第 3 章，如果像朱熹等古今批评者那样，认为本章中"不争""无知""无欲""不敢"的主体是民众及"智者"，老子希望通过统治者的愚民之术，使民众及"智者"不争、无知、无欲、不敢为，难免就在语词结构和思想内涵上与全书其他章的用例扞格不合了，更遑论愚民是残贼违逆民众之自然的有为之举，其与老子屈君伸民、"辅万物之自然而不敢为"的政治理念迥然相背。怎样解释或解决其间的矛盾呢？

从《老子》全书使用重要语词的常例及其自然无为思想的统一性出发，笔者认为第 3 章中"不争""无知""无欲""不敢"的主语应当同样是圣人而非民众，朱熹等批评者之所以认定其主语为民众，从而判定本章为愚民之说，是因为他们对"使民不争""使民不为盗""使民心不乱""使民无知无欲""使大智者不敢为"这五句话的语法结构的理解有误。这一点，也就涉及笔者下文将要提出的第二种辩诬进路。

四　语法结构与文献辅证

如前所述，朱熹等古今批评者都把"使民不争"等语句看作兼语式的使动句，"使"为使令动词，这是他们认定第 3 章为愚民之说的关键所在，但这样解读的结果，势必导致本章与《老子》全书的其他章在思想理念和重要语词运用方式上相互矛盾。其实，只要我们摆脱古今各种误说之窠臼，在语法上把"使民不争"等五句话都看作状语后置的句子，把"使"理解为役使、使用之意，而不是当作使令动词（致使），矛盾即可化解：不仅老子的清静无

---

① 陈霞指出，《老子》中"圣人"常与具有规范性的"是以"连用，"是以圣人"后面又常跟"无""不""去""虚"等否定性语词，这种句式结构表达了老子屈君伸民的政治思想。（参见陈霞《道家哲学引论》，中国社会科学出版社 2017 年版，第 183 页）

为思想可贯彻于本章，其用语方式的统一性亦可得以维护。

状语后置是古汉语中极为常见的语法现象。在分析第 3 章"使民不争"等句的语法结构及其思想涵义之前，不妨先看几个早期文献中同样出现了"使民"一词的状语后置的句例：

例 1：君使民慢，乱将作矣。（《左传》庄公八年）

例 2：使民以劝，绥谤言，足以补官之不善政。（《国语·齐语》）

例 3：节用而爱人，使民以时。（《论语·学而》）

例 4：君使臣以礼，臣事君以忠。（《论语·八佾》）

例 5：其行己也恭，其事上也敬，其养民也惠，其使民也义。（《论语·公冶长》）

例 6：出门如见大宾，使民如承大祭。（《论语·颜渊》）

例 7：其使民威重于郡守。（《史记·酷吏列传》）

这几个句例中"使"的意思都是役使、使用，后置状语"慢""劝""时""礼""义""如承大祭""威重于郡守"皆是对为政者"使民"方式的修饰或限制。《孟子·尽心上》："以佚道使民，虽劳不怨。"如果变成状语后置句，这句话就是"使民以佚道……"。以上七个例句又可分为两类：例 2、3、4 都用"以"连接"使民"与后置状语，例 1、5、6、7 的后置状语前则没有连接词。

与后一类句例相同，《老子》第 3 章"使民不争"等五句也都是没有连接词的状语后置句。这也就是说，"不争""不为盗""心不乱""无知无欲""不敢为"都是对圣人役使或使用民众之方式的修饰和限制。按照这种语法结构重新解释这五句话的思想如下。

（1）"使民不争"是指圣人不与贤者争功，乃至不与民众争利，即以"不争"的方式"使民"，这与第 66 章"是以欲上民，必以言下之；欲先民，必以身后之……是以天下乐推而不厌，以其不争，故天下莫能与之争"，第 68 章"善用人者为之下，是谓不争之德，是谓用人之力"，第 81 章"圣人不积，既以为人己愈有，既以与人己愈多……圣人之道，为而不争"的思想恰相一致。

（2）"使民不为盗"是指圣人不侵害民众的利益和生存，即以"不为盗"

的方式"使民"。因为在老子看来，役使民众的统治者最有可能变成强盗①，正如他所批评的那样，"服文彩，带利剑，厌饮食，才货有余，是谓盗竽"（第 53 章），"民之饥，以其上食税之多"（第 75 章），这些说法与第 3 章所谓"使民不争"在思想上是正反相通的。

（3）"使民心不乱"是指圣人应致虚守静，即以"心不乱"的方式"使民"。其他章表达类似思想的说法还有第 37 章"不欲以静"、第 45 章"清净为天下正"、第 57 章"我好静而民自正"，等等。

（4）"使民无知无欲"即圣人应去除巧伪之知、节制一己私欲，即以"无知无欲"的方式"使民"。上文已述及其他章对圣人之"无知""无欲"的强调，此不赘论。

（5）"使夫智者不敢为"是指圣人应谦退处下，不与"智者"争劳，即以"不敢为"的方式"使夫智者"。这与"使民不争"的说法有相通之处，后来黄老学由此发展出了主静臣动、主逸臣劳、君无为而臣有为、君谦弱而善用众智的思想。

战国时期的一些黄老学文献也支持笔者对本章的重新解释，其中最值得注意的是这些文献对"使民不争"的理解和发挥。例如《文子》曰：

> 圣人之法……出令如流水之原，使民于不争之官。（《精诚》）
> 人之性情皆愿贤己而疾不及人，愿贤己则争心生，疾不及人则怨争生。怨争生则心乱而气逆，故古之圣王退争怨，争怨不生则心治而气顺。故曰："不尚贤，使民不争。"（《下德》）

合而观之，这两段话与笔者对"使民不争"之语法结构和思想涵义的解释几乎完全一致。再如《慎子·逸文》曰："君之功，莫大使民不争。今立法而行私，是私与法争，其乱甚于无法；立君而尊贤，是贤与君争，其乱甚于无君。"从末句来看，这段话虽然提及"贤与君争"，但所批评的显然是立法行私且与贤者相争的君主。又，《管子·牧民》曰："使民于不争之官者，使各为其所长也……使民各为其所长，则用备。"意思是牧民之官不可与民争劳，而是应当使民众自作主宰，各自发挥其所长。另外，《淮南子·主术训》，"夫

---

① 《庄子·胠箧》："圣人不死，大盗不止。"

人主之听治也，清明而不暗，虚心而弱志。是故群臣辐凑并进，无愚智贤不肖，莫不尽其能。……是乘众势以为车，御众智以为马"，"众智之所为，无不成也"。这里主张的人主"虚心而弱志""御众智以为马"，也与本文对"虚其心""弱其志""使夫智者不敢"的解释相一致。

《文子》《慎子》等黄老学文献的这些说法，佐证了笔者对《老子》第3章之语法结构和思想涵义的重新解释。至此我们可以认为：与《老子》其他章一致，本章表达的仍是清静无为的政治理念，所谓愚民之说实为后世学者出于学派偏见的妄加，或断章摘句、望文生义的误解。

（山东大学文学院王辉先生对本文亦有贡献，在此表示感谢！）

从民、人关系看《老子》的时代和思想

谭明舟

摘　要　　"礼不下庶民，刑不上大夫"是春秋时典型的社会等级特色。在《论语》等春秋时代的文本中体现为民、人的差别。基于这一差别，我们考察《老子》中的民人关系，发现《老子》中仍然有数例人指君子、圣人、统治者，而民指民氓、大众。说明《老子》仍然延续着《春秋》时期的民、人的上、下对立关系。但是，我们也发现《老子》中人的含义开始模糊，涵盖君子、统治者和大众，这说明《老子》的编纂正处在民人对立关系解体的时代。《老子》明确反对尚贤，要求愚民，与《墨子》针锋相对。再辅以郭店竹简《老子》的年代，可以推测《老子》成书晚于《论语》，大约与《墨子》同时或稍晚，在前400—前350年。

关　键　词　　《论语》；《老子》；民；人；圣人；百姓

作者简介　　谭明舟，南开大学哲学院教授，研究方向主要为先秦哲学、宋明理学。

　　《老子》中的一些篇章同时提到人、民，或上、民。这种行文方式类似于

《论语》中的民、人对举。《论语》中的民、人关系，宋永培已有详细研究。①
我们根据解释学循环的原则，同时代的作品或作者必有共同的用语、话题和
写作风格。利用这些共同的术语、思想和写作风格，我们试图在宋永培的研
究基础上，来审视《老子》中的民、人关系，以期对其中一些篇章有更好的
理解。

根据宋永培的研究，《论语》"人"的词义主要指称"有仁德与才能者"
"在位者"；"民"的词义指称在"知"和"地位"上处于"下等"的众庶。
"民"的词义特点是"下"，"人"的词义特点是"上"。类似地，《老子》中
的一些章节，也是如此。老子、孔子一般被认为同时代人，《老子》的成书在
郭店简本出土以前，多有争论。现在基本上可以断定成书于战国早期。通过
探讨《老子》中的民、人的用法，不但可以更好地理解《老子》，而且也有
助于确定《老子》与《论语》成书时间的先后。

一 民与上、圣人、人等对照着讲

1.1 民之饥，以其上食税之多，是以饥。民之难治，以其上之有为，
是以难治。民之轻死，以其求生之厚，是以轻死。夫唯无以生为者，是
贤于贵生。（《老子》第 75 章）

这一章直接将"上"与"民"对举，说明"上"就是统治者。"民之难治，
以其上之有为，是以难治"与第 58 章"其无正，正复为奇，善复为妖"同
义，都是警告统治者不要有所作为。"民之轻死，以其求生之厚，是以轻死"，
按陈鼓应的解释，是由于统治者奉养奢厚②，民众不堪重负，无法生存，就会
不看重自己的生命。"夫唯无以生为者，是贤于贵生"是"外其身而身存"
之义，只有顺应自然，不以养生为念，才能真正地养生，也才超过"贵生

---

① 参见宋永培《〈论语〉"民"、"人"的实际所指与词义特点》，《古籍整理研究学刊》2003 年
第 6 期。

② 参见陈鼓应《老子注译及评介》，中华书局 1984 年版，第 340 页。

（以养生为念）"。

1.2 以正治国，以奇用兵，以无事取天下。吾何以知其然哉？以此。天下多忌讳，而民弥贫。民多利器，国家滋昏。人多伎巧，奇物滋起。法令滋彰，盗贼多有。故圣人云：我无为而民自化。我好静而民自正。我无事而民自富。我无欲而民自朴。（《老子》第 57 章）

这里，圣人与民对举，可见，民是需要指导、引领的群体。但是，这种指导不是有为的治理，而是无所干预、令民众自行其是。这里，正、奇相对。"正"指一切有为的造作、政策。具体言之，就是下面的：天下多忌讳、民多利器、人多伎巧、法令滋彰，这四项都是统治者有为的设施。这种设施的初衷是治理好天下，结果却事与愿违。这里的"人多伎巧"与"民多利器"中，人、民似乎同义。"以正治国，以奇用兵，以无事取天下"，王弼注，"以正治国则奇正起也。以无事，则能取天下也"①，则见正奇相生，以奇（阴谋诡计）用兵正是"以正治国"的后果。倘若统治者能无为，则可以避免奇正相生，获得天下。

1.3 其安易持，其未兆易谋。其脆易泮，其微易散。为之于未有，治之于未乱。合抱之木生于毫末。九层之台起于累土。千里之行始于足下。为者败之，执者失之。是以圣人无为故无败，无执故无失。民之从事，常于几成而败之。慎终如始则无败事。是以圣人欲不欲，不贵难得之货。学不学，复众人之所过，以辅万物之自然而不敢为。（《老子》第 64 章）

这一章也是圣人与民对举，指出民不能慎终如始，以致做事不能成功。圣人的优势在于，无为、无执，这样就不会受利欲情绪的影响，而违背物理，造成失败。正是因为圣人无为无执，所以圣人"欲不欲""学不学"。追求别人所不欲求的，自然不会像别人那样，珍贵难得之货。"学不学"，是学习众人所不屑学习的。河上公注："圣人学自然，人学治世。"② 王弼说："不学而能

---

① （魏）王弼著，楼宇烈校释：《王弼集校释》，中华书局 1980 年版，第 149 页。
② 王卡点校：《老子道德经河上公章句》，中华书局 1993 年版，第 250 页。

者，自然也。"① 可见，圣人所学，只是顺自然而行，就是"道法自然"。
"过"，说文："度也。"《庄子·在宥》："岂直过也而去之邪？"郭象注："非
直由奇而过去也。"② 可见，过，意思为过去。复，有再、重复之义。"复众
人之所过"意思当为，重复众人所过去或忽略的。众人所忽略的就是法自然。
圣人法自然，故能"以辅万物之自然而不敢为"。

> 1.4 江海之所以能为百谷王者，以其善下之，故能为百谷王。是以圣
> 人欲上民，必以言下之。欲先民，必以身后之。是以圣人处上而民不重，
> 处前而民不害。是以天下乐推而不厌。以其不争，故天下莫能与之争。
> （《老子》第 66 章）

这里圣人与民对举。强调圣人谦卑、处下、包容之品行，揭示民众之好争、
好妒之特点。圣人以谦卑包容而获得民众之拥戴支持。

> 1.5 不尚贤，使民不争。不贵难得之货，使民不为盗。不见可欲，使
> 民心不乱。是以圣人之治，虚其心，实其腹，弱其志，强其骨；常使民无
> 知、无欲，使夫智者不敢为也。为无为，则无不治。（《老子》第 3 章）

这里也是以圣人治"民"。其不但揭示出民容易争胜、争财和多欲，而且还给
出圣人治民之方法。其一是，满足其口体之欲，但不开其心志之门，盖"心
怀智而腹怀食，虚有智而实无知也。骨无知以干，志生事以乱"③。若民无知、
无欲，则自然天下安定。其次，要"使夫智者不敢为也"，这也是"镇之以无
名之朴"。（《老子》第 37 章）其具体方法就是"为无为"。就是不干涉，任
其自生自灭。

> 1.6 其政闷闷，其民淳淳。其政察察，其民缺缺。祸兮福之所倚。福
> 兮祸之所伏。孰知其极，其无正。正复为奇，善复为妖。人之迷，其日

---

① （魏）王弼著，楼宇烈校释：《王弼集校释》，第 166 页。
② （清）郭庆藩撰：《庄子集释》，王孝鱼点校，中华书局 2013 年版，第 369 页。
③ （魏）王弼著，楼宇烈校释：《王弼集校释》，第 8 页。

固久。是以圣人方而不割，廉而不刿，直而不肆，光而不耀。（《老子》
第 58 章）

这里，"其政""其民"之"其"，显然是统治者。后面"人之迷其日固久"，
正是对统治者的察察之政的叹息。最后指出圣人的治国之方以指导统治者。
说明"人"指的是统治者，与民相对。《道德真经注》："遗心识，自无分别，
忘善恶，故曰闷闷。"① 可以推测，"闷闷"就是恬淡无所作为。"缺缺"，《道
德真经传》："是不全于朴也。"② 蒋锡昌注：机诈满面貌。③ 此可以王弼注证
之："夫以明察物，物亦竞以其明应之，以不信察物，物亦竞以其不信应
之。"④ "正"与"奇"对，说明"正"有树立正道、规范之义，不仅仅是
"政"。这个"正"从"察察"而来，因察知百姓的一些问题，就要"正"。
但是一旦"正"民，就会走向反面，走向"奇"。在老庄看来，任何善政、
规则都会被工具化，产生反面的效果，所以说"天下皆知美之为美，斯恶矣；
皆知善之为善，斯不善矣"。（《老子》第 2 章）

1.7 民不畏威，则大威至。无狎其所居，无厌其所生。夫唯不厌，是
以不厌。是以圣人自知不自见。自爱不自贵。故去彼取此。（《老子》第
72 章）

此章置民与圣人为两极。指出民之行之招祸，而圣人之行之全身。此章以顾
欢《老子道德经注》（敦煌本）注解最佳。兹节录如下："威者，灾罚之名
也。……傲忽之民，昧慢天道，小灾不惩，则大祸必集也。"⑤ 河上公也云：
"人不畏小害则大害至。"⑥ 按：此言民众不害怕小的惩罚，则大的灾祸惩罚
必然到来。此段自王弼之后，多解作：民众不害怕权威的时候，统治者就要

① （唐）李荣：《道德真经注》，载熊铁基、陈红星主编《老子集成》第一卷，宗教文化出版社
2011 年版，第 360 页。
② （北宋）吕惠卿：《道德真经传》，载熊铁基、陈红星主编《老子集成》第二卷，第 681 页。
③ 蒋锡昌：《老子校诂》，载熊铁基、陈红星主编《老子集成》第十四卷，第 661 页。
④ （魏）王弼著，楼宇烈校释：《王弼集校释》，第 130 页。
⑤ （南齐）顾欢：《老子道德经注》（敦煌本），载熊铁基、陈红星主编《老子集成》第一卷，
第 242 页。
⑥ 王卡点校：《老子道德经河上公章句》，第 279 页。

遭到起义推翻之大害，结果使上下文不连贯。

狎，帛书本、敦煌本皆作"狭"。顾欢："狭其所居，谓恶其狭陋也。……人之生也，天理自备。虽复贵为帝王，生非有余。贱为台仆，道无不足。若厌其所生，则弃此殉彼。弃此殉彼者，大威必集也。"① 按：此两句讲安于本分，心无妄求。

顾欢又说："人不厌生，则生不厌人。"意思是，人能安于生来之本分，则生命也不会厌弃此人。顾欢接着说："知吾生有涯，不希求分外也。不自显其美，以悦耀众人也。自爱其神，不弃我逐物也。不自贵其身，以尊高当世也。去彼显贵，则威罚外消；取此知爱，则生道内足也。"②

二　有时候省略君、上而直接讲述如何治民

2.1 载营魄抱一，能无离乎？专气致柔，能婴儿乎？涤除玄览，能无疵乎？爱国治民，能无为乎？天门开阖，能为雌乎？明白四达，能无知乎。生之、畜之。生而不有，为而不恃，长而不宰，是谓玄德。（《老子》第10章）

这一章六句都是对统治者的建议，只有第四句提到"治民"。可见，是省略的上、民对立。这一章载，当如张默生所言，"如诗经中'载笑载言'的'载'字，和'夫'字的用法差不多"③。"营魄抱一"中，营、抱皆是动词。河上公："一者，道始所生，太和之精气也。"④ 营，围绕。《公羊传》庄公二十五年："以朱丝营社。"《汉书》卷七十五《李寻传》："日且入，为妻妾役使所营。"注：营谓绕也。魄：阴神。⑤《内观经》："动而营身之谓魂，静而镇形

---

① （南齐）顾欢：《老子道德经注》（敦煌本），载熊铁基、陈红星主编《老子集成》第一卷，第 242 页。
② （南齐）顾欢：《老子道德经注》（敦煌本），载熊铁基、陈红星主编《老子集成》第一卷，第 242 页。
③ 张默生：《老子章句新释》，载熊铁基、陈红星主编《老子集成》第十五卷，第 379 页。
④ 王卡点校：《老子道德经河上公章句》，第 34 页。
⑤ （汉）班固撰，（唐）颜师古注：《汉书》，中华书局 1962 年版，第 3184—3185 页。

之谓魄。"① 按：营魄抱一，意思当为，守形凝神，而无所离。

专通抟，《管子·内业》"抟气如神，万物备存"，尹注："抟谓结聚也。"② 河上公："专守精气使不乱，则形体能应之而柔顺。"③ 抟气近似于《逍遥游》的"神凝"。神凝能使人若处子，则抟气能使人若婴儿。

玄览，亦即玄鉴，比喻人心。高亨、池曦朝说："览字当读作鉴。鉴与鑑同，即镜子。……乙本作'监'字，即古鑑字。"④ 涤除玄鉴，河上公注："当洗其心，使洁净也。"⑤

后面四句，王安石："爱民者，以不爱爱之乃长；治国者，以不治治之乃长。惟其不爱而爱，不治而治，故曰无为。"⑥ 河上公："天门谓鼻孔。"⑦ 高亨："天门盖谓耳目口鼻也。"《庄子·天运》："其心以为不然者，天门弗开矣。"言心以为不然，则耳目口鼻不为用。⑧ 河上公："治身当如雌牝，安静柔弱。"⑨ 王弼："言至明四达，无迷无惑。"⑩

> 2.2 绝圣弃智，民利百倍；绝仁弃义，民复孝慈；绝巧弃利，盗贼无有；此三者，以为文不足。故令有所属，见素抱朴，少私寡欲。（《老子》第 19 章）

此处三"绝"，且其结果落实在"民"，显然是以统治者与民对举。此三者，当指圣智、仁义、巧利。"以为文不足"，河上公注："文不足以教民。"⑪ 意思是，这三者都是文饰，不是根本。根本在于素朴、寡欲。"故令有所属"，是令民众有所用其心。也就是用其心于素朴寡欲。

① 《太上老君内观经》，载《正统道藏》第 11 卷，文物出版社 1988 年版，第 11—3960 页。
② 黎翔凤撰，梁运华整理：《管子校注》，中华书局 2004 年版，第 943 页。
③ 王卡点校：《老子道德经河上公章句》，第 34 页。
④ 高亨、池曦朝：《试谈马王堆汉墓中的帛书〈老子〉》，《文物》1974 年第 11 期。
⑤ 王卡点校：《老子道德经河上公章句》，第 35 页。
⑥ （宋）王安石：《老子注》（蒙文通辑本），载熊铁基、陈红星主编《老子集成》第二卷，第 564 页。
⑦ 王卡点校：《老子道德经河上公章句》，第 35 页。
⑧ 高亨：《老子正诂》，载熊铁基、陈红星主编《老子集成》第十四卷，第 38 页。
⑨ 王卡点校：《老子道德经河上公章句》，第 35 页。
⑩ （魏）王弼著，楼宇烈校释：《王弼集校释》，第 23 页。
⑪ 王卡点校：《老子道德经河上公章句》，第 76 页。

2.3 古之善为道者，非以明民，将以愚之。民之难治，以其智多。故以智治国，国之贼。不以智治国，国之福。知此两者，亦稽式。常知稽式，是谓玄德。玄德深矣、远矣！与物反矣。然后乃至大顺。（《老子》第65章）

此处将"善为道者"与民对举，可见也是上、民对举。明民，同《孟子》的"觉斯民"之觉，都是开悟、启发民众，增长其知识技能之举。温海明注作"启迪民智"，是也。①"愚之"，河上公注曰："使质朴不诈伪。"② 正与启迪民智相反。其义当是让其少知寡欲。所以下文说：民众知道得多了，是难于治理的原因。以智慧治国，开发民智，只能导致国家的伤害；不以智慧治国，让民众保持愚昧，是国家的福泽。这里以往注家说"愚之"，没有愚民之意，实则不然。老子在这里不只是反对欺诈，而是反对一切以智慧的手段治民。比较第49章"圣人在天下，歙歙焉，为天下浑其心，百姓皆注其耳目，圣人皆孩之"，可知"愚之""孩之"皆有不使民众知道更多之意。

"知此两者，亦稽式"，河上公本作"楷式"，注说："两者谓智与不智也。常能知智者为贼，不智者为福，是治身治国之法式也。"③ 下文说，如果常能知道而顺此法式而行，就获得了大德或天德。玄德又深奥又远大，与万物之性相反。盖万物皆求知，而玄德则追求无知（河上公："万物欲益己，玄德欲施与人也。"④ 按：为学日益，为道日损）。只有追求无知，才能合于自然（林希逸：大顺即自然也⑤）。

2.4 民不畏死，奈何以死惧之。若使民常畏死，而为奇者，吾得执而杀之，孰敢。常有司杀者杀。夫代司杀者杀，是谓代大匠斫。夫代大匠斫者，希有不伤其手矣。（《老子》第74章）

---

① 温海明：《道德经明意》，中国社会科学出版社2019年版，第312页。
② 王卡点校：《老子道德经河上公章句》，第254页。
③ 王卡点校：《老子道德经河上公章句》，第255页。
④ 王卡点校：《老子道德经河上公章句》，第255页。
⑤ （宋）林希逸：《道德真经口义》，载熊铁基、陈红星主编《老子集成》第四卷，第521页。

此章将"民"与"吾"对举，吾则是大匠、圣人。此章主旨仍然是去除人为，而顺从自然。"人为"指"以死惧之"之刑罚；"自然"指司杀者、大匠。

第一句指出，统治者不要以死刑来逼迫恐吓民众，那样只能逼迫民众揭竿而起。河上公："治国者刑罚酷深，民不聊生，故不畏死也。"①

"若使民常畏死，而为奇者，吾得执而杀之，孰敢。"王弼："诡异乱群谓之奇也。"② 奇就是异于众人而反常者。意思是，如果使民众都怕死，我们只需要抓起来那些诡异乱群者，去除之，则民众自然得到治理。

如何才能"使民常畏死"呢？就需要让"司杀者杀"，而不要自己动手。河上公："司杀者，天也。"③ 就是顺从自然，让"为奇者"自生自灭。如果不顺自然，而统治者以刑罚杀"为奇者"。其后果必然导致"为奇者"的反噬和伤害。

> 2.5 小国寡民。使有什伯之器而不用；使民重死而不远徙。虽有舟舆，无所乘之，虽有甲兵，无所陈之。使民复结绳而用之。甘其食，美其服，安其居，乐其俗。邻国相望，鸡犬之声相闻，民至老死，不相往来。（《老子》第80章）

这里，"使民"显然是以上，或圣人的口吻说出的话。旨在规定如何建设这个理想的民众不多的小国。

"什伯之器"，张松如注："一切经音义：'什，众也，杂也。会数之名也，资生之物谓之什物。'"④ 又《史记·五帝本纪》司马贞索隐："什器，什，数也。盖人家常用之器非一，故以十为数，犹今云'什物'也。"⑤ 盖指一切生活用具，包括后面提到的舟舆和甲兵。

"重死"，是看重死亡之所，不愿离开家乡，犹狐死首丘之义，不是陈鼓应的"畏死"。⑥ 严遵注："得其所也。""安土乐生，故死于岩穴。迁徙去乡，

---

① 王卡点校：《老子道德经河上公章句》，第285页。
② （魏）王弼著，楼宇烈校释：《王弼集校释》，第184页。
③ 王卡点校：《老子道德经河上公章句》，第286页。
④ 张松如：《老子校读》，吉林人民出版社1981年版，第429页。
⑤ （汉）司马迁撰：《史记》，中华书局1959年版，第33页。
⑥ 陈鼓应：《老子注译及评介》，第359页。

利虽百倍，不离其国。是使人重死而不远徙者。"①

不远徙，舟舆无所用。不外求，甲兵无所需。没有欲求争斗，民众返归淳朴，故能结绳计数，一切从简。民众安于自己的生活环境，不外求于他人，自然也不相往来。可以说，小国寡民，就是《老子》第 19 章"绝圣弃智"、第 49 章"德善""德信"的具体实现。

三　百姓与圣人对举

"百姓"一词的起源最早可以追溯至《尚书》。《尚书·尧典》："克明俊德，以亲九族。九族既睦，平章百姓，百姓昭明，协和万邦，黎民于变时雍。"郑玄注："百姓，群臣之父子兄弟。"②

"百姓"一词在春秋时，词义已经变为"众人"，与"民"近义。《论语》中"百姓"出现三次。邢昺在两处皆疏曰："百姓，谓众人也。""百姓，谓天下之众民也。"（《论语注疏》之《宪问》《尧曰》）③"百姓"在《老子》中出现三次，亦当作众民、众人解。

> 3.1 太上，下知有之。其次，亲而誉之。其次，畏之。其次，侮之。信不足焉，有不信焉。悠兮其贵言，功成事遂，百姓皆谓：我自然。（《老子》第 17 章）

"下"当然指民众。最后落实在"百姓"。"太上"当依吴澄解作"最上的大道之世"④"下知有之"，河上公："下知上有君，而不臣事，质朴也。"⑤ 证之以《庄子·天地》："至德之世，不尚贤，不使能。上如标枝，民如野鹿。"统治者和民众各行其是，相忘于无为。

---

① （汉）严遵：《道德真经指归》，载熊铁基、陈红星主编《老子集成》第一卷，第 124、125 页。
② 董治安主编：《郑玄》（下），载《两汉全书》，山东大学出版社 2009 年版，第 27 册，第 15516 页。
③ （魏）何晏等注，（宋）邢昺疏：《论语注疏》，载《四部精要 2》，上海古籍出版社 1993 年版，第 2514a，2535b 页。
④ （元）吴澄：《道德真经注》，载熊铁基、陈红星主编《老子集成》第五卷，第 615 页。
⑤ 王卡点校：《老子道德经河上公章句》，第 68 页。

"其次，亲而誉之"，意思是统治者对民众的恩德可见，恩惠可称，使得民众亲爱他、赞誉他。

"其次，畏之"，王弼："不复能以恩仁令物，而赖威权也。"① 河上公："设刑法以治之。"② 意思是，统治者使民众害怕他们。

"其次，侮之。"王弼："不能法以正齐民，而以智治国，下知避之，其令不从，故曰，侮之也。"③ 侮即欺骗，阳奉阴违，不再遵从刑法。这是因为统治者失去了道德诚信，故河上公说："君信不足于下，下则应之以不信，而欺其君也。"④

"悠兮，其贵言。"陈鼓应："不轻于发号施令。"⑤ 吴澄："宝重其言，不肯轻易出口。"⑥ 言统治者要谨慎言辞命令，不要离开大道自然。不离开大道自然，即使天下大治，百姓也不知君上之德之淳厚，反而以为自己自然获得如此之太平盛世。

> 3.2 圣人无常心，以百姓心为心。善者吾善之。不善者吾亦善之，德善。信者吾信之。不信者吾亦信之，德信。圣人在天下，歙歙焉，为天下浑其心。百姓皆注其耳目，圣人皆孩之。（《老子》第 49 章）

这一章圣人与百姓对举，且将百姓"孩之"，说明百姓是一群无知而好知的众人。

"圣人无常心，以百姓心为心"，河上公说："圣人重改更，贵因循。……百姓心之所便，圣人因而从之。"⑦ 这个"因循"就是无论善者、不善者，圣人都善待之。无论诚信者、不诚信者，圣人都信任之。这是说，圣人法天，以天之无分别心审视世俗的善与不善、信与不信，从而引导世人向淳朴之大善、大信回归，这就是"德善""德信"。这也是《庄子·天地》的"端正而不知以为义，相爱而不知以为仁，实而不知以为忠，当而不知以为信"。

---

① （魏）王弼著，楼宇烈校释：《王弼集校释》，第 40 页。
② 王卡点校：《老子道德经河上公章句》，第 68 页。
③ （魏）王弼著，楼宇烈校释：《王弼集校释》，第 41 页。
④ 王卡点校：《老子道德经河上公章句》，第 68 页。
⑤ 陈鼓应：《老子注译及评介》，第 131 页。
⑥ （元）吴澄：《道德真经注》，第 615 页。
⑦ 王卡点校：《老子道德经河上公章句》，第 188 页。

这里的"德善""德信"应当是"以善为德""以信为德"。河上公注说："百姓德化，圣人为善……百姓德化，圣人为信。"① 这是引导百姓回归善、信之本性而保守之，不是仅仅使人守信守善。

圣人引导百姓返归淳朴，故不愿民众之心受到干扰，所以圣人首先不炫耀己智，"为天下百姓浑浊其心，若愚暗不通也"②。刘师培注说："歙，乃歙闭之义。"③

百姓皆注目而视，倾耳而听，司其是非之昭昭。圣人将他们皆孩子般地看待。包容无责，任其自化。徐复观说："圣人自己抱一守朴，不给百姓以扰动。"④

3.3 天地不仁，以万物为刍狗；圣人不仁，以百姓为刍狗。天地之间，其犹橐籥乎？虚而不屈，动而愈出。多言数穷，不如守中。（《老子》第5章）

此处圣人与百姓对举。可见百姓与民同义。刍狗，草狗也。《道德真经注》："天地无心，绝于憎爱，以无爱故，故曰不仁。刍狗者，结草为狗，古人祝所用，已而弃之。言人于刍狗，用之不以为爱，弃之不以为憎。……圣人无心，与天地合德。"⑤ 又曰："橐，排橐。籥，乐管。屈，竭也。间，中也。夫橐籥中空，故能声出气而不竭。天地中空，故能生品物而无尽。"⑥

数，速。穷，困也。河上公："多事害神，多言害身，口开舌举，必有祸患。不如守德于中，育养精神，爱气希言。"⑦

四　众人与圣人对举

《老子》中"众人"出现多次，其含义不仅是民众，还包括统治者、善

---

① 王卡点校：《老子道德经河上公章句》，第 189 页。
② 王卡点校：《老子道德经河上公章句》，第 189 页。
③ 刘师培：《老子斠补》，载熊铁基、陈红星主编，《老子集成》第十一卷，第 722 页。
④ 徐复观：《中国人性论史》，台北：台湾商务印书馆 1988 年版，第 354 页。
⑤ （唐）李荣：《道德真经注》，载熊铁基、陈红星主编，《老子集成》第一卷，第 352 页。
⑥ （唐）李荣：《道德真经注》，载熊铁基、陈红星主编，《老子集成》第一卷，第 353 页。
⑦ 王卡点校：《老子道德经河上公章句》，第 19 页。

人、不善人、俗人。说明《老子》更关注从圣人或统治者的角度治理天下，而对俗人与民的区别，不甚关注。

> 4.1 上善若水。水善利万物而不争，处众人之所恶，故几于道。居善地，心善渊，与善仁，言善信，正善治，事善能，动善时。夫唯不争，故无尤。（《老子》第8章）

这是用"水"来比喻悟道者、圣人，与众人形成对比。"上善若水"，河上公注："上善之人，如水之性。"① "几于道"，言水福泽万物而又处下，近似于"濡弱谦下"之道。"居善地"以下，言水善于此七事，也是圣人之德之写照。可译作："居处善于选择地方；心胸善于保持渊默；交接善于仁厚，言语保守信用；为政善于条理；处事善于用能；行动善于应时。"只有因为不争，所以不遗自身以祸害。

> 4.2 绝学无忧，唯之与阿，相去几何？善之与恶，相去若何？人之所畏，不可不畏。荒兮其未央哉！众人熙熙如享太牢、如春登台。我独泊兮其未兆，如婴儿之未孩；儽儽兮若无所归。众人皆有馀，而我独若遗。我愚人之心也哉！沌沌兮。俗人昭昭，我独昏昏；俗人察察，我独闷闷。澹兮其若海，飂兮无所止。众人皆有以，而我独顽且鄙。我独异于人，而贵食母。（《老子》第20章）

此章出现"人""众人""俗人"，从上下文看，三者所指相同。

"绝学无忧"是对全章的总摄。盖"为学"在日益自己的知识技能，这些知识技能只能给自己带来忧患。而"为道"则在日损自己的欲望，没有欲望当然不会去追求知识技能，也就无忧了。俗人所美者，尊敬也，知识也，地位也，美善也。但是，这些东西反而会给自己带来祸患，与不受尊敬、丑恶等在价值上并无不同。所以说"唯之与阿，相去几何？善之与恶，相去若何？"阿同呵，不敬之斥责。唯，恭敬之应允。

"人之所畏，不可不畏"，《唐玄宗御制道德真经疏》："人之所畏者，畏

---

① 王卡点校：《老子道德经河上公章句》，第28页。

慢与恶也。夫慢则为过，恶则被嫌。被嫌则人所弃薄，为过则物多尤怨。以况有为俗学，增长是非。若不畏而绝之，是皆违分伤性，故不可畏而绝之也。"① 按：人之所畏者，是呵和恶。在老子看来，自己也当畏。但是，既然唯与呵、美与恶，相去无几，则美与唯也在当畏之列。

"荒兮其未央哉"，荒，犹广也。央，犹尽也。王弼注："叹与俗相反之远也。"② 这句话是感叹我与众人之间差距之大。下文具体言之。

熙熙，和乐也。享，燕会也。太牢，牛羊豕之祭肉。此句比较我与众人对于美善之不同态度。享太牢则饮食之乐；春登台则郊游之乐。王弼注："众人迷于美进，惑于荣利，欲进心竞。"③ 泊，淡泊，恬静。未兆，没有迹象，对外在美善无动于衷。孩，同咳，《说文》：咳，小儿笑也。按：小儿笑则有分别心；未咳，则未有分别心，无所取择。故接着说："儽儽兮若无所归。"儽儽，高明注：帛书甲、乙本"累呵"，犹言累累，乃失志疲惫之状。《礼记·玉藻》，"丧容累累"，注："累累，羸惫貌也。"《史记·孔子世家》："累累若丧家之狗。"④ 按：此言我失志茫然，若迷路之人无所归往。

王弼注："众人无不有怀有志，盈溢胸心，故曰：皆有余也。我独廓然无为无欲，若遗失之也。"⑤ 此言众人皆志意盎然，我却好像遗失了心志。奚侗："遗借作匮，不足之意。"⑥ 没有心志，故说"我愚人之心也哉"。此处仍然是区别自己与众人对善恶、唯呵的不同态度。所以王弼注："绝愚之人，心无所别析，意无所美恶。"⑦ 沌沌兮，王弼注："无所别析，不可为名。"⑧ 此言愚人之心之状态。

此处用"俗人"代替"众人"，说明二者同义。王弼注："昭昭，耀其光也。察察，分别别析也。闷闷，情不可睹。"⑨ 河上公："昏，如暗昧也。"⑩ "澹兮其若海，飂兮无所止。"皆描述圣人（我）之心澹泊无情、无所系絮。

---

① 《唐玄宗御制道德真经疏》，载熊铁基、陈红星主编，《老子集成》第一卷，第465页。
② （魏）王弼著，楼宇烈校释：《王弼集校释》，第47页。
③ （魏）王弼著，楼宇烈校释：《王弼集校释》，第47页。
④ 高明：《帛书老子校注》，中华书局1996年版，第320页。
⑤ （魏）王弼著，楼宇烈校释：《王弼集校释》，第47页。
⑥ 奚侗：《老子集解》，载熊铁基、陈红星主编《老子集成》第十三卷，第10页。
⑦ （魏）王弼著，楼宇烈校释：《王弼集校释》，第47页。
⑧ （魏）王弼著，楼宇烈校释：《王弼集校释》，第48页。
⑨ （魏）王弼著，楼宇烈校释：《王弼集校释》，第48页。
⑩ 王卡点校：《老子道德经河上公章句》，第81页。

"有以"，有所作为。王弼："无所欲为，闷闷昏昏，若无所识，故曰：顽且鄙也。"①

最后一句，我之所以如此与众人不同，是因为我依赖道而生存。河上公："食，用也。母，道也。我独贵用道也。"②

4.3 其安易持，其未兆易谋。其脆易泮，其微易散。为之于未有，治之于未乱。合抱之木生于毫末。九层之台起于累土。千里之行始于足下。为者败之，执者失之。是以圣人无为故无败，无执故无失。民之从事常于几成而败之。慎终如始则无败事。是以圣人欲不欲，不贵难得之货。学不学，复众人之所过，以辅万物之自然而不敢为。（《老子》第64章）

此章前面已经谈到。此处指出圣人与众人相对，可见，在《老子》中，众人有时就是民。

4.4 善行无辙迹。善言无瑕谪。善数不用筹策。善闭无关楗而不可开。善结无绳约而不可解。是以圣人常善救人，故无弃人。常善救物，故无弃物。是谓袭明。故善人者不善人之师。不善人者善人之资。不贵其师、不爱其资，虽智大迷，是谓要妙。（《老子》第27章）

此处突出圣人对待善人、不善人的态度，而善人、不善人统摄在"常善救人"的"人"下。此处也解释了第49章对待善人、不善人一视同仁的原因。这个"人"应当是广义上的众人，包括统治者和民众。

前五句：瑕，玉病。谪，罚也，责也。吴澄："绳约，索也。合之成体曰绳；用之而束物曰约。"③ 高亨："《仪礼·既夕记》：约绥约辔。"郑注：约，绳也。④ 王弼："此五者，皆言不造不施，因物之性，不以形制物也。"⑤

王弼注："圣人不立形名以检于物，不造进向以殊弃不肖。辅万物之自然

---

① （魏）王弼著，楼宇烈校释：《王弼集校释》，第48页。
② 王卡点校：《老子道德经河上公章句》，第82页。
③ （元）吴澄：《道德真经注》，载熊铁基、陈红星主编《老子集成》第五卷，第612页。
④ 高亨：《老子正诂》，载熊铁基、陈红星主编《老子集成》第十四卷，第51页。
⑤ （魏）王弼著，楼宇烈校释：《王弼集校释》，第71页。

而不为始，故曰：无弃人。"① 言圣人以无分别、任自然之心包容万物，故无人或物被遗弃。袭，因也。明即第16章及第55章"知常曰明"之明。袭明，谓因顺常道也。

河上公："人之行善者，圣人即以为人师。资，用也。"② 要妙，微妙要道。不善人，是善人得以成就的资本。设想无不善，则善亦失去其存在的意义。此句话，是圣人的权宜之教，提醒世俗之善人、好人要善待那些不善人，要认识到正是不善人才成就了他们。圣人旨在让世俗人不要进入对立冲突。圣人的最终目的当然是：无分别、任自然之同视万物。

五　人指在上位的圣人、统治者

《老子》中的"人"含义比较复杂。有指统治者的，也有指普通民众的。人之为统治者、圣人的章句有：

> 5.1 使我介然有知，行于大道，唯施是畏。大道甚夷，而人好径。朝甚除，田甚芜，仓甚虚。服文彩，带利剑，厌饮食，财货有余。是谓盗夸。非道也哉。（《老子》第53章）

奚侗说："人指人主言。各本皆误作'民'，与下文谊不相属。"③ 这一章显然是站在统治者的立场说的话。施，作为，设施。落实下来，就是"人好径"。这里的"人"指的就是统治者。是统治者好走斜道、近道，而不走大道。这种斜道就是"朝甚除，服文采，带利剑，厌饮食，财货有余"。

介，微小。《列子·杨朱》"亡介焉之虑者"。释文："介，微也。"④ 王弼："言若使我可介然有知，行大道于天下，唯施为之是畏也。"⑤

王弼："朝，宫室也。除，洁好也。朝甚除，则田甚芜，仓甚虚。设一而

---

① （魏）王弼著，楼宇烈校释：《王弼集校释》，第71页。
② 王卡点校：《老子道德经河上公章句》，第110页。
③ 奚侗：《老子集解》，载熊铁基、陈红星主编《老子集成》第十三卷，第21页。
④ 杨伯峻撰：《列子集释》，中华书局1979年版，第219页。
⑤ （魏）王弼著，楼宇烈校释：《王弼集校释》，第141页。

众害生也。"① 厌，饱也。王弼："夸而不以其道得之，盗夸也。"② 河上公："百姓不足而君有余者，是由劫盗以为服饰，持行夸人。"③ 疑 "盗夸" 意思为，身为盗而炫耀自己所得。楼宇烈说："旧说据《韩非子·解老》引《老子》经文 '盗夸' 作 '盗竽'，均以为 '夸' 为 '竽' 之借字。'盗竽' 犹盗首。姚鼐说："韩非说虽古而讹。今观王弼注文之义似亦不当作 '竽' 解。"④

5.2 大国者下流，天下之交。天下之牝。牝常以静胜牡。以静为下。故大国以下小国，则取小国。小国以下大国，则取大国。故或下以取，或下而取。大国不过欲兼畜人。小国不过欲入事人。夫两者各得所欲，大者宜为下。（《老子》第 61 章）

这里的 "人" 指大国、小国，或其统治者。春秋时期，大国以礼义仁厚博取小国的附从。故大国像大海一样，处在河水之下流，待小国之归往。正因为大国是小国的归往辐辏之地，故说大国是 "天下之交"。王弼说："天下之所归会者也。"⑤ 牝者，居下以受牡之施与，大国也如此，处下以接受小国之归往。

"牝常以静胜牡。以静为下"，河上公注："阴道以安静为谦下。女所以能屈男，阴胜阳，以其安静，不先求之也。"⑥

据此，大国、小国皆应效法女阴以静为下，从而争取对方。大国谦下，则获取小国的拥戴。王弼注："小国则附之。"⑦ 小国谦下，则获得大国的保护。王弼："大国纳之也。"⑧ "故或下以取，或下而取"，意思是，一个是谦下以取得别人的归附；一个是谦下以被别人收纳。

"兼畜人"，兼并蓄养小国。"入事人"，入为臣仆，以获得保护。但是，大国、小国虽然各得所欲，大国更宜守柔处下。因为让人归附比被别人容纳要难一些。

---

① （魏）王弼著，楼宇烈校释：《王弼集校释》，第 142 页。
② （魏）王弼著，楼宇烈校释：《王弼集校释》，第 142 页。
③ 王卡点校：《老子道德经河上公章句》，第 204 页。
④ （魏）王弼著，楼宇烈校释：《王弼集校释》，第 143 页。
⑤ （魏）王弼著，楼宇烈校释：《王弼集校释》，第 159 页。
⑥ 王卡点校：《老子道德经河上公章句》，第 238 页。
⑦ （魏）王弼著，楼宇烈校释：《王弼集校释》，第 160 页。
⑧ （魏）王弼著，楼宇烈校释：《王弼集校释》，第 160 页。

5.3 希言自然。故飘风不终朝，骤雨不终日。孰为此者？天地。天地尚不能久，而况于人乎？故从事于道者，道者同于道。德者同于德。失者同于失。同于道者道亦乐得之；同于德者德亦乐得之；同于失者失于乐得之。信不足焉，有不信焉。（《老子》第23章）

这一章是对统治者的建议，"希言自然"是警告统治者要少作为。"信不足焉，有不信焉"，同《论语》"自固皆有死，民无信不立"，皆是指统治者失去信用，民众就不再信任他们。据此，将"人"与天地作比，这个"人"当是统治者，警告统治者不要自以为自己能够永久地控制民众，而应该顺应民众，因为就连天地都不能保持一个行为一直进行下去。

"希言"，陈鼓应说："少说话。"深层意思是，不施加政令①，此和第5章"多言数穷"成一个对比。按：少说话造作则接近自然之道。天地都不能一直作为，人当然也不能。

"故从事于道者，道者同于道。"王弼注："从事，谓举动从事于道者也。道以无形无为成济万物，故从事于道者以无为为君，不言为教，绵绵若存，而物得其真。与道同体，故曰同于道。"②

"德者同于德。"德，得也。王弼注："行得则与得同体。……行失则与失同体。"③ 唐玄宗注："体道者，悟道忘言，即同于道矣。德者，道用之名，人能体道忘功，则其所施为，同于道用矣。"④ 唐玄宗疏："德者，道用之名也。谓其功用被物，物有所得，故谓之德尔。谓体悟之人，顺事于道，岂唯自能了出，抑亦功济苍生。"⑤

"失者同于失。"唐玄宗注："执言滞教，无由悟了。不悟即迷道，故自同于失矣。"⑥ 唐玄宗疏："失者，谓执滞言教而失道也。"⑦

---

① 陈鼓应：《老子注译及评价》，第157页。
② （魏）王弼著，楼宇烈校释：《王弼集校释》，第58页。
③ （魏）王弼著，楼宇烈校释：《王弼集校释》，第58页。
④ 《唐玄宗御注道德真经》，载熊铁基、陈红星主编《老子集成》第一卷，第426页。
⑤ 《唐玄宗御制道德真经疏》，载熊铁基、陈红星主编《老子集成》第一卷，第468页。
⑥ 《唐玄宗御注道德真经》，载熊铁基、陈红星主编《老子集成》第一卷，第426页。
⑦ 《唐玄宗御制道德真经疏》，载熊铁基、陈红星主编《老子集成》第一卷，第469页。

此处王弼等同"德"与"得"；失，累多也。① 意指不明。不如唐玄宗：德为得道，失为失道。

"同于道者道亦乐得之；同于德者德亦乐得之；同于失者失于乐得之。"唐玄宗疏："以类相从，物无违者，故同道则道应，同失则失来。"②

"信不足焉，有不信焉。"河上公："君信不足于下，下则应君以不信也。"③ 按：此批评有为之政不合于道，在己无德，在天下不足以为天下信任。

5.4 有物混成，先天地生。寂兮寥兮，独立不改，周行而不殆，可以为天下母。吾不知其名，字之曰道。强为之名曰大。大曰逝，逝曰远，远曰反。故道大、天大、地大、王亦大。域中有四大，而王居其一焉。人法地，地法天，天法道，道法自然。（《老子》第 25 章）

此章先言道、天、地、王为四大，后又说"人、地、天、道"依次上法。说明"人"指的就是"王"。作为王之人，只有效法地、天、道、自然，才能治理好天下。傅奕、范应元改"王"为"人"，一是不理解春秋时代"王大"之义，一又被帛书甲乙本证明为错。

"有物混成，先天地生。"王弼："混然不可得而知，而万物由之以成，故曰混成也。"④ 河上公："谓道无形，混沌而成万物，乃在天地之前。"⑤ 按：由此可知，道乃浑沌，是实体性的。

"寂兮寥兮，独立而不改"，王弼："寂寥，无形体也。无物之匹，故曰独立也。返化终始，不失其常，故曰不改也。"⑥

"周行而不殆，可以为天地母。"王弼："周行无所不至而免殆，能生全大形也，故可以为天下母也。"⑦ "吾不知其名。"王弼："名以定形，混成无形，不可得而定，故曰不知其名也。"⑧

---

① （魏）王弼著，楼宇烈校释：《王弼集校释》，第 58 页。
② 《唐玄宗御制道德真经疏》，载熊铁基、陈红星主编《老子集成》第一卷，第 469 页。
③ 王卡点校：《老子道德经河上公章句》，第 95 页。
④ （魏）王弼著，楼宇烈校释：《王弼集校释》，第 63 页。
⑤ 王卡点校：《老子道德经河上公章句》，第 101 页。
⑥ （魏）王弼著，楼宇烈校释：《王弼集校释》，第 63 页。
⑦ （魏）王弼著，楼宇烈校释：《王弼集校释》，第 63 页。
⑧ （魏）王弼著，楼宇烈校释：《王弼集校释》，第 63 页。

"字之曰道"，王弼："夫名以定形，字以称可。言道取于无物而不由也。"①

"强为之名曰大。"王弼："吾所以字之曰道者，取其可言之称最大也。"②河上公："大者，高而无上，罗而无外，无不包容，故曰大也。"③

"大曰逝，逝曰远，远曰反。"王弼："责其字定之所由，则系于大。夫有系则必有分，有分则失其极矣。"④ 此处在于指出，"大"这个名不能真地指示道体，因为"有系则必有分"，有所指定，则所指就与道分离，不再是道。也就是"道可道，非常道；名可名，非常名"之义。"逝"，去也。意思是，"强名之为大"时，就离开了道体。离开道体就是远离道体。远离道体了，"大"不再是"道"的限制性的指称。"道"又复返无名之状态，又回归于真实的道。

前文述说了"道"之高而无上，罗而无外，也就是其大的特征。顺便又指出其他三大：天无所不盖；地无所不载；王无所不制。王弼："道、天、地、王皆在无称之内，故曰：域中有四大者也。"⑤

"人法地，地法天，天法道，道法自然。"依上下文及王弼注：此处"人"指上文之"王"，言王应当法天地道，以自然的方式治理天下。河上公："人当法地安静柔和，种之得五谷，掘之得甘泉，劳而不怨，有功而不置也。天澹泊不动，施而不求报，生长万物，无所收取。道清静不言，阴行精气，万物自成也。道性自然，无所法也。"⑥ 王弼注："用智不如无知，而形魄不及精象，精象不及无形，有仪不及无仪，故转相法也。"⑦

5.5 将欲歙之，必固张之。将欲弱之，必固强之。将欲废之，必固兴之。将欲取之，必固与之。是谓微明。柔弱胜刚强。鱼不可脱于渊，国之利器不可以示人。（《老子》第36章）

此章讲述如何保全自己，弱化对手。《韩非子·内储说下》："赏罚者，利器也。君操之以制臣，臣得之以拥主。故君先见所赏则臣鬻之以为德，君先见

① （魏）王弼著，楼宇烈校释：《王弼集校释》，第63页。
② （魏）王弼著，楼宇烈校释：《王弼集校释》，第64页。
③ 王卡点校：《老子道德经河上公章句》，第102页。
④ （魏）王弼著，楼宇烈校释：《王弼集校释》，第64页。
⑤ （魏）王弼著，楼宇烈校释：《王弼集校释》，第64页。
⑥ 王卡点校：《老子道德经河上公章句》，第103页。
⑦ （魏）王弼著，楼宇烈校释：《王弼集校释》，第65页。

所罚则臣鬻之以为威。故曰：国之利器，不可以示人。"① 河上公注："利器者，谓权道也。治国权者不可以示执事之臣也。治身道者不可以示非其人也。"②由此推测，这里的"人"不应当是"民"，而应当是有地位的官员和臣子。

歙，敛，合。河上公："先开张之者，欲极其奢淫。先强大之者，欲使遇祸患；先兴之者，欲使其骄危。先与之者，欲极其贪心。"③ 王弼："因物之性，令其自戮，不假刑为大，以除将物也，故曰微明。"④

5.6 知人者智，自知者明。胜人者有力，自胜者强。知足者富。强行者有志。不失其所者久。死而不亡者寿。（《老子》第 33 章）

以第 36 章为准则，从"知人""胜人"的用词看，这里的"人"当指有知识、能力、地位的贵族君子。"死而不亡者寿"，在先秦主要指是君子追求三不朽，很少指民之行为。

河上公："人能自胜己情欲，则天下无有能与己争者，故为强也。人能知足，则长保福禄，故为富也。"⑤ 王弼："勤能行之，其志必获……以明自察，量力而行，不失其所，必获久长矣。虽死而以为生之，道不亡乃得全其寿。身没而道犹存，况身存而道不卒乎?"⑥

5.7 治大国若烹小鲜。以道莅天下，其鬼不神。非其鬼不神，其神不伤人。非其神不伤人，圣人亦不伤人。夫两不相伤，故德交归焉。（《老子》第 60 章）

此处"人"当指民众。圣人指统治者、王。莅，临也。不伤人则谓有德。河上公："鲜，鱼也。烹小鱼不去肠，不去鳞，不敢挠，恐其糜也。治国烦则下乱，治身繁则精散。以道德居位治天下，则鬼不敢见其精神以犯人也。其鬼

---

① （战国）韩非著，陈奇猷校注：《韩非子新校注》，上海古籍出版社 2000 年版，第 622—623 页。
② 王卡点校：《老子道德经河上公章句》，第 142 页。
③ 王卡点校：《老子道德经河上公章句》，第 142 页。
④ （魏）王弼著，楼宇烈校释：《王弼集校释》，第 89 页。
⑤ 王卡点校：《老子道德经河上公章句》，第 134 页。
⑥ （魏）王弼著，楼宇烈校释：《王弼集校释》，第 85 页。

非无精神，邪不入正，不能伤自然之人。"① 王弼："神不害自然也。物守自然，则神无所加。……道洽，则神不伤人。"② 高明："圣人以无为、无事、无欲，而无扰于民，民得自化、自正、自富、自朴，得安居乐业，免受饥劳，此之谓圣人不伤人也。"③《韩非子·解老》："上不与民相害，而人不与鬼相伤，故曰：两不相伤。……言其德上下交盛而具归于民也。"④

六　人的涵义比较模糊或广泛，可能包括民、士或统治者

6.1 善为士者不武。善战者不怒。善胜敌者不与。善用人者为之下。是谓不争之德。是谓用人之力。是谓配天，古之极。（《老子》第 68 章）

此章"善为士""善战""善胜敌""善用人"都不是"民"之行为，则"善用人者为之下"之"人"当指贤才、有能力者。但是，考虑到第 66 章"是以圣人欲上民，必以言下之。欲先民，必以身后之"，则"人"也有可能指民众。

王弼："士，卒之帅也。武尚先陵人也。……与，争也。"⑤ 河上公："能行此者，德配天也。是乃古之极要道也。"⑥ 高明："王注：士，卒之帅也。非是。……［士］，泛指精于战略战术守道之士。"⑦

6.2 道生一，一生二，二生三，三生万物。万物负阴而抱阳，冲气以为和。人之所恶，唯孤、寡、不谷，而王公以为称，故物或损之而益，或益之而损。人之所教，我亦教之。强梁者，不得其死。吾将以为教父。（《老子》第 42 章）

---

① 王卡点校：《老子道德经河上公章句》，第 235 页。
② （魏）王弼著，楼宇烈校释：《王弼集校释》，第 158 页。
③ 高明撰：《帛书老子校注》，第 120 页。
④ （战国）韩非著，陈奇猷点校：《韩非子新校注》，第 403 页。
⑤ （魏）王弼著，楼宇烈校释：《王弼集校释》，第 172 页。
⑥ 王卡点校：《老子道德经河上公章句》，第 269 页。
⑦ 高明撰：《帛书老子校注》，第 165—166 页。

此处"人之所恶""人之所教"之"人"，当指包括统治者和民众的一切人。唐玄宗说"人"是君主①，未必。

王弼："万物万形，其归一也。何由致一，由于无也。由无乃一，一可谓无，已谓之一，岂得无言乎？有言有一，非二如何，有一有二，遂生乎三，从无之有，数尽乎斯。过此以往，非道之流。故万物之生，吾知其主，虽有万形，冲气一焉。……既谓之一，犹乃至三，况本不一，而道可近乎？"② 按：王弼注本于《庄子·齐物论》："天地与我并生，而万物与我为一。既已为一矣，且得有言乎？既已谓之一矣，且得无言乎？一与言为二，二与一为三。自此以往，巧历不能得，而况其凡乎！故自无适有，以至于三，而况自有适有乎！无适焉，因是已！"③ 皆是从认识命名上来解释的。

又，元气未分，故言一也。《庄子·天地》："太初有无，无有无名，一之所起，有一而未形。"④ 河上公："一生阴与阳也；阴阳生和、清、浊三气。"⑤ 敦煌本："一阴一阳，是以媾精，冲和化醇，是以克生。故曰三生万物。"⑥ 此从生成论上解。

冲，中也。负，背也。抱，向也。阴阳和合而成冲气。《道德真经玄德纂疏》：成疏"孤独鳏寡，乃不善之事，以此为恶，人之常情。而王公贵人用斯自牧，足明贵以贱为本，高以下为基，以劝修行之人，必须处心谦顺"。成疏："谦卑柔弱，损己益物，物必归之，故生道获全。矜夸傲诞，益己凌物，物必挫志，故致危殆。"⑦

父，始也。程大昌："此谓强梁者不得其死，古必尝有是语。而时人已有师之者矣。故引人言以证己教。"⑧ 高明："故人之所教，夕议而教人。"故、夕、议假借为古、亦、我。⑨ 如此，则老子乃引古语以支持己见。

---

① 《唐玄宗御制道德真经疏》，载熊铁基、陈红星主编《老子集成》第一卷，第486页。

② （魏）王弼著，楼宇烈校释，《王弼集校释》，第117页。

③ （清）郭庆藩撰，《庄子集释》，王孝鱼点校，第79页。

④ （清）郭庆藩撰，《庄子集释》，王孝鱼点校，第424页。

⑤ 王卡点校：《老子道德经河上公章句》，第168—169页。

⑥ （南齐）顾欢：《老子道德经传》（敦煌本），载熊铁基、陈红星主编《老子集成》第一卷，第259页。

⑦ （唐）强思齐：《道德真经玄德纂疏》，载熊铁基、陈红星主编《老子集成》第二卷，第424页。

⑧ （宋）程大昌：《易老通言》，载熊铁基、陈红星主编《老子集成》第三卷，第618页。

⑨ 高明撰：《帛书老子校注》，第33—34页。

6.3 治人事天莫若啬。夫唯啬是谓早服。早服谓之重积德。重积德则无不克。无不克则莫知其极。莫知其极可以有国。有国之母可以长久。是谓深根固柢，长生久视之道。（《老子》第 59 章）

人的含义兼有士大夫、民众。河上公："啬，爱惜也。治国者当爱惜民财，不为奢泰。治身者当爱惜精气，不为放逸。"① 《道德真经新注》："啬，俭也。治人得人心。事天合天道，无如节俭。夫独能行俭德者，则民无不早宾服也。俭德为一，早服为二，自一而二谓之重积。克，能也。积德则无不能也。无所不能则不可量。德不可量，然后能为有土之君。"② 《道德真经藏室纂微篇》："有国之母，谓重积德也。德可以茂养百姓，百姓丰厚，则社稷福祚可以长久矣。"③

6.4 道者万物之奥。善人之宝，不善人之所保。美言可以市，尊行可以加人。人之不善，何弃之有。故立天子、置三公，虽有拱璧以先驷马，不如坐进此道。古之所以贵此道者何。不曰：求以得，有罪以免邪？故为天下贵。（《老子》第 62 章）

这里善人、不善人、人当指所有人，包括贵族和民众。王弼："奥，犹暖也。可得庇荫之辞。［善人］保以为用也。［不善人］保以全也。"④ 河上公："道者，不善人之［所］保倚也。遭患逢急，犹知自悔卑下。"⑤ 陆希声："善人得道之用，若怀其宝。不善人赖道以全，故为所保护。"⑥ 王弼："言道无所不先，物无有贵于此也。虽有珍宝璧马，无以匹之，美言之，则可以夺众货之贾，故曰，美言可以市也，尊行之，则千里之外应之，故曰，可以加于人也。"⑦ 此

---

① 王卡点校：《老子道德经河上公章句》，第 231 页。
② （唐）李约：《道德真经新注》，载熊铁基、陈红星主编，《老子集成》第一卷，第 552 页。
③ （宋）陈景元：《道德真经藏室纂微篇》，载熊铁基、陈红星主编，《老子集成》第二卷，第 633 页。
④ （魏）王弼著，楼宇烈校释：《王弼集校释》，第 161—162 页。
⑤ 王卡点校：《老子道德经河上公章句》，第 241 页。
⑥ （唐）陆希声：《道德真经传》，载熊铁基、陈红星主编，《老子集成》第一卷，第 612 页。
⑦ （魏）王弼著，楼宇烈校释：《王弼集校释》，第 162 页。

处不取陈鼓应等在"行"前加"尊"字，将"美言""美行"并列①，失上下连贯。王弼注中并没有"市尊"之意。王弼："不善当保道以免放。"②《道德真经藏室纂微篇》："夫不善之人……知道之可以保倚也。"③ 陈鼓应："不善的人，怎能把道舍弃呢？"④ 蒋锡昌："古之献物，轻物在先，重物在后。'拱璧以先驷马'，以拱璧为驷马之先也。"⑤

靠卑下柔退而免罪过。王弼："以求则得求，以免则得免，无所而不施，故为天下贵也。"⑥（第41章：夫唯道，善贷且成。贷，施与。言道善禀贷人精气，且成就之也）

6.5 人之生也柔弱，其死也坚强。草木之生也柔脆，其死也枯槁。故坚强者死之徒，柔弱者生之徒。是以兵强则灭，木强则兵。强大处下，柔弱处上。（《老子》第76章）

此处"人"显然指所有人。河上公："人生含和气，抱精神，故柔弱也。人死和气竭，精神亡，故坚强也。""和气存也；和气去也。"⑦ "兴物造功，大木处下，小物处上。天道抑强扶弱，自然之效。"⑧《老子集训》："木强则兵，所谓直木先伐也。"⑨ 王弼："物所加也。"⑩

6.6 信言不美，美言不信。善者不辩，辩者不善。知者不博，博者不知。圣人不积，既以为人己愈有，既以与人己愈多。天之道利而不害，圣人之道为而不争。（《老子》第81章）

此处"人"亦当指所有人。河上公："信言者，如其实也。不美者，朴且质

① 陈鼓应：《老子注译及评价》，第303页。
② （魏）王弼著，楼宇烈校释：《王弼集校释》，第162页。
③ （宋）陈景元：《道德真经藏室纂微篇》，第636页。
④ 陈鼓应：《老子注译及评价》，第305页。
⑤ 蒋锡昌：《老子校诂》，载熊铁基、陈红星主编《老子集成》第十四卷，第670—671页。
⑥ （魏）王弼著，楼宇烈校释：《王弼集校释》，第162页。
⑦ 王卡点校：《老子道德经河上公章句》，第292页。
⑧ 王卡点校：《老子道德经河上公章句》，第293页。
⑨ 陈柱：《老子集训》，载熊铁基、陈红星主编《老子集成》第十四卷，第211页。
⑩ （魏）王弼著，楼宇烈校释：《王弼集校释》，第185页。

也。美言者，滋美之华辞。不信者，饰伪多空虚也。善者，以道修身也。不辩者，不彩文也。辩者，谓巧言也。不善者，舌致患也。知者，知道之士。不博者，守一元也。博者，多见闻也。不知者，失要真也。"① "圣人积德不积财。有德以教愚，有财以与贫也。"② 唐玄宗："善者在行，无辩说。空滞辩说，故不善。"③ 王弼："物所尊也；物所归也。"④《道德真经藏室纂微篇》："积者，蕴聚也。圣人道济天下，不蕴德以自高，积而能散，不蓄财以自润。"⑤

6.7 夫佳兵者不祥之器，物或恶之，故有道者不处。君子居则贵左，用兵则贵右。兵者不祥之器，非君子之器，不得已而用之，恬淡为上。胜而不美，而美之者，是乐杀人。夫乐杀人者，则不可得志于天下矣。吉事尚左，凶事尚右。偏将军居左，上将军居右。言以丧礼处之。杀人之众，以悲哀泣之，战胜以丧礼处之。（《老子》第 31 章）

人指君子所杀之人，包括君子、士和普通士卒，民众。

"佳兵"当作为一个词，类似于佳人。王安石注："佳兵者，坚甲利兵也。……万物无有不被其凶害者，故恶之。有道者以慈为心，故不处。"⑥

《道德真经玄德纂疏》："成疏：左，阳也，主吉主生。右，阴也，主凶主杀。言君子平居之世则贵左用文，荒乱之时则贵右用武。"⑦

"非君子之器"，河上公："非君子所贵重之器也。谓遭衰逆乱祸，欲加万民，乃用之以自守。不贪土地，不利人财宝。……偏将军卑而居阳位，以其不专杀也。上将军尊而居阴位，以其专主杀也。上将军居右，丧礼尚右，死人贵阴也。"⑧

---

① 王卡点校：《老子道德经河上公章句》，第 307 页。
② 王卡点校：《老子道德经河上公章句》，第 308 页。
③ 《唐玄宗御注道德真经》，载熊铁基、陈红星主编《老子集成》第一卷，第 447 页。
④ （魏）王弼著，楼宇烈校释：《王弼集校释》，第 192 页。
⑤ （宋）陈景元：《道德真经藏室纂微篇》，载熊铁基、陈红星主编《老子集成》第二卷，第 651 页。
⑥ （宋）王安石：《老子注（蒙文通辑本）》，载熊铁基、陈红星主编《老子集成》第二卷，第 567 页。
⑦ （唐）强思齐：《道德真经玄德纂疏》，载熊铁基、陈红星主编《老子集成》第二卷，第 396 页。
⑧ 王卡点校：《老子道德经河上公章句》，第 126—127 页。

6.8 和大怨必有余怨，安可以为善？是以圣人执左契，而不责于人。有德司契，无德司彻。天道无亲，常与善人。（《老子》第 79 章）

"人"可能指士大夫。善人指有德者。

此章主旨在于"为之于未有，治之于未乱"。有大怨而调和之，不如于怨起前阻止之。所以说："和大怨必有余怨，安可以为善？"言不可以为善也。王弼注："不明理其契，以致大怨已至。而德以和之。其伤不复，故必有余怨也。"① 《道德真经次解》："先有怨恶，后能平治，未足为善。"② 王弼："左契，防怨之所由生也。有德之人，念思其契，不令怨生而后责于人也。"③ 河上公："古者圣人执左契，合符信也。……但刻契为信，不责人以他事业。有德之君，司察契信而已。"④

彻，通也。宋徽宗："圣人循大变而无所湮，受而嘉之，故无责于人，人亦无责焉。契有左右，以别取予，执左契者，予之而已。以德分人谓之圣。乐通物，非圣人也。无德者，不自得其得，而得人之得，方且物物求通而有和怨之心焉。兹彻也，只所以为蔽。"⑤ 章安："和大怨不可以为善而有德。司契者，谓之善人。天道之所与也。"⑥ 邵若愚《道德真经直解》："彻，通也。有德者如司左契，物来自合，此天之道也。无德者如司右契，彻物求合，此人之道也。"⑦

七　由民、人之用法检视《老子》文本的时代和思想

《老子》成书的年代一直存有争论。这些争论在马王堆帛书《老子》甲

① （魏）王弼著，楼宇烈校释：《王弼集校释》，第 188 页。
② 无名氏：《道德真经次解》，载熊铁基、陈红星主编《老子集成》第一卷，第 535 页。
③ （魏）王弼著，楼宇烈校释：《王弼集校释》，第 188 页。
④ 王卡点校：《老子道德经河上公章句》，第 301 页。
⑤ 《宋徽宗御解道德真经》，载熊铁基、陈红星主编《老子集成》第三卷，第 302 页。
⑥ （北宋）章安：《宋徽宗道德真经解义》，载熊铁基、陈红星主编《老子集成》第三卷，第543 页。
⑦ （南宋）邵若愚：《道德真经直解》，载熊铁基、陈红星主编《老子集成》第三卷，第 583 页。

乙本出土后，还持续了一段时间。等到郭店楚简《老子》出土后，基本上认定《老子》至少成书于公元前 300 年以前。但是《老子》与《论语》之先后关系却无人论及。

通过比较《论语》与《老子》中的民、人关系，我们基本上可以断定，《论语》中的"人"更多指称上、君子和贤人，与"民"的界限更为明确。《老子》中"人"的含义已经从《论语》中的君子、贤人等向民众、众人过渡。所考察的 15 个章句中，唯有第 53 章和第 61 章，人的含义确指统治者。其他章都可以指称所有人。这说明《老子》撰写之时，人的含义已经泛化，说明社会等级进一步模糊，从而时间相应地比《论语》靠后。

但是，《老子》中对"人"的论述又带有明显的春秋时代特色。"大国以下小国，则取小国。小国以下大国，则取大国。"体现的就是春秋时代霸主争取小国的拥戴和小国入事大国的写照。"同于道者道亦乐得之；同于德者德亦乐得之；同于失者失亦乐得之。信不足焉有不信焉。"指的是，统治者不能法道而治，则得不到民众的信任，与《论语》"自古皆有死，民无信不立"同。其"鬼神不伤人"之鬼神也是春秋时代人格和实体意义上的鬼神，同于《左传》"神降于莘"。其倡导"不武""不怒""不争"在《左传》中晋人不与楚人争盟主得到证实；其"偏将军居左，上将军居右"也是春秋时期战车上位置的写照。可以说，《老子》仍然是以春秋时代的事件作为话语内容的，是不可能晚于战国早期的。

由民、人关系可以更好地理解《老子》的一些章节，特别是第 3、57、58、64、65、66、72、74、75、80 章等。这种宏观考察，使我们将"不尚贤"与"非以明民，将以愚之"联系起来，发现这与孟子"觉斯民"的目标完全相反。这种联系也使我们认识到，小国寡民，就是《老子》第 19 章"绝圣弃智"、第 49 章"德善""德信"的具体实现。

如果对照《墨子》之"尚贤"与《老子》之"不尚贤"，我们是否可以推测，《老子》对尚贤的批评，与墨子之尚贤时代相当。《老子》之编订当与《墨子》时代大致相当，也就是公元前 400 年到公元前 350 年，而《论语》从其民、人的用法区分上看，应当更早。

在思想上，《老子》大多数章节都是讨论如何治理民众的。其根本策略是效法天道而无为。其具体措施包括绝圣弃智、不尚贤、不干涉、不代大匠斫、为天下浑其心、守雌处后等。《老子》也叙述了如何上民、先民，要求统治者要效法水的不争之德，要"贵食母"，依道而行。在行动上，要以"言下之""身后之"。最后，《老子》表现出对民众的鄙视，要求统治者防范民众。指出民众行险侥幸的特性，要在民众出现邪行之前杜绝之。要"虚其心而实其腹，使夫智者不敢为"。其具体措施就是"欲不欲""学不学"，一切顺应自然，而不同流合污。

自我转化的隐喻*

——以《齐物论》"吾丧我"为线索

匡　钊

摘　要　　《庄子·齐物论》代表了典型的庄子面对事物与知识的世界的态度，亦提供了何以可能达成超越庸常的所谓逍遥境界的基本说明。由道家的一贯立场而言，后者意味着某种得道的方式，而对于庄子而言，则展现为对自我问题的发现、对其转化问题的关注与对特定超越性视角的确证。如所周知，庄子言说上述内容的方式具有鲜明的自身特色，即以隐喻作为哲学修辞的基本手段，表达自己对于自我和道的关系的新理解。通过重新聚焦《齐物论》中贯穿性的"吾丧我"问题，评估相关的重要结构隐喻，如"三籁""环中""物化"等，可见庄子如何由道—物关系出发证成自己对于道—我问题的理解，以及他对自我转化过程的理解，而在理解这些问题的时候，隐喻作为哲学修辞的手段可被作为现有语文学研究的有益补充。

关 键 词　　自我；隐喻；语文学

作者简介　　匡钊，中国社会科学院哲学研究所副研究员，研究方向主

---

* 本文原载《中州学刊》2023 年第 1 期。

要为先秦哲学。

《庄子》的文本一向被视为优美与难读相互结合的典范，而这种古今一如的阅读感受一方面来自《庄子》中所呈现思想内容的复杂性，另一方面则来自其言说方式的委婉化。就内容而言，《庄子》涉及的思想题材极为广泛，仅举其中被目为难读之典型的《齐物论》，其文本已涵盖了一般常识与经验的可靠性、人与万物的关系、肉体与精神活动的关系、如何检别不同立场的观点、言说世界的限度何在、思想主体的存在状态、梦境与日常经验的差异、生命与死亡的对比、是否存在最终的可确定的超越性真标准以及相应的精神性内容，而我们又是否有可能因此超越外在事物与内在经验的束缚等；使文本更为复杂的则在于，上述种种话题之间总存在这样或那样的连锁关系，使任何可得出的具有一定逻辑上自洽性的解释均需要在不同程度上照顾到原始文本在思想内容层面的潜在的统一性。对上述统一性的发现，则不能不来自对《庄子》中关键概念语义内容与相关言说方式的分析，如何对前者加以现代诠释并从后者出发展现《庄子》中诸论点的证成策略，可谓现代研究的重点所在。《庄子》中具有高度原创性的哲学概念层出不穷，且以"三言"自陈其行文风格，仅再举《齐物论》为例，其既非对辩体亦非说理文，而是在混合以上两者的基础上再注入了大量的概念、隐喻与故事。战国以降，诸子行文多采用隐喻与故事作为自己思想的重要载体，虽不独《庄子》如此，但其对上述手法的运用最为典型并在思想史上留下了深刻印记，亦为我们提供了分析相关问题的最佳范例。就《齐物论》而言，古今学者虽对其思想主题与言说方式多有妙论，但对从后一方面出发对前一方面的证成机制的再分析，仍可以无可替代的方式向我们呈现庄子、道家乃至中国古典哲学说理特征中的以往未尽之意。

一　哲学阐释与哲学修辞

早有论者以为，"《齐物论》无论从思路上看还是从文气上看，都是一篇相当完整的论文，而解读它的关键，就是'吾丧我'"①，不论该文是否合乎现代人对于"论文"的想象或可别论，但其行文贯穿明确的思想主题则毫无疑问，文中"吾丧我"的说法，亦被学者广泛接受为探索上述主题的核心线索。对该说法的讨论，以往无不聚焦于"吾""我"两概念的意涵，且亦如论者所言，今人对其内容的讨论，已从语义、语用和语法层面入手②，但两者词义据《说文》并无不同，而语法或使用习惯方面的辨析，亦不足以表明其作为哲学概念的差别所在："这些差别只是倾向性的，而不是规定性的，更不是概念性的，我们决不能因为吾、我之间用法上的这些差别而认为它们已经有了概念性的分别。"③ 不过，在文本的哲学释义方面，几乎所有学者均同意，庄子的确希望通过"吾丧我"的说法表达某种理解自我问题和物我关系时的独特见解，而庄子的表达的有效性，也依然与"吾""我"两概念的哲学差异有关。"'吾丧我'提示着庄子对'吾'与'我'进行的分别，而这一分别是建立'因是因非'的超是非立场的前提。"④ 一般而言，"我"被置于一个常人化的层面，"在庄子那里，'我'是对象性关系中的存在，永远处于物我、人我、彼此、彼是、是非的对待性关系之中"⑤；而"吾"则标志着某种高层次的自我真实存在、境界或觉醒过程，"吾""我"两者或被"分疏为了具有本质性差异的存在两维：'吾'可称为'大我''真我''本真之我'，'我'则是'小我''俗我''异化之我'"，或以为"本真之'吾'并非某种先在的'主体'，而是由'丧我'之'工夫'而抵达的'境界'"。甚至"'吾'仅仅意味着存在主体的生命自觉与自省，而非玄秘的精神境界或超越的理想人格"⑥。无论主张"吾"在哲学上意味着本真的境界、人格还是自我的觉醒，该概念仍然常被认为与"我"之间存在强烈的对比，而这种对比被庄子用"丧"的概念加以表达，"吾""我"在均为古典意义上对自我的反身自指的意义上，"丧"无疑意味着某种自我存在状态的改变——虽然这种改变的结

---

① 陈静：《"吾丧我"——〈庄子·齐物论〉解读》，《哲学研究》2001 年第 5 期。

② 相关综述参见孟琢《〈庄子〉"吾丧我"思想新诠——以汉语词源学为方法》，《中国哲学史》2020 年第 5 期。

③ 陈静：《"吾丧我"——〈庄子·齐物论〉解读》，《哲学研究》2001 年第 5 期。

④ 陈静：《"吾丧我"——〈庄子·齐物论〉解读》，《哲学研究》2001 年第 5 期。

⑤ 陈静：《"吾丧我"——〈庄子·齐物论〉解读》，《哲学研究》2001 年第 5 期。

⑥ 王玉彬：《"吾丧我"：庄子的存在观念辨析》，《四川大学学报》（哲学社会科学版）2022 年第 4 期。

果是否一定意味着某个更高层次的"吾"的获得可另作别论。大概多数学者都同意，自我经过"丧"的改变，能抛弃原有的一隅之偏而与他人和万物齐同，"'丧我'的终解指向齐物我"①，最终通过对认知上的偏见和特定立场的抛弃而达到某种"天地与我并生，而万物与我为一"的"同于大通"的得道状态。也就是说，"'吾丧我'的状态不是我的不存在，而是俗我的抛却、丢弃。只有抛却俗我，才可以达到与物一体、与物合一的全然'物化'的状态"②。

纵观现有学界对庄子"吾丧我"之论哲学意义的理解，实已经达成一系列基本的共识，在思想内容方面有三。其一，无论庄子运用了何种语言技巧，此话题当中所希望讨论的对象，即人的"自我"问题大概始终是以某种方式在场的，"庄子的'丧我'，清除生命中俗世的欲望，是一种根本的减法。但他不说'丧吾'而是'丧我'，意味着作为主体的人格仍然是要存持的。在这一点上，人格的更新就如生命航船在航行中维护，它不是到船厂再造，也不能停止，而是一个自新的过程。庄子心目中的那个'吾'，依然是生命航船上的舵手"③。其二，进一步的问题在于如何对"自我"进行适当的调适，以达到某种理想的生存状态，比如通过清除欲望或摆脱认知偏见的方式，超越庄子用"我"这个词标识出的自我因混同于万物和他人之中而带有的肉体和精神上的局限性——"'我'即由'成形'与'成心'凝构而成"④。其三，这就需要以"丧"的方式去涤除"形"与"心"的局限，让自我的存在成为不断复归于道的过程甚至最终成为与道合一的"真人"，"'我'被外物裹携且陷溺于角色的序列之中，与'游'无缘，'吾'才能'游'，'吾'的'游'展示了一个自由自在的人生境界。有了这个境界，'人'就从'物'的和'角色'的存在状态中超脱出来了"⑤。当然，诚如论者所言，"吾丧我"的过程最终是否包含对于至高境界的承诺，或者说"吾"是否可被作为这种境界的先在标志，庄子并未明示，"庄子提出了'吾'，却没有告诉我们'吾'究竟'是''什么'"⑥。于是我们也可以视"吾丧我"为一开放的过

① 陈少明：《"吾丧我"：一种古典的自我观念》，《哲学研究》2014 年第 8 期。
② 罗安宪：《庄子"吾丧我"义解》，《哲学研究》2013 年第 6 期。
③ 陈少明：《"吾丧我"：一种古典的自我观念》，《哲学研究》2014 年第 8 期。
④ 陈赟：《庄子哲学的精神》，上海人民出版社 2016 年版，第 92 页。
⑤ 陈静：《"吾丧我"——〈庄子·齐物论〉解读》，《哲学研究》2001 年第 5 期。
⑥ 陈静：《"吾丧我"——〈庄子·齐物论〉解读》，《哲学研究》2001 年第 5 期。

程——"'丧我'的确可以引出某种'大我''道心'的本真存在方式，但'大我''道心'并不与'吾'对应，而是通过'吾丧我'这一观念整体呈现"①。考虑到庄子文本中"吾"这个词的模糊性，其无论在语义上还是在语法上与"我"都缺乏根本的概念性差异，认为"吾丧我"更多强调自我转化的过程而非可及的精神境界之终点或先行规定的理想人格之目标——如参照庄子对逍遥之"游"的强调和《齐物论》文本中对于"物化"的讨论——在某种程度上是合理的。对"吾"的理解存在解释细节上的差异，对于理解庄子上述思想整体构造的影响相对微弱，无论是否有足够的理由在哲学层次上把"吾""我"加以明确区分，但庄子希望借助"吾丧我"的说法提示出某种自我转化过程和潜在的更高精神境界的存在的意图是清晰可见的。②

这些对于庄子思想的诠释与证成其哲学内容的基本路径，在所有研究者中间均依赖始于文字训诂的语文学方法，这种方法为我们了解庄子"吾丧我"的话题中出现的几个基本概念无疑提供了至关重要的信息，亦从不同角度奠定了文本解释的语言文字基础，但似乎仍然未能穷尽此话题在《齐物论》中的意义。聚焦于训诂的语文学方法更多专注于对特定概念的语义探讨，但并不能在说理的层面上令人信服地揭示出这些概念与文本中其他内容的理论关系，比如"吾丧我"的段落之后何以要讨论似乎是不可言说的"天籁"、朝向本真的生存为什么会显出槁木死灰的外表、在文本的结尾处又为何安排了"蝴蝶梦"的故事等。当然，我们可以给出所有这些内容在解释上的自洽性，但对这种自洽性的说明，已经不再直接地基于围绕孤立概念或语词的语文学知识了。建立概念、话题或思想之间理论关系的努力以往有被归结于寻找狭义的逻辑关系的倾向，即哲学讨论所展示的说理方式总被认为是分析性（analytic）的，但现在我们已经知道，思维过程并不唯一地依赖狭义的逻辑分析而运作，打比方、讲故事的方式同样在深层意义上具有构造思想、推演话题的力量，也就是说，说理与论证的活动同样可以借助"哲学修辞"的方式展

---

① 王玉彬：《"吾丧我"：庄子的存在观念辨析》，《四川大学学报》（哲学社会科学版）2022 年第 4 期。

② 笔者以往对庄子的讨论中，未能明确区分得道的状态与得道的工夫（参见匡钊《先秦道家的心论与心术》，中国社会科学出版社 2021 年版，第 90—114 页），在细节上的思考有所不足。《庄子》中虽不乏对于"古之真人"等得道者终极形象的描述，但"吾丧我"的主题更偏重于对某种工夫论意义上的超越常人状态的过程的描述而非对道的可及性的承诺。

开。我们称之为哲学修辞的，就是运用概念隐喻、意象类比或叙事形式等以往被认为仅仅用来美化或修饰文本，或仅在哲学论述中起到举例或强化观点作用的语言形式来完成建立围绕特定的系列观点的思想上的统一性之任务的表达方式。这种方式在人类思维过程中占的比重或许不比演绎性思考更低，但在西方传统中长期未曾得到充分考虑，反观中国的思想传统，演绎性的方式从来未曾得到充分发展，而这或许正好为哲学修辞的发展留下了相对充足的空间，并为我们提供了更多考虑哲学修辞对于论证或说理之意义的契机。与狭义的演绎分析相比，对哲学修辞的关注是补充性的，尤其在处理中国哲学素材的时候，有可能让我们将更多以往被忽视的东西纳入思考；与传统的语文学方法相比，对哲学修辞的讨论则是拓展性的，让我们有机会从关于个别概念的语文学知识出发，进一步从隐喻、类比或叙事的角度去探索相关概念间关系的自洽性。

回到《齐物论》的文本，前述若干理解上在哲学层面的基本共识的获得，可进而从文本中隐喻运用的角度加以证成，对于"吾丧我"中作为调适对象的"自我"，庄子原文利用了若干重要隐喻来揭示其内容。

二 "吾""我"的语文学解释

庄子对于"吾丧我"之"我"的态度，大概是最为明确的，而现代研究中对其在哲学上的解释，首先均基于一些周知的基本语文学知识展开。《说文》云："我，施身自谓也。"段玉裁注："不但云自谓而云施身自谓者，取施与我占为叠韵。施读施舍之施。谓用己厕于众中，而自称则为我也。"也就是说，"'我'是于人群之中，而自谓之称也"①。由此语义解释可以合理地推测，庄子正是利用"我"的这种基本意义，强调"我"是混同于众人的、常人的自我，必定成为转化与调适的对象。这样的自我，总是与他人相对的，这亦可从用法的角度加以观察："对胡适的例子重新观察，便可发现，'我'的用法确是'因人而言'，即相对于非我（你或他）的存在而说的。……作为宾语的'我'自然是伴随主语所示的非我而在场的。……所谓'我'因被

① 罗安宪：《庄子"吾丧我"义解》，《哲学研究》2013 年第 6 期。

强调而用作主语的例句中，'人皆有兄弟，我独无'是人、我的比较，'尔爱其羊，我爱其礼'是尔、我的比较，'我则异于是'与'我则不暇'则又相对于被谈论者而言。它们同样是与非我相比较条件下'我'的表达。"① 这些语文学知识均指向对"我"的特定地位的解释，"《齐物论》云：'我与若与人俱不能相知。'尽管这是一个否定性的说法，却说明了'我'必然居处于由'若'（'你'）与'人'（'他'）所构成的'他者'之中，立身于'我'与'彼'构成的'社会—人间'境域之中，此即所谓'有人之形，故群于人'。《齐物论》又云：'天地与我并生，而万物与我为一。'暂不论此句是否为庄子之齐物境界的准确表达，单就其词句推敲，可知'我'是立身于天地之间、万物之中的，'天地—万物'构成了'我'生存其中的'自然—空间'"②。

如果"我"的意义能这样大体被确定下来，"吾"则很难加以如此明确的定位。虽然有学者主张，"对比之下，'吾'只是'就己而言'，即单纯的自我表达，并不必然牵涉与他者的关联"③，但如前所述，其哲学内容则是有待进一步确定的。为破解上述问题，亦有论者进一步引入了"词源学方法"对"吾""我"之间的可能出现在语义深层上的差别进行了分析，"我"隐含着某种"倾斜"的意味，而庄子或许尝试用它的这层意思来表达"我"在与他人或万物的相对关系中总占据某种带有认知上"偏见"的"一隅"之地，"吾"则在词源上隐含与他人和万物平等"相遇"的意思，而"'丧'与'亡'是理性的游离与排遣，是精神的'不在场'状态，也就是'我'的退场"。"'忘'作为标记的去除，也就意味着'知'的退场。"④

由这些讨论可见，"我"在与万物和他人相对的意义上可能带有类似于后者的一隅之偏或为庄子所暗示，同时庄子亦主张一种对此"我"的调适与改造，比如偏见之知的退场与混同于常人状态的放弃，但围绕"吾"的语文学知识是否一定主张其可被作为真实的理想自我之标志，并同时具备特定的哲学内容，则是存疑的，有可能是诠释者们放大了一个语法上的自然差异而赋

① 陈少明：《"吾丧我"：一种古典的自我观念》，《哲学研究》2014 年第 8 期。

② 王玉彬：《"吾丧我"：庄子的存在观念辨析》，《四川大学学报》（哲学社会科学版）2022 年第 4 期。

③ 陈少明：《"吾丧我"：一种古典的自我观念》，《哲学研究》2014 年第 8 期。

④ 孟琢：《〈庄子〉"吾丧我"思想新诠——以汉语词源学为方法》，《中国哲学史》2020 年第 5 期。

予其过度的哲学意义。如前所述，仅从语义或语用的角度切入，不足以支持"吾""我"间存在概念上的根本差异，从方法上看，对这两个语词意义或使用的归纳，来自对早期文献中其一般用法的总结，但这并不足以保证庄子在使用这两个语词的时候，就一定遵循其一般的用法，或者说庄子如果尝试赋予这两个语词特定的概念化意义，那么这种意义可能与其原有的一般用法之间存在这样或那样的关系，但未必直接就从属于其原有一般用法的局限。如果认为庄子在哲学上将"吾""我"两个词作为特定的术语加以运用，那么其在《庄子》文本中的术语意义完全可以溢出其原有可归纳的一般用法之内容范围。当然，即使庄子言"吾""我"采取了新的术语化的用法，其语义内容也一定与其一般用法存在联系，毕竟不存在一种"个人语言"，或者说上述联系的丧失将使庄子的文本变得不可读。那么，对以上联系的探索可依据什么样的途径展开呢？基于个别语词训诂的传统语文学知识实际并未对此给出直接的答案。就"我"而言，庄子或欲强调其在与他人和万物相对的意义上亦包含着某种一曲之偏颇，而这层意思并不能由"我"的一般用法，即众人中的自谓直接得出，何以当"我"混同于他人和万物之际便会出现这偏颇，不属于直接可见的语义内容。我们认为庄子在论"我"的时候具有这层意味在内的判断，实际上来自由文本中其他内容得出的庄子认为他人与万物都在现实中陷入相对的局限的主张，如《齐物论》中所讨论的"小大""彼是"之辩，其主题便涉及他人与万物之立场的相对性，这些立场局限于自身视角的自以为是，无法正确感知、理解或评判其他立场的是非曲直。认为庄子主张，"我"在混同于他人和万物的意义上，同样亦难免逃避这种相对立场的局限，陷溺其中而难以自拔是合理的，而这种合理实际上源于对"我"的语文学知识和庄子对于常人意义上的他人和万物在相对立场上总无法摆脱其有限性的观点的综合。对于庄子之言"我"的上述综合性理解，恰表明了庄子在将其作为哲学术语运用的时候，所注入的新见解何在——超出"我"原有的可归纳的语义和语用内容的东西，即其相对于他人和万物之立场视角所带有的偏颇与局限。词源学的讨论，为庄子之言"我"的哲学意义提供了更具启发性的语文学参考，这种讨论不再局限于个别语词在特定语境中的语义或用法，而深入由一组同源字所提供的隐性意义当中，"我"所隐含的"倾斜"意义围绕自己形成了一个重力中心，人陷溺于这种倾斜状态而产生认知上的偏见并处于和万物的不均衡的对立当中。① 这个对"我"的词源学讨论与一般认为的庄子主张"我"所具有的那种偏于一隅的局限性形成呼应，而庄子注入"我"这个词在其文本中的术语化用法里的新内容之所以是可接受的，将他所揭示的通常意义上的他人与万物的一曲之局限与"我"在众人中的自谓结合起来，不仅是由于庄子对于"小大""彼是"之相对性的阐述亦可被推广到被镶嵌在他人与万物的链条之中的"我"，更是因为"我"在词源上隐含的"倾斜"意义已经预设了其认知立场与视角的偏颇，甚至可以认为，庄子对于"我"的局限性的哲学揭示之所以被视为正当，恰是由于词源学上揭示的"我"的隐含意义为上述推广铺平了道路——"我"在与他人和万物同样的存在处境中都是有局限的，而这种类比或推演的有效性与其词源上的隐含意义密切相关，"倾斜"的意象已经标示出一个以自我为中心的有局限的场域。我们可以猜测，这里词源学的讨论之所以卓有成效，实际上是因为通过对一组同源词之间共同语义要素的提取，揭示了索绪尔意义上的词语之间的"联想关系"，而这种对语词隐含意义的发现，完全工作在基于线性的句段关系之上的分析演绎性的研究维度之外。

如果我们认为对于庄子所言常人之"我"的语文学讨论及相关的哲学解释已经得到了理由充分的说明，那么如前所述，有关"吾"字的释义，却并不那么明确。正如学者们已经注意到的，对于这个词从语义或语用的角度加以考察，实际上并不能直接发现其与"我"在概念上的分别。从词源学的角度展开的讨论使问题更为深入，成功提取了"吾"所隐含的"相遇"义，但这种"相遇"何以便是均衡或平等的，则仍然有待额外的哲学阐释②，也就是说，需要预设在相遇之际作为主体的自我已可以过"丧"或"忘"摆脱了原有偏狭性，如此才能以一种无所待的、非主观的方式看待他人与万物。这也就是将"吾"视为得道真人的标志，而"吾丧我"也不仅是一个开放的工夫论过程，但如前所述，由于庄子本人对"吾"的使用上的模糊性——他并未明示"吾"应该如何理解，不同的学者对其是否可被直接视为达成至高境界之真人的代称存在不同看法，而尝试摆脱"倾斜"的"相遇"过程是否一

---

① 参见孟琢《〈庄子〉"吾丧我"思想新诠——以汉语词源学为方法》，《中国哲学史》2020年第5期。

② 参见孟琢《〈庄子〉"吾丧我"思想新诠——以汉语词源学为方法》，《中国哲学史》2020年第5期。

定能够获得均衡与平等也难以骤然断定。如果认为庄子的观点在于使"吾"与他人和万物的"相遇"或相对以均衡平等的方式超越并区别于"我"居于众人之中的一隅之偏，获得这种认识仍然需要综合来自词源学的语文学知识和《庄子》文本中其他地方出现的对于"无待""相忘"或"真人"的哲学思考——"倾斜"的状态就其自身而言就是偏颇的，但"相遇"为什么一定是均衡平等则需要额外的理由。或者说，对于"吾"从词源学角度进行的隐含意义的发掘，并未如类似的对"我"的操作那样，能为概念哲学意义的出场提供背书的效力，我们可以认为庄子主张在经历了"吾丧我"的过程之后，自我将呈现为得道的真我，但这个自我或许不必然以庄子所言"吾"为标志，而我们如何可以明确地得出这一点，也仍然需要现有各种语文学知识之外的辅助。

三 "吹万"与"物化"：隐喻中的自我

"吾丧我"若被视为贯穿《齐物论》的使文本具有整体的统一性的核心话题，"《齐物论》以南郭子綦'吾丧我'始，而以庄子化蝶为终。始与终不仅首尾照应，而且化蝶正是'吾丧我'的真实写照"①，则前文中讨论的各种使之可理解的观点，均为现代学术对古典思想的回溯性研究，即使是从语文学角度出发的讨论也依然如此，是我们而非庄子本人尝试从这个角度去厘清思想的链条，但这不意味着，《庄子》原文本当中，就不包含其他完成其统一性的策略。庄子作为哲学修辞的大师，以运用隐喻的方式，使从"吾丧我"到"蝴蝶梦"的所有叙述变得连贯起来。尤其重要的是，隐喻或许被庄子及其后学明确地意识到具有论证或申明自己观点的力量，如《庄子》对"寓言"的表述所示，庄子采取哲学修辞的方式绝非出于无意，而这与他或许是无意识地调用了"我"所隐含的语文学知识"倾斜"并不相同。

从隐喻的角度重新考虑"吾丧我"的意义是如何被揭示出来的，我们遇到的第一个话题就是所谓"三籁"，对于此话题的隐喻意义及其对"吾丧我"问题的支持作用，已经有论者加以申说："'吾丧我'之后，庄子旋即提出

---

① 罗安宪：《庄子"吾丧我"义解》，《哲学研究》2013 年第 6 期。

'三籁说'，在三籁的发展脉络中探讨'成心'与'成形'的生成机制，这是对'我'的进一步说解。从'大块噫气'到万窍之声，再到人为的丝竹管弦，'三籁'展现出由整体走向判分的、心与物共通的生成框架。其中，'大块'是宇宙混沌之象，'噫气'象征造化流行，'天籁'既是生成万物的本体之'道'，也是作为各种精神现象的内在依据的'真心'。天籁吹过不同窍穴，奏响地籁的'万窍怒号'，喻指多样性的存在样态与精神形态。到了人籁，'比竹'是对自然的仿效与规范，代表后天的执取、分别与是非。"① 这里对个别概念间通过隐喻关系建立起来的对应关系的分疏大体都是可接受的，大地之声与人声显然都是对有限之"我"的刻画，"天籁"则喻指决定着"我"的那种至高的力量——"道"，但在这些基本的概念间的对应关系之上，"三籁"的隐喻还存在一个结构性的维度，也就是说，使"大块噫气"的"吹万"之风与因此而作响的"众窍"和"比竹"（风动万窍，而人为之声不过是对此的模拟）亦存在一种对应关系，而这种关系也通过"三籁"的隐喻被投射到"吾丧我"的话题当中，且这种结构性关系实际上确立了《齐物论》中最核心的对比关系：道与差异纷繁的万物以及源于这种差异性的常人的偏见之间的对比。如经典的隐喻研究所表明的，在简单的基于物理概念的隐喻之外，"结构隐喻……为我们扩展其意义提供了最丰富的资源……让我们以一个高度结构化的清晰界定的概念来建构另一个概念"② 。"三籁"以及《齐物论》中几个高度相关的隐喻，都属于这样的结构隐喻，其内容关乎概念之间"高度结构化"的关系模式。从这个角度来看，"吾丧我"的话题中最根本的对比并不存在于"吾""我"之间，或者说这两个语词之间的确缺乏概念上的分别，而事实上现有的所有围绕这个语词之意义本身所展开的研究与讨论也都未能充分穷尽此话题的曲折隐微。如果认为"三籁"的隐喻是对"吾丧我"话题的发展与补充性说明，那么前者中通过"吹万"与"众窍""比竹"的对照展示出的结构隐喻是为了揭示广义上的道—物关系，而这个关系结构在"吾丧我"话题中的投射，则表明真正值得高度关注的对比将出现在道—我关系中。后一种关系在现代的庄子诠释中被不断以各种方式提及，

---

① 孟琢：《〈庄子〉"吾丧我"思想新诠——以汉语词源学为方法》，《中国哲学史》2020 年第5 期。

② ［美］乔治·莱考夫、［美］马克·约翰逊：《我们赖以生存的隐喻》，何文忠译，浙江大学出版社 2015 年版，第 61 页。

"道"几乎是所有解释中必然出现的潜台词，但在文本细节上其对于理解"吾丧我"的问题的不可或缺性则大概仅出于对庄子思想的哲学推论——"吾"以何种方式与"道"关联在一起，成为得道"真人"或至高精神境界的标志，或者"吾丧我"的过程何以成为复归于道的工夫，均既不来自该段文本的明确内容，也不能由关于其直接的语文学知识完整得出。从语文学知识的角度，虽然能向我们提出概念所应有的厚度——对某个词语义或用法的归纳与其作为哲学术语所蕴含内容之间关系的反思，乃至对其词源学上隐含意义要素的提取，都在向我们揭示哲学概念的复杂性，但是这种考察尚未将概念间的关系构造纳入其中，从结构隐喻的角度则可将"吾丧我"中潜在的道—我关系凸显并剥离出来，更可见到庄子对此问题思考的参照域。

在"三籁"的结构隐喻中，"众窍"与"比竹"属于有形迹的、有限的、可感知的，其众声喧哗亦如种种彼是无定的一隅之偏见，而"吹万"的力量本身却是无声无象的，"天籁"与"地籁"和"人籁"相比是超听觉的，在庄子的叙事中实际并未直接出场（"怒者其谁邪？"）而只能从"众窍""比竹"对风吹的反馈中加以推想，但却从本源上控制着一切可听到的声音；与此结构类似，常人之"我"也是受困于有形、局限于知觉，而使"我"如此这般的那种超然的力量却同样并未在"吾丧我"的言说中现身。在这个概念结构中不可见的力量与可见的、有限的万物与常人之"我"形成对照，如可将其视为"吾丧我"中出现的第一层意思，则这层意思恰是通过"三籁"的隐喻来建构的。

行文至此，庄子仍未明示那种"吹万"而无声的力量是什么，"三籁"后文出现的对于大小、彼是的讨论，可谓对万物与相应的认知局限这个话题的进一步发展，而在这个发展中，"道"这个核心术语通过另一个隐喻——"道枢"——的运用而登场了："枢始得其环中，以应无穷。"枢是控制门之开合的轴，是使门随意转动而自己不动的关键点——缺少枢，门之为物的功能就消失了，这正如道是制约万物的关键。这个概念构造，亦通过"环中"的隐喻得到强化。"环中"也是一个结构隐喻，利用圆心与圆形的关系来传达道与万物的关系，圆心是不可见的空无，但正由于此空无的存在才能据此画出实有的圆形。郭象注："环中，空矣，今以是非为环而得其中者，无是无非也。""环中"相对于圆环是超越的、不可感知的控制者，如果站在"环中"的角度，呈现在圆环上的那些各执一偏的万物之是非都是没有意义的，是各自局限而不能见道的状态。这个关系结构正如"吹万"的力量相对于"众窍"，而其中隐含的意思也由以上两个结构隐喻之间的联系而得到传递，并进一步投射到"吾丧我"的话题当中，明确使道与"我"形成对比和控制的关系，而在这种关系构造中，有限的"我"显然是无价值的，只有道才是真正有意义的对象——这或许可被视为"吾丧我"可传达的第二层意思，恰如王夫之所言："贱物之论，而知其所自生，不出于环中而特分其一隅，则物无非我，而我不足以立。"①

那么，"吾"能否因此被视为道或真人得道状态的标志呢？如前所述，现代研究者对此有不同看法，笔者倾向于认为"吾"并不能被直接视为得道真人的标志，或某个先行与道合一的主体，正如道作为无法言说的对象只是我们反思自身存在与感知的有限性的参照，而所谓与道合一的至人境界是否可以达到无论《齐物论》还是前面的《逍遥游》实际上并无明示，庄子只是肯定，当我们努力超出"我"与物的局限，就已经开始摆脱常人的相对性的束缚走向逍遥了，但最终是否一定会获得"环中"或"道枢"的视角却是未知的，后者只是潜在的工夫论的承诺。庄子通过"吾丧我"的话题给出了改变自我的工夫与努力的方向，而并非尝试将不可言说的"无"正面展示出来，也就是说，"吾丧我"应被视为连续的自我转化过程的隐喻，而不是对道或得道境界的比拟。在这个意义上，"吾""我"总需要被联系起来看，而这正与《齐物论》中最后一个隐喻形成了呼应。"庄周梦蝶以寓言的方式隐喻'吾'、'我'状态，并对开篇的'吾丧我'作出呼应。"②

解释梦蝶隐喻的核心在于把握其欲加以构建的概念：物化，而非"梦"或"蝴蝶"的意象，作为对"吾丧我"过程的隐喻表达，梦蝶仍然是结构隐喻，与"三籁"和"道枢—环中"的隐喻在修辞的层面上构成了思想的连续性。庄周与蝴蝶作为主体意识存在的不同状态，都是有局限和偏见的，并不能通过相互的比照断定哪一个更真实，但文中"必有分"的说法，实际上预设了一个不可见的超越性全知视角的在场——这无疑是道的立场。这里的隐喻的结构与"环中"是相同的，知"必有分"的立场相当于"环中"的空无，而庄周与蝴蝶，正与圆环上那些各分一隅的万物之是非一样，都受困于

---

① （明）王夫之：《庄子解》，王孝鱼点校，中华书局1964年版，第11页。
② 陈静：《"吾丧我"——〈庄子·齐物论〉解读》，《哲学研究》2001年第5期。

自身的有限性。但当庄子意识到主体的视角可能在不同的梦觉状态中在庄周与蝴蝶之间切换变化，并因此而自觉地反思作为庄周或蝴蝶的意识局限时，基于对"物化"的发现而展开的摆脱偏见、朝向理想中"道"的自我解放的转化就开始了①，而这也是《齐物论》中通过隐喻的连锁回溯到"吾丧我"而希望传达的第三层意思。在不断超出"我"的束缚的过程中，"吾"也许只是物化的圆环上的另一个点，或许也同样是在这种意义上，"吾"与圆环上其余的点"相遇"，而它们的平等之处则在于其都具有的均质的有限性。但这并不影响主体对于"我"的这种一隅之曲的发现，基于这种发现，便可以开始一种以"丧我"的方式展开的摆脱原有局限的努力，而这种努力将不断地复归于不可感知，但却被庄子认定为总是以超越的姿态存在着的"道"。

可以说《齐物论》的核心意思就是通过以"吾丧我"为引导的一系列相互关联的结构隐喻而敷衍而成的，而"三籁""环中"与"梦蝶"为层层揭示这种意思提供了建构思想的说理力量。从这个角度，我们可视"吾丧我"话题的展开为中国哲学中通过哲学修辞的手段来表达理论意图的经典范例，庄子在道与常人之"我"的对比中揭示自我的应有状态，即在不断转化的过程中摆脱有限性的束缚而复归于道——这种或许是现代研究视野中的理论共识，如果需要一个完整的证据链来确立其文本诠释上的合理性，那么在以往语文学知识所提供的素材之上，对隐喻问题的思考或许能为此提供最后一块缺失的拼图。

---

① 有关"物化"与自我转化的详细讨论，参见匡钊《先秦道家的心论与心术》，第 99—114 页。

目　录

下　册

庄子与神仙家行气派之渊源关系考论*

李 凯

摘 要　《庄子》内篇的"仰天而嘘""听之以气""真人之息以踵"等文字可证庄子谙熟行气，"吸风饮露"之说又可证庄子所谙熟之行气属于神仙方术；不过，这并不意味着庄子创造了行气，并将其作为成仙之术，进而影响了神仙家，从《庄子》文本及其内在逻辑来看，唯一的可能是神仙家影响了庄子；尽管没有其他史料可以直接证明这一观点，但据佚《归藏》所载嫦娥奔月仙话以及《史记》所载齐威王派人入海求仙等材料，可知在庄子之前，神仙信仰和神仙方术就已经存在了。有关文献可证，王乔、赤松、陵阳子明等以行气而著称的神仙均出自楚文化系统，而庄子又熟悉楚文化，以此推之，庄子所谙熟之行气源于楚地神仙家；进一步考证可知，庄子所熟知之彭祖亦擅行气，亦为楚人所推崇之神仙，以此推之，庄子所谙熟之行气源于传说中的彭祖。

关 键 词　庄子；神仙家；行气；楚；彭祖

作者简介　李凯，男，西南大学哲学系副教授，硕士生导师，研究方向主要为战国中期哲学，尤其是孟子哲学和庄子哲学。

---

* 本文原载《中国哲学史》2022 年第 2 期。

对于庄子思想前源的探讨，古已有之，近世尤甚。庄子对老子思想之传续、儒学于庄子之熏染乃至庄子所受巫文化之影响均已得到充分论述，唯独庄子浸润于神仙信仰氛围之情况至今未见深入研究。究其原因，主要是在庄子所处的战国中期以前，罕有记载神仙信仰的史料。尽管以今人眼光观之，庄书中不乏神仙信仰之痕迹，如遍及《庄子》内、外杂篇的仙话，但由于史料不足，这些痕迹究竟是庄子受学于神仙家之结果，还是由庄子首创，进而陶化了后世的神仙家，便难以论定。对于庄子与神仙家之纠葛，最切近实际的判断是蒙文通先生在《晚周仙道分三派考》一文中提出的"庄生所论为行气而主王乔"①。观蒙文可知，"庄生所论"特指其前文所引《庄子·刻意》篇"吹呴呼吸，吐故纳新"；行气是以意念引领呼吸之气在体内运行的养生之术；"主"为依循之意，同类用法如清人江藩称"隋唐专主王弼而汉晋诸儒之注皆亡"②，近人钱穆称"朱子兼采道家义，而更主孔孟"③；王乔是传说中擅长行气的神仙。综上，蒙先生认为，庄子所提到的"吹呴呼吸，吐故纳新"属于行气活动，行气的具体方法依循王乔。蒙先生此说指明了庄子与神仙家行气派之渊源关系，惜乎论据不足。其论据不足之处有三。其一，《刻意》属《庄子》外篇，依目前学界通论，《庄子》内篇出自庄子本人之手，外杂篇为庄子后学所作，因此，若依现行标准，《刻意》篇的文字尚不足以说明庄子本人的思想。其二，最早明确记载行气的史料《行气玉铭》的形成年代尚存争议，既有郭沫若的战国初年说，又有陈邦怀的战国后期说，以此观之，行气产生于庄子之前的证据不够显明，进而言之，庄子从神仙家行气派那里学到了行气的观点似乎难以服人。其三，《庄子》全书未见王乔之名，王乔其名其事最早见于《楚辞·远游》，而《远游》作者是否是屈原尚存争议，即使《远游》为屈原所作，那《远游》也只是战国后期的作品，王乔其名其事能否为战国中期的庄子所知仍须存疑。有鉴于此，笔者将主要依托《庄子》内篇的材料讨论庄子与神仙家的关系，以补足蒙先生论据的缺失，并修正蒙先

---

① 蒙文通：《蒙文通文集》第一卷，巴蜀书社 1987 年版，第 338 页。
② （清）方东树撰：《汉学商兑》，虞思徵校点，上海古籍出版社 2018 年版，第 151 页。
③ 钱穆：《钱宾四先生全集》，台北：联经出版事业公司 1998 年版，第 10 册，第 129 页。

生的观点。概而言之，这一修正后的观点是庄生所论为行气而主彭祖。

一 庄子对行气之谙熟

鉴于庄子之前的行气史料极端匮乏，笔者只能将《庄子》内篇的有关文字与《行气玉铭》乃至更晚的行气文献互相参看，以证在庄子之时即使无"行气"之名，但庄子必定谙熟行气之实。《庄子》内篇隐含着大量庄子谙熟行气之痕迹，兹仅列举最有代表性的三例。

其一，《齐物论》篇的"仰天而嘘"。《齐物论》开篇说道："南郭子綦隐机而坐，仰天而嘘，荅焉似丧其耦。颜成子游立侍乎前，曰：'何居乎？形固可使如槁木，而心固可使如死灰乎？今之隐机者，非昔之隐机者也。'"其中的"仰天而嘘"是行气的典型意象。"嘘"是《刻意》篇"吹呴呼吸"中"呴"之通假字，《玉篇》曰："呴，亦嘘，吹之也。"① 《汉书·王褒传》有"呴嘘呼吸如侨、松"② 之说，颜师古注曰，"呴、嘘皆张口出气也"③，"侨、松"即王乔、赤松，传说中擅长行气的神仙，可见，嘘就是以口缓缓吐气，而这正是行气之常见外在表现。《抱朴子》载："初学行气，鼻中引气而闭之，阴以心数至一百二十，乃以口微吐之。"④ 《云笈七签》曰："凡行气以鼻内气，以口吐气。"⑤ "以鼻内气"的做法与众人无异，而"以口吐气"则是行气者明显异于众人之处，庄子用"仰天而嘘"刻画南郭子綦，也就暗示了南郭子綦的行气者身份。至于南郭子綦在"以口吐气"的同时为何要仰面朝天，参考后世的《陵阳子明经》佚说——"春食朝霞；朝霞，日始欲出赤黄气也。秋食沦阴；沦阴者，日没以后赤黄气也。冬饮沆瀣；沆瀣者，北方夜半气也。夏食正阳；正阳者，南方日中气也。并天地玄黄之气，是为六气也"⑥。可知

---

① （梁）顾野王：《大广益会玉篇》，中华书局 1987 年版，第 26 页。

② （汉）班固撰，（清）王先谦补注：《汉书补注》，上海师范大学古籍整理研究所整理，上海古籍出版社 2008 年版，第 4486 页。

③ （汉）班固撰，（清）王先谦补注：《汉书补注》，上海师范大学古籍整理研究所整理，第 4487 页。

④ 王明：《抱朴子内篇校释》（增订本），中华书局 1985 年版，第 149 页。

⑤ （宋）张君房编：《云笈七签》，李永晟点校，中华书局 2003 年版，第 726 页。

⑥ 崔富章、李大明主编：《楚辞集校集释》，湖北教育出版社 2003 年版，第 1926 页。

在行气者的观念中，其所吐纳之气采自天空中的朝霞、晚霞、露气、太阳、天玄、地黄，既然如此，仰面朝天显然更便于摄取之。以此观之，"仰天而嘘"的完整意涵就略近于闻一多先生对"食六气法"所作的概括，"对着太阳或天空行深呼吸，以'吐故纳新'"①。

其二，《人间世》篇的"听之以气"。"听之以气"见于"孔子"与"颜回"的一则对话。《人间世》载："回曰：'敢问心斋。'仲尼曰：'若一志，无听之以耳而听之以心，无听之以心而听之以气！耳止于听，心止于符。气也者，虚而待物者也。唯道集虚。虚者，心斋也。'""听之以气"与"听之以耳""听之以心"并列，而耳与心均为人体器官，以此推之，气也应当与人体有关。与人体有关的气分两类、三种。一类是精神之气，如《孟子·公孙丑上》："我善养吾浩然之气。"另一类是物质之气，物质之气又分两种：一种是构成人体的基本物质和生命能量，如《国语·周语中》"五味实气"；另一种就是呼吸之气。"听之以气"的气不应是精神之气，因为精神之气仍然属于心的范畴，如果气指精神之气，那么，"听之以气"就不免与"听之以心"重复。"听之以气"的气也不应是构成人体的基本物质和生命能量，因为这一涵义的气并不符合"气也者，虚而待物者"的特点。在时人的观念中，构成人体的基本物质和生命能量至少包含着呼吸之气和血液，《黄帝内经》云，"人之所有者，血与气耳"②，就反映了这一观念。进出人体的呼吸之气其实是占据空间的，但因其无形无象，庄子未必能意识到这一点；而血液有形有象，明显占据空间，庄子不太可能谓之"虚而待物"。综上可知，"听之以气"的气应为呼吸之气。"听之以耳"的听显系听之本义，即用耳朵感受声音，"听之以心""听之以气"的听当然不可能指用耳朵感受声音，但均可引申为感受之意，"听之以气"即以呼吸之气感受"之"。"听之以气"的之与"听之以耳""听之以心"的之出现在同一位置，应当指代同一事物。"孔子"提醒"颜回""无听之以耳"，说明这一事物原本可以"听之以耳"，换言之，这一事物能够发出声音。既能发出声音，又能用心灵感受，甚至能用呼吸之气感受，这一事物应当就是呼吸之气本身。进而言之，"无听之以耳而听之以心"指不要用耳朵感受呼吸的声音，而只是用心关注呼吸之气，"无听之以心

---

① 闻一多：《闻一多全集（一）》，生活·读书·新知三联书店1982年版，第165页。
② 姚春鹏译注：《黄帝内经》，中华书局2010年版，第491页。

而听之以气"指用心关注呼吸之气既久，人便能消弭自我——"未始有回"（《庄子·人间世》），融入呼吸之中，只知有呼吸之气。从现有史料来看，在庄子前后，关注呼吸之气的修养工夫只有行气。行气时，人需以意念引领呼吸之气在体内运行，其中自然包含着对呼吸之气的关注。因此，"听之以气"也应当暗指行气。

其三，《大宗师》篇的"真人之息以踵"。《大宗师》开篇对真人的精神状态有诸多描绘，其中提到"古之真人，其寝不梦，其觉无忧，其食不甘，其息深深。真人之息以踵，众人之息以喉"。这里的息与寝、觉、食等生理现象并列，指人体之呼吸殆无可疑；《应帝王》篇有所谓"人皆有七窍以视听食息"，息字的用法正与"古之真人"一段相同。对于"真人之息以踵"，主要有两种解释：一种认为"真人之息以踵"之说夸大其词，气息至多只能下达气海，即下丹田，踵息其实就是腹式呼吸法；另一种认为"踵"实指足底涌泉穴，踵息是一种以意念引领气息下达足底的呼吸法。前者如罗勉道，"息之深者，如藏于足；息之浅者，如出于喉。其实气海为息之根蒂"①，后者如宣颖："呼吸通于涌泉。"② 尽管学界在对踵息的解释上莫衷一是，但有两点可以肯定：一是踵息是一种异于众人的呼吸法，这一点从"真人之息以踵"与"众人之息以喉"的对比上就可以看出；二是踵息异于众人呼吸之处在于这种呼吸更加深长，这一点从"其息深深"上就可以看出。《行气玉铭》有谓，"行气，深则蓄，蓄则伸，伸则下"③，《行气玉铭》总共45个字，其中11个字用于描述使呼吸深长的方法，可见，较之众人的呼吸更加深长，这正是行气的主要特点。此外，《应帝王》篇有"机发于踵"之说，这里的"机"指"一线生机"④，"机发于踵"意为一线生机自"踵"升起。《大宗师》篇把踵视为气息下达之处，而《应帝王》篇把踵视为生机升起之处，两相对比可知，踵息当与养生有关。既符合行气的主要特点，又与养生有关，由此可知，"真人之息以踵"堪为庄子谙熟行气之一证。

除了上述三个案例，《逍遥游》篇的"御六气之辩"与《应帝王》篇的"合气于漠"亦可佐证庄子对行气之谙熟，但限于篇幅，兹不详述。

---

① （南宋）罗勉道撰：《南华真经循本》，李波点校，中华书局2016年版，第91页。
② （清）宣颖撰：《南华经解》，曹础基校点，广东人民出版社2008年版，第49页。
③ 郭沫若：《古代文字之辩证的发展》，《考古》1972年第3期。
④ 陈鼓应注译：《庄子今注今译（最新修订版）》，商务印书馆2007年版，第263页。

二　庄子所谙熟之行气源于神仙家

在《庄子》内篇中，行气的痕迹也见载于仙话，这一情况表明，庄子所谙熟之行气与神仙信仰有着密切的关联。《逍遥游》篇的藐姑射神人的寓言就是记录着行气痕迹的仙话。之所以判定这则寓言是仙话，并不是因为藐姑射神人能够"乘云气，御飞龙"，具有异于常人的本领。异于常人者未必是仙，也可以是神，因此，若仅据异于常人这一点而论，藐姑射神人的寓言也可以被解读为神话。神话早于仙话产生，指描写神的故事，而仙话则是描写仙的故事。在中国文化的语境中，神与仙的区别在于，神是天生的不死者，如伏羲、女娲，凡人无法企及，而仙则是凡人通过某种技术修炼而成的。判定藐姑射神人的寓言是仙话的关键，就在于这则寓言暗示了必死之人可以蜕变为不死之仙。首先，庄子说"之人也，物莫之伤，大浸稽天而不溺"，这表明藐姑射神人是一位不死者。其次，庄子提出，藐姑射神人的生存状态并非"不近'人'情"，亦即并非不符合"人"的实际情形，这就间接地表明，藐姑射神人的生存状态是凡人可以企及的，换言之，凡人通过某种手段，也可以成为藐姑射神人这样的不死者。综上可知，藐姑射神人的寓言具备了仙话的特质。在这则仙话中，庄子提到，藐姑射神人"不食五谷，吸风饮露"。"不食五谷"之说亦见于《列子·黄帝》《淮南子·人间训》，在《吕氏春秋·必己》中作"不食谷实"，"吸风饮露"之说亦见于《列子·黄帝》，在《吕氏春秋·求人》中作"饮露吸气"。依笔者愚见，"不食五谷""不食谷实"指辟谷，一种断除五谷杂粮的养生之术，而"吸风饮露"或"饮露吸气"则指行气，合而言之，"不食五谷，吸风饮露"指辟谷辅以行气。在汉代，辟谷辅以行气已经是一种常见的养生之术，马王堆出土的《却谷食气》篇对这种养生之术作了详细的介绍。《庄子》《列子》《吕氏春秋》则仅仅提到"不食五谷，吸风饮露"，而没有对其作详细介绍；而且，在庄子之前，还没有关于辟谷的明确记载。因此，"不食五谷，吸风饮露"是否是辟谷辅以行气似乎难以论定。不过，《庄子》和《列子》都将"不食五谷"视作"神人"的生活习性，而《吕氏春秋》则将"不食谷实"视作传说中善于养生的鲁国人单豹"全其生，尽其年"的手段，这就表明，在时人的心目中，"不食五谷"具有延长人的寿命，甚至使人寿命无穷的功能。后世的辟谷之术也要求人"不食五谷"，也以延长人的寿命为目的，所以，庄子等人所谓"不食五谷"即使在当时不被称作"辟谷"，其实质内容也与后世的辟谷之术无异。《庄子》和《列子》都将"吸风饮露"与"不食五谷"并提，可见在庄子等人看来，"吸风饮露"也具有延长人的寿命的功能。风是流动的空气，"吸风"自然就是吸入空气。不论从《行气玉铭》还是后世的文献来看，以养生为目的而吸入空气的行为都只能属于行气。仅从字面上看，"饮露"指喝露水，但参考庄子之后的文献可知，喝露水可能只是一种形象的比喻，喝露水其实是指吸入半夜的潮湿空气。《楚辞·远游》中提到"餐六气而饮沆瀣兮，漱正阳而含朝霞"。沆瀣、正阳、朝霞等词汇在汉代以来的有关行气的文献中多次出现，它们都属于所谓六气，而六气其实就是弥漫于自然界的空气。沆瀣、正阳、朝霞之间的区别在于，它们存在于一天中的不同时段，其中，沆瀣的本义是半夜的潮湿空气。半夜的潮湿空气经常会凝结为露水，因此，在半夜行气就被形象地表述为喝露水。如果《楚辞·远游》中的"饮沆瀣"就是庄子所谓"饮露"，那么庄子所谓"吸风饮露"就意味着半夜在风中行气。当然，这只是推测。不过，庄子所谓"吸风"属于行气则是无疑的。总之，庄子所谓"不食五谷，吸风饮露"就类似于《却谷食气》篇的养生之术，指辟谷辅以行气。与《却谷食气》篇的养生之术不同的是，在《逍遥游》中，辟谷辅以行气出现在仙话中，这样一来，辟谷辅以行气的功能就不是仅仅使人长寿，而是使人寿命无穷，换言之，它应当被赋予了使凡人成仙的功能，这就如顾颉刚先生所指出的，"这位神人所以能永远保持着美少年的风度，就是因为他'不食五谷'和'吸风饮露'"①。

庄子所谙熟之行气与神仙信仰有着密切的关联，这是否意味着庄子创造了行气之法，并将其作为神仙方术，后世的神仙家则受其影响呢？从《庄子》文本及其内在逻辑来看，应无这种可能。神仙方术是凡人成仙之术，亦即延寿无穷之术，而庄子绝不认为人的寿命可以通过某种技术得以延长，这可以从其对生死问题的论述中窥出端倪。庄子认为，人的生死由"命"决定，如"死生存亡，穷达贫富，贤与不肖毁誉，饥渴寒暑，是事之变，命之行也"

---

① 顾颉刚：《〈庄子〉和〈楚辞〉中昆仑和蓬莱两个神话系统的融合》，载朱东润、李俊民、罗竹风主编《中华文史论丛》1979 年第 2 辑，上海古籍出版社 1979 年版，第 55 页。

（《庄子·德充符》），"死生，命也，其有夜旦之常，天也。人之有所不得与，皆物之情也"（《庄子·大宗师》）。从"人之有所不得与"之说来看，命是一种人力之外且高于人力的力量；庄子还有"知其不可奈何而安之若命"（《庄子·人间世》）之说，表明命是一种令人无可奈何的力量，显然，此说与"人之有所不得与"之说近乎同义。既然命是人所无可奈何的，而生死又是命定的，那么，人无论采用任何方法，都无法避免死亡，所以庄子便不可能致力于延寿、长生。庄子不赞成延寿、长生，却为什么又要载录以养生乃至成仙为旨趣的行气之法呢？对于庄子而言，通过踵息而延年益寿的真人与通过"吸风"而长生不死的神人都只是精神上出世的象征，庄子并不欣羡其长寿或长生。藐姑射神人仙话的最后一句是"孰肯分分然以物为事"，"以物为事"指料理世俗之事，"孰肯分分然以物为事"则表现了藐姑射神人的超脱世俗；"真人之息以踵，众人之息以喉"明确将真人与众人对立起来，同样表现了真人的超脱世俗。可见，庄子只是借真人、神人异于众人的生活方式来表达其超脱世俗的精神追求。假如在庄子之前并无以养生乃至成仙为旨趣的行气之法，而庄子又要借某种意象寄寓其超脱世俗的精神追求，那么庄子完全可以有多种选择，而不必杜撰一种与其生死观相悖的行气之法。然而，自相矛盾的生死观与行气观却同时在庄子思想中出现了。合理的解释应当是，行气之法早已存在，且常为遗世修仙者所修习，于是乎，行气者之空灵飘逸、不落流俗便成为时人的共同印象，而庄子则以时人所熟知的行气活动来表现其对世俗的超脱。

现有史料固然不能直接证明作为一种神仙方术的行气形成于庄子之前，不过，从佚《归藏》所载嫦娥奔月仙话以及《史记》所载齐威王派人入海求仙等材料来看，在庄子之前，神仙信仰和神仙方术就已经存在了。最早提及《归藏》的文献是《周礼》，关于《周礼》的成书年代，目前较为一致的看法是，《周礼》至迟成书于西周末年。既然如此，《周礼》所提及的《归藏》就应当在《周礼》成书前的西周时代便已流行。《归藏》一书亡佚于宋代，唐人李善在注释《昭明文选》时说，"《归藏》曰：昔常娥以西王母不死之药服之，遂奔月，为月精"①，佚《归藏》的这一说法应当是关于嫦娥奔月的最早记载。1993 年，湖北江陵王家台 15 号秦墓出土了 394 枚易占简，王明钦、廖

---

① （梁）萧统编，（唐）李善注：《文选》，上海古籍出版社 1986 年版，第 2609 页。

名春、任俊华等学者认定这批易占简所载的内容就是《归藏》或《归藏》的一部分。王家台秦简《归藏》也载有嫦娥奔月的仙话："昔者恒我窃毋死之……（奔）月，而（枚）占……"① 汉人为避汉文帝刘恒的讳，"恒"多作"常"，"我"与"娥"音近而相通，因此，"恒我"即"常娥"。由于竹简受损，简文已残，不过，简文所提及的嫦娥窃不死之药且奔月之事仍不难辨认。王家台秦简所载嫦娥奔月仙话与李善注中的嫦娥奔月仙话在文字上略有差异，但在内容上并无矛盾，可见，李善注中的嫦娥奔月仙话并非杜撰，而应当就是出自其所见的《归藏》一书。至于李善注与王家台秦简在文字上的差异则可能是《归藏》在流传中形成了不同版本所致。同时参考李善注与王家台秦简可知，嫦娥窃取并服用了西王母的不死之药，而后奔月，成了寄居在月中的精灵。尽管佚《归藏》称奔月的嫦娥为"月精"，而非"月仙"，但从后世对"仙"的定义看，"仙，长生仙去"②，"老而不死曰仙"③，可知仙本是人，人长生不死便可成仙，而嫦娥之所以要窃取不死之药，当是由于她原是难逃一死的凡人，服用不死之药后的嫦娥则理应长生不死，故而依后世标准，"月精"亦可谓"月仙"。综上可知，早在嫦娥奔月仙话成型的西周时代，神仙信仰便已初具雏形。与此同时，服用不死之药便可长生不死，这便提示了成仙的途径，神仙方术的萌芽也出现了。迨至庄子生活的战国中期，神仙信仰和神仙方术已大行于世。《史记》载，"自威、宣、燕昭使人入海求蓬莱、方丈、瀛州"，"诸仙人及不死之药皆在焉"④，齐威王、齐宣王、燕昭王先后派人入海求仙，这种大规模求仙活动的开展，意味着神仙信仰在当时已趋于成熟并深入人心，寻访并服用仙药则成为当时最为君王所看重的神仙方术。齐威王是齐宣王的父亲，而据司马迁所述，庄子"与梁惠王、齐宣王同时"⑤，显然，在庄子思想成熟之前，浓厚的神仙信仰氛围至少已在当时的部分诸侯国中形成。学界通常采司马迁之说，认定庄子系宋国蒙人，身为宋人的庄子不一定到过齐燕之地，但在其所生活的战国中期，各国之间的人口

---

① 王辉：《王家台秦简〈归藏〉校释（28 则）》，《江汉考古》2003 年第 1 期。
② （东汉）许慎撰，臧克和、王平校订：《说文解字新订》，中华书局 2002 年版，第 536 页。
③ 任继昉纂：《释名汇校》，齐鲁书社 2006 年版，第 152 页。
④ （汉）司马迁撰，（宋）裴骃集解，（唐）司马贞索隐，（唐）张守节正义：《史记》，顾颉刚领衔点校，赵生群主持修订，中华书局 2014 年版，第 1647 页。
⑤ （汉）司马迁撰，（宋）裴骃集解，（唐）司马贞索隐，（唐）张守节正义：《史记》，顾颉刚领衔点校，赵生群主持修订，第 2608 页。

流动量大，信息交流频繁，当时既有走南闯北的商贾，又有奔走四方的流民，还有周游列国的游士，在这种背景下，庄子接触到流传已久且在当时颇具影响的神仙信仰和神仙方术应属顺理成章之事。

庄子所谙熟之行气关联着神仙信仰，属于神仙方术，庄子的生死观又寓示着，他不可能是神仙信仰和神仙方术的肇始者，而相关史料又表明，庄子生活在神仙信仰和神仙方术大行其道的氛围中，以此推之，庄子所谙熟之行气直接或间接地源于神仙家。

三　楚地神仙家对庄子之影响

蒙文通先生认为，战国时期的神仙家依主要活动地域及其所偏好的神仙方术之不同，可以分为三派，其中，"燕齐是服食，秦是房中，楚是导引"[1]。导引是呼吸吐纳与形体运动相配合的养生之术，换言之，导引包含着行气，另据李零先生考证，"早期的行气、导引之术似乎是以'导引'一词兼赅"[2]，因此，说"楚是导引"，亦如说"楚是行气"。蒙先生还提出，"庄生所论为行气而主王乔"，由于蒙先生将王乔视作行气派的代表，主张"行气一派""源于犍为武阳之王乔"[3]，所以，这就等于明确地宣称庄子受到了楚地神仙家或曰神仙家行气派的影响。庄子受到楚地神仙家的影响，这种看法是否有证据支持呢？前文已证，庄子所谙熟之行气源于神仙家，此外，有证据表明，传说中以行气而著称的神仙如王乔、赤松、陵阳子明均出自楚文化系统，还有证据可以证明庄子熟悉楚文化，将这三方面的证据合而观之，便可推知庄子所谙熟之行气源于楚地神仙家。

有大量文献可证，王乔、赤松、陵阳子明的行气事迹多见于楚文化系统。王乔之名首见于《楚辞·远游》，《远游》载："轩辕不可攀援兮，吾将从王乔而娱戏。餐六气而饮沆瀣兮，漱正阳而含朝霞。"且不管这里的"轩辕"指黄帝，还是星宿，作者显然表达了追随王乔"餐六气"的愿望。餐六气即

---

① 蒙文通：《蒙文通文集》第二卷，巴蜀书社 1993 年版，第 258 页。

② 李零：《中国方术考（修订本）》，东方出版社 2001 年版，第 357 页。

③ 蒙文通：《蒙文通文集》第一卷，第 338 页。

"食六气"，食六气是一种重要的行气之法，《抱朴子·遐览》篇载有《食六气经》的经名，马王堆帛书《却谷食气》篇详载食六气学说，食六气的具体方法就如前述《陵阳子明经》佚说所载，在一年中的不同时段，对着天空行气。总之，《远游》中不仅出现了王乔之名，而且暗示了王乔擅行气。传统上一般认为《远游》为屈原所作，东汉王逸、南宋朱熹均持这一观点；然而，自清人胡濬源始，《远游》被疑为汉人伪作，吴汝纶、刘永济、郭沫若是此说的代表；今人姜亮夫、陈子展又力驳此说，捍卫屈原系《远游》作者的传统观点。尽管学界在《远游》作者问题上议而不决，但《远游》无疑为《楚辞》中的篇章，而《楚辞》就如宋人黄伯思所说，"皆书楚语，作楚声，纪楚地，名楚物"①，属于楚文化系统，所以，《远游》有关王乔擅行气的描述应出自楚文化中固有之典故。在汉人的著作中，赤松常与王乔并提，同为擅长行气之神仙，如《淮南子·泰族训》载，"王乔、赤松，去尘埃之间，离群慝之纷，及阴阳之和，食天地之精，呼而出故，吸而入新，喋虚轻举，乘云游雾"②，桓谭《仙赋》云："夫王乔、赤松，呼则出故，翕则纳新。夭矫经引，积气关元。精神周洽，鬲塞流通。乘凌虚无，洞达幽明。诸物皆见，玉女在旁。"③ 赤松之名亦见于《楚辞·远游》，"闻赤松之清尘兮，愿承风乎遗则。贵真人之休德兮，美往世之登仙"，在这里，《远游》作者虽未言明赤松擅行气，但显然也将其视作神仙。赤松、王乔擅行气、齐登仙的汉人之说当渊源有自，基于汉人之说与《远游》在有关赤松登仙的描述上的相关性，《远游》所属的楚文化系统最可能为此说之源头。陵阳子明也在汉代以来的文献中被视作擅长行气之神仙。《列仙传》载有陵阳子明登仙的传说，但未将其与行气关联起来；王逸的《远游》注引用了《陵阳子明经》佚说，即本文前引"春食朝霞"云云，此说明显是在谈论行气，《陵阳子明经》以陵阳子明命名，可见陵阳子明为习练行气之代表。《楚辞》的《哀郢》《招魂》《远游》均提到"陵阳"这一地名，此为屈原之流放地，虽无确凿证据，但从名称上看，陵阳子明似与这一楚地有关；另据饶宗颐先生考证，马王堆帛书《却谷食气》篇所载食六气法与王逸《远游》注所引《陵阳子明经》佚说

---

① （宋）黄伯思撰：《东观余论》，中国书店 2018 年版，第 318 页。
② 陈广忠译注：《淮南子》，中华书局 2012 年版，第 1192 页。
③ （清）严可均辑，许振生审订：《全后汉文》，商务印书馆 1999 年版，第 112 页。

等材料存在诸多相同之处，因此，"马王堆残籍所保存六气说，当出《陵阳子明经》"①，而马王堆帛书出自楚地，这又说明《陵阳子明经》曾在楚地流传，陵阳子明的行气事迹为楚人所知。综上可知，战国时期的神仙家中确有偏好行气之一派，这一派的活动中心在楚地。对于楚文化，庄子毫不陌生。长期以来，庄子与楚的关系一直为庄学研究者所关注和讨论，自宋代起，甚至出现了庄子为楚人的观点。尽管这种观点因论据不足而未被学界广泛接受，但正如崔大华等前辈学者所指出的，《庄子》中含有大量楚地方言，《庄子·至乐》篇还提到"庄子之楚"，可见庄子与楚至少存在密切关系。在这种情况下，庄子自然有条件直接或间接地通过楚地神仙家而了解到其所鼓吹的行气之法；加之庄子所谙熟之行气——"吸风饮露"本就带有神仙方术之烙印，因此，我们基本可以判定，庄子直接或间接地从楚地神仙家那里学到了行气。从这个意义上说，蒙文通先生"庄生所论为行气而主乔"的说法是有道理的。

不过，严格地说，"主王乔"之说将庄子所谙熟之行气溯源至王乔，然而现有文献并不能提供王乔其名其事为庄子所知的证据，故而此说值得再推敲。从《庄子》一书的有关内容来看，庄子所论之行气当"主彭祖"。《庄子·刻意》篇载，"吹呴呼吸，吐故纳新，熊经鸟申，为寿而已矣；此道引之士，养形之人，彭祖寿考者之所好也"，在这里，《刻意》篇的作者明确地将"吹呴呼吸，吐故纳新"的行气活动之源头追溯到彭祖。当然，庄子后学的观点并不足以代表庄子本人的观点，但据《庄子》内篇，庄子本人的观点当与此相去不远。《庄子》内篇三次提及彭祖，分别为《逍遥游》篇的"彭祖乃今以久特闻"，《齐物论》篇的"莫寿乎殇子，而彭祖为夭"，《大宗师》篇的"彭祖得之，上及有虞，下及五伯"，彭祖显然为庄子心目中的长寿者之典型，而如前所述，庄子又承许行气有延寿之用，以此推之，庄子所论之行气很可能"主彭祖"。仅据《庄子》本身而论，"主彭祖"之证据尚嫌不足。不过，后世文献可证彭祖擅行气，其事迹在楚地广为人知，这便可以佐证庄子所论之行气"主彭祖"了。《论衡·道虚》篇载，"食气者必谓吹呴呼吸，吐故纳新

① 饶宗颐：《马王堆医书所见"陵阳子明经"佚说——广雅补正之一》，载中华书局编辑部编《文史》第二十辑，中华书局 1983 年版，第 252 页。

也，昔有彭祖尝行之矣"①，此说明示彭祖擅行气，但显然袭自《庄子·刻意》篇，因此，彭祖之擅行气仍需旁证。马王堆出土的汉初竹简《十问》中有王子巧父问彭祖"长生累世"②之道的记载。尽管该篇所阐述的主要是房中术，而非行气，但从《十问》所载彭祖与王子巧父的关系上看，作者应当默许了彭祖擅行气。王子巧父就是王乔。东汉画像镜的铭带上，常有"子乔赤松子"的字样，与赤松并列，可见子乔即王乔；《论衡·道虚》篇先称"王子乔"，后称"子乔"③，可见"子乔"即"王子乔"之省称，合而观之，"王子乔"即"王乔"。又因"巧"与"乔"音近，故"王子巧"应即"王子乔"，这就如"松"与"诵"音近，故赤松子又被称作"赤诵子"④。"父"为男子之美称，如《诗经·大雅·大明》之"维师尚父"，王安石《游褒禅山记》之"余弟安国平父、安上纯父"⑤。总之，"王子巧父"应即"王乔"。王乔是传说中擅长行气之神仙，王乔师事彭祖，则彭祖亦应擅行气，亦应被《十问》作者视作神仙。后世文献不仅可以佐证彭祖为传说中擅长行气之神仙，而且可以证明彭祖之事迹在楚地流布甚广。《十问》载有彭祖之事，又在楚地出土，且《十问》之作距离战国之世不远，这已经可以证明楚文化中有彭祖这一传说人物。此外，《楚辞·天问》中有"彭铿斟雉，帝何飨？受寿永多，夫何久长"之说。此说一是提及彭铿为帝尧烹饪之事，二是惊叹彭铿的寿命之长，而《庄子·大宗师》称彭祖"上及有虞"，唐尧与虞舜的时代相仿，加之传说中的彭祖也以长寿著称，因此，王逸注曰"彭铿，彭祖也"⑥，彭铿应即彭祖。《天问》被公认为屈原所作，以此观之，彭祖之事迹在楚人中颇有影响。综上，彭祖擅行气，其事迹在楚地广为人知，而如前所述，庄子所谙熟之行气是通过楚地神仙家学到的，且庄子熟知彭祖之事迹，合而观之，便可推知庄子所论之行气"主彭祖"。当然，由于彭祖是一个传说中的人物，所以，这里所谓"主彭祖"，只是依循一个传说中的彭祖，而传说中的彭祖虽未必确有其人，却必定与行气之起源密切相关。

① 黄晖撰：《论衡校释（附刘盼遂集解）》，中华书局 1990 年版，第 336 页。
② 马继兴：《马王堆古医书考释》，湖南科学技术出版社 1992 年版，第 930 页。
③ 黄晖撰：《论衡校释（附刘盼遂集解）》，第 335 页。
④ 陈广忠译注：《淮南子》，第 596 页。
⑤ （宋）王安石撰，李之亮笺注：《王荆公文集笺注》，巴蜀书社 2005 年版，第 1588 页。
⑥ 崔富章、李大明主编：《楚辞集校集释》，第 1238 页。

结　语

从庄子谙熟行气，到庄子所谙熟之行气属于神仙方术，再到庄子所谙熟之行气源于楚地神仙家所推尊之彭祖，通过前文的分析，庄子思想的神仙信仰渊源渐次清晰。庄子思想的神仙信仰渊源之澄清，将有助于学界更加准确地理解庄子思想之特质，把握庄子酝酿哲思之过程。

齐物：从慎到到庄子*

王玉彬

摘　　要　　作为稷下道家的代表人物，慎到等人主张的"齐万物以为首"与《庄子·齐物论》之间既有相似之处，亦有根本差异。在慎到那里，普遍、一体之"道"乃"齐物"之根本保证；在政治建构层面，慎到则以客观之"法"来充实或落实"道"的内涵；同时，慎到还主张通过"去己"来达成一种无是无非、无知无识的理想存在方式。与慎到相比，庄子之"道"以"天倪"也即万物之"自然之分际"为根本关切，其要义不在"包万物"，而在"通万物"，也即"和之以天倪"；庄子之"丧我"，不在泯灭主体之智慧与灵性，而在高扬"适己"之逍遥；其"乘物"，不在绝对放弃自我的"与物宛转"，而在以"游心"为归。

关 键 词　　齐物；慎到；庄子；《齐物论》

作者简介　　王玉彬，山东大学哲学与社会发展学院研究员，研究方向主要为道家哲学。

　　在《庄子思想概论》一文中，王叔岷先生通过细致的文献疏证，认为墨

---

* 本文原载《中州学刊》2023 年第 1 期。

子、彭蒙、田骈、慎到、惠施、孟子等先秦诸家思想均与"齐物"有关，庄子之撰《齐物论》，"可谓集论齐物之大成，而独超诸子者也"①。此说极具启发性，既为我们理解"庄子齐物思想"提供了参照与方便，也为学界探究"先秦齐物思潮"奠定了坚实的基础。② 然而，就"齐物"一词在先秦文献之中的使用情况来看，它主要还是与《庄子·齐物论》及以彭蒙、田骈、慎到为代表的稷下学派直接相关的概念。《天下》载：

> 公而不党，易而无私，决然无主，趣物而不两，不顾于虑，不谋于知，于物无择，与之俱往，古之道术有在于是者。彭蒙、田骈、慎到闻其风而说之。齐万物以为首，曰："天能覆之而不能载之，地能载之而不能覆之，大道能包之而不能辩之。"知万物皆有所可，有所不可，故曰："选则不遍，教则不至，道则无遗者矣。"是故慎到弃知去己，而缘不得已，泠汰于物以为道理，曰："知不知，将薄知而后邻伤之者也。"謑髁无任而笑天下之尚贤也，纵脱无行而非天下之大圣，椎拍輐断，与物宛转，舍是与非，苟可以免，不师知虑，不知前后，魏然而已矣。推而后行，曳而后往，若飘风之还，若羽之旋，若磨石之隧，全而无非，动静无过，未尝有罪。是何故？夫无知之物，无建己之患，无用知之累，动静不离于理，是以终身无誉。故曰："至于若无知之物而已，无用贤圣，夫块不失道。"豪桀相与笑之曰："慎到之道，非生人之行而至死人之理，适得怪焉。"田骈亦然，学于彭蒙，得不教焉。彭蒙之师曰："古之道人，至于莫之是、莫之非而已矣。其风窢然，恶可而言？"常反人，不见观，而不免于魭断。其所谓道非道，而所言之韪不免于非。彭蒙、田骈、慎

---

① 王叔岷撰：《先秦道法思想讲稿》，中华书局 2007 年版，第 108 页。

② 李凯认为，战国时期的思想界应该"兴起过一场不大不小的'齐物'思潮"（李凯：《庄子齐物思想研究》，中国社会科学出版社 2017 年版，第 53 页）。与其说先秦时期的齐物思潮是"不大不小"的，毋宁说是汹涌澎湃的，是先秦思想家的共同关注以及先秦学术史的普遍话题。叶蓓卿曾对孟子、墨子、彭蒙、田骈、慎到以及惠施的"齐物论"思想进行过比较深入的论述（参见叶蓓卿《先秦诸子"齐物论"思想比较》，载方勇主编，《诸子学刊》编委会编《诸子学刊》第十四辑，上海古籍出版社 2017 年版，第 49—50 页）。曹峰认为，"《齐物论》是老子致力于实现万物自然之思想的必然延伸，是彭蒙、田骈、慎到、宋钘、尹文、关尹、老聃等人'齐万物以为首''接万物以别宥为始''宽容于物'之理论与行动的自然延续，是对惠施、公孙龙等人关于统一性与差异性关系思考的进一步升华"（参见曹峰《思想史脉络下的〈齐物论〉——以统一性和差异性关系为重点》，《中国人民大学学报》2020 年第 6 期）。

到不知道。虽然，概乎皆尝有闻者也。

"齐万物以为首"，说明彭蒙、田骈、慎到之思想以"齐万物"为枢要。三子之中，田骈"学于彭蒙"，两者为师徒关系；田骈、慎到均为稷下先生，"学黄老道德之术"（《史记·孟子荀卿列传》）。可见，三子同为稷下学派之代表，且有一脉相承、一致同归之处。此外，鉴于上引《天下》之文主要以慎到之学为评述对象，慎到之学在此后的思想史中亦有更为广泛的影响，故本文仅以慎到为代表而述三子之思想及其与《齐物论》之间的异同关系。

一 《齐物论》与慎到之学

《天下》谓慎到之学"齐万物以为首"，《齐物论》当与之存在某种思想关联。至于这种关联究竟是什么，学界主要有三种解释：其一，《齐物论》的作者不是庄子而是慎到；其二，《齐物论》乃庄子之作，其思想以慎到之学为本，是对慎到之学的继承；其三，《齐物论》乃庄子之作，虽然受到了慎到的一定影响，但最终完全超越了慎到之学而别开生面、另创新旨。

第一种解释的主张者有傅斯年、容肇祖、王先进、罗根则等。傅斯年于1936年发表了《谁是〈齐物论〉之作者？》一文，该文视《天下》为"庄生之元意"，进而"持《天下》以为准"，判定《齐物论》的作者为慎到而非庄子。傅先生的主要论据有二：首先，《天下》将慎到等人的思想概括为"舍是与非""弃知去己""块不失道"等，《齐物论》中有与这些说法"互为注脚"的文句；其次，《天下》说慎到"齐万物以为首"，意即"慎到著书，曾以《齐物》一篇为首也"。[1] 傅先生的这种观点在当时得到了广泛的支持与呼应，容肇祖据《史记·孟子荀卿列传》所谓"慎到著十二论"，谓"《齐物》名'论'，正是十二篇之一"[2]。王先进《庄子考证》也讨论了这一问题，其核心论证与傅斯年相似，并进一步提供了《齐物论》非庄子自作的两个理由：

---

[1] 傅斯年：《谁是〈齐物论〉之作者？》，《傅斯年全集》第三卷，湖南教育出版社 2000 年版，第 267—270 页。

[2] 容肇祖之语，见傅斯年《谁是〈齐物论〉之作者？》"附记"所录。参见《傅斯年全集》第三卷，第 274 页。

其一，《齐物论》"昔者庄周梦为胡蝶"直呼庄子为"庄周"，定非庄子或庄子弟子所记，而是"略后于庄子之人所作"；其二，先秦以"论"名篇者少，除去慎到外几乎没有。① 罗根泽也赞同《齐物论》为慎到作品，并称道傅斯年之说为"一个重要的发现"，他说："《齐物论》之所以放在《庄子》里，或者是汉人的误编，或者是经过庄子之徒的改窜。看篇末有庄周梦为胡蝶的事，或以改窜为近情。"② 后人的"改窜"与"错合"之所以能够成功，是因为"庄周的思想极与慎到相近"③，这与傅斯年认为"齐物论"根本不可能是庄子思想的观点相似而略有差异。综合来看，这种类型的解释的立论基点是《天下》篇对慎到思想的记述与《齐物论》之间的相似性。问题在于，首先，傅斯年视"齐物"为慎到独创之"私学"并不妥当，正如王叔岷已经揭示的，"齐物"在先秦时期非常流行，除了彭蒙、田骈、慎到之外，墨子、惠施均有类似的"齐物"思想，《周易·说卦》也有"万物之絜齐"之说，专以《天下》所述慎到之学来比附《齐物论》，有简单比附之失、刻意曲解之嫌。其次，《齐物论》与内篇其他篇目之间有明显的文本、思想呼应关系，并非"独显异采"、不伦不类，一个最典型的例证是：《应帝王》"啮缺问于王倪"章中的"四问而四不知"之所指，正是《齐物论》中啮缺、王倪关于"子知物之所同是乎""子之子所不知也""物无知乎""圣人固不知利害乎"的四个问答。《齐物论》与《应帝王》之间存在文本的相续性，如果否认了《齐物论》为庄子作品，《应帝王》以及《庄子》内篇也便同样是可以否定的了。

第二种解释的主张者有张岱年、朱谦之、张松辉、曹峰等。这些学者虽不认可慎到作《齐物论》，但认为该篇受到了彭蒙、田骈、慎到之学的深厚影响。张岱年说："'齐物'之说可能是田骈首倡的，庄周受其影响。"④ 朱谦之力主"《齐物论》本于田骈说"——《齐物论》之篇题取自田骈，思想方法有取于田骈，最高境界与田骈归宿于"道"相同。⑤ 张松辉认为，庄子的顺物无己、绝圣弃智、虚己游世等观念均出自慎到学派，从而断言"庄子较为

① 参见王先进《庄子考证》，《励学》1933 年第 1 期。

② 罗根泽：《弃知去己的慎到和庄周及其与〈老子〉书的比较》，载罗根泽编著《古史辨》，上海书店 1933 年版，第四册，第 506 页。

③ 罗根泽：《弃知去己的慎到和庄周及其与〈老子〉书的比较》，载罗根泽编著《古史辨》，第四册，第 508 页。

④ 张岱年：《中国哲学史史料学》，生活·读书·新知三联书店 1982 年版，第 93 页。

⑤ 参见朱谦之《庄子哲学》，《朱谦之文集》第三卷，福建教育出版社 2002 年版，第 259—264 页。

全面地继承了田骈、慎到的学说"①。曹峰说："仅从《庄子·天下》所见彭蒙、田骈、慎到的'齐物'来看，无论是道物关系意义上的'道则无遗'，平等地对待万物，还是心物关系意义上的'无知之物'，不以主观评判世界，显然都被《齐物论》完全继承。"② 这种解释路向的问题在于，《天下》明确批判了慎到之学，一则曰"慎到之道非生人之行而至死人之理"，再则曰"慎到不知道"，这种本质性的批判说明在庄子后学心中，慎到的齐物思想与《齐物论》是有本质差异的，故无所谓庄子对慎到的全面继承或以之为本。

第三种解释的主张者有陈丽桂、邓联合、丁耘等。陈丽桂认为，"田、慎等人的贵齐、贵均观念，和《庄子》齐物一系道家思想是有距离的"③。邓联合认为，无论就其理论内涵的深邃性、丰富性，还是就其系统性而言，《齐物论》都超过了田骈、慎到一派"齐万物以为首"的观念，两派之间有"道术分途"之别。④ 丁耘认为慎到之齐物实际上"条条与庄学似近而实远"，两者的本质区别是"慎子齐物而无分，而庄子物化而有分"。⑤ 与前两种解释方式相比，这种解释与《天下》篇的评判更相契，也与庄子哲学的独异品质颇为合辙，故本文采取并论证的是这种理解方式。正如丁耘所说："庄生之齐物，与彭田慎之齐物，必有所异。其语虽似，其旨则非。"⑥ 的确，慎到之学与《齐物论》之间存在着某种相似性，但这种相似性只是表面的、浅层的，我们不能据之认为《齐物论》就是慎到学派的思想呈现。既然如此，在"齐物"问题上，慎到与庄子之间有何差异？《天下》为何说慎到"不知道"？此即下文想要回应的问题。

二 从"道则无遗"到"道通为一"

通过《天下》的相关论述来看，慎到学派之"齐物"以"大道能包之而

---

① 张松辉：《庄子研究》，人民出版社 2009 年版，第 57—58 页。
② 曹峰：《思想史脉络下的〈齐物论〉——以统一性与差异性关系为重点》，《中国人民大学学报》2020 年第 6 期。
③ 陈丽桂：《战国时期的黄老思想》，台北：联经出版事业股份有限公司 1991 年版，第 160 页。
④ 参见邓联合《庄子哲学精神的渊源与酿生》，光明日报出版社 2011 年版，第 153 页。
⑤ 丁耘：《〈庄子·天下〉中的"齐物"问题》，《思想与文化》2018 年第 2 期。
⑥ 丁耘：《〈庄子·天下〉中的"齐物"问题》，《思想与文化》2018 年第 2 期。

不能辩之"为本，以"弃知""去己"为用。

慎到之"齐物"以"大道"为根柢，其所谓"道"，又以"包"也即囊括万物为特征。具体而言，"包"又有着"不辨"与"无遗"两重内涵："不辨"说的是在"道"境之中，"物"与"物"之间没有区别或差异；"无遗"说的是"道"不会抛弃或否定任何一"物"。就此而言，慎到之"道"实际上就是"万物之整体"或"作为整体的万物"，此一"万物之整体"是浑然无别、一体无分的。这样，慎到之"齐物"也就是作为整体之"万物"的一体无分、同质无别；"道"之于万物，体现的是不党、无私、无择等"绝对公平"之特征。

将此宇宙论视域推及至人间事务，也便有了慎到对于"法"的阐扬。《荀子·解蔽》云：

> 慎子蔽于法而不知贤。……由法谓之道，尽数矣。

杨倞注云："慎子本黄老，归刑名，多明不尚贤、不使能之道，故其说曰：'多贤不可以多君，无贤不可以无君。'其意但明得其法，虽无贤亦可以为治。"[1]"本黄老，归刑名"，正是"黄老道家"或"道法家"的核心特征。

慎到之学，正是由"道"入"法"或以"法"释"道"的典型体现，其根源在"道"，其落脚点在"法"，故《慎子》佚文曰：

> 法者，所以齐天下之动，至公大定之制也。

"法"之于天下，与"道"之于万物一样，体现着绝对的公平与普遍，以及最为理想的安定形态。

《四库全书总目提要》亦论《慎子》曰：

> 今考其书，大旨欲因物理之当然，各定法一而守之，不求于法之外，亦不宽于法之中，则上下相安，可以清静而治。然法所不行，势必刑以齐之。道德之为刑名，此其转关。[2]

---

① （清）王先谦撰：《荀子集解》，沈啸寰、王星贤点校，中华书局1988年版，第392页。
② （清）纪昀总纂：《四库全书总目提要》，河北人民出版社2000年版，第3031页。

由"道德"而"刑名"，慎到之"齐物"即转换为"齐民"，"齐物之道"亦更新为了"齐民之法"①。陈丽桂认为，慎到首先将"道"转化为"外在事物之'理'"，又将此"理"具体化为作为绝对根据的"法"。② 由"道"入"法"、以"法"释"道"造成的是"道"的客观化、定名化，将"法"等同于"道"亦透显出慎到对整齐划一的整体性、槁木死灰的无机性的颂扬。

可见，无论是通过"以道齐物"还是"以法齐民"来看，慎到之"齐物"都有着对普遍性的极致追求以及对整体性的极致强调，这种一体无别、整齐划一的存在追求势必会忽略甚至破坏在普遍与整体中存在的个体及其个体性，乃至"无知"之土块最终成了慎到眼中最为"合道"的存在形式（"块不失道"）。

正所谓"道通为一"，庄子之"齐物"亦以"道"为基源。然而，"道"在这里被用作主语并不意味着它是某种有意识的"主体"，我们既可将之理解为"视域化"的"以道观之"，"道通为一"即"从道的角度来看都可通而为一"③；亦可将之理解为"境域化"的"在道之中"，"道通为一"即"莛与楹、厉与西施、恢恑憰怪"等在道境之中是"通而为一"的。无论采取"境域化"还是"视域化"的理解，"通"与"一"都是诠释"道"的关键词；而且，鉴于"道"之"通"是抵达"为一"的方式，或者说"道"之"一"必须通过"通"才能呈现，"通"才是"道"的本质性规定。可见，以"通"而非"一"为"道"之本质，就可以使我们避开以"一"为"同一"的误解，那么，何谓"通"，以及"通而为一"？

若谓"道通为一"意味着"莛与楹、厉与西施、恢恑憰怪"等在道境之中是"通而为一"的，"一"就是莛、楹、厉、西施等万物的本然存在状态，而非"道"的自身性状。而且，鉴于庄子勾画出的存在图景有"天钧"（自然之均平）与"天倪"（自然之分际）两个本然之维④，由之也便都可通向

---

① 丁耘说："有以道齐物，方有以法齐民。其道与物无择，其治乃不尚贤。慎子有齐物之道，乃有齐民之法。"（丁耘：《〈庄子·天下〉中的"齐物"问题》，《思想与文化》2018 年第 2 期）

② 参见陈丽桂《战国时期的黄老思想》，第 160—163 页。

③ 陈鼓应注译：《庄子今注今译（最新修订版）》，中华书局 2009 年版，第 74 页。

④ 关于"天钧"与"天倪"的内涵，参见王玉彬《"天钧"与"天倪"——庄子"天道观"之两维及其辩证》，《哲学与文化》2021 年第 10 期。

"为一"之境：从"天钧"来看，"为一"意指万物存在的"均一"；从"天倪"来看，"为一"则指万物存在的"独一"。也就是说，庄子之"一"并非"同一"，而是"均一"与"独一"的双向互动与辩证敞开。明乎此，既可知"道通为一"之"一"并非"抽象的全"，而是"具体的无限"也即均一性的"天钧"；亦可知"一"并非"无差别的同一"，而是"无限的具体"也即独一性的"天倪"。可见，庄子之"道"并非抽象的"理一"或孤露的"独体"，而是在万物之"均一"与"独一"的相互通达状态之中显现的存在图景。在此意义上，"道"就是"大通"：由"天钧"来看，万物的存在可能是无限的，万物的现实存在是无尽的，这种无限可能与无尽现实并不区分小大、评判美丑、论断是非，此即万物的"均一"或曰平等状态；由"天倪"来看，莛、楹、厉、西施等物既成现实，就会呈现出具体而微的独特姿态，各个"不同"，并以自取、自适、自得为其价值依归，这种多元的无限差异与自在的无尽独体昭显着万物的"独一"形态。

庄子云："休乎天钧。"又云："和之以天倪。""道通为一"之"通"，正可解为"休"之息止与"和"之安适，均一而独一之万物息止于此境、安适于此境，此即《齐物论》开篇揭示的"吹万不同，而使其自己也，咸其自取"的"天籁"之境。

可见，与慎到之"道"的整体性品格与普遍性追求不同，尽管庄子之"道"也体现着对"一"的关注，但这种"一"并非慎到追求的那种没有任何例外的完美的同一性、整体性秩序，而是以"通"为基调、以"均一"与"独一"为双向关注的和谐共在。

三　从"去己"到"丧我"

在慎到之"道"的价值设定之下，个体存在只能放弃自己的智慧、主体而无条件地投入其整全性之中，这就是所谓"弃知"与"去己"。"弃知"意味着对智慧的放弃，"去己"意味着对主体的泯除；经由智慧与主体的双重摒弃，人即可抛却自己的"人性"而完全等同于"物"。这样，由慎到之齐物而造就的人格形象，便是"无知之物"；慎到齐物的思想性格，便是"死人之理"。在"无知之物"与"死人"的世界之中，没有情感的发显，没有智慧的临照，没有灵性的闪耀，也就不会有什么分辨、是非、得失、毁誉，一切都在"不得已"之"道"的裹挟之下冥然一体、混而为一，最终"同归于寂"了。由此，慎到为我们描绘了这样一幅理想的存在形态：

> 若飘风之还，若羽之旋，若磨石之隧，全而无非，动静无过，未尝有罪。

人们应该像四处回旋的飘风、随风舞动的羽毛、均衡转动的石磨那样，永远因顺着外在的情势或形势而动，无知无识，无情无志，无名无实，这样，就不会产生任何错误、过失与罪责——这就是与整体之"道"相谐的生命之"全"。显而易见，这是一种完全放弃自我而委身于外在之形势（"道"与"法"）的依归、委从式的生活方式，它与生命的自由、自主、自立、自适完全无关，其意不过在于保全肉体生命而免于祸患、劳苦或刑罚而已——"无建己之患，无用知之累"。在此意义上，慎到之学实际上是将生命流放到了物境之中，"把人性归于物性，以摒除精神境界为代价而追求与万物同一"①，无所谓精神追求与心灵价值，而这恰恰是庄子所珍视并不懈追求的东西。

　　庄子的一些主张与慎到在表面上的确有类似性，比如《逍遥游》所谓"至人无己，神人无功，圣人无名"就分别对应着慎到的"去己""无过""无誉"，《人间世》所谓"乘物以游心，托不得已以养中"对应着慎到的"与物宛转""缘不得已"。问题在于，基于两者对"道"的认识的差异，这种表面的相似难掩两者之间的实质性差别，正如庄子的"吾丧我"之意并不在于否定自我的生命及其价值，反而是要通过对"我"这一存在方式的自省与克服而抵达一种本真的生活方式，"无己—无功—无名"同样不是对"己—功—名"的一劳永逸的放弃，乃至将生命委弃在土块或飞羽之中。在庄子看来，"我"是人的现实性存在方式，这一现实性存在方式恒久地贯穿在生命活动的始终，故"丧我"也应该是一种无可间断的存在方式。换言之，庄子认为"我"的确需要不断"克服"，但不能被断然"否定"。通过"丧我"这种生命的自省式克服，理想的自我及存在形式就会不断显现，"吾"正是在这种自我克服与自我超越之中"独与天地精神往来"的，这才是人之为人、我之

---

① 郑开：《道家形而上学研究》，中国人民大学出版社 2018 年版，第 121 页。

为我的高贵或独特之处。

举例而言，庄子在《逍遥游》中描绘的"海运则将徙于南冥""去以六月息"的大鹏，在某种意义上也是慎到所谓"与物宛转"之物——大鹏必因乘六月之大风而飞向天池，然而，在大鹏那里，我们看到的是一种充沛的意志力和昂扬的生命精神，而不是一团随风飘荡的躯体或羽毛。同样，《齐物论》中南郭子綦的"形如槁木、心如死灰"，所抵达的也不是一个"万籁俱寂"的槁木死灰世界，而是敞开了一个"咸其自取"的天籁境界。

总之，与慎到"去己"的放弃自我不同，庄子通过"丧我"所欲建立的是一种充满了"生机"的自我。如果说慎到之"齐物"以"弃知—去己"为方法，以"无知之物—死人之理"为归；庄子之"齐物"就是以"丧我"为方法，以"逍遥之游"为归。

四　结语

慎到的以"道"齐物，强调的是"道"的普遍性、一体性与整体性，这种统一性、一元化的形上学反映在政治建构上，就是以"圣王"为中心而追求大一统的政治取向，故慎到致力于以客观而外在的"法"来充实或落实"道"的内涵。这种以"道"与"圣王之法"来笼括、覆载万物与百姓的方式，有着"自上而下"的"照临"特征①，这种类型的"齐物"以横向的量的统一为归宿，故可称为"横摄之齐物"："横"者，横向、广大之谓也；"摄"者，引持、摄归之谓也。与慎到之"道"与"齐物"相比，庄子之"道"的要义不在"包万物"，而在"通万物"；庄子之"无己—丧我"，不在泯灭主体之智慧与灵性，而在高扬"真宰"之卓荦、"适己"之逍遥；庄子之"是非观"，不在舍是与非，而在"不遣是非"；庄子之"乘物"，不在如无根之飞蓬般"与物宛转""缘不得已"，而是"乘物以游心，讬不得已以养中"。可见，庄子"齐物"的原点并非慎到那种不言而喻或不容置疑的一元本体或齐一法度。如果说慎到之"道"既构成了"齐"之起点，同时也意味着

---

① "照临"一词，取自《诗·小雅·小明》"明明上天，照临下土"，以及《尚书·泰誓下》"惟我文考若日月之照临，光于四方，显于西土"。

"齐"之归宿，庄子之"齐"则是以不齐之"万物"的独一性为起点与目的的，"'齐'不是'同样一致'，废除各自个体的独特性质，反而是描写诸多种物体，各有不同特色，互集成群"①，换言之，庄子之"齐"是一种与万物之"不齐"相互通达的存在视域。因此，庄子不认可慎到的"横摄之齐物"，而有着明确的"调适而上遂"（《天下》）的"纵贯"取向，故庄子更强调"独与天地精神往来"之"独与"与"个性"；这种"独与式上遂"的"纵贯"路向，正是庄子得以"独超诸子"的根本之处。归而言之，慎到之"齐物"始于"以道为齐"而归于"齐物之不齐"，"物之不齐"之差异、多元并不具有根本性的价值定位；庄子则"飘然思不群"，致力于在万物之"自然之分"的基础上"休乎天钧"而汇为天籁之境，与"强不齐以为齐"者固大相径庭矣。

---

① 吴光明：《庄子》，台北：东大图书股份有限公司 2015 年版，第 181 页。

孔门颜渊"好学"发凡

——以《论语》为中心

李振纲

摘　要　"学"是儒学或儒家文化的精髓之一。颜渊在孔子弟子中居"四科十哲"之首,为德行科第一人,孔子一再称"颜渊好学",是学以明道的典范。翻开《论语》,弟子之"问"(请教)与夫子之"对"(教诲)关涉人生的方方面面,仔细阅读这些"问"与"对",会发现一个很有意思的现象:颜子之"问"不像子贡、子夏、子张、子路、有子等的问题那样多,提问时也不似他们那样随便、那样活跃。颜渊只问了两个问题,一是"颜渊问仁",另一是"颜渊问为邦",似乎是他为学所关注的重心所在。同样是"问仁",孔子回答的又各有不同的指向。从这些方面仔细理会,或许才能进入颜子"好学"的深层结构,把握其"好学"宗旨。

关 键 词　《论语》;颜渊好学;颜子之问;学以至圣

作者简介　李振纲,河北大学哲学与社会学学院教授、博士生导师,河北美术学院老庄文化研究中心主任,研究方向主要为先秦儒道经典及诸子哲学。

一 "学则不固"及"颜渊好学"

颜渊,姓颜,名回,字子渊。孔门高足,在孔子弟子中居"四科十哲"之首,为德行科第一人。《论语·先进》载:"子曰:'从我于陈、蔡者,皆不及门也。'德行:颜渊,闵子骞,冉伯牛,仲弓。言语:宰我,子贡。政事:冉有,季路。文学:子游,子夏。"朱熹注:"孔子尝厄于陈、蔡之间,弟子多从之者,此时皆不在门。故孔子思之,盖不忘其相从于患难之中也。弟子因孔子之言,记此十人,而并目其所长,分为四科。孔子教人各因其材,于此可见。"① 朱注复引程子曰:"四科乃从夫子于陈、蔡者尔,门人之贤者固不止此。曾子传道而不与焉,故知十哲世俗论也。"② 曾子何以未列"四科",汉代以来的经学家也没有谁能说清。我们还是沿袭"四科十哲"旧说作为话头,联系孔子说"学"与颜渊"好学"的气质性情、价值指向,演绎"颜子好学"的微言大义。

"学"是儒学和儒家文化的精髓之一。《论语》开篇首章便说:"学而时习之,不亦说乎!"(《学而》)君子之"道"明于"学",这方面,孔子堪称世范。他说:"十室之邑,必有忠信如丘者焉,不如丘之好学也。"(《公冶长》)又说:"吾十有五而志于学,三十而立,四十而不惑,五十而知天命,六十而耳顺,七十而从心所欲不逾矩。"(《为政》)其忧道乐学的一生,成为"学"以至"圣"的典范。广义地说,《论语》二十篇通篇都在传道论学;狭义地说,孔子论学,大体包含四个方面,关涉为什么学、学什么、怎么学、为谁学的问题。集中到一点,可以概括为"学则不固"。孔子说:"君子不重则不威,学则不固。"(《学而》)孔子说,不学"礼",无以立;不学"诗",无以言;不知"命",无以为君子;不闻"道",无以成仁人。"学"可以使人闻"道"明"礼",谨"言"慎"行",成"己"成"物",知"命"乐"天"。君子"志于学",要对"为何学"的问题具有理性自觉。孔门弟子中的子路好"勇",性格不免有些"野"或"喭"(鲁莽、口无遮拦)。孔子因

---

① (宋)朱熹撰:《四书章句集注》,中华书局1983年版,第123页。
② (宋)朱熹撰:《四书章句集注》,第123页。

材施教，特意对子路就"六言六蔽"讲解了学的意义，说："好仁不好学，其蔽也愚；好知不好学，其蔽也荡；好信不好学，其蔽也贼；好直不好学，其蔽也绞；好勇不好学，其蔽也乱；好刚不好学，其蔽也狂。"（《阳货》）认为"学"可以增加人的才能，提高人的修养，开阔人的眼界，优化人的性格，此即"学则不固"。

颜渊是孔门弟子中"好学"的典范。孔子说："君子食无求饱，居无求安，敏于事而慎于言，就有道而正焉，可谓好学也已。"（《学而》）哀公问："弟子孰为好学？"孔子对曰："有颜回者好学，不迁怒，不贰过。不幸短命死矣！今也则亡，未闻好学者也。"（《雍也》）季康子问："弟子孰为好学？"孔子对曰："有颜回者好学，不幸短命死矣！今也则亡。"（《先进》）这三段材料都指向"好学"，但侧重点不同。《学而》篇"君子食无求饱"章，属于对"好学"的一般性界说，表达了"好学"三个要素：（1）不追求衣食、居住等物质生活条件，此为"不忧贫"；（2）"敏于事""慎于言"，做事勤勉，言语审慎，有刚毅木讷笃实仁厚之风；（3）关怀大道，虚心向有"道"之人请教，有下学而上达之理想价值关怀。三个要素合起来看，即忧道不忧贫、刚毅木讷、躬行实践的士君子乐学精神。《雍也》篇"哀公问"与《先进》篇"季康子问"两章，详略不同，过去认为这体现了孔子答对君、臣所问的细微差别，但都肯定颜渊是"好学"的典范。孔子把"不迁怒，不贰过"作为颜渊好学的标志性特征，固然与讥刺季康子有"迁怒贰过"之弊有关，但也是从"克己"工夫上褒奖颜子的好学，"不迁怒"属于以理制情，"不贰过"属于笃实躬行，两者都蕴集于高度的自我克制。朱熹注："怒于甲者，不移于乙；过于前者，不复于后。颜子克己之功至于如此，可谓真好学矣。短命者，颜子三十二而卒也。既云今也则亡，又言未闻好学者，盖深惜之，又以见真好学者之难得也。"[1]

二　颜渊"好学"及其工夫进境

下面就《论语》涉及颜渊言行的其他语境，多维度再现颜渊好学、所好

---

[1]　（宋）朱熹撰：《四书章句集注》，第 84 页。

何学的生活面相及为学的工夫进境。

1. 不违如愚。子曰:"吾与回言终日,不违如愚。退而省其私,亦足以发。回也不愚。"(《为政》)在与颜渊日常相处中,孔子发现颜渊有一种与众不同的性格,他与颜渊说话时,颜渊总是逊顺地有听受而无问难,一副愚钝笨拙的样子。可是退而反思颜渊燕居独处时的言行,又足以发明进见请问时与他所谈论的道理。孔子得出结论说颜渊不愚钝,而是"如愚",此种表象的"愚"比小智更深潜纯粹。朱熹注:"愚闻之师曰:'颜子深潜纯粹,其于圣人体段已具。其闻夫子之言,默识心融,触处洞然,自有条理。故终日言,但见其不违如愚人而已。及退省其私,则见其日用动静语默之间,皆足以发明夫子之道,坦然由之而无疑,然后知其不愚也。'"①

2. 安贫乐道。子曰:"贤哉,回也!一箪食,一瓢饮,在陋巷。人不堪其忧,回也不改其乐。贤哉,回也!"(《雍也》)孔子说:"君子谋道不谋食。耕也,馁在其中矣;学也,禄在其中矣。君子忧道不忧贫。"(《卫灵公》)依孔子,学可得禄而不为干禄,君子忧道谋道而不忧贫谋贫。颜渊真正做到了这一点。朱熹说:"颜子之贫如此,而处之泰然,不以害其乐,故夫子再言'贤哉回也'以深叹美之。"② 这里有一个细节值得注意,颜子安贫之乐,并不是说"贫"本身有什么好乐,更不是以"贫"为"乐",而是说颜子不以家境贫寒而改变其好学乐道的志向。朱熹注引程子曰:"箪瓢陋巷非可乐,盖自有其乐尔。其字当玩味,自有深意。"这个代词"其"字义有些模糊,朱熹认为,程子之言引而不发,意在启发学者"深思而自得之"。二程子当初曾受学于周敦颐,周子"每令寻仲尼颜子乐处,所乐何事?"这个问题日后在程颢的《秋日偶成》诗中似乎有了着落。诗云:"闲来无事不从容,睡觉东窗日益红。万物静观皆自得,四时佳兴与人同。道通天地有形外,思入风云变态中。富贵不改贫贱乐,男儿到此是豪雄。"程子这首诗前半部分近乎曾点"莫春者,春服既成,冠者五六人,童子六七人,浴乎沂,风乎舞雩,咏而归"(《先进》)的狂者胸次,似与颜子不类,其中后四句,则抒发了颜子箪食瓢饮"不改其乐"的实质在"道"而不在"贫",更进一层说,颜子之所以能够在人不堪其忧的生活境遇中"贫而乐",恰在于经历食无求饱、居无求安、

---

① (宋)朱熹撰:《四书章句集注》,第56页。

② (宋)朱熹撰:《四书章句集注》,第87页。

克己精进的心灵历练，下学上达于性天融洽默契的道境。

3. 见其进未见其止。《论语·子罕》篇接连三章，记载的都与孔子夸赞颜渊持之以恒、精进不息的为学工夫有关。如子曰："譬如为山，未成一篑，止，吾止也；譬如平地，虽覆一篑，进，吾往也。"（《子罕》）此章看似与颜渊无关，实则是在统领下文。朱熹注："《书》曰：'为山九仞，功亏一篑。'夫子之言，盖出于此。言山成而但少一篑，其止者，吾自止耳；平地而方覆一篑，其进者，吾自往耳。盖学者自强不息，则积少成多；中道而止，则前功尽弃。其止其往，皆在我而不在人也。"① 继之又载，子曰："语之而不惰者，其回也与！"（《子罕》）这是由衷褒奖颜渊聆听孔子教言时学而不厌、精进不息的态度。颜渊在听孔子言语时，总是精进力行，精神饱满，未尝懒散松懈，就像草木得时雨滋润，发荣滋长，生机勃勃。孔子说，颜渊这种精进力行的精神正是其他弟子所不及处。又载："子谓颜渊，曰：'惜乎！吾见其进也，未见其止也。'"（《子罕》）《易·乾·象》曰："天行健，君子以自强不息。"颜子既死，孔子想起他短暂而笃实乐学的一生，不胜惋惜。孔子说，颜回一生精进不息，问学道上从未见过他停止脚步。

4. 欲罢不能。《论语》载，在谈及孔子学问境界（"夫子之道"）时，颜渊喟然而叹曰："仰之弥高，钻之弥坚；瞻之在前，忽焉在后。夫子循循然善诱人，博我以文，约我以礼。欲罢不能，既竭吾才，如有所立卓尔。虽欲从之，末由也已。"（《子罕》）这段话，最能体现颜子为学的工夫历程与境界，可分三层去理会。（1）感叹夫子之道博大精深，仰弥高，不可及；钻弥坚，不可入。在前在后，恍惚迷离，不可为象。朱熹点明说："此颜渊深知夫子之道，无穷尽、无方体，而叹之也。"② （2）赞叹夫子之道虽然高妙而教人之方却博约有序。"循循然"，循序渐进貌；"诱"，有启发引进义；博文约礼，教之有序。朱熹注："侯氏曰：'博我以文，致知格物也。约我以礼，克己复礼也。'程子曰：'此颜子称圣人最切当处，圣人教人，惟此二事而已。'"③ （3）颜渊自言其学虽有所至，但依然难以企及夫子之道。子贡曾用宫墙高低形容自己与孔子的差距，说："譬之宫墙，赐之墙也及肩，窥见室家之好。夫子之墙数

---

① （宋）朱熹撰：《四书章句集注》，第114页。

② （宋）朱熹撰：《四书章句集注》，第111页。

③ （宋）朱熹撰：《四书章句集注》，第111—112页。

仞，不得其门而入，不见宗庙之美，百官之富。"（《子张》）颜渊的体会较之子贡更为深切。颜渊说，在夫子博文约礼、循循善诱的教化下，自己简直像着了迷一样放不下，对夫子之道，慕之愈深，力之愈尽，力之愈尽，所见益亲，而又总感到还是找不到发力处。朱熹注引程子曰："此颜子所以为深知孔子而善学之者也。"复引胡氏曰："无上事而喟然叹，此颜子学既有得，故述其先难之故、后得之由，而归功于圣人也。高坚前后，语道体也。仰钻瞻忽，未领其要也。惟夫子循循善诱，先博我以文，使我知古今，达事变；然后约我以礼，使我尊所闻，行所知。如行者之赴家，食者之求饱，是以欲罢而不能，尽心尽力，不少休废。然后见夫子所立之卓然，虽欲从之，末由也已。是盖不怠所从，必欲至乎卓立之地也。"①

4. 默识心通。颜子笃实好学，对孔子之道终于默识心通。易言之，圣人之学已内化为他的生命依托。《先进》篇孔子的一句话委婉地表达了这一点，子曰："回也非助我者也，于吾言无所不说。"（《先进》）说，通悦。朱熹解释说："颜子于圣人之言，默识心通，无所疑问。故夫子云然，其辞若有憾焉，其实乃深喜之。"朱熹复引胡氏曰："夫子之于回，岂真以助我望之。盖圣人之谦德，又以深赞颜氏云尔。"②

5. 颜渊之死与孔子之恸。《论语·先进》篇有四则叙事，记载了颜渊之死与孔子的情绪反应及态度。（1）颜渊之死对孔子触动颇深："颜渊死。子曰：'噫！天丧予！天丧予！'"（《先进》）孔子仰天长叹，悼道无传，若天丧己，流露出一种文化使命后继无人的无奈、悲痛与虚幻感！（2）孔子对颜渊之死情绪反应十分强烈："颜渊死，子哭之恸。从者曰：'子恸矣。'曰：'有恸乎？非夫人之为恸而谁为！'"（《先进》）恸，过度的哀伤。朱熹注："哀伤之至，不自知也。……言其死可惜，哭之宜恸，非他人之比也。"③（3）孔子"礼"重于"情"、循理治丧的理智态度："颜渊死，颜路请子之车以为之椁。子曰：'才不才，亦各言其子也。鲤也死，有棺而无椁。吾不徒行以为之椁。以吾从大夫之后，不可徒行也。'"（《先进》）颜路，颜渊之父，名无繇，少孔子六岁，也是孔子的学生。颜路"请为椁"（欲孔子卖车为儿子买椁）属

① （宋）朱熹撰：《四书章句集注》，第112页。
② （宋）朱熹撰：《四书章句集注》，第124页。
③ （宋）朱熹撰：《四书章句集注》，第125页。

于不情之请。孔子当时已致仕，从大夫之列，依礼制，大夫上朝不可以徒行，命车不可以与人而鬻诸市。尽管对颜渊之死十分悲痛，孔子还是直道而行，拒绝了颜路的请求，体现了"礼"重于"情"的理智态度。又如："颜渊死，门人欲厚葬之，子曰：'不可。'门人厚葬之。子曰：'回也视予犹父也，予不得视犹子也。非我也，夫二三子也。'"（《先进》）依常理，丧具称家之有无，贫而厚葬，有悖于常理。故夫子止之。其中"予不得视犹子也"云云，叹不得如葬自己儿子（孔鲤）之得宜以责门人，同样体现了理智的态度。

三 颜渊"二问"之微言大义

朱熹在《读〈论语〉〈孟子〉法》中摘编了程颐的几段话，告诉读者只有仔细玩味、体会《论语》《孟子》的具体语境，才会心有所获。其中有程子说："学者须将《论语》中诸弟子问处便作自己问，圣人答处便作今日耳闻，自然有得。"又说："凡看《语》《孟》，且须熟读玩味。须将圣人言语切己，不可只作一场说话。"如前所述，"学"与"问"密不可分。在解析了颜渊"好学"及其工夫进境后，继而还要解析其"为学"的价值诉求之所重。这就不能不仔细体会"颜子之问"及孔子所答对的与众不同处，此不同处又是否蕴含着某种微言大义？翻开《论语》，弟子之"问"（请教）与夫子之"对"（教诲）关涉人生的方方面面。仔细阅读这些"问"与"对"，会发现一些很有意思的现象：（1）颜子之"问"不像子贡、子夏、子张、子路、有子等的问题那样多，提问时也不似他们那样随便、那样活跃；（2）颜渊只问了两个问题，似乎是他为学所关注的重心所在：一是"颜渊问仁"，另一是"颜渊问为邦"；（3）同样是"问仁"，孔子回答的又各有不同的指向。从这些方面仔细理会，或许才能进入"颜子好学"的深层结构，把握其宗旨。

"仁"是孔学的核心范畴。依朱熹，"仁"为"本心之全德"，故仁统诸德，是孔子思想的根本宗旨、终极归属。"问仁"称得上是孔门学问之第一义。《论语》载："颜渊问仁。子曰：'克己复礼为仁。一日克己复礼，天下归仁焉。为仁由己，而由人乎哉？'颜渊曰：'请问其目。'子曰："非礼勿视，非礼勿听，非礼勿言，非礼勿动。'颜渊曰：'回虽不敏，请事斯语矣。'"（《颜渊》）这段叙事中孔子答对颜渊"问仁"的话有三层义理须加以仔细体会。（1）问"仁"答"礼"，援"礼"入"仁"。关于"克己复礼为仁"，依照朱熹的训诂，"克，胜也。己，谓身之私欲也。复，反也。礼者，天理之节文也。为仁者，所以全其心之德也。盖心之全德，莫非天理，而亦不能不坏于人欲。故为仁者必有以胜私欲而复于礼，则事皆天理，而本心之德复全于我矣。归，犹与也。又言一日克己复礼，则天下之人皆与其仁，极言其效之甚速而至大也"①。面对东周"礼崩乐坏"的现实，孔子不主张机械硬性地回归周公所创制的礼乐体系，历史表明那样已不可能；而是设想出一种文化改良主义，即援"礼"入"仁"，以"仁"释"礼"，通过节制个体意欲，将仁的道德理性（心之全德）浇筑于礼乐中，把礼乐体系外在的限制内心化为自觉自愿的道德情感。（2）孔子说"为仁由己"，意在强调"为仁"的主体性。依孔子，人能弘道，非道弘人，能不能做到"仁"关键在自己有没有这份自觉，非他人所能预；同时表明"仁"并非可望而不可即，"为仁"之动机"在我"，日日克己，不以为难，如此积久为功，则私欲净尽天理流行，也就意味着"成仁"。朱熹注引程子曰："非礼处便是私意。既是私意，如何得仁？须是克尽己私，皆归于礼，方始是仁。"又曰："克己复礼，则事事皆仁，故曰天下归仁。"②（3）克己复礼要在细节上躬行实践。颜渊闻孔子之言，对于天理人欲之辨已判然领会，故不复有所疑问，而直请问其工夫条目，孔子对之以非礼勿视、听、言、动。颜子说"请事斯语"，意味着默识心通又自知其力能够做到，直以为己任而不疑。"克己复礼"遂成为颜子一生的担当，造次必于是，颠沛必于是！

"四勿"之教，看似平淡无奇，其实并不简单，其中饱含着孔子对颜渊学以成仁之殷殷叮咛！大儒程颐早已见到并撰《四箴》点醒此中深意，他说："颜渊问克己复礼之目，夫子曰：'非礼勿视，非礼勿听，非礼勿言，非礼勿动。'四者身之用也，由乎中而应乎外，制于外所以养其中也。颜渊事斯语，所以进于圣人。后之学圣人者，宜服膺而勿失也。因箴以自警。"其《视箴》曰："心兮本虚，应物无迹；操之有要，视为之则。蔽交于前，其中则迁；制之于外，以安其内。克己复礼，久而诚矣。"《听箴》曰："人有秉彝，本乎天性；知诱物化，遂亡其正。卓彼先觉，知止有定；闲邪存诚，非礼勿听。"

① （宋）朱熹撰：《四书章句集注》，第131—132 页。
② （宋）朱熹撰：《四书章句集注》，第132 页。

《言箴》曰："人心之动，因言以宣；发禁躁妄，内斯静专。矧是枢机，兴戎出好，吉凶荣辱，惟其所召。伤易则诞，伤烦则支；己肆物忤，出悖来违。非法不道，钦哉训辞！"《动箴》曰："哲人知几，诚之于思；志士励行，守之于为。顺理则裕，从欲惟危；造次克念，战兢自持；习与性成，圣贤同归。"朱熹对孔子"四勿"之教及程子《四箴》十分看好，在《论语集注》中详加注引，并附按语特意强调说："此章问答，乃传授心法切要之言。非至明不能察其几，非至健不能致其决。故惟颜子得闻之，而凡学者亦不可以不勉也。程子之箴，发明亲切，学者尤宜深玩。"

接着上述《颜渊》篇首章的颜子之问，下面的第二、三章同样也是在问如何做到"仁"的问题，孔子做出了不同的回答。一是："仲弓问仁。子曰：'出门如见大宾，使民如承大祭。己所不欲，勿施于人。在邦无怨，在家无怨。'仲弓曰：'雍虽不敏，请事斯语矣。'"（《颜渊》）仲弓：姓冉，名雍，字仲弓。在孔子弟子"四科十哲"中也属于"德行"科，名列颜渊、闵子骞、冉伯牛之次。孔子教诲仲弓为仁工夫的话，注重日常待人接物上的"敬"与"恕"。主一之谓敬，推己之谓恕。朱熹注："敬以持己，恕以及物，则私意无所容而心德全矣。内外无怨，亦以其效言之，使以自考也。"复按："克己复礼，乾道也；主敬行恕，坤道也。颜、冉之学，其高下浅深，于此可见。"[1]《易》曰："天行健，君子以自强不息。"（《易·乾·象》）"地势坤，君子以厚德载物。"（《易·坤·象》）这里有一个十分重要的分殊，关乎颜渊与冉雍二人的为学进境及孔子的不同要求。依朱熹，孔子教诲颜渊"克己复礼"是就仁学根本处口传"乾道"（"大哉乾元"）、刚健不息、克己成仁之心法，直到无己可克、天理流行、生生不息之大仁，此乃为仁工夫之第一义；而要求冉雍从"敬""恕"处体认为仁工夫，表明冉雍道德主体的自我（己）还不够直方正大，故须用厚德载物之"坤道"加以引领。这样积习既久，虽然也可以进达"无己可克"的大仁之境，但在工夫次第上已落第二义。再看"司马牛问仁"。司马牛，名犁，孔子弟子，但未入"四科"之列。司马牛是宋司马向魋（又称桓魋）之弟。《论语》载，桓魋喜作乱，还曾欲加害孔子。有这样一个兄长，司马牛似乎有些缺少自信，形成忧惧多言的性格。此时问仁，子曰："仁者其言也讱。"司马牛有些不解，曰："其言也讱，斯谓之仁已

---

① （宋）朱熹撰：《四书章句集注》，第133页。

乎?"子曰:"为之难,言之得无切乎?"(《颜渊》)切,忍也,难也。以"言切"释"仁",意在教诲他刚毅木讷,不要多说话,要在事上磨炼出笃实的心性,这也算是"为仁"了。朱熹说:"仁者心存而不放,故其言若有所忍而不易发,盖其德之一端也。夫子以牛多言而躁,故告之以此。……盖圣人之言,虽有高下大小之不同,然其切于学者之身,而皆为入德之要,则又初不异也。读者其致思焉。"① 上述孔子对三处"问仁"之不同指点,不难看出他对颜子内圣之学非同寻常的期待。

颜渊"第二问"即"问为邦"。如果说,颜渊"第一问"(问仁),孔子答对"克己复礼为仁",逻辑重心在"克己"上,这意味着教诲其"内圣"工夫,以明仁学之体;答对颜渊的"第二问"(问为邦)则是就夏、商、周"三代"具体典章制度说"外王"之学,以达仁学之用。《论语》载:"颜渊问为邦。子曰:'行夏之时,乘殷之辂,服周之冕,乐则韶舞。放郑声,远佞人。郑声淫,佞人殆。'"(《卫灵公》)简短的二十八个字看似并无特别要紧处,实则意涵渊深。(1)颜渊"问为邦",事关治国平天下之道,朱熹注:"颜子王佐之才,故问治天下之道。曰为邦者,谦辞。"(2)"夏时""殷辂""周冕""韶舞"可以看作"三代"礼有损益的一个符号,孔子所答,寄托着他对三代之"礼"与圣王之道的憧憬,同时也寄托着对颜渊担当外王之道的厚望。朱熹注引程子曰:"问政多矣,惟颜渊告之以此。盖三代之制,皆因时损益,及其久也,不能无弊。周衰,圣人不作,故孔子斟酌先王之礼,立万世常行之道,发此以为之兆尔。由是求之,则余皆可考也。"② 又引尹氏曰:"此所谓百王不易之大法。孔子之作《春秋》,盖此意也。孔颜虽不得行之于时,然其为治之法,可得而见矣。"③ 清初兼通经史的大儒章学诚在不少学术观念上矫正宋儒,对朱子四书学也时出微词,但在此处所见与朱子注颇相一致,他在《文史通义》中说:"夫子语颜渊曰:'用夏之时,乘殷之辂,服周之冕,乐则韶舞。'是则斟酌百王,损益四代,为万世之圭臬也。"综上可以一言以蔽之,颜渊"二问"的微言大义在"内圣外王"之道。

---

① (宋)朱熹撰:《四书章句集注》,第133页。
② (宋)朱熹撰:《四书章句集注》,第164页。
③ (宋)朱熹撰:《四书章句集注》,第164页。

四 结语：君子学以至圣人之道

在中国儒学史上，程颢、程颐与颜子之学有着特殊的道学姻缘。二程的父亲程珦佩服周敦颐的人品和学识，曾把二子托付于周敦颐门下受学。周敦颐每令其寻"孔颜乐处"，这就埋下了二程子理学的思想种子。程颐始冠，游太学，适逢名儒胡安定以"颜子所好何学"为题试诸生，得程颐之论，大惊异之，即请相见，遂以程子为学职。程颐《颜子所好何学论》云："圣人之门，其徒三千，独称颜子为好学。夫《诗》《书》六艺，三千子非不习而通也。然则颜子所独好者，何学也？学以至圣人之道也。"在这篇名文中，程颐从三个方面论述了"君子学以至圣人之道"的核心议题。（1）圣人可学而至，其形上依据在天道与心性的上下贯通。《论》云："天地储精，得五行之秀者为人。其本也真而静，其未发也五性具焉，曰仁义礼智信。形既生矣，外物触其形而动于中矣。其中动而七情出焉，曰喜怒哀乐爱恶欲。情既炽而益荡，其性凿矣。"① 这里显然是套用《中庸》首章天、性、道、教上下贯通及未发为性、已发为情的道德形上学原理，揭示道德本体的内在性及化情复性的工夫论。（2）证成圣人之道的工夫在正心养性："凡学之道，正其心，养其性而已。中正而诚，则圣矣。君子之学，必先明诸心，知所养，然后力行以求至，所谓自明而诚也。故学必尽其心。尽其心，则知其性，知其性，反而诚之，圣人也。"②《洪范》曰："思曰睿，睿作圣。"据此，程颐强调"诚"的重要性。他说"诚之之道"在于信道笃，"信道笃则行之果，行之果则守之固，仁义忠信不离乎心，造次必于是，颠沛必于是，出处语默必于是，久而弗失，则居之安，动容周旋中礼"③，邪僻之心也就自然不会发生，这就是"诚"。（3）颜子是学以至圣人之道的典范："故颜子所事，则曰'非礼勿视，非礼勿听，非礼勿言，非礼勿动'。仲尼称之，则曰'得一善，则拳拳服膺而弗失之矣'，又曰'不迁怒，不二过，有不善未尝不知，知之未尝复行也'。

---

① （宋）程颢、程颐：《二程集》，王孝鱼点校，中华书局1981年版，第577页。
② （宋）程颢、程颐：《二程集》，王孝鱼点校，第577页。
③ （宋）程颢、程颐：《二程集》，王孝鱼点校，第577—578页。

此其好学之笃，学之之道也。视听言动皆礼矣，所异于圣人者，盖圣人则不思而得，不勉二中，从容中道；颜子则必思而后得，必勉而后中。故曰：颜子之于圣人，相去一息。"① 孟子说："充实而有光辉之谓大，大而化之之谓圣，圣而不可知之谓神。"（《孟子·尽心下》）程颐认为，颜子之德已经可以说是"充实而有光辉"了，但尚未达到"大而化之"，距离圣人之道尚存一间之地，以颜子笃实好学之心，假以时日一定会上达圣人境地。可惜的是天不假年，孔子说其"不幸而短命死矣"，盖伤其未能实现毕生的夙愿，甚可悲叹！

综上，颜子好学的宗旨已灿然明白：学圣人之道，求成仁之学。

---

① （宋）程颢、程颐：《二程集》，王孝鱼点校，第 578 页。

为何是"思无邪"？

——"诗三百"与孔子的致思进路

许春华

摘　　要　孔子生活的鲁国文明传统，春秋时代引诗、赋诗传统，孔子删诗的价值依据，对《鲁颂》的思想寄托，都是影响孔子以"思无邪"总括"诗三百"的重要元素，构成了孔子对"诗三百"作出价值判断的思想进路。"思无邪"与"仁"是相通的，并推动"诗三百"实现了"哲学的突破"。自此，"思无邪"成为"诗三百"之"体"，成为孔子诗学之"本"，孔子开创的儒家诗学思想传统亦由此逐步展开。

关 键 词　"思无邪"；"诗三百"；孔子；进路

作者简介　许春华，河北大学哲学与社会学学院教授，研究方向主要为老庄道家思想、先秦诸子哲学起源与思想。

　　"思无邪"是孔子对"诗三百"的价值判断，是儒家诗学思想传统的核心命题。本文试图从春秋时代的鲁国文明传统出发，探寻《鲁颂》在"诗三百"中的地位，和"思无邪"在《鲁颂·駉》篇中的意义，以梳理孔子确立"思无邪"的思想进路。

一 春秋时代鲁国文明传统

周室东迁之后，丰、镐旧物，散失无存。在东方诸国中，保存周礼较为完整者唯有鲁国，故仲孙湫谓鲁国"秉周礼"（《左传》闵公元年），祝佗言伯禽封鲁地，"祝、宗、卜、史，备物、典册"（《左传》定公四年）。说明鲁国保存着周王室的文献、名物、度数等。对鲁国文化地位更为详尽的记载，可见《左传》昭公二年韩宣子聘鲁：

> 观书于大史氏，见《易》《象》与《鲁春秋》，曰："周礼尽在鲁矣！吾乃今知周公之德与周之所以王也。"

陈梦家认为，此处"观书"与"见《易》《象》与《鲁春秋》"并举，应释为"观《尚书》于大史氏"。[①] 若依陈氏解读，此文能够看到鲁国保存《尚书》《易》《象》《鲁春秋》的完备情况。

能够看到鲁国保存诗乐情况的，当数《左传》襄公二十九年季札观乐：

> 吴公子札来聘。……请观于周乐。使工为之歌《周南》、《召南》，曰："美哉！始基之矣，犹未也，然勤而不怨矣。"为之歌《邶》、《鄘》、《卫》，曰："美哉渊乎！忧而不困者也。吾闻卫康叔、武公之德如是，是其《卫风》乎？"为之歌《王》，曰："美哉！思而不惧，其周之东乎！"为之歌《郑》，曰："美哉！其细已甚，民弗堪也。是其先亡乎！"为之歌《齐》，曰："美哉，泱泱乎！大风也哉！表东海者，其大公乎？国未可量也。"为之歌《豳》，曰："美哉，荡乎！乐而不淫，其周公之东乎？"为之歌《秦》，曰："此之谓夏声。夫能夏则大，大之至也，其周之旧乎！"为之歌《魏》，曰："美哉，渢渢乎！大而婉，险而易行，以德辅此，则明主也！"为之歌《唐》，曰："思深哉！其有陶唐氏之遗民乎？不然，何忧之远也？非令德之后，谁能若是？"为之歌《陈》，曰：

---

① 参见陈梦家《尚书通论》，中华书局 2005 年版，第 12 页。

"国无主，其能久乎！"自《桧》以下无讥焉！为之歌《小雅》，曰："美哉！思而不贰，怨而不言，其周德之衰乎？犹有先王之遗民焉！"为之歌《大雅》，曰："广哉！熙熙乎！曲而有直体，其文王之德乎？"为之歌《颂》，曰："至矣哉！直而不倨，曲而不屈，迩而不逼，远而不携，迁而不淫，复而不厌，哀而不愁，乐而不荒，用而不匮，广而不宣，施而不费，取而不贪，处而不底，行而不流。五声和，八风平；节有度，守有序。盛德之所同也。"见舞《象箾》《南籥》者，曰："美哉，犹有憾！"见舞《大武》者，曰："美哉，周之盛也，其若此乎？"见舞《韶濩》者，曰："圣人之弘也，而犹有惭德，圣人之难也！"见舞《大夏》者，曰："美哉！勤而不德。非禹，其谁能修之！"见舞《韶箾》者，曰："德至矣哉！大矣！如天之无不帱也，如地之无不载也！虽甚盛德，其蔑以加于此矣。观止矣！若有他乐，吾不敢请已！"

从这一大段文字来看，季札虽处于偏僻的吴国，却对鲁国保存的诗乐文明非常熟悉。第一，鲁国乐工歌"诗（乐）"的次序，先《风》中的《周南》《召南》《邶》《鄘》《卫》《王》《郑》《齐》《豳》《唐》《陈》《桧》，然后是《小雅》《大雅》，最后是《颂》，除个别"风"的顺序与今本毛诗不一致，其余基本与毛诗结构相同。第二，季札对所观《风》之"乐""舞"共使用了 11 个"美哉"，另外还有"渊乎""泱泱乎""荡乎""渢渢乎""熙熙乎""思深哉""广哉""至矣哉""德至矣哉""观止矣"等十余个感叹词，以赞叹鲁国乐诗文辞优美，悦耳动听。这是对"诗乐"文明的审美诠释。第三，早期中国文明即有以"乐"陶养道德品质的传统，《尚书》载舜帝命夔典乐："帝曰：夔，命汝典乐，教胄子。直而温，宽而栗，刚而无虐，简而无傲。"（《虞书·舜典》）季札以"周德之衰"评《小雅》，以"文王之德"论《大雅》，以"盛德之所同"歌《颂》，以"直而不倨，曲而不屈，迩而不逼，远而不携，迁而不淫，复而不厌，哀而不愁，乐而不荒，用而不匮，广而不宣，施而不费，取而不贪，处而不底，行而不流"等褒扬之辞，证"盛德"之"至矣哉"。这是对"诗乐"文明的道德诠释。

从这些文献来看，鲁国保存的"周礼"是一种广义的，既有《尚书》《易》《象》《鲁春秋》，亦有比较完备的"乐诗"，已接近于后来所说的"六经"，所以，春秋时代鲁国是宗周文明的中心和高地。不仅如此，《礼记·王制》载鲁国的教育情况："乐正崇四术，立四教，顺先王《诗》、《书》、礼、乐以造士，春秋教以礼、乐，冬夏教以《诗》《书》。"这说明鲁国贵族教育内容不仅包括"礼""乐"，亦包括"诗""书"。春秋时代的鲁国文明与鲁国教育，是孔子生于斯、长于斯的文化场景，也成为孔子创成儒学的文化场景。

二　引诗赋诗与"诗三百"

浸染于鲁国诗乐文明传统中，鲁国贵族在朝廷、邦交、会盟、宴飨等重大政治场合中，出现了鲁文公、鲁襄公、鲁昭公、季文子、季武子、季平子、叔孙穆子、叔孙昭子，包括女性穆姜等一批引诗、赋诗的世卿公族。这一引诗、赋诗现象说明，第一，"诗"不是后人所说的诗歌总集，也不是劳动人民的情感抒怀，而是一种政治文化符号，在重大政治场合大量引诗、赋诗，既是鲁人维持政治秩序，也是周人维系天下的需要。春秋时代鲁人引诗 13 次，赋诗 27 次[1]，其中引诗《大雅》4 次，《小雅》6 次，二者占比 77%；赋诗《大雅》3 次，《小雅》16 次，二者占比 70%。《毛诗序》云："雅者，正也，言王政之所由废兴也。政有大小，故有《小雅》焉，有《大雅》焉。"[2] 这也能够充分体现出鲁国贵族引诗、赋诗的政治倾向。第二，从鲁人引诗、赋诗的时间分布来看，比较集中于襄公、昭公时期，整个春秋时代鲁人引诗 13 次，赋诗 27 次，其中襄公、昭公时期引诗 8 次、赋诗 20 次，引诗占比 62%，赋诗占比 74%。也就是说，处于春秋晚期的襄公、昭公时期，既是鲁国"礼崩乐坏"现象最为突出、最为剧烈的时期，也是引诗、赋诗活动最为活跃的时期。这两种现象同时发生，不是历史的巧合，而是说明了春秋晚期周人贵族阶层对"礼崩乐坏"痛心疾首的同时，也在积极寻找"礼""乐"之外的精神力量，来支撑摇摇欲坠的鲁人政权和周人天下。第三，"诗"走上鲁人甚至周人的政治舞台，有其独特的文本特点，"诗"与"书""礼""乐"不同，

---

[1]　《左传》中鲁人引诗、赋诗情况，参见俞志慧《君子儒与诗教：先秦儒家文学思想考论》，生活·读书·新知三联书店 2005 年版，第 151—157 页；毛振华《〈左传〉赋诗研究》，上海古籍出版社 2011 年版，第 163—164 页。

[2]　（汉）毛亨传，（汉）郑玄笺，（唐）陆德明音义：《毛诗传笺》，孔祥军点校，中华书局 2018 年版，第 2 页。

"书"是一种规范性的书写文本，"礼"是一种言行举止的规制要求，"乐"以声、音、舞为表现形式，"诗"则是一种纯粹的语言形态，它既可以一种口语方式口耳相传，亦可以一种文本方式宣讲传授，其文本简短、合辙押韵、委婉含蓄、意蕴无穷，更容易让从上到下的广大贵族接受。这三者相加，恐怕才是春秋时代鲁国"诗"之兴盛的根本缘由。

据学界研究，赋诗传统至少到孔子中年，才基本销声匿迹①，而引诗传统则一直延续，并受到先秦诸子尤其是早期儒家、墨家的欢迎。"诗"的地位如此重要，"诗"的传播如此广泛，以《诗》《书》《礼》《乐》《史记·孔子世家》为教育内容的孔子，为更方便地进行教育，"孔子闵（悯）王路废而邪道兴，于是论次《诗》《书》，修起《礼》《乐》"（《史记·儒林列传》）。"论次"即编排，"修起"即整理，相比《书》《礼》《乐》，《论语》中孔子更为重视《诗》教，更加强调学诗、用诗的重要性。② 这恐怕也是孔子积极删诗的重要原因。

孔子删诗最早的也是最完整的记载，源自《史记·孔子世家》。与本文相关的至少有两点。第一，是"诗"的数量如何删减？按照司马迁的说法，"古者《诗》三千余篇，及至孔子，去其重"。并记述孔子"上采契、后稷，中述殷、周之盛，至幽、厉之缺"（《史记·孔子世家》）。试想，跨越数个朝代的采风、收集，如果不做认真、细致的整理工作，那么数量的重复、文词的叠加在所难免。所以，孔子对"诗"所做的一项重要工作，就是把"诗"由最初的 3000 余篇删减为 300 余篇，"三百五篇，孔子皆弦歌之"（《史记·孔子世家》）。如果我们认可司马迁的说法，再结合先秦诸子中产生最早的墨子、孔子的文献记载，"诵诗三百，弦诗三百，歌诗三百，舞诗三百"（《墨子·公孟》）。"子曰：诗三百，一言以蔽之，曰：'思无邪。'"（《论语·为政》）

---

① 据学界研究，春秋时代赋诗传统最后发生有两种说法，一种是鲁昭公二十五年（前 517，孔子时年 35 岁），一种是鲁定公四年（前 506，孔子时年 46 岁）。参见俞志慧《君子儒与诗教：先秦儒家文学思想考论》，第 126—131 页。

② 《论语》中与此相关的文献至少包括 4 条。（1）子曰："小子！何莫学夫诗？诗，可以兴，可以观，可以群，可以怨。迩之事父，远之事君。多识于鸟兽草木之名。"（《论语·阳货》）（2）子曰："诵诗三百，授之以政，不达；使于四方，不能专对，虽多，亦奚以为？"（《论语·子路》）（3）子谓伯鱼曰："女为周南、召南矣乎？人而不为周南、召南，其犹正墙面而立也与？"（《论语·阳货》）（4）"陈亢问于伯鱼曰：'子亦有异闻乎？'对曰：'未也。'尝独立，鲤趋而过庭。曰：'学诗乎？'对曰：'未也。''不学诗，无以言。'鲤退而学诗。他日，又独立，鲤趋而过庭。曰：'学礼乎？'对曰：'未也。''不学礼，无以立。'鲤退而学礼。闻斯二者。"（《论语·季氏》）

"诵诗三百，授之以政，不达；使于四方，不能专对，虽多，亦奚以为！"（《论语·子路》）那么"诗三百"的专门称谓是渊源有自的。

第二，"取可施于礼义"（《史记·孔子世家》），这是孔子删诗的价值依据。也就是说，孔子删诗不仅是从数量上删减，而且有明确的价值依据，这就是孔子儒学的"礼义"。关于这一点，我们亦可以从《论语》中找到相关参证，"《诗》《书》执礼，皆雅言也"（《论语·述而》）。无论是司马迁所云"礼义"，还是孔子所云"执礼"，其义涵是相通的。可以推断，"执礼"之"礼"，并非西周至春秋时代礼制、礼仪之"礼"，而是孔子儒学之"礼"，即经过"仁"点醒的"礼"，是"人而不仁如礼何"（《论语·八佾》）之"礼"。司马迁所云"礼义"，即"礼"之"义"，指"礼"之正当性与合理性，亦即"仁"。按照"礼义"这一取舍的价值依据，"诗三百"就不仅仅是一个数量上的专门称谓，亦是蕴含着孔子儒学价值判断的一种专门称谓。

三 《鲁颂》与"思无邪"

按照"诗"之体例，《颂》有《周颂》《商颂》，鲁国为邦国，邦国可以列入《风》中，如《卫风》《齐风》《秦风》等。那么，经过孔子删诗之后的"诗三百"中，为何会有《鲁颂》？对此学界纷争不已，笔者认为，起码有三点值得注意。第一，鲁国在宗周文化中的独特地位。鲁国是周成王封赐周公的封地，可以享有天子礼乐。上文云鲁国是文献之邦，保存了宗周的《诗（乐)》《书》《易》《象》《鲁春秋》等各种文献，是宗周文明的"中心之中心"，从某种意义上说，鲁国即周人文明的象征。第二，孔子删诗的逻辑链条，是以鲁国为终结的，《汉书·艺文志》称孔子删诗"上采殷，下取鲁"。就是说，从"诗三百"的历史跨度来看，其起点为殷商，如《商颂》，其终点是鲁国，如《鲁颂》。第三，《鲁颂》为季孙行父（即季文子）请命于周天子，为歌颂鲁僖公的美德而作，季孙行父与僖公相隔十九世，对于僖公的功德和季孙行父的做法，孔子亦非常推崇，宋人严粲云："其辞特以赞美当时之事，其体犹列国之风，非若商、周天子之颂，用于祭祀，以咏歌先祖之功烈也。圣人于此，以为其文若可以无嫌者，故其文予之，而实则不予也。况夫子鲁人，亦安得削之哉！"① 其中透出孔子浓郁的鲁国文化情结。

那么，接下来的问题是，《鲁颂》对于孔子儒学和孔子诗学有何象征意义？笔者认为起码有两点。第一，《鲁颂》是孔子崇尚"周礼"的象征。孔子崇尚"周礼"，"周监于二代，郁郁乎文哉，吾从周"（《论语·八佾》）。亦敬仰制礼作乐的周公，"甚矣！吾衰矣！久矣，吾不复梦见周公"（《论语·述而》）。孔子删削之后的"诗三百"存有《鲁颂》，这是孔子奉行"周礼"的一种象征，当弟子子张问"十世可知也"时，孔子回答："殷因于夏礼，所损益，可知也；周因于殷礼，所损益，可知也；其或继周者，虽百世可知也。"（《论语·为政》）"诗三百"中的《鲁颂》，或许可以视为孔子对"其或继周者"的一种期许，明儒郝敬云："鲁升而为颂，王降而为风，文武衰而思周公，舍鲁吾何适矣。夏商亡，有杞宋存。其或继周者，鲁不亦为杞宋乎？故以《鲁颂》与《商》《周》并存也。……圣人删其风，存自颂，其志可知。"② 这种期许不能简单贬抑为狭隘的民族主义，孔子生活于周天子权力日渐式微的时代，这体现出来的是孔子自觉传承周人文明的一种使命感，对于鲁国承担天下仁道（孔子云"鲁一变至于道"《论语·雍也》）的宏伟志愿。第二，《鲁颂》是"诗"与"春秋"的结合部。从"诗"与"春秋"的历史记载来看，上文《汉书·艺文志》载"诗三百"的终结点为《鲁颂》，而"春秋"即《鲁春秋》，是对鲁国的历史记载，此或可视为孟子所云"《诗》亡而《春秋》作"（《孟子·离娄下》）的另一种阐释。从"诗"与"春秋"的表达方式来看，"《诗》直其辞而美刺见，《春秋》直其事而是非彰。《诗》之志，《春秋》之义，一也"③。二者不仅是相互通解的关系，还是一种相辅相成的关系，"《春秋》记诸侯之乱，《诗》记诸侯治乱之迹；《春秋》记天下无王，《诗》纪文、武、幽、厉为王之事；《春秋》即礼乐僭乱，《诗》考正朝廷宗庙礼乐。凡《诗》所存者，皆史之所遗"④。"诗"与"春秋"的这种关系，已成为先秦儒学对于儒学经典的一种共识。

---

① （宋）严粲撰：《诗缉》，李辉点校，中华书局 2020 年版，第 1026 页。
② （明）郝敬撰：《毛诗原解 毛诗序说》，向辉点校，中华书局 2021 年版，第 643—644 页。
③ （明）郝敬撰：《毛诗原解 毛诗序说》，向辉点校，第 643 页。
④ （明）郝敬撰：《毛诗原解 毛诗序说》，向辉点校，第 18—19 页。

"思无邪"是孔子关于"诗三百"的核心命题，源于《鲁颂》中的《駉》篇。此篇诗文以"思无疆""思无期""思无斁""思无邪"并列，毛公云："駉，颂僖公也。僖公能遵伯禽之法，俭以足用，宽以爱民，务农重榖，牧于坰野。"① 郑玄《鲁颂谱》云："十九世至僖公，当周惠王、襄王时，而遵伯禽之法，养四种之马，牧于坰野。尊贤禄士，修泮宫，崇礼教。"② 尽管毛公、郑玄对篇旨的传、解都带有汉儒的色彩，但其中也能透出孔子删诗"取可施于礼义"的价值依据。孔子之所以选择《鲁颂·駉》篇，是因为其中的核心语句"思无疆""思无期""思无斁""思无邪"，都是对鲁僖公功德的歌颂，鲁僖公为鲁国中兴之君，《鲁颂》又呼应着孔子对于复兴周礼，传承周人文明的憧憬，从《駉》篇篇旨来看，"思无邪"出自此篇，"故圣人于《駉》尤致意焉"③。

作为"诗三百"的核心命题，"思无邪"非常简略，其中的义涵如何，孔子并未明确。我们尝试从"思"和"无邪"两个层面来探讨。从"思"来说，"诗"中"思"字很多，后世注释者如宋人项安世在《项氏家说》中，认为"诗"之"思"字，皆为语词。或在句首，如"思齐大任""思媚周姜"（《大雅·思齐》），"思文后稷"（《周颂·思文》），"思乐泮水"（《鲁颂·泮水》）；或在句末，如"不可求思""不可泳思""不可度思"（《周南·汉广》），"天惟显思"（《周颂·敬之》）。以此佐证"思"字无解。④ 此种训释过于强调诗文原意，实属牵强。

另一种理解与鲁国大夫季文子有关。《鲁颂》即季文子为鲁僖公请命周天子所作，按照《左传》记载，季文子历仕鲁国文公、宣公、成公、襄公诸君，卒于襄公五年（前568），与孔子（生于襄公二十二年）并不同时。季文子在世时，为鲁国非常著名的大夫，就鲁人引诗、赋诗来说，季文子引诗4次，赋诗4次，对诗文的熟悉程度可想而知。不过，季文子行事过于谨慎，凡事皆三思而后行，故而受到孔子的批评："季文子三思而后行。子闻之，曰：'再，斯可矣。'"（《论语·公冶长》）"三思"易落于谨慎有余，果断不足，

① （汉）毛亨传，（汉）郑玄笺，（唐）陆德明音义：《毛诗传笺》，孔祥军点校，第479页。
② （汉）毛亨传，（汉）郑玄笺，（唐）陆德明音义：《毛诗传笺》，孔祥军点校，第512页。
③ （清）陈奂撰，滕志贤整理：《诗毛氏传疏》，凤凰出版社2018年版，第1075页。
④ 俞樾《曲园杂纂》、郑浩《论语集注述要》亦从此说。参见程树德撰《论语集释》，蒋见元、程俊英点校，中华书局1990年版，第65—67页。

于行事政令无益。宋儒程子云："为恶之人，未尝知有思，有思则为善矣。然至于再则已审，三则私意起而反惑矣，故夫子讥之。"① 程子所云"有思则为善"，比较切近"思无邪"之"思"义。

"无邪"，一般释为"正"，但此种释义总给人意犹未尽之感。学界视为孔门后学的出土文献《郭店楚墓竹简·语丛三》："思亡强，思亡其，思亡幻，思不由我者。"② 廖名春先生依据简文，写为"思无疆，思无期，思无怠，思无不由义者"。认为此简文即《鲁颂·駉》篇的缩写，"思无疆"是该篇首章之句，"思无期"是第 2 章之句，"思无怠（斁即倦怠之义）"是第 3 章之句，并推断末句"思无不由义者"，即《鲁颂·駉》篇第 4 章之"思无邪"，"'思无邪'是反说，'思无不由义者'是正说。'无不由义'即'无邪'"③。值得注意的是，楚简中末句"思无不由义者"不单是解释该篇第 4 章"思无邪"之义，也是对"思无疆""思无期""思无怠"意义的限定，换句话说，"思无疆""思无期""思无怠"都要接受"义"的限定。按照廖名春先生所论，简文的这一说法，起码有三个层次的意义：第一，"思"不是后人所说的虚词，而有其实际意义；第二，赋予了"思无邪"一种新的意义，以"义"阐释"无邪"，是对诗文原意的超越；第三，"思无不由义者"也是对"思无疆""思无期""思无怠"的总体限定，即以"思无邪"统领其他三句，廖氏称之为"以一统三"。④ "思"与"无邪"相对而言，"无邪"是对"思"的引导、引领，有着更为根本的作用，如果把"无邪"理解为一种"义"，那么它就是前文所说"礼"之"义"，沿循《论语》中孔子与颜渊关于"非礼勿视，非礼勿听，非礼勿言，非礼勿动"（《论语·颜渊》）对话的逻辑理路，此"礼"之"义"即"非礼勿思"，由此意义上说，《郭店楚墓竹简·语丛三》"无不由义"与"仁"是相通的。概言之，"思无邪"是孔子对"诗三百"在"仁"之维度上的价值判定。

① 参见（宋）朱熹撰《四书章句集注》，中华书局 1983 年版，第 81 页。
② 荆门市博物馆编著：《郭店楚墓竹简·语丛三》，文物出版社 2003 年版，第 39 页。
③ 廖名春：《郭店楚简引〈诗〉论〈诗〉考》，载姜广辉主编《中国哲学》编辑部、国际儒联学术委员会编《中国哲学 第二十二辑 经学今诠初编》，辽宁教育出版社 2000 年版，第 183 页。
④ 廖名春：《郭店楚简引〈诗〉论〈诗〉考》，载姜广辉主编《中国哲学》编辑部、国际儒联学术委员会编《中国哲学 第二十二辑 经学今诠初编》，第 183 页。

四　结语

综上所述，孔子从《鲁颂·駉》篇中，提出"思无邪"一句，作为对"诗三百"的核心命题，并非空穴来风，而是渊源有自的。孔子生活的鲁国文明传统，春秋时代引诗、赋诗传统，孔子删诗的价值依据，对《鲁颂》的思想寄托，都是影响孔子以"思无邪"总括"诗三百"的重要元素，构成了孔子对"诗三百"作出价值判断的思想进路。"思无邪"与"仁"是相通的，从儒学经典诠释学①的意义上说，"思无邪"是孔子对"诗三百"的儒学经典诠释，它推动"诗三百"实现了"哲学的突破"。自此，"思无邪"成为"诗三百"之"体"，成为孔子诗学之"本"，孔子开创的儒家诗学思想传统亦由此逐步展开。

---

① 关于儒学经典诠释学，参见王中江《简帛文明与古代思想世界》，北京大学出版社 2011 年版，第 323—339 页。

荀子名学思想的政治内涵及合理借鉴[*]

商晓辉

摘　　要　　荀子名学思想中制名的目的是维持共同体的长治久安，制名的主体是"王者"，确保制名的顺利施行所采取的手段是具有规范性和强制性的礼法。其制名的过程虽然涉及对概念的详细划分，但逻辑讨论的背后却与明分的思想密切联系，其名学思想的归宿以现实政治制度的建构为最终目的，真正意图则是建立秩序稳定、上下有序的现实社会。受当时黄老形名思潮的影响，荀子名学思想具有塑造社会意识形态的功能和价值意义。因此荀子名学思想对当代国家意识形态的建构具有深刻的历史借鉴作用。

关 键 词　　荀子；名学；正名；黄老；形名

作者简介　　商晓辉，西北农林科技大学马克思主义学院副教授，硕士生导师，主要研究方向为先秦儒家思想。

荀子是先秦时期学术思想的集大成者，其广泛吸收借鉴道法名墨甚至阴

---

* 本文见于微信公众号"荀子学堂"，2020 年 6 月 15 日。

阳等各家思想①，对先秦时代的天人观、人性论、认识论、礼法思想等都具有深刻集中的论述，并进行了系统的总结概括。而在名辨思想上荀子除继承发展了儒家孔子的正名思想，还选择性地借鉴吸收了名家以及后期墨家的思想。荀子关于名实思想的论述主要集中于《正名》篇中。以往学界对荀子名学思想研究颇多，这里要说明的是改革开放前大部分学者的研究主要是以西方逻辑学作为参照和借鉴，以此对中国古代包括荀子和名学思想在内的名辨思潮进行系统梳理和阐释。如老一辈学者马非百先生从宏观视角出发将先秦名学总体上分为"名法""名理"及"名辨"三个方面，并对每个部分都列举相对应的流派作为典型代表。而改革开放后由于视野的开拓和新理论的传入，当代大部分学者对此问题进行了重新反思。很多学者则另辟蹊径认为考察荀子乃至整个先秦诸子在内关于"名"的思想学说，不能仅仅局限于以西方逻辑学体系作为参照，而应以中国古代"名"所具有的独特思想内涵作为基本考察点和出发点。如有的学者所指出的"荀子的正名理论包含两者，就方法论而言，其正名理论接近于逻辑学；就其思想内涵而言，正名理论近于伦理与政治"②。还有的学者认为包括荀子名学在内的整个古代名思想内涵丰富，甚至提出了"新名学"的口号。③虽然相关的研究同几十年前相比有了长足的进步，但是目前仍有很多学者对于荀子名学思想的研究局限于其逻辑思想方面的阐发④，而对于名学思想之中伦理与政治方面的内涵和意义关注不足或稍显零散。同时还应看到的是荀子名学思想之中伦理与政治的一面除继承儒家传统正名以正政的思想外，受战国黄老形名思想的影响尤深。笔者希望在继承前贤研究的基础上尝试对荀子名学思想的政治内涵和意义及与黄老形名之间的关系进行研究，进而落实到其对今日意识形态建构的借鉴意义，敬请各位专家学者批评指正。

---

① 荀子对道法名墨各家思想均具有系统而详尽的论述，集中体现在其《非十二子》对各家的评说之中。而其对黄老之学的借鉴吸收，参见笔者所著《荀子与战国黄老之学研究》，台北：花木兰文化事业有限公司 2021 年版。

② 孟凯：《求真与致善——荀子正名理论新探》，《管子学刊》2011 年第 2 期。

③ 相关研究参见荀东锋：《"新名学"刍议》，《思想与文化》2015 年第 2 期。

④ 关于荀子正名思想之中逻辑方面的研究，著作颇丰。具体参见李哲贤《荀子之名学析论》，台北：文津出版社 2005 年版；汪奠基《荀子的逻辑思想》，《哲学研究》1958 年第 1 期；陈孟麟《荀况逻辑思想对〈墨辨〉的发展及其局限》，《中国社会科学》1989 年第 6 期；刘培育《荀况名辩思想四题》，《哲学研究》1983 年第 12 期；孙中原《儒家智者的逻辑——析荀子正名论》，《孔子研究》2004 年第 3 期等。

一　荀子名学的政治内涵

对于名实混乱以及正名思想，早在孔子之时就已经被提出并讨论。孔子认为对于国家政事而言最为重要的是"必也正名乎"，即明确划分不同阶层之间的权利与义务的关系，正所谓"名不正，则言不顺；言不顺，则事不成；事不成，则礼乐不兴；礼乐不兴，则刑罚不中；刑罚不中，则民无所措手足"（《论语·子路》）。孔子生当周文衰败之际，西周所实行的礼乐制度已不复存在。而礼乐制度背后所承载的更为重要的是与此相适应的权力架构。因此在政治生活中最为重要的是明确不同阶层之人所享有的不同的政治权利与义务，此即孔子所谓的"君君，臣臣，父父，子子"（《论语·子路》），这里的名意为名分，使不同阶层之人各安其位，各尽其职，彼此之间没有僭越思想的产生。而这势必通过划分不同的制度名号来规定和落实。可以认为"孔子论政，以正名为本。其正名之目则完全以伦理政治之要求为依归"[1]。孔子更多地将名从名称和名号的含义转而引申到政治领域，使得名具有了某种维护共同体秩序的作用。荀子继承孔子正名以正政的思想，这里需要特别说明的是，荀子在正名的原则和方法等方面的确提出了一些涉及纯粹逻辑方面的知识和概念。例如"共名"与"别名"的分类和辨三惑等，有些甚至超出了之前的名家和墨家后学，这是难能可贵的。但这些只是为了实现其正名以正政思想所带来的客观效果，并不是其主要和根本意图所在。其名学思想的最终归宿同孔子一样，都是要落实到伦理与政治层面。我们可以从制名的目的、制名的角色以及为实现制名的目的所采取的方法与手段三个方面来审视荀子正名以正政的思想。

对于制名的目的，荀子明确提出其最终目的并不是与名辨之学争一高下，其最终目的是维护整体秩序的长治久安。"故析辞擅作名，以乱正名，使民疑惑，人多辨讼，则谓之大奸。其罪犹为符节度量之罪也。故其民莫敢托为奇辞以乱正名，故其民悫；悫则易使，易使则公。其民莫敢托为奇辞以乱正名，故壹于道法，而谨于循令矣。如是则其迹长矣。迹长功成，治之极也。是谨

---

[1]　李哲贤：《荀子之名学析论》，第209页。

于守名约之功也。"（《荀子·正名》）荀子在这里认为名实的混乱是非常严重的问题。这不仅仅关涉语言和逻辑的问题，背后反映出的是社会政治方面的问题。正名所带来的政治效果便是秩序井然和分工明确。君主只有在良好有序的政治环境中才能实现社会的长治久安。而所有这些结果的实现最为基本的便是从正名开始，即明确划分不同阶层的权力分配和范围。荀子制名的最终目的归根结底就是"上以明贵贱，下以辨同异"（《荀子·正名》），"异形离心交喻，异物名实玄纽，贵贱不明，同异不别；如是，则志必有不喻之患，而事必有困废之祸。故知者为之分别制名以指实，上以明贵贱，下以辨同异。贵贱明，同异别，如是则志无不喻之患，事无困废之祸，此所为有名也"（《荀子·正名》）。"制名"的目的是"指实"，而这里的"实"其真正内涵并不是弄清楚事物自身在逻辑上和语言上的最终本质和含义，而是明确划分个人政治和伦理的价值，也就是个人在政治生活中的权利与义务。即使在正名的过程之中不可避免地涉及纯粹逻辑思想的探讨，也并不需要将主要方面用之于此。"君子之言，涉然而精，俛然而类，差差然而齐。彼正其名，当其辞，以务白其志义者也。彼名辞也者，志义之使也，足以相通，则舍之矣。苟之，奸也。故名足以指实，辞足以见极，则舍之矣。外是者，谓之切，是君子之所弃，而愚者拾以为己宝。"（《荀子·正名》）过于追求纯粹逻辑上的探讨，虽然在荀子看来有其自身的价值所在，但如果一味沉溺于此在荀子看来应受到严厉的驳斥。

荀子不仅在制名的目的上最终导向于政治和伦理，其制名的角色以及为保障制名的实现所采取的外在手段也同样如此。一方面荀子虽然承认制名要继承以往历史上流传下来的语言传统，"后王之成名：刑名从商，爵名从周，文名从礼，散名之加于万物者，则从诸夏之成俗曲期，远方异俗之乡，则因之而为通"（《荀子·正名》）。同时还要考虑约定俗成的原则，"名无固宜，约之以命，约定俗成谓之宜，异于约则谓之不宜。名无固实，约之以命实，约定俗成，谓之实名。名有固善，径易而不拂，谓之善名"（《荀子·正名》）。但是谁真正根本上掌握制名的权力呢？荀子认为只有"王者"才有资格。"故王者之制名，名定而实辨，道行而志通，则慎率民而一焉"（《荀子·正名》），"若有王者起，必将有循于旧名，有作于新名"（《荀子·正名》），只有"王者"掌握最终的制名权，通过其自身的政治权力推行符合其统治之名，以此来达到政治和社会生活的有序化和秩序化。很显然，荀子所说的王者指的是现实中的君王。通过君主所制定之名，因君主实际地位的无与伦比而具有其权威性和无可置疑性，也就为其在现实中的推行提供了切实保证。那其又依靠什么措施使其制定的名得以顺利推行和巩固呢？也就是其保障制名实现的途径和方法又是什么呢？无非礼和法等强制性手段和措施。"凡邪说辟言之离正道而擅作者，无不类于三惑者矣。故明君知其分而不与辨也。夫民易一以道，而不可与共故。故明君临之以执，道之以道，申之以命，章之以论，禁之以刑。故民之化道也如神，辨说恶用矣哉！"（《荀子·正名》）只有在王纲败坏，"王者"没有礼法等强制性措施作为保障其制名权的情况下，才不得已与奸邪之人从事名实的争辩，"今圣王没，天下乱，奸言起，君子无执以临之，无刑以禁之，故辨说也。实不喻，然后命，命不喻，然后期，期不喻，然后说，说不喻，然后辨"（《荀子·正名》）。可以说荀子最大的贡献就是以礼法作为他推行王道政治的重要手段，其更加强调礼所具有的外在性和约束性。礼所划定的尊卑长幼之等其实就是名的主要内容，也就是所谓之"实"。名则是将此实进行了肯定，也就是荀子本人说的"制名以指实"。名实相符方能实现"邪说不能乱，百家无所窜"的目的。（《荀子·正名》）

当然，在荀子看来，其制名实现的方法除了依靠礼法获等外在强制力的保证外，还有就是通过内在的正心来正名。这其实是儒家的一贯思想，主要涉及《正名》篇后半部分对于道、心和欲的论述①，"凡语治而待去欲者，无以道欲而困于有欲者也。凡语治而待寡欲者，无以节欲而困于多欲者也。有欲无欲，异类也，生死也，非治乱也。欲之多寡，异类也，情之数也，非治乱也。欲不待可得，而求者从所可。欲不待可得，所受乎天也；求者从所可，所受乎心也。所受乎天之一欲，制于所受乎心之多，固难类所受乎天也。人之所欲生甚矣，人之恶死甚矣；然而人有从生成死者，非不欲生而欲死也，不可以生而可以死也"（《荀子·正名》）。在这里荀子认为欲望是天生存在的，任何人不能消除欲望本身。而治乱的关键并不在于欲望的多寡，而在于对于欲望的调节是否得当。具体的话则需要心的调节作用，"故欲过之而动不

---

① 有关《正名》篇后半部分的研究，传统认为与荀子的正名思想无关。因此很少受到学者的关注。但有的学者却认为《正名》后半部分对道、心和欲的论述与礼法相对应，从内外两方面阐释了制名的具体实现方法。具体参见曹峰《〈荀子·正名〉篇新论》，载《儒学全球论坛（2007 临沂·苍山）荀子思想的当代价值国际学术研讨会论文集》，2007 年；陈波《荀子的名称理论：诠释与比较》，《社会科学战线》2008 年第 12 期。

及，心止之也。心之所可中理，则欲虽多，奚伤于治？欲不及而动过之，心使之也。心之所可失理，则欲虽寡，奚止于乱？故治乱在于心之所可，亡于情之所欲"（《荀子·正名》）。也就是说心如果能够很好地引导和调节欲望的话，那么人们就不会受到名家等诡辩思想的误导。但是心的调节作用最终需要道为准则，而荀子的道恰恰指的就是儒家所提倡的"礼义"，"道也者，何也？礼义、辞让、忠信是也"（《荀子·强国》）。"礼者人道之极也"（《荀子·礼论》），先王之道或者人道具体就是儒家一贯提倡的仁义之道，"历史虽有古今先后的不同，但贯穿其中的道却是始终如一的。这种人道的实质，荀子认为就是社会人伦，就是礼义道德，就是百王一贯的王道"①。也就是说荀子所倡导的正心以正名的方法，其实现的手段归根结底是人们依据儒家传统所提倡的礼义道德作为出发点。以儒家的礼义道德作为评判是非的标准，来判断奸言和奇辞的与否。因此可以认为荀子制名实现的保障，"一个是外在的方面，君主凭借王权的力量，制定正确的名称并予以推行，理顺社会秩序，达到天下大治；另一个是内在的方面，君子通过正心、修身，心依凭道的指引，趋利避害，选择适当的欲，使其得到满足，由此造成君子的理想人格。也可以说，君子通过正心来正名"②。这同以外在礼法作为制名实现的保障一样，最终都以政治和伦理为依归。

二 荀子名学与明分使群的内在关联

荀子制名的目的、角色以及为实现制名所采取的方法和手段最终都落实到政治和伦理层面，也就是借助现实君王的政治权力来规范语言的问题。其核心是体现儒家所宣扬的仁义礼智之道。那么我们要问的是，荀子通过外在具有规范性措施的礼法来推行的名其最终要达到怎样的现实效果呢？答案就是建立明分使群的秩序化社会。而明分反过来恰恰又与对概念的详细划分紧密相连。

荀了对概念的分类可谓发展了名家和墨辩的思想，并在此基础上有了更

---

① 韩德民：《荀子与儒家的社会理想》，齐鲁书社2001年版，第320页。
② 陈波：《荀子的名称理论：诠释与比较》，《社会科学战线》2008年第12期。

深入和详尽的诠释。例如其对"共名"和"别名"以及"大共名"和"大别名"的划分，"故万物虽众，有时而欲无举之，故谓之物；物也者，大共名也。推而共之，共则有共，至于无共然后止。有时而欲偏举之，故谓之鸟兽。鸟兽也者，大别名也。推而别之，别则有别，至于无别然后至"（《荀子·正名》）。举例来说，花是一个"别名"。而具体的花如牡丹、玫瑰则是分属于花这一"别名"之下，因此可以被称为"大别名"，也就是外延最小的个别概念。而花则包含在植物当中，因为植物并不仅仅包含花，还有草木等，植物则属于"共名"概念。与植物同等概念的则是动物鸟类昆虫等，这些全都可以最终概括为物，物也就是所谓的"大共名"，也就是外延最大的最普遍的概念。又如"物有同状而异所者，有异状而同所者，可别也。状同而为异所者，虽可合，谓之二实。状变而实无别而为异者，谓之化。有化而无别，谓之一实"（《荀子·正名》）。这些讨论都是对于名词和概念的逻辑分析，从中可见荀子对概念的划分的确鞭辟入理。荀子认为概念的明确划分是不容许有半点错误的，不同的概念一定要给予不同的名称，"同则同之，异则异之。单足以喻则单，单不足以喻则兼；单与兼无所相避则共；虽共不为害矣。知异实者之异名也，故使异实者莫不异名也，不可乱也，犹使同实者莫不同名也"（《荀子·正名》）。引申到政治生活也是同样的道理，甚至同其他领域相比更具有非同寻常的意义。荀子认为对于概念的详细划分是"王者"成就基业的开始，"故期命辨说也者，用之大文也，而王业之始也"（《荀子·正名》）。概念的详细划分是与其明分思想相一致的，或者说概念的划分背后其实是对"名"的肯定和确认。正如有的学者所指出的"荀子认为世界上所有人和物都可以完整的，清楚地纳入一个地位、等级分明并且各得其宜的巨大的系统中，而君主正居于系统的顶点。正如内山俊彦所指出的那样区别共别之方法，将事物及其名称从普遍到特殊按垂直方向加以立体化的思考方法，和人类世界有分、自然世界有序列的思考方法，正好相似。因此，名的分类法为荀子的群分论提供了思想和理性的依据"①。"别名""大别名"以及"共名""大共名"等逻辑概念的详细讨论所反映的是对于社会成员依据不同的身份所划定

---

① 曹峰：《〈荀子·正名〉篇新论》，载《儒学全球论坛（2007 临沂·苍山）荀子思想的当代价值国际学术研讨会论文集》，2007 年。曹峰先生据此还提出了所谓的"政论型名家"与"知识型名家"的划分，具体参见曹峰《对名家及名学的重新认识》，《社会科学》2013 年第 11 期。

的等差秩序的投射。通过概念的详细划分任何阶层之人都可以各归其位、各安其职。

可以说《荀子》一书对明分的讨论非常之多，如"无分者人之大害也，有分者天下之本利也"（《荀子·富国》），"人道莫不有辨，辨莫大于分"（《荀子·王制》），其认为分对于社会的稳定和秩序化具有非同寻常的意义，"分则和，和则一，一则多力，多力则强，强则胜物。宫室可得而居也，故序四时，裁万物，兼利天下，无它故焉，得之分义也"（《荀子·王制》）。"离居不相待则穷，群而无分则争。穷者患也，争者祸也。救患除祸，则莫若明分使群矣。"（《荀子·富国》）政治和现实生活之所以能够实现有序化和条理化，最为重要的就是明分的举措使然。这和荀子对概念的划分使万物都能够进行有序归位可说是具有相似的性质。而"王者"恰恰位于分所划归的等差秩序的金字塔顶端，是分得以实现的重要保证，"而人君者，所以官分之枢要也"（《荀子·富国》）。荀子所认为的掌握制名权的角色和分得以实现的保障其最后归宿都是"王者"，也就是通过王者借助政治权力来推行其所制定的名和实现明分。荀子推行明分也重礼法，其甚至礼法并称。"听政之大分：以善至者待之以礼，以不善至者待之以刑。"（《荀子·王制》）"分莫大于礼"（《荀子·非相》），"故先王案为之制礼义以分之，使有贵贱之等，长幼之差，知愚能不能之分，皆使人载其事，而各得其宜。然后使谷禄多少厚薄之称，是夫群居和一之道也"（《荀子·荣辱》）。"在《正名》篇中，正名虽然没有直接和分的思想挂上钩，但笔者以为，在其背后，分的思想之影响依然是存在的。'辨同异''明贵贱'之正名的目标就是要建立一个上下有别、等级分明、分工明确井然有序的理想社会。"① 荀子在《正名》篇中不厌其烦地对"共名"和"别名"等逻辑概念进行辨别与批判的真正意图，其目的和政治意义就是为其政治伦理思想寻找客观依据，就是建立其"明分使群"的现实社会。

三　黄老形名与荀子名学的关系

儒家自孔子便认为正名的目的是对于政治和伦理的澄清和解释，将正名

① 曹峰：《〈荀子·正名〉篇新论》，载《儒学全球论坛（2007 临沂·苍山）荀子思想的当代价值国际学术研讨会论文集》，2007 年。

与现实政治紧密结合，也就是所谓正名以正政的思想。荀子继承孔子的内在精神，也是从政治与伦理着眼，辩说也是为此宗旨服务，此即"后王之成名，不可不察也"（《荀子·正名》）。但荀子生当战国末期，吸收借鉴各家学说之长，学识之丰富和深厚是不必待言的。据史料记载，荀子"三任稷下祭酒，最为老师"，也就是说荀子曾在齐国稷下学宫讲学著述长达几十年。稷下学宫是战国时期学术思想的中心，各家思想兼容并包，而其中的主要思潮即为黄老之学。我们考察黄老之学可以知晓，其对形名思想的论述非常之丰富。① 二者在思想上应该是互相吸取对方之长，为己所用。

在名学思想方面，黄老之学论述之深之详在先秦诸子之中可谓独树一帜。具体来说黄老之学是通过对形名的论述来表达其正名思想的，最终也是将名引领到政治层面上去。公认的黄老之学的代表作《黄帝四经》首先列举各种君臣易位、名实不副的现象，"君臣易位谓之逆，贤不肖并立谓之乱，动静不时谓之逆，生杀不当谓之暴。逆则失本，乱则失职，逆则失天，暴则失人。失本则损，失职则侵，失天则饥，失人则疾"（《经法·四度》）。君臣易位只是事物的表面现象，这种种现象轻则导致主权下移，重则导致国破家亡。背后实质上反映了原有政治秩序的失衡与解体。那么怎样才能避免此种祸患的发生呢？黄老之学给出的答案是通过形名的建立，"上信无事，则万物周遍。分之以其名，而万民不争；授之以其名，而万物自治"（《道原》）。当务之急是依据事物自身之形，来制定与事物自身之形相符合的名，然后以此名来检验核实具体的活动是否与其形相一致。过犹不及都是名不副实的表现，通过名实的相一致来达到现实政治生活的有序。"天下万物都是有形名来作为自己存在的标志与显示的，作为天地整体中的国家、政治行为和事件必须有确定的形名；另一方面，作为执政者必须赋予政治行为和事件以形名，使人间社会政治世界的事物具有确定性，由此而建立国家

---

① 基于荀子长期在稷下讲学，稷下学宫思想氛围浓厚，儒道墨法名各家思想自由辩论，但其中主要思潮是黄老之学。有的学者据此认为荀子思想深受黄老影响。相关研究成果可参见赵吉惠《荀况是战国末期黄老之学的代表》，《哲学研究》1993 年第 5 期；丁原明《论荀子思想中的黄老倾向》，《管子学刊》1991 年第 3 期；余明光《荀子思想与"黄老"之学——兼论早期儒学的更新与发展》，《河北学刊》1996 年第 1 期；孙以楷《荀子与先秦道家》，《学术月刊》1996 年第 8 期；李德永《道家理论思维对荀子哲学体系的影响》，载香港道教学院主办，陈鼓应主编《道家文化研究》第一辑，上海古籍出版社 1992 年版，第 249—264 页。

政治制度，形成国家的政治秩序。"① 可见，形名的建立是刻不容缓的。通过形名的推行，明确君臣之间的不同分工。以此达到上下不相干预、职责分明的政治秩序。从中看出，其建立的最终目的就是维持原有的明确的秩序和环境。而对于形名建立的角色来说，《黄帝四经》虽然没有像荀子一样明确提出是现实之中的"王者"，但是从"执道者"的角度来看，其通过审核形名、循名责实的方法来达到现实政治的规范化和有序化，使各级之间界限分明，不相僭越。那么这个角色的建立者就绝不能是普通人，非人君莫属。"道不能直接生法，需要有一个'人'的中介，即'执道者'生法。'执道者'的提出，解决了道与法之间缺少必要的联系或中介的问题。"②

同时为确保形名的顺利施行所采取的措施方面，黄老也以法作为强制推行的手段和方法。"形名展现在人文制度中就是名位的安置、是非黑白的确立，换言之，是指向价值的确立，这一价值对于执道者而言，就是用天当，于道自身而言是道纪，而对于人文制度的实行，则是法的确立，法就是是非曲直的判准。"③ 也就是说形名在具体政治生活中的表现便是法的引入，将法作为判断是非的曲直，"法者，引得失以绳，而明曲直者也"（《经法·道法》）。"事如直木，多如仓粟。斗石已具，尺寸已陈，则无所逃其神。度量已具，则治而制之矣。"（《称》）这里的"斗石""尺寸"指的都是法，法就如"斗石""尺寸"一样是判断事物的外在标准。而荀子恰恰也将法看作如"斗石""尺寸"一样，作为判断淫词和邪说与否的标准，二者的看法是相同的。

现实政治生活中名直接引导出法的运用，使得"名"自身就具有了法的政治功能。曹峰通过研究注意到战国至汉代初年"名""法"连用，"名""法"并举的现象④，名与法常常是并列出现的。黄老之学中"名""法"对举的例子很多，"天下有事，必审其名。名理者，循名究理之所之，是必为福，非必为灾。是非有分，以法断之；虚静谨听，以法为符。审察名理终始，

---

① 荆雨：《自然与政治之间——帛书〈黄帝四经〉政治哲学研究》，东北师范大学出版社 2007年版，第 120 页。

② 荆雨：《试析帛书〈黄帝四经〉"道生法"思想的内涵及意义》，《中国哲学史》2005 年第4 期。

③ 郭梨华：《〈经法〉中"形—名"思想探源》，《安徽大学学报》（哲学社会科学版）1998 年第 3 期。

④ 参见曹峰《中国古代"名"的政治思想研究》，上海古籍出版社 2017 年版，第 82 页。

是谓究理。唯公无私，见知不惑，乃知奋起。故执道者之观于天下也，见正道循理，能与曲直，能与终始。故能循名究理。形名出声，声实调和。祸灾废立，如影之随形，如响之随声，如衡之不藏重与轻。故唯执道者能虚静公正，乃见正道，乃得名理之诚"（《经法·明理》）。这里首先提出治理天下需要"循名究理"，也就是"审察名理"的意思。在此基础上还要"以法断之"和"以法为符"，以法律作为判明是非的标准和尺度进行裁决。

为什么说"名"在某种意义上具有"法"的功能和作用呢？荀子和黄老都认为"名"往往与权力相联系，它建构了现实的政治制度和秩序，规范了人们的言行和思想。如果从政治层面考察的话就是通过"名"建构的伦理纲常和行为规范来匡正和巩固封建制度及秩序的稳定。黄老之学甚至提出了"三名"来看待政治层面的"形名"问题。"三名：一曰正名立而偃，二曰倚名法而乱，三曰无名而强主灭：三名察则事有应矣。"（《经法·论》）名实相副则国兴，反之则国家灭亡。通过"名"即正名分来达到教化天下的最终目的，以此维护社会的伦理纲常、等级制度。"名"在这里建构了符合封建统治利益的政治观念、道德规范。"政者，名法是也。以名法治国，万物所不能乱。"（《尹文子·大道下》）仁义礼智信的背后都是通过"名"的建构得以实现，立为名分、定为名目、号为名节、制为功名。名在这里起着传统社会的法律规范的作用，名教在一定程度上就是封建社会的根本大法。

最后对于制名的政治意义，与荀子同为稷下先生并深受黄老影响的慎到也有类似的明分思想，"一兔走街，百人追之，贪人具存，人莫之非者，以兔为未定分也。积兔满市，过而不顾。非不欲兔也，分定之后，虽鄙不争"（《慎子·逸文》）。大街上的兔子许多人捉，市场上的却没人理会，这是因为后者名分已定。这里强调的是对于事物和个人所具有的权力和职责的划分，与荀子明分思想相类似。也就是说，"透过授名定分的手段，去排定事物的条理和秩序，让每一件事物在各自的名分下，拥有了自己的位，定了位，一切的纷争自然消失，一切的干预也显然多余。如此，便可达到不治而自治，不理而自理的效果"①。从此也可以看出，荀子与慎到明分思想是互相影响和借鉴的。二者对名的讨论最终归宿都是伦理与政治，都是建立等级分明，上下

---

① 陈丽桂：《战国时期的黄老思想》，台北：联经出版事业股份有限公司1991年版，第75页。

有差的现实社会。①

当然我们也要看到虽然荀子名学思想受到黄老形名的影响，但其中也有不同的地方，这就是二者在名学思想背后所展现的法思想和名分思想内涵的区别。慎到的"分"概念是从法的公共性和客观性的角度来思考的，"分"的作用和职能体现在对政治经济以及社会公共事务的考虑之上，其根本目的是维护社会公共生活的稳定和谐。而荀子法思想中所体现的"分"却是礼所体现的等级原则。对荀子而言"分"被纳入了传统的礼，权利就被消融在亲亲、尊尊的血缘身份制度中，权利完全被宗法血缘制度规定，权利完全以宗法等级制度作为标准和参照，这是儒家思想的一贯主张，用荀子本人的话来说就是"礼也者，贵者敬焉，老者孝焉，长者弟焉，幼者慈焉，贱者惠焉"（《荀子·大略》）。而反观慎到法思想所体现的精神和原则与荀子完全不同。慎到显然超出了宗法血缘制度的藩篱，认为人间秩序的制定要效法自然和天地的秩序，"道法"是最高的标准。因此要效法自然法则来制定人世间的所谓成文法，成文法的制定即体现了自然法则的公平公正客观的至上性原则和精神。在慎到思想之中，"道"或者"道法"所集中体现的自然法则成为其法思想的原理和精神所在，这是其与荀子以宗法血缘制为基础所体现的等级制原则的法义思想最大的不同和差异所在。荀子所谓的公平性和公正性正是其所标榜的等级性。换句话说荀子认为等级制所体现的尊卑贵贱的不平等性正是最大的平等和公正。也就是"夫两贵之不能相事，两贱之不能相使，是天数也"（《荀子·王制》）。

四　结语

荀子名学思想的政治内涵之中制名的目的是"明贵贱"，制名的角色是"王者"。确保制名所采取的手段是通过外在强制性的法以及内在儒家的礼义

①　我们现在一般把慎到视为法家重势派代表。但是细致分析其思想可以看出，其学说包含道家浓厚的思想特点。尤其是《庄子·天下》对其思想的描述最为明显。史料也明确记载"慎到赵人。田骈、接子齐人，环渊楚人。学黄老道德之术"，可以看出慎到是稷下著名的学者，长期在稷下讲学论道，其思想之中体现了浓厚的黄老思想。具体参见笔者所著《万物以齐为首：慎到与荀子法思想比较研究》，载陈明、朱汉民主编《原道》，湖南大学出版社2018年版，第163页。

道德来正心以正名，其名学思想的政治意义则是建立一个秩序分明的现实社会。虽然其中有对逻辑思想如概念的详细划分和研究，但其背后体现了明分的思想存在。是为其现实的社会寻求理论上的说明，最终归宿都是以政治和伦理为目的。而黄老之学对于名学的论述，以形名的具体形式进行阐发。其制名的目的、角色以及为确保形名的顺利施行所采取的手段，以及正名的政治意义与荀子也是相同的。可以说荀子与黄老二者相互影响，借鉴和吸收对方之长，在客观上为先秦名学的发展推进了坚实的一步。而名对于构建政治秩序以及维护秩序的稳定之作用在后世得到了更为积极的肯定。"故执道者之观于天下也，必审观事之所始起，审其形名。形名已定，逆顺有位，死生有分，存亡兴坏有处，然后参之于天地之恒道，乃定祸福死生存亡兴坏之所在。是故万举不失理，论天下无遗策。故能立天子，置三公，而天下化之：之谓有道。"（《经法·论约》）在这里诸如迎立天子、设置三公等如此重要的政治举措都属于形名所划定的范畴，都是名所构建的政治秩序之密不可分的内容。

荀子名学思想的背后体现了儒家思想在古代社会所起到的构建和维护共同体秩序稳定的意识形态之作用。此时之名正如有的学者所指出是儒家或儒学体系和体制的代名词。[①] 虽然在中国历史上名也有名声的含义在内，但大多数情况下却运用于国家意识形态的建构，起到维护共同体秩序的根本作用。因为在此层面下的名背后其实暗含着对权利与义务的界定和划分。包括荀子在内的儒家学者自始至终认为社会各阶层如能各守其名、各尽其分就能实现尧舜之治。正所谓"君臣父子，名教之本"，具体到荀子则是以礼来实现名在国家整体建构中的落实。"离居不相待则穷，群居而无分则争。穷者患也，争者祸也，救患除祸，则莫若明分使群矣。强胁弱也，知惧愚也，民下违上，少陵长，不以德为政，如是，则老弱有失养之忧，而壮者有分争之祸矣。事业所恶也，功利所好也，职业无分，如是，则人有树事之患，而有争功之祸矣。男女之合，夫妇之分，婚姻娉内送逆无礼，如是，则人有失合之忧，而有争色之祸矣。故知者为之分也。"（《荀子·富国》）基于人类欲望不加节制的无限性与现实资源的有限性二者的矛盾冲突，"明分使群"是势在必行的，其内在原则和依据就是以礼来区分不同阶层，以使其能够互相之间各守其名

---

① 参见苟东锋《圣人之权与成德之舆——论儒家的名声观念》，《文史哲》2021 年第 2 期。

所规定的对权利和义务的认可，最终完成对理想的群居合一之道的实现。在这里礼是治国理政的根本之道，名则是其中礼义的现实体现和落实。通过梳理名在历史上国家治理层面的意义可以看出，儒家宣扬的君臣父子和仁义礼智之道通过名得到了强化和巩固，名在这里无疑起到了维护社会整体秩序的意识形态之作用。

差异化平等与超越之价值追求：
从孟子对"四圣"的评价入手[*]

刘　欢

摘　　要　孟子的性善论和由此成就的"圣"之理想具有平等和超越之双重面向：平等表现为差异化的平等，而非绝对平均主义或者忽视个体差异和政治、社会与个体之间不同的绝对同一主义；超越也是建立在平等人性论基础上的价值超越，而非一开始就表现为区别的等级制，因而平等与超越密不可分。具体说来，差异化平等主要表现为以下三个方面，其一，先天成圣平等与后天人事之不齐导致的实际成圣程度之差异；其二，君子伦理与庶民伦理之不同；其三，圣之清、任、和、时之不同面向的差异。但无论是何种差异，平等精神都是蕴藏在其背后的根本底色。

关 键 词　平等；差异；超越；人；圣

作者简介　刘欢，郑州大学哲学学院讲师，硕士生导师，研究方向主要为先秦儒家哲学、庄子哲学。

＊　本文系河南省哲学社会科学规划项目"《庄子》物论思想研究"（2020CZX022）、郑州大学2022年度校级教育教学改革研究与实践项目"以'大班授课、小班讨论'教学模式为基础的《中国教学史》教学改革研究与实践"（2022ZZUJG034）的阶段性成果。并经修改以《孟子的多维度价值域及其证成——以"圣"观念为核心的讨论》为题发表于《孔子研究》2023年第6期。

随着西方民主、平等、权利等观念传入中国，并逐渐为国人所接受，以至于上升为社会主义核心价值观体系之中，学者们亦开始重新重视和挖掘中国传统文化中的平等意蕴。在此背景下，孔子的"仁"学思想和儒家性善论、君子人格、民本论等自然成了可以依托的重要思想资源，由此产生了一系列有关平等精神的论断，如所谓的"机会平等"、"人格平等"、"形式平等"、"自然平等"（与价值平等相对）、"天赋平等"、"人性平等"①等，为我们进一步研究儒家的平等观念提供了很好的前提和指引。与此同时，学者们在研究儒家平等观念的同时，亦逐渐关注到平等背后的差等面向，此中不仅有费孝通先生从社会史、文化史的观察出发建构起来的人伦差序格局思想，亦有从"礼"制出发认为古代社会实际上呈现的是一种明显的等级制度的思想，还有从道德平等出发，认为推崇道德平等实际上仍是一种精英统治的思想等。无论如何，关于差等的关注点主要集中在不平等的社会现实或形式平等所带来的结果不平等上。近些年来，以这些研究为基础，学者们又从不同方面展开了对平等观念的探讨，由此产生了一批丰硕的研究成果，如杨国荣先生以孟子为中心，对君臣之义及礼制所规定的等级差异和孟子从性善论出发，表达的人性独立及人性平等的双重面向从政治角度进行的揭示；高瑞泉先生从人性论、政治平等向度的社会史、经济平均主义、伦理学向度上的社群主义的新诠释四个方面展现了平等观念在儒家系统中的复杂面向；张舜清先生透过等差性这层外衣，挖掘儒家"君子"文化中蕴含的富有现代意义的平等意识和精神②等。凡此不仅推进了儒家平等观念研究的深入，而且对提示我们注意价值之应然与社会之实然之间的矛盾，引导我们进一步探索平等问题展开所蕴含的复杂性皆有相当的助益。不过，相比于对平等问题的青睐和注目，有关差异性的问题总体来说谈得不够，尤其是对于有着丰富

---

① 这方面比较典型的研究有［美］孟旦《早期中国"人"的观念》，丁栋、张兴东译，北京大学出版社 2009 年版；何怀宏《儒家的平等观及其制度化》，载国际儒学联合会编《国际儒学研究第 6 辑》，中国社会科学出版社 1999 年版；王中江《孟子的"天赋权利"思想——以"天爵"、"良贵"和"民意"为视点》，《哲学与文化》2007 年第 7 期；梁涛编《孟子解读》，中国人民大学出版社 2010 年版，第 21 页。

② 分别参见杨国荣《儒家政治哲学的多重面向——以孟子为中心的思考》，《浙江学刊》2002 年第 5 期；高瑞泉《论平等观念的儒家思想资源》，《社会科学杂志》2009 年第 4 期；高瑞泉《平等观念在儒家系统中的四个解释向度》，《江苏社会科学》2010 年第 6 期；张舜清《儒家君子文化中的平等意蕴》，《北京大学学报》（哲学社会科学版）2021 年第 1 期。

"不齐"与"齐"① 即差异与平等交织思想存在的孟子来说，如何看待孟子思想中关于差异、平等与超越的矛盾以及平衡问题，换句话说，孟子思想中的平等究竟是什么意义上的平等，差异是什么意义上的差异，差异如何通向平等，平等又为什么必然关涉差异，以及平等是否意味着对超越的否定，诸如此类的问题，依然存在较大的研究空间可以深入。这不仅关系到我们怎么理解孟子思想中的"人"论，还关涉对于孟子乃至儒家思想的整体理解以及如何实现平等观念的现代化的问题，意义重大，因而有必要将《孟子》中的这类文本进行细致梳理并加以深入研究。为了论题的集中，我们将从孟子对"四圣"的评价中体现出来的平等与超越的思想入手。

在《孟子·万章下》中，孟子建构了一个有关"圣人"的谱系学说：

> 孟子曰："伯夷，圣之清者也；伊尹，圣之任者也；柳下惠，圣之和者也；孔子，圣之时者也。孔子之谓集大成。集大成也者，金声而玉振之也。金声也者，始条理也；玉振之也者，终条理也。始条理者，智之事也；终条理者，圣之事也。智，譬则巧也；圣，譬则力也。由射于百步之外也，其至，尔力也；其中，非尔力也。"（《万章下》）

这里，孟子称伯夷、伊尹、柳下惠和孔子分别为"圣之清""圣之任""圣之和"和"圣之时"，由此一方面我们看到了四者之间的共性，即都可以"圣"之名称呼，一方面也看到了四者之间的差异，即四人分别体现了"圣"之"清""任""和""时"的不同面向，而从后面的"集大成"以及与此章文字非常类似的《公孙丑上》所有的"出于其类，拔乎其萃"的说法可知，有着"圣之时"称呼的孔子之德行显然要高于其余三圣，如此似乎又有将孔子独立于"圣"之外而为"圣"之"圣"的倾向。这样，"四圣"之间好像又呈现出某种等级程度的差异，这是否构成一种矛盾？如果说前者是在人禽之

---

① 《孟子》一书中，关于"物之不齐，物之情也"（《滕文公上》），"人事之不齐"（《告子上》）与"凡同类者，举相似也"（《滕文公上》），"尧舜与人同耳"（《离娄下》）之类的对比等，提示我们《孟子》中不仅有建立于人禽之别基础上的普遍性善和成圣理论，亦有关于圣凡之别、士民之别、贤庶之别、君民之别、臣臣之别、小人大人之别、凡凡之别、圣圣之别等的差异化人论思想，甚至并不否定"以德性为基础的贵族政治"，这背后反映了很深刻和复杂的有关平等与差异的矛盾。

别的基础上凸显圣人与人平等的思想，后者则建基于圣凡之别、圣圣之别的超越主张。这两种思想的矛盾与融合，构成了孟子思考人的问题——包括人性与成人、伦理与价值、道德与行动、政治与秩序等——的基底，亦由此建构起了儒家既平等又超越的价值理想。这种价值理想突出体现在孟子对"君""臣""士""君子""师""民""人""圣"等之"名"，或者概括来说，即"君子"与"庶民"之"名"所蕴含的差异化对待思想之中。下面将从此入手，从三个层面分别探析孟子思想中的差异化平等以及建立在平等基础上的超越之价值追求并行的二元面向。

一　先天成圣之平等与后天人事之不齐所导致的实际成圣程度之差异

孔子思想中的平等意蕴主要体现在其"忠恕之道"上，还未与人性论相结合，孟子则致力于从同一的人性尤其是从性善论的构建方面，来为孔子道德平等前提下的"忠恕之道"寻找依据。孟子的性善论至少在以下三个方面体现了平等内涵。一是在区别于动物的人之为人的类本质的层面上言人性，认为人先天皆具有"恻隐之心""羞恶之心""恭敬之心""是非之心"四端，此天之所与每个人的四端保证了人成就仁义礼智之道德人格的可能性，就这个意义上而言，人与人之间具有共同性，因而是平等的。二是就人皆有相同的官能，借助于同一官能对同一事物所产生的客观感受也应该是相似的而言人性具有共同性，这一方面的典型例证是孟子所举的"今人乍见孺子将入于井，皆有怵惕恻隐之心"（《公孙丑上》）的例子，以及"口之于味""耳之于声""目之于色"有"同耆""同听""同美"的论断，孟子还以后者来推论"心"亦应有"同然"，并认为"心之所同然"者，应为"理也""义也"（《告子上》）。从这里可以看出，人与人之间具有感觉和心知的共同性，乃以上论断能够成立的基础[1]。就此而言，人与人之间至少在孟子的理论背景中确

---

[1]　孟旦便是从人们"对于相同的状况（如对于伤害、欺骗、仁慈、饥渴）有着相同的反应"以及"所有人都爱自己的亲人，表现出对亲人的关心"来论证儒家的自然平等理念的（参见［美］孟旦《早期中国"人"的观念》，丁栋、张兴东译，第14页）。

实是因皆有性而普遍平等的。① 三是，不同于前两者是从先天的角度体现平等，孟子还从后天着眼，提出建基于"圣人与我同类"（《告子上》）之上的"人皆可以为尧舜"（《告子下》）的普遍成圣主张。也就是说，孟子认为，个体之间虽然会有或大或小的自然差异，但这些差异对于以后他们作为社会成员的行为并没有太大的影响，人人只要努力，就可以达到尧舜的境界。因而，不同于孔子从能够建立"博施于民而能济众"的政治功业角度称圣，将"圣"看作一种高不可及的理想与目标，孟子则提出"圣人，人伦之至"（《离娄上》）的说法，将"圣"扩大至人伦道德的范围。如此，可以被称为"圣人"的范围自然大大增加，孔子、周公、伯夷、伊尹、柳下惠②，甚至颜子、曾子、子思以及离娄、公输子、师旷等便是在这一背景下才得以被冠以"圣人"称号的（见后文）。就这个层面而言，虽然在现实等级社会的映照下，孟子"圣人"观中所体现的平等只是一种"机会平等"或"人格平等"，但不可否认的是，孟子确实注入了一种平等的理想在其性善论和圣人观中。

不过，虽然"四心"提供了"尧舜与人同"的理论根据并由此保证了"人皆可以为尧舜"，具有唤醒人心和思想解放的意义，但此"四心"又只是端绪、萌芽，需要存、养，还需要推、扩、充，尤其是要发挥天所与人的"心之官则思"的作用，通过"道德自觉""道德意志"和"道德操守"③ 的"思"之方式，努力尽心—知性—知天，并存心—养性—事天，才能使其发展壮大而成就道德人格。而人又总是处于现实世界和各种关系中的人，一方面，人有耳目感官，与外物接触，会有欲望、情感的产生，这些欲望、情感如果不加以节制，不能很好地处理，人就会被外物奴役而失去自身，所以，需要养气。但此养气又不是如告子式的以强制其心的义外方式进行，而必须配合道义以明理集义的内求方式，做到自反常直，无所愧怍，此气才会自然生发

---

① 然而，这个构成孟子性善理论前提的预设，若仔细推敲起来，其实是有问题的。一是就"口之于味""耳之于声""目之于色"有"同耆""同听""同美"，是否就能如此顺利地推出"心"亦有"同然"？二是即使能由此推出"心"有"同然"，这个"同然者"是否就是儒家所言的"理""义"？第一个问题涉及推理的有效性，后面会有所交代；第二个问题涉及性善论是否具有普遍性或者能否达成普遍性，实际上已为荀子和庄子所破，且与本文关联不大，这里姑且不提。

② 王夫之《四书笺解》卷十一《孟子七》云："以夷、惠为圣人，自孟子始。"［（明）王夫之：《船山全书》，岳麓书社 1991 年版，第六册，第 369 页］

③ 王中江：《孟子的"天赋权利"思想——以"天爵"、"良贵"和"民意"为视点》，《哲学与文化》2007 年第 7 期。

于中。如此持之以恒地以义充气，使志帅气，才能培养出真正的浩然之正气。此浩然之正气至大而无限量，至刚而不可挠，充塞天地间，终能使我们成为顶天立地、富贵不能淫、贫贱不能移、威武不能屈的"大丈夫"。否则如果自反理不直就会气馁，人心没有主导就会为外物所牵引，反动人之志，使人丧失本有的善性，所以要做到不动心就要善养浩然之气。另一方面，人心还会为种种不当言论——偏颇的言辞有所遮隔，放荡的言辞有所沉溺，邪辟的言辞偏离正道，逃避的言辞有所困屈——所影响，而心直接决定了行与事，如果心不能知言、辩言，则"邪说横流，坏人心术，甚于洪水猛兽之灾，惨于夷狄篡弑之祸"①，故不动心还要"知言"。关于"养气"方面，虽然可能会有根据个人性情和好恶等影响所产生的个体差异，但排除总是功利性地预期效果和刻意地拔苗助长，基本上人人都还是可以通过修身养性的方式而以力达致。但"知言"则非"知"不能知，就如我们在开篇所引的《万章下》孟子以射箭为例说明的，射到百步之外的靶子，只要大家有心并且努力，经过一番锤炼，并假以时日，都能打到靶子上，但打中靶心，却不是仅凭力气就可做到的事情，还需要知巧、天分、时运、能力等的配合。换句话说，必须依赖道问学的格物致知工夫，通过学才能成就圣人之道，而这需要在读书讲论、穷至事理和具体做事中反复揣摩、践行，实际上是非常难以做到的，是以朱子才感叹，"某十数岁时，读孟子言'圣人与我同类者'，喜不可言！以为圣人亦易做。今方觉得难"②。

难做体现在两个方面。一是要做到"人伦之至"需要一生的时间，不是一两次"义袭"就可达致的，正如《尽心下》所谓，"可欲之谓善，有诸己之谓信，充实之谓美，充实而有光辉之谓大，大而化之之谓圣"，它首先需要人们明白恻隐、羞恶、是非、辞让之心为内心所本有，虽"几希"，但却是值得欲求的真正的善。其次，在知道了善之可欲之后还要能够坚持不懈地努力与坚守，将善实有诸己，并力行推扩其善到达充满而积实的程度，才能不使善若存若亡而受变于俗，从而达到美在其中，而英华自然发于外的地步，进而才能够感化他人，或使"顽夫廉，懦夫有立志"，或使"薄夫敦，鄙夫宽"，如此大而化之者才可称为"圣人"。换句话说，善→信→美→大→圣的

① （宋）朱熹撰：《四书章句集注》，中华书局2011年版，第254页。
② （宋）黎靖德编：《朱子语类》，王星贤点校，中华书局1986年版，第2611页。

序列本身，不仅是程度上的进阶，还代表了时间上的积累，这也是圣人似乎总是呈现于历史中的异世，对于现世之人，常常需要盖棺论定才能给予其殊荣的原因。从这个角度而言，成圣不仅需要实践智慧的加持，还需要持之以恒的努力，方能达致，因而确实难做。二是看似孟子降低了"圣"之标准，将更多人称为"圣"，但究其实，"圣"之名在孟子那里实际上包含了高低不同的两个层次：一个是一般圣人，一个是至圣先师。前者主要着眼于道德领域，具有普遍性，人人在自己的位分上努力就可达致。后者则非"出于其类，拔乎其萃"之"集大成"者不能当。用"人伦之至"的"至"字来称述"圣人"，某种程度上亦透漏出孟子继承孔子处将"圣"作为一种近乎"理念"式的存在的意思。① 这样孟子的圣人观便体现出一种很明显的先天人性相同、成圣可能性亦相同的平等面向与后天由人事之不齐所导致的实际成圣之不同的差异面向并行的二元矛盾主张，这可以看作孟子对孔子"性相近也，习相远也"（《论语·阳货》）的深刻发挥。

二　君子伦理与庶民伦理之差异

《孟子》多次将伯夷、伊尹、柳下惠并提，除篇首开头所引的《万章下》，三圣的事迹还散见于《万章上》《告子上》《告子下》《公孙丑上》《尽心下》等多章。为讨论的方便，现引述几段与之相关的文本如下：

> 孟子曰："居下位，不以贤事不肖者，伯夷也；五就汤，五就桀者，伊尹也；不恶污君，不辞小官者，柳下惠也。三子者不同道，其趋一也。一者何也？曰：仁也。君子亦仁而已矣，何必同？"（《告子上》）
>
> "伯夷、伊尹何如？"曰："不同道。非其君不事，非其民不使；治则进，乱则退，伯夷也。何事非君，何使非民；治亦进，乱亦进，伊尹也。可以仕则仕，可以止则止，可以久则久，可以速则速，孔子也。皆古圣人也，吾未能有行焉；乃所愿，则学孔子也。""伯夷、伊尹于孔子，若

---

① 后文将会表明，与孔子从不自称为圣不同，孟子实际上认为孔子甚至达到了"贤于尧舜"，"自生民以来，未有盛于孔子也"（《孟子·公孙丑上》）的程度。

是班乎？"曰："否。自有生民以来，未有孔子也。""然则有同与？"曰：
"有。得百里之地而君之，皆能以朝诸侯有天下。行一不义、杀一不辜而
得天下，皆不为也。是则同。"（《公孙丑上》）

　　万章问曰："人有言'伊尹以割烹要汤'有诸？"孟子曰："否，不
然……吾未闻枉己而正人者也，况辱己以正天下者乎？圣人之行不同也，
或远或近，或去或不去，归洁其身而已矣。吾闻其以尧舜之道要汤，未
闻以割烹也。"（《万章上》）

伯夷、伊尹、柳下惠和孔子可以说代表了四种不同的从政模式，分别是："治
则进，乱则退"的伯夷模式，"治亦进，乱亦进"的伊尹模式，"不恶污君，
不辞小官"的柳下惠模式，"可以仕则仕，可以止则止，可以久则久，可以速
则速"的孔子模式。此四人行为各有不同，分别代表了"圣"之清、任、和、
时的不同面向，也即代表了不同的出处之道，但在都可以被称为"圣人"这
点上，则表现出一致性。从以上可知，孟子实际上跟孔子一样，都是在政治
领域或者与政治领域挂钩的道德领域称呼"圣人"的，那么，"圣人"的标
准是什么呢？或者说，我们是在什么意义上能够用同一称呼称呼他们呢？从
"得百里之地而君之，皆能以朝诸侯有天下。行一不义、杀一不辜而得天下，
皆不为也。是则同"，"三子者不同道，其趋一也……一者……仁"，"归洁其
身而已矣"等说法可知，所谓的"圣人"至少都是德才兼备、有仁心与操守
的人，他们或退隐，或在位，或居上，或处下，或不断奔走，但在都是"仁"
人这一点上，则是相似的。执持这个标准，孟子便可进一步扩大圣人的范围，
将那些不在位者或者不与政治挂钩但亦符合这里的标准的人物称为"圣人"，
将颜回与禹、稷并列，称"禹、稷、颜回同道"，"禹、稷、颜子易地则皆
然"的说法便是这一思想的具体体现，而将曾子与子思并列并以与上句式同
样的"曾子、子思易地则皆然"（《离娄下》）的说法亦是如此。可能正是受
到这一思想的启发，孟子开始有意识地将圣拉回到现实人间，提出"大而化
之之谓圣"的主张，认为所谓的"圣"不过是"道德自足圆满而具有感化之
力者"①，他们"所过者化，所存者神，上下与天地同流"，他们"居是国，
其君用之，则安富尊荣；其子弟从之，则孝悌忠信"（《尽心上》），于国于家

---

① 施凯文、梁涛：《圣的起源与先秦儒家的圣人观》，《道德与文明》2021 年第 5 期。

皆有化民成俗之功，由此，将本属于政治领域的"圣"下移至不在位者之道德"君子"身上，使"君子"成为"圣人之通称"①，孟子才可以宣称，"人皆可以为尧舜"。此外，《离娄上》将离娄、公输子、师旷与尧舜并列，而言平治天下之法，亦隐微透露出一个人凭借才性和学养达到相当专业和高深的地步，也是可以类比圣人的意思。② 这启示我们，每个人都可以根据自己的能力、性格和所处环境，凭借自己的努力达至圣人境界，这是自己自主就可以做到的事情，是真正"求之于我"而不用待于外的事情，这背后难道体现的不是很深刻的自由和平等精神吗？

也正是基于这种平等精神，孟子能够差异化地待人待事，而不是采取一刀切的方式。因为孟子深知，人类个体天生就存在生理需求的差异性，有着能与不能、智与愚、大与小、强与弱、先与后等的区别，而且，在环境因素和个体努力程度的影响下，后天所能达到的状态也必然是不同的，因而现实社会中的人呈现出来的必然是一种差等的存在，只有分别看待，给每个人以相应的位分，"皆使人载其事而各得其所宜"（《荀子·君道》），才是真正的平等。否则，如果不顾及现实情况，而一味"比而同之"，就会陷入平均化、虚伪的结果：

> 从许子之道，则市贾不贰，国中无伪。虽使五尺之童适市，莫之或欺。布帛长短同，则贾相若；麻缕丝絮轻重同，则贾相若；五谷多寡同，则贾相若；屦大小同，则贾相若。
>
> 夫物之不齐，物之情也；或相倍蓰，或相什百，或相千万。子比而同之，是乱天下也，巨屦小屦同贾，人岂为之哉！从许子之道，相率而为伪者也，恶能治国家？（《滕文公上》）

从陈相的评价可知，许行显然亦注意到了物之大小、长短、轻重、多寡的实

---

① （宋）朱熹撰：《四书章句集注》，第330页。

② 从这个角度来看，孟子实际上是有逸出道德范围而从更广泛地与庄子"行之而成"相似的视野看待"圣"或者"道"的意思。或者说，虽然孟子没有明确表示这一思想，但从《孟子》文本字里行间流露出来的诸如此类的蛛丝马迹中，无碍于我们引申出类似的思想。不过，对于以仁义为思考中心的孟子来说，这一超出道德平等的更广泛的平等思想确实只能说是"灵光乍现"而非常态，这是孟子与庄子思想不同的地方。关于这个问题，拟另文论述。

然差异，包括君与民之间的德能差异，但却主张"比而同之"的"齐物"模式，这其实还是为了佐证其贤者既然与民地位高低同，就应当与民同耕同食而不能独享富贵的所谓"公正"主张。但孟子显然不同意这点，孟子认为，"物之不齐，物之情也"，事物之间存在或大或小的差异，这是事实，许行的"比而同之"的主张，只看到了物之实然差异的其中一个方面，殊不知，"人事之不齐"（《告子上》）才是构成事物之间实际差异的关键。以布帛为例，作为适应于人之身高的一种装饰，不仅有长度方面的差异，还有布料质地和人的做工等方面的品质差异，后者才是决定一件衣服的价值的更深层次的因素。并且正是因为布料质地好坏的差别和人为此付出的劳动的多少和巨细等的"不齐"，"才能分别满足贫富雅俗不同人群的需要，才有进行各类交易的意义"[1]，否则，如果强行用外观上的长度这一点统一物品价格，必然会扰乱市场活力，导致人人都不愿往精致化的方向发展。同理，对于一个健全的社会而言，必然需要通过"劳心者""劳力者"或者"小人之事"和"大人之事"的分工合作的方式，并且以一种"形式的公正"或者"形式的平等"作为保障，"使人人各得其所，各安其分，各施所能，各尽其职；也就是说，把各人所应得的给各人"[2]，才能使整个社会有条不紊，和谐有序，所以孟子显然是支持社会分工说的。

在孟子看来，社会至少可以划分为两大领域：一是乡党，一是朝廷，二者遵循不同的运作原则。乡党以年齿高为尊，讲求长幼有序、远近亲疏的亲亲和人伦差序原则；朝廷以爵位贵为尊，实行贵贱等级制，可进一步列分为天子、诸侯、卿大夫、士及在官之庶人等官制等级[3]，不同等级所要坚守的范围大小及相应的政事亦不同，分别对应四海（天下）、社稷、宗庙和四体。这是古代社会实际运作所形成的官、民两大等级的真实样态。针对不同等级的人，孟子主张采取不同的原则分别对之。如对于民，在其饱食、暖衣、逸居的前提下采取教以"父子有亲，君臣有义，夫妇有别，长幼有序，朋友有信"（《滕文公上》）的人伦方式教化百姓。而对于作为统治者的"君子"来说，其作为君主，对于百姓，就不能仅靠亲亲原则来维系，而非要采取"仁民"

---

① 叶蓓卿：《先秦诸子"齐物论"思想比较》，《诸子学刊》2017 年第 1 期。

② 何怀宏：《儒家的平等观及其制度化》，载国际儒学联合会编《国际儒学研究第 6 辑》。

③ 可参见《孟子·万章下》孟子解说"周室班爵禄"一章。

的为天下得人的"亲贤"和"尊先王之法"的原则不可。因为仁知如尧舜者，其精力和知能亦有限，无法遍爱众人，遍能众事，也即"徒善不足以为政"（《离娄上》），所以只有任用一批贤能者，使有德者居上位，然后参考圣贤之成法，建立一个合理、公平的政治社会制度，才能使君主之"仁心仁闻"真正为民所泽被。① 而对于更远些的物，则需要有"不忍牛之觳觫"的恻隐爱心作基础，此一方面可作推行仁政之资，另一方面，也可因"谷与鱼鳖不可胜食，材木不可胜用，是使民养生丧死无憾也"而实现"王道之始"，这便是孟子为在位之官所设置的"亲亲而仁民，仁民而爱物"（《尽心上》）的差异化王道原则。而王道正是等级制度下实现君民实际平等的保证，孔孟汲汲于得君行道，所欲实现的，亦正是这样一种政治理想。② 故而尽管朝廷、乡党遵循不同的运作原则，但不妨碍二者可以一个统一的原则而通贯，这便是"仁"的原则：

> 天下有达尊三：爵一，齿一，德一。朝廷莫如爵，乡党莫如齿，辅世长民莫如德。恶得有其一，以慢其二哉？故将大有为之君，必有所不召之臣。欲有谋焉，则就之。其尊德乐道，不如是不足与有为也。（《公孙丑下》）

> 天子不仁，不保四海；诸侯不仁，不保社稷；卿大夫不仁，不保宗庙；士庶人不仁，不保四体。（《离娄上》）

无论是朝廷中诸等级的在位者，还是乡党中的年长者，都要能够具备"仁"的精神，扩而言之，即践行"仁之于父子也，义之于君臣也，礼之于宾主也，知之于贤者也，圣人之于天道也"（《尽心下》）的天命之性分，政治、乡党才能稳固且长治久安。孟子提出的"辅世长民莫如德"的这一德性原则足以

---

① 正是在这个意义上，孟子批评子产"惠而不知为政"，认为"君子平其政，行辟人可也。焉得人人而济？故为政者，每人而悦之，日亦不足矣"（《孟子·离娄下》）。

② 实际上，在孟子的思想中，他更认为德行才是检验一个人是否可以居于上位的标准，正所谓"惟仁者宜在高位"（《孟子·离娄上》），只不过，在当时的社会政治形势下，孟子显然亦作了某种程度的妥协。例如在坚持前者的前提下，出于对"物之不齐，物之情也"的体认，他亦承认现实等级社会的合理性，所以他和他的弟子"后车数十乘，从者数百人，以传食于诸侯"（《孟子·滕文公下》），汲汲于"得君行道"，正是为了劝诫在位者要担负起其位之政治责任和义务，遵循先王之道，以德治国，以仁政待民。

与朝廷中的爵位原则、乡党中的序齿原则相抗衡，甚至成为超越二者的普遍性原则，不仅适用于江湖之远的士、庶人，更适用于朝廷之上的"君子"。对于前者，其使士庶人虽处乡野草莽之间，亦能够依其擅长和所处之位尽力做好自己的职事，修身见于世；即使面临命运的不公，亦勇敢而乐观地生活，有担当，有操守，因为他们明白这是自己可以选择也可以做到的事情；这种在困境中努力生活的平凡人同样值得尊敬，他们凭借自己的努力赢得了人之为人的尊严与价值，这正是孟子为"仁"注入的平等和自由精神的一个体现。对于后者，其使士人在进入政治领域中能够始终保有尊严和独立性，以道来规范政治秩序，汲汲致力于"引其君以当道，志于仁"（《告子下》），他们不畏权贵，甚至以德抗位，勇"格君心之非"，哪怕牺牲自己的生命，亦要坚守道义，为民请命。"君子"和"圣"的政治理想正是在这一背景下被建构起来的：

表1   **"君子"和"圣"的政治理想**

民	无恒产，因无恒心	喻于利（小人、野人、众、庶、凡民）	行之而不著焉，习矣而不察焉，终身由之而不知其道者，众也	文化、道义（知与德）	耳目之官不思而蔽于物，物交物，则引之而已矣
士	无恒产而有恒心	喻于义（君子、仁人、仁者、大人、圣）			
凡民	待文王而后兴			功业（侧重志向、见识、能力）	心之官则思，思则得之，不思则不得也
豪杰	虽无文王犹兴	贤者、能者、贤能、俊杰			
无道	小役大，弱役强	力之强弱			
有道	小德役大德，小贤役大贤（君） 或劳心，或劳力；劳心者治人，劳力者治于人（君—民）	德之贤否 惟仁者宜在高位	匠人—农夫—士—商—师（分工合作） （司徒）教以人伦：父子有亲、君臣有义、夫妇有别、长幼有序、朋友有信 （圣人）既竭心思焉，继之以不忍人之政，而仁覆天下矣	职业分工（所长—德与能）	此天之所与我者

在孟子看来，人的知识和觉醒有先后，那些能够发挥"心之官则思"的觉知功能从而知性知天的人，作为"先知先觉"者，是有资格成为百姓的表率来治民的。不过，从上表君子、圣之观念多与民对应，可以清晰地看出，承认社会等级制、主张以道德制衡政治、以道德通向政治的孟子并未走向"尊君"说，恰恰相反，正因为明白君、民二分，明白"君子喻于义，小人喻于利"（《论语·里仁》），二者各有基于不同的处境下的关注和喜好，所以，那些因有资格接受好的教育而成为在位者，或因种种政治、经济因素而可以比较轻易地取得君位的在位之"君子"更应该秉承在其位，就要谋其政的原则，承担起此位赋予此人的义务和责任。首先，要努力"制民之产"，即明白百姓的需求，从而满足、体贴之，兢兢业业致力于正经界、省刑罚、薄税敛、深耕易耨的仁政措施，而不是与民争利。其次，在民饱食、暖衣、逸居的基础上，还要施行教化之道，教民以人伦道德之理以养民，这样才能真正实现良序政治的发展，实现社会的长治久安。从这个意义上而言，孟子深知，"无恒产而有恒心者，惟士为能"（《梁惠王上》），"严格之道德要求仅针对'君子'而言"①，是孟子对"欲为君"或"欲为臣"（《离娄上》）和已为君或已为臣者的一种劝诫和限制，而不是反过来成为君主欺压人民的工具。换句话说，性善论和"人皆可以为尧舜"的主张虽然从道德层面保证了人与人之间的平等，可以用来激励自身努力奋斗，通过道德的方式来安身立命，但不可因此普遍化而过度提倡为社会对普通大众尤其是穷苦百姓的道德要求，社会的不公平问题要用一套健全、正义的秩序的方式来解决，而不是通过让受苦者自己成为圣贤从而消解或掩盖掉社会的不公平的方式解决，后者只会造成更多的痛苦或问题。所以，诚如学者所指出的，"以不平等为基础去追求平等，是儒家思考有关平等问题的一个重要的特点"②，平等不意味着均等，相反，平等不排除差异原则，或者平等必然内含差异原则，这是我们在谈孟子的平等观念时需要特别厘清和加以说明的。

---

① 郭晓东、于超艺：《"君子喻于义，小人喻于利"别解》，《道德与文明》2020 年第 2 期。
② 张舜清：《儒家君子文化中的平等意蕴》，《北京大学学报》（哲学社会科学版）2021 年第 1 期。

三　小大之别与价值选择

正因为"君子"作为孟子提倡的一种道德理想，体现在所有在位者（包含天子、诸侯、卿、大夫、士等不同层次）和不在位之师、友等层面，孟子差异化原则还有多种体现。以卿为例，孟子将其分为贵戚之卿和异姓之卿（《万章下》）。二者的不同点之一是，当君有大过时，前者因与君有亲亲之恩，而无可去之义，故若谏言反复不听，可取而代之以保社稷；后者则不能如此，否则就是篡位，但可选择避此人而离去。同理，"穷则独善其身，达则兼善天下"（《尽心上》），孟子认可天下无道时，士人不与当权者同流合污而选择退而修身的行为，提出"无罪而杀士，则大夫可以去；无罪而戮民，则士可以徙"（《离娄下》）的针对大夫和士的出处自由。此外，孟子在他人质疑自己葬父母"后丧逾前丧"时，用"贫富不同"（《梁惠王下》）来解释；在谈及教育方法时，主张"教亦多术"、因材施教；以及能够看到伯夷、柳下惠、伊尹等的不同处境和用心，并能体贴尧、舜、禹、颜回、曾子、子思等具体处境，而对之分别挖掘其仁心仁行，认为他们都称得上"圣人"称号，这都是孟子"因时因地因人"而处置的态度给他带来的睿智与通达，也是孟子能够扩大"圣人"的范围至普通人的底气所在。因为他在种种不同的行为中发现了这些人的共同点，那便是"仁"心。由此以"仁"为统贯，他才能够从人性论出发寻找成圣成人之根据，从而为人们追求现实社会中的平等提供一条切实可行的"致曲"之路，这无疑是在当时的社会环境下，普通人要想改变生活的唯一且可行的出路。正是在这个意义上，孟子感叹，"仁，天之尊爵也，人之安宅也。莫之御而不仁，是不智也"（《公孙丑上》），在当时的阶级社会中，只有仁、智、礼、义可以使我们得以因德而超越等级制度的束缚，拥有改变命运或者赢得人生尊严的机会。① 这种通过对人德性的觉醒所达致的平等，诚如杜维明先

---

① 此正如《公孙丑上》所言，"不仁、不智、无礼、无义，人役也。人役而耻为役，由弓人而耻为弓，矢人而耻为矢也。如耻之，莫如为仁。仁者如射，射者正己而后发。发而不中，不怨胜己者，反求诸己而已矣"，孟子将为仁作为任何人只要想做就可以做的事情，是自己完全自主的事情。

生所言，"是根据人的内在价值及其达到道德完善的固有能力来定义的"①。因而，先天人性相同、成圣可能性相同，并不意味着后天实际情况的相同，恰恰相反，现实社会中人与人之间实际有比较大的差异。而产生这个差异的根本原因，在孟子看来，正是人努力程度的不同，孟子称之为"人事之不齐"，这是孟子在解释何以"富岁，子弟多赖；凶岁，子弟多暴"的差异现象时所提出的：

> 孟子曰："富岁，子弟多赖；凶岁，子弟多暴，非天之降才尔殊也，其所以陷溺其心者然也。今夫麰麦，播种而耰之，其地同，树之时又同，浡然而生，至于日至之时，皆熟矣。虽有不同，则地有肥硗，雨露之养，人事之不齐也。故凡同类者，举相似也，何独至于人而疑之？圣人与我同类者。"（《告子上》）

这里，孟子以"麰麦"为例，形象化地说明了齐与不齐的辩证关系，指出正是人之于土地付出的劳动的多少所产生的"人事之不齐"，导致了麰麦产量和质量的不同。同理，禀天而生的才性本不相殊，由此人都具有成圣的可能性，不过，后天环境差异之上的经济状况的好坏，会影响作为道德发生基础的人

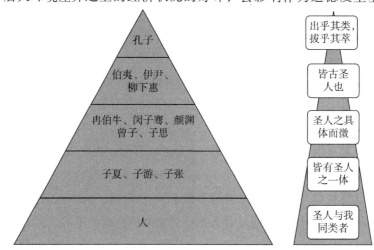

图 1　"圣人"人格的层级区分

---

① ［美］杜维明：《儒家思想新论——创造性转换的自我》，曹幼华、单丁译，江苏人民出版社1996 年版，第 76—77 页。

心之顺利实现与否，从而导致人后天实际行善的实然差异，这就又需要差异化待人待事，给那些肯真心修养自身的人根据其修养程度的差异以相应的评价①，人—君子—圣—圣之圣的序列正是这一思想的体现。

从这一金字塔式的图表中，可以清晰地看出"君子"人格的等级区分②，虽然人人都具有成圣的可能性，但是因后天努力程度的不同，导致了实际修养的差异，由此形成了士、君子、圣人和圣之圣的差异，而这一系列又作为一个整体与"小人"或普通人形成了鲜明的对比，前者凭借"以仁存心，以礼存心"（《离娄下》），得以超越于"小人"或"人"，彰显了人之为人的独特性。而在有关修养的问题上，孟子进一步以"耳目之官不思而蔽于物"和"心之官则思，思则得之"的差异为基础，对人的身体感官进行了"小体"和"大体"的区分，指出现实社会中的人为什么会呈现出"或为大人""或为小人"的区别，是因为他们分别"从其大体"和"从其小体"的价值选择。而要作出正确的价值选择，必须依赖"心之官则思"的"良知"之参与。此正如孟子谏言梁惠王所言："权，然后知轻重；度，然后知长短。物皆然，心为甚。王请度之！"（《梁惠王上》）梁惠王不忍牛之觳觫，主张以羊替牛行衅钟之事，说明其恩可及于禽兽，但功不至于百姓的原因，正在于"爱物之心重且长，而仁民之心轻且短，失其当然之序而不自知"③。换句话说，经由比较，"小体"与"大体"，"爱物"和"仁民"，"独乐乐"与"与人乐乐"，"与少乐乐"与"与众乐乐"，"好货""好色"与"与民同好"，"食"与"礼"，"小勇"与"大勇"之间就有了轻重、小大的差异，如此的结论自然是，"无以小害大，无以贱害贵"。因而只有"先立乎其大"（《告子上》），树立高尚的道德自律与道德情操，才能避免为小者所夺的情况。顺此而推，生与义，"紾兄之臂而夺之食，则得食"与"不紾，则不得食"以及"逾东家墙而搂其处子，则得妻"与"不搂，则不得妻"的背后反映的两难困境亦可被认为是重之中的小大之别，因为前后两者或都是我所欲，或关系到人伦之重，其实都是非常困难的道德抉择，只有有足够的

---

① 这是孟子在评价大臣时区分出"事君人者""安社稷臣者""天民""大人"（《孟子·尽心上》）等不同等级的原因。

② 从该表中，还可以获取的另外一个信息是，与"圣人"相关的这些人都是现实生活中的普通人，由此亦表现出孟子真正将圣平民化的努力。

③ （宋）朱熹撰：《四书章句集注》，第195页。

操守与道义，才能够作出选择义，即使饿死也不扭折兄长的胳膊，即使不得妻也不逾墙非法侵犯女子的更加高尚的道德选择，这是孟子以人禽之辨为基础、以圣凡之别为进阶、以平等和差异为融贯的人论思想所发现的人之为人的可贵与伟大之处；也是孟子继承孔子而更进一步发展的价值哲学的光辉。在这一点上，牟宗三先生"开辟价值之源，挺立道德主体，莫过于儒"①的评价诚为中肯。而孔子之所以能在孟子所设想的金字塔式人格的顶端，不仅是孟子"道统"的考量，更是因为孔子充分了知此当然之价值选择并以行动践行了自己的庄严选择，因而成为普通人通过学以成圣、思以成圣的典范。

不过，由于小、大之分的背后，蕴含的其实是对物之价值之贵贱不同的认识和评判，由此，推崇大、批判小，便成了必然的导向：

孟子曰："人之于身也，兼所爱。兼所爱，则兼所养也。无尺寸之肤不爱焉，则无尺寸之肤不养也。所以考其善不善者，岂有他哉？於己取之而已矣。体有贵贱，有小大。无以小害大，无以贱害贵。养其小者为小人，养其大者为大人。今有场师，舍其梧槚，养其樲棘，则为贱场师焉。养其一指而失其肩背，而不知也，则为狼疾人也。饮食之人，则人贱之矣，为其养小以失大也。饮食之人无有失也，则口腹岂適为尺寸之肤哉？"（《告子上》）

指不若人，则知恶之；心不若人，则不知恶，此之谓不知类也。（《告子上》）

拱把之桐梓，人苟欲生之，皆知所以养之者。至于身，而不知所以养之者，岂爱身不若桐梓哉？弗思甚也。（《告子上》）

人有鸡犬放，则知求之；有放心，而不知求。学问之道无他，求其放心而已矣。（《告子上》）

鱼，我所欲也；熊掌，亦我所欲也，二者不可得兼，舍鱼而取熊掌者也。生，亦我所欲也；义，亦我所欲也，二者不可得兼，舍生而取义者也。（《告子上》）

———————————

① 牟宗三：《中国哲学十九讲》，吉林出版集团有限责任公司 2010 年版，第 54 页。

这本来可借以彰显人之光辉与伟大，却因有将属于理想人物的至高道德与现实人物的普遍道德混淆而导致对人正当的生理和心理欲求的忽视甚至漠视的倾向，故而反倒更不容易被人接受和遵从，甚至在为何会有"伪君子"这样的人频频出现的问题上亦难辞其咎。怎么说？人性本身包含"好德"与"好好色"两个层面的内涵，并非仅仅包含理义、乐善不倦、仁义忠信这些伦理层面，好好色、嗜美味这些感官欲求亦是其中非常重要的一个方面，同样应当被承认和接纳，虽然后者确实需要依赖一个"求之有道，得之有命"的"义""命"原则的限制，甚至还有可能面临将人带离正常轨道而为物欲所遮蔽的危险，但不意味着因此可以将之排除在人性之外。相反，人的生活中并不总是悲壮的二分选择，只有正视生理欲望和德性欲望的关系，才能恰当处理它，"出见纷华盛丽而说，入闻夫子之道而乐，二者心战，未能自决"（《史记·礼书》），是受过那么多孔门教育的子夏之弟子尚所不能摒除的一件事情，更何况是平凡的我们。并且，社会在变化，行为规范和道德准则也应该因时而变，"新的社会需要有新的行为规范和道德准则"[1]，人可能会面临既想享受荣华富贵又想成为一个道德的人这样一个价值选择，如何能在二者之间协调与平衡，做到既不至于限欲也不至于纵欲，而是尽量使二者能够兼顾，使那些想成为活泼泼的人能够成为活泼泼的人，而不至于为世俗批判不守礼法，从而打破长久形成的认为必须严肃呆板，甚至充斥牺牲与悲壮气氛的行为才是君子人格的错误印象，是身处其中的我们或由我们所构成的社会需要认真考虑的。不过，我们亦不得不承认，过多的欲望确实可以动人心志，甚至让我们不自觉地堕入深渊，所以，即便是强调发挥"心之官则思"功能，主张"先立乎其大者，则其小者弗能夺也"的孟子，亦不得不同时提出"养心莫善于寡欲"（《尽心下》）的主张作为补充。但正因为难，才更是对人的一种考验。这当然不意味着我们便主张纵欲或者要为某些行为和某些人开脱，而只是说，只有真正明白了这点，才可以使我们能够真正清楚人生是由一个个选择和具体行为构成的，善或者恶完全出于个人的选择，是人可以做主的事情，选择了什么样的价值就会有什么样的人生，从而才能真正挺立起人的尊严与主体性，

---

[1] 李存山：《气论与仁学》，中州古籍出版社 2009 年版，第 263 页。

成就丰富多彩的人生，德性亦才能更加纯粹。①

结　语

　　孟子人性论思想和由此所造就的圣人之理想所蕴含的平等是一种差异化的平等。这种差异化平等表现为三个方面。首先，是先天成圣可能性之平等与后天人事之不齐所导致的实际成圣之差异并存的平等。其次，平等还体现在对于君子伦理与庶民伦理的区分上，前者体现在所有在位者（包含天子、诸侯、卿、大夫、士等不同层次）和不在位之师、友等层面，其中每个名下亦另有其差异（如对于同姓之卿和异姓之卿的区分等），不过，总体上笼罩在孟子的"君子"理想下，这种"君子"理想以"仁之于父子也，义之于君臣也，礼之于宾主也，知之于贤者也，圣人之于天道也"为总原则。后者以"父子有亲，君臣有义，夫妇有别，长幼有序，朋友有信"为原则。而在君子伦理和庶民伦理内部，还夹杂着亲亲、仁民、爱物的差序原则。最后，圣之清、任、和、时的不同面向之间的差异，说明了成圣的多样性。② 但无论哪种差异，背后都蕴含了深刻的平等精神。不过，从孟子将孔子所代表的"圣之时"突出其"出类拔萃""集大成"面向的同时，亦表达了儒家超越的价值追求。这种价值追求，突出体现在孟子的"小""大"之辩中，借助小大之辩，孟子深化并发展了孔子"为仁由己""人能弘道""仁以为己任"的道德担当，但这种限于道德层面的"小大之辩"实际上只能用来自修，而不能用作社会道德来提倡，否则就会造成对个人的压抑，这正是庄子所深入反思的。

---

　　① 值得说明的是，在麰麦的例子中，孟子显然亦注意到了雨露滋养的不同这个因素对于麰麦产量和质量高低的影响，不过在当时的社会经济条件下，因这个因素实由"天"决定而非"求在我者"，个人对之亦无可奈何，所以这个因素亦只是作为客观因素之一被一笔带过，孟子的重点仍在人事之不齐上。而在其他处，孟子明确将这些"莫之为而为者""莫之致而至者"称为"天""命"（《孟子·万章上》），主张应采取"夭寿不贰，修身以俟"（《孟子·尽心上》）的态度"立命"，亦正是为了让人分清客观限制和主观能动性的范围，知不可为（口之于味也，目之于色也，耳之于声也，鼻之于臭也，四肢之于安佚也）而不为，从而专心于人事之能为（对于君子而言，就是"仁之于父子也，义之于君臣也，礼之于宾主也，知之于贤者也，圣人之于天道也"；对于"小人"而言，就是"父子有亲，君臣有义，夫妇有别，长幼有序，朋友有信"），这样在明晰性命之分的前提下，才能充分发挥个体实践道德的能动性，将人生不断引向超越。

　　② 不过，孟子并未进一步追溯呈现清、任、和等差异性的原因，真正展示并尊重差异性的实际上还是在庄子。

《管子》四篇中"心"的构造理论*

叶树勋

摘　要　作为稷下黄老的代表作,《管子》四篇是晚周心学突破的一大成果。历来关于四篇心学之研究主要围绕"心术"问题展开,这在呈现其价值关切的同时,容易淡化它关于"心"之构造的思想。后者是四篇所主张之工夫的理论基础,深入探讨之,有助于系统把握其心学之脉络。四篇心学的一大特色在于,它是在精气学说的背景下讨论"心"的问题,所谓"气渊"(精气之渊)是它对"心"之构造的首要定位;此外它又提出"心以藏心"的命题,认为气渊之心的背后存在一个治理心之精气的深层主体;在深藏之心的主导下,精气充分发挥灵妙之能,此即所谓"内德"。基于此可知,所谓"心术",直接来说是指"心"的修养之术,而在根本上它指的是深藏之心对表层之心所含精气的治理之术,此术之宗旨即在于代表"心安"的"内德"之境。比起同时代的其他心学,稷下黄老的理论在显示某些相似性的同时又具有自身的特色,后者和精气学说的背景以及对"心"之构造的独特定位直接相关。

关 键 词　《管子》四篇;"心"的构造;气渊;心以藏心;内德

---

* 本文系国家社科基金重大项目"黄老道家思想史"(16ZDA106)、霍英东教育基金会高等院校青年教师基金项目"道家哲学己物伦理问题研究"(171089)的阶段性成果。本文原载《天津社会科学》2023 年第 3 期。

作者简介 ┊ 叶树勋，南开大学哲学院副教授，博士生导师，研究方向
主要为先秦哲学。

导论 "心"的构造、现象与工夫

《管子》中的《心术上》《心术下》《白心》《内业》四篇是集中论述"心"
之问题的一组文献。自刘节和郭沫若提出此数篇是《管子》中相对独立的一组
作品以来①，它们作为一个体系得到越来越多的关注。在作者问题上学界一度
有争议，后来随着帛书《黄帝四经》的出土以及黄老学研究的兴起，学者们
越发注意到此四篇的黄老学性质，目前一般是将其归为黄老道家之作。②

"心"的突显是晚周哲学突破的一个重要标志。晚周心学以儒道两家为
主，就道家方面来看，这一问题在老子思想中已经浮现，后来在庄子思想和
黄老学说中得到更丰富的开展。黄老论"心"的代表作即《管子》四篇。在
其他的黄老文献中，"心"的问题虽有出现，但它们不像四篇那样以"心"
为主题，对"心"的问题展开深入的探索、给出丰富的论说。

"心"是四篇共同的主题，是四篇成为一个体系的基本依据。四篇关于
"心"的学说整体上包含两个方面，一是关于"心"之构造和现象的理论，
一是关于"心"之修养工夫（心术）的主张。③ 相对来说，作者更关切的是后

---

① 参见刘节《管子中所见之宋钘一派学说》，载刘节《古史考存》，人民出版社 1958 年版，第
238—258 页；郭沫若《宋钘尹文遗著考》，载郭沫若著作编辑出版委员会编《郭沫若全集·历史编》
第二卷，人民出版社 1982 年版，第 547—572 页。

② 因《管子》为稷下学宫的作品汇编，故四篇之作者又被称为稷下黄老道家。稷下学宫与田齐政
权相始终，故知此四篇当为战国中后期的作品。以下为便利计，也将《管子》四篇简称为"四篇"。文
中对《管子》四篇的引用以黎翔凤撰，梁运华整理《管子校注》，中华书局 2004 年版为据，如据他本，
将随文说明。

③ 这种分析源自匡钊先生的研究。其论指出，在道家谱系中可以从两个方面来考虑心观念的理
论表现，其一关乎不同的道家哲人们如何看待心的构成，其二则关乎他们围绕心建立起来的修养技术
（参见匡钊《先秦道家的心论与心术》，中国社会科学出版社 2021 年版，第 14 页）。在其论基础上笔
者认为前一方面还需补充"心"的现象一项，或者说"心"的构成方面宜进一步区分为"心"的构
造和现象。"心"的构造和现象是两个密切相关但又相对有别的论题。前者关乎"心"的本质及其构
成内容，后者则指向"心"的活动表现。在四篇学说中，诸如"心以藏心"之论、"气渊"（精气之
渊）之隐喻以及"内德"观念等，体现着作者关于"心"之构造的看法；而其间出现的"欲""情"
"智""故"等话题，则反映着作者对于"心"之现象的观察。

者，作为篇名的"心术上""心术下""白心""内业"便能直接反映此点。①
四篇的核心问题是以何种"心术"达成"心治"之状，作者对"心"之构造和
现象的阐述在很大程度上是服务于其所主张之"心术"的。正因如此，历来关
于四篇心学的研究主要是围绕工夫方面展开的。在此视域里四篇关于"心"之
构造和现象的理论虽然也被涉及，但其间仍存在一些有待深究的问题。②

尽管作者更关切的是"心术"，但逻辑上来说，"心"的构造和现象学说
才是四篇思想的基础理论。正因作者考虑到"心"是此等构造，包含此等现
象，所以他才会提出相应的"心术"。因此，将关注点转移到"心"的构造
和现象，进而把握其所主张之"心术"，将更有助于系统地把握四篇的心学。
借用宋明理学中"本体"与"工夫"这一对范畴来讲，我们打算做的是将关
注点从"心"之工夫转移到"心"之本体。这不是不管工夫的方面，而是强
调以本体之论为基础进而理解工夫之论。并且，此所言本体不是一般所说的
形上的"心"之"体"，我们关注的是四篇关于"心"之构造和现象的思想，
某种程度上这是对其所论形下之"心"的探究。由于四篇在"心"之构造和
现象上的思想较为复杂，本文将着重考察其间的构造理论，至于"心"的现
象问题则留待他文作进一步探讨。

一 作为"心"论之基底的精气学说

比起同时代的其他心学，《管子》四篇最大的特色在于，它是在精气学说
的背景下讨论"心"的问题的。因此，精气学说也就成了我们理解其"心

---

① "心术"指"心"的修养之术，"内业"指内心的修养事业，"白心"指洁白其"心"。关于
"心术"之义，学界有不同理解。此词亦见于《庄子·天道》："此五末者，须精神之运，心术之动，
然后从之者也。"成玄英疏曰："术，能也。心之所能，谓之心术也。"参见（清）郭庆藩撰《庄子集
释》，王孝鱼点校，中华书局 2004 年版，第 469 页。针对四篇所言"心术"，不乏论者以成疏为据，
将其解作心之功能。也有学者提出不同看法，如陈丽桂解为治心之术（参见陈丽桂《战国时期的黄老
思想》，台北：联经出版事业股份有限公司 1991 年版，第 117 页），匡钊解为精神修炼的技术（参见
匡钊《先秦道家的心论与心术》，第 62 页）。笔者认为，就《心术上》的"心术者，无为而制窍者
也"此句来看，前解不无道理；但就四篇的整体思想来看，则后解为宜。

② 在既有研究中匡钊先生是比较重视其中"心"之构造理论的一位学者。他用"心论"和"心
术"概括四篇心学的两个方面，对二者都展开了一定的探讨（参见匡钊《先秦道家的心论与心术》，
第 49—82 页）。笔者认为，有必要对其中的"心"之构造和现象理论给予更多关注，将研究的重点转
移到此论域上。

论"的前提，围绕于此有以下三个问题需作先行探讨。

首先，四篇所谓"精气"究竟何指。学界对此主要有以下几种看法。一是以物质解之，这在 20 世纪六七十年代的中国哲学研究中较为流行。受唯物、唯心此二分法的影响，论者一般把精气看作物质性的存在，并据之认为《管子》具有唯物主义思想。第二种观点认为精气是一个形神合一的概念，如李存山先生认为，精气首先指一种精细、纯粹的气，但进入人体之后便会转化为精神。①陈丽桂教授有类似看法，认为在四篇思想中形体与精神是合一的，精气在这种形神合一的生命之中孕生出智慧。②除上述两种还有其他理解，如裘锡圭先生认为精气和文化人类学上所说的马那（mana；神秘的力量）相似，稷下道家的精气说不可避免地带有神秘性。③罗浩（Harold D. Roth）也关注精气论的神秘性，他在把精气看作有活力之基质（vital essence）的同时，又强调《内业》篇所讲的与精气有关的修养是一种神秘修炼。④笔者赞同第二种理解。心与物或者说心与身在四篇思想中不是截然二分的存在，同时这里也不存在典型的神秘主义思想。其所言精气指的是生成和构造万物的精粹细微的原质，这一原质不纯是物质性的，当它成为人的原质时将会表现出精神上的作用。

其次，四篇既讲"精气"，又讲"灵气"，此外还单讲"精"或"气"，这些概念的关系究竟如何。《内业》有言："精也者，气之精者也。"如此看来，"精"是对"精气"的简称，而"精气"则是"气"当中精粹细微的一类。但需注意的是，四篇很多地方所言的"气"其实是在"精气"的意义上进行使用，作者应是默认了其所言"气"即为"精气"这一点。所谓"灵气"，见于《内业》"灵气在心"一处。不少论者认为它与"精气"同义，陈鼓应先生则主张区分二者，认为"灵气"是指"精气"在心中已升为智慧者。⑤笔者赞同陈先生之见。"灵气"是"精气"的一类，它指那种能够运行为精神的精气。"灵气"在四篇只出现一次，在论至和精神有关的问题时作者多以"气"或"精气"进行言说，在此语境中"气"或"精气"的意义相当

---

① 参见李存山《〈内业〉等四篇的精气思想探微》，《管子学刊》1989 年第 2 期。
② 参见陈丽桂《战国时期的黄老思想》，第 123—125 页。
③ 参见裘锡圭《稷下道家精气说的研究》，载香港道教学院主办、陈鼓应主编《道家文化研究》第二辑，上海古籍出版社 1992 年版，第 167 页。
④ 参见［美］罗浩《原道：〈内业〉与道家神秘主义基础》，邢文主编，何金俐、严明译，学苑出版社 2009 年版，第 55、103—112 页。
⑤ 参见陈鼓应《管子四篇诠释——稷下道家代表作解析》，商务印书馆 2006 年版，第 129 页。

于"灵气"。

最后，四篇既讲"精气"又讲"道"，此二者究竟是何关系。在不少学者看来，它们均表示万物生成的根源，是异名同义的关系。笔者认为，虽然二者都指向天地万物之根本，但不意味着其意义完全等同。中国哲学上的"本根"是一个"大观念"，它包含了诸种意义不同的概念。① 在"精气"和"道"之间，前者指万物得以生成与构造的原质，后者指万物得以生成与存在的原理。二者在四篇思想中具有一定的交叉性：所谓"道"即"精气"之"道"，它是精气此原质运行于万物的原理。② 不过，这种交叉并不彻底，"道"在有些地方又保留着老子所论"道"的意义，即具有一定的超越意味。③ "精气"概念不带有超越性，而作为交叉表现的"精气"之"道"也不具有超越意味。总之，"精气"和"道"是"本根"这一大观念中两个意义不同的概念，"精气"作为万物之原质的意义是比较明确的，而"道"则表现出两种形态，一种是出现在精气论域中作为"精气"之原理的"道"，一种是和"精气"并无直接关联的"道"。

二 精气之渊："心"作为形神的统一体

在四篇思想中，"心"的构造和精气密切相关。所谓"气渊"（精气之渊），是它对"心"之构造的首要定位。在作者看来，"心"是精气在人体中

---

① 艾德勒（Mortimer J. Adler）认为哲学上存在一些具有普遍意义而可涵括诸种概念的"大观念"（great ideas），如真、善、美、自由、平等、公正即这样的"大观念"（参见［美］艾德勒《哲学是每个人的事》，郜庆华、薛笙译，北方文艺出版社2014年版，第10—13页）。本文借鉴艾氏此论，以说明"本根"可涵括诸种概念的特征。张岱年先生在探讨古代中国的本根论时，考察了道论、太极阴阳论、气论、理气论、唯心论等几种理论（参见张岱年《中国哲学大纲》，中国社会科学出版社1982年版，第6—91页）。可见"本根"可涵括"道""太极""气""理""心"诸概念。张先生曾对古代中国的概念范畴作不同层次的划分，其中的"最高范畴"包括"天""道""气""太极"等（参见张岱年《中国古典哲学概念范畴要论》，《张岱年全集》第四卷，河北人民出版社1996年版，第463页），此"最高范畴"相当于作为大观念的"本根"。

② 这在《内业》篇尤为明显。在"夫道者，所以充形也"，"心静气理，道乃可止"，"灵气在心，一来一逝……心能执静，道将自定"等言论中，"道"是指精气运行之原理。

③ 如《心术上》的"虚无无形谓之道；化育万物谓之德"，《心术下》的"道，其本至也，至本至无。""至本至无"在黎翔凤撰，梁运华整理《管子校注》作"至不至无"，此从张舜徽之说。参见张舜徽《周秦道论发微》，中华书局1982年版，第242页。

存聚的中心场所，也是精气得以产生精神作用的灵明之处。作为气渊的"心"不是指纯粹形体意义上的心脏，也不是指纯粹精神意义上的心灵，而是指形体和精神的统一体。这是四篇心学的一大特点，而这一特点在根本上是源于作为"心"之基本内容的精气的特征。另外，在作者看来，不仅"心"的构造是以精气为内容，人的身体乃至世间万物皆以精气为构造的基础，只不过在不同的地方精气的活动方式有所不同。"心"是四篇的主题，作者最关注的自然是精气作为"心"之内容如何表现的问题。某种意义上，它对人之身体和世间万物的论述，都是为了给"心"的构造问题作铺垫。接下来，我们先考察四篇对万物和人身的论述，进而再看它对"心"的说明。

关于精气作为万物之原质，《内业》篇有如下论述：

> 凡物之精，此则为生。下生五谷，上为列星；流于天地之间，谓之鬼神；藏于胸中，谓之圣人。是故民〈此〉①气，杲乎如登于天，杳乎如入于渊，淖乎如在于海，卒乎如在于己。

"精"是对"精气"的简称。关于"此则为生"的"此"字，研究者解释不一：或认为"此"是"化"之讹②，或认为"此"是"比"之误（"比"指结合）③，此外也有认为"此"字并无错讹，它代指"凡物之精"的"精"。④ 笔者赞成最后一种观点。《内业》篇皆为韵文，为韵律故作者在措辞上会有一定处理。首句是说，精气是构成天地万物的原质，一切事物皆赖此以生。后文所谓"下生五谷……谓之圣人"，即对首句的具体解释。

天地万物皆以精气为原质，作为万物之一的人自然也不例外。这一点在

---

① 丁士涵曰："'民'乃'此'字误，'气'即精气也，下文云'是故此气也'是其证。"（黎翔凤撰，梁运华整理：《管子校注》，第932页）此从丁说。

② 参见杜国庠《先秦诸子思想概要》，生活·读书·新知三联书店1955年版，第28页；李存山《〈内业〉等四篇的精气思想探微》，《管子学刊》1989年第2期；胡家聪《管子新探》，中国社会科学出版社2003年版，第97页。

③ 参见石一参《管子今诠》，中国书店1988年版，第141页；郭沫若《管子集校（三）》，郭沫若著作编辑出版委员会《郭沫若全集·历史编》第七卷，人民出版社1984年版，第121页；赵守正撰《管子通解（下册）》，北京经济学院出版社1989年版，第121页。

④ 参见黎翔凤撰，梁运华整理《管子校注》，第931—932页；张舜徽《周秦道论发微》，第278页；陈鼓应《管子四篇诠释——稷下道家代表作解析》，第90页；张秉楠辑注《稷下钩沉》，上海古籍出版社1991年版，第37页；乐爱国《〈管子〉的精气说辨正》，《管子学刊》1996年第1期。

前引文段已有体现，除此以外四篇还有其他的论述，最为常见的是"精舍"之喻：

> 定心在中，耳目聪明，四枝（肢）坚固，可以为精舍。（《内业》）
>
> 有神自在身，一往一来，莫之能思。失之必乱，得之必治。敬除其舍，精将自来。（《内业》）
>
> 凡食之道，大充，伤而形不臧；大摄，骨枯而血冱。充摄之间，此谓和成。精之所舍，而知（智）之所生。（《内业》）

"神"指精气。"精"是对"精气"的简称。"舍"指馆舍。"精舍"指精气的馆舍（"精之所舍"的"舍"被用作动词）。这是一种比喻，作者以此表明人的身体是精气存聚和运行的场所。此"舍"包含形体层面的"心"，但又不限于此。比如第一段中"精舍"包含"心"以及"耳目""四肢"；第二段中"有神自在身"的"身"指含"心"在内的身体；第三段讲到饮食之道，这也是基于身体而言的。①

从"心"作为主题来看，作者关注的焦点是精气作为"心"之内容如何表现的问题，而此中关于万物和人身的论述在很大程度上是为了给这一问题作铺垫。"心"是人体的一部分，但它又是非常特殊的一部分。它是精气存聚于人的中心场所，也是精气得以产生精神作用的灵明之处。人的身体是精气之舍，而其中的"心"则是舍中之舍：

> 精存自生，其外安荣。内藏以为泉原（源），浩然和平以为气渊。渊之不涸，四体乃固；泉之不竭，九窍遂通。（《内业》）

此处未见"心"之概念，但所谓"气渊"正是对"心"的隐喻。此喻尤能体现"心"作为舍中之舍的角色。"舍"喻比较直观，也更具整体性，而"渊"喻则提示着"心"是"舍"的渊深之处。四篇以"气渊"论"心"可能和老子所言的"心善渊"（《老子》第8章）有关。所谓"心善渊"，是说"心"

---

① 第三段引文是说：吃得太饱会损伤身体，如果饥饿则会使筋骨枯损、血液凝结；只有饥饱适度才能保证身体处于健康的状态，这样精气才会入舍于此，而智慧也将由此而生。

能够做到像深渊那样沉静安宁。老子所言之"渊"是指水之渊，而四篇所言
"渊"则是指气之渊，这是精气所存聚的渊深场所。

上引文段还用到"泉源"的比喻，这和"气渊"所喻的对象（喻体所指
的本体）是不一样的。"气渊"是比喻"心"，"泉源"则比喻"心"中所含
之精气。不过，此二者的意味又正好相互配合。"气渊"表明"心"是精气
存聚的渊深之处，"泉源"则提示出此渊深之处的精气是人的精神作用的来
源。精气在此处的运行将会表现为人所特有的精神活动。前节曾指出，精气
并非纯物质性的存在，它兼有形质和精神的双重属性。之所以具有后一属性，
正因它在"心"这一渊深处能够产生精神上的作用。

《心术下》也用"泉源"比喻精气的这种效能：

> 凡心之刑（形）①，过知（智）失生（性）②，是故内聚以为原
> （源）。泉之不竭，表里遂通；泉之不涸，四支（肢）坚固。（《心术下》）

此言和上引《内业》之论颇为类似。③"心"中所存之精气是人之精神活动的
泉源。"心"能产生精神上的作用，即源于此中精气的灵妙之能。正所谓"灵
气在心，一来一逝；其细无内，其大无外"（《内业》），精气进入"心"中即
为"灵气"，此等"灵气""一来一逝"（"逝"指来往之往），即表现为人的
精神活动。

前面曾引及《内业》篇的"精之所舍，而智之所生"。"精之所舍"是就人
身之整体而论，而"智之所生"则将关注点集中在"心"上。"心"作为"气
渊"，是智思的生发之处。《心术上》的一处言论也体现了"心"的这种角色：

---

① "刑"通"形"。陈鼓应先生解"形"为实体，以"心之形"为心之实体（陈鼓应：《管子四
篇诠释——稷下道家代表作解析》，第93、182页）。匡钊先生解"心之形"心之表现（匡钊：《先秦
道家的心论与心术》，第61页）。笔者赞同后解。此语亦见于《内业》，"凡心之形，过知（智）失生
（性）"；"凡心之刑（形），自充自盈，自生自成"。

② "失生"在《管子校注》作"先王"，参见郭沫若《管子集校（二）》，《郭沫若全集·历史
编》第七卷，第440页。《内业》有"凡心之形，过知（智）失生（性）"，《心术下》所见"先王"
应是"失生"之讹。

③ 《心术下》与《内业》内容上多有重复，一般认为前者是后者的别本。此两篇内容重复之处
的文字存在一定差异，正可两相结合进行理解。

宫者，谓心也，心也者，智之舍也，故曰"宫"。

精气充实于人体，但它只在"心"运行为智思。气渊之"心"即智思的"宫""舍"。此"舍"不同于"精舍"之"舍"，它是特指"心"这一舍中之舍。

归结前论可知，"气渊"及其相关的"泉源""智之舍"等比喻，是我们理解四篇所思"心"之构造的关键。"气渊""智之舍"是比喻"心"，"泉源"是比喻"心"中所含之精气。精气充实于人身，它是构造人体的基本材料；而"心"则是精气在人这里运行的中心场所，同时也是精气在人这里存聚的渊深之处；精气在此渊深之处的运行将表现为精神性的活动，正因如此，此中之精气即成为人之精神的"泉源"，而"心"也即成为"智之舍"，成为精气运行的灵明之处。

由此亦见，四篇关于万物和人身的论述在很大程度上是为了给"心"的问题作铺垫，但当思路延至此问题时，作者对精气之属性和功能的定位又有别于他对精气在万物和人身的论述。通过"凡物之精，此则为生"之论，作者肯定了天地万物皆由精气所生成、所构造这一情况；通过"精舍"的比喻，作者继续表明人之身体亦由精气所构成这一点；进而他又以"气渊"比喻"心"，突显"心"作为精气之渊、舍中之舍的角色。精气是生成和构造万物的原质，也是构成人体的基本材料；而当它成为充盈"心"的内容时，其运行即表现为精神性的活动。这是"心"作为舍中之舍的独特之处，也是人之所以为人的独特之处。如果没有"心"，人和他物将不会出现本质上的区别。

以往研究中通常认为四篇以"精舍"喻"心"，对于"气渊"则把它看作与"精舍"同义的一个比喻。由上可知，"精舍"和"气渊"是两个密切相关但义有不同的比喻。前者喻指人之"身"，此"身"包含形体层面的"心"；后者则喻指人之"心"，此"心"是形质和精神的统一体。"气渊"是"精舍"的一部分，但它又是非常特别的一部分，精气将在此间运行为精神活动。在后一意义上，"气渊"已不是"精舍"所能完全涵盖的，它有"溢出"于后者的表现。由此亦见，在四篇思想中"身"与"心"并非二元对立之关系，而是交合存在之关系。关于此间所论情况，可用下图作一呈现：

理解这一思想，关键是要摆脱身心二元思维的影响，看到四篇对于"心"之构造的独特定位。在身心二元思维的影响下，我们会把它所言的"心"理解成与"身"相对的纯粹的精神实体。实际上，四篇所论的"心"是一个形

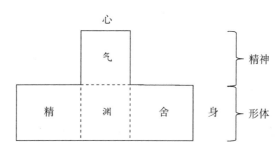

图1　气渊之"心"及其与"身"的关系

质和精神的统一体，它与"身"非为二元关系，而是交合关系："心"首先是作为"身"之一部分存在，但它又具有超乎"身"的功能。四篇对"心"的这一定位是其精气学说所决定的。"心"作为"气渊"，首先是身体此"精舍"的一个部分，此即决定它具有形质属性；与此同时，它又是身体此"精舍"中十分特别的一处，它是"精舍"的渊深处，精气将在此间运行为精神，人的心识和智思即由此而来，所以它在作为身体之部位的同时又具有超乎身体的功能，表现出精神上的属性。

古人认为人体内的心脏是思维器官，"心"作为一个语词既可指作为人体器官的心脏，也可指此器官所生发的精神活动（心灵）。在诸子心学中所谓"心"一般在后一意义上使用。但四篇所讲的"心"比较特别，它兼含了上述的两种意义，指的是形质和精神的统一体。这是四篇心学非常独特的地方，此特点的出现和精气学说的背景紧密相关，"气渊"之喻尤能反映这一情况。

三　"心以藏心"："心"的两层及其内在关系

考察了四篇关于"心"作为"气渊"的独特定位，接下来探讨"心以藏心"之论及其相关问题。"心以藏心"是四篇当中非常著名的一个命题，是理解其"心"学的又一个关键。在前文考察的基础上，我们将会发现此命题的意义不仅在于陈述"心"有两层这一事实，更重要的是，它是为了说明在一般的"心"的背后还存在一个更深层的作为主体以指导前者的"心"。换句话说，作者不仅是要说明"心"之中包藏另一层"心"，他更关心的是另一层"心"对于一般之"心"的指导和治理。此即所谓"心术"的要害所在。

这里所说的一般的"心"即前文所论的作为"气渊"的"心"。这意味着，对一般之"心"的治理实质上是对此中之精气的治理。对于此治理工作之成果，四篇称之为"内德"。它代表着精气在"心"中充分发挥灵妙之能的状态，指示着"心术"的基本方向。

先来看"心以藏心"之论所在的文段：

> 我心治，官乃治；我心安，官乃安。治之者，心也；安之者，心也。心以藏心，心之中又有心焉。彼心之心，音（意）以先言，音（意）① 然后形，形然后言，言然后使，使然后治。不治必乱，乱乃死。（《内业》）

这里明确指出人存在两种"心"。那么这两种"心"具体指什么呢？论者解释不一，总的来看，可归纳为两种视角。一是以形气和精神区分二者。如刘节先生曾言："心之中又有心，应作如此解，凡是形气的心，是生理的心，心之中的心是指道德的心，其作用是思，是知。"② 陈佩君有类似看法，认为这里是说心的两个层次，前者是心之形，即生理的心，后者是心之术，即心的精神活动。③ 二是认为两种"心"均谓心灵、心识，但它们指向心灵的不同层面。如陈鼓应先生认为"心以藏心"是一个富有深层哲学性的命题，认为心之官中还蕴藏一颗更具根源性的本心，所谓"彼心之心"命题中第二个心对第一个心来说是心的实体，比官能之心更为根本。④ 郭梨华教授认为，这里明确指出心与心中之心之别，前者指向心的浅层活动，后者则指向心的深层活动。⑤ 匡钊先生强调，"心"之所以二分，在于它能否与普遍精神相结合，如未能与之结合则此心停留在感觉层面，如能与之结合则此心便具有更为高级的思知能力。⑥

---

① 王念孙认为此两处"音"当读为"意"。参见郭沫若《管子集校（三）》，《郭沫若全集·历史编》第七卷，第132页。可从。"音以先言，音然后形"在《心术下》作"意以先言，意然后刑（形）"。

② 刘节：《古史考存》，第255—258页。

③ 参见陈佩君《先秦道家的心术与主术——以〈老子〉、〈庄子〉、〈管子〉四篇为核心》，博士学位论文，台湾大学哲学研究所，2008年，第197页。

④ 参见陈鼓应《管子四篇诠释——稷下道家代表作解析》，第113页。陈先生所言官能之心或亦带有生理之心的意思，但他所强调者仍在于精神上的两层之分。

⑤ 参见郭梨华《道家思想展开中的关键环节——〈管子〉"心一气"哲学探究》，《文史哲》2008年第5期。

⑥ 参见匡钊《先秦道家的心论与心术》，第58页。

　　笔者认为，用形、神区分二者，或是基于精神层面进行区分，可能都有待商榷。此论的关键在于，作者认为在一般的"心"的背后还藏着一个作为主体以治理前者的"心"，这两种"心"既是深浅不同的关系，也是主体和对象的关系。作为被治理之对象的"心"是前面所说的气渊之"心"，它是形质和精神的统一体；而作为治理之主体的"心"则是气渊之"心"背后所隐藏的深层心识，它是纯精神性的存在，我们可以把它称为深藏之"心"。相比于此，气渊之"心"可谓表层之"心"①，它所具的精神活动即人的表层心识，这是直接主导身体以开展行动的主体，但与此同时它又得接受深藏之"心"的指导和规范，在这一意义上来说，它又是被治理的对象。

　　我们结合"心以藏心"的前后文对此命题进行推敲。"我心治，官乃治；我心安，官乃安"是说，我的心得到安治，我的身体便能得到安治（"官"指身体器官）。这是就表层之"心"而言，它是身体的主导者。随后所言的"治之者，心也；安之者，心也"（"之"指代前面所说的"心"），则提示着"心"的背后还存在一个使此"心"得以安治的更深层的"心"。"心"安治了，身体才会安治；而使"心"得到安治的则是另一层次的"心"。正因如此，所以接下来就说到"心以藏心，心之中又有心焉"，这是对前文所说的两层"心"的概括（由此亦知"治之者""安之者"的"之"不是指代"官"）。可见，"心以藏心"之论不仅是要说明"心"之中还"藏""有"另一"心"，同时也是要指出另一"心"对表层之"心"的指导和治理，这正是"治之者，心也；安之者，心也"一句的要义所在。

　　后面还讲到"彼心之心，意以先言，意然后形，形然后言，言然后使，使然后治"，这是对深藏之"心"治理表层之"心"的进一步论说。先看"意然后形，形然后言，言然后使，使然后治"，这里很清楚地展现出"意—形—言—使—治"的逻辑次第。② 而在前面所言的"彼心之心，意以先言"

----

　　① 前面曾指出，"心"作为"气渊"是精气存聚的渊深场所。这是基于身体之为"精舍"而言，意味着"心"是"精舍"的深层之处。此处言道，气渊之"心"是表层之"心"，这是相比于另一层"心"而言。

　　② "意"指意识。"形"谓形迹，即行动表现。"言"指言语。结合后文来看，"形"与"言"具体是指政治上的行为和言令。"使"指治理民众。"治"谓民众得到安治。此所谓"治"不同于"治之者，心也"和"不治必乱"的"治"，后两句的"治"指深藏之"心"对表层之"心"的治理。另外，"心"如何安治的问题和治国理民的问题是密切相关的，所以这里会出现和治国有关的言论。

中,"彼心之心"是指深层之"心","意"则是表层之"心"的内容。这句话是说深层之"心"使人"意以先言",即指导人们在言语之前将事情考虑清楚。从"意—形—言—使—治"的逻辑链条来看,"意"不仅"先"于"言",也是"先"于"形"的。大概是因为"言"(言辞政令)是为政者和民众发生联系的关键,故而以此为代表来体现"意"的先行性。"意"也即表层之"心"的意识是行动和言语的主体,但与此同时它又是为"彼心之心"所规范的对象。"意"的所在是表层之"心",而指导"意以先言"的则是深层之"心"。这种指导正是前文所说"治之者,心也;安之者,心也"的表现。引文最后说"不治必乱,乱乃死"(此"治"谓深心治理表心),即对这种指导的再一次强调。

前面围绕"心以藏心"命题及其前后文进行了解释,我们进一步看看四篇他处的相关言论:

> 执一不失,能君万物。君子使物,不为物使。得一之理,治心在于中,治言出于口,治事加于人,然则天下治矣。(《内业》)
>
> 圣人裁物,不为物使。心安,是国安也;心治,是国治也。治也者,心也;安也者,心也。治心在中,治言出于口,治事加于民,故功作而民从,则百姓治矣。(《心术下》)

可以看到,这两处言论和前引文段正可相互呼应。第一段所谓的"治心",是指得到安治的"心",它相当于前引文段中"我心治""我心安"的"心"。从"治心"到"治言""治事""天下治"的次第则类似于前段的"意""言""形""使""治"诸环节("治事"类似于"形","加于人"则有"使"的意味)。这里也强调"治心"对于"天下"得治的重要性,但它没有讲到背后的主导"心"之治理的深藏之"心"。这一点在第二段则有体现,并且第二段更加鲜明地指出了"治心"对于"天下"得治的根本意义。所谓"心安,是国安也;心治,是国治也",是对"治心"之政治意义的高度概括,集中体现了黄老学的由内圣而外王的基本理路。[1] 而所谓"治也者,心也;安也者,心也",则类似于前引文段的"治之者,心也;安之者,心也",

---

[1] "治心"之所以具有政治性,直接来说是因为作者所关注的对象是治国理民的为政者。

这是对背后主导之"心"的揭示。表层之"心"是言语、行动的主体，而背后又存在一个指导其修养的更高级的主体。在此等深藏之"心"的指导下，表层之"心"得以安治，因而其"言"其"事"也就得以安治，最终也就达成了"天下治"的效果。

归结前论可知，"心以藏心"此命题的意义不仅在于陈述"心"包含两层这一情况，更重要的是，它是为了指出一般的"心"的背后还存在一个作为主体以指导"心"之治理的深层心识。"心以藏心"不仅是说一"心"包藏另一"心"，同时也是说一"心"治理另一"心"。我们在理解时往往更关注前一种意义，实际上后一种意义更为关键。后义提示着，"心术"演练的背后还存在一个负责指导此等演练的深层主体。所谓"心术"，直接来说是指表层之"心"的各种修养之术，而在根本上它指的是深藏之"心"对前者的指导之术。

四 "内德"之境：精气在"心"的灵明状态

前面曾指出，表层之"心"即作为气渊的"心"。那么，深藏之"心"对它的治理实质上就是对其间精气的治理。对此，作者曾有如下言论：

> 有神自在身，一往一来，莫之能思。失之必乱，得之必治。敬除其舍，精将自来。精想思之，宁念治之，严容畏敬，精将至定。得之而勿舍，耳目不淫，心无他图。正心在中，万物得度。（《内业》）

"精想思之，宁念治之"一句甚是关键，此间隐含着一个思索、治理精气的主体（"之"指代精气）。在它的治理下人常保精气不失，从而"耳目不淫，心无他图"。这里存在两个层次的"心"：一个是"得"精气的场所，即"心无他图"的"心"；一个是在背后"思之""治之"的深层心识。结合"心以藏心"之论来看，此处从"精想思之"到"心无他图"之言正可体现"治之""安之"的意思；并且这里还反映出，所谓"治之""安之"，直接来说是治理表层之"心"，实际上是治理此中的精气。后面还说"正心在中，万物得度"，"正心"即"心无他图"之"心"，此"心"是表层之

"心"，它是直接指导言语和行动的主体；人若能端正此"心"，万物将各得其宜。

"心"得到安治，实质上是此中精气得到安治。精气在"心"中得到安治，从而充分发挥其灵妙之能，此等状态即所谓"内德"：

> 精存自生，其外安荣。内藏以为泉原（源），浩然和平以为气渊。渊之不涸，四体乃固；泉之不竭，九窍遂通。……敬慎无忒，日新其德；徧知天下，穷于四极。敬发其充，是谓内得（德）①；然而不反（返），此生之忒。

前面通过引文之前段论述了"心"作为"气渊"的角色，此处看后面言论。"敬慎无忒，日新其德"是说，以恭敬而谨慎的态度，不断完善"心"中精气的效能（"其"指精气）。这正是所谓"精想思之，宁念治之"的表现。如此便能做到"徧知天下，穷于四极"（遍知天下、洞察一切）。以敬慎的态度让"心"中精气的效能充分发挥出来，此即所谓"内德"。"内德"指"内心"之"德"，更具体来说，是指"心"中所含精气的一种效能。人如果不能返归此境，那便是生命的祸害。

"内德"之言还见于以下：

> 形不正，德不来；中不静，心不治。正形摄德，天仁地义则淫然而自至。神明之极，照乎知万物，中义守不忒。不以物乱官，不以官乱心，是谓中得（德）。（《内业》）
> 形不正者德不来，中不精者心不治。正形饰（饬）② 德，万物毕得。翼然自来，神莫知其极。昭知天下，通于四极。是故曰：无以物乱官，毋以官乱心，此之谓内德。（《心术下》）

这两段话的意思大体一致，个别字词有异，正可参合理解。《心术下》言"内

---

① 不乏观点将"内得"看作主谓结构（内有所得）。此处的"得"当通"德"。《心术下》有"内德"之言，正可结合理解。
② "饰"通"饬"，指整饬。"饬德"是说整饬精气之效能，义与《内业》"摄德"相通。

德"，《内业》称为"中得（德）"。"内"与"中"皆就"心"而言。《内业》的"神明之极"以及《心术下》的"神莫知其极"以及"翼然自来"，均是对精气在"心"之状态的描述。形体是精气之舍，它是精气在人这里存聚和运行的大场所，因而要充分发挥精气之效能，则首先应当从身体上做起。所谓"正形摄德"，"形不正，德不来"，正是对身体这一"精舍"之意义的强调。

就"德"的归属来看，它首先归于精气，亦即，它首先是指精气之"德"——精气在"心"中运行的效能。进一步来看，此"德"亦属于"心"，"心"之"德"正是通过精气之"德"得以存在。前面所见几处"德"中，有些侧重于精气之"德"（如"日新其德""形不正，德不来""正形摄德"），有些则侧重于"心"之"德"，（如"内德""中德"）。"心"之"德"和精气之"德"实为一事，作者在不同地方强调其不同的方面而已。精气在"心"得到安治，充分发挥其灵妙之能，此即精气之"德"，亦是"心"之"德"，人的德性正是以精气之效能为基础。①

四篇之所以被视作一个相对独立的学理体系，基本依据即在于它们拥有着"心"这一共同主题。并且，在心学的两个方面中四篇更关切的是工夫的方面。对此笔者并无质疑，通过以上讨论笔者尝试进一步指出的是："心术"操练的背后还存在一个负责指导此等操练的深层主体，所谓"心术"，直接来说是指"心"的各种修养之术，而在根本上它指的是深藏之"心"对于此"心"的治理之术；此"心"以精气为其内容，而深藏之"心"对它的治理实质上就是对此中精气的治理，所谓"心术"，更进一步来说，是指治理"心"中精气的方法；治理"心"中精气的方向和目标即在于所谓"内德"，这代表着"心治""心安"的状态，亦即精气在"心"中充分发挥其灵妙之能的状态。在前节图示的基础上，结合此间所论，可用下图对四篇之心学作进一步呈现：

四篇关注的操练"心术"之人是治国理民的为政者，其"心"安治是国家得以安治的基础。所谓"治心在于中，治言出于口，治事加于人，然则天下治矣"，集中体现了从心治到国治的因果逻辑。在此意义上，可以将四篇的

---

① 关于"内德"之义，详参叶树勋《先秦道家"德"观念研究》，博士学位论文，清华大学，2013 年，第 182—196 页。

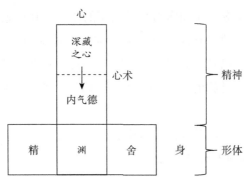

图2 "心以藏心"及"内德"之境

思想主旨概括为"治气以成德，成德以治国"。"治气"是"心术"的本质，"成德"是"心术"的旨向，而"治国"则是最终的目标所在。① 在治气成德的过程中，"心"的不同层次扮演着不同的角色。表层之"心"是精气存聚的场所，它是直接从事修养、主导身体以开展行动的主体；而背后所藏的"心"则是指导这一修养事业、治理其中之精气的深层主体。

表层之"心"由精气所构造，其活动受深藏之"心"的指导，那么此深藏之"心"又从何而来呢？作者对此并无明确交代。就四篇整体来看，作者应是预设了此等心识的存在。此等心识之存在不以精气为前提，否则所谓"精想思之，宁念治之"，"治之者"，"安之者"的主体便无法出现。② 另外，"心"较之身体其他部位的独特之处在于，它既是精气存聚的渊深之处，也是精气运行的灵明之地，精气正是在此间运行为精神性的活动。为什么精气能在此间运行为精神，并且只在此间运行为精神呢？问题的答案可能就在于它背后的深藏之"心"。当然，如同深藏之"心"从何而来的问题一样，作者对此亦无直接说明。

对"心"的探索是诸子时期思想界的一大要事。在当时认识到"心"有

————————

① 曹峰先生曾指出，黄老学的一个基本特征是从养身到治国，黄老道家谈养生是为了谈治国（参见曹峰《近年出土黄老思想文献研究》，中国社会科学出版社2015年版，第3—4页）。此特征在《管子》四篇有非常典型的表现。

② 《内业》篇有言："思之思之，又重思之。思之而不通，鬼神将通之，非鬼神之力也，精气之极也。"这似乎是说"精气之极"（精气的最灵妙之能）是深藏之"心"的来源。但这里同样预设了"思之思之，又重思之"的深层主体。和前面所引诸论有所不同的是，这里讲到了"思之而不通"时精气的某种特异表现。然而，即便它具有类似于"鬼神之力"的灵妙之能，在根本上它仍然是被"思"的对象。

二重的不只是稷下黄老。比如作为心学大家的庄子，其思想中即存在对"心"的两个层次的区分。他没有像稷下黄老那样，直接说到"心"含两层，但所谓"心斋""游心"以及"成心""机心"，已透露出他对"心"的某种区分。而在上博楚简《凡物流形》中，则有明确的"心"含两层之论：

> 心不胜心，大乱乃作；心如能胜心，是谓少①彻。奚谓少彻？人白为执②。奚以知其白？终身自若。

此处强调一"心"对另一"心"的克服（"胜"谓克服）。作为"心如能胜心"的效果"少彻"是指"心"的务本执要的通彻之状。后面还讲到"心"之"白"，这和《管子》四篇的"白心"之"白"、《庄子·人间世》的"虚室生白"之"白"意义接近。作者在此后还讲道："百姓之所贵，唯君；君之所贵，唯心；心之所贵，唯一。"这也表现出从治心到治国的理路。

《庄子》和《凡物流形》里两个层次的"心"均就心灵、心识而言，在四篇思想中深层之"心"固然纯为心识，但表层之"心"乃形神的统一体。出现此等差异的根本原因在于四篇论"心"乃依托于精气学说，而《庄子》和《凡物流形》并无此等背景。③此外，在两层"心"的关系上，《管子》四篇与《庄子》《凡物流形》也存在一定差异。后两者关注的是一"心"对另一"心"的超越与克服，而四篇则强调深藏之"心"对表层之"心"的指导和治理。庄子所言"成心""机心"是负面的存在，《凡物流形》中有待被"胜"之"心"亦是负面的存在，但在四篇思想里有待被治理的气渊之"心"却是中性的存在，它的表现取决于深层之"心"对它的规范。总之，在"心"的二重性问题上，《凡物流形》和《庄子》显得比较接近，而《管子》

---

① "少"字，整理者读为"小"［参见马承源主编《上海博物馆藏战国楚竹书（七）》，上海古籍出版社 2008 年版，第 256—257 页］。王中江先生主张读为本字，并指出"少"是指务本执要，"少彻"可说是"本彻"，即根本上的通晓（参见王中江《〈凡物流形〉的宇宙观、自然观和政治哲学——围绕"一"而展开的探究并兼及学派归属》，《哲学研究》2009 年第 6 期）。笔者赞同王解。又，"彻"之义类似于《庄子·大宗师》的"朝彻"之"彻"。

② 此字写作"戠"，整理者释为"识"［参见马承源主编《上海博物馆藏战国楚竹书（七）》，第 256 页］，后来学者多释为"执"。

③ 《庄子》和《凡物流形》都有关于"气"的思想（《凡物流形》有"五气并至"之言），但二者之"心"论和"气"之思想的关联性不强。

四篇则表现出与二者有所不同的特质。①

"心"与"气"的密切关联，让四篇的思想出现不同于《庄子》《凡物流形》的地方，反而和孟子学说显得有些相似。白奚先生很早就注意到此点。他认为，《管子》四篇的心气论和孟子思想有许多相似之处，《管子》对孟子产生了重大影响，启发了孟子以气言心性。② 杨儒宾先生也注意到二者的相似性，但他认为孟子思想在前，并且还提出《内业》《心术下》两篇是孟子后学的作品。③ 笔者认为，究竟是谁影响了谁，这个问题尚难以论定；此外，在看到相似性的同时还需注意二者的差异。一则，四篇论"气"主以"精气"，且其所言"精气"不仅是"心"的内容，同时也是天地万物生成的原质；而孟子则是在一种比较宽泛的意义上讲论"气"，未专注于"精气"，其所言"气"也无关于天地万物之生成，并且，孟子虽然关注养"气"和养"心"的关系，但他并不强调"心"以"气"为内容。二则，孟子在某些地方似乎也流露出对"心"之二重的区分④，但总的来看，这种区分并不显著。孟子所论"心"是就精神性的心灵或心识而言，所论之"气"偏重于精神方面的气象之"气"；而四篇所讲的"心"首先是一个形神的统一体，其所言"精气"是一种兼含物质性和精神性的存在。三则，四篇和孟子虽然都很关注"气"之"充"，但具体意味甚为不同。孟子所言"充"指"扩而充之"，这是"四端"发展壮大的过程；而四篇所论"充"则指本然的充实⑤，精气本存于己身，人所要做的不是扩充它，而是要"敬守勿失"⑥。这里关乎儒道两家成德思想之差异，在此点上四篇和老、庄思想是相一致的。最后，孟子有

① 王中江先生曾结合出土文献对先秦时期"心"之二重性的思想作专门探讨（参见王中江《"心灵"概念图像的多样性：出土文献中的"心"之诸说》，《哲学研究》2019 年第 12 期）。在其论基础上，本文尝试进一步呈现《管子》四篇在此问题上的理论特质。

② 参见白奚《〈管子〉心气论对孟子思想的影响》，载香港道教学院主办、陈鼓应主编《道家文化研究》第六辑，上海古籍出版社 1995 年版，第 144—145 页。

③ 参见杨儒宾《儒家身体观》，上海古籍出版社 2019 年版，第 60 页。

④ 孟子有"放其良心""失其本心""陷溺其心"等言论（均见于《孟子·告子上》）。"良心""本心"指"心"的本然良善状，"其心"也是此等意义；"放""失""陷溺"则指向"心"的另一种状态。

⑤ 《内业》的"凡物之精，此则为生"从宇宙论上肯定了精气是一切事物生成和构造的原质。《内业》的"有神自在身"，"凡心之形，自充自盈"以及《心术下》的"气者，身之充也"，则更直接地说明了精气本充实于人。

⑥ 《内业》曰："是故此气也，不可止以力，而可安以德。不可呼以声，而可迎以音（意）。敬守勿失，是谓成德。"

"睟面盎背"之论，四篇有"和于形容，见于肤色"之言（《内业》），二者都比较重视"心"之"德"在形体上的表现。但有所不同的是，四篇很注重身体的修养之术，而孟子对此则不甚关注。孟子虽有"践形"之论①，但此论并非指示具体的养身之法，而是强调在行动中实践自己的天性。

五 结语

比起同时代的其他心学，四篇心学的一大特色即在于以"精气"论"心"。作者以"气渊"之隐喻表达了关于"心"之内容的理解。此"心"非谓纯粹的精神实体，而是指形质和精神的统一体；"心"与"身"并非二元对立之关系，而是表现为交合存在的关系。此外作者又提出"心以藏心"之论，这既是为了陈述"心"包含两层这一情况，也是为了说明气渊之"心"的背后还存在一个治理"心"之精气的深层主体。进而，作者以"内德"的概念表征治理精气之效果。在深藏之"心"的主导之下，精气在"心"中充分发挥灵妙之效能，此即代表"心安"的"内德"之境。由此可知，所谓"心术"直接来说是指"心"的修养之术，而在根本上它指的是深藏之"心"对气渊之"心"的治理之术。作为"心安"的境地，"内德"的意义不限于个体修养。四篇所关注的操练"心术"之人是治国理民的为政者，"内德"是确保其政治行为拥有正当性的前提。这是黄老学中从内圣到外王之理路的集中体现。

"心"的构造、现象与修养工夫是四篇心学中相辅相成的两个方面。作者着重关切的是修养工夫，那些关于"心"之构造和现象的论说，在很大程度上是服务于其所主张之工夫的。但在理解的立场上我们反而更需要重视那些关于构造和现象的思想，这是四篇心学的基础，是我们把握其所主张之工夫的前提，而在以往研究里这一方面恰恰是容易被淡化的。本文着重探讨了其间关于"心"之构造的理论，并以此对所谓"心术"给出一定解释，至于其中有关"心"之现象（欲、情、智、故诸种心灵活动）的学说，笔者将在他处展开讨论。通过对现象问题的考察，我们对其所言工夫将能获得更深入的理解，而在整体上对稷下黄老之心学也将能够获得更系统的把握。

---

① 《孟子·尽心上》："形色，天性也；惟圣人，然后可以践形。"

管仲形象嬗迁与儒学演进研究

杨 超 靳献豪

摘 要 《论语》中孔子所描绘的管仲之形象，随着历史的变迁，不断地为后来者所构建：在汉唐经学家与宋代事功学派、宋明道学家、持"汉宋调和"论调的明清儒者那里，或反复凸显管仲"仁者"身份，或集中彰明管仲之"器小"，抑或是执两用中，所见各不相同。在管仲所呈现迥然各异面貌的背后，有着较为深刻的政治与学理层面之因缘：儒者们政、教之抉择有异。从管仲形象的嬗迁中，我们不仅能够窥见汉宋学术的流变，也可以对整个儒学之演化渊源与历程作一推演。

关 键 词 管仲；形象；嬗迁；儒学；演进

作者简介 杨超，郑州大学哲学学院讲师，道教中国化研究中心研究员，硕士生导师，研究方向主要为宋元明清经学、哲学。靳献豪，郑州大学历史学院本科生。

《史记·管晏列传》载："管仲既用，任政于齐，齐桓公以霸，九合诸侯，一匡天下，管仲之谋也。"[1] "管仲卒，齐国遵其政，常强于诸侯。"[2] 管仲于

---

[1] （汉）司马迁撰：《史记》，高尚榘校点，中华书局1982年版，第2131页。
[2] （汉）司马迁撰：《史记》，高尚榘校点，第2134页。

齐国之强有建树之功，而其"九合诸侯，一匡天下"于春秋时代之政局安定、发展亦有不可磨灭的历史贡献。自从孔子给予管仲"器小"之评，而又许管仲"如其仁"之语，管仲的评价问题就进入了儒学家的视野。汉唐经学家、宋代道学家、"汉宋调和"视域下的儒者们，接续着孔子看似有张力的两可之说，给予管仲或褒或贬的评价。

当下学界对管仲形象的研究，或依于《论语》经典文本的阐发和辩证以判定管仲为"仁者"与否，或整合、描绘某一儒者对于管仲塑造而成的样貌，或限于某一历史朝代以比较儒者们对管仲评价之异同，而从整个儒学史的跨度来梳理、探求管仲形象嬗变及内中缘由则鲜有涉及。本文将从同一历史延续时期、拥有相近文化背景的儒者们对管仲形象刻画的内在一致性出发，进而比较不同历史时期、不同文化背景下儒者们对管仲形象塑造的差异性，将历史叙述和逻辑推演统一起来，探究管仲形象的不断嬗变与儒学史发展的外在政治环境、内在学理因革之互动关联。如此，不仅有助于我们更好地把握汉宋学术的演进特征，而且，明晰时代义的逐次展现也有利于《论语》中原义的发显。

一 汉唐经学家、宋代事功学派对"仁者"管仲之描绘

随着历史的发展，管仲的形象也为众多汉唐经学家以及部分宋代学者，以"仁者形象"所描绘、塑造。管仲不但在以孔安国、马融、何晏、王弼、李充、皇侃为代表的汉唐经学家笔下被刻画出"仁者"的特征，而且也被以陈亮、叶适为代表的宋代事功学派描绘出"仁者"的面貌。

汉代去古未远，从汉代经学家对《论语》经典文本为数不多的笺注中，可以体察到他们对管仲"仁者"形象的反复凸显。在"或问子产"章，孔子以"人也"答问管仲，并解释道："夺伯氏之邑，没齿无怨言。"西汉经学家孔安国认为伯氏"无怨言"之因在于管仲的做法于理恰当，故而洽合孔子之心意："伯氏食邑三百家，管仲夺之。使至蔬食而没齿无怨言，以当其理故也。"① 可以说，孔安国的注里已经流露出对管仲的某种肯定之意。而这是否

---

① （梁）皇侃撰：《论语义疏》，高尚榘校点，第356—357 页。

能代表汉代经学家之总体态度呢？在子贡问管仲章，孔子曾这样回答：

> 子贡曰："管仲非仁者与？桓公杀公子纠，不能死，又相之。"子曰："管仲相桓公霸诸侯，一匡天下，民到于今受其赐。微管仲，吾其被发左衽矣。岂若匹夫匹妇之为谅也，自经于沟渎而莫之知也。"①

如果说孔安国是从"当其理"的角度评判管仲之行为，而不能代表对管仲其人的态度的话，那么东汉经学家马融则表现出对管仲其人的赞誉。"天子微弱，桓公率诸侯以尊周室，一正天下也。"② "无管仲，则君不君，臣不臣，皆为夷狄也。"③ 管仲救邢存卫、攘除夷狄、扶正周室之天下，捍卫了华夏文化的主体性及发展的延续性。孔子曾说："君君，臣臣，父父，子子。"④ 马融言管仲"一正天下"，复使君为君、臣为臣，使中原诸国避免了"君不君，臣不臣"的政治悲剧，这就契合了儒家所提倡的"正名"思想和关乎华夏民族自尊心的"夷夏之辨"。马融从称誉管仲之功绩进而肯定管仲之人，一个接近"仁者"的管仲形象也就初显轮廓了。

《论语》此章也曾被东汉经学家讨论，东汉经学著作《白虎通》云："匹夫匹妇者，谓庶人也。言其无德及远，但夫妇相为配匹而已。"⑤ 东汉经学家以为，管仲"一匡天下"的功绩又怎是执守死板的"忠义"原则的"匹夫匹妇"所能理解呢？若如"匹夫匹妇"所想，则终归是"无德及远"的，而管仲却功恩广布，泽及天下。子贡曾问："如能博施于民而能济众，则何如？可谓仁乎？"子曰："何事于仁，必也圣乎！尧舜其犹病诸。"⑥ 管仲超越庶民所理解的小忠，能够包羞忍辱，成就济时济世的功业，得以厚施于民、厥功至伟，怎么会配不上仁者之称呢？故而，汉代经学家正是从管仲兼济天下的功业来塑造管仲之"仁者"形象的。

接续着汉代经学，魏晋时期的经学家们承继此态度，而使管仲"仁者"

---

① （宋）朱熹撰：《四书章句集注》，中华书局1983年版，第153页。
② （梁）皇侃撰：《论语义疏》，高尚榘校点，第368页。
③ （梁）皇侃撰：《论语义疏》，高尚榘校点，第369页。
④ （宋）朱熹撰：《四书章句集注》，第136页。
⑤ （梁）皇侃撰：《论语义疏》，高尚榘校点，第369页。
⑥ （梁）皇侃撰：《论语义疏》，高尚榘校点，第150页。

形象益加饱满。

首先，魏晋经学家何晏在对"人也"之注中表露出了于管仲赞美之观点。何晏注曰："犹诗言'所谓伊人'也。""所谓伊人"出自《诗经·小雅·白驹》，一般认为其主旨在于思慕或挽留贤友佳客。① 可是，《诗经》中另有许多关于"人"的不同描绘，如"相鼠有皮，人而无仪"②，"所谓伊人，在水之湄"③。何晏不由他处简择"人"之解释，而特用《白驹》中"人"之解释，这就能看出何晏突出孔子褒扬管仲的用意。管仲夺去罪臣之食邑而伯氏无怨言，其后效近于孔子"在邦无怨，在家无怨"④ 之期许，孔子以"人"论之，固是称之。《中庸》言："仁者人也。"⑤ 清代王引之亦考证得到："'仁'与'人'义相通，故字亦相通。"⑥ "人"则近"仁"，夫子本美管仲，然而何晏不是通过分析具体的文本语境，亦不从"人"字本身的考证出发，而是由他处寻章摘句，有意美言管仲，从而塑造出管仲"仁者"的正面形象。

其次，魏晋经学家王弼亦认为管仲维护了华夏文明本位。"于时戎狄交侵，亡荆灭卫，管仲攘戎狄而封之。南服楚师，北伐山戎，而中国不移，故曰'受其赐'也。"⑦ 戎狄肆虐，小国堪危，管仲"攘戎狄而封之"，正华夏而卑蛮夷，扶危救世；南征北战，守护中原文化，不为戎狄所伤。王弼对于建功立业的管仲之崇敬溢于言表，亦代表了魏晋经学家对"仁者"管仲之大体态度。

再次，魏晋经学家李充对"尊王攘夷"的管仲给予了更高的称誉。管仲有匡正天下、振兴王业的功绩，是为"尊王"；捍卫中原正统文化，免伤于夷狄之侵略，是为"攘夷"。相对于好奢淫逸的桓公，管仲"弘振风义"，将社会风气敦化入正，君子德风，小人德草，于是管仲有君子之风度；而其舍近利、求远略，功劳泽及千载，且忍谤要治、不求令名，正是"志士仁人，无

---

① 《诗三家义集疏》载："《鲁》说曰：《白驹》者，失朋友之所作也。其友贤而居任也，衰乱之世，君无道，不可匡辅，依违成风，谏不见受。国士咏而思之，援琴而长歌。《韩》说曰：彼朋友之离别，犹求思乎白驹。"（清）王先谦：《诗三家义集疏》，吴格点校，中华书局1987年版，第643页。

② （清）王先谦：《诗三家义集疏》，吴格点校，第247页。

③ （清）王先谦：《诗三家义集疏》，吴格点校，第449页。

④ （梁）皇侃撰：《论语义疏》，高尚榘校点，第299—300页。

⑤ （宋）朱熹撰：《四书章句集注》，第28页。

⑥ （清）王引之撰：《经义述闻》，虞思徵、马涛、徐炜君校点，上海古籍出版社2018年版，第1519页。

⑦ （梁）皇侃撰：《论语义疏》，高尚榘校点，第368页。

求生以害仁，有杀身以成仁"的"行道君子"之表现。管仲之僭礼行为也仅是"漏细行而全令图"，得其大者可以兼其小，瑕不掩瑜，不必玷污洁身。李充认为，孔子言"管仲之器小哉"，是为了讽世恶风，起到教化民众的作用，因而"不得不贬以为少也"，而并非实然贬抑管子器量之意。正如学者所指出的："管仲本人未必如此不堪，夫子只不过是以其为讲述道理或针砭时弊的符号化形象而已。用'方便行教'的逻辑，皇侃、李充虚化了孔子对管仲的指责。"①

最后，魏晋经学家皇侃将管仲"仁者"形象勾勒得更加完整。皇侃对于管仲"不知礼"一章之义疏值得玩味："言若谓管仲此事为知礼，则谁复是不知礼者乎？然孔子称管仲为仁及匡齐不用兵车，而今谓为小，又此二失者，管仲中人，宁得圆足，是故有仁功，犹不免此失也。"② 皇侃此疏有三点应当引起注意。第一，管仲"此事"不知礼与管仲"此人"不知礼不同，皇侃言"此事为知礼"，把孔子对管仲其人的批评限制到"此事"的范围之内，弱化了孔子的指责语气。第二，皇侃话锋一转，反称孔子许管仲以仁之事，且言管仲是"中人"，虽然欲求"圆足"，但不免仍有失，人非圣贤，孰能无过，这就有了为管仲辩护的意味。第三，皇侃在此疏之后援引李充之注，可见两位魏晋经学家注疏意涵的连贯性和一致性，复证皇侃对管仲之肯定立场。除此之外，皇侃"疏不破注"，沿用了何晏"人也"之解释："'所谓伊人，于焉逍遥'，是美此人。今云管仲'人也'，是美管仲也。"③ 在这里，皇侃较何晏更进一步，直接点明夫子"是美管仲也"。孔子亦有答子路"管仲非仁"之问：

> 子路曰："桓公杀公子纠，召忽死之，管仲不死，未仁乎？"子曰："桓公九合诸侯，不以兵车，管仲之力也。如其仁，如其仁！"④

对此，皇侃疏云："齐桓公为霸主，遂经九过盟会诸侯，不用兵车而能辨也。

---

① 邝其立、陈壁生：《论理解〈论语〉的两种方式——从管仲形象说起》，《北京社会科学》2022 年第 4 期。
② （梁）皇侃撰：《论语义疏》，高尚榘校点，第 76 页。
③ （梁）皇侃撰：《论语义疏》，高尚榘校点，第 356 页。
④ （宋）朱熹撰：《四书章句集注》，第 154 页。

不用兵车而诸侯九会，管仲之力也。"① "管仲不用民力，而天下平静，谁如管仲之智乎？"② 皇侃认为管仲有"仁"的功绩，其创造此功绩时"不用兵车""不用民力"，而是以自己的智慧、才能使"天下平静"，所以夫子两次叹"如其仁"，是对管仲的深度赞扬。孔子之志在于"老者安之，朋友信之，少者怀之"③，而管仲虽未行儒家之王道，然能做到安定四方、使百姓各得其所之业绩，故而孔子美管仲之义可明。另外，皇侃对于"匹夫匹妇之为谅"句的疏解，也与汉代经学著作《白虎通》不谋而合："君子直而不谅，事存济时济世，岂执守小信，自死于沟渎，而世莫知者乎？喻管仲存于大业，不为召忽守小信。"④ 可见，皇侃对管仲的描绘，更加丰富了管仲的"仁者"形象。

宋代事功学派的代表陈亮与叶适着眼于管仲之事功，亦有对管仲"仁者"之认定。

首先，在与朱熹的辩论中，陈亮提出了"人""儒"之辩，挺立起管仲的形象。"学者，所以学为人也，而岂必其儒哉……管仲尽合有商量处，其见笑于儒家亦多，毕竟总其大体，却是个人，当得世界轻重有无，故孔子曰'人也'。"⑤ 朱熹曾告诫陈亮不要效仿管仲"规模"，而应当"粹然以醇儒之道自律"。陈亮不同意学为"君子儒"的看法，提出要做管仲一样的"人"。陈亮认为，管仲虽然见笑于理学正宗之儒者，但总体而言走的是"学以成人"之道，能于世建功立业，兼济天下；孔子称管仲"人也"是对管仲的肯定，唯有做管仲一样的"人"才能适用于当世，才能"当得世界轻重有无"。

接着，陈亮又通过援引孔子对管仲"如其仁"的称赞充实了管仲的"仁者"形象。"孔子之称管仲曰：'威公九合诸侯，不以兵车，管仲之力也。如其仁，如其仁。'又曰：'一正天下，民到于今受其赐。微管仲，吾其被发左衽矣。'……故程颢所谓'如其仁'者，称其有仁之功用也。"⑥ 一些儒者声称孔门"五尺之童羞称五伯"，孟子也批评以桓公、管仲为代表的"伯者""以力假仁"，故而孔子"如其仁"被理解是"似是而非"的表述，实际上否

① （梁）皇侃撰：《论语义疏》，高尚榘校点，第366页。
② （梁）皇侃撰：《论语义疏》，高尚榘校点，第367页。
③ （宋）朱熹撰：《四书章句集注》，第82页。
④ （梁）皇侃撰：《论语义疏》，高尚榘校点，第369页。
⑤ （宋）陈亮：《陈亮集》，邓广铭点校，中华书局1987年版，第346—347页。
⑥ （宋）陈亮：《陈亮集》，邓广铭点校，第349页。

定了管仲之"仁"。陈亮以为孔子之言绝非这些儒者所说这般，而视程颢"仁之功用"之说切中肯綮。既然孔子都赞扬管仲之功绩，后世儒者又怎可轻视管仲"一匡天下"之功劳呢？陈亮看待齐威王与管仲的君臣关系，就如同商汤与伊尹、成王与周公一样。伊尹、周公被儒者尊为圣人，陈亮以他眼中有贤才、仁德的管仲，来寄寓自己君臣关系之理想，正可见其对管仲之推崇。甚至，在陈亮看来，管仲不只有一些儒者所谓的"霸道""伯者"一面，还具备了"仁者"的"不忍之心"："齐威之心，暴白于葵丘之会，赖限于周制之不易裂耳。其初管仲岂不知之，而不忍天下之为夷也。"①

与陈亮意指相似，叶适先从反面出发，对儒者于管仲之批评进行辩驳，以维护管仲之形象。其一，儒者批评管仲"不知礼"，而叶适提出了异议："不知周召经纪天下，精神会聚于此……此意至周衰惟管仲知之……"② 叶适认为，周礼的真精神至周衰唯有管仲知之，而且管仲身上有着某些周孔之道的遗存。③ 不独此，管仲为官行事还知尊卑礼让："晋士起语，当时固无复旧章，管仲受下卿之礼，百余年前已为能让矣。"④ 其二，管仲之人格亦无太大污点，而一些小的瑕疵也只是"为情欲不制"，没有正心诚意修身齐家的工夫，"至于贪土地、自封殖、行诈谋、逞威虐，如晋文者，盖皆无之"⑤。其三，针对孟子对管仲的微词，叶适亦觉有商榷之余地："孟子，大人也，天下臧否，由己而定，岂以其身与人称量高下者哉！"⑥ 叶适认为，孟子非与人争高下之辈，而论管仲当以夫子之言为据。于是，叶适就可以执管仲"九合诸侯"之事功，以守护其正面形象了。其四，叶适还指出，儒者于管仲之态度是受了谬误文献之蔽："使其果猥琐为市人不肯为之术，孔子亦不暇责矣。故《管子》之尤谬妄者，无甚于《轻重》诸篇。"⑦

除了从反面辟他人之批评，叶适还从正面为管仲形象饰以"仁者"之光辉。孟子及天下儒者所以否定管仲，多以管仲行"霸道"，包藏利欲之心。而

---

① （宋）陈亮：《陈亮集》，邓广铭点校，第 179 页。

② （宋）叶适：《习学记言序目》，中华书局 1977 年版，第 90 页。

③ 此处学者亦曾指出，参见耿振东《叶适〈习学记言〉对〈管子〉的解读》，《中南大学学报》（社会科学版）2010 年第 5 期。

④ （宋）叶适：《习学记言序目》，第 151 页。

⑤ （宋）叶适：《习学记言序目》，第 132 页。

⑥ （宋）叶适：《习学记言序目》，第 647 页。

⑦ （宋）叶适：《习学记言序目》，第 673 页。

就叶适而言，管仲所行与"王道"没有本质区别："周衰，圣贤不作，管仲相齐，成匡济之业，春秋二百余年载之。余考次仲事，与王道未有以异，而处士权谋用为首称。"① 既然管仲之行事与"王道"殊途同归，儒者又有何理由批评他呢？若无管仲，"以尧舜文武所传之衣冠礼乐、道德仁义，将一举而弃之，吾不知所税驾矣"②。于是，管仲之地位被叶适抬得越来越高，管仲本人也成了百年难得之历史伟人："推孔子之志，将率天下以复周召之功，其道之顺，时之易，无如管仲。"叶适刻画的管仲形象，是一个推明孔子之志，复践出周公、召公之功业，变革衰世的行道仁人。而这样的仁人又是可以垂范后世的："古之人，通乎道德之意，管仲相齐……经纪伦类，广大不穷，达者识之，可以范世，左氏录之。"③ 后世儒者若能效法管仲，则可以为天下人所称道："既不能至周孔之津涯，随其才分，亦足与立，则管仲所亲尝经纪者，岂不足为之标指哉！"④ 可见，管仲被叶适推崇到道德模范的高度，俨然具"仁者"之气象。

二　道学家于管仲"器小"之阐发

不同于汉唐经学家和宋代事功学派，宋代道学家们对管仲之阐发呈现出一副别样的面貌，管仲不再是功利万世、德行卓著的"仁者"，"器小"成为道学家论管仲集中彰显的重点。以二程、杨时、朱熹为代表的程朱理学家对"器小"管仲的塑造渐次丰富、饱满，而以陆九渊为代表的心学派也曾论及管仲。道学家以"德性"为出发点评骘管仲，展现出评价内在标准的一致性。"一阴一阳之谓道"，管仲形象经历了由正及反的改塑，与儒学史的发展演进特征基本保持了同步。

首先，二程评价管仲的根本态度是肯定其有"仁之功"，而非肯定管仲为"仁者"。程颢断言，孔子不曾许人以"仁"，而孔子称管仲"如其仁"也只是为了阐明精微的道理以晓谕子路："此圣人阐幽明微之道。只为子路以子纠

---

① （宋）叶适：《习学记言序目》，第 400 页。
② （宋）叶适：《习学记言序目》，第 635 页。
③ （宋）叶适：《叶适集》，中华书局 2010 年版，第 717 页。
④ （宋）叶适：《习学记言序目》，第 663 页。

之死，管仲不死为未仁，此甚小却管仲，故孔子言其有仁之功。"① 子路"好勇过我"，"暴虎冯河，死而无悔"，牢固持守着"忠""勇"等儒家道德观念，以这些价值标准来衡量管仲不为子纠而死之行为，子路就容易生发出小觑管仲"无忠无勇"之意见。既然孔子此语是答子路之问，在此语境下，用于指点"行行如也"的子路便是顺理成章的。孔子也就通过回答管仲有"仁之功"用以扬管仲之功绩、抑子路之轻视。于是，孔子所许就不再是"仁者"，哪怕是"如其仁"，也只适用于教导子路的情境中，并不确切代表孔子对于管仲"仁者"之评价。② 所以，程颢用师生对话的语境，消解了孔子实然肯定管仲的态度，进而为管仲"器小"之阐发埋下伏笔。

其次，在程颢看来，即便孔子对管仲有"仁之功"之评价，也仅仅是有条件、有保留之肯定。"齐桓公伐楚，责包茅，虽其心未必尊王，而其事则正，故正掩其谲……正者正行其事耳，非大正也，亦犹管仲之仁，止以事功而言也。"③ 齐桓公伐楚之事虽未必有"尊王"之敬心，但所行是正义的，所以能"掩其谲"。齐桓公之事与管仲的事功是相似的，只是"正行其事"的表现，但这并不是程颢眼里的"大正"之事。管仲"一匡天下"的事功不是管仲的仁政之心施及天下的结果，只是他碰巧行"霸道"而得。所以程颢复言"管仲之仁，止以事功而言"，再次申明管仲以事功博得"仁"名之观点。

并且，管仲得到孔子"如其仁"之称许存在着偶然性。在回应伯温"如其仁"之疑时，程颢道："管仲其初事子纠，所事非正……不当立而事之，失于初也。及其败也，可以死，亦可以无死……召忽之死，正也。管仲之不死，权其宜可以无死也……"④ 小白为长，子纠为次，故当立小白而不当立子纠。管仲事子纠本不合伦理道义，而其能于子纠死后保全性命再度为齐国效力，是迁善改过之举。既言"可以死，亦可以无死"，则程颢并不以管仲另事二主是不忠不勇、大逆不道之事，而是从儒家的"亲亲""孝弟"观念及周礼所

---

① （宋）程颢、程颐：《二程集》，王孝鱼点校，中华书局 2004 年版，第 183 页。
② 程颢的观点也与学者的观点不谋而合，如王世巍认为："正确地把握孔子究竟如何评价管仲，必须从《论语》文本的特点和孔子所作评论的具体语境出发，这是最基本、最重要的根据。""子路、子贡的不同性格特点以及孔子对子路、子贡的不同答复方式，是把握孔子究竟是否评价了管仲，'如其仁'之仁是否与管仲直接相关的重要语境前提。"王世巍：《再论如何理解孔子对管仲的评价》，《管子学刊》2015 年第 1 期。
③ （宋）程颢、程颐：《二程集》，王孝鱼点校，第 387 页。
④ （宋）程颢、程颐：《二程集》，王孝鱼点校，第 284—285 页。

维系的"嫡长子继承制"为核心的宗法制出发，以事长为"大义"，言管仲"权其宜可以无死也"。程颢强调，若子纠为长，而管仲在此情况下弃子纠于不顾而事小白，孔子就不会称许管仲了。就是说，孔子袒护管仲之因在于管仲虽未全事君之"忠"，然能全爱国之"义"。可见，程颢眼里的孔子对管仲之肯定是有此宗法礼义之考虑的，而不是说管仲必然是"仁者"。[1]

然后，程颢通过"王霸之辨"进一步卑抑了管仲。"得天理之正，极人伦之至者，尧、舜之道也；用其私心，依仁义之偏者，霸者之事也……故诚心而王则王矣，假之而霸则霸矣，二者其道不同，在审其初而已……故仲尼之徒无道桓、文之事，而曾西耻比管仲者，义所不由也，况下于霸者哉?"[2] 尧舜之道即儒家所谓"王道"，"王道"秉持天理之标准，极尽人伦之美善。而与"王道"相对的"霸道"是扩张"私心"，执"仁义"一偏之名，不足以仿效。"王道"和"霸道"水火不容、相刃相靡，二者有本质的不同。程颢认为，这种不同就在于"审其初"之差别，也就是出发点或初心的不同。"王道"行仁义之实、施仁政之效，以民为本，爱民利民；霸道则假仁义之名，求功名之效，非本民心，而从私欲。管仲是以"霸者"的形象进入程颢之视野的，管仲怀"霸者之心"来"求王道之成"，则终归是"衔石以为玉"，以力假仁，有名无实，装点门面罢了。故程颢认为孔门学者"耻比管仲"在道义上而言是恰当的。就此可知，辅佐齐桓公行"霸道"的管仲与忠实推行"王道"的道学家二程是分道扬镳的，管仲是二程批判、否定的对象，是儒家"王道"政治理想的反面教材。

最后，二程对管仲之阐述落脚于"器小"之谓，为管仲定性。"'管仲之器小哉'，谓管仲器小，非止谓不知礼也。或问其知礼乎？故答以不知，器大则自知礼矣。"[3] "器大"则自然知礼、循礼而行，而"器小"比"不知礼"更坏。统而言之，器量狭小、难以胸怀天下的管仲是不能得到以天理、王道

---

① 问题在于，管仲确有这种根深蒂固的宗法观念吗？他初事子纠时，这种宗法观念缘何未发生作用呢？这种另事二主的行为是否含有管仲个人求生的欲望、建功立业的抱负？这样的话，管仲之行为就似乎与内在于身心自觉作为的儒家仁义道德观念和传统的礼法观念风马牛不相及了。所以，管仲貌似"徒义"的事长行为在实然层面是具有莫大的偶然性的，而孔子称赞管仲的功绩是由于"民到于今而受其赐"，是站在应然层面褒扬其功劳的。程颢亦不会不知此，但他为了强调长幼继承之序的道学价值观，将之掩盖了。

② （宋）程颢、程颐：《二程集》，王孝鱼点校，第450—451页。

③ （宋）程颢、程颐：《二程集》，王孝鱼点校，第1137页。

为本的道学家二程之肯定的。

道学家讥管仲"器小"于二程已开其渊薮，二程的弟子杨时对管仲"器小"之塑造则更进一步。杨时沿用了二程关于管仲有"仁之功"的观点："孔子以仁与之，盖其功可录也。"① 不过，有"仁功"的管仲并不能改变杨时对管仲"器小"之整体印象。

与二程类似，杨时也是站在"仁义"和"王道"的角度来评判管仲的，而且言管仲"器小"之程度更彻底了。"五霸则假之而已，非己有也。若管仲责包茅不入，王祭不供，昭王南征不反，非谋伐之本意，假此为说耳。"② 管仲"责包茅不入"非齐伐楚本意之所在，而是假借"尊王""仁义"之名，所行乃"霸道"之实。"假义"非"行义"，而是对"义"的阳奉阴违。管仲对于"义"的态度是虚伪做作的，其实质是打着"仁义"的幌子来完成自己的"事功"，而这与"性之由而行"的尧舜、"身之体之而行"的汤武不可同日而语。杨时还拿孟子所举的"王良羞与嬖奚比"之典故讥刺管仲"行诈"之不义行为，强调管仲"不足道"："人若知王良羞与嬖奚比，而得禽兽虽若丘陵弗为之意，则管仲自然不足道。又言管仲只为行诈，故与王者别。"③ 杨时认为，王安石虽知批评管仲，但他犹没有看到尽处，管仲所为与"王道"判然殊途，是在助长与"公道"相对的"私利"。管仲若有"大处"，也止以"事功"可称，若以"王道"观之，就不足为大了："若后世论之，其功不可谓不大；自王道观之，则不可以为大也。今人只为见管仲有此，故莫敢轻议，不知孔、孟有为，规模自别。见得孔、孟作处，则管仲自小。"④ 杨时进而举出孔孟二圣，管仲在圣人的比照之下，"规模"也就越发相形见绌了。

除此之外，杨时还以"诡遇"来形容管仲"器小"。"管仲之功，子路未必能之。然子路，譬之御者，则范我驰驱者也。若管仲，盖诡遇耳。曾西，仲尼之徒也，盖不道管仲之事。"⑤ 孔子眼中"千乘之国，可使治其赋也"的子路与"九合诸侯，一匡天下"的管仲，在杨时这里却颠覆了高下之分。子路好似"范我驰驱"、坚守正道的御者王良，而管仲则成了行"诡遇"之事

---

① （宋）杨时撰，林海权校理：《杨时集》，中华书局 2018 年版，第 420 页。
② （宋）杨时撰，林海权校理：《杨时集》，第 192—193 页。
③ （宋）杨时撰，林海权校理：《杨时集》，第 328 页。
④ （宋）杨时撰，林海权校理：《杨时集》，第 320 页。
⑤ （宋）杨时撰，林海权校理：《杨时集》，第 228 页。

的嬖奚之属。孟子言："管仲，曾西之所不为也，而子为我愿之乎？"① 杨时坚定地站在孟子的阵营，不屑与事功卓著而德行不足、行狡诈诡遇之事的管仲为列。而面对他人把管仲放至仅次于孔子的地位之挑战，杨时厉声揭露管仲的"器小"之实："此未见'仲小器'之实也。若管仲只不如孔子，曾西何以不为？"② 如若管仲果真只下孔子不远，那么孔门的曾西为何不屑与管仲比较呢？

概言之，杨时对于二程关于管仲描绘的继承和发展，使得管仲"器小"的形象更加立体化。并且，杨时的管仲形象塑造工作也为朱熹深层次地刻画管仲打下了基础。作为理学的集大成者，朱熹对于管仲"器小"形象之凸显最为丰富、有力，朱熹之评是道学家中最富特色的，更是道学家于管仲"器小"形象塑造的高峰。

其一，在"器小"章，朱熹站在道学家"义理"之立场，为管仲"器小"之刻画奠定了基调。"器小，言其不知圣贤大学之道，故局量褊浅、规模卑狭，不能正身修德以致主于王道……或人不知而疑其俭，故斥其奢以明其非俭。或又疑其知礼，故又斥其僭，以明其不知礼。盖虽不复明言小器之所以然，而其所以小者，于此亦可见矣。"③ "器小"指的是"度量褊浅、规模卑狭"。朱熹在答弟子之问时言："度量是言其资质，规模是言其所为。"④ 正因"器小"，管仲的功业作为才"展拓不开"。管仲之所以器小，乃由于其"不知学以充之"，而应学之内容即为"圣贤大学之道"。一方面，管仲成其功业，固有其"资禀"之优于常人之处，然而管仲只是顺此资质而行，只做得"九合诸侯，一匡天下"之功。如若仅随资质而行，没有主动自觉地走"内圣"之路，虽有其功，却也是"褊浅"而不足称道的。另一方面，朱熹坚持"道问学"的修养路径，管仲没有一番格物致知、正心诚意之工夫，不知希圣贤之学，不施仁政、不行王道，故不足仿效。与程颢相同，朱熹认为"奢"与"犯礼"是"器小"之表现，故而管仲"才做得他这些功业，便包括不住"以至于"奢而犯礼"。

其二，朱熹对管仲之阐发与"王霸之辨"也是分不开的。朱熹是从管仲

---

① （宋）朱熹撰：《四书章句集注》，第 227 页。
② （宋）杨时撰，林海权校理：《杨时集》，第 308 页。
③ （宋）朱熹撰：《四书章句集注》，第 67 页。
④ （宋）黎靖德编：《朱子语类》，王星贤点校，中华书局 1986 年版，第 630 页。

行事之出发点而不是功业实效来衡量其为人的：“使其正天下，正诸侯，皆出于至公，而无一毫之私心，则虽在下位，何害其为王道。”① 王道之施行不在于人之地位、功业，而在于人之纯然公心。管仲之心乃“功利之心”，而非“公心”，所以他的“施设”止于功业，而不能深入内在心性，有“外王”之事功而无“内圣”之工夫。朱熹说，管仲之成就都是“自智谋功力中做来，不是自圣贤门户来，不是自自家心地义理中流出”②。管仲行“霸道”之事，其功虽泽及世人，然其所为乃出于私利私欲，而不是“仁政”“王道”之初衷，这是得不到朱熹之肯定的。朱熹论“王道”“霸道”是判然两分的，“凡日用常行应事接物之迹，才有一毫利心，便非王道”③。“管仲称霸，齐法坏尽，功利自此盛。”④ 管仲不只是自己有“功利心”，更使得齐国风气败坏，功利之风盛行。可见，朱熹对于管仲的定位就是一个“功利驳杂其心”的“霸者”，只得一时之功，而无尧舜周公之美质。

其三，朱熹眼中的管仲与“仁者”有着天壤之别。在“或问子产”章，朱熹注：

> 人也，犹言此人也……盖桓公夺伯氏之邑以与管仲，伯氏自知己罪，而心服管仲之功，故穷约以终身而无怨言……或问：“管仲、子产孰优？”曰：“管仲之德，不胜其才……然于圣人之学，则概乎其未有闻也。”⑤

对于孔子“人也”之评，汉唐经学家那里“所谓伊人”的歌颂⑥在朱熹这里被轻描淡写地解释为“此人”，这就消解了孔子称许管仲的意涵，而平添了小觑管仲之意味。朱熹答门人之问时更是说：“若作尽人道说，除管仲是个人，他人便都不是人！更管仲也未尽得人道在，‘夺伯氏骈邑’，正谓夺为己有。”⑦朱熹认为，“人也”不能被理解为“尽人道”，管仲也没有“尽人道”之实。

---

① （宋）黎靖德编：《朱子语类》，王星贤点校，第 629 页。
② （宋）黎靖德编：《朱子语类》，王星贤点校，第 631 页。
③ （宋）黎靖德编：《朱子语类》，王星贤点校，第 629 页。
④ （宋）黎靖德编：《朱子语类》，王星贤点校，第 829 页。
⑤ （宋）朱熹撰：《四书章句集注》，第 150—151 页。
⑥ 汉唐经学家何晏、皇侃曾以《诗经·小雅·白驹》“所谓伊人”句解释孔子对管仲“人也”之评，以赞美管仲之功绩。
⑦ （宋）黎靖德编：《朱子语类》，王星贤点校，第 1123 页。

管仲"夺伯氏之邑"不是出于公心、赏罚分明之行为，而是反映出其据为己有之强势与私欲。门人又有质疑伯氏何以"没齿无怨言"者，朱熹则答，伯氏虽无怨言，但这并不改变管仲行"霸者事"之本质。伯氏无怨言之缘由并非其拳拳服膺于管仲之德，而是"自知己罪"。于是，朱熹就把管仲治理和赏罚的昌明之效给抽去了，而仅用伯氏自认有罪之事实作解。朱熹把"德"与"才"的评价标准分别开来，管仲之"才"虽大，但只是一偏之长。管仲和子产对于光明美好的"圣人之学"一无所知，可见朱熹鄙夷管仲之甚。朱熹在回复陈亮的书信时也语及此章："孔子固称管仲之功矣，不曰小器而不知礼乎？'人也'之说，古注得之，若管仲为当得一个人，则是以子产之徒为当不得一个人矣。"① 于此亦可见，朱熹不否认孔子固然称赞管仲业绩之事实，但他认为"小器"才是孔子的根本立场。毋宁说，这是朱熹自己评价管仲的根本立场。

其四，朱熹通过对"如其仁"的辨析解释，抽去了孔子于管仲之提升。朱熹无法回避孔子对于管仲"如其仁"之许，故而也必须对之有合理的解释，而在朱熹此注中，亦可窥见其用心之深。"子路疑管仲忘君事仇，忍心害理，不得为仁也……如其仁，言谁如其仁者，又再言以深许之。盖管仲虽未得为仁人，而其利泽及人，则有仁之功矣。"② 管仲"忘君事仇"实有其事，而"忍心害理"则是朱熹个人之发挥。与其说是子路疑管仲"忍心害理"，倒不如说是朱熹给管仲定性为"忍心害理"。朱熹道："伤其恻隐之心，便是忍心。如所谓'无求生以害仁'，害仁便是忍心也。"③ 既已"害理"，何得为仁？孔子再言"如其仁"，虽深许之，然所许者"仁之功"罢了，非"仁之人"也。朱熹认为，管仲是如汉高祖、唐太宗般做得了除乱克暴、平定天下的业绩，但若是"以其心言之，本自做不得这个功业"④。在朱熹眼里，唯有孔子、颜子之仁才配得如此功业："圣人当时举他许多功，故云谁如得他底仁！终不成便与许颜子底意相似。管仲莫说要他'三月不违仁'，若要他三日，也不会如此。若子贡再求诸人，不强得管仲！"⑤ 就是说，"如其仁"不是朱熹所推崇

---

① （宋）陈亮：《陈亮集》，邓广铭点校，中华书局 1987 年版，第 366—367 页。
② （宋）朱熹撰：《四书章句集注》，第 153 页。
③ （宋）黎靖德编：《朱子语类》，王星贤点校，第 1128 页。
④ （宋）黎靖德编：《朱子语类》，王星贤点校，第 1128 页。
⑤ （宋）黎靖德编：《朱子语类》，王星贤点校，第 1128 页。

的"至诚恻怛"的天理之仁,而是外在的事功所关联之仁,即李氏所言客观功业的"圣"。① 管仲之"仁"只是仁之"粗处",颜子之仁才是仁之"精处"。② 若抽开孔子讲话的语境而言儒家道德价值之总名之"仁",遑论三月,管仲恐怕三日也做不到,在此意义上,管仲虽欲追子贡、冉求之辈亦望尘莫及。

其五,朱熹又通过"理欲之辨"与"器小"的管仲划清界限。"但其心乃利欲之心,迹乃利欲之迹……盖圣人之目固大,心固平,然于本根亲切之地,天理人欲之分,则有毫厘必计、丝发不差者。"③ 管仲以其"利欲之心"行"利欲之迹",所以即便孔子称赞管仲之功,孟子和董仲舒也会裁抑管仲,揭发管仲利欲之真面目。圣人虽心胸广大可载万物,而对于天理和人欲的根本之分则是毫厘不差、锱铢必较的。细究管仲"利泽及人"的实质,"虽也是尊王室,然朝聘贡赋皆是归己,而命令皆由己出。我要如此便如此,初不禀命与天子。不过只是要自成霸业而已……"④ "尊王攘夷"实为天理王道之事,然而管仲"尊王攘夷"旗号的背后却是自己的霸道私欲之心,如此之"仁",不值得孔门儒者推敲估价。朱熹还说:"使圣人当时说管仲无'克、伐、怨、欲',而一纯于天理之仁,则不可。"⑤ 管仲虽"怀诸侯而尊周室,百般好事他都做",但却无"恻怛之诚心",只是事功意义上的"仁",而不是天理所系的纯然之仁。格物致知、正心诚意以存养内在之心性,则是天理之路;任利欲之心驰骋奔荡,则是人欲之途。管仲之"器小",正在其驰骋己欲,不能正心诚意以入天理之路。通过严明天理人欲之辨,朱熹对"器小"管仲之塑造亦逐渐圆满。

心学派代表陆九渊亦于管仲有"器小"之指称。"仲尼屡叹管仲之功……然观其始志,不过欲立功名于天下,以自尊荣其身而已……此功利德仁之所从分欤。"⑥ 与二程、杨时相同,象山不否认管仲之功业。象山亦是发掘管仲建功立业之初衷,知其"不过欲立功名于天下",只是求得自身的尊贵和荣名罢了。以利欲为出发点的管仲又怎会体察下层民众之疾苦,欲推仁圣之恩泽

---

① 参见李泽厚《中国古代思想史论》,人民文学出版社 2021 年版,第 226 页。
② 参见(宋)黎靖德编《朱子语类》,王星贤点校,第 325 页。
③ (宋)陈亮:《陈亮集》,邓广铭点校,第 368 页。
④ (宋)黎靖德编:《朱子语类》,王星贤点校,第 1129 页。
⑤ (宋)黎靖德编:《朱子语类》,王星贤点校,第 1193 页。
⑥ (宋)陆九渊:《陆九渊集》,钟哲点校,中华书局 1980 年版,第 369 页。

以惠及黎民百姓呢？管仲没有内在之诚，又怎会以百姓心为心呢？象山认为，召陵之会，管仲反未及国，只以区区小成一事，则其骄恣之迹已现，故可知其"器小"之实也。以此"器小"之形迹，比之成汤之残德，固不足以匹之。孟子曰："王何必曰利，亦有仁义而已矣。"①《孟子》首章即严明"义利之辨"，象山承孟子之说，亦力主"义利"之分。管仲之事迹，正为象山辨明功利与德仁的分野的恰当之例。而即便是小如五尺童子，亦知羞称五伯，更是不屑于管仲舅犯之辈："夫子讲道洙泗之间，而游于其门者，五尺童子羞称五伯。岂其五尺童子与管仲舅犯辈度长絜大，举能无所愧耶？"②

三 "汉宋调和"视域下管仲形象之再塑

迄至明末清初，儒学史发展到一个新的阶段。在新旧更替的世风下，管仲的形象再次改塑而呈现出新的面貌。以孙奇峰、陆世仪为代表的儒者从功绩出发向管仲致以敬意，吕留良则在对管仲的批判中投射出同情之感，而以张履祥、颜元、王夫之为代表的儒者则从内圣与外王的和合出发给予管仲充分的理解。管仲形象在"汉宋调和"视域下的再塑，是儒学史的演进使然，是时代发展的产物。

首先，孙奇逢以"英雄"之称定位管仲，改变了对管仲"器小"的认识。"管仲为千古英雄，其挥霍自豪，台池门户，俱是英雄本色。"③孙奇逢并不否定道学家所予管仲的"器小"之实，但他对管仲的态度却十分包容，"然无此铺张，无此气焰，决不敢从古今取出一个'霸'字"④，既是行霸道，纵使虚张声势、气焰高涨，又如何能厚非管仲呢？孙奇逢说，春秋以降，人才能够成就大器的本就绝少，而孔子"独取一管仲"，犹遗憾其器量不足。显而易见，孙奇逢之言无有非议管仲之意，反而是在称颂其功。这似乎就意味着：对于这个时代的儒者而言，一种打破道学义理窠臼的管仲评价标准产生了。

无独有偶，陆世仪又通过抒写对管仲制度安排的向往，表达出同情管仲

---

① （宋）朱熹撰：《四书章句集注》，第 201 页。
② （宋）陆九渊：《陆九渊集》，钟哲点校，第 383 页。
③ （清）徐世昌等编纂：《清儒学案》，沈芝盈、梁运华点校，中华书局 2008 年版，第 7 页。
④ （清）徐世昌等编纂：《清儒学案》，沈芝盈、梁运华点校，第 7 页。

之情感。"周礼比闾族党之法……同一治向之道，管子尤极详密。"① 管仲倡导的轨里连乡之法，讲究有则必报、不报即罪，利于下情上达，因而能达到"匹夫有善可得而举，匹夫有不善可得而诛"② 的效果，令陆世仪美叹"其法最善"。陆氏认为管仲所行是周礼条文，管仲去古未远，继承了"周公之遗"。而若言管仲之霸术，陆氏亦觉术虽不正，效却近正："然其霸在心术，至于作用，则犹近正。"③ 管仲治民之方，使得陆氏复叹："昔管仲论处四民，凡为士者，必欲群萃州处，暇则父与父言慈，子与子言孝，故其父兄之教不肃而成，其子弟之学不劳而能。"④ 陆氏所写之管仲善于以法度安民治民，似有上古"垂拱而天下治"之遗风，其于管仲同情、表彰之心可得而见。

如果说孙奇逢和陆世仪对管仲之认评未能深入管仲之内在肌理，那么吕留良则对其给予了更大的关切，并有更辩证的认识。吕氏在对管仲的批判中，体现出开明的包容，甚至有某种辩护的意味。吕氏未尝不指责管仲规模上的瑕疵："孔孟之不用，只是器大，无许多水去充满得他；管仲之一匡九合，只是器小，才一勺便盈。"⑤ 较之孔孟，管仲"器小"之实不容置疑。吕氏亦有严正的道德立场："饬身清洁，自是人臣分谊当然，敬仲三归旅树反坫，夫子固斥之矣，岂英雄当在伦理秩序之外哉?"⑥ 管仲固没有超越伦理秩序之特权，然而吕氏以"英雄"称之，则是否定中包含着肯定。管仲曾被一些儒者诟病的"忘君事仇"的行为，亦得到吕氏之维护："管、召为子纠之傅……其义但当奉纠出奔，安得责之以为先君社稷……故管、召但有从亡之义，无主议废立之义，不当于此时责其非也。"⑦ 较之儒者"总欲出脱管仲可以不死"，吕氏以为这种"出脱"是画蛇添足的，"徒增管仲一非耳"，管仲本无所咎，何待出脱? 可见，吕氏之批判是饱含包容之批判，此其一。

不独有包容式的批判，吕氏亦赞赏管仲之功绩。"管仲之功，非古今功臣之功所能比也……不以兵车而合诸侯，此方是管仲之妙用，仁者之功也"⑧。

---

① （清）徐世昌等编纂：《清儒学案》，沈芝盈、梁运华点校，第 171 页。
② （清）徐世昌等编纂：《清儒学案》，沈芝盈、梁运华点校，第 172 页。
③ （清）徐世昌等编纂：《清儒学案》，沈芝盈、梁运华点校，第 172 页。
④ （清）徐世昌等编纂：《清儒学案》，沈芝盈、梁运华点校，第 175 页。
⑤ （明）吕留良撰，（清）陈鏦编：《四书讲义》，俞国林点校，中华书局 2017 年版，第 146 页。
⑥ （明）吕留良撰，（清）陈鏦编：《四书讲义》，俞国林点校，第 394 页。
⑦ （明）吕留良撰，（清）陈鏦编：《四书讲义》，俞国林点校，第 323 页。
⑧ （明）吕留良撰，（清）陈鏦编：《四书讲义》，俞国林点校，第 400 页。

赞扬管仲功绩者大有其人，而以"仁者"称之，则独见其辞重而意深。一方面，吕氏以为人伦至大，"君臣之义……此节一失，虽有勋业作为，无足以赎其罪者"①，管仲此节确未恪尽，责之为当；另一方面，"一部春秋大义，尤有大于君臣之伦……故管仲可以不死耳，原是论节义之大小，不是重功名也"②，君臣之义固大，然而"义更有大于此者"，更大之"义"即安定天下、使民众不得流离失所，而非个人之功绩如何。此义大过君臣之伦，管仲既"一匡天下""免民左衽""博施于民而能济众"，又有何疚呢？故吕氏言："圣贤皆以天道辨断，不是夫子宽恕论人，曲为出脱也。"③ 天道佑民，非独顾君臣之节；圣人裁义，非不知经权之分。"管仲之功，非犹夫霸佐之功也；齐桓之霸，非犹夫各盟主之霸也。"④ 吕氏通过"义"的小大之辩，肯定了管仲之功合于"春秋大义"。吕氏把管仲功业纳入道德伦理的轨道进行解释，赋予了管仲及其功业"大义"的内涵，孕育着德性与事功结合的萌芽，此其二。

在"汉宋调和"的视域之下，孙奇逢、陆世仪和吕留良虽然从不同角度对管仲进行新的认识，然而都还未完全脱出经学和道学评价管仲之范式，或以外在之事功称誉之，或以内在之修养责备之、同情之。而以张履祥、颜元、王夫之为代表的儒者，合"内圣""外王"于一，以中道之精神再塑管仲，则一步步接近管仲的真实面目。

张履祥与时俱进，在对管仲之评价中做出了合"学问""功业"为一的努力。杨时曾不屑于管仲其人，并将管仲与子路对比，大子路而小管仲。张履祥则提出了异议："假令子路得志，治千乘之赋……吾不知其功烈果何如仲也。"⑤ 张氏以为"子路之才实不如仲"，众人之所以如杨时般认识，是由于"歧学问功业而二之"。显然，张氏是不同意"学问"与"功业"的截然二分的，管仲既有其功，则亦必有其学问、德行。"若圣贤正心诚意之学不切于世用，而济世安民必须管仲一流人物，此陈同父之论所由见非与朱子也。"⑥ 若以内圣之学不切世用，就落入事功学派之行列。"孔子大管仲之功，而孟子羞

---

① （明）吕留良撰，（清）陈鏦编：《四书讲义》，俞国林点校，第400页。
② （明）吕留良撰，（清）陈鏦编：《四书讲义》，俞国林点校，第401页。
③ （明）吕留良撰，（清）陈鏦编：《四书讲义》，俞国林点校，第401页。
④ （明）吕留良撰，（清）陈鏦编：《四书讲义》，俞国林点校，第401页。
⑤ （清）张履祥：《杨园先生全集》，陈祖武点校，中华书局2002年版，第310页。
⑥ （清）张履祥：《杨园先生全集》，陈祖武点校，第310页。

称之，彼一时，此一时，道固并行而不悖也。"① 圣人于管仲之评价，随时而进，非泥古不化、固守旧说。可见，张履祥用正面肯定管仲的方式，试图合"学问""功业"为一，逐渐打破"内圣"与"外王"之一偏。

颜元则先通过对孔孟于管仲评价的重新解释，树立起管仲的正面形象。"试看说到夷吾，夫子便口角叹羡，下'器小'二字，惜之也，非轻之也。"② 在颜元看来，孔子"器小"之语，非贬抑而实惋惜。颜元假设若无"或人两问奢、僭二事"，孔子则本应美叹管仲"贤大夫也，而难为上"。而"孔门五尺童子羞称五霸"则是"老孟救时之言"，亦非孟子本意。此言为宋儒继承，则有"误死"之大弊。"宋儒遂拾残沈以文其腐庸无用之学。试观吾夫子极口称桓公之正而不谲，重辞赞管仲之仁，全以扶周室救苍生为主，又不特叹羡之而已也。"③ 管仲扶正周室、拯救苍生之功，就是管仲"仁"之表现，故而孔子深深感叹而许之。颜元进而批评宋儒："倘程、朱诸先辈生春秋时，恐为孔夫子吐弃久矣。予尝言霸业便是让王业一等事功，霸佐便是下王佐一等人品。"宋儒严守王霸之分，贵王贱霸；至颜元之说，"霸业""霸佐"只是下"王业""王佐"一等，同样有值得肯定之价值。颜元将孔孟于管仲之评价化约为时代话语，抽去了否定意味，避彼之短，扬其所长，思虑更为全面而不失现实关怀。

知人论世，不论世则难以知人。颜元溯源历史，寻究管仲形象嬗变的时代缘由。

> 士钧问："孔子称管仲为仁，而孟子不许，何也？"曰："孔、孟因时立论，所谓时中也。春秋周室卑，荆楚逼，不有管仲，孰有尊攘？至七雄之世，功利夸诈之习成，发政施仁之道息，孟子自不得傍孔子口吻也。后之讲学则不然，虎豹已鞟矣，犹云宁质；邢、卫已亡矣，犹云羞管；虚言已蠹世矣，犹云讲读纂修，而生民之祸烈矣！"④

管仲形象在孔孟二圣眼中一正一反，是因为圣人"因时而论"，有"君子之中

① （清）张履祥：《杨园先生全集》，陈祖武点校，第1162页。
② （清）颜元：《颜元集》，王星贤、张芥麈、郭征点校，中华书局1987年版，第181页。
③ （清）颜元：《颜元集》，王星贤、张芥麈、郭征点校，第217—218页。
④ （清）颜元：《颜元集》，王星贤、张芥麈、郭征点校，第741页。

庸也，君子而时中"之意。春秋之世，王室卑弱，四夷进犯，无管仲则无尊攘之功，亦无安民之所；战国之时，世风巧诈，仁政不施，卑管仲则卑假义之名，亦求矫治入正。"中庸其至矣乎，民鲜能久矣"，因一偏之失，发一时之语，若泥于圣人之语，得其文而不得其质，见其表而不入其里，岂非害圣人之名，岂非害时代之义？宋儒不究本因，于此看不周全。圣人知人，颜元亦知圣人："春秋世界一片杀机，夫子甚爱个子产，称为古之遗爱，此除特许'惠人'。春秋气数，急须两字：尊、攘。夫子大不取个子西，大爱见个管仲，一'彼'一'人'，俱于一问答间寓大手段、大拨转。"① 孔子评人，均有时代考虑和现实关怀，故不可断章取义，以断管仲之是非。颜元亦就"王霸之辨"提出新见："春秋惟当以道致霸，战国必当以道致王。孔子欲为尊攘事，故仁管仲；孟子无须此矣，故卑之。易地则皆然。"② 颜元认为，王道霸道非截然的二元对立，王道和霸道互为手段，可以相互成就，在不同时代有不同之选择。管仲仁否之答，必随时代所遇而见异；管仲其人，虽行"霸道"，乃"以道致霸"，所以无可厚非。可以说，颜元于管仲形象之重塑，注重了结合时代来理解管仲其人的视角，使得内圣外王之和合再进一步。

王夫之取汉唐经学家之长、去宋儒之偏，持中道之精神，合内外于一，回到孔孟之世对管仲形象进行批判与再塑。可以说，王夫之笔下的管仲形象是鲜明而生动、立体而深刻的。

首先，道德之批判。站在内圣角度，王夫之以"君心为万化之原，修己为治人之本"③ 为准绳，为管仲立下了"有救世之情而未讲于君子之大道"的总体评价。"礼之为经纬之大用，德之为教养之宏规，未之图也……尽性以立人伦之极，存心以辨人禽之纪者，未之及也。"④ 管仲似尽招携之礼、似有怀远之德、似正君臣之分、似明中外之防，然其于儒家内圣根本之"礼""德""性""心"未有讲求落实，而"苟且以就功名之心""易移易骄"，无内在修养之实。管仲于己"学术不正"，内乏修身，所行多补"一时之弊"，纾解"目前之难"；于内以威势使民屈从，"无固结人心之实"，未能使人心信服；于君则获其宠信，"得君专而权归己"，把持强权四十年；于外则"合

---

① （清）颜元：《颜元集》，王星贤、张芥尘、郭征点校，第 217 页。
② （清）颜元：《颜元集》，王星贤、张芥尘、郭征点校，第 751 页。
③ （明）王夫之：《船山全书》，岳麓书社 2011 年版，第七册，第 348 页。
④ （明）王夫之：《船山全书》，第七册，第 348 页。

诸侯而不能尽合，攘夷狄而不能终攘"，未能成就王道；于国则未能使长治久安，"后世之乱不旋踵"，管仲死后，齐国很快陷入内乱……究其缘由，则在其不能"正身率物"，以内圣之学自律，修养而成君子。"王者以清心寡欲为本，而无欲之极，天下为公，推而行之，其教之养之之政，一本于恻怛之至诚。霸者异是：其心，利欲之心也；其政，富强之政也。时虽假仁以行，而不足泽及斯民。"① 管仲未能以"王道"立准，则入霸道之窠臼；未能以仁义修身，则失内圣之正道。可见，王夫之以道德修养的内圣标准规约管仲，在其批判中将内有瑕疵的管仲形象如实呈现。

其次，事功之肯定。站在外王角度，王夫之肯定了管仲之"仁"："管仲之仁，正于其相桓见也。"② 当时"王纲解而诸侯散，诸侯散而兵争亟"③，王室衰微，齐政不修，夷狄四起，中原诸夏芒刺在背，时势可谓十分危难。管仲"知天下之安危存亡在此一时，后世之人心风俗系此一机，而齐有可用之势，桓公有可用之才"④，所以管仲不害于君臣之义，"决于不死"而相于桓公。"为中国立功名，而大效章矣；为夷夏分邪正，而大辨明矣；为生民计安养，而心迹著矣。"⑤ 管仲之功，其功至大。外则守夷夏之分，免民左衽；内则安生民之心，安定社会。"通天下之大辨而计之，原其心、观其成效而究之，圣人之心自有鉴空衡平之明允"，圣人知言知人，圣人对于管仲已有"如其仁"的定论，这是"天下无能易"的。管仲虽未以王道为矢的，但其确有"不忍忘"天下之心。王夫之言："引天下而以一心合之，闵天下而以一人救之。侯得其度，民安其居，心尽而理得，孰有如其仁者乎？"⑥ 民安其所居，诸侯得其所职，管仲亦心安理得，则"天下归仁"。"仁"有内外之分，亦有小大之辩，管仲弃"小信"而从"大义"，从其外王之实效而言，管仲确可为"仁"。故而，王夫之以外王标准衡量管仲之事功，在其肯定中再立起管仲的"仁者"形象。

最后，历史之同情。王夫之怀着对历史的温情，试图更立体地理解管仲。其一，孔子对管仲的根本态度是"惜"而非"责"，孔子知管仲有"救世之

---

① （明）王夫之：《船山全书》，第八册，第 163 页。
② （明）王夫之：《船山全书》，第七册，第 788 页。
③ （明）王夫之：《船山全书》，第七册，第 786 页。
④ （明）王夫之：《船山全书》，第七册，第 789 页。
⑤ （明）王夫之：《船山全书》，第七册，第 777 页。
⑥ （明）王夫之：《船山全书》，第七册，第 786 页。

情"，而其却无内圣之工夫，能成就此功此业，足以称"如其仁"。圣人既亦论定，后儒虽非，未见合理，而当从孔子之定论。其二，"春秋之世，流俗惑人……齐俗之陋也，以俭为小，以奢为大"①，论管仲不可抽去时代的原因，管仲侧身于春秋之世、齐国之地，固有此外部环境之影响，不可以全然苛责其修养之缺。其三，管仲忠与不忠，亦须究其具体实际而论。"君臣之分义正而致其身，忠也。一时之所从未审，而固守以不迁，谅也。"② 人与事有"忠谅"之分，管仲虽未必全忠，然其知不可而能执"谅"不移，有其可取之处。既然辅桓公为正为义，管仲又何必执此"非义之信"呢？管仲此为"偶然之失"，有其权衡，有其关切。故而王夫之言："其不死也，当推其不可死之道；其相也，则当深志其存中国人道之功，而不可以匹夫匹妇之小信例责之也。"③ 后人论前人，不当求全责备，亦不当以凡俗之眼光等量齐观。于此，王夫之以历史发展的同情眼光理解管仲其人其事，使得管仲形象更加完整，也更符合历史之真实。

四　管仲形象嬗迁缘由与儒学衍变理路之关联

在不同时代、不同儒学派别的塑造下，管仲形象呈现出迥异的面貌。管仲形象之嬗迁是时代变迁的产物，我们也必须回到不同时代以探赜其源端。不同时代下儒者们的政教立场、学理见解，是影响管仲形象嬗迁的主要因素。知其然，然后知其所以然，管仲形象的嬗迁是儒学史发展的合理产物和必然结果。

汉唐经学家与部分宋代学人均主张学术要参与国族建构，因而必须采取与当权者合作的方式，有甚者不惜以道媚势。理学家注重德性，主张国家治理的关键，在于君子士大夫之心是否清明；而汉唐经学家与部分宋代学人，则更痴迷于权势。如陈亮偏爱权位，他认为有德无位，则万事无成："其本领开廓，故其发处便可以震动一世，不止如见赤子入井时微眇不易扩耳。至于

① （明）王夫之：《船山全书》，第七册，第349页。
② （明）王夫之：《船山全书》，第七册，第788页。
③ （明）王夫之：《船山全书》，第七册，第789页。

以位为乐，其情犹可以察者，不得其位，则此心何所从发于仁政哉？"① 陈亮认为只有"本领开廓"的有德之人在其位，才能实现仁政。陈亮年少时，虽偶有媚势之言辞，如为汉武帝驳董仲舒之责难："汉武帝好大喜功，而董仲舒言之曰：'勉强行道大有功。'可谓责难于君者矣。"② 此外，陈亮认为人君日理万机，情志不端情有可原，故为其辩解："而况人君居得致之位，操可致之势，目与物接，心与事俱，其所以取吾之喜、怒、哀、乐、爱、恶者不一端也，安能保事事物物之得其正哉！"③ 但世人依旧钦佩其铮铮铁骨之行径。及至晚年，陈亮依旧贫困交加、心力交悴，早年的遗世独立之风骨渐渐褪去，如绍熙四年（1193），陈亮应试进士，宋光宗不朝孝宗，众臣交相进谏皆不闻，陈亮闻之，有意在对策中为光宗辩解，光宗见此策甚喜，本应名列第三，而擢为第一。

道学家在政治上力求为君主正心诚意，以道抗势。程颢不及加冠之年，就"欲天子黜世俗之论，以王道为心"，而道学家于政治之主要态度盖始树立。及至程颢将为哲宗说书，上疏言："况陛下春秋之富……大率一日之中，接贤士大夫之时多，亲寺人宫女之时少……岁月积久，必能养成圣德。"④ 程颢以"亲仁"劝帝，希望哲宗亲近贤德儒者，起到感化之作用。而程颢更于小事末节，不忘规引帝王，哲宗避蚁恐伤，程颢言："推此心以及四海，帝王之要道也。"⑤ 上好礼，则民莫敢不敬，希君王反求诸己，推恩四海，以达善治。朱熹承二程之绪，更是要"格正君心"："帝王之学，必先格物致知，以极夫事物之变，使义理所存，纤悉毕照，则自然意诚心正，而可以应天下之务。"⑥ 君子德风，小人德草，君王唯有正心诚意，存养义理之心，方可应对政务。非惟正心，亦须远佞："陛下虽有生知之性，高世之行……是以举措之间动涉疑贰，听纳之际未免蔽欺……"⑦ 帝王宜远诸小人，以清正道心。"所谓大根本者，固无出于人主之心术，而所谓要切处者，则必大本既立，然后

① （宋）陈亮：《陈亮集》，邓广铭点校，第 346 页。
② （宋）陈亮：《陈亮集》，邓广铭点校，第 100—101 页。
③ （宋）陈亮：《陈亮集》，邓广铭点校，第 101 页。
④ （元）脱脱等撰：《宋史》，中华书局 1985 年版，第 12719 页。
⑤ （元）脱脱等撰：《宋史》，第 12719 页。
⑥ （元）脱脱等撰：《宋史》，第 12752 页。
⑦ （元）脱脱等撰：《宋史》，第 12752 页。

可以推而见也。"① 天下之根本在朝廷，朝廷之根本在人君，正本清源，方可平治寰宇。非独内政，亦兼军政外事："夫金人于我有不共戴天之仇，则不可和也明矣。愿断以义理之公，闭关绝约，任贤使能，立纪纲，厉风俗。"② 可见，道学家于政治溯及君主，正人君而使天下正，此即道学家为宋之弊政所开之药方。

道学家之政、教抉择若此，可谓须臾不离义理、修养之持守。管仲德有瑕疵的事实，固不可掩盖。道学家执此正心诚意之价值标准，以绳管仲"官事不摄""有三归""树塞门""有反坫"之陋行，而将其贬入"器小"之牢笼不可翻身，于情于理都是恰当的。管仲虽事功卓著，然其没有涵养之工夫，故而也只得被视作"专言功利"的浙学之类。毕竟，政、教之分乃云泥之别，道学之立场牢不可破。

明末清初，明末遗老们面临着前所未有的政治压力。尽管明王朝的政治总是使士大夫失望，然而当其被异族军队颠覆的时候，儒者又难以接受这种现实。明王朝的覆灭刺痛了儒者敏感的神经的，不只是王朝之更迭，亦在于对华夏文明的浓重认同感及危机感，曾萦绕在士大夫心中神圣的"夷夏之防"被打破了。清廷更是厉行剃发令，要中国士大夫内心承认一个文化的屈服。

因此，儒者们承受着异族入侵之痛，在"汉宋调和"的视域下，重新反思道统、政统之关系。如王夫之认为君臣之道的实现，亦离不开士子与大夫的参与，道义与权势相互补充，无分高下。于君子而言，天下有道，抑或得其志，则受位而履职：忠于其上，仁泽其下，"禄不可怀，权不可怙，君恶不可以逢"③，天下无道，不得其志，则退而藏之，教百姓以人伦之常。朱熹以道莅天下，试图格君心之非，亦有其不当之处："此岂于不睹君之时，之预有以测夫所以事之宜；而事君之道，又岂可于此离之，待方事而始图哉？君子之学，唯知吾性之所有，虽无其事而理不闲。唯先有以蔽之，则人欲遂入而道以隐。故于此力防夫人欲之蔽，如朱子所云'塞其来路'者，则蔽之者无因而生矣。然理既未彰，欲亦无迹，不得预拟一欲焉而为之堤防。"④ 为臣者忠于本职，恪守本分。以修己之道事君，未待为君者私欲显露而格之，亦不

① （清）刘源渌：《近思续录》，黄珅校点，华东师范大学出版社 2015 年版，第 689 页。
② （元）脱脱等撰：《宋史》，第 12752 页。
③ （明）王夫之：《船山全书》，第十一册，第 101 页。
④ （明）王夫之：《船山全书》，第六册，第 464—465 页。

合乎时宜。管仲"免民左衽",抵抗蛮夷、守卫中原正统文化,故而儒者们在对管仲的评价里寄托了自己的政治理想;管仲功成业就,于现实世界大有作为,故而儒者超越义理立场的道学家"器小"之藩篱,并对管仲同情理解。可见,政、教之立场深刻影响着儒者对管仲塑造的标准。

Fanli's 范蠡 Contribution to the early Daoist Notion of Time

Thomas Michael

Abstract

This paper explores Laozi's original philosophy of temporality before turning to the "Yueyu xia"《越语下》 of the *Guoyu* 《国语》, which presents a series of conversations between King Goujian of Yue and a mysterious figure named Fan Li (536 – 448 BC), who is recognized by some scholars as the pivotal mediating figure between Laozi's original phenomenology and Huang-Lao's later metaphysics. This paper examines certain aspects of Fan Li's pre-metaphysical philosophy of time that are centered on the ancient notions of heng that he inherited from Laozi's original philosophy, understood as "fluxing temporality" as opposed to the later Huang-Lao understandings of heng that takes it as a synonym for chang meaning "constancy". This paper attempts to establish a direct link between Fan Li's philosophy of temporality and Laozi's philosophy of temporality.

Key Words

Fan Li 范蠡, Early Daoist, Time, Temporality

作者简介

Thomas Michael（马思劢），北京师范大学哲学学院副教授，研究方向主要为道家哲学。

This paper examines and discusses the Daoist philosophy of Fan Li as it is presented in the "Yueyu xia" of the *Guoyu* and its relation to the original philosophy of Laozi. By way of introduction to this topic, Bai Xi writes:

In "Tai Shigong's Preface" in *Shiji*, Sima Tan wrote that the main points of Daoism are "the great harmony of yin and yang", "move with the times", "transform in response to things" [and so on]. His comments are obviously not talking about Laozi's original thought, but about a new Daoist thought that had changed since Laozi, and this is a longstanding point of academic consensus. However, comparing these generalizations of Daoism by Sima Tan with the thought of Fan Li, it is easy to see an astonishing agreement between the two. Therefore, we have sufficient reasons to believe that Fan Li is such a new Daoist. His thought is an intermediary between the early Daoism represented by Laozi and the Huang-Lao Daoism represented by *Huangdi Sijing* and *Guanzi*. Fan Li's status and contributions to the history of Daoist thought deserve our attention and in-depth study.

在《史记·太史公自序》中，司马谈指出，道家的要旨在于"因阴阳之大顺"，"与时迁移，应物变化"，以及"以因循为用"，"因时为业"，"时变是守"，"不为物先、不为物后"，"因物与合"，这些评论显然说的不是老子的思想，而是老子之后变化了的新的道家思想，这一点早已成为学界共识。然而，将司马谈对道家的这些概括同范蠡的思想对照起来思考，却很容易看到两者之间在很大程度上的吻合。因而我们有充足的理由认为，范蠡就是这样一位新道家，是黄老道家的思想先驱，他的思想是老子的早期道家到以《黄帝四经》《管子》为代表的黄老道家的过渡形态。范蠡在道家思想发展史上的地位和贡献值得我们重视和深入研究。①

What Bai recognizes as "Laozi's original thought" reflects an original line of

---

① 白奚:《范蠡对老子学说的继承与发展》,《中国哲学史》2020 年第 1 期。

Daoism, which I call Yangsheng Daoism, that significantly differs from Huang-Lao Daoism, and Fan Li represents an intermediate figure between them. Laozi's Yangsheng Daoism features Laozi's notion of *hengdao*（恒道）, which is used in the Mawangdui Laozi and which I translate as "the temporalizing Dao". Yangsheng Daoism's notion of the temporalizing Dao reflects a phenomenology based on the co-presence of somethingness and nothingness, as seen in the line from *Daodejing* chapter 40："The myriad beings of the world are born from somethingness and nothingness" 天下万物生于有又生于无. Huang-Lao Daoism, on the other hand, features the notion of *changdao*（常道）, which I translate as "the constant/permanent/eternal Dao", as seen most familiarly in Heshang Gong's text and commentary to the *Daodejing*, and it reflects a metaphysics based on the priority of nothingness over somethingness, as demonstrated in the received version's most typical interpretation of *Daodejing* chapter 40："The myriad beings of the world are born from somethingness, and somethingness is born from nothingness" 天下万物生于有有生于无.

Laozi's *sheng* phenomenology of temporalization designates the phenomenon of cyclical time that is expressed in the co-presence of nothingness and somethingness in this single realm of phenomena, for which primordial time temporalized as the condition of being（time as being）. This is seen in *Daodejing* chapter 11："Clay is kneaded to make a vessel, but the use of the vessel lies in the fittingness of its nothingness and somethingness" 埏埴以为器，当其无有，器之用. Next to this, the *chang* metaphysics of eternity/permanence/constancy is based on a linear time, for which the constant Dao is identical with Nothingness in the metaphysical realm, and for which somethingness sustains the ontological realm of the myriad beings, and this is borne out by the later Daoist reinterpretation of *Daodejing* chapter 11："Clay is kneaded to make a vessel, but the use of the vessel lies precisely in its Non-being ［inside the vessel］" 埏埴以为器，当其无，有器之用.

The ancient meanings of *heng* emerge from lunar temporality, for which the crescent moon serves as synecdoche. This lunar temporality incorporates the temporal flux that moves back and forth between waxing and waning, swelling and dwindling, expanding and diminishing, accelerating and decelerating. The "Tian Bao" 天保 from *Shijing*《诗经》says:

Like the heng-ing of the moon. 如月之恒

Like the ascending of the sun. 如日之升

Like the age of the southern mountains. 如南山之寿

Like the years of the pine and firs. 如松柏之茂

These lines reveal the classic sense of heng denoting the lunar temporality of cyclical waxing and waning. Used verbally, heng is directly associated with the temporality of the waxing moon in complementary contrast to the temporality of the rising sun. In addition, the song also recognizes two further temporalities: of mountains and of pine and fir trees. These are four different non-constant and non-eternal temporalities, and they persist for varying durations, depending on the specific temporality (solar, lunar, geological, or botanical).

Solar temporality is easy to chang (determine) and it is immediately available to the senses of sight and touch as the sun rises and sets, but the flux of lunar temporality is more subtle and difficult to determine and concerns a different rhythm and repetition that incorporates the waxing and waning of the moon together with its full and black moons.

Lunar temporality is richer, deeper, and darker than solar temporality, and provides a powerful heng imagery that Laozi uses to characterize the Dao, but he does not identify the Dao with the moon, but with with the flux of temporality itself.

Without providing a detailed analysis of Laozi's notion of heng temporality (this can be found in my recent book, *Philosophical Enactment and Bodily Cultivation in Early Daoism* (Bloomsbury, 2022) in order to focus on Fan Li, we can simply note two passages from Guodian Laozi corresponding to *Daodejing* chapters 32 and 37: "Dao temporalizes effortlessly" 道恒亡为也, and "Dao temporalizes namelessly" 道恒亡名.

By way of historical orientation to Fan Li, we can note that Laozi was born in 571 BC, and Kongzi was born some twenty years later, 551 – 479 BC; both gave their teachings directly to their disciples. The mysterious early Daoist figure, Wenzi, lived during dates close to Kongzi, and he served as an advisor to King Goujian of

Yue. He discovered the young Fan Li (536 – 448 BC), and persuaded King Goujian to have him also as an advisor; together, they gave their teachings to a ruler (Goujian) rather than to disciples, as far as we can tell. Chen Chengzha writes:

> Fan Li was a disciple of Wenzi, a further disciple of Laozi, and his acceptance of Wenzi's Laoxue thought was comprehensive and systematic. At the same time, he was deeply influenced by his enemies Wu Zixu and Sunzi, so his Laoxue was quite unique.
>
> 范蠡为文子弟子，是老子再传弟子，对文子老学思想的接受是全方面而系统的，同时也深受其敌伍子胥、孙子的影响，因此其老学颇具独特性。①

Rather than seeing Wu Zixu and Sunzi only as his enemies, although they were that, Fan Li most likely looked to their arts of war as inspiration for his own Daoist teachings, even though his influence by Laozi was more central. Thus, Ding Yu writes:

> Both Laozi and Fan Li shared the great ambition of stabilizing the country, and both advocated the method of "doing nothing", but the difference is in the application of operational means and ideas. The historical data does not record Laozi ever ruling the country, but Fan Li did have the wonderful merit of assisting the ruler. This is presumably the reason that Fan Li's thought is more practical and utilitarian than Laozi's.
>
> 二者既同归于定国大志，又皆倡"无为"法门，所殊途是操作手段与思路的应用。史料未载老子有主国之经历，但范蠡确实有助霸之奇功，想必范蠡思想较老子的实用性与功利色彩，原因便在于此。②

Looking at the relations between Laozi and Fan Li, Zhao Ke is more specific,

---

① 陈成吒：《范蠡及其三道老学》，《东吴学术》2018 年第 3 期。
② 丁宇：《论范蠡对"天"的认识及其与老子思想之关系》，载詹石窗、宋崇道、谢清果主编《中华老学》第四辑，九州出版社 2021 年版，第 148—163 页。

and he specifically attends to their shared notions of time and temporality; he writes:

> Laozi explained the philosophical methodology of "time" in the *Daodejing*, but the meaning of "time" in Laozi's philosophical system is different from that in Fan Li's conception of 天道阴阳 thought. On the basis of this philosophical category, Fan Li developed the theory of "time" into a complete set of specific operating rules, which led to further developments of the methodological guiding principle of "time" in Huang-Lao Daoism.
>
> 老子在其五千箴言中对"时"这个哲学方法论进行过阐释，但是老子哲学体系中的"时"和范蠡天道阴阳思想中"时"的意涵是有区别的，范蠡在老子"时"这个哲学范畴的基础上，将"时"论发展成一套完整的具体操作规则，这是对黄老道家"时"这个方法论指导原则的更进一步发展。①

Taking my inspiration from these comments by eminent Chinese scholars, we can say that Laozi's heng temporality is non-differentiated in terms of the ultimate non-distinction of time as past-present-future, and also non-differentiated in terms of the ultimate non-distinction of space as the realms of Heaven-Earth-Human, as displayed by *Daodejing* 25: "Humans follow Earth, Earth follows Heaven, and Heaven follows the Dao" 人法地，地法天，天法道. However, Fan Li coordinates and organizes this *heng* temporality by differentiating these three realms without positing a permanent metaphysical Dao to maintain them; he speaks of this in the following way:

> Holding abundance is of Heaven. 持盈者与天
> Determining and adjusting is of humans. 定倾者与人
> Nodal affairs are of Earth. 节事者与地

In this way of thinking, Heaven refers to the space through which different temporalities (lunar, solar, biological, geological, and so on) pulse, while Earth refers to

---

① 赵可：《"因""时"利导——范蠡对老子天道观的继承与发展》，《文化学刊》2021 年第 10 期。

the temporal nodes expressed in the movement of the seasons, and Humans refer to the ability to determine and adjust their affairs in compliance with the temporalities of Heaven and Earth. In this, Fan Li has not fundamentally altered Laozi's *sheng* temporality, but he in fact organizes its holism into a "system" 制 that, in a general way, encompasses the realm of Humans (society/civilization/ history) in coordination with Heaven and Earth (nature, the world). Building on this, Fan Li says：

> Because time has a way of returning and affairs have their intervals, there is a way to know the heng-ing system of Heaven and Earth; once known, then one can acquire the completed benefits of Heaven and Earth. When there are no intervals between affairs, and when time is not returning, then one must console the people and safeguard education in order to await them.
>
> 时将有反，事将有间，必有以知天地之恒制，乃可以有天下之成利。无间，时无反，则抚民保教以须之。

In this thinking, human affairs are to be coordinated with this heng-ing system of temporality by respecting the "intervals" 间 in-between, referring to the period after an affair (e. g. , planting) has ended and before the next (e. g. , harvesting) has begun. This coordinating depends on the ability to know the "heng-ing system of Heaven and Earth".

Thus, one passage from "Yueyu xia" states：

> When the king asked, "What can I do for the people?" Fan Li replied, "Encourage humble language and revere the rites, value the music and honor the people with ranks and positions. Then you cannot be stopped".
>
> 王曰："与人奈何？"对曰："卑辞尊礼，望好女乐，尊之以名。如此不已。"

This heng-ing temporalization discussed by Fan Li consists of primordial time gathering in cycles that begin at one moment and end at another moment before returning again to the origins from which they begin anew, which could be more different from what the term chang conveys (constant/ permanent/ eternal) because *heng*-ing temporalization is rhythmic, and one must bide one's time to await its returning rhythm.

Fan Li calls this the "heng-ing system" 恒制, which implies that it is discovered or fashioned or formulated by human beings (sages), which gives more meaning to the phrase: 定倾者与人, because sages are those who "determine and adjust" human affairs in tune with Heaven and Earth are humans. And although Fan Li calls this the "heng-ing system of Heaven and Earth", Heaven and Earth are neither the source nor the object of temporalization: the "of" 之 does not signify their possession of the system nor their controlling agency over it, but rather refers to the spatial range of the system: the entire world.

The heng-ing system attempts to track the waves of temporalization by way of the "intervals" 间 between them in order to coordinate "human affairs" (人事) with Heaven and Earth. Next to this, the Dao heng-s (or: the Dao is heng), and what is heng-ed is time itself, first of all understood in terms of "seasons" 时. Thus, Chen Xiaohua writes:

> There are certain "times" and "affairs" for the growth of all things on the earth. "Time" is the season and order of the growth of all things on the earth, and "affairs" are related activities of people using the land to produce various materials.
>
> 大地生长万物有一定的"时"和"事","时"是大地生长万物的时节与秩序,"事"是人利用土地生产各种物资的相关活动。

He continues:

> An interval is an opportunity to take some action. The momentums of time will change from "no interval" to "interval". If there is still "no interval", it is necessary to "foster the people and protect education" in order to wait for the appearance of an "interval". The momentums of time will always change, and intervals will always emerge. This is the heng-ing system of Heaven and Earth. Understand the changes in the momentums of time and the emergence of

intervals and carry out "affairs", then "you can have the success of the world".

间，指事情的间隙，即采取某种行动的机会。时势的发展，会从"无间"变化为"有间"。如果还是"无间"，就要"抚民保教"以等待"间"的出现。时势总会变化，间隙总会出现，这是天地之恒制，了解时势的变化以及间隙的出现而行"事"，"乃可以有天下之成利"①。

Whereas Laozi emphasizes the sage's merging with heng temporalization through "tranquility" 静, Fan Li differently relies on Laozi's heng temporalization for coordinating "time" and "affairs", and he thus focuses on human affairs in ways Laozi never did: "Human affairs must coordinate with Heaven and Earth, then you can have the success of the world" 人事必将与天地相参，然后乃可以成功. Zhao Ke writes:

> Conforming to nature and waiting for opportunity does not mean passively waiting…In order for the cognitive subject to exert his own initiative under the condition of complete external objective conditions, he should make the situation develop in a direction that is beneficial to him.
>
> 但是顺应自然和等待时机并不意味着要消极等待……认识主体在外界客观条件完备的情况下发挥自身能动性，使情势向着对自己有利的方向发展。②

Bai Xi provides a correct reading of these ideas as he separates the two main pillars of the "heng-ing system of heaven and Earth", and he writes:

> The main content and characteristic of Fan Li's thought is to coordinate the realms of Heaven, Earth, and Human, and to (rely on) the Dao of Heaven to clarify human affairs. This way of thinking, in fact, regards Heaven, Earth, and Human (nature and man) as a whole, and believes that they follow common

---

① 陈小华：《范蠡的治国思想及其与〈老子〉的关系》，《浙江学刊》2013 年第 3 期。
② 赵可：《因"时"利导——范蠡对老子天道观的继承与发展》，《文化学刊》2021 年第 10 期。

laws. The twenty-fifth chapter of Laozi says: "Man follows Earth, Earth follows Heaven, Heaven follows the Dao, and the Dao follows *ziran*." Fan Li inherited this way of thinking from Laozi, and under the conditions of his new era and in his own political, military and economic activities, he developed it and applied it vividly.

以天、地、人为一体，推天道以明人事，是范蠡思想的主要内容和特色，这样一种思维方式初为道家所特有，而为老子所开创。这种思维方式，实际上就是把天、地、人（自然与人）视为一个整体，认为它们遵循着共同的法则，其要旨在于从自然现象中确定社会、人生的楷式。《老子》第25章曰，"人法地，地发天，天法道，道法自然"，这是老子道家关于天、地、人一体的思维方式的经典表述。范蠡继承了老子这一思维方式，在新的时代条件下和自己的政治、军事、实业活动中，有声有色地加以运用、发挥和发展。①

The following comments of Zhao Ke help to contextualize the position of Fan Li as an important figure who played a decisive role in the change from Laozi's original philosophy to the later philosophy of Huang-Lao; he writes:

> Laozi's view of the Dao of Heaven can be said to be only an abstract general guiding principle. Fan Li not only implements the Dao of Heaven into the concrete and perceptible level of nature, but also introduces the concept of yin and yang into it. His conception of 天道阴阳 further developed Laozi's original and simple concept of the Dao of Heaven and made it concretely practical…This theory later became an important basis for the evolution of Huang-Lao Daoist theory in the Warring States Period.

老子提出的天道观可以说只是一个抽象性的总体指导原则，而范蠡除了将天道落实到自然界具体可感的层面之外，更是将阴阳的概念引入天道。"天道阴阳"思想不仅使老子原始素朴的天道观有了更进一步的发展，还使老子的天道观有了具体的可操作性……这一学说后来成为战国

---

① 白奚：《范蠡对老子学说的继承与发展》，《中国哲学史》2020 年第 1 期。

黄老道家理论演进的重要依据。①

This short presentation on Fan Li as an intermediary standing between Yangsheng Daoism and Huang-Lao Daoism is an attempt to understand the special qualities and characteristics of Daoist philosophy from Laozi's original phenomenology to its later Huang-Lao metaphysics, especially with regard to time and temporality. Fan Li remains an intermediate but integral actor in this movement who shows us some of the crucial ways that Daoist philosophy developed from the Eastern Zhou to the Han Dynasty.

Much work remains to be done on this topic.

① 赵可：《因"时"利导——范蠡对老子天道观的继承与发展》，《文化学刊》2021 年第 10 期。

瞽史传统与师旷形象的建构和演变[*]

黄晨曦

摘　　要　师旷是春秋时代晋平公的宫廷乐师，由于他的乐师身份深深植根于礼乐传统中，同时亦由于其特殊的知识系统（以音律为代表的天道知识体系）以及由此带来的博学远见的能力，其成为先秦瞽史传统中的重要人物。作为历史人物，其有关事迹保存在《左传》《国语》等史籍中。作为一个有传奇色彩的盲人乐师，他的思想和事迹在战国以后逐渐成为诸子阐述自身学理的重要论据，其本人亦成为诸子所津津乐道的先知式人物。由此，他的形象也逐渐神异化，具有了道家、阴阳家、天人感应和谶纬神学等多重内涵。

关　键　词　师旷；瞽史传统；知天道；见知之道；内视

作者简介　黄晨曦，安徽大学哲学学院讲师，研究方向主要为先秦秦汉思想史、道家哲学。

诸子兴起及之前的时代涌现了很多历史人物，虽然他们有自己的经历和

　＊　本文为 2021 年度安徽省高等学校人文社会科学研究重点项目"汉代养生观念与黄老道家的转型研究"（SK2021A0007）和 2022 年度教育部人文社会科学研究青年基金项目"'分物'视域下战国秦汉之际道家的道物关系研究"（22YJC720003）的阶段性成果。

主张，但是随着他们的事迹和思想被后世不断阐发和重塑，便形成了与最初的史实迥然不同的丰富形象。他们的外在形象和思想内核的演变具有很强的时代性，在各个时代都有不同的表现。师旷是其中一个形象复杂且演变线索清晰的历史人物。通过对师旷形象发展演变的梳理，我们能一窥诸子所根植的思想资源及其创造性转化。过去对师旷的研究主要集中于其音乐思想[①]，少数涉及托名师旷所作的著作[②]，而对于诸子对师旷形象的接受和重构则不多见。本文试图从历史形象中挖掘师旷知天道和知人道的根本特质，并从诸家对其形象和思想的接受和改造上梳理其形象从历史到传说的演变，探讨诸子以外的"边际人物"如何走进诸子的思想中并为其所用的历史脉络。

一　有关师旷的基本史实

师旷，字子野，是春秋后期晋平公（前557—前532年在位）的瞽师，即宫廷盲人乐师。其可考可系年的最早记录见于《左传》襄公十四年［前559年，晋悼公（前573—前558年在位）后期］，最晚则是《左传》昭公八年（前534）。随后，师旷便成了战国诸子时常称引的历史人物，并在此过程中逐渐被赋予了多重身份，其神异的色彩也越来越浓厚，最终在秦汉之际成为具有神话色彩的历史人物。

作为一个历史人物，他首先是一个精通音律的盲人音乐家，并以音乐为自己的本职工作，提出了诸多音乐思想。由于失明，他因而具有极为灵敏的听觉和超凡的乐感，不仅能辨识乐律，而且能感知声音中蕴含的天人感应的关系。如《国语·晋语八》记载了晋平公喜欢听"新声"，因此师旷感知到公室即将衰微，并提出他的乐教思想，即"乐以开山川之风也，以耀德于广远也"[③]。音乐的作用是教化国家、华育万物、制作礼仪并将此德政传播四方

---

①　如朱依群《孔子与师旷的乐教观比较》，《宁波大学学报》（教育科学版）2010年第6期；刘成纪《上古至春秋乐论中的"乐与神通"问题》，《求是学刊》2015年第2期；卫凌《乐圣师旷礼乐观探析》，《当代音乐》2021年第4期等。

②　如卢文晖《师旷与〈师旷〉初探》，《辽宁师院学报》1981年第4期；赵逵夫《卢文晖辑〈师旷〉刍议》，《古籍整理研究学刊》2012年第4期；王允亮《从历史到谶纬——先唐师旷形象演变考论》，《山西师大学报》（社会科学版）2011年第5期等。

③　徐元诰撰：《国语集解》，王树民、沈长云点校，中华书局2002年版，第426—427页。

以感化远近之人，可见师旷崇尚具有礼仪教化作用的"雅乐"而排斥没有教化作用的"新声"。另一方面，《左传》襄公十八年则记录了师旷通过辨识乌鸦的声音和南方的曲调而成功预测两场战争的结果。① 这一历史实录成为后世将师旷神异化的滥觞。②

此后有关师旷的大多数记载都与其音乐家的身份有关。如《孟子·离娄上》："师旷之聪，不以六律，不能正五音。"《孟子·告子上》："至于声，天下期于师旷，是天下之耳相似也。"师旷成为世人称颂的与敏锐超凡的听觉相关的第一人。如《吕氏春秋·仲冬纪·长见》就记录了师旷调钟的故事，他的耳朵比其他人要灵敏得多，因此调律也比普通的工匠准确得多，师旷是"知音"之人。③

早期历史记录中师旷的第二个形象则是谏官。由于宫廷音乐家的身份，师旷自然是诸侯身边的近侍，因此他对晋平公时有谏言，且正直不阿，这也成为师旷美名的来由之一，尤其被儒家称颂。师旷的谏言大体上有两类。一类是以音乐为载体和隐喻，对平公进行讽谏。师旷从他自身的雅乐和礼乐教化思想出发，时刻提醒平公要制礼作乐，不要贪图一时的感官刺激，自觉抵制靡靡之音（新声）和"亡国之声"，成为有德义的君主。④

---

① 一场是鲁国领导的诸侯联军进攻齐国，齐国战败。师旷听到乌鸦的声音愉快，推测齐军已经逃走。另一场是楚国攻打郑国，师旷根据楚国军队所唱的"南风"曲调不强，"多死声"，因此楚国不会赢得战争，晋国也不必因此过度紧张。参见杨伯峻编著《春秋左传注》，中华书局 1981 年版，第 1038、1043 页。

② 同样，《左传》昭公八年记载了在晋国的魏榆有石头能说话的传言。师旷认为"石不能言，或冯焉"，"怨讟动于民，则有非言之物而言"，因此劝谏晋平公要与民休息，不误农时，不要营建奢侈的宫室。石头说话这是典型的灾异说，师旷认为不是石头能说话，而是有某样东西附着于其上（"或冯焉"）导致的。他并未明言"或"具体为何物，后来《汉书·五行志上》认为是"神或冯焉"，王充则认为是"气发言"（《论衡·纪妖》）。这则历史记录也成为后世将师旷归入阴阳家的依据之一。参见杨伯峻编著《春秋左传注》，第 1300—1301 页；（汉）班固撰，（唐）颜师古注《汉书》，中华书局 1962 年版，第 1340 页；黄晖撰《论衡校释》，中华书局 1990 年版，第 928—929 页。

③ 参见许维遹撰《吕氏春秋集释》，中华书局 2009 年版，第 254 页。该故事也见于《淮南子·修务训》，载何宁撰《淮南子集释》，中华书局 1998 年版，第 1363 页。

④ 《淮南子·泰族训》："师延为平公鼓朝歌北鄙之音，师旷曰：'此亡国之乐也。'大息而抚之，所以防淫辟之风也。"载何宁撰《淮南子集释》，第 1427 页。有关师旷讽谏"亡国之音"的事迹也见于"清角之声"的典故中，师旷眼见晋平公劝谏无果，执意要满足自己的感官享受，于是以实际行动引发灾异现象来劝谏君主。参见（清）王先慎撰《韩非子集解》，钟哲点校，中华书局 1998 年版，第 63—65 页。

　　另一类谏言则是师旷作为一个有才识之人和有德行之士对平公或政事进行讽谏，这一类的讽谏往往与音乐以及他的乐师身份无关。如师旷一直以来为人所称颂的民本思想，他提倡的"养民如子"①，"君必惠民"② 等理念，也有了儒家思想的意味。又如《左传》襄公二十六年大臣因职能任用的问题而大打出手，晋平公竟然以此为傲，认为大臣所争执的都是国之大事。师旷因而以"心竞"和"力争"来劝谏平公，认为臣下不在心里竞争而用力量来争夺，不致力于德行而争执是非，个人欲望太大，这会导致公室的地位下降。③

　　总体而言，师旷主要以乐师和谏官这两种身份存在于早期的历史记载中，后世对师旷形象和事迹的重构与改编也都不出这两种基本身份之外。与后来的优伶这一纯粹为君主和贵族提供娱乐的职业不同，在春秋时期礼乐文明尚未瓦解的时代，师旷的身份不仅仅是作为优伶的乐师，他还兼具"史"的职责。师旷作为"史"，这一身份并不是独立于乐师和谏官之外的，而是内化于"师"这一身份之中的。"师"与"史"互为表里，是其身份的一体两面，互为表里，而这种身份反过来也让师旷在智识和德行上具有作为谏官的潜质。④可以说，师旷是礼乐文明中瞽史传统的代表人物之一。

二　师与史：瞽史、天道与师旷形象的展开

　　师旷是瞽史传统的代表人物，这是来自他自己对自身身份的认定。在《左传》襄公十四年师旷对晋平公关于"养民如子"的谏言中，他还提到了瞽、史等官职的讽谏职责以自况：

---

　　① 出自《左传》襄公十四年，载杨伯峻编著《春秋左传注》，第 1016—1018。师旷还提出君对待民要"勿失其性""勿使过度"的理念；在昭公八年"石言于晋魏榆"的历史记载中，师旷同样提出君主"作事"要合于"时"（主要是农时），不要"民力凋尽，怨讟并作，莫保其性"。这些观念都是站在民本立场上提出的。参见杨伯峻编著《春秋左传注》，第 1300—1301 页。

　　② 出自《韩非子·外储说右上》。参见（清）王先慎撰《韩非子集解》，钟哲点校，第 311 页。

　　③ "公室惧卑，臣心不竞而力争，不务德而争善，私欲已侈，能无卑乎？"杨伯峻编著：《春秋左传注》，第 1111 页。

　　④ 参见邓子美《先秦"瞽史"性质的历史考察》，《历史教学问题》1988 年第 4 期；过常宝《试论西周瞽史的谏诫职责》，《陕西师范大学学报》（哲学社会科学版）2011 年第 5 期。

> 自王以下，各有父兄子弟，以补察其政，史为书，瞽为诗，工诵箴谏，大夫规诲，士传言，庶人谤，商旅于市，百工献艺。①

而《国语·周语上》有"邵公谏厉王弭谤"之事，也提到与此类似的瞽、史等官职：

> 故天子听政，使公卿至于列士献诗，瞽献曲，史献书，师箴，瞍赋，蒙诵，百工谏，庶人传语，近臣尽规，亲戚补察，瞽史教诲，耆艾修之，而后王斟酌焉，是以事行而不悖。②

各阶层以各自擅长的形式来谏言。其中，瞽以赋诗献曲的言说和歌唱的形式，史以献书的文字形式，各类各级宫廷乐工则以各种音乐形式讽颂劝谏。这似乎是将"瞽"与"史""师"等近侍官职当作不同的官职来对待。

但是在《国语》等典籍中，有时又将"瞽史"连用。如上文的"瞽史教诲"，又如《国语·周语下》有关柯陵之会中鲁成公与单襄公的对话：

> 鲁侯曰："寡人惧不免于晋，今君曰'将有乱'，敢问天道乎，抑人故也？"对曰："吾非瞽史，焉知天道？"③

《国语·楚语上》左史倚相责备申公子亹倚老卖老也提及"瞽史"：

> 在舆有旅贲之规，位宁有官师之典，倚几有诵训之谏，居寝有亵御之箴，临事有瞽史之导，宴居有师工之诵。史不失书，蒙不失诵，以训御之，于是乎作《懿》戒以自儆也。④

以上两则"瞽史"连用并不能直接说明瞽史是同一类甚至是同一个官职。然

---

① 杨伯峻编著：《春秋左传注》，第 1017。
② 徐元诰撰：《国语集解》，王树民，沈长云点校，第 11—12 页。
③ 徐元诰撰：《国语集解》，王树民，沈长云点校，第 82—83 页。
④ 徐元诰撰：《国语集解》，王树民，沈长云点校，第 501—502 页。

而《国语·晋语四》中则多次提及《瞽史之纪》和《瞽史记》这一类史书，似乎又说明"瞽史"指的是一类记录历史的史官。

由此，关于"瞽史"的具体所指，数千年来一直聚讼纷纭。概括来说，主要有两种观点：一种认为瞽与史应当分开理解，是两类人①；另一种则认为瞽史是一类人，或者至少不应当将他们的功能割裂开来理解②。

无论瞽、师、史是否要当作不同的人或官职来理解，但就师旷而言，这三者都能合于他的身份和事迹，而关于师旷的历史记录也都与此三者有关。而尤为值得注意的是《左传》襄公三十年的一则小故事：

> 二月，癸未，晋悼夫人食舆人之城杞者，绛县人或年长矣，无子而往，与于食。有与疑年，使之年，曰："臣，小人也，不知纪年，臣生之

---

① 《周礼·秋官·大行人》有"九岁属瞽史，谕书名，听声音"。郑玄认为："瞽，乐师也。史，太史、小史也。"《十三经注疏》整理委员会整理：《周礼注疏（十三经注疏）》，北京大学出版社 2000 年版，第 1179 页。《周礼·春官》有"大史"和"小史"。大史的职能有很多，包括掌管文书律令（"掌建邦之六典，以逆邦国之治；掌法以逆官府之治；掌则以逆都鄙之治"）、颁布历法（"正岁年以序事"）、主持祭祀（"大祭祀，与执事卜日"，"读礼书而协事"）以及各种官方礼仪（会盟、朝觐、迁都、丧礼、射礼等）。小史则主管"邦国之志，奠系世，辨昭穆"。《十三经注疏》整理委员会整理：《周礼注疏（十三经注疏）》，第 813—822 页。总的来说大史（太史）主要职能有两方面，一方面主管文书和记史，另一方面主管祭祀和天文历法。而《周礼·春官》中也有"大师""小师""瞽矇"以及掌管各种乐器的乐师。如"大师掌六律六同"，"教六诗"，在各种祭祀礼仪中则登堂而歌。大师最重要的政治意义是"以六德为之本，以六律为之音"，既确定音律，又以音律为基础推行礼乐文明下的德政。小师和瞽矇则是大师的助理，分管教学和演奏各类乐器，并在祭祀中作为大师的附和。参见《十三经注疏》整理委员会整理：《周礼注疏（十三经注疏）》，第 714—726 页。后世将瞽史理解为两种不同的官职合称的观点也较多。如徐中舒认为瞽史是瞽矇和太史两种史官的合称，参见徐中舒《〈左传〉的作者及其成书年代》，《历史教学》1962 年第 11 期。顾颉刚则认为"非以瞽而为史也"，两者没有关系，参见顾颉刚《史林杂识初编》，中华书局 1963 年版，第 224 页。

② 如韦昭认为这两者尽管是两种不同的官职，但是具有类似的功能："瞽史、大师，掌知音乐风气，执同律以听军声，而诏吉凶。"他还根据《周礼》大史与大师同车的记载，认为二者同车的原因是有共同的职能："史，大史，掌报天时，与大师同车，皆知天道也。"徐元诰撰：《国语集解》，王树民、沈长云点校，第 83 页。王树民将瞽史传统视为中国史学的早期形态，即口传历史。他们因眼盲而有更好的听力和记忆力，"最适宜作音乐和演述故事的工作"，而古代文字书写条件苛刻，利用瞽史的这一特征能够通过口传留下大量的历史细节。参见王树民《中国史学史纲要》，中华书局 1997 年版，第 213 页。《左传》襄公三十年中师旷对历史巨细无遗的把握可以印证这一点。阎步克认为瞽史分属于乐官（文化）和史官（行政）这两个周王朝文化传承的子系统，并认为"春秋以上的贵族政治时代，贵族士大夫仍然是集文化和行政之二任于一身的……二者混融不分"。这是建立在治、教合一的基础上的。而战国以后，文化和行政两个系统才迅速分化开来，这是建立在师、史二分的基础上的。他进一步认为，在春秋时代，瞽史所代表的乐官和史官共同传承了五经和六艺。参见阎步克《乐师与史官：传统政治文化与政治制度论集》，生活·读书·新知三联书店 2001 年版，第 83—114 页。

岁，正月甲子朔，四百有四十五甲子矣，其季于今，三之一也。"吏走问诸朝，师旷曰："鲁叔仲惠伯会郤成子于承匡之岁也。是岁也，狄伐鲁，叔孙庄叔于是乎败狄于咸，获长狄侨如，及虺也，豹也，而皆以名其子。七十三年矣。"①

如果说其他史料最多只能说明师旷是一个听力卓绝、精通乐律、善于劝谏且德才兼备的乐师，这里的师旷则完全是一个记忆力超群、熟谙历史、精通历法的史官。师旷既是瞽师，也是史，瞽史这一身份在他的身上得到了完美的体现。② 他能够通过年长者对甲子的计数推断其年龄，并说出年长者出生之年的重要历史事件，可见他对干支纪年和历法的精通（即对"数"的精通）以及对历史的熟悉程度。

阎步克认为："至于'数'，也就是算术之学，亦是史官之所传所教、而其事不涉于乐人者。"③ 这样的观点不免失之偏颇。《汉书·艺文志》将这类关于"数"的学问统称为"数术"，即关于数字的技术，其所揭示的是天地运行的规律，即天之道。这类数字包含着数理数字，即我们今天所说的数学或算术之学，这一类被归入《汉志》的数术略下的历谱类中，与历法合为一类。历法和算学的理论直接来自实际的天文观测，同样也反过来指导更加精细的天文观测（这也是《汉志》数术类将天文类列为首位，而将历谱类列为次位的原因）。但古代的"数"还包含神秘数字，即所谓的命数、命理之学，《汉志》数术略下四处可见其踪影。五行类中的选择术，著龟类中的龟卜和筮占都与这类神秘数字有着千丝万缕的关联。④

那么，这些"数"之学与乐官毫无关涉吗？事实显然并非如此。首先，乐官尤其是作为乐官之首的太师必须通晓乐律，而乐律的制定需要数学演算。如《史记·律书》记载了古代律制的制定规则："九九八十一以为宫。三分去一，五十四以为徵。三分益一，七十二以为商。三分去一，四十八以为羽。

---

① 杨伯峻编著：《春秋左传注》，第 1170—1171 页。
② 而后来同样因瞽史身份而被称颂的左丘明则少了乐师这一身份。但这并不意味着瞽史传统内涵的缩减和改变。因为瞽史的主要政治作用还是知史善谏，这一点始终没有改变。
③ 阎步克：《乐师与史官：传统政治文化与政治制度论集》，第 103 页。
④ 参见（汉）班固撰，（唐）颜师古注《汉书》，第 1763—1771 页。

三分益一，六十四以为角。"这就是制定乐律所用的三分损益法。① 由此可见，乐律与数具有天然的联系。甚至古人认为数起源于乐律，《汉书·律历志》说："数者……本起于黄钟之数，始于一而三之，三三积之，历十二辰之数，十有七万七千一百四十七。"② 其次，乐律被认为是天道，或者说自然规律的体现。《吕氏春秋·仲夏纪·大乐》说："音乐之所由来者远矣，生于度量，本于太一。"③ 同书《季夏纪·音律》又说："大圣至理之世，天地之气，合而生风，日至则月钟其风，以生十二律。"音律由太一、由气所生，是天道运行的体现。因此掌握乐律，也是掌握天道的一种方式。最后，通过演算而制定的乐律不仅与同是通过演算而制定的历法关系密切，甚至被赋予了神秘属性。《汉书》中将乐律和历法合为一类，因此有"律历志"，且列于十志之首。律和历被认为是宇宙秩序的基石。④ 而古人也经常用乐律进行占卜。如《汉志》数术略中的五行类有多种以钟律为占卜工具的书籍。⑤ 由此，以"数"为基础，不但串联了诸多自然和社会领域，也串联了诸多实际的职能部门。如《汉志》就认为数术起源于明堂羲和史卜之官，明堂这类掌握历法颁布四时政令的官职、羲和这类掌握天文知识的官职、卜官这类掌管占卜的官职以及史官这类掌管文书典籍、礼仪祭祀和天文历法的官职都是相通的，他们的知识和技能的基础就是"数"。⑥ 而"数"的背后就是天道，能掌握"数"的人，便是"知天道"之人。显然，乐师尤其是乐师之首太师这一类

---

① （汉）司马迁撰：《史记》，中华书局 1959 年版，第 1249 页。所谓三分损益法，即以 81 为音管的长度单位，定为宫音（即将标准长度的宫音管 81 等分）。在宫音的长度单位基础上，去掉其三分之一的长度即长度单位为 54 的音管定为徵音。在徵音的基础上，再加上三分之一的长度即长度单位为 72 的音管定为商音。在商音的基础上，去掉其三分之一的长度即长度单位为 48 的音管定为羽音。在羽音的基础上，增加三分之一的长度即长度单位为 64 的音管定为角音。《律书》中还规定了宫音（音）的音名是黄钟（律），长八寸七分一（也有说八寸十分一），并根据三分损益法逐次规定了自然律（非平均律）中十二音的音管长度。

② 即律的制定从 1 开始，用 3 来乘，即从 3^0 到 3^{11}，而 3^{11} 正好是 177147。参见（汉）班固撰，（唐）颜师古注《汉书》，第 956 页。

③ 许维遹撰：《吕氏春秋集释》，第 108 页。

④ 《汉书·律历志》说："《虞书》曰：'乃同律、度、量、衡。'"又说："一曰备数，二曰和声，三曰审度，四曰嘉量，五曰权衡。"（汉）班固撰，（唐）颜师古注：《汉书》，第 955—956 页。音律、历法、度量衡都是经过演算而得出的，都是秩序的准绳。

⑤ 如《钟律灾异》《钟律丛辰日苑》《钟律消息》《黄钟》等，皆已散佚。参见（汉）班固撰，（唐）颜师古注《汉书》，第 1768 页。

⑥ 而以五经、六艺的教学传授为线索，瞽史之官又与儒家的传承有着密切联系。参见阎步克《乐师与史官：传统政治文化与政治制度论集》，第 83—106 页。

人必然要掌握乐律和数的知识，并且在天道的知识体系下，通过乐律和数的学习可以做到触类旁通，掌握天文、历法、占卜等各类知识和技能。师和史，在知识和技能的掌握上是相通的。

因此，我们可以说，师旷的"知天道"，来自他对于音律和历法的掌握，而音律和历法及其背后的"数"代表了自然规律（即天道），是自然规律的重要体现之一。掌握了"数"就能够掌握天道运行的规律。师旷不仅熟知乐律之数与历法之数，通晓天道，而且熟记历史，知晓人事和人道。同时通晓天道和人道之人，天然地适合成为君主的谏官。从天道到人道的理路在师旷的事迹中清晰可见。也因此，在很多早期记载中，师旷具有预言的能力。但此时的预言能力仍然建立在礼乐文明和德政的基础上，尚且不具备后来的那种神异色彩。而师旷在后世的种种神异形象，大多与其"知天道"的特质息息相关；而将师旷当作一个真实历史人物来评价，则与其"知人道"的特质有关。

三　诸子对师旷形象的接受与建构

诸子对师旷思想和事迹的评价也是以天道和人道这两条路径为主的，前者以道家为代表，后者则以儒家和法家为代表。总体而言，师旷在诸子著作中主要充当诸子阐发各自观点的重要论据，或褒或贬，而在道家的论述中，师旷逐渐从阐发思想的论据变为道家的理想形象。

尽管瞽史传统与五经六艺的传授息息相关，但是具体到师旷个人来说，先秦儒家对其的评价往往是从其作为乐师的身份出发的。如孟荀皆将师旷敏锐的听觉和所制定的最精确的乐律当作天下所共同向往追求的公理，就如同上古圣人的仁政一样。① 然而，到了汉以后，各家对一些历史人物的改造，为

---

① 《孟子·离娄上》："离娄之明，公输子之巧，不以规矩，不能成方员。师旷之聪，不以六律，不能正五音。尧舜之道，不以仁政，不能平治天下。"《孟子·告子上》："至于声，天下期于师旷，是天下之耳相似也……心之所同然者何也？谓理也，义也。圣人先得我心之所同然耳。"（宋）朱熹撰：《四书章句集注》，第275、330页。《荀子·大略》："天下之人，唯各特意哉！然而有所共予也。言味者予易牙，言音者予师旷，言治者予三王。"参见（清）王先谦撰《荀子集解》，沈啸寰、王星贤点校，中华书局1988年版，第518页。

这些人物量身定制了属于各自学派的形象，师旷的学派归属问题在儒道两家之间似乎有过短暂的争夺，但最后还是以道家的胜利告终。在《史记·晋世家》中，记载了晋悼公与师旷的托孤之言："十五年，悼公问治国于师旷。师旷曰：'惟仁义为本。'冬，悼公卒，子平公彪立。"① 这是历史上第一次以"仁义"来称颂师旷的政治理念，似乎要将师旷树立为具有强烈儒家色彩的人物。师旷的形象也一度成为儒生抨击汉前期黄老之治的武器。如《盐铁论·刺复》中贤良文学（即儒生）认为师旷"吹律而知变，上也"，而当世践行黄老道家的官吏们则"因循而不作，以俟其人，次也"②。很显然，西汉中期的这些儒生将师旷置于汉初黄老道家的对立面。同样以师旷为例抨击道家的还有可能形成于东汉以后的《孔丛子》，其中记载了东汉儒学家、孔子后人孔季彦批判道家关于圣人可以见无形、闻无声的理论：

> ［长孙尚书问季彦］曰："圣人者，必能闻于无声，见于无形，然后称圣尔。如处士所言，大贤则能为之。"季彦曰："君之论，宜若未之近也。夫有声，故可得而听；有形，故可得而见。若乃无声，虽师旷侧耳，将何闻乎？无形，虽离娄并照，将何睹乎？"③

但与西汉儒生对于师旷的评价不同，东汉儒学家口中的师旷又回到听觉敏锐的乐师形象，其思想倾向性也被基本消除。师旷不再被视为具有儒家倾向的一位历史人物。与此同时，道家逐渐接受了师旷的形象并加以创造性改变，汉以后师旷更进一步成为一个具有神异色彩的传说形象。

早期道家对于师旷的评价实际上并不高，甚至经常将其作为批评的对象。《庄子》中出现的师旷就是如此：

> 多于聪者，乱五声，淫六律，金石、丝竹、黄钟、大吕之声非乎？而师旷是已……故此皆多骈旁枝之道，非天下之至正也。④（《庄子·骈拇》）
> 属其性乎五声，虽通如师旷，非吾所谓聪也；属其性乎五色，虽通

---

① （汉）司马迁撰：《史记》，第 1683 页。
② 王利器校注：《盐铁论校注》，中华书局 1992 年版，第 130 页。
③ 傅亚庶撰：《孔丛子校释》，中华书局 2011 年版，第 479 页。
④ （清）郭庆藩撰：《庄子集释》，王孝鱼点校，中华书局 2012 年版，第 314 页。

如离朱，非吾所谓明也。(《庄子·骈拇》)①

　　擢乱六律，铄绝竽瑟，塞瞽旷之耳，而天下始人含其聪矣……彼曾、史、杨、墨、师旷、工倕、离朱，皆外立其德，而以爚乱天下者也，法之所无用也。(《庄子·胠箧》)②

《庄子》外篇将师旷作为批评的对象的主要原因是"出乎性"和"外立其德"(《庄子·骈拇》)。③ 师旷所精通的音乐以及他敏锐的听觉感官是道家所否定的。这些本不属于人的天然本性，是如"骈拇"一般节外生枝的旁门左道，并非正道。如果被这些外在的刺激干扰而改变自己的本性，使之从属于外在刺激，轻则损害耳目等感官，重则对生命造成损害。在道家的语境中，"五声"所代表的音乐几乎都是被否定的，这不仅有害身体，还扰乱心性。如《老子》第 12 章说"五音令人耳聋"；《庄子·天地》也说"失性有五"，其中"五声乱耳，使耳不聪"，这是"生之害"。④ 师旷浸淫于音乐，即便他反对"新声"而推崇"雅乐"，但这些在道家看来通通属于淆乱天下、浇淳散朴的存在。只有完全摒弃外界的干扰，而向内求取，才会让天下回归正途。⑤ 这与《胠箧》篇所论的"绝圣弃智，大盗乃止"是一致的。因此，《骈拇》提出了真正的聪和明是"自闻"和"自见"："吾所谓聪者，非谓其闻彼也，自闻而已矣；吾所谓明者，非谓其见彼也，自见而已矣。"成玄英认为"自闻"和"自见"的关键是"保分任真，不荡于外者"⑥。已经有了向内在感官延伸的意味。

　　由此，从精通音律和听觉敏锐的角度，师旷已然是道家所反对的那类人。但为何师旷后来又成为道家所推崇的人呢？这既源自他的盲人身份和作为瞽史的知天道的特质，也是道家"内视"和"收视反听"的修养心性之道在这些"边际人物"身上的创造性转化。

　　《文子·精诚》说："皋陶喑而为大理，天下无虐刑，有贵乎言者也。师

<hr>

① (清) 郭庆藩撰：《庄子集释》，王孝鱼点校，第 327 页。
② (清) 郭庆藩撰：《庄子集释》，王孝鱼点校，第 353 页。
③ (清) 郭庆藩撰：《庄子集释》，王孝鱼点校，第 311 页。
④ (清) 郭庆藩撰：《庄子集释》，王孝鱼点校，第 453 页。
⑤ 《庄子·胠箧》："彼人含其明，则天下不铄矣；人含其聪，则天下不累矣；人含其知，则天下不惑矣；人含其德，则天下不僻矣。"(清) 郭庆藩撰：《庄子集释》，王孝鱼点校，第 353 页。
⑥ (清) 郭庆藩撰：《庄子集释》，王孝鱼点校，第 329 页。

旷瞽而为太宰，晋国无乱政，有贵乎见者也。不言之令，不视之见，圣人所以为师也。"① 这里不再推崇其敏锐的听觉，反而说他"有贵乎见者"，并且是作为盲人所特有的"不视之见"。原本被道家反对的外在的听觉，被巧妙地转化为内在的视觉，而这又恰好与师旷盲人的身体特征相合，他也因此获得了道家所推崇的"见知之道"。"自闻自见""神视气听""收视反听""内视"等能力都是"见知之道"的具体体现。

这种由外在感官向内在感官的探索，从《老子》便已开始。《老子》第47章："是以圣人不行而知，不见而名，不为而成。"又第52章："见小曰明，守柔曰强。"圣人能见到一般人所不能见到的。很显然，这些极其微妙的、常人不可见的就是"道"。外在的感官用以感受外界的刺激，而内在的感官则是为了认识"道"。这与"道"无名无形的特征有关，如第14章："视之不见，名曰夷；听之不闻，名曰希；搏之不得，名曰微。"第35章："道之出口，淡乎其无味，视之不足见，听之不足闻，用之不足既。"因此必不能用外在的感官感知"道"的存在，而要用内在的感官来探求"道"。如《老子河上公章句》："道德深远，不可识知，内视若盲，反听若聋，莫知所长。"②《列子·汤问》中黄帝"徐以神视""徐以气听"则是在精气论的基础上探讨如何做到"内视"和"反听"。③《管子·心术上》说："虚其位，神将入舍。"《心术下》则说："气者，身之充也。"④ 所谓的"神视"和"气听"其实是"心"中之神和体内之气所代表的内在感官的活动。其途径是在内在之"心"的统御下用心中之"神"和体内之"气"感知内外精气的流动，目的则是在存性保真和摒除外界干扰的情况下认识"道"。由此，以内在的视听为代表的"见知"能力被拔高到了形上的层面，因此《黄帝四经·经法·道法》说："见知之道，唯虚无有。"⑤

---

① 王利器撰：《文子疏义》，中华书局 2009 年版，第 87 页。《淮南子·主术训》也有类似说法。参见何宁撰《淮南子集释》，第 617 页。

② 王卡点校：《老子道德经河上公章句》，中华书局 1993 年版，第 57 页。

③ "江浦之闲生幺虫，其名曰焦螟，群飞而集于蚊睫，弗相触也。栖宿去来，蚊弗觉也。离朱子羽，方昼拭眦扬眉而望之，弗见其形；师旷方夜擿耳俛首而听之，弗闻其声。唯黄帝与容成子居空峒之上，同斋三月，心死形废；徐以神视，块然见之，若嵩山之阿；徐以气听，砰然闻之，若雷霆之声。"杨伯峻撰：《列子集释》，中华书局 1979 年版，第 157—158 页。

④ 黎翔凤撰，梁运华整理：《管子校注（上）》，中华书局 2004 年版，第 759、778 页。

⑤ 陈鼓应注译：《黄帝四经今注今译：马王堆汉墓出土帛书》，中华书局 2016 年版，第 56 页。

将这样的理路用来评价师旷之后，我们可以清楚地看到道家对于他的评价完全颠覆了。师旷精妙的听觉和音乐才能不再被作为讨论的对象，道家转而推崇他的内在感官，即"内视"。因为道家相信像师旷这样的盲人，其视觉已经不可能受到外在刺激的影响，因此他的视觉必然向内求取。师旷是"不见而明""内视若盲"的最好例证。而师旷的另一特质"知天道"则将其"内视"的本领发挥到极致，他不仅可以掌握天道运行所昭示出来的"数"，甚至可以通过"数"和"内视"进一步把握天道运行背后所蕴含的根源之"道"。因此，师旷这样一个春秋后期的人物被后来的道家推崇为帝师一般的人物。如前文提到的《文子·精诚》直接认定师旷这样的人可以成为圣人的老师："不言之令，不视之见，圣人所以为师也。"成书于西汉后期的《说苑》开篇的《君道》则记录了更为复杂的师旷：

> 晋平公问于师旷曰："人君之道如何？"对曰："人君之道清净无为，务在博爱，趋在任贤；广开耳目，以察万方；不固溺于流俗，不拘系于左右；廓然远见，踔然独立；屡省考绩，以临臣下。此人君之操也。"平公曰："善！"①

师旷在这里既有道家"清静无为"的主张，又有儒家仁爱的理念，甚至还有法家"参验"（即文中的"屡省考绩"）的实践。这里显然是将师旷作为"帝师"来对待的，但同时也混合了其他家派的理念。

从此，师旷的形象便开始了神异化的道路，一方面，其内视和见知能力让作为盲人的他获得了真正的视觉。如《说文解字》"鸟部"："师旷曰：'南方有鸟，名曰羌鹭，黄头赤目，五色皆备。'"② 师旷能看到鸟的颜色，显然此时的人们已经接受作为盲人的师旷具有了真正的视觉这一特异的能力。另一方面，师旷的预言能力在后世的记载中也进一步得以提升。《淮南子·齐俗训》说："苌弘、师旷，先知祸福，言无遗策。"③ 可见至迟在秦汉之际，师旷的形象便已经在道家的创造性转化的过程中开始脱离真实历史人物的躯壳，

---

① （汉）刘向撰，向宗鲁校证：《说苑校证》，中华书局 1987 年版，第 1 页。

② （汉）许慎撰：《说文解字》，中华书局 1963 年版，第 80 页。

③ 何宁撰：《淮南子集释》，第 812 页。

而成为一个传说人物。而将这两方面完美结合的，是关于他和周灵王之子姬晋的传说。① 这一传说出自《逸周书·太子晋解》，《潜夫论·志氏姓》和《风俗通义·叶令祠》都有类似记载：

> 王子曰："且吾闻汝知人年之长短，告吾。"师旷对曰："汝声清汗，汝色赤白，火色不寿。"王子曰："然！吾后三年，将上宾于帝所，汝慎无言，殃将及汝。"师旷归，未及三年，告死者至。②

这里的师旷能够看到"汝色赤白"，可见该文献形成的时代已经将师旷具备真正的视觉视为理所应当。从这一角度来说，《太子晋解》这一篇文章的成书时代不会太早，甚至可能晚至西汉。更为神奇的是，师旷还具有预言的能力，能够预知姬晋的寿数，并且得到了姬晋本人的肯定，最后也得以应验。这一传说的主角太子晋，是后世王子乔传说的滥觞，而王子乔后来也成为道教中的著名仙人。尽管师旷后来并没有成为道教的仙人，但是他却因为预言的能力而被当作阴阳家。③

《汉书·艺文志》"兵阴阳"有"师旷八篇"（同时诸子略小说家类有"师旷六篇"）。④《隋书·经籍志》子部五行类则有"师旷书三卷"⑤。《后汉书·方术列传》说："至乃河洛之文，龟龙之图，箕子之术，师旷之书，纬候之部，钤决之符，皆所以探抽冥赜，参验人区，时有可闻者焉。"将师旷视为方术士，将师旷之书与谶纬符箓并列。李贤认为这本书便是《师旷占》，是灾

---

① 王子乔，又被称为姬晋、太子晋、升仙太子、王乔等。其事迹见于《国语》《逸周书》《楚辞》《淮南子》《论衡》《列仙传》《风俗通义》《潜夫论》《神仙传》《后汉书》以及后世各类神仙传记中。在早期的传说中，周灵王太子姬晋和仙人王子乔并未产生实质关联，名字也相异，直到《列仙传》才将二者画上等号。《逸周书》中他与具有类似"帝师"身份的音乐家兼史官师旷谈论帝道的问题，展现其宏大的政治眼光。师旷临行前的那一段对寿数的预言，由于其神异的色彩而成为后世王子乔传说的源头。

② 黄怀信、张懋镕、田旭东撰：《逸周书汇校集注》，上海古籍出版社 2007 年版，第 1030—1032 页；（汉）王符，（清）汪继培笺，彭铎校正《潜夫论笺校正》，中华书局 1985 年版，第 435 页；（东汉）应劭撰，王利器校注：《风俗通义校注》，中华书局 1981 年版，第 86 页。

③ 有关魏晋以后师旷之书的研究，可参考王允亮《从历史到谶纬——先唐师旷形象演变考论》，《山西师大学报》（社会科学版）2011 年第 5 期。

④ 参见（汉）班固撰，（唐）颜师古注《汉书》，第 1760 页。

⑤ （唐）魏征等撰：《隋书》，中华书局 1973 年版，第 1035 页。

异之书。①

师旷传说中的天人感应，也与其被后人追认的阴阳家的身份有关。其天人感应的故事中随处可见祥瑞与灾异的意象。如《韩非子·十过》中记载师旷为晋平公奏清徵和清角之音，前者引来玄鹤伴舞，这是祥瑞之兆；而后者则引起狂风骤雨甚至导致晋国大旱、平公重病，这是听者德不配位而引起的灾异现象。② 师旷的清角之声和邹衍吹律改变气候的故事经常相提并论："虽师旷之清角，邹衍之吹律，亡以加之。"③ 师旷能通天人感应的阴阳家形象也自此确立。

最后谈一谈法家对师旷形象和事迹的接受。与儒家较为中立的立场和道家由贬到褒并进一步将其树立为道家代表人物的态度不同，法家对于师旷事迹的评价则以批判为主。在法家看来，师旷这样听觉敏锐的人终究是有极限的，因为这样的人没有"势"，更无法懂得利用和顺应"势"。《韩非子·奸劫弑臣》以师旷为例，说明人主不必像离娄、师旷那样耳聪目明、事必躬亲，而要善于利用和顺应"势"，做到"任其数""因其势"，从而达到天下为其所用的目的。④《韩非子》中还批评了师旷劝谏的方式和政治思想。如《韩非子·难一》载师旷援琴撞平公，得到平公的敬重，这是"平公失君道，师旷失臣礼"⑤ 的表现。《韩非子·难二》记载了叔向和师旷辩论齐桓公称霸的原因。叔向认为是管仲这样的"臣之力"让齐桓公取得霸业。师旷以烹饪作比喻，认为人臣烹饪的东西再好，如果君不吃，也是无能为力的，因此更看重"君之力"。《韩非子》则认为叔向和师旷都是偏辞，"凡五霸所以能成功名于天下者，必君臣俱有力焉"⑥。《韩非子·外储说右上》批评齐景公"不知用

---

① 参见（宋）范晔撰，（唐）李贤等注《后汉书》，中华书局1965年版，第2703—2704页。

② 参见（清）王先慎撰《韩非子集解》，钟哲点校，第63—65页。该故事也见于《史记·乐书》和《论衡·纪妖》，参见（汉）司马迁撰《史记》，第1235—1236页；黄晖撰《论衡校释》，第910—911页。

③ 张湛注："北方有地，美而寒，不生五谷。邹子吹律暖之，而禾黍滋也。"杨伯峻撰：《列子集释》，第186页。

④ 参见（清）王先慎撰《韩非子集解》，钟哲点校，第100—101页。

⑤ 参见（清）王先慎撰《韩非子集解》，钟哲点校，第354—355页。但是同样一件事，在后人的转述中这对君臣却被认为得到了孔子的表扬："平公非不痛其体也，欲来谏者也。"而韩非子则认为："群臣失礼而弗诛，是纵过也。有以也夫，平公之不霸也。"出自《淮南子·齐俗训》，载何宁撰《淮南子集释》，第804页。

⑥（清）王先慎撰：《韩非子集解》，钟哲点校，第362—364页。

势"，还批评师旷只知道惠民，而不知道为君主"除患"。① 可以看出，法家几乎完全站在战国兼并称雄的新时代的立场上对这些古代的贤能之人的局限性进行批评，并借此申发自己崭新的政治理论。法家既反对儒家所推崇的上古礼乐文明，也对道家过于注重内视的自身修养没有兴趣，从而完全从法家自身的政治理论出发，对师旷这样一个既有礼乐文明的余绪，又被道家重新改造的形象提出了批评的意见。

四　结论

师旷是前诸子时期的一个重要的政治人物，由于他在春秋时期的礼乐文明的余绪中成长，其音乐观点和政治思想自然而然带有礼乐文明的特征，即以仁政为目标辅佐劝谏君主，雅乐是他进行劝谏的主要工具。同时，他又有着乐师和史官的双重身份。得益于这两重身份所根植的官学体系和瞽史传统，师旷得以掌握以乐律和历法为代表的"数"的知识体系，从而具有了"知天道"的能力。我们可以清楚地看到师旷身上同时具备知人道和知天道的特质。在后世对于师旷形象和思想的评述中，我们可以看到儒、法两家更多地看重师旷知人道的特质，即劝谏之臣的身份；而道、阴阳两家则更多地倾向于发掘师旷背后的知天道的特质。

道家对师旷形象和思想的改造和重构有着关键性影响。从精通音律和外在听觉敏锐的角度来说，师旷是道家所反对的那类人。但是，师旷作为一个受人推崇的有德行的盲人，又与道家所推崇的形残德全之人不谋而合。因此，道家逐渐隐去了师旷外在听觉敏锐这一显著特点，而开始注重他的内在感官，并赋予了他"内视"的能力。作为根源和本体的"道"是无名无形无声的，因此用外在的感官无法感知，只能通过内在的感官来探索。由此，道家便开始推崇"神视气听""收视反听""内视"等"见知之道"，并将内在的感官拔高到形上的层面。作为盲人的师旷成为"内视"工夫最好的例证。同时，师旷"知天道"的特质也得以升华。他不仅掌握了天道运行规律的"数"，更通过"数"和"内视"把握了天道背后深层次的根源之"道"。师旷也成

---

① 参见（清）王先慎撰《韩非子集解》，钟哲点校，第 313 页。

为道家传统中"帝师"式的人物。

从此之后，师旷的形象完全被重构，并走上了神异化的道路。作为盲人的他不仅获得了真正的视觉，还获得了天人感应和预知祸福的能力，并被追认为阴阳家，从历史人物蜕变成一个传说人物。

师旷这一案例很好地体现了前诸子时代的历史人物，经过诸子时代各家各派各取所需的改造之后，焕发了新的生命力。这种形象和事迹的改造，不仅成为诸子阐述各自思想的重要论据，更成为诸子在争鸣中亟须树立的典范人物，反过来帮助人们更通俗地理解诸子的艰深思想。诸子对前诸子时代的人物的接受和重构，成为诸子创造新的思想资源的重要途径。

"别宥"辨正：检证于尹文的"别形名"学说[*]

王中江

摘　　要　宋钘、尹文"接万物以别宥为始"的"别宥"，一般被解释为去除隔蔽或偏见，且几乎成为定说。《尸子》中记载的料子（宋子）"贵别囿"也被如此归结。根据尹文说的"接万物使分，别海内使不杂"这一象征性论断，特别是根据尹文"别形名""辨名分"的名辩学整体，根据郭象和成玄英的中古注疏等，"接万物以别宥为始"的"别宥"，并非主流理解和解释的意义，它实际上是指"辨别一切事物的界域或界限"，更具体地说是辨别从自然到社会和政治中的各种形名、名实和名分。这是宋钘、尹文作为黄老学的一个重要特点。

关 键 词　别宥；尹文；别形名；检证

作者简介　王中江，北京大学哲学系教授，郑州大学教授，郑州大学哲学学院（老子学院）院长，博士生导师，教育部长江学者特聘教授，研究方向主要为先秦哲学、儒家和道家哲学、出土文献和近现代中国哲学。

《庄子·天下》篇概述宋钘和尹文的思想宗旨，其中一句话——"接万物

＊　本文原载《北京大学学报》（哲学社会科学版）2012 年第 7 期。

以别宥为始"引人注目，其重要性犹如《天下》篇概括彭蒙、田骈和慎到思想说的"齐万物以为首"。但如何理解和解释这句话，并不像看上去的那样简单，其难度也犹如理解和解释"齐万物以为首"。正如"齐万物以为首"是理解和掌握彭蒙、田骈和慎到思想的关键，"接万物以别宥为始"也是认知和把握宋钘、尹文思想的枢纽。越细致观察他们的思想，就越能认识他们思想的这一主旨。

回顾今人对"接万物以别宥为始"的理解和解释，大都是说人们应接"万物"要以"去除隔蔽或偏见"为先。单就其作为一般的认知来说，这是一个重要道理，我们不会说它不恰当。但在很大程度上成了定说的这一解释，它是原文所要表达的义理吗？它是宋钘和尹文两个人的重要思想吗？若究其实，不能不令人产生很大的疑问。问题的根本之点是对其中的一个关键词——"别宥"作如何理解和解释才是恰当的。它真的能被解释为去除隔蔽或偏见吗？它真的同《吕氏春秋》中的"别囿"和《荀子》中的"解蔽"所指一样吗？它同《尸子·广泽》篇所说的"料子别囿"的"别囿"又是什么关系？这都是需要我们回答的。

通过考察，我们要强调一个同所谓定说不同的理解和解释。事实上，《庄子》这句话中的"别宥"所指同《吕氏春秋》中的"别囿"不同，它也不是《荀子》中的"解蔽"的意义。它同料子（疑为宋子）所说的"别囿"则是一个类型，两者都是指"别区域""分界限"，更具体地说它是强调"区分""辨别""明察"事物的形名、名实关系，确定万物的界限和事物的各自名分。这是宋钘、尹文名辩哲学和政治学的核心。这里我们主要通过《尹文子》的文本和思想加以验证。①

一　"别宥"诠解之"定说"

让我们先看看将"别宥"理解和解释为去除隔蔽或偏见的这一定说的形成。今人多将"别宥"解释为去除隔蔽、偏见，说"接万物以别宥为始"是

---

① 整体上笔者肯定《尹文子》是先秦尹文的著作，这当然不排斥此书经过了汉人的整理。有关这部书真伪的争论和讨论，参见曹峰《〈尹文子〉所见"名"思想研究》，载曹峰《中国古代"名"的政治思想研究》，上海古籍出版社 2017 年版，第 201—207 页。

指认知（或应接）万物要以去除、克服隔蔽、偏见为首。稍微追溯一下我们就可以看出，这种解释整体上是承袭先贤而来的。稍远些可列举的有毕沅的《吕氏春秋新校正》、马其昶的《庄子故》、奚侗的《庄子补正》、马叙伦的《庄子义证》、钱基博的《读〈庄子·天下篇〉疏记》、钱穆的《先秦诸子系年》、蒋锡昌的《庄子哲学》、王叔岷的《庄子校诠》等。这些著作中都有类似和接近的注释和解释。如毕沅称："'宥'疑与'囿'同，谓有所拘碍而识不广也。"① 奚侗引《说文》解释"别"为"分解"，以"宥"为"囿"，引《说文》释"囿"为"苑有垣"，说"垣"指界限，并进一步说人心有所限制也叫作"囿"。"别囿"即分解人心之所囿，犹言破除它之意。② 马叙伦说，郭象注说的"不欲令相犯错"，《经典释文》引崔譔说的"以别善恶，宥不及"，王闿远说的"不赏罚，但别之，宥之"等，诸解皆非。说"宥"借为"囿"，其义同《尸子·广泽》记载的"料子（疑为宋子）贵别囿"。"别囿"即"解其宥"，去其因蔽而产生的分别，以使平等。③ 钱基博将宋钘、尹子的思想看成墨子学说的支流，认为其思想的核心是"以禁攻寝兵为外，以情欲寡浅为内"，"别宥"则是实现两者的方法。其所说的"别宥"与《吕氏春秋·去囿》所指相同。"别宥"即"盖别白其囿我者而不蔽于私之意"。④ 钱穆同样认为《庄子·天下》篇中所说的"别宥"，即《吕氏春秋·去宥》篇的"去宥"（克服局限和偏见）和《尸子·广泽》篇"料子贵别囿"的"别囿"："此盖宋尹别宥说之犹存者。"他甚至猜测《吕氏春秋》的这一篇取之于《宋子》十八篇。⑤ 蒋锡昌承前说，认为"囿"是说人的知识有所隔蔽。《说文》以"分解"释"别"，是离去之意。"别囿"即"去蔽"。"接万物以别宥为始"是说人欲接受万物而识其真相，就先要去蔽。"别宥"跟《吕氏春秋》的"去囿"、《尸子·广泽》的"别囿"和《荀子》的"解蔽"义同。可见"别囿"为古人求知之一种方法。这种方法或就是宋钘所创，《去宥》和《解蔽》乃据此而作。"宥"也是《庄子·徐无鬼》中批评的"囿于物"

---

① （汉）高诱注，（清）毕沅校，徐小蛮标点：《吕氏春秋》，上海古籍出版社2014年版，第372页。

② 参见奚侗撰：《庄子补注》4卷，当涂溪氏排印本民国六年（1917）版，第19页。

③ 参见许嘉璐主编《庄子义证　庄子天下篇述义》，李林点校，浙江古籍出版社2019年版，第810—811页。马叙伦对"宋子"何以改为"料子"作了颇为有力的说明。

④ 钱基博：《读〈庄子·天下篇〉疏记》，台北：台湾商务印书馆1967年版，第35页。

⑤ 参见钱穆《先秦诸子系年》，河北教育出版社2002年版，第412页。

之"囿"。只是《庄子》这里用正字。①

当今学者对"别宥"的理解和解释，多承上述先贤之说。今略举几例。如陈鼓应注"别宥"说，"宥"与"囿"通，"别宥"即"去囿"，去除隔蔽。陈鼓应的解释特别引用了蒋锡昌的说法。② 方勇的《庄子》注说，"宥"指个人知识上的隔蔽。"别宥"即去除偏见，"接万物以别宥为始"即人"应接万物以抛弃偏见为先"。③ 章启群的《庄子新注》直接说"别宥"即"解蔽"，并引用钱穆（《庄子纂笺》）和王叔岷（《庄子校诠》）的说法以为证。④ 池田知久注"接"为"知"，说义同《墨子·经上》所说的"知，接"；说"宥"即"囿""蔽"，毕沅认为它是指囿于、拘泥、局限于一定的看法。"别宥"之义，就像毕沅、马其昶、奚侗、钱基博等指出的那样，同《吕氏春秋》之《去宥》篇、《去尤》篇中的"去宥"，同《尸子》中的《广泽》篇中的"别囿"意思相同，也同《荀子》"解蔽"之义。池田强调这是自毕沅以来的一个"定说"。池田没有说到郭象的注和成玄英的疏是不是恰当，他只是指出《经典释文》引崔譔解释说的"以别善恶，宥不及也"不恰当。基于对"别宥"的理解，池田将"接万物以别宥为始"解释为"面向万物要摒弃一切先入之见"。⑤

概括以上诸如此类的解释，有几个共同点可以强调。第一，人们从字义上求证，主要是判定"宥"即"囿"，引用《说文》对"囿"的解释，说"囿"即苑垣的界限，引申为隔蔽、一偏之见；以"别"为去除、排除之意，或者如蒋锡昌所说，"别"为"分解"，引申为"离去"。第二，人们大都认为"接万物以别宥为始"的"别宥"，同《尸子·广泽》的"别囿"、《吕氏春秋》的"去囿"和《荀子》的"解蔽"义同，它们均是用作相同或类似的意义。第三，人们将之作为一种认知方法，说其主旨是要人去除隔蔽、克服偏见，以获得万物的真相。整体上，这是一种普遍性的解释，甚至就像池田知久所说，这种解释实际上已成定说。

但这不是唯一的解释，在此之外还存在着其他的解释。其中之一是马恒

---

① 参见蒋锡昌编著《庄子哲学》，成都古籍书店 1988 年版，第 227—228 页。其他顾实也有类似的解释。参见顾实等著，张丰乾编《〈庄子·天下篇〉注疏四种》，华夏出版社 2016 年版，第 34—35 页。

② 参见陈鼓应《庄子今注今译》，中华书局 1983 年版，第 872 页。

③ 参见方勇译注《庄子》，中华书局 2010 年版，第 576—577 页。

④ 参见章启群撰《庄子新注（下）》，中华书局 2018 年版，第 770 页。其他此类的解释，参见陆永品《庄子通释》（中国社会科学出版社 2006 年版，第 549 页）等。

⑤ 参见［日］池田知久译注《庄子》，东京：谈讲社 2014 年版，第 1028—1033 页。

君的说法。马恒君释"别"为"不同于自己的意见"，以"宥"为本字，即宽恕、谅解。"别宥"即"宥别"。"宥别"是指宽容不同于自己的看法。"接万物以别宥为始"是说"与万物的来往，以谅解不同意见为首"。① 与此多少有点类似之处的解释可以追溯到林希逸。林希逸将"别宥"看成类似于《庄子》的"在宥"，说人"随分而自处为别，宽闲而自安为宥"。"始"是"本"；"接万物"，是"以此意接引人"。② 其中之二是李守奎、李轶的解释。他们在注释"料子贵别囿"时，接受以料子为宋子的猜测，说宋子即宋钘，认为宋钘的"别囿"是指区分、甄别，指出宋钘的"别囿"即《庄子·天下》篇中"接万物以别宥为始"的"别宥"。③ 对此作出讨论的浅野裕一，也是在这种意义上解释"别宥"的。他说"宥"通"囿"，意指按照界限区分领域。"别宥"即区分相互不同领域的行为。④ 他的更具体的考察，后面我们还会接触到。

上述我们谈到的解释整体上有三种，但第一种注释和解释具有主导性，其他两种则是罕见的。我们如何看待这三种解释特别是第一种解释呢？至此我们还没有讨论郭象的注和成玄英的疏的具体情况，他们又是如何解释的呢？这是下面我们需要考察的。

二 "别""宥"之义和"别宥"另解

笔者对"别宥"主流的解释甚至是定说产生疑问，源于对《尹文子·大道上》中的一句话产生的直感。这句话是"接万物使分"。它的下文是"别海内使不杂"。⑤ 王启湘怀疑这两句话都是以六字为句，似应是"接万物使□

① 参见马恒君编著《庄子正宗》，华夏出版社 2014 年版，第 394—395 页。
② 参见（宋）林希逸著，周启成校注《庄子鬳斋口义校注》，中华书局 1997 年版，第 497 页。
③ 参见（战国）尸佼，李守奎、李轶译注《尸子译注》，黑龙江人民出版社 2003 年版，第 42—43 页。
④ 参见［日］浅野裕一《古代中国的言语哲学》，东京：岩波书店 2003 年版，第 280 页。
⑤ 马叙伦注意到了《尹文子》的这两句话。他的识见使他认识到《尹文子》的"别宥"同《吕氏春秋》所指不同，这客观上帮助我们证明我们的立论；但非常令人遗憾的是，他先入为主，判定此书为伪书，认为作伪者不得"'别宥'之义，而强造其说也"。许嘉璐主编：《庄子义证·庄子天下篇述义》，李林点校，浙江古籍出版社 2019 年版，第 811—812 页。

分，别海内使不杂"，或者是"接万物使分别，□海内使不杂"。① 这一怀疑非常有道理。据此，前者所脱之字或可补为"区"，即"接万物使［区］分"；后者所脱之字或可补为"辨"，即"［辨］海内使不杂"。"区分"即明确划分、分别。《论语·子张》说："譬诸草木，区以别矣。""辨"即"辨别""辨明"。这两句话是并行和并列的，意思都是强调区分、辨别。即使我们不这样处理，也不影响这两句话强调的"分"和"别"的义理。这两句话特别是第一句很容易使我们联想到"接万物以别宥为始"。问题在于，它们两者之间有没有关联，是不是在用不同的语句表达相同或相近的意思和义理？结合其他方面的重要根据，我们认为这是非常可能的，或者是可以肯定的。"接万物以别宥为始"强调的是区别、区分和辨明万物的形名、名实及名分，并非指去除认知上的偏见、隔蔽和局限，虽然对事物进行区分、区别和辨别也包含认知上的意义，但它不是从认知上来立论的。②

我们先从文义上的"别""宥"说起，然后再进入义理，特别是从尹文的名辩学来进行具体的考察。主流的解释有一点是可以肯定的，即认为"接万物以别宥为始"的"宥"通"囿"。但进一步用其引申义中的"隔蔽""局限"则是误入歧途。"囿"的本义是"苑囿"，按《说文》所说即"苑有垣"，是指有围墙和界域的畜养禽兽以供君王游览、观赏的地方。《诗·大雅·灵台》说："王在灵囿，麀鹿攸伏。麀鹿濯濯，白鸟翯翯。"《孟子·梁惠王上》引这首诗，规劝梁惠王不要只顾自己在沼泽之地游乐和观赏禽兽，要与民同乐。毛《传》注释"囿"是"所以域养鸟兽"的地方。银雀山汉简《晏子二》说："居图中台上以观之，婴子悦之，因为请，公许之。"这里的"图"即"囿"。传世本《晏子春秋·内篇·谏上第一》有类似的记载："居囿中台上以观之，婴子说之，因为之请曰：'厚禄之！'公许诺。"（《景公爱嬖妾随其所欲晏子谏第九》）有说汉代前这种地方称"囿"，汉以后称"苑"。其实不是。《吕氏春秋·重己》说："昔先圣王之为苑囿园池也，足以观望劳形而已矣。"在职掌中，还有专门的管理者，即"囿人"。如《周礼·囿人》说：囿"掌囿游之兽禁，牧百兽"。

---

① 参见王启湘《周秦名家三子校诠》，古籍出版社1957年版，第29页。

② 从《尹文子》来看，尹文没有认知论中克服偏见的一般论说，其佚文说的"聋者不歌，无以自乐；盲者不观，无以接物"只是说到了人没有视听功能就不能察知万物。

　　但"别囿"的"囿"不是用为本义的苑囿，也不是用为引申义的"局限"或《正字通》所说的"识不通广曰囿，犹言拘墟"。它同其引申义"区域"有关。这是个别主流解释者也注意到的，但却又被忽视了。"囿"从有围挡或围墙以划分内外界限的意义，引申出划定区域的意义等。段玉裁《说文解字注·囗部》说："囿，又引伸之，凡分别区域曰囿。"上博简《凡物流形甲》有"九囻出宙，孰为之封"，其"囻"或释为"域"。此处之"囻"也可释为"囿"。只是，《凡物流形》中的"囿"，用的则是引申义上的"区域"。但主流解释者的问题在于他们没有仔细注意宋钘、尹子所说的"区域"指的究竟是什么，它并非指人的识见的局限、偏见和隔蔽，而是指事物、人事中的界限和名分等。

　　主流解释者的不确当又同他们对"别"的理解不恰当相关。主流解释者引《说文》中释"别"为"分解"，说"别"有引申义"离去"，并将它同《吕氏春秋》中"去囿"的"去"字和《荀子》中的"解蔽"一词的"解"视为同义。"解"的原意是"分解""分剖"，从中引申出的是"离别"，姑且也可以说是"离去"，甚至是去除。但"别囿"的"别"用的不是这种意义，而是引申义的区分和明辨。这种用法同它的"差别"义一样在先秦经籍中很常见。如《左传》僖公二十四年中有"目不别五色之章为昧"，《论语·为政》中有"不敬，何以别乎"，《荀子·儒效》中有"明不能分别""别白黑"，《荀子·乐论》中还有"乐合同，礼别异"，等等。这些"别"都是用作"区别""区分""辨别"和"辨明"的意义。

　　据上所说，"别"之义为辨别，"宥"（囿）之义为区域、界限，"别宥"就是辨别、辨明区域、界限的意义。结合宋钘、尹文的形名、名分之学，广义上的"别宥"是辨别一切事物的形名、名实、名分，狭义上是辨别社会和政治领域中的名实、名位、名法、名分等。现在我们终于可以说到郭象和成玄英的古注了。同清以来的主流注解不同，郭象的《庄子注》和成玄英的《疏》，恰恰就是在辨别界域、界限的意义上解释的。郭象的注很简略，只说"不欲令相犯错"。"错"有"杂乱"之义。如《诗·周南·汉广》之"翘翘错薪，言刈其楚"的"错"即杂乱。《韩诗外传》卷六说："人习事而因，人之事，使如耳目鼻口之不可相错也。故曰：职分而民不慢，次定而序不乱，兼听齐明而百事不留。"其"错"指杂乱不分。郭象说的"不欲令相犯错"，是指不欲使事物的界限相互杂乱不明。成玄英先疏解字义，又解说句义：

"宥，区域也。始，本也。置立名教，应接人间，而区别万有，用斯为本也。"非常奇怪的是，从上述毕沅的注解开始，到今人的注解，人们对郭象和成玄英的注解和释义整体上是置之不理，最多只是引用了成玄英的疏"宥"为区域的这一点，而又不在意。但郭象和成玄英的注疏不能被视而不见。上述李守奎、李轶注解料子的"贵别囿"，说"别宥"即区分、甄别，并将其同《庄子·天下》篇的"别宥"相提并论，当有参考。还有浅野裕一也是这样。他们的注解虽然不是主流，但可谓其来有自。或许他们受到了郭象和成玄英注疏的影响。就近处而论，高亨也提出了这种解释的可能。他先是引用了奚侗、马叙伦的类似解释，认为将《庄子·天下》篇说的"别宥"理解为《吕氏春秋》中的"去囿"，义理固然可通，但不能确证。高亨的独特之处是，他指出郭象的注也颇有见地，认为宥、囿、域古通用。说"别宥""别囿"可以注解为"别域"，说"别域者，划分万物之畛界，使不相侵犯也"。①

据上所说，我们可以判定宋钘、尹文的"别宥（囿）"同《吕氏春秋》的"去囿"和"别宥"是两种不同的用法。《吕氏春秋·先识览·去宥》先列举了一些例子，然后概括意旨说："故凡人必别宥然后知，别宥则能全其天矣。"此"宥"即"囿"，这没有问题。根据所举的例子，人之囿在于根据自己的主观好恶偏听偏信，颠倒是非善恶。为"囿"所限，即为人的主观性和片面性所限。"去囿"或"别囿"就是去除和排除人的主观性和片面性。《吕氏春秋》中的《去尤》篇中的"去尤"同《去囿》篇中的"去囿"有直接的关联。浅野裕一恰当地将"别宥"解释为区分界线，但却不恰当地将它同《吕氏春秋》中的"去囿"（或"别宥"）统一起来。他承认两者看上去是矛盾的，但又说两者实际上是可以兼容的。尹文是直接肯定"别宥"，《吕氏春秋》则是用贬义的"去宥"反过来肯定"囿"实际上不能"去除"。②

但《吕氏春秋》的文本不是将"囿"看成正当的，也确实主张要"去除"它，而不是相反。《吕氏春秋》中虽有少量篇名用的是贬义词（如《淫辞》《骄恣》），但文本的论说则是否定之。《吕氏春秋》的《去宥》《去尤》用的不是否定词，两者的文本皆肯定要去除、抛弃"囿"或"尤"（"赘

---

① 高亨：《〈庄子·天下篇〉笺证》，载顾实等著，张丰乾编《〈庄子·天下篇〉注疏四种》，第193—194页。

② 参见［日］浅野裕一《古代中国的言语哲学》，第280—284页。

余"）。毋须回避，在《去宥》篇之后，《吕氏春秋》还有《正名》《审分》和《君守》等篇，它们同尹文的"名辩学"具有高度的一致性。特别是《正名》和《审分》，甚至被认为就是尹文学派的作品。《正名》篇有关正名的例子，引用的就是尹文认为齐湣王对"士"之名的看法前后不一。陈奇猷认为，这是此篇属于尹文学派的一个明证，同前面的《去尤》《去囿》一样。[1] 但我们要强调的是，因两者使用的"宥"的意义正反不同，所以两者对待"宥"的立场是相反的，一是主张排除和抛弃之，一是主张辨别和明辨之。

《吕氏春秋》的"去囿"同《荀子》所要解除的"蔽"、同庄子批评的"囿"是一致的，主流解释肯定这一点是正确的。荀子所说的"蔽"很多，意义更广，有很强的认知论意义。《庄子》中所说的"囿"，如"从师而不囿"（《则阳》）、"囿于物者也"（《徐无鬼》）、"辩者之囿也"（《天下》）等，都是指局限、拘泥的意义。将这两者同《吕氏春秋》的"去宥""别宥"相提并论则是完全可以的。《吕氏春秋》不仅使用了"去宥"，也使用了同名的"别宥"，其"宥"又同宋钘、尹文所用"宥"一样，如果不细致观察它们论说的主旨，就很容易将这两种不同意义的"别宥"混为一谈。但实际上，它们是"同名异义""同名异用"。一个用作正面的要肯定的东西，一个则用作反面的要否定的东西。

附带指出，马恒君对"别宥"的释义虽然是正面肯定的，但这同样也不是宋钘、尹文的用法。"宥"当然有"宽恕""赦免"之义。如《易·解》："君子以赦过宥罪。"《庄子》中有《在宥》篇，其"宥"也是指宽恕。"别"的一个重要意义是差别和差异，也许可以灵活解释为不同意见。但问题在于，尹文所指的宽容，是不是这么狭隘。《庄子·天下》篇说宋钘、尹文"不忮于众"的这句话，有宽容的意思；《尹文子》强调"因俗"，规劝君王要以法而治，但又强调律法不要烦苛，政令也要谨慎以合乎人情，这也属于宽容的思想。特别是《说苑·君道》记载，齐宣王征询尹文有关君主的治理之道，尹文向他提出的建言是清静、简省的无为之原则。这一原则的目的就是实现对万民的包容和宽容："齐宣王谓尹文曰：'人君之事何如？'尹文对曰：'人君

---

① 参见陈奇猷校释：《吕氏春秋校释》，学林出版社 1984 年版，第 1021、690 页。陈说"尤"不作"囿"，因为若这样篇名前后重复。"尤"是"肬"的本字，后假"疣"为"肬"。意为"赘疣"，引申为心意上多余的东西。（陈奇猷校释：《吕氏春秋校释》，第 690—691 页）

之事，无为而能容下。夫事寡易从，法省易因；故民不以政获罪也。大道容众，大德容下；圣人寡为而天下理矣。'《书》曰：'睿作圣。'诗人曰：'岐有夷之行，子孙其保之！'宣王曰：'善！'"（《说苑·君道》）根据这些，尹文的宽容思想不限于言论。如果将"别"的意义放宽为包容各种差异，这是不是能够说"别宥"就是宽容呢？不可。关键在于宋钘、尹文的"别宥"围绕的中心是区别、辨别形名和名分而展开的。①

三 "别宥"和"别海内"之"名分"

认定宋钘、尹文的"别宥"的意义非《吕氏春秋》所用之意，不但要从字义和文义上看，要从历史上的古注解来看，更需要从宋钘、尹文的思想的实质和特点来看。《汉书·艺文志》"名家"中有《尹文子》一篇，班固注说尹文游说齐宣王，先于公孙龙。颜师古注引刘向说，认为他和宋钘一起游学于稷下。《四库全书》录《尹文子》一卷，将它列入杂家。这两种做法都有某种根据。其书确实有丰富的别形名的思想，但又兼摄儒道、墨法的思想。若从其以黄老学为本来看，亦可列入道家。就别形名而言，《四库四书总目》称"其书本名家者流。大旨指陈治道，欲自处于虚静，而万事万物则一一综核其实。故其言出入于黄老、申韩之间"②。所说"一一综核其实"即尹文"辨形名"以求其相符一致。《汉书·艺文志》将《宋子》归入"小说家"，记载《宋子》有十八篇。班固注释说："孙卿道宋子，其言黄老意。"③ 遗憾的是《宋子》失传，我们不好判断具有黄老意且同墨家、儒家思想等具有关系的《宋子》为什么被列入"小说家"中，更不好据此去讨论宋钘的黄老意及其"别宥"。根据有关记载，宋钘、尹文的思想都受到了墨家的影响。如《庄子·天下》篇记载的"见侮不辱，救民之斗，禁攻寝兵，救世之战"和"以禁攻寝兵为外，以情欲寡浅为内"等。《尹文子》也有尹文所说的君王之德——"见侮不辱，见推不矜，禁暴息兵，救世之斗"。两者很相近。《庄

---

① 此外，从语言上说，将"别宥"直接变为"宥别"的字序，则是以义移文，以义取文。

② （清）永瑢等撰：《四库全书总目》，中华书局1965年版，第1007页。

③ 一般认为宋子即经籍中记载的宋钘、宋牼、宋荣子。

子》和《荀子》都记载了宋荣子的"情欲寡浅"思想，对此荀子还不厌其烦地进行批评。这两个思想可以说是对墨子"非攻""节俭"和"非乐"学说的引申。但《宋子》失传，马国翰的辑佚只能使我们看到他的几个非常有限的思想记载。据此，我们无法求证《尸子·广泽》中说的料子（宋子）"贵别囿"。但幸好尹文的著作《尹文子》流传了下来，并且是一部以道家之道为本并兼取儒墨、名法的典型的黄老学著作，我们可以据此求证属于他和宋钘思想特点的名辩、名分政治学。①

我们再次回到《尹子·大道上》的那句话："接万物使分"和下文的"别海内使不杂"。"接万物使分"的"接万物"是应接、接触、认识；"使分"是说人要通过名称、名谓将事物区分、区别开。"接万物使分"是说人应接或认识万物要通过名称使它们互相区分和分别。这一最广意义上的"别宥"后面我们再讨论，这里我们先考察一下"别海内使不杂"中的君臣上下关系的"别宥"。"海内"指域内、人间、国家、天下；"不杂"即不错乱、不紊乱等。如《墨子·非攻下》说："日月不时，寒暑杂至。""别海内使不杂"是说域内、国内和天下的事情要通过名分使之不错乱、不失序。这段话主要是强调社会特别是政治世界君臣上下等各种不同的名分和职分，"别海内使不杂"可解释为辨明人间各种名分、君臣上下的关系，不使其错位、错乱和相互越分、越位。我们完整地看一下这段话：

> 庆赏刑罚，君事也；守职效能，臣业也。君料功黜陟，故有庆赏刑罚；臣各慎所任，故有守职效能。君不可与臣业，臣不可侵君事。上下不相侵与，谓之名正。名正而法顺也。接万物使分，别海内使不杂。见侮不辱，见推不矜，禁暴息兵，救世之斗。此仁君之德，可以为主矣。守职分使不乱，慎所任而无私。饥饱一心，毁誉同虑，赏亦不妄，罚亦不怨。此居下之节，可为人臣矣。（《尹文子·大道上》）

这是尹文名辩政治论的核心内容。黄老学像儒家和法家那样，将政治一方面

---

① 说《尹文子》是"黄老"的政治"名辩学"（不限于"名家"）可以，不可将之归为"政治型名家"。参见曹峰《〈尹文子〉所见"名"思想研究》，载氏著《中国古代"名"的政治思想研究》，第219—221页。

建立在如何严格区分君臣上下关系上；另一方面建立在如何处理君主与百姓的关系上。现在一般官僚制和科层制的官僚体系，古代中国一般省称为君臣上下关系。君主的职分和权限是 "庆赏刑罚"，臣下的职分和权限是 "守职效能"。这是黄老学受儒、法影响最大的地方。

政治上的 "别宥" 就是严格按照君臣上下各自的名分和职分，始终持守好自己的名分，履行好自己的职分；不仅臣下不能越分、越位，君上也不能越分、越位。相互都不越分、越位，这才是 "名正"，否则就是 "相侵" 和 "名不正"："君不可与臣业，臣不可侵君事。上下不相侵与，谓之名正。名正而法顺也。"君主对下属分守的 "不可与"，臣下对君上的职分的 "不可侵"，这就是 "名分" 得到了辨别、辨明。区分两者的职分，也就是严格两者的各自权限。人都是有欲求的，权位、权势和利益总是引诱人，大臣们同样。是他们各自的名分使他们不敢轻易越分。在揭示这一点时，尹文引用了田骈的话：

> 名定则物不竞，分明则私不行。物不竞，非无心，由名定，故无所措其心；私不行，非无欲，由分明，故无所措其欲。然则心、欲人人有之，而得同于无心、无欲者，制之有道也。田骈曰：天下之士，莫肯处其门庭、臣其妻子，必游宦诸侯之朝者，利引之也。游于诸侯之朝，皆志为卿大夫而不拟于诸侯者，名限之也。（《尹文子·大道上》）

社会法度的名分确定了东西和财物的所有者，这就约束了人们对非分之物的占有。尹文引用了彭蒙的一句话："彭蒙曰：'雉、兔在野，众人逐之，分未定也；鸡、豕满市，莫有志者，分定故也。'"（《大道上》）在尹文那里，名分还扩到了社会的分工。人们有不同的 "分工" 和 "职业"，也就使人具有了不同的职分和名分。世上没有全能全才的人，试图求诸这种人来满足社会的各种需求，这完全是不可行的：

> 天下万事，不可备能，责其备能于一人，则贤圣其犹病诸。设一人能备天下之事，则左右前后之宜、远近迟疾之间，必有不兼者焉。苟有不兼，于治阙矣。（《尹文子·大道上》）

尹文这里主要是规劝君主不要越俎代庖实行全能的"有为"政治。这是他的黄老意的一个重要表现。在其他两个地方，尹文更是明确批评君主试图用自己的"独善""独巧""独贤"和"独能"等来治理社会。君主真正要做的只是按照自己的名分和权限，让臣下和天下所有的人（不管贤愚等）都能够按照各自的名分和职分尽职、尽能，这才是最有效而又最简省（"无为"）的治理。

但分位的约束并不总是有效。为了防范大臣们的越分，君主还需要掌握有效的方法。法家出于维护君主的权威和权势，他们专门为君主提供了控制权力、驾驭臣僚们的"术道"，还提出了稳固君权"势力"（"势"）的概念，认为对此君主需要保持隐蔽，执守权势的地位，以防止臣下的越分、越权。这是尹文作为黄老学接受和强调的法家的东西：

> 人君有术而使群下得窥，非术之奥者；有势而使群下得为，非势之重者。大要在乎先正名分，使不相侵杂。然后术可秘，势可专。（《尹文子·大道上》）

掌握好了对臣下的"术略"和"势位"，就能实现"正名分""不相杂"。越分当然不都是来自臣下。在以君主集权为中心的传统政治中，居高临下的君主，更容易介入臣下的职分中（除非他昏庸或放任权力旁落）。以上是我们对尹文在政治社会领域中的"别宥"讨论。

四 "接万物"和"别宥"

尹文的"别宥"绝不限于官僚体系中的君臣上下关系上，它有广泛的外延。"接万物以别宥为始"也好，"接万物使分"也好，两者要区别和辨明的是一切事物，人事（政治领域和人伦方面）是其中的重要方面。尹文在《大道上》几个文本段落的最后都有一个结论，如说"故形名者不可不正也"；"故曰：名不可不辩也"；"故曰：名称者，不可不察也"；"故曰：名分不可相乱也"，等等。由这几个论断可知，他是多么注重"别宥"。尹文还引用孔子的话（"必也正名"，"名不正，则言不顺"）强调"正名"的重要性。

人类接触万物需要"别宥"，首先是由于万物形形色色，千差万别，只有对它们进行命名，才能表示和称谓它们。这是语义论意义上的"别宥"。在尹文那里，除了"大道"无形不可称谓、没有称谓，一切具体事物都可以命名，都有称谓和名称［"大道无形，称器有名"（《大道上》）］。尹文所辨别的一切事物，是用"万物""物""众有""有形""器"等名称来表示的。对他来说，"器物之名"，不是可有可无的，而是必需的："大道不称，众有必名。"（《大道上》）"有形者必有名"（《大道上》）。这里说的"器"不限于人类制作的器具之类，它类似于老子说的"朴散为器"（《老子》第28章）、《易传》说的"形而下者为之器"（《易·系辞上》）之"器"，同"众有""有形者"一样，是指一切具体的事物。

由于名称本于形［"名生于方圆，则众名得其所称也"（《大道上》）］，而"形"又对应着描述它们的各种不同的名称［"形者，应名者也"（《大道上》）］，所以，不同的"名"和不同的"形"彼此就有了不可"相无"的一一对应关系。在尹文划分的三种不同的命名类别（"名有三科"）中，第一种是同"物"有关的命名（如方圆黑白等）。在此之外的另外两种命名，是评价方面的"毁誉之名"（如善恶贵贱等）和比照方面的"况谓之名"（如贤愚爱憎等）。后两种涉及人类的价值观、才性和情感方面。尹文的划分并不严格。"物"同"众有"和"器"一样可以包括人类事务在内的一切事物，但他说"名之三科"的"物"及其例子又不限于自然事物的性质方面。不管如何，尹文"别万物之宥"首先是为了表示和称谓各自不同的事物。

其次，人类赋予各种事物以名称是为了区别和辨别它们。这可以说是语用论上的"别宥"。自然界的事物有没有名称，对事物本身来说没有什么影响，这就是尹文说的"形而不名，未必失其方圆白黑之实"（《大道上》）。但人类交流，表达不同的意谓，则需要用语言和不同的名称说出来（用手只能指出眼下的）。因此，人类不仅要用"名"来"名形"，而且要用"名"来"正形"："名也者，正形者也。形正由名，则名不可差。"（《大道上》）如果不用名去正形，就会造成形名之间的混乱："今万物具存，不以名正之，则乱；万名具列，不以形应之，则乖。故形名者，不可不正也。"（《大道上》）尹文认识到，人类为事物命名存在着名称不能"尽合"其"实"的情形，但只要整体上两者是相合的，就可以用名称来说明和辨别它们：

善名命善，恶名命恶。故善有善名，恶有恶名。圣贤仁智，命善者也；顽嚚凶愚，命恶者也。今即圣贤仁智之名，以求圣贤仁智之实，未之或尽也。即顽嚚凶愚之名，以求顽嚚凶愚之实，亦未或尽也。使善恶尽然有分，虽未能尽物之实，犹不患其差也。（《尹文子·大道上》）

再次，人类需要"别宥"是因为在实际中可能会产生名形、名实、名分不符的情况。名称本身不能辨别它同事物是否适合，事物本身更无法辨别赋予它的名称是否恰当，这是需要人加以辨别的；另外即使它们两者在客观上是相符的，也不等于说人们在运用名称时就一定能做到使名实相符，特别是在"有名未必有形"（有虚名或空名）的情形下更是如此。人们辨形名就是要检查所说的名是否符合事物的形和实，所说的形和实是否对应于它们的名称。尹文说：

名称者，别彼此而检虚实者也。自古至今，莫不用此而得，用彼而失。失者，由名分混；得者，由名分察。今亲贤而疏不肖，赏善而罚恶。贤不肖善恶之名宜在彼，亲疏赏罚之称宜属我。我之与彼，又复一名，名之察者也。名贤不肖为亲疏，名善恶为赏罚，合彼我之一称而不别之，名之混者也。故曰：名称者，不可不察也。（《尹文子·大道上》）

按这里所说，人们用名称区分彼此和检查虚实，可能会得其正，也可能失其正。得其正是因为将"名分"分得很清；失其正则是使名分混乱不清。这里的"名分"是不同名称之间的关系。如"贤不肖""善恶"的名分属于受施的彼方"臣下"，而"亲疏赏罚"的名分则属于施与的我方君上，这就又有了"我"与"彼"的不同名分。对于这两者也是必须区分的。只有臣下确实属于贤或不肖，君上才可亲或疏，确实属于善或恶才可进行赏或罚，否则君上的亲疏名分与臣下的贤不肖名分、君上的赏罚名分与臣下的善恶名分就不能相符。尹文这里是要指出，君上对臣下的远近、赏罚一定要分明。对名称的明辨，还有一种情况，即可以运用到不同具体事物上的不定形的"通名"与定形的具体事物是不同的，二者需要辨别清楚。如"好"是一个通名，而牛、马、人则是指定形的具体事物的名称。将"好"用到这几个名称上，就有了"好牛""好马""好人"等名称。它们同牛、马和人的名称显然不一样（如人不等于好人），它们也是容易混淆的。这种辨名分主要是为了避免通称与具体事物的不相符。

最后，尹文从现实中存在着形名、名实混乱和不相符的事实来说明"别宥"的重要性和必要性。这是尹文"别形名"名辩学的一个特点。应然不等于实然，应该的不等于现实的，能言不等于会做。尹文列举和批评的人们不别形名和名实的实例说明了这一点。我们看一下他列举的部分例子。（1）这是通过人的言论上的矛盾和混乱来暴露其名实不副的。齐湣王对尹文声称他喜好士，感叹齐国缺乏士，渴望齐国多士以为其所用。尹文先向他求证士人的标准（名）。齐湣王肯定尹文所说，认为如果一个人具备了"事亲则孝，事君则忠，交友则信，居乡则悌"这四种品行，他就是真正的"士"。但尹文提出如果这个人在庙堂上深受侮辱而不反击，这样的人齐湣王是不是仍可任用他为臣下。齐湣王马上说士如果受到轻慢（"侮"）而不为保护自己的荣誉进行反击便是耻辱，不能以他为臣。尹文质问说，但他并没有因此失去作为士的四项美德的任何一种，他仍然还是士。况且王令说"杀人者死，伤人者刑"，人们畏惧君王的法令而不争斗，您却说这是耻辱。尹文的辨析和质问让齐湣王无话可说。《吕氏春秋·正名》记载的这个例子应是可信的。尹文通过这个例子揭明了齐湣王所谓"好士"的自相矛盾。（2）这是人们实际行为中发生的形名不一、名实不副的例子。如齐宣王喜好射箭，他使用的硬弓实际上只有三石之力，但他的大臣们为了讨好和奉承他，说他的硬弓足有九石之力，宣王竟信以为真。显然这是名不副实的。齐国黄公的两个女儿长得都很美，但黄公过度谦虚，总是对外说他的两个女儿长得丑，传得很广，以至于他的两个女儿一时都嫁不出去。这是黄公两个女儿貌美之实与谦虚贬抑的丑名之假的混淆。类似这种名实不副的例子比较多。（3）这是名实不副与实际结果好坏相反的一种特别情况。如天下具有"是非"的共论。一般来说，按"是"去做，就应有好结果，否则就应是坏结果。但现实中却有相反的情况。宋襄公不善于利用时机按"是"（"义"）同楚国作战，结果败给了楚国并被俘；齐公子小白（齐桓公）、晋文公等不择手段而获得了权位，等等。这都为"是非之名"与"是非之实"（结果）不符的例子。对于为什么会产生这种情况，尹文解释说人们行为结果的好坏，还同人们善于不善于把握"时机""情势"有关。

结　语

通过以上不同方面的考察，我们可以肯定，宋钘和尹文的"别宥"不是主流解释的"去除蔽隔或偏见"，也不是《吕氏春秋》中所说的"去宥"或"别宥"之义，而是指"辨别界域或界限"，它是成玄英的疏解所说——"置立名教，应接人间，而区别万有"。《尹文子》中说的"接万物使分"真可谓"接万物以别宥为始"的最好注脚。加上前者之后还有一句"别海内使不杂"，我们可大胆推测，《庄子·天下》篇的作者或许就是依据这两句非常原则性之言，再进一步根据宋钘和尹文之别形名、辨名分的思想主旨，而概括其思想为"接万物以别宥为始"的。对此我们还能提供的佐证是，《尹文子》批评社会上"累于俗、饰于物者，不可与为治矣"的话，在《庄子·天下》篇中变成了宋钘、尹文的一种精神——"不累于俗，不饰于物"。《天下》篇中说宋钘、尹文主张"见侮不辱，救民之斗，禁攻寝兵，救世之战"，更明显是来自《尹文子》中作为仁君应有的美德而强调的"见侮不辱，见推不矜，禁暴息兵，救世之斗"。正如尹文引用孔子说的"必也正名"，"名不正，则言不顺"那样，他是要辨别一切名，端正一切名（重点在正治道之名实、名分）。"贵别囿"和"接万物以别宥为始"，可谓宋钘、尹文"别形名""辨名实""察名分"之"名辩形上学""名辩政治学"和"名辩伦理学"的象征性符号。他们的"贵别宥"同儒家（特别是孔门、荀子）、墨家（特别是后期墨学）、名家（特别是邓析子、公孙龙）、黄老学（特别是《黄帝四经》）等整体上都处在轴心时代诸子丰富多彩的名辩学家族谱系和延展线上。

申不害的"重术"与"任法"思想[*]

王威威

摘　　要　申不害是前期法家的代表人物之一，以"重术"而闻名。韩非子曾给"术"下过两个定义，一是循名责实之"术"，一是"潜御群臣"之术，二者在申不害思想中均有体现。申不害也重视"法"，主张君主治国应"任法而不任智"。申不害所讲的"法"以行政管理规范为主要形式，而韩非子所讲的"法"主要承自商鞅，申不害的"法"被韩非子作为"术"纳入自己的思想体系中。申不害提出了君主隐藏自身的"无为"之术以及"君设其本，臣操其末"的无为政治模式，并隐含了守法无为的思想，对老子的无为思想有重要发展。

关 键 词　申不害；重术；任法

作者简介　中国政法大学人文学院哲学系教授，博士生导师，研究方向主要为中国古代哲学、中国传统法治文化。

申不害是前期法家的代表人物之一，约生于公元前 385 年，卒于公元前 337 年，原为郑国人，后郑国为韩国所灭，因而成为韩国人。申不害在韩为相

---

[*]　部分内容见于拙作《诸子百家普及丛书·法家》（中国人民大学出版社 2021 年版，第 28—34 页）。

15 年，帮助韩昭侯推行法术之治，使韩国的国力有了较大提升。《史记·老子韩非列传》讲："申子之学本于黄老而主刑名。著书二篇，号曰申子。"《汉书·艺文志》著录《申子》有六篇。裴骃《史记集解》引刘向《别录》曰："今民间所有上下二篇，中书六篇，皆合二篇，已备，过于太史公所记也。"司马贞《史记索隐》讲："今人间有上下二篇，又有中书六篇，其篇中之言，皆合上下二篇，是书已备，过于太史公所记也。"可见，两篇和六篇的《申子》是不同的版本，内容相合。《申子》一书已经佚失。《太平御览》卷二二一引刘向《别录》："孝宣皇帝重申不害《君臣篇》。"说明《申子》中有《君臣篇》。《淮南子·泰族训》中说："今商鞅之启塞，申子之三符，韩非之孤愤，张仪、苏秦之从衡，皆掇取之权，一切之术也。"说明《申子》中有《三符篇》。《群书治要》保存了《申子·大体篇》，比较完整。此外，《艺文类聚》《北堂书钞》《太平御览》中还有零散的佚文，《韩非子》中有涉及申不害事迹和思想的内容。

一 "循名而责实"之"术"

申不害以重"术"而闻名。《韩非子·定法》讲："今申不害言术，而公孙鞅为法。术者，因任而授官，循名而责实，操杀生之柄，课群臣之能者也。"这是韩非对申不害之"术"的理解。"术"是君主依照臣下的能力授予他与其能力相适应的官职，按照其官职考核其履职情况，并根据考核结果进行赏罚的行政管理方法。《史记·老子韩非列传》说申子"主刑名"，又说"申子卑卑，施之于名实"，这样的概括应该和"循名而责实"这一思想有直接关系。"循名而责实"中的"名"指官名，每一个官名都指向具体的职责，对官员的考核就是要看他是否切实履行了其职责。《申子·大体》讲："为人臣者，操契以责其名。"《说文》讲："契，大约也。券，契也。""契"是证明买卖、抵押、租赁等关系的文书。君主依照人的能力授予其官职，官员接受官职并履行自己的职责，君主对官员的履职情况进行考核，进而决定赏罚，这实际上是一种契约关系。顾立雅就认为："这一理念意为官员由君主确定官名，就产生履行职能的责任，因而在这一契约关系中处于债务方，从而负有偿还债务的责任。"① 从君主的角度看，是"循名而责实"，从臣的角度看，就是"操契以责其名"，此处的"为人臣者"不必视为"为人君者"之误。

"因任而授官，循名而责实"的前提是官员职责的明确化，每一个官名有确定的职责，这是"名"与"实"相应的体现。这样，通过"因任而授官"，就将人纳入这一确定的名实关系之中，官名与职责，官员与履职情况可以实现对应关系。韩非曾批评申不害虽讲"术"，但关于"术"的主张也并不完善，《韩非子·定法》云：

> 申子未尽于法也。② 申子言："治不逾官，虽知弗言。"治不逾官，谓之守职也可。知而弗言，是不谓过也。人主以一国目视，故视莫明焉；以一国耳听，故听莫聪焉。今知而弗言，则人主尚安假借矣？

"治不逾官"所强调的就是官员职责分工的明确化，要求各个职位上的官员不逾越自己的官职行事，这一点为韩非所认可并被吸收进其思想体系之中。但申不害主张"知而弗言"，要求各个职位上的官员不能对其他官职的事发表言论，这一点韩非并不认可。韩非认为君主所能看到的、听到的有限，而需要君主控制的臣民众多，君主需要依靠臣下为君主提供关于他人的信息，如果臣下均"知而弗言"，则君主无所凭借。

从《申子·大体》的内容来看，申不害关于刑名、名实的讨论并不限于官员的任用和考核问题，而关涉更为抽象的万物之名及天下秩序的问题。"名者，天地之纲，圣人之符，则万物之情，无所逃之矣。""昔者尧之治天下也以名，其名正则天下治，桀之治天下也亦以名，其名倚而天下乱。""名自正也，事自定也，是以有道者自名而正之，随事而定之也。""名"根据事物的性质确定，是把握天地万物的关键，圣人把握了"名"，就可以了解万物的真实情况。但是，仅仅有"名"并不能保证天下之"治"。申不害区分了"名

---

① ［美］顾立雅：《申不害：公元前四世纪中国的政治哲学家》，马腾译，江苏人民出版社 2019年版，第 286 页。

② 顾广圻云：当云"申子未尽于术，商君未尽于法也"（（战国）韩非著，陈奇猷校注：《韩非子新校注》，上海古籍出版社 2000 年版，第 963 页）。该段在"申子未尽于法也"之后先言申不害之术的不足，后言商鞅之法的不足，结论云："二子之于法术，皆未尽善也。"首句应提起下文对申之术、商之法的讨论，不应只言申不害，且此段也并非对申不害在法上的不足的讨论，而是术。顾说为是。

正"和"名倚"两种状态。"名正"指名与实相符，这样天下秩序就安定；"名倚"指名与实不符，这样天下秩序就混乱。"名"确定后，万物在"名"的规范下自然能够端正，万事也在名实相符的情况下自然安定。《申子·大体》中的这些文字表达和思想与黄老道家的代表作《黄帝四经》有近似之处。《经法·论》中讲："名实相应则定，名实不相应则静，匆（物）自正也，名自命也，事自定也。""三名：一曰正名立而偃，二曰倚名法（废）而乱，三曰强主灭而无名。三名察则事有应矣。"这正体现出了司马迁所说的"申子之学本于黄老而主刑名"的特点。

二 "潜御群臣"之"术"

关于什么是"术"，《韩非子》中还有另一种解释。《韩非子·难三》讲："术者，藏之于胸中，以偶众端而潜御群臣者也。""术"是隐藏于君主心中，通过比较验证各方面的情况而暗中驾驭臣下的方法。韩非在《内储说上七术》中将君主所用之"术"归结为七种："一曰众端参观，二曰必罚明威，三曰信赏尽能，四曰一听责下，五曰疑诏诡使，六曰挟知而问，七曰倒言反事。"其中的"众端参观"就是"偶众端"。韩非讲："观听不参则诚不闻，听有门户则臣壅塞。""众端参观""偶众端"要求君主要比较验证各方面的情况从而作出正确的判断，不偏听偏信。申不害在《大体》中讲道：

> 夫一妻擅夫，众妇皆乱；一臣专君，群臣皆蔽。故妒妻不难破家也，乱臣不难破国也。是以明君使其臣并进辐凑，莫得专君焉。今人君之所以高为城郭，而谨门闾之闭者，为寇戎盗贼之至也。今夫弑君而取国者，非必逾城郭之险而犯门闾之闭也。蔽君之明，塞君之听，夺之政而专其令，有其民而取其国矣。

君主为了防范敌寇和盗贼而高筑城墙、禁闭城门，但是，导致君主失去生命和国家政权的并不是城墙被翻越、城门被破坏，而是君主被蒙蔽，听不见真实的信息，看不见真实的情况。那些弑君而取国的人蒙蔽君主的视听，夺取君主的政治权力而发号施令，从而取代君主成为国家和民众的统治者。因此，君主一定要防范大臣专权，要保持自己的洞察力而不被臣下蒙蔽。韩非子在《外储说右上》中引申不害之言："独视者谓明，独听者为聪。能独断者，故可以为天下主。"能够独立地看到真实的情况，就是"明"，能够独立地听到真实的信息，就是"聪"，能够在独视、独听的基础上独立作出判断的人，就可以成为天下之主。

为了能够掌握人、事、物的真实情况进而驾驭群臣，君主的"藏"和"潜"非常重要。《申子·大体》讲：

> 故善为主者，倚于愚，立于不盈，设于不敢，藏于无事，窜端匿疏，示天下无为。是以近者亲之，远者怀之。示人有馀者人夺之，示人不足者人与之。刚者折，危者覆，动者摇，静者安。

显示出有余，他人就会来掠夺；显示出不足，他人才会来帮助。刚强的东西容易折断；高耸的东西容易倾倒。因此，申不害告诫君主要表现出愚笨、不足、不勇敢，用无所事事的样子隐藏自己，在天下人面前塑造出无所作为的形象。这样，身边的人会亲近他，远方的人会归顺于他。

如果君主无所作为，国家能够实现有效治理吗？《大体》讲："鼓不与于五音，而为五音主。有道者不为五官之事，而为治事之主。"鼓不干预五音，却能够成为五音之主，有道之君不去干预百官的事务，却能够成为治理国家的主人。何为"人君之事"，何为"人臣之事"，他作出了明确的区分："君守其道也，官知其事也。十言十当、百为百富者，人臣之事也，非人君之事也。""君设其本，臣操其末。君治其要，臣行其详。君操其柄，臣事其常。""主处其大，臣处其细。"所以说，君主的"愚"不是真的"愚"，君主的"不盈"不是真的"不盈"，君主的"不敢"不是真的"不敢"，君主的"无事"也不是真的"无事"，君主的"无为"更不是什么事情都不做。君主只掌握治国的根本，不去做具体的事务，也不干涉臣下做事，这是君主的"无为"；臣下各当其位、各尽其职，这是臣下的"有为"。这实际是一种"君无为而臣有为"的无为政治模式，是申不害对老子思想的发挥。"无为之治"是老子重要的治理理念，他认可百姓自然发展的能力，主张不对百姓的发展进行干涉。但是，人们却无法想象没有君主治理的社会可以稳定有序、和谐发展。为了使老子的无为之治更加现实、更可操作，一些学者开始在"无为"

的主体上做文章，申不害就是其中之一。"君设其本，臣操其末"这样的分工可以满足国家治理的需要，可以让臣下的能力完全为君主所用，又可以保证君主牢牢掌握自己的权力。《大体》中有一个很形象的比喻："明君如身，臣如手。君若号，臣如响。"明智的君主就像人的身体一样，而臣下就像人的手；君主就像发声的号，臣下应之如回声。总之，臣下完全听从君主的指挥。

君主是决定臣下得利或受害的关键，臣下为了牟取私利而关注着君主的一切。《韩非子·外储说右上》中说："人主者，利害之辐毂也，射者众，故人主共矣。是以好恶见则下有因，而人主惑矣。"君主的好恶如果表现出来，臣下就能够发现，他们的行为就有所凭借，他们会投君主所好、避君主所恶，君主因而被迷惑。在解说的部分，韩非子引用了申不害的言论：

> 申子曰："上明见，人备之；其不明见，人惑之。其知见，人饰之；其不知见，人匿之。其无欲见，人伺之；其有欲见，人饵之。故曰：吾无从知之，惟无为可以规之。"

申不害认为君主显露出自己的明察，臣下就会防备他；君主显露出自己的糊涂，臣下就会迷惑他。君主暴露出自己的智慧，臣下就会花言巧语奉承他；君主暴露出自己的愚昧，臣下就会隐瞒真实情况蒙蔽他。君主显露出自己的无欲，臣下就会探查他；君主显露出自己的欲望，臣下就会利用他的欲望引诱他。因此，只有"无为"的方法才可以用来窥测臣下。这里的"无为"是要求君主潜藏起自己真实的情况。这一观点与《大体》中的看法是一致的。《战国策·韩策》中有如下的记载：

> 魏之围邯郸也，申不害始合于韩王，然未知王之所欲也，恐言而未必中于王也，王问申子曰："吾谁与而可？"对曰："此安危之要，国家之大事也。臣请深惟而苦思之。"乃微谓赵卓、韩晁曰："子皆国之辩士也。夫为人臣者，言可必用，尽忠而已矣。"二人各进议于王以事，申子微视王之所说以言于王，王大说之。

申不害对韩王之"所欲"不了解，于是通过观察韩王对赵卓、韩晁议论的反应判断韩王的好恶，从而使自己的想法得到韩王的喜欢。臣下会通过察言观色揣测并迎合上意，申不害对此是有亲身体会的。

韩非子说申不害教韩昭侯用"术"，所以我们还可以通过韩昭侯对"术"的使用从侧面了解申不害之"术"。韩非子在《内储说上七术》中讲了几个韩昭侯用"术"的故事：

> 韩昭侯握爪而佯亡一爪，求之甚急，左右因割其爪而效之，昭侯以此察左右之诚不。
>
> 韩昭侯使骑于县，使者报，昭侯问曰："何见也?"对曰："无所见也。"昭侯曰："虽然何见?"曰："南门之外，有黄犊食苗道左者。"昭侯谓使者"毋敢泄吾所问于女"，乃下令曰："当苗时，禁牛马入人田中固有令，而吏不以为事，牛马甚多入人田中，亟举其数上之，不得，将重其罪。"于是三乡举而上之，昭侯曰："未尽也。"复往审之，乃得南门之外黄犊，吏以昭侯为明察，皆悚惧其所而不敢为非。

韩昭侯假装丢了一个指甲，以此来判断侍从是否忠诚。韩昭侯派使者出去巡视得到"南门外看到小黄牛在道路左边吃禾苗"的消息，以此来判断官吏是否认真履职。韩非称这种"术"为"挟知而问"，就是故意用自己已经知道的事情去问臣下。依靠"挟知而问"，官吏都认为君主明察，就不敢玩忽职守、为非作歹。

"术"为君主蒙上了一层神秘的面纱，因为君主的"藏"，臣下对君主一无所知，君主却似乎对臣下无所不知，这样，君主就能牢牢地控制臣下，而不会被臣下蒙蔽和控制。

三　任法而不任智

《韩非子·定法》中说"今申不害言术，而公孙鞅为法"，这一概括给人留下了申不害讲"术"而不讲"法"的印象，甚至很多学者认为申不害是"术家"而不应归为"法家"。比如，郭沫若认为："申子虽被汉以后人称为'法家'，其实他和李悝、吴起、商鞅等的倾向完全不同，严密地说是应该称为'术家'的。"① 曾振宇甚至提出："在目前已知的诸子各家之外，战国中期还存在着术家这一学术派别，申不害就是这一学术派别的开创者。"② 虽然申不害所主张的"术"得到了更多的关注，但是，他与其他法家人物一样，也重视"法"，也主张"法治"。

申不害讲："君必有明法正义，若悬权衡以称轻重，所以一群臣也。"君主治国需有明确的法令、公正的规则，就像用权衡去称量物体的轻重一样，用来统一群臣的行为。"明法"和"正义"并用，二者一致。申不害还讲道："天道无私，是以恒正。天道常正，是以清明。""地道不作，是以常静。常静是以正方。举事为之，乃有恒常之静者，符信受令必行也。"这两处佚文说天道无私、公正、清明，地道不作、常静、正方，效法地道的"恒常之静者"可以做到"符信受令必行"。从"举事为之，乃有恒常之静者，符信受令必行也"紧随"地道不作，是以常静。常静是以正方"来看，申不害有以天道、地道为人事依据的思维方式，"天道无私，是以常正。天道常正，是以清明"之后也应该有关于人事的讨论。顾立雅认为"举事为之，乃有恒常之静者，符信受令必行"的主体是大臣，"虽然该段未直接提到大臣，但是很多迹象表明旨在描述大臣角色。以'地道'隐喻大臣之行为，在很多著作中皆可见"。③ 这样，效法天道的应该是君主，君主效法天道的无私、公正、清明，效法地道的臣能够接受命令而严格遵行，君主的无私、公正、清明极有可能通过法令的确立和发布来实现。

此外，确立明确的法令、公正的规则，以此作为判定是非善恶的标准，也是君主"无为"的体现。《大体》中讲："镜设精，无为而美恶自备；衡设平，无为而轻重自得。凡因之道，身与公无事，无事而天下自极也。"这里虽然没有直接讲到"法"，但是，"镜"和"衡"具有确定性，无私、公平，在法家思想体系中常常喻指"法"。《韩非子·饰邪》讲："故镜执清而无事，美恶从而比焉；衡执正而无事，轻重从而载焉。夫摇镜则不得为明，摇衡则不得为正，法之谓也。"这就已经由"镜"和"衡"直接点出了"法"。因此，"因之道"所因循的极有可能是确定的法令、规则。王晓波解读"三寸之

---

① 郭沫若：《十批判书》，中国华侨出版社 2008 年版，第 240 页。
② 曾振宇：《"申不害术家说"再认识》，《文史哲》1994 年第 6 期。
③ ［美］顾立雅：《申不害：公元前四世纪中国的政治哲学家》，马腾译，第 294 页。

篓运而天下定，方寸之基正而天下治。故一言正而天下定，一言倚而天下靡"这一佚文说："以天下国家而言，什么是'三寸之篓（筴）'或'方寸之基'呢？其实就是那国君的法令。""以国君的法令为一种客观的标准，故申不害的'因'亦包括'因'法令。"①

申不害主张君主治理国家应"任法而不任智"。"任"是依凭、依据的意思。"任法"和"任智"是相对的两种治理方式，申不害认为圣明的君主应该依据"法"来治理国家、治理天下而不依靠自己的智识。《吕氏春秋·任数》中讲到申不害"去听""去视""去知"的观点：

> 何以知其聋？以其耳之聪也。何以知其盲？以其目之明也。何以知其狂？以其言之当也。故曰去听无以闻则聪，去视无以见则明，去知无以知则公。去三者不任则治，三者任则乱。

《任数》的作者以"耳目心智之不足恃"来概括申不害的观点。君主一人的所知所闻有限，"其所以知识甚阙，其所以闻见甚浅"，而且耳目心智掺杂着君主的私心、偏见，不足以作为治国、治天下的凭借。"三者任"就是"任智"，结果是乱。"去听""去视""去知"则能聪、明、公，"去三者不任"就是申不害所主张"任法不任智"，结果是"治"。从执法的角度看，"任法不任智"是反对君主以个人的意见干涉法的执行。"君之所以尊者，令。令之不行，是无君也。故明君慎之。"法令的执行是君主至尊地位的体现，如果君令不能执行，相当于无君，因此，君主应该谨慎对待。《韩非子·定法》中说："晋之故法未息，而韩之新法又生；先君之令未收，而后君之令又下。"可见，申不害辅佐韩昭侯之时颁布了许多新的法令。但是，韩非批评申不害虽然善于用"术"却忽视了法令的统一性："申不害不擅其法，不一其宪令则奸多故。利在故法前令则道之，利在新法后令则道之，利在故新相反，前后相勃。"韩国是三家分晋而建立的国家，虽然制定、颁布了韩国的新法和新君之令，但是没有废除晋国的旧法和先君之令。旧法和新法相互对立，前后的政令相互冲突，臣民就可以利用这些法令之间的矛盾来牟求私利。这样，虽然制定、颁布了新的法令，但是并不能够真正被遵守。

---

① 王晓波：《先秦法家思想史论》，台北：联经出版事业公司1991年版，第222页。

《韩非子·外储说左上》中记载："韩昭侯谓申子曰：'法度甚不易行也。'申子曰：'法者，见功而与赏，因能而受官。今君设法度而听左右之请，此所以难行也。'昭侯曰：'吾自今以来知行法矣，寡人奚听矣。'"韩昭侯觉得法度的实行非常困难，就向申不害请教。这是关于法的执行问题的直接讨论。申不害认为法就是关于有功则赏、按照能力授予官职的规定，实行起来其实很简单。但是韩昭侯设立了法度却又因为左右亲信的请求而改变，使法无法成为一个确定的标准，才使得法度难以落实。就是说，执法的关键就是严格以法为标准，不能因为私情而随意改变。之后，申不害请求韩昭侯委任其堂兄以官职。昭侯回答："非所学于子也。听子之谒败子之道乎？亡其用子之谒。"为何申不害教导韩昭侯严格执法，自己却去破坏这一原则？有学者认为申不害言行、表里不一致，但也可能申不害只是在确认韩昭侯是否听从了他的建议，是否达到了任法而治的要求。《韩非子·内储说上七术》中还讲到"韩昭侯使人藏弊裤"的故事。韩昭侯让人把破旧的裤子收藏起来，侍从认为他太不仁爱，破旧的裤子收藏起来而不赏给近侍。昭侯解释说："非子之所知也，吾闻明主之爱，一频一笑，频有为频，而笑有为笑。今夫裤岂特频笑哉！裤之与频笑相去远矣，吾必待有功者，故藏之未有予也。"君主的裤子虽然破旧了，依然代表了君主的认可，只能赏赐给有功之人。这则故事说明韩昭侯遵循了"见功而与赏"的要求。

此外，这里关于"法"的说明值得注意："法者，见功而与赏，因能而受官。今君设法度而听左右之请，此所以难行也。"韩非在《定法》中概括商鞅之法说"法者，宪令著于官府，刑罚必于民心，赏存乎慎法，而罚加乎奸令者也"。很明显，商鞅的"法"是关于赏罚的规定，刑律应该是其主要内容。而申不害所讲的法是关于立功者如何奖赏、关于如何按照能力进行任命的规定。虽然二者均有"赏"的内容，但是商鞅之法所讲的"赏"和"刑"并用，适用的对象主要是民众，而申不害的"赏"与"官"相对，其适用对象更应是行政系统之内的官员。前文所引的"君必有明法正义，若悬权衡以称轻重，所以一群臣也"，"一群臣"也说明"法"主要约束的对象是群臣。所以说，申不害所讲的"法"应该以行政管理规范为主要形式。"因能而授官"更是和韩非所概括的申不害之"术"的内容"因任而授官"相同。韩非的"法"主要继承了商鞅之法的内容，而申不害所讲的"法"与之不同，并没有被韩非作为"法"而接受，而是作为"术"纳入自己的思想体系之内。正如马腾所讲："申不害对'法'的定义与后来韩非对'术'的定义如出一辙，这既反映'法''术'内涵的开放，也表明申子之'法'侧重职制吏治。"①喻中也认为："在君、臣、民三类主体组成的法律关系中，申不害的重心确实不同于公孙鞅的重心：申不害主要关注君臣关系应当遵循的法律规范及其制度安排——对于这种法律规范及其制度，韩非称之为术。"② 如果强为分别，则"法"是关于官员任用、考核、赏罚的行政法律规范，而"术"是以"法"为依据，对官员进行任用、考核、赏罚的行政管理方法。

结　语

申不害的思想影响深远，在后世文献中常常与商鞅、韩非相提并论。如《史记·袁盎晁错列传》讲："晁错者，颍川人也。学申商刑名于轵张恢先所。"《史记·太史公自序》讲："贾生、晁错明申、商。"《史记·李斯列传》中有"修申、韩之明术"，"明申、韩之术，而修商君之法"。《盐铁论》中有《申韩》篇，其中讲到"申、商以法强秦、韩也"。遗憾的是，由于材料的缺失，我们无法得见其思想之全貌，对其思想的解读也充满了不确定性。从现存材料来看，申不害对"法"和"术"的内涵均有多方面的阐发，使得法家的理论更为丰富。同时，他吸收了老子的"无为"观念，提出了君主隐藏自身的"无为"之术以及"君设其本，臣操其末"的无为政治模式，并隐含了守法无为的思想，对道家思想的阐释、道家与法家思想的会通也有重要的贡献。

---

① 马腾：《申不害刑名法术思想及对传统治道的影响》，《政法论坛》2015 年第 6 期。
② 喻中：《论申不害的法理学说》，《南京师大学报》（社会科学版）2021 年第 6 期。

《天下》篇慎到"弃知"说辨析

蒋丽梅

摘　　要　《庄子·天下》篇将慎到观点概括为"弃知去己"之学，论文认为庄子后学对"弃知"思想的理解突出了慎子与其思想相近之处，我们还需注意二者之间的差别之处。笔者从"缘不得已"出发，论述慎子在形而下学的层面以理解道，用法的至公无私的特性消除"知"的局限与偏狭，在维护君主势位的前提下反思圣王理想和尚贤主张。

关　键　词　齐物；因循；势位；不得已

作者简介　蒋丽梅，北京师范大学哲学学院副教授，研究方向主要为道家哲学。

慎子，名到，战国时期赵国人，约与孟子同时，是稷下学派的代表人物。① 根据《史记·田敬仲完世家》记载，"宣王喜文学游说之士邹衍、自如淳于髡、田骈、接于、慎到、环渊之徒七十六人，皆赐列第，为上大夫。不治而论议。齐稷下学士复盛。且数百千人"②。慎到活跃于宣王时期的稷下学宫，至湣王出亡，慎到与接予等人才离开稷下，其后不知所归。现有慎子所

---

① 关于慎子之人，目前学界有三种不同的看法，分别是稷下学士的慎到、鲁将慎滑釐和楚太傅慎子。本文依《史记》《汉书》，仅讨论稷下学派之慎到。

② （汉）司马迁撰：《史记》，中华书局1982年版，第1895页。

著《威德》《因循》《民杂》《德立》《君人》五篇存世，后世还辑有部分慎子逸文，上博简中还有一篇"慎子曰恭俭"①。

关于慎到的学派归属，历史记载中也存在一定的争议，《史记·孟子荀卿列传》将慎子归于黄老，指出"慎到，赵人；田骈、接子，齐人；环渊，楚人；皆学黄老道德之术，因发明序其指意。故慎到著《十二论》……"②。杨倞注《荀子·解蔽》也云"慎子本黄老，归刑名，多名不尚贤，不使能之道"。但《汉书·艺文志》将其列入法家，班固自注"先申韩，申韩称之"。牟钟鉴先生则将慎子与杨朱、宋钘、尹文、关尹、列子等人归于老子后学。③

《庄子·天下》在总结先秦学术流派时将慎到与彭蒙、田骈并列④，田骈与慎到思想相近，在很多典籍中常列在一起并举。《天下》篇指出"田骈学于彭蒙"，得其"不教之教"，且篇中还有彭蒙之师言论的记述，可以明确看到由彭蒙之师至田骈的学脉传承，但并未有慎到师承的记述。《庄子·天下》将慎到之说概括为"弃知去己"之学，长期以来人们也习惯以"弃知"来概括慎到的思想，但从《天下》篇的内在逻辑与《慎子》书来看，"弃知"一说还需作进一步的梳理。本文将从文本分析和思想史的角度对"弃知"说的具体内容及其缘起作简单探究，以厘清其与"无知"之说的细微差别。

一　《天下》篇的文本逻辑

《庄子·天下》引述慎到思想时说：

是故慎到弃知去已而缘不得已，泠汰于物以为道理，曰："知不知，将薄知，而后邻伤之者也。"謑髁无任，而笑天下之尚贤也，纵脱无行，

---

① 目前学界对此篇有着诸多意见，本文依据许富宏先生的意见，将其暂列于此，参见许富宏《慎子集校集注》，中华书局 2013 年版。

② （汉）司马迁撰：《史记》，中华书局 1982 年版，第 2347 页。

③ 参见牟钟鉴《道家学说与流派述要》，载陈鼓应主编《道家文化研究》第一辑，上海古籍出版社 1992 年版，第 7 页。

④ 关于田骈、慎到的生平与著作考证，可参见李笑岩《田骈、慎到考论——兼论田、慎与黄老之学的关系》，载崔志远、吴继章主编《中国语言文学研究》2016 年春之卷，社会科学文献出版社 2016 年版，第 232—242 页。

而非天下之大圣，椎柏輐断，与物宛转，舍是与非，苟可以免，不师知
虑，不知前后，魏然而已矣。推而后行，曳而后往，若飘风之还，若羽
之旋，若磨石之隧，全而无非，动静无过，未尝有罪。是何故？夫无知
之物，无建己之患，无用知之累，动静不离于理，是以终身无誉。故曰
"至于若无知之物而已，无用贤圣，夫块不失道。"豪杰相与笑之曰："慎
到之道，非生人之行而至死人之理，适得怪焉。"①

慎到"弃知去己"的观点，常常与老子"绝圣弃智"的思想联系在一
起，顾实先生即以此为据，结合《老子》"将欲取天下而为之，吾见其不得
已"以及《庚桑楚》"有为也欲当，则缘于不得已"，认为这是慎到之学出黄
老之证也。② 但蒙文通先生已注意到田、慎的"弃知去己"与道德经的"绝
圣弃智"存在着明显的不同。③ 目前已发现的《老子》各版本，第19章"绝
仁弃义"有着明显的文本变动的痕迹，但我们也需留意"绝圣弃智"中存在
的文本差异，北大竹简本作"绝智弃辩"，并不同于通行本与帛书本。就目前
《天下》篇的文本内容来说，存在着"弃知""不知""无知"几个名词，内
容均表现出对"知"的否定态度，因此人们也常常以下文的"无知"直接联
系"弃知"来理解慎到的思想。

但是如果仔细考究《天下》的文本内容，仅考虑本篇所引慎到的原文，
可以发现慎到主张"至于若无知之物而已，无用贤圣，夫块不失道"，人应像
块然无知之物一样生活，正如豪杰所笑，慎到就是让人遵从死人之理，而人
的生死之别正在于随着人的形体消亡，知见也随之消失。正如《庄》书槁木、
死灰之说，慎到并不是要破除人与物的差别，而正是通过与物的对比，让人
破除对于智识的依赖及偏狭。而智识活动本身则带有双重的属性，它既归属
作为类的人的存在活动中，又具有明显的个人化特征。因此慎到的"弃知"
之学与"去己"紧密联系在一起，这里的"己"既指示主体自身，还指向作
为与物相对的人类本身。

从《天下》篇所提供的记述来看，慎到的"弃知"之学有以下几个不同

---

① （清）郭庆藩撰：《庄子集释》，中华书局1985年版，第1088页。
② 参见顾实《〈庄子·天下篇〉讲疏》，载顾实等著，张丰乾编《〈庄子·天下篇〉注疏四种》，
华夏出版社2016年版，第41页。
③ 参见蒙文通《古学甄微》，巴蜀书社1987年版，第271页。

的面向。

第一，齐万物。彭蒙、田骈、慎到都主张"齐万物以为首"，即从物的层面来看，所有事物尽管存在形态、样式、类型等事实方面的差别，但彼此之间并不存在价值上的分别。因此从人这一主体来看，首先应破除的就是人与物之间的界限，以人物相通代替以人为贵的思想，这也是慎到"去己"思想的重要部分。在处理人与物的关系时，慎到强调要随顺万物、与物变化的道理，"泠汰于物"①，"椎拍輐断，与物宛转"，"于物无择，与之俱往"，避免以人之知去干预万物运行的自然秩序。

第二，破是非。与庄子学派相似，慎到反对片面地对事物作出是非的判断。《天下》篇记载："彭蒙之师曰：'古之道人，至于莫之是、莫之非而已矣。其风窢然，恶可而言？'"彭蒙以为得道之人应放弃对是非的判断，其本质就是"齐物"。慎到认为从事物的层面来说，"知万物皆有所可，有所不可"，因此仅从某个角度片面地进行评判，其结果只能形成偏狭的"我见"，而从道的层面来说，道具有无党无私的"至公"的特性，所以以道观物，"选则不遍，教则不至，道则无遗"，任何具体的是非都是具有立场和标准的，与道的整全性相抵触。

第三，去知之累。慎子将"无知之物"作比，物因其无知既无建己之患，也无用知之累。此处慎子演说恰似庄子学派口吻。庄子一直强调人们在求道过程中的负累，除了世俗的名位权禄，人自身的形体和智识在人获得自由的路径上都构成了障碍。《文选》（沈约《游沈道士馆诗》注）引慎子云"夫德精微而不见，聪明而不发，是故外物不累其内"②。知见过程中内向与外向性活动的交织，使人们与外在世界区分为"内""外"两个世界，人们对外在世界的认识、理解和感受，成为内在自省活动的重要参考，但智识的活跃，则可能让人陷入外鑠或内鑠的误区，正是有鉴于这样的弊病，慎到将微德黜明的做法极端化为"无知"与"弃知"，但这种观点大大违背了人的实际生存状态，因此才被取笑为"死人之理"。

---

① 郭象注"泠汰犹听放也"，吕惠卿云"泠者去其浊，汰者去其扰"，顾实以为"泠汰"就是清狎万物，可见其中"与物宛转"之意。

② 《慎子·逸文》，参见许富宏译注《慎子 太白阴经》，中华书局2022年版，第52页。

二　不得已之学

从以上几点来看，慎到"弃知"之学与老庄思想特别是庄子学派的思想存在着很多相似的地方，但《天下》篇却仍然评价说"彭蒙田骈慎到不知道"，只勉强承认他们"概乎皆尝有闻者也"，部分地肯定慎子学说的价值。而对比现存慎到的残篇，我们能发现其与《庄子·天下》篇之间存在着一定的断裂，这五篇中关于"弃知去己"的观点论述并不多见，相反，对于法与势的论说占据了非常重要的部分。这当然可以从《慎子》文本的部分佚失作出解答，但我们仍需回应慎子学说中"弃知去己"与重法任势之间存在的矛盾。

追溯老子与庄子的思想，我们能在他们的学说建构中发现思想断裂的现象，笔者将其称为道家的"不得已"之处。这种"不得已"展现出道家面对理想世界与现实世界之间的矛盾时的解决之道。① 如面对语言的困境，老子表明"道可道，非常道"，指出语言在表述大道上的局限，却又反复使用"强字之""强名之"来称说至道。道家申说"生而不有，为而不恃"的"无为"理念，却又说"将欲取天下而为之，吾见其不得已"（《老子》第 29 章），庄子也说"不得已而临莅天下"的困境。庄子借孔子之口将"忠""孝"视作人"无所逃于天地之间"的行为（《人间世》），却又在不停辨析忠孝德性之问题，并以陆沉者、让王者、江海之士来举证逃脱的可能性与必要性。《刻意》篇云"感而后应，迫而后动，不得已而后起"，将人与外物相交接的整个过程视作"不得已"的境域，因此解决人在现实生活中应世、有为、居位等行为的有效性。

慎到"弃知去己"的理论学说却并不是让人陷入无知无觉的生存状态，其内在的涵义是在说明具体事物存在的有限性，因此郭象注解说，"欲令去知如土块也。亦为凡物云云，皆无缘得道，道非偏物也"，郭象认为只有道才具有至公无私的绝对性，因此慎到的言下之意就是说现实的事物是没有办法得

---

① 刘笑敢先生将庄子思想区分为两个世界，即现实或世俗的世界与超越或精神的世界，参见 Liu, Xiaogan ed. , *Zhuangzi's Philosophy*: *A Three Dimensional Reconstruction. Dao Companion to Daoist Philosophy*, Berlin: Springer, 2014, p. 204。

道的。慎到使用"缘不得已，泠汰于物，以为道理"，描述的就是事物在"不得已"的境遇下求道的方法。庄子后学在描述时使用了两个重要的语词"缘"与"道理"。"缘"者，"衣纯也"，段玉裁注为"沿其边而适之"，也就是说慎子也深知"弃知去己"在现实层面践行的困难，而采取了因顺事物的办法，并以之为"道理"。这里"道理"的使用也从侧面反映出其形而下学意义上对"道"的落实。

在与物相应的过程中，慎到发现了可与至公之道相似的存在——法。《天下》篇讲彭、田、慎时开篇就说"公而不当，易而无私"，他们都认为大道无党无偏，不存在是非好恶的偏见。这种对道术的体认与老庄存在很大的差别，他们并不强调道的无形无象的虚性特征，而是突出"道"作用于事物时的效用。慎子说"法之公，莫大使私不行"①。在《威德》篇中他又具体表述为"故蓍龟，所以立公识也；权衡，所以立公正也；书契，所以立公信也；度量，所以立公审也；法制礼籍，所以立公义也。凡立公，所以弃私也"②，法律通过具体的条文规定和契约互信，约束人们出于私利的意图与行为，而通过确立具有共识性的标准，法将私转而为公，从而打破了个人智识和情感的臆断。慎子此说还具有明显的针对性，即对于当时掌握着权力的君主来说，国家的治理不能仅凭自己的喜怒而使社会陷入独裁的危机，慎子说"明君动事分功必由慧，定赏分财必由法，行德制中必由礼"③，君主的政治管理行为有赖于道德的教化、法律的赏罚以及个人的智慧。慎子并没有全部抹杀君主智慧的作用，而是将其作为"私"约束在个人生活的领域，而将社会公共治理划入了"公"的领域。

与慎到不同，面对理想与现实的冲突，《天下》篇言庄周"不遣是非，以与世俗处"，将"齐物"之旨贯彻到了人与物的相互关系中，在现实世界中仍坚守"无知"的原则。而《天下》篇除了直接引述慎到的部分观点外，其余均为庄子后学对慎到的转述与评述。反观《天下》篇中对慎子思想的记述，我们能看到庄子后学从自己学派思想的角度，十分重视与自家观点相近的"弃知"之学，而对于慎子法与势的论点较少涉及。商晓辉认为"慎到与庄子

① 许富宏译注：《慎子 太白阴经》，第43页。
② 许富宏译注：《慎子 太白阴经》，第22页。
③ 许富宏译注：《慎子 太白阴经》，第23页。

在齐物的过程中虽然都主张弃知去己，但慎到的弃知去己最终却将'法'的概念引入其中。也就是将'法'作为判断是非的价值尺度"①。故而我们在《天下》与《慎子》残篇中看到两个思想关联却又存在明显差异的慎子形象，这也是目前关于慎子学派归属于黄老抑或法家的争论所在。

三 非圣贤

在以法治国的理念中，慎子还突出强调"势"的作用，"势"指势位，指在世俗社会中掌握权势的人，正是这部分人掌握着制定法律的权力。也正是基于此，慎子反对重视圣人和任用贤能。《威德》篇说"故腾蛇游雾，飞龙乘云，云罢雾霁，与蚯蚓同，则失其所乘也。故贤而屈于不肖者，权轻也；不肖而服于贤者，位尊也。尧为匹夫，不能使其邻家。至南面而王，则令行禁止。由此观之，贤不足以服不肖，而势位足以服不肖，而势位足以屈贤也"②。尧是儒家推重的圣王，慎子则以其社会身份的变化来说明势大于贤的道理，他并没有否认贤能的作用，但却认为能否使贤能发挥作用主要取决于个人的位分。他反对将贤与位合一的做法，对于现实社会中处于最高地位的王，慎子并不以贤能与否来要求他，他说"君之智，未必最贤于众也，以未最贤而欲以善尽被下，则不赡矣。若使君之智最贤，以一君而尽赡下则劳，劳则有倦，倦则衰，衰则复反于不赡之道也"（《慎子·民杂》）③，按照慎子的说法，君主的才智不必是最高明的，即便有最高明的智慧，也会为烦琐的事务所困扰而智有不逮。后来荀子批评他"蔽于势而不知贤"，其实慎子不仅反对贤能，而且反对君主应具有一定的才智，这与他"弃知"的观点其实是一脉相承的。

慎子还说"至于若无知之物而已，无用贤圣"，"圣"与"贤"分别对应着智识的不同层面，"聖，通也"，从字形上看与耳相关，形容聪慧通达者，后来王弼强调圣凡之别时也说"圣人茂于人者神明也"，也都是强调聪明过人

---

① 商晓辉：《不齐之齐——慎到与庄子齐物思想比较研究》，载张福贵主编《华夏文化论坛》第十八辑，吉林文史出版社 2017 年版，第 82 页。

② 许富宏译注：《慎子 太白阴经》，第 18 页。

③ 许富宏译注：《慎子 太白阴经》，第 29 页。

之处。"贤",甲骨文字形有竖立的眼以及手,《说文》云"多才也",《玉篇》以为"有善行也",《系辞》"可久贤人之德,可大贤人之业"。圣、贤二者均以其智慧而为人所称赞,但慎子"谟髁无任,而笑天下之尚贤也,纵脱无行,而非天下之大圣",他并不将圣人作为理想人格,而是将"全大体者"作为最高的追求,《慎子逸文》中说"古之全大体者,望天地,观江海,因山谷,日月所照,四时所行,云布雷动,不以智累心,不以私累己,寄治乱于法术,托是非于赏罚,属轻重于权衡"。可以看出,他所谓的"全大体者"延续了弃知和无己的标准,与人的德性和智识无关。

诸子百家中主张"尚贤"的学派主要以儒家和墨家为代表,儒者推重任用品德高尚之人,墨家则注重推荐有技能和才华的人才。后来中国社会出现的察举制度、科举制度等都是通过一定的标准选拔出有德性或才智的人选进入国家政治管理的系统。道家对这种做法提出不同的意见,老子以为"不尚贤,使民不争"(《老子》第3章),贤者以智显名,本身就违背了光而不耀的原则,而社会尊贤使能的结果是使人人竞相以智相较,最终导致社会的混乱。慎子也明确反对"尚贤"的主张,那是因为他希望将贤收束在"法"的框架之下,通过公正无私的法律选拔贤能使其出任符合其才能的官职,这就是他所说的"贤使任职"(《慎子·知忠》)[1]。此外,他还从现实的社会结构层面分析尚贤对于君权的威胁,他说"有道之国,法立则私议不行,君立则贤者不尊",《艺文类聚·刑法》引慎子说"立君而尊贤,是贤与君争,其乱甚于无君",在慎子势位的架构下君权是维持"法律"权威的制定者与执行者,"法者,所以齐天下之动,至公大定之制也。故智者不得越法而肆谋,辩者不得越法而肆议,士不得背法而有名,臣不得背法而有功"(《四部丛刊》引《慎子逸文》),智者、辩者都可能自恃其智非议和更改法律,从而造成君主统治的混乱,而这也才是慎子"弃知"的根本理由。

四 结语

《天下》篇中慎子的"弃知"之学常常被表述为"不谋于虑,不谋于知",

---

① 许富宏译注:《慎子 太白阴经》,第33页。

这种不师知虑的思想与庄学"无知""丧我""黜聪明"等思想一脉相承，这是透过庄子后学给我们呈现的慎子思想的样貌，我们还需谨慎注意到慎子与老庄之学存在的差异，从而把握慎子"弃知"思想的全貌。在先秦反智的思潮中，慎子的"弃知"不是让人成为愚人与死物，他正视人类智识活动中的局限与偏狭，从人的个体性和人的类属性两方面反思主观臆见的危害。高亨先生评论说"法家认为立法不可用己之主观以断事，故主张去己，立法不可用己之知虑以察物，故主张弃知"①，这是纯从法家立场来说慎子之学，如果我们留意到慎子"缘不得已"，就会将这一思路颠倒，注意到他如何将虚无之"道"落实于现实社会中，如何在常人生活中行反常之"弃知"之行。在建构社会秩序时，慎子以至公无私的"法"为准绳，试图以理性收束活跃的思维，并分割出道德与才能的界限，纠正社会重视圣贤的时弊，以君权为核心重新建立起以势位为主导的社会结构。慎子"弃知"的思想既表现出黄老之学对道术的发明，也是法家思想重法任势主张的重要部分。

---

① 高亨：《〈庄子·天下篇〉笺证》，载顾实等著，张丰乾编《〈庄子·天下篇〉注疏四种》，第201 页。

《庄子·天下》篇中的慎到思想

朱金晶

摘　　要　《庄子·天下》呈现了慎到思想的道家面向。"弃知去己而缘不得已",舍弃自我生命的认知与主体性以因顺万物不得已之必然,由此呈现为虚无的自我生命与充实的万物自然之间的不对称关系。"齐万物以为首"而"与物宛转",道、法之普遍齐一的绝对性与万物自然、物势流转的差异性之间具备一定张力。由此呈现为反对人世价值、"常反人"的"死人之理":"因物"使其过于放任解脱,无法遵从既成固定的价值体系;"去己"使其丧失自我生命根基,无法开出基于自我本真的价值与意义;"齐物"则使其泯灭万物之间的差异与对抗,无法开出基于个体差异的多元价值。

关 键 词　天下;慎到;去己;因物;齐物

作者简介　朱金晶,南京大学中国思想家研究中心副教授,研究方向主要为先秦思想、中西比较哲学。

作为稷下学派的代表人物之一,慎到思想具有道家与法家的双重性。学界对慎到的研究多重其法、势、术等法家面向。这与《汉书·艺文志》《荀子》《韩非子》以及《慎子》中对其法家面向的强调是一致的。而《庄子·

天下》篇所呈现的慎到思想，则重其道家面向。本文试以《天下》篇为中心，结合历代注疏，较为全面地梳理其中所呈现的慎到思想，并将其与庄子思想进行比照。①

一 "弃知去己而缘不得已"：己与物之间的不对称关系

《天下》篇对慎到思想的介绍以此开题："公而不党，易而无私，决然无主，趣物而不两。不顾于虑，不谋于知，于物无择，与之俱往。"自我生命对万物没有党、私的偏好，并不依从于自身的"主"对万物作出独断，不顾虑、不谋知，不以己之喜好对物作出偏私的选择，而只是趋向、随顺于事物本身的状态。这样的自我生命"不师知虑，不知前后，魏然而已矣"，不以自我的认知思虑或优先前后来判断事物，自我生命处于"魏然不动"的寂静状态（成玄英疏）②，以此随顺并成就万物自然。

慎到之无私无主、不以知虑的思想还表现为其对"知"的批判性。《天下》篇云："知不知，将薄知而后邻伤之者也。"成玄英疏曰："夫知则有所不知，故薄浅其知；虽复薄知而未能都忘，故犹近伤之理。"③林希逸云："若以知与不知为分，则迫於知而近自伤矣。"④顾实解读为"以知为薄"，"薄视圣知，故怜伤之"。⑤钱基博解读为"将薄（迫）于不知之知，而知之性分，亦复邻（近）于伤矣"⑥。无论是以知为浅薄还是强迫为知，无论是伤于理、近于自伤还是怜伤之，此句都指出了"知"的有限性，以及舍弃"知"的必要性。

对自我认知与主体的否定，使得慎到思想呈现出"弃知去己而缘不得已。泠汰于物，以为道理"的特色。"弃知""去己"点明了慎到对自我生命的否定：不仅舍弃认知，甚至连作为认知之根基的自我主体也一并否定了。由

---

① 本文中的"庄子思想"主要指《庄子》内篇中的思想。
② 参见（清）郭庆藩撰《庄子集释（下）》，王孝鱼点校，中华书局2012年版，第1090页。
③ （清）郭庆藩撰：《庄子集释（下）》，王孝鱼点校，第1090页。
④ （宋）林希逸著，周启成校注：《庄子鬳斋口义校注》，中华书局1997年版，第501页。
⑤ 顾实等著，张丰乾编：《〈庄子·天下篇〉注疏四种》，华夏出版社2016年版，第41—42页。
⑥ 顾实等著，张丰乾编：《〈庄子·天下篇〉注疏四种》，第120页。

"弃知去己"，便可达成"缘不得已"、因循事物自身必然的结果。此亦所谓"泠汰于物"，即"听放"于物（郭象）①、与物"无拘碍"（林希逸）②的意思。通过完全舍弃自我生命的认知与主体性，而达成完全依从于事物必然的结果。

这种"去己因物"的思想，在《天下》篇中被反复提及。"椎拍輐断，与物宛转"一句，学者有多种解释。其一是"无圭角"，始自郭象注："輐断，无圭角也。"③林希逸承郭义曰："与物宛转，而略无圭角。"④钱基博释之甚详："'椎'即'锥'之假，器之锐者"，而"'拍'即'击'也"；"'輐'、'輐'相通，两者皆有棱角者也"，"'輐断'即断其圭角"；通过"椎拍輐断"而达成"挠锐直，无圭角，而与物为宛转"的结果。⑤其二是刑罚之意，始自成玄英疏："椎拍，笞挞也。輐断，行刑也。"⑥王叔之曰："椎拍輐断，皆刑截者所用。"⑦皆以"椎拍輐断"为具体刑罚措施。以上两义似可相通：无论"椎拍輐断"是去尖锐而"无圭角"，还是行刑裁罚，都可被解读为对自我认知与主体性之击断、刑杀之喻。通过自我认知与主体性的否定与放弃，达成"与物宛转"，即因循随顺事物自身之呈现与变化的结果。马叙伦所谓"于物无择，与之俱往"⑧，陈鼓应所谓"椎拍輐断，顺随旋转"⑨，皆此义也。

由此，慎到之"去己因物"思想完全消解了自我生命的主体性，而完全随顺事物自身的面貌。在这样的自我生命状态中，"无知之物，无建己之患，无用知之累"，没有"知""己"对万物的偏好、支配或驾驭，而完全遵从于万物自身的状态，由此达成"全而无非，动静无过，未尝有罪"，"动静不离于理，是以终身无誉"的结果。成玄英疏曰："行藏任物，动静无心，恒居妙理，患累斯绝，是以终于天命，无咎无誉也。"⑩《慎子·逸文》中，"不以智

---

① （清）郭庆藩撰：《庄子集释（下）》，王孝鱼点校，第1088页。
② （宋）林希逸著，周启成校注：《庄子鬳斋口义校注》，第501页。
③ （清）郭庆藩撰：《庄子集释》（下），王孝鱼点校，第1092页。
④ （宋）林希逸著，周启成校注：《庄子鬳斋口义校注》，第501页。
⑤ 顾实等著，张丰乾编：《〈庄子·天下篇〉注疏四种》，第121页。
⑥ （清）郭庆藩撰：《庄子集释（下）》，王孝鱼点校，第1089页。
⑦ 钱穆：《庄子纂笺》，九州出版社2011年版，第271页。
⑧ 顾实等著，张丰乾编：《〈庄子·天下篇〉注疏四种》，第276页。
⑨ 陈鼓应注译：《庄子今注今译（下）》，中华书局2009年版，第933页。
⑩ （清）郭庆藩撰：《庄子集释（下）》，王孝鱼点校，第1090页。

累心，不以私累己"，"不逆天理，不伤情性"，"守成理，因自然"等句，亦是对其弃知去己以因循万物自然的表述。

如何理解慎到"弃知去己而缘不得已"的思想？如前所述，慎到对"知""己"持有强烈的批判性。"知""己"作为支配事物的主体，以自我认知与偏好凌驾于事物之上，使得事物的自然状态被扭曲或改变。在这种状态中，己与物之间是不对称的：自我认知与主体占据了绝对的主导与支配地位，而物则处于被支配、被引导的从属地位，无法呈显其本来应该呈显的面貌。慎到"去己因物"思想的关键，即在于完全彻底地扭转这种局面。只有将自我的认知与主体完全地消解，才能使万物之必然得以完全地展现。即通过自我认知与主体之消亡，而因顺万物之不得已的必然呈现。从这个视角来看，慎到"去己因物"的思想其实是对"己支配物"的不对称关系的完全逆转。在这种逆转中，物获得了绝对的实有性与主导权，而此前占据支配地位的自我则被完全、彻底地消解掉了。然而，正如"己支配物"状态中己与物的不对称关系一样，由此产生的新的己物关系中，己与物之间亦是不对称的："物"是被因循的、充实的；而"己"之自我生命的主体性则是被泯灭的、寂静的、虚无的。"去己因物"最终达成了虚无的自我生命与充实的万物自然之间的不对称关系。

慎到关于己与物之间的不对称关系，似乎与庄子思想中"无己""因物"的说法高度相似。的确，《逍遥游》"至人无己"而"乘天地之正"，《齐物论》"吾丧我"而"天籁自然"，《应帝王》"用心若镜，不将不迎，应而不藏"等，都是舍弃自我生命之主体性而因顺万物自然的表述。然而庄子哲学中的自我生命，虽然亦经历了"丧我""无己"的步骤，却并不止于这种状态。"吾丧我""至人无己"等句中，"我""己"是需要丧失、否定的；而"吾""至人"则呈现了自我生命更进一步、更为本真的充实生命状态。因此，庄子哲学中的己物关系并不止于"去己因物"的不对称关系，而最终表达为充实的"吾"与充实的"物"之间对等的、融契的关系。自我生命与万物本真之间并不是前者虚无、后者充实的不对称关系，而是在两者皆充实的状态中达成两者之间相融相通的对等关系。唐君毅先生云：庄子"非只弃知去己之谓。乃是言己本神明之往，以'与天地精神相往来'"[1]。庄子哲学的

---

[1] 唐君毅：《中国哲学原论·原道篇（上）》，中国社会科学出版社 2006 年版，第 137 页。

最终实现并不等同于慎到"弃知去己而缘不得已"对自我的纯粹舍弃，而是在庄子"托不得已以养中""知其不可奈何而安之若命"的状态中。在此状态中，万物"不得已""不可奈何"的必然状态与自我生命之间并不是非此即彼的对抗关系，而是在万物不得已的必然中安放、存养自我生命的充实状态，最终达成自我生命与万物本真之间相互融契的结果。概言之，慎到思想中，己物关系是寂灭自我、因顺万物的不对称关系；而庄子虽亦经历了"无己""因物"的过程，却最终呈现为更深层次的己物之间相互融通的契合关系。

二 "齐万物以为首"与"与物宛转"：
道法与物势之间的张力

如前所述，慎到关于己物关系的核心思想是去己以因物。然则其所因之"物"，究竟是什么样的状态？本节试从形上学层面探讨慎到思想中的道物关系，并将其与庄子作比较。《天下》篇云：

> 齐万物以为首，曰："天能覆之而不能载之，地能载之而不能覆之，大道能包之而不能辩之。"知万物皆有所可，有所不可，故曰："选则不遍，教则不至，道则无遗者矣。"

此句点出慎到形上学的关键，便在于"齐万物"。宣颖曰"以齐万物为第一事"[1]，徐复观曰"以齐万物为先"[2]，都说明了"齐万物"在慎到思想中的核心地位。而"齐万物"的根本，在于用"道"的无所不包的绝对性与权威性将万物之间的差异性与对抗性抹平，由此达成万物齐一的结果。万物皆是"有所可，有所不可"的，万物之间呈现出差异性与对抗性。慎到的解决办法是，放弃"不遍"的"选"、"不至"的"教"，而通过"道"的绝对性、同一性将万物无所遗漏地包含在其中。道之包容万物、无所遗漏，正在于抹去

---

① 王叔岷：《庄子校诠（下）》，台北："中央研究院"历史语言研究所1999年版，第1330页。
② 陈鼓应注译：《庄子今注今译（下）》，第931页。

万物之间的差异性与对抗性，而对其进行均平齐一的处理。

慎到"齐万物"的思想亦表达在"公而不党，易而无私"一句中。成玄英疏曰："公正而不阿党，平易而无偏私。"① 人对万物并没有党、私的偏好，而是在公正、平易的"道"的立场上将人对万物可能存在的党、私之情抹去。陆西星云，"齐万物者，大小一如，不起分别也"，"廓然而大公，物来而顺应"②，正是以大公、无私的立场消解掉万物的差异与分别，以此达成齐平万物的结果。而齐物的根本，在于道。褚伯秀云："其立教以齐万物为首，物本不齐，齐之者道。"③ 以绝对之道为根据，齐平天下万物之分殊与不均，使之归顺于道的齐一性与均平性。万物归于道之齐一，万物之间的分别与对抗由此消融。

乍一看，这个说法似乎与庄子《齐物论》所言之"齐物""道枢"等概念非常相似。然而慎到之齐物，需要与庄子之齐物相鉴别。首先，慎到齐一万物的根据，不仅在于"道"，更在一定程度上与其"法"的思想有关。《慎子·威德》云："法制礼籍所以立公义也。"《慎子·逸文》亦云："法者，所以齐天下之动，至公大定之制也。"道、法两者都是慎到齐平万物的根据。高亨曰，"纳万物于一轨，所谓一轨者，法也"，"此法家之齐物也"。④ 形上层面的"道"之"无私、齐一"与法制层面的"法"之"公、一轨"，两者是一脉相承的。慎到齐物说的根本，是以道、法之"一"的绝对性来泯灭万物之间的差异性与对抗性，以此来达成"齐万物"的结果。

与慎到思想不同，庄子思想中不仅缺失了"法"作为齐平万物之标准的一面，其所蕴含的"道"对万物的齐一性，也在一定程度上被弱化了。这种弱化表达为庄子对万物自然的重视。王中江指出，万物自然的独特性、差异性对于庄子乃至整个道家哲学而言，都具有极其重要的意义。⑤ 曹峰亦指出，《齐物论》的要旨，不仅在于齐一万物的普遍性之呈现，更在于万物自然的独

---

① （清）郭庆藩撰：《庄子集释（下）》，王孝鱼点校，第 1086 页。
② （明）陆西星撰：《南华真经副墨》，蒋门马点校，中华书局 2010 年版，第 484 页。
③ （宋）褚伯秀：《南华真经义海纂微（下）》，方勇点校，中华书局 2018 年版，第 1377 页。
④ 顾实等著，张丰乾编：《〈庄子·天下篇〉注疏四种》，第 200 页。
⑤ 参见王中江《"差异性"和"多样性"的世界：庄子的"物之不齐论"》，《社会科学战线》2021 年第 4 期；王中江《中国古典语境中的差异性、多样性和共同性话语》，《哲学动态》2018 年第 11 期。

特性、差异性之呈现。① 丁耘亦指出，"慎子齐物而无分，而庄子物化而有分"，说明了慎到与庄子对普遍齐一与分殊差异的不同强调。② 的确，庄子的齐物是以万物的自然差异为基础的。庄子的"齐物"虽然有一个"照之于天"的绝对性对万物之间彼是相非的差异性与相对性进行超越，然而此"照之于天"的超越性却立刻回落于每个个体因于自身的"因是"之中。"因是"概念所强调的，正是万物自然、各自不同的特质。由此，则庄子所达成的"齐物"，是在个体自然差异性的基础上，打破个体之间的隔阂，达成个体之间相互融通的"道通为一"的关系。庄子"齐物"是万物"自然"基础之上的"道通为一"，是个体性、差异性与绝对性、普遍性的吊诡共存，而并非单向度的绝对性与齐一性。

这里的根本，是在讨论一与多的问题："齐"的根本在一、在普遍性、在绝对性；而"自然"的根本在多、在分殊性、在差异性。慎到以道、法之"一"来"齐物"，在一定程度上是对"自然"概念所强调的物之独特性、差异性的颠覆。从物的视角来看，万物分殊，各有其差异不同的面貌；而从道法齐一的视角来看，万物分殊自然的差异性便被泯灭了。问题在于，慎到思想中，是否完全以普遍齐一的道法凌驾于分殊差异的万物之上呢？

事实上，《天下》篇虽然强调了慎到思想以"齐万物"为"首"，然而其对于万物之分殊差异，似乎也留出了一定的空间。"泠汰于物""缘不得已""与物宛转""以为道理"等句中，便呈现出对万物自然分殊之差异性的尊重，似乎并不能完全以道法齐一将其埋没。"泠汰于物"并不是对一个抽象绝对的"道"的遵从，而是对万物自身状态的听任与顺从；所"缘"之"不得已"，亦是对万物各自之不可改变的必然状态的因循与顺应；"与物宛转"是对万物具体差异与变化的追随与跟从；"以为道理"则是普遍齐一的"道"与万物具体的"理"之并存。由此，则慎到所"因缘""宛转"的物之"不得已""道理"，似乎都并不是绝对的道、法之一，而是对万物各自不同特质与趋势的因循与顺从。从这个视角来看，虽然慎到似乎比庄子更为推崇道法齐一而非万物分殊，然其与庄子思想一样，都在一定程度上具备了齐一与分

---

① 参见曹峰《思想史脉络下的〈齐物论〉——以统一性与差异性关系为重点》，《中国人民大学学报》2020 年第 6 期。

② 参见丁耘《〈庄子·天下〉中的"齐物"问题》，《思想与文化》2018 年第 2 期。

殊之间的张力。王中江指出，黄老思想中，作为生成本原的道与万物自然之间具备一定的张力：一方面，道对万物具有绝对的本原义与规范义；而另一方面，道又通过"无为"来成就万物之"自然"。①慎到思想中，亦呈现了道法齐一的绝对化倾向与万物自然分殊的差异化倾向之间的张力。

慎到关于道物之间齐与不齐的张力亦可由静、动之间的张力来表达。在某种程度上，道、法对普遍、绝对、齐一的追求是对永恒、静态的本质的追求；而万物自然独特分殊之展现，在慎到思想中并不被表达为一个恒定的、静态的状态，而更多地呈现为一种流动、变化的动态性。《天下》篇将慎到因循万物的思想表述为"推而后行，曳而后往，若飘风之还，若羽之旋，若磨石之隧"。在这里，因循的是飘风之动荡、羽毛之飞旋、磨石之运转等事物的动态之势；在对动态物势的追随中，自我生命亦被推动、拖曳地随物势而变动。这一点，亦即"与物宛转"一句中所表达的随顺事物之动态变化、与之俱转的意思。此亦即唐君毅先生所云："对物势之转变，无不能顺应，而随之以转变。"②如果说道法齐一呈现了绝对本质的恒常性，那么道法与物势之并存则呈现了静、动两个层面之间的张力。钱基博说，"法者，一成而不可易，有成势，有常形。术者，因循乃见妙用，无成势，无常形"③，亦阐述了慎到思想中道、法之静态齐一与术、势之动态分殊之间的张力。慎到思想中"道""法"作为恒常绝对之一，是静态恒常本质之所在；而"术""势""因循""自然"等概念则呈现了万物多样分殊与流动之势的差异性与动态性。

概言之，《天下》篇中的慎到思想虽然以道、法之绝对、本质、静态的齐一性为首要关键，然其在一定程度上仍然给万物自然、动态流动的分殊性、差异性以一定的空间。齐与不齐、一与多、静态本质与流动物势之间，呈现一定的张力。

三 "常反人"与"死人之理"：人世价值的否定

前述讨论了慎到思想中的己物关系、道物关系，接下来探讨慎到思想在

① 参见王中江《根源制度和秩序：从老子到黄老》，中国人民大学出版社 2018 年版，第 1—27 页。
② 唐君毅：《中国哲学原论·原道篇（上）》，第 136 页。
③ 顾实等著，张丰乾编：《〈庄子·天下篇〉注疏四种》，第 164 页。

人世层面的应用性。慎到对圣贤礼教的价值与规范是否定、排斥的。《天下》篇云："謑髁无任，而笑天下之尚贤也；纵脱无行，而非天下之大圣。"陆德明曰："謑髁，讹倪不正貌。"①成玄英疏曰："随物顺情，无的任用，物各自得，不尚贤能，故笑之也。纵恣脱略，不为仁义之德行，忘遗陈迹，故非宇内之圣人也。"②陈鼓应说："随物顺情无所专任，而讥笑天下的推崇贤能；放纵解脱不留行迹，而非难天下的大圣。"③此句不仅表达了慎到对圣、贤的否定，在根本上更是对一切是非价值、伦理规范的否定。这种放纵无行、反对世俗的批判性，与其"随物顺情"（物之实情，非人之情感）、因物任势的思想密切相关。无所专任的"随物顺情"必将导致放纵解脱，而放纵解脱的生命状态必然无法遵守常俗人世中的价值与规范。"常反人，不见观，而不免于魭断"一句，亦透露出慎到因物任势的思想与其反人思想之间的关系。马其昶曰："魭断，谓其与物宛转也。"④由于因物任势、随变任化，无法被统合于任何既成稳定的价值与规范体系之中。唐君毅先生言慎到"与物宛转之道"，"非依特定方向"，"而只是随事物之转易变化于前，而与之俱转易变化"，即此意。⑤正是在其"因物任势"的放任态度中，慎到思想无法执守于世俗的价值标准，而呈现"反人"的特质。

而以上"魭断"一句，除了因物任势外，还有否定自我认知与主体性的意思。无论"魭断"被解读为断去尖锐物之圭角（钱基博）⑥或是"行刑"（成玄英）⑦，皆是断灭自我认知与主体性之喻。顾实更进一步将其引申为："与人隔绝，无联络之关系。"⑧从这个视角来看，"魭断"对自我生命的舍弃，与其对人世价值规范的隔绝是紧密相关的。正是因为慎到对自我生命的否定，才使其呈现为对人世价值的弃绝与割舍。《天下》篇曰，"豪杰相与笑之曰：慎到之道，非生人之行，而至死人之理，适得怪焉"，王夫之评之曰，"盖浮

---

① （清）郭庆藩撰：《庄子集释（下）》，王孝鱼点校，第1089页。
② （清）郭庆藩撰：《庄子集释（下）》，王孝鱼点校，第1089页。
③ 陈鼓应注译：《庄子今注今译（下）》，第934页。
④ 钱穆：《庄子纂笺》，第271页。
⑤ 唐君毅：《中国哲学原论·原道篇（上）》，第136页。
⑥ 参见顾实等著，张丰乾编《〈庄子·天下篇〉注疏四种》，第121页。
⑦ 参见（清）郭庆藩撰《庄子集释（下）》，第1089页。
⑧ 顾实等著，张丰乾编：《〈庄子·天下篇〉注疏四种》，第44页。

屠之所谓枯木禅者"①，都是对这种空虚无着的自我生命状态的批判。我们知道，人世间价值与规范的建立是需要依托于一个实存的主体根基或者社群根基而展开的。一个基于虚无自我的生命哲学是无法发展出关乎价值规范的伦理哲学的。而对于将自我主体性完全消解的慎到来说，实际上缺失了建构价值与规范所需要的主体根基，而无法发展出一套基于真实生命的价值规范体系。从这个意义上来说，慎到在人世价值层面"死人之理"与其对自我生命的纯然寂灭是直接相关的。与慎到不同，庄子的自我生命最终并不是虚无寂灭的状态，而呈现为本真、充实的状态。正因如此，其人世价值可以植根于一个充实的自我生命之中。《人间世》"大戒二"寓言中，庄子将大戒之根基建构于自我生命不可否定的"子之爱亲"之"情"与不可逃避的"臣之事君"之"义"中，正是依托于一个非虚无的、充实的自我生命，并在自我生命之必然展开中建构其价值与意义。这与慎到虚无寂灭的自我而导致对人世价值的否定是全然不同的。

除了上述"因物""无己"的因素，慎到"反人""死人"的思想也可以从其"道齐万物"的形上学思想中来解读。慎到在形上学层面的"反人"特质集中地呈现于"不两"这个概念中。"趣物而不两"一句，有两种解读。成玄英曰，"意在理趣而于物无二也"②，罗勉道曰，"随事而趣，不生两意"③，将"不两"解读为己与物之间分别、对待的消除。而林希逸云，"趣物，万物之理趣。不两，一也"④，蒋锡昌云，"将万物一视同仁，而不起分别"⑤，则将"不两"解释为由于道齐万物而对物物之间差别对立的消除。以上两种解读中，前者以"两"为己与物之间的对立差异，后者则以"两"为物与物之间的对立差异。而从本体论视角来看，两种解释似可相通，己物之"两"在广义上亦属于物物之"两"。此外，《天下》篇上下文中亦有"舍是与非，苟可以免。不师知虑，不知前后，魏然而已矣"，"古之道人，至于莫之是、莫之非而已矣"等句，表达的亦是对"是、非""前、后"等对立差异的"两"的消除。由此，"不两"的要义，即在于事物之间对立与矛盾的消除。

---

① （清）王夫之：《老子衍 庄子通 庄子解》，王孝鱼点校，中华书局 2009 年版，第 357 页。
② （清）郭庆藩撰：《庄子集释（下）》，第 1086 页。
③ 钱穆：《庄子纂笺》，第 270 页。
④ （宋）林希逸著，周启成校注：《庄子鬳斋口义校注》，第 500 页。
⑤ 陈鼓应注译：《庄子今注今译（下）》，第 931 页。

如何理解慎到的"不两"思想?"不两"思想作为慎到"反人"的一种表现,与其形上学思想中以道法"齐万物"的思想密切相关。如前所述,慎到思想虽亦在一定程度上因物任势而行,却更为注重对道法齐一的强调,以"齐一"的道、法作为绝对的标准凌驾于个体的丰富性、多样性之上。而"两"作为事物之"彼与是""是与非""可与不可"的对立展开,必然要依托于事物分殊差异的基础之上。而缺失了事物差异性维度的慎到思想,是无法以"两"的方式对物之差异性进行呈现的。从这个视角来看,慎到的"不两"思想与其"齐万物"的思想是直接相关的。以道法的超越绝对之"一"消解掉一切个体之间的差异性,由此消解掉由差异性所带来的个体之间对立对抗之"两"。绝对齐一的道法是对一切对立对抗的终极解决;然而这个终极解决同时也意味着将事物之间的差异之"多"与对抗之"两"完全消解于道法齐一之中,而不再给基于事物差异性与对抗性的价值空间留出任何的可能。因此,从道法齐物的视角来看,不仅承载万物差异对抗的"两"是不可能的,承载万物差异之"多"的多元价值体系也是不可能的。

从这个意义来看,慎到的"不两"正与庄子的"两行"相对。王叔岷将慎到之"舍是与非"解读为"无是非可言",并将其与庄子之"因是因非","顺是非之自然","不固执是非"相对比,认为"庄子达理,慎子为免害耳"[1]。慎到的"不两",正可以与庄子的"两行"相参看。在庄子思想中,除了有"道通为一"的"道枢"对事物之"彼是、是非、可不可"的超越外,还有将此"道枢"落实于事物"自然"之中的"因是""寓庸"之行。因此,庄子一面有"齐万物、齐是非"的"通一"之"道枢",一面又有"彼是、是非、可不可"共存的"寓庸"之"两行"。庄子哲学之最终落实,并不在超越绝对的"道枢"之中,而是在事物各自之"庸"中实现"道枢"与"两行"之并存。最终,事物在各自之"庸"中获得自身存在的意义,进而展开价值判断与伦理规范的可能性。概言之,慎到的"不两"以道法齐一超越并泯灭了事物之间的差异与对抗,也并未给基于事物存在的价值空间留出余地;而庄子的"两行"则在绝对"道枢"的同时为事物自身的存在与价值留出了空间。

概言之,慎到以寂灭虚无消解自我主体,以道法齐一取代万物分殊。无论

---

① 王叔岷:《庄子校诠(下)》,第1334页。

在自我生命层面还是在形上层面都呈现为虚无寂静的绝对性，无法衍生出一套关乎价值、规范的人世体系。最终，慎到达成的"死人之理"是："至于若无知之物而已，无用贤圣，夫块不失道。"①郭注云："欲令去知如土块也。"①林希逸云："以块然无知为得道，而不知有感通潜化之理，所以豪杰笑怪，以为死人无异也。"②无论是"弃知""去己"对自我生命的泯灭，还是如同土块一般地"不失道"，都达成了"无用圣贤""反人"的"死人之理"的结果。③《慎子·逸文》亦云："法者，所以齐天下之动，至公大定之制也。故智者不得越法而肆谋，辩者不得越法而肆议，士不得背法而有名，臣不得背法而有功。我喜可抑，我忿可窒，我法不可离也；骨肉可刑，亲戚可灭，至法不可阙也。"在法的齐一大公与自我私情的泯灭中，人世间一切关乎名、功、骨肉、亲戚等价值与规范都被一并抹去了。慎到最终达成的，便只能是泯灭价值与规范的"常反人"的"死人之理"了。

值得指出的是，慎到反价值、反人世的"反人"思想中，亦具备一定的张力。如前所述，因物任势必然反对任何既定的、稳固的价值体系；然而道法齐一作为万事万物的绝对标准，在某种程度上确立了一种新的、恒定的评判标准。曹峰便指出，黄老道家"使道家从原来批判的立场、解构的立场走向了建构的立场"，"把原来的反权威主义改变成新权威主义"。④事实上，慎到"道法齐一"思想之"反人"与其"因物任势"思想之"反人"，两者的出发点是不一样的。因物任势之所以反人，是对既定的、稳固的价值体系的否定；而道法齐一之所以反人，乃在于其抹平万物分殊的差异性而将其扁平化地纳于齐一绝对的道法体系之中。然而，完全因物任势的灵活性与任何既定固有的价值体系（包括道法的绝对权威）之间，并不能完全地调和。从这个视角来看，正如"道法齐物"与"因物任势"之间存在张力一样，道法齐一所确立的绝对价值体系与因物任势对恒常价值体系的反对，两者之间亦具备一定的张力。

---

① （清）郭庆藩撰：《庄子集释（下）》，王孝鱼点校，第 1091 页。
② （宋）褚伯秀：《南华真经义海纂微（下）》，第 1378 页。
③ "无用圣贤"在注疏中多被认为是对"尚贤"等思想的反对。然本文认为，不尚贤也可以从"反人"的广义视角视为对一切价值、意义、规范的反对。
④ 曹峰：《文本与思想：出土文献所见黄老道家》，中国人民大学出版社 2018 版，第 13 页。

结　论

《天下》篇中所呈现的慎到思想有如下特点。首先，通过"弃知去己而缘不得已"，将自我生命的认知与主体性完全地舍弃，由此来因顺事物自身的状态及变化。在这层思想中，以自我之消解来成就事物之呈现，自我生命与事物存在之间呈现了强烈的不对称性。这与庄子思想中"无己""因物"的思想是一致的。然而庄子思想由此进一步演进，最终呈现自我生命之本真面貌，并在此真实自我中与事物达成共通共融之契合关系；而慎到则止于虚无自我与充实事物之间的不对称关系。

其次，慎到"齐万物以为首"，以道、法之齐一来抹平事物的具体性与多样性，将其完全统合于道、法的绝对权威之下。然而另一方面，其"与物宛转"、因物任势的思想却亦为事物的具体性、差异性及其动态展开留出了一定的空间。由此，慎到思想中道法之绝对权威与物势之多样差异之间呈现了一定的张力。这与庄子思想中"齐物""通一"与"因物""自然"之间所具备的张力是相似的。

在"去己""因物""道齐"三者的共同作用下，慎到思想呈现为反人世、反价值的"常反人""死人之理"的特点。因其"因物"，无法接受一套固有的、既定的、恒常的价值体系。因其"去己"，无法衍生出一套基于人之本真生命的价值体系。因其"道法齐一"，不能开出基于万物分殊差异之"多"的多元价值体系，亦将万物之间的对立对抗的"两"完全消融于道法齐一之中。因此，无论从因物任势的视角、舍弃自我的视角、道法齐一的视角，慎到都达成了违背人世价值体系的"反人"状态。

概言之，慎到思想呈现了一种强烈的断裂性，具体包括："去己因物"思想中，己与物之间不对称的断裂性；"道齐万物"思想中，道法齐一与万物分殊之间的断裂性；"死人之理"思想中，超越之道与人世价值之间的断裂性。这种断裂性在庄子思想中同样存在。然而庄子思想之更进于慎到之处，在于其在"去己因物"之后，尚有至人之真我真德与天地万物相通相融的面向；在"道齐万物"的"道枢"之后，尚有万物自然各自呈显的"因是"面向；在其超越离俗的"反人"面向之后，尚有安命处顺、应化解物、是非两行的人世面向。由此，庄子哲学在断裂性、超越性之后，将超越回落于万事万物、人世生命之中，最终达成超越与人世之并行不悖、相即不分的结果。这也是《天下》篇认为庄子的"生人之行"较慎到的"死人之理"更为优越之处。值得指出的是，虽然超越回落人世是更为高级的"生人之行"，然而超越与人世相断裂的"死人之理"却是实现超越与人世相即不分之最终境界的必经过程。由此，虽然《天下》篇对慎到思想持批判的态度，然其之于庄子思想而言，实具有积极而非仅仅负面的意义。

《文子》对老子之"道""自然""无为"观念的显题与落实

杨　杰

摘　要　《老子》最早将"道""自然""无为"这三个概念赋予形而上的哲学意义，不过其意义展开却是暗潜的，《文子》则对其进行了理论化的显题与实践化的落实。首先，《老子》之"道"是超越的、空无的而以"和"为规定性，《文子》则以清虚、无为、自然、无名、无形等"德"等同于"道"。其次，《老子》中"王无为—民自化""道无为—物自然"的对子，并不具有因果性，而只是指向政治稳定的工具与方法。《文子》则以"无为"即"自然"，"无为"细化为清静、虚静、寂寞、澹然、守静、复朴等而成为"道"的核心。最后，《老子》不论"性"。而《文子》以"人生而静"的人性论预设论证"无为而治"，从而实现其所谓的王道政治。

关 键 词　《文子》；老子；道；自然；无为

作者简介　杨杰，上海师范大学哲学与法政学院教授，研究方向主要为道家哲学。

先秦诸子与诸子书中，文子及《文子》是极为复杂且争论不休的一种。

文子其人有辛研（计然）、文种、田文、尹文、宋钘等说，其对话者"平王"有周平王、楚平王、齐平公等论，其书有驳书、伪书、真书等议，其成书年代、与《淮南子》的关系亦聚讼不已。尤其是 1973 年竹简本《文子》出土后，古本（包含敦煌本及竹简本）《文子》、今本《文子》与《淮南子》三者构成的"抄袭""先后"关系，孰是孰非，众说纷纭。

然而，不管文子是谁、其书是否委托，也不论哪种《文子》，其思想与表达显然都与《老子》有直接联系。班固《汉书·艺文志》云，"文子，老子弟子"①，李暹云，"［文子］本受业于老子，文子录其遗言，为十二篇云"②，这种看法应该是先有《文子》与《老子》思想的关联进而追溯到二书作者的关系。柳宗元说"其（文子）指意皆本老子"③，其后世人多有此观。如宋濂指出："考其言，一祖老聃，大概《道德经》之义疏尔。"④ 元杜道坚曰"《文子》者，《道德经》之传也。老子本《易》而注书，文子法《老》而立言"⑤。今人的研究更为细致，王利器、丁原植、李定生等详述《文子》《淮南子》引解《老子》之处，王利器更认为《文子》为《道德经》之疏义、《淮南子》为《文子》之疏义。王三峡、张丰乾、葛刚岩、何志华等特别提到竹简本《文子》对老子思想的发展及两种《文子》的差异，其关注点多在《文子》与《淮南子》的关系及由此判定《文子》真伪、成书年代等论题。对此，张彦龙以《文子》乃《老子》之"传"、以"经传体"总结二者的关系。⑥ 其实，无论是"义疏体"之论还是"经传体"之说，其论多以经过汉代增删的传世本《文子》立论，先于《淮南子》的竹简本《文子》可能更接近《韩非子》的"解老""喻老"体例与思想。总体上看，两种《文子》对《道德经》重要观念的论证具有同质性，其对老子思想的发展当是《淮南子》之前老学史的重要一环，这种思想的显题、转进与扩展特别体现在"道""自然""无为"这些主要的哲学概念上，由此构成了道家哲学由理论落实到实践

---

① （汉）班固撰，（唐）颜师古注：《汉书》，中华书局 1962 年版，第 1729 页。

② （宋）晁公武撰，孙猛校证：《郡斋读书志校证》，上海古籍出版社 1990 年版，第 474 页

③ （唐）柳宗元撰，尹占华、韩文奇校注：《柳宗元集校注》，中华书局 2013 年版，第 324 页。

④ （明）宋濂著，顾颉刚校点：《诸子辨》，朴社 1927 年版，第 8 页。

⑤ （宋）杜道坚：《通玄真经缵义》，载张继禹主编《中华道藏》，华夏出版社 2004 年版，第 15 册，第 588 页。

⑥ 参见张彦龙《论今本〈文子〉为〈老子〉之"传"》，载詹石窗等主编《中华老学》第四辑，九州出版社 2021 年版，第 127—147 页。

的现实可能性。

一　《文子》对老子之"道"的显题

作为首位将"道"提升为形而上学地位的哲学家，老子所论的道是茕然独立、高高在上的。《老子》中"道"字出现 77 次①，其对"道"与"物"的阐述需采用不同的思维方式才能得到理解。前者是整体性、模糊性、不定性思维方式，后者是分析性、清晰化、确定性运思方法。《老子》首章说"道可道，非常道"，一方面"道"自身不可直接思维或表达，需要通过对可道之道及其对万物的贯通理解常道，另一方面主体必须认识到其对道的认知并不是道本身，要在通达于道的过程中反思知性思维的局限才能接近常道的形而上性。因此，老子对道的描述并不是给道一个对象化的、确定性的标准，而是阐述其显现于物所呈现的特征。

老子对道的理解有三个层面。首先，道作为独立存有的实体，超越万物之上，逾越天地之外，因其至高、超越，而与宇宙万有割裂。《老子》第 42 章说"道生一，一生二，二生三，三生万物"，万有与道之间隔离着若干层次，第 40 章"天下万物生于有，有生于无"，第 62 章"道者万物之奥"等论，以道为万物存在、运行的根本原因。"道"并没有具体内容，而只是一种悬设的最高理想、一个至上的符号。因此，道就有了第二个特征：空虚性、含混性。道必须是空灵的、虚无的才能容纳万有，故第 4 章说"道冲而用之或不盈"，只有绝对的虚无才能作用于万有，所以可以言说之道因有具体意义而非恒常之道。王弼《老子指归略例》说"若温也则不能凉矣，宫也则不能商矣"就是在这个意义上讲的，万物的具体属性一定是有局限的，只有以绝对的空无作为规定才能包容宇宙万有。不过，恍惚不定之道只是就其显现或功用而言，没有任何规定性的道是无法存在的，因为道的流动性是"周行"，即一种回环结构，如此才能保证其能"反"即复归自身的本质，而这个本质就是老子给予道的唯一的规定性——"和"，是为道的第三个特征。第 42 章说"万物负阴而抱阳，冲气以为和"，"和"描述的是万物自身内部构造元素

---

① 依据王弼本，参见（魏）王弼注，楼宇烈校释《老子道德经注校释》，中华书局 2008 年版。

以及万物之间勾连关系的阴阳和合的状态，道之"大""远"即走向万有，而"反"即最后返归于道，其间必须保持"和"的状态，整个过程才能恒久运行。

老子对道之相状的描述，因与物相对而突出其形而上性、模糊性，对于道于物中的展开并没有详细论述。"道"是《文子》的核心概念，其书特别设立《道原》《道德》两篇申说道意。一方面，极尽夸张之能事铺陈道的神秘性、至上性，这种对道之形象的描绘并没有增加道的实质内容。如"大道""至道"的说法，《微明》篇说"夫道不可闻，闻而非也；道不可见，见而非也；道不可言，言而非也。孰知形之不形者乎！"[1] 但又说至人可以"微言"，"夫知言之谓者，不以言言也。争鱼者濡，逐兽者趋，非乐之也，故至言去言，至为去为，浅知之人，所争者末矣"，这里的"不言"并不是不说话、不行为，而是至人谈论大道是一种自然呈现。"争鱼者濡，逐兽者趋"是一种除却人为意图的自然而然。因此所谓道的至上性在《文子》处仍然为德性所包含。另一方面，以"德"展开道的具体意义。《老子》中的道以做主语为主，体现道的超然性；《文子》中的道多处做宾词，是主词可以把握的对象，从而把超越的、含混的道具体化为"执一无为"。老子说"道生一""天得一以清"，这里的"一"是道之下一层的概念；文子之道可以"体"、可以"循"、可以"乐"、可以"用"、可以"听"、可以"闻"、可以"行"、可以"得"、可以"失"。"执一"即"御之以道""执道以御民"，是为"王道"。又如老子说"镇之以无名之朴"，文子说"圣人以道镇之，执一无为"。"一"即"道"，将二者视为同等层次概念，实际上是开始将形而上的"道"下降到"术"的层次。《文子》中多次"道德""道理"连用而侧重于"德"与"理"。从而实际上将道等同于德，《微明》篇说"德之中有道，道之中有德"。具体化为"清虚""无为""自然""无名""无形"等，这些在老子那里归属于德性的观念，《文子》直接将之等同于"道"。既使得"道"具有某种属性，从而使得后来河上公注曰"道性自然"，也通过对"自然""无为"概念的改造使得仁义礼法被纳入"道"中。

① 本文引用今本《文子》，参见（战国）文子著，李定生、徐慧君校释《文子校释》，上海古籍出版社 2004 年版，竹简本《文子》参见张丰乾著《出土文献与文子公案》，社会科学文献出版社 2007 年版。

因此，老子之道论以天地万物特别是国家的恒久存在为目的，有着为君主建构稳定秩序的企图心。《文子》则以道为德，通过具体道德的展开将德性转化为自然而然的存在，试图以此消除心理意图可能带来的"私心自用"。这种消解在理论上未必是成功的，但其"私志不入公道"的叮嘱显然意识到老子之道有可能走向偏狭，因此《文子》又特别对"自然""无为"观念进行了转化。

二　《文子》对"自然""无为"观念的转化

"自然""无为"观念是近年学界研究的重要课题，新见迭出。老子首提的"自然"概念在《老子》中出现 5 次，其主词是物而不是道，指万物自然而然地呈现。在自然世界里，物的自然而然呈现可能受到"造物主"的干预；在人伦世界里，个体的自然而然呈现可能受到君主的干预。物的世界里，任何个体都不可能孤立存在，所有元素都处在世界整体这个网状结构中。那么自然的第一个义项"自己而然""客体非他然"[①]，并不意味着个体的呈现与他者无关，而是个体之间通过非因果的意义链接构成宇宙整体，这就是后来郭象所说的"玄冥之境"。个体意义的展开是自发的"非他然"，其展开的起因与过程是自身的"德"即本质，而非来自对象的"无为"。因此作为强者一方的主体"无为"之为必须"少私寡欲"以自我节制，这并不能保证客体的行为如何。而客体作为主体的"自己而然"必然带着某种意图，这就是"化而欲作"，"欲"即意图、主体的心理动机。由"欲"带出的主观行为需要符合自然而然的原则，否则就是"作"，因此需要"镇之以无名之朴"，"无名之朴"即前述的"无为"。无为—自化分别是君主与万民的两端。"道—物"之宇宙结构与"王—民"之人伦世界中，道与王、物与民具备同样的性质与地位，其结构关系也类似。王无为—民自化、道无为—物自然，构成了两者类似的结构关系。

不少学者认为老子思想里存在着"道无为而万物自然""君主无为而百姓

---

① 叶树勋：《道家"自然"观念的演变——从老子的"非他然"到王充的"无意志"》，《南开学报》（哲学社会科学版）2017 年第 3 期。

自然"的对子①，应该说自然、无为分别各有其主语是合理的。不过，老子行文的目的是通过与有为方式相反的无为之法实现百姓"自化"，物及百姓的"自然"只是保证了其可能性。因此，从无为到自然并不具有某种因果关系，而是两个主体不同的事情，百姓得到自化是统治者的根本目的，最终指向国家的恒久且稳定的存续。

今本《文子》中"无为"出现 61 次、"自然"出现 15 次（竹简本分别为 2、0 次），《老子》中二者分别出现 12、5 次；从频次上看，符合西汉之前道家哲学以"无为"为主旨的思想特征②，也即《文子》也是以"无为"为核心概念探讨治道的。《文子》对"无为"概念的分析是具有针对性的：

> 故漠然无为而无不为也，无治而无不治也。所谓无为者，不先物为也；无治者，不易自然也；无不治者，因物之相然也。（《文子·道原》）
>
> 所谓无为者，非谓其引之不来，推之不去，迫而不应，感而不动，坚滞而不流，卷握而不散，谓其私志不入公道，嗜欲不挂正术，循理而举事，因资而立功，推自然之势，曲故不得容，事成而身不伐，功立而名不有；若夫水用舟，沙用鸠，泥用輴，山用樏，夏渎冬陂，因高为山，固下为池，非吾所为也。圣人不耻身之贱，恶道之不行也；不忧命之短，忧百姓之穷也。故常虚而无为，抱素见朴，不与物杂。（《文子·自然》）
>
> 人莫得恣，即道胜而理得矣，故反朴无为，无为者，非谓其不动也，言其从己出也。（《文子·上义》）

《老子》第 57 章讲"我无为而民自化，我好静而民自正，我无事而民自富，我无欲而民自朴"，以无为作为政治手段实现执政者的意图，无论是实践层面的"为无为"还是心理层面的"无为之益"或者目的层面的"无为故无败"，都带着君主追求"恒久"的心理欲求。因此，老子"无为"的不确定性既体现在无为内涵的不清晰上，也体现在其明确要求实践无为却不说透心理无为与否，这些疑问在其后的思想发展与实践中都会遇到解释的困难。对此《文

---

① 参见王中江《道与事物的自然：老子"道法自然"实义考论》，《哲学研究》2010 年第 8 期；曹峰《从因循万物之性到道性自然——"自然"成为哲学范畴的演变历程》，《人文杂志》2019 年第 8 期。

② 参见杨杰《"道恒无为"还是"道法自然"？——论先秦汉晋道家哲学主旨的转变》，《哲学研究》2019 年第 7 期。

子》强调三点。第一,明确由自然推向无为的因果性。一方面,"故天下之事不可为也,因其自然而推之"(《文子·道原》),因为万物自然而然的显现,道不可有为事之;也即并不是道的无为导致万物的自然,而是万物的自然需要道的无为。另一方面,"治随自然","无治者,不易自然也",无为即随任自然,更进一步,无为即自然。《自然》篇名为"自然",实际上主要是讲"无为",或许就是出于二者不分的考虑。第二,细化"无为"的具体含义。无为即清静、虚静、寂寞、澹然、守静、复朴等,与老子"柔弱""守雌"的"弱势行为"不同,《文子》的无为是一种有为之前的"预备姿态"。《文子·道德》曰"圣人体道反至,不化以待化,动而无为",至人守静待物,依据外物变动而做出自身的反应。在《文子》看来,这种行动不是出于私心,而是追求天下恒久的公道,即符合无为原则。第三,"无为"是道的核心性质。《文子·下德》"故无为者,道之宗也"。不同于《文子》之后两种《老子注》提升"自然"地位的提法,即想尔注曰"自然,道也","自然者,与道同号异体",与河上公注曰道"性自然",《文子》以"无为"作为道的主要内容,自然只是无为的原因而非目的,也即其关注的是道、王而非物、民,明确并扩展了老子政治学说"君人南面之术"的性质。

三 《文子》对"道法自然""道恒无为"的实践落实

"道法自然""道恒无为"作为老子哲学最重要的两个命题,后者是前者的目的,前者只是实现后者的原因。对于春秋战国主流政治思潮的儒法两家,《老子》第38章不仅将仁义礼法归之于"德",并且以"无为/有为""无以为/有以为"作为评判高下的标准。首先,世俗治理方式都是"方术"之德性,而不可能是形而上的道。其次,"无为/有为"在实践层面意味着德行的现实展开,"无以为/有以为"则是心理意图的外显化。《老子》第19章有"绝圣弃智,民利百倍;绝仁弃义,民复孝慈;绝巧弃利,盗贼无有"之说,直接将现实的儒法诸家加以排斥,而回到人自身内在性情的自然发显而呈现的自然需求与国家社会存在的永恒不变上来。

老子不论性,《文子》则以人性的初始即其展开过程为"无为而治"建立政治哲学的人性论基础。

> 人生而静，天之性也；感物而动，性之害也；物至而应，智之动也；智与物接，而好憎生焉；好憎成形，而智怵于外，不能反己，而天理灭矣。（《文子·道原》）
>
> 清静恬和，人之性也，仪表规矩，事之制也，知人之性则自养不悖，知事之制则其举措不乱。（《文子·自然》）
>
> 以道治天下，非易人性也，因其所有而循畅之，故因即大，作即小。古之渎水者，因水之流也，生稼者，因地之宜也，征伐者，因民之欲也，能因则无敌于天下矣。物必有自然而人事有治也，故先王之制法，因民之性而为之节文，无其性，不可使顺教，无其资，不可使遵道。人之性有仁义之资，其非圣人为之法度，不可使向方，因其所恶以禁奸，故刑罚不用，威行如神，因其性即天下听从，怫其性即法度张而不用。道德者，则功名之本也，民之所怀也，怀之则功名立。（《文子·自然》）

先天之人性尚安静，后天之呈现则躁动，若不反躬自省，则天性丧失。后天之欲望使人失去了平静清虚的本心，需要外在因素裁割之。所谓治人治物治国，根本在于因人之性、循人之欲，设置仁义礼法的目的在于建构社会秩序，从而约束人知的展开，才可能使人性的流动遵循自身的自然呈现。因此，和庄子一派遵循老子弃绝儒墨名法诸子这些现实中的"有为法"不同，《文子》基于现实政治的需要将其纳入"无为"观念内，只是"为"与"无为"的主语要进一步具体化：

> 王道者，处无为之事，行不言之教，清静而不动，一度而不摇，因循任下，责成不劳，谋无失策，举无过事，言无文章，行无仪表，进退应时，动静循理，美丑不好憎，赏罚不喜怒。名各自命，类各自以，事由自然，莫出于己。（《文子·自然》）
>
> 人君舍其所守，而与臣争事，则制于有司，以无为持位，守职者以听从取容，臣下藏智而不用，反以事专其上。……非誉萌生而明不能照，非己之失而反自责，则人主愈劳，人臣愈佚，是以代大匠斫者，希有不伤其手。……故不用之，不为之，而有用之，而有为之，不伐之言，不夺之事，循名责实，使自有司，以不知为道，以禁苛为主，如此则百官

之事，各有所考。(《文子·上仁》)

整个社会秩序的建立，人君是处于"道"的超然位置的，其"无为"以臣下有为为基础，而下臣与百姓也是一种上下关系，臣子"有为"的依据是君主按照人性建立的仁义礼法等规则，如此王—臣—民三者建立了一个稳固的社会结构，保证了国家的恒久存在。在这个叙事里，圣人依据人的自然性情制定仁义礼法施于天下，即所谓"不为而成"、胸"怀自然"。(《文子·精诚》)"无为"即"自然"既是君主的属性，也是百姓的诉求。而"人臣各守其职"(《文子·上德》)施行当下制度，"群臣一意"(《文子·自然》)则臣子形有为而实无为，国家的恒久存在也就自然而然地达成了，也即实现了王道。

《群书治要》在辑选《文子》时，以"道自然"改动原本"自然"篇名，所引不出导民因臣、循仁义遵礼法之事，正如张舜徽评价说，"太宗所以大过人者，在能以道家清净之旨施之政理耳"①，"道自然"所讲仍然是经过去意图化的无为之事。君主心理意图自然而然地呈现，有清虚安静之人性的保障，使得君主、臣下、百姓皆遵循共同的行为准则，从而自然、无为实现了相同的功用，即无为等同于自然。如此，不论现实中的人伦德性、政治德行如何，都可以纳入自然无为范畴内。进而其内涵发生了本质变化，自然无为成为论证仁义礼法合理性的工具，并在现实中根据统治者的需要或取或用，这应该是汉代统治者最终以儒法取代黄老作为政治意识形态的理论原因。不过，也正因为"道"的至上性、"自然""无为"的涵容性，使得"道法自然""道恒无为"为历代所不能抛弃，经过现代的创造性转化与创新性发展当发挥着积极意义。

结　语

《文子》一般被归之于黄老道家，从思想倾向上看，它与《黄帝四经》《庄子》部分外杂篇有着不少相似性。《黄帝四经》《文子》《淮南子》这些黄老道家著作在编撰时首先都是"原道"，即探讨"道"的本质问题，将"无

---

① 张舜徽：《周秦道论发微》，中华书局 1982 年版，第 90 页。

为"视为道的首要宗旨，其与老子的区别是将现实的德性纳入无为之中，其依据是老子忽视的人性质朴的自然呈现。老子转向黄老是其学说与政治媾和的必然选择：一方面，通过纳入政治规则，"道—无为—自化"的理论指导政治实践；另一方面，从战国、秦朝的"有为"世界向汉初"无为"国度的实际政治转变，也在寻找王道政治的理论根基。由此，《文子》通过对"道""自然""无为"概念的扭转或扩展，建立了新的政治哲学。在当代，对"德"的理解当然不能局限于诸子百家，世界各个宗教、哲学、价值观、文化形态都是老子意义上的"德"或庄子意义上的"方术"的某个侧面，如何寻找人类文明共同的"道"、容纳地球村的多元文明，当是我们思考老子、文子当代价值的意义所在。

文子其人其书及其思想[*]

裴健智

摘　　要	研究《文子》，必然涉及文子其人其书及其思想。关于文子其人，学界有很多说法，再加上与其对话的周平王，问题变得更为复杂。自唐代柳宗元怀疑今本《文子》为驳书开始，《文子》其书一直颇受争议，1973 年定简的出土，为《文子》的真伪、流动性研究提供了重要素材。今本《文子》的核心思想是道、德、仁、义、礼，是对《老子》思想的继承和转化，属于战国时期黄老道家的重要一派。研究文子其人其书及其思想，对进一步拓展黄老道家思想史、道家学术史具有重要意义。
关 键 词	文子；真伪；德、仁、义、礼
作者简介	裴健智，西北大学中国思想文化研究所师资博士后，研究方向主要为先秦道家哲学、文本。

一　文子、平王其人

研究《文子》的文本、思想，必然涉及文子其人的问题。《文子》一书

---
* 本文为国家社科基金青年项目"战国时期黄老道家的两种倾向研究"（22CZX029）、第 72 批中国博士后科学基金面上资助项目"战国时期黄老道家的两种倾向——以《文子》为中心"（2022M722582）阶段性成果。

无论是文子自作、文子弟子整理，还是托名文子而作，都与文子有莫大的关联，因此，考察文子其人有助于解决《文子》的一些问题。文子其人相当复杂，单从先秦两汉时期称"文子"者有二十人之多，就可以看出其困难程度，"文子"其人究竟是谁，恐怕是很难回答的问题。① 当然，要想确定《文子》中的"文子"其人，单单从"文子"的称呼，还不足以判断文子其人，还需满足其他条件。林志鹏指出，"任何'文子'之假说要成立，至少需满足以下四个条件。1. 其人有'文子'之称。2. 其人在老子之后，当为战国时期著名的思想家。3. 从《汉志》之著录及班固自注，并配合《文子》的思想内涵来看，其人必定服膺老子学说，并与道家有学术上的渊源。4. '平王'与文子对话，需解释其称之由"②。根据以上的条件，仅有"文种""田文"符合，其他"文子"都无法成为文子其人的备选人员。

根据以上的分析，以及其他关于文子的史料、注释以及前人的成果，学界关于文子其人，有计然、文种、田文、关尹、尹文等多种说法。③ 文子为文种、田文、关尹、尹文等多种说法，证据都不是很可靠。相比较而言，文子为计然的说法更为可靠些。李暹明确提出文子的号为计然，晁公武在《昭德

---

① 严灵峰指出，"若把'文子'当作'人名'，而冠以姓，在《左传》和《国语》中却有十六人之多"，有鲁国二人，晋国四人，卫国八人，齐国三人。具体包括：范文子（晋上将军）、公叔文子（卫大夫）、卫将军文子、太叔文子（卫大夫）、析文子（齐）、孔文子、北宫文子（卫）、叔孙文子（鲁）、季文子（鲁）、孙文子（卫）、中行文子（晋）、知文子（晋）、赵文子、陈文子（齐）、晋阳文子（卫）、鲍文子（齐）。严灵峰《定州竹简〈文子〉残本试探》，《哲学与文化》1997年第2期。郑国瑞指出，"先秦时期有多位文子，先秦典籍所见及之文子可考者"包括：季文子、范文子、孙文子、析文子、陈文子、赵文子、大叔文子、北宫文子、鲍文子、知文子、中行文子、公叔文子、孔文子、公孙文子、叔孙文子、孟文子、令狐文子、鲁阳文子、南文子、文子（田文）、文子（《韩非子》）。郑国瑞：《〈文子〉研究》，新北：花木兰文化出版社2010年版，第45—48页。
② 林志鹏：《战国诸子评述辑证——以〈庄子·天下〉为主要线索》，复旦大学出版社2014年版，第213页。
③ 钱穆认为文子即尹文子；魏启鹏认为文子为晋国之公子，姓辛；张丰乾认为《文子》书托名文子而作，此人很可能是田文。文子为文种的说法出自江瑔。他在《读子卮言》中指出："古之所称为某子者，其例有二：一为合姓而称之，某姓即称某子，如孔子、庄子之类是也；一为于名字之外，别以一己学问之宗旨或性情之嗜好署为一号，以示别于他人，亦称某子，如老子、鹖冠子之类是也。二者之中，以前者为通称，古人为最多。此外未有字为某子者（或以子字居前，字曰子某，则亦多有之，如子思、子贡之类是也。其以子字居前者，与孟仲叔季诸字同，犹子路之称季路耳）。文子为道家之学，道家所贵在于抱朴而守真，黜文而崇质，则更无号曰文子之理，于后例既不合，必合于前例。然则'文子'之'文'必为姓无疑矣。"（民国）江瑔撰：《读子卮言》卷2，商务印书馆1912—1949年版，第93—101页。

先生郡斋读书志》卷三引李暹《文子注》:"姓辛氏,葵丘濮上人,号曰计然,范蠡事之。"熊良智在《唐抄文选集注汇存》卷七十三《抄》注文中发现了刘向《别录》的佚文:"刘向《别录》云:文子,老子弟子。鲁哀、定时人,姓辛,名计然,著《文子》书。"这就意味着"文子为计然"的说法,不仅源于李暹的《文子注》,甚至可以追溯到刘向,甚至有更早的渊源。① 这就为"文子为计然"的说法提供了更加有力的证据。虽然也有不少学者如李定生、葛刚岩、郑国瑞、李锐反对"文子为计然"的观点。② 我们认为,既然"文子为计然"的说法至迟可以追溯到刘向,而刘向博览群书,必有所据。因此,如果没有充足的证据,我们无法否定"文子为计然"的说法。

总之,以往研究对文子其人究竟是谁的问题,一直处于争论之中,莫衷一是,我们相信,这种争论可能还会继续下去。但是,这并不妨碍我们继续深入文子其人的探索,考察文子其人的线索,对研究《文子》文本、思想会有很大帮助。正如丁原植所说,"对于文子其人,今日虽已经无法断言其详,但就中国古典哲学探源而言,确定他所关联的思想传承与衍生推展的方向,应是重要而必需的课题"③。

谈完文子其人,就不得不讨论平王的问题。《汉志》记载有"《文子》九卷",班固自注提到"周平王问",可见《汉志》本《文子》可能有关于"周平王"的记载。虽然今本《文子》仅有一处"平王与文子"的问答,但从残缺的简文看,简本《文子》通篇都是"平王与文子"的问答,以此推测《汉志》本《文子》记载的很可能是"平王"而非周平王,只不过向歆父子、班固认可"平王"为周平王的说法。因此,作为"文子"的对话者,"平王"也是《文子》中的重要人物,考察平王其人也是了解《文子》文本、思想的题中之义。

关于"平王"是谁,学界有三种看法,第一种是周平王,第二种是楚平

① 参见熊良智《〈文子〉作者考论》,《文史》2009 年第 3 期。

② 参见(战国)文子著,李定生、徐慧君校释《文子校释》,上海古籍出版社 2016 年版,第 14—15 页;葛刚岩《〈文子〉成书及其思想》,巴蜀书社 2005 年版,第 1—14 页。这一观点钱穆《先秦诸子系年》已经指出。参见钱穆《先秦诸子系年》,商务印书馆 2015 年版,第 119—124 页;葛刚岩《〈文子〉成书及其思想》,第 7—11 页;郑国瑞《〈文子〉研究》,第 50 页;李锐《同文与族本——新出简帛与古书形成研究》,中西书局 2017 年版,第 105 页。

③ 丁原植:《文子新论》,台北:万卷楼图书有限公司 1999 年版,第 9 页。

王，第三种是齐平公。①

班固提出的"平王"为周平王的说法，很早就受到了质疑。从时代上看，周平王生活在春秋初年，文子的年代虽然不确定，但《汉志》记载有与孔子大致同一时期，孔子生活于春秋末年，两者相差200多年。因此，文子与平王不可能同时，根本不可能相互问答。无论是"平王"为周平王的说法，还是"楚平王""齐平公"的判断，其实都默认了一个前提，那就是《文子》文本反映的是历史事实，文子与平王在历史上必定存在对话，因而，"平王"应当与文子同时。上述研究都从历史的维度出发，试图将平王与文子的对话与历史事实相互对应。

简本《文子》的出土，为"平王"为周平王的说法提供了新的证据。正如王博指出，"平王"为"周平王"，理由有二。（1）简本《文子》有"天王"一词，这是天子的专称，诸侯不得称"天王"，因此"从文子称平王为天王之例看，平王必为处天子位之周平王，楚平王固不足以当之"。（2）简本《文子》中文子多言"天子""贵为天子""天下"等，"诸侯""百国之君"等，显然，平王是周平王而非楚平王。②此外，魏启鹏指出，"今本和简本中'平王问'中透露出是一个贵为天子，心忧王道之治的形象。……这些提问，应当说与周平王的天子身份还是相称的。问答中所反映的时代特征，一与周平王所处的衰乱之世相符。……因此，有理由认为，班固述《文子》'称周平王问'是可信的"③。简本《文子》中各种对"天子"的称呼，为"周平王"的说法提供了强有力的根据，而楚平王、齐平公的说法都无法解释这一现象，显得苍白无力。

那么如何解释周平王与文子时代不符的情况呢？事实上，诸子文本中刻画的人物形象，不能完全用历史的眼光来看，作者或多或少地经历了二次创

---

① 马端临《文献通考》引《周氏涉笔》"其称平王者，往往是楚平王，序者以为周平王时人，非也。"但事实上，楚平王与文子的年代并不相符，而且楚平王的形象与文子中"平王"的贤明形象也不大一致。具体参见王博《关于〈文子〉的几个问题》，《哲学与文化》1996年第8期；魏启鹏《〈文子〉学术探微》，《哲学与文化》1996年第9期。李定生同意孙星衍"平王"不当为"周平王"的说法，同时又认识到，文子与楚平王并非同一时代，因此不可能与楚平王问答。他依据《韩非子》中平王与文子的对话，并结合各种史料推测，平王当为"齐平公"。参见（战国）文子著，李定生、徐慧君校释《文子校释》，第14—26页。

② 参见王博《关于〈文子〉的几个问题》，《哲学与文化》1996年第8期。

③ 魏启鹏：《〈文子〉学术探微》，《哲学与文化》1996年第9期。

作，并不能简单地等同于历史本身。如《庄子》中的"老聃""孔子""颜回"等形象，已经大大不同于历史事实，很可能只是作者思想的代言人而已。在战国时期，作者依托某位帝王问答，是一个相当普遍的现象。曹峰认为，当时依托贤明的君主，至少包括黄帝、高阳、尧、舜、禹、汤等十五类。[①] 文子与平王的对话，很可能也是受这一风气的影响，是《文子》一书的作者依托贤明的周平王进行问答而已，并不需要两个人年代完全相符。

总的来说，简本《文子》中的周平王形象具有如下特点。第一，简本《文子》刻画的"平王"形象，虽是理想的帝王形象，但必须是历史上比较贤明的君主，不能与其历史形象完全相反或存在矛盾。相比较而言，周平王是比较贤明的君主，而楚平王、齐平公则相对平庸，不足以担任"帝道"代言人的角色。第二，周平王与文子相差200多年，依托周平王问答，塑造的平王形象，既有一定的史事根据，也有一定的模糊性，使平王形象的再塑造成为可能。如果"平王"的时代与文子同时的话，那么，人们心目中的"平王"形象与历史形象几无差别，文子重新塑造"平王"形象的可能性会大大降低。文子依托贤明的周平王的天子身份，而非当时的诸侯王进行问答，更加容易使人信服。

二 《文子》其书

从唐代开始，就有人怀疑《文子》为驳书，柳宗元指出，"《文子》书……其辞时有若可取，其指意皆本老子，然考其书，盖驳书也"（《辨文子》）。其后，学者更是得出了今本《文子》抄自《淮南子》，是一本伪书的结论。[②] 20世纪初，古史辨派掀起了一股疑古思潮，试图用科学的理论方法反思中国古代典籍，尤其是详细地考辨了先秦两汉诸子的著作，涌现了很多

---

① 除文中引用的还包括"盘庚""武丁""周文王""周武王""周成王""太子晋""吴王阖闾""齐威王""秦昭王"。参见曹峰《道家"帝师"类文献初探》，《哲学论集》2018年总第49期。

② 也有部分研究者认为《文子》并非伪书。如孙星衍在《问字堂集》中指出"黄帝之言，述于老聃；黄老之学存于《文子》，西汉用以治世。当时诸臣皆能称道其说，故其书最显"，但这种观点并非主流。关于古代《文子》研究的相关材料，可参见张丰乾《出土文献与文子公案》，社会科学文献出版社2007年版，第241—292页。

成果，然几乎没有与《文子》其人其书相关的论著，大概是因为在当时的学者看来，《文子》为伪书已经成为定论，不需要继续讨论了吧！这就是《文子》其书在学术史、思想史、哲学史上没有特别彰显的缩影吧！

从 1973 年开始，马王堆帛书、定州汉简、银雀山汉简等一系列出土文献的发掘，尤其是简本《文子》、《黄帝四经》等文献的出土①，《文子》这些以往被认为伪书的文献，开始重新进入人们的视野，掀起了《文子》等书的研究高潮。1981 年，河北省文物研究所公布《定县 40 号汉墓出土竹简简介》后，一些研究者如唐兰、艾力农、江世荣、熊铁基、吴光、李定生、丁原明、张岱年等，开始为《文子》翻案，指出《文子》是先秦两汉固有的典籍。

但是，《文子》文本远没有那么简单。1995 年《定州西汉中山怀王墓竹简〈文子〉释文》《定州西汉怀王墓竹简〈文子〉的整理和意义》《定州西汉中山怀王墓竹简〈文子〉校勘记》公布后，陈丽桂、张丰乾、叶波（Paul van Els）从用词、语句、文本等方面出发，再次确认了今本《文子》为伪书的结论。

上述研究虽然深化了《文子》文本的讨论，但都局限于真伪层面的讨论，随着出土文献的发掘，我们发现，先秦两汉的文本并不是一成不变的，而是随着抄写者、后世作者的不断增改而形成的。事实上，从刘向的《七略》、班固的《汉书·艺文志》开始，到《七录》《隋书·经籍志》《旧唐书·经籍志》《新唐书·艺文志》均有《文子》的记载，《文选》李善注中也多次引用《文子》，表明自汉经隋至唐，确有《文子》这本书的存在，在没有确凿证据的情况下，还是不要用"伪书"的眼光看待《文子》了。丁原植、王三峡、宁镇疆、李锐等学者的研究就试图突破真伪的判断，不再将《文子》当作静止的、不变的文本，而是从历时性、流动性的角度看待文本的形成。② 我们认为，这是比较科学的方法，也是笔者进一步要努力的方向。

要想了解《文子》，必须了解一下现存的《文子》各文本。目前我们看

---

① 《黄帝四经》原称《马王堆帛书老子乙本卷前古佚书》，包括《经法》《十六经》《称》《道原》，也有称之为《黄帝四经》。唐兰先生认为此书即《汉书·艺文志》所载的《黄帝四经》，魏启鹏先生认为是《黄帝书》，虽然有争议但大家基本沿用《黄帝四经》这一名称。

② 参见丁原植《文子新论》，台北：万卷楼图书有限公司 1999 年版；王三峡《文子探索》，湖北人民出版社 2003 年版；宁镇疆《从出土材料再论〈文子〉及相关问题》，《华东师范大学学报》（哲学社会科学版）2002 年第 2 期；李锐《同文与族本——新出土简帛与古书形成研究》，中西书局 2017 年版。

到的《文子》版本包括，定州出土的简本《文子》、敦煌出土的敦煌本《文子》、今本《文子》。定州出土《文子》文本可以参考《定州西汉中山怀王墓竹简〈文子〉释文》《定州西汉怀王墓竹简〈文子〉的整理和意义》《定州西汉中山怀王墓竹简〈文子〉校勘记》，《文物》1995 年第 12 期。敦煌出土的《文子》文本收录于《英藏敦煌文献》第 4 卷，四川人民出版社 1991 年版；《法藏敦煌西域文献》（18），上海古籍出版社 2001 年版。还可以参看朱大星《敦煌写本〈文子〉残卷校证》，《文史》2001 年第 4 辑。今本《文子》的文本可以参看方勇《子藏·道家部·文子卷》（共十册），国家图书馆出版社2013 年版。

另外，关于整理校注翻译今本《文子》的内容，可以参看下面的文本，李定生、徐慧君：《文子要诠》，复旦大学出版社 1988 年版（其后又增订为李定生、徐慧君《文子校释》，上海古籍出版社 2016 年版）；王利器：《文子疏义》（新编诸子集成），中华书局 2000 年版；李德山：《文子译注》，黑龙江人民出版社 2003 年版；彭裕商：《文子校注》，巴蜀书社 2006 年版。

本文以李定生、徐慧君的《文子校释》（上海古籍出版社 2016 年版）为底本，必要参照各古本时会加以说明，同时结合古今各家注释，对材料作出必要的解说。

三 《文子》的思想

由于《文子》文本长期被视为伪书，因而学界对《文子》文本的引用、研究都非常谨慎，这使得《文子》思想研究深度也远远不够，处于非常滞后的境地。具体来讲，《文子》思想的一切理论都从"道"而来，围绕"道论"而展开。作者对"道"不可操作性的论述，并不是目的所在，而是通过"德"的多重维度性，即形上之德、心性之德、政治之德，落实在个人、政治上。"德"在政治层面的落实，为政治层面的"德仁义礼"的构建提供了基础，而这一基础在《文子》中体现出来，就是不同于王道、霸道的"帝道"。通过"道"以及"心性之德"，为个人心性层面的"养生到治国"，提供了可能途径。受限于篇幅，我们仅仅讨论《文子》对道、德、仁、义、礼的看法。

1. 道论

"道"既是道家哲学的核心概念，也是《文子》中的核心概念。简本《文子》中，作为一个独立概念的"道"出现了68次，几乎是"德"（36次，是简本《文子》第二重要的概念）的两倍。^① 在今本《文子》中，"道"字出现了480次，远远高于同书出现的"德""仁""义""礼"等概念。^② 单从频率上看，"道"是简本、今本《文子》最核心的范畴之一。

"道"作为哲学概念最早出现于《老子》，在《老子》中，道是不同于万物的，存在着"道"与万物二分的结构。《老子》开篇就讲"道可道，非常道"（第1章）^③，"道"是超越的、无法言说的、不可名相的、不可把握的，而万物则是相对的、有条件的。正因为道的超越性和万物的有限性，《老子》用"道生一，一生二，二生三，三生万物"（第41章）的宇宙生成序列，讲述了道如何一步步生成万物的思路。《老子》还讲"道者，万物之奥"（第62章），道也是万物所以存在的根据、根源。《文子》继承了《老子》"道"的论述，我们称之为"不可把握性"。《文子》关于道与万物的关系，主要体现在三个方面：形上之道与形下之万物；道如何生成万物；道为万物的总根据、根源。

首先，我们来看形上之道与形下之万物的区别。《文子》多次使用无形、无声、无名等否定性的词汇，描述"道"超绝于万物的特征。"夫无形者、物之太祖"（《道原》），"夫道者……廓然无形，寂然无声"（《精诚》），"有名产于无名，无名者，有名之母也"（《道原》）。"无形""无声""无名"都是对"形""声""名"等有形有象事物的超越，也是对周代礼乐制度的反思，并试图告诉人们，不要执泥于具体的万物，而要回到无形无象的、作为万物根源的"道"中来。

万物都是相对的、有条件的，性质表现为，弱强、刚柔、阴阳、幽明、前后、左右、是非，这些仅仅是对"物"的称呼而已，根本无法称为"道"。道是混沌不分、超越事物相互对待两极的存在。《文子》用"无 X 无 Y""非

---

① 参见［荷］叶波（Paul van Els）《释义以游说——古本〈文子〉的论说特点》，孔锐译，载杨国荣主编《思想与文化》第九辑《分析哲学与中西之学》，华东师范大学出版社2009年版，第181—203页。

② 参见［英］刘殿爵、陈方正《文子逐字索引》，香港：商务印书馆1992年版，第387页。

③ 本文引用的《老子》文本，是传世本王弼注《老子》，如果是引用其他出土本材料，本文会特别说明。参见（魏）王弼注，楼宇烈校释《老子道德经注校释》，中华书局2015年版。

X 非 Y"（X、Y 表示两两相对的概念）来描述"道"，表明"道"超越于两两相反的事物之上。《文子》有"道至高无上，至深无下。上乎无上，下乎无下，故能高能深，能上能下也"（《符言》），"所谓道者，无前无后，无左无右，万物玄同，无是无非"（《微明》），"非雄非雌，非牝非牡"（《自然》）。"道"是超越两两相对的事物，它既不是"上"也不是"下"，因为前后、左右、是非、雄雌、牝牡，都是具体的、相对的、有条件的事物的特性，都不能用来形容"道"。

其次，《文子》提出了"道"生成万物的观点，表明了道与万物的关联性。《文子》仅《九守》篇描述了"道"生成万物的过程。《文子》指出，"天地未形，窈窈冥冥，浑而为一，寂然清澄。重浊为地，精微为天，离而为四时，分而为阴阳。精气为人，粗气为虫。刚柔相成，万物乃生……道生一，一生二，二生三，三生万物。万物负阴而抱阳，冲气以为和"（《九守》）。

《文子》从天地阴阳之气的角度，论述天地万物形成的过程，表现为，天地未形（道）—天地—阴阳—四时—万物，与气化论密切相关。《文子》描述"天地"之前的状态"天地未形，窈窈冥冥，浑而为一，寂然清澄"，世界还未被规定、划分前，"道"表现为无形无声、浑而未分的状态，用一个词概括，就是"混沌"。其后，"混沌"状态分裂为"天地""阴阳""四时"等"有序"的状态，这种分裂并非人、神、帝王的作为，似乎是"道"自然而然运行的结果。"分而为阴阳"直接点明了阴阳二气的存在，"重浊为地，精微为天"也暗含了二气的存在，后文的"精神本乎天，骨骸根于地"表明人的精神本于天、形魄本于地，也是与气化论密切相关的。

最后，道是万物的总根据、总根源。"道"是万事万物存在的根源，今本《文子》有"夫道者，德之元，天之根，福之门，万物待之而生，待之而成，待之而宁"（《道德》）。道是获得万物本性的基础，是万物得以生成的根源，是人间祸福吉凶的重要门径。作为万物的总根源、总依据，万物的生成、长养、安宁都离不开道。这是对《老子》"万物恃之（大道）而生而不辞"（第34 章）的进一步推衍。

《文子》不断强调万物的生成、发展都依赖于道。"夫道者……山以之高，渊以之深，兽以之走，鸟以之飞，麟以之游。凤以之翔，星历以之行"（《道原》）。"以"是"凭借"之意。"山"之所以"高"、"渊"之所以"深"、

"兽"之所以能跑、"鸟"之所以能飞、麒麟之所以能"游"、凤凰之所以能"翔"、"星历"之所以可以运行，都是获得了"道"才能实现的结果。在这里，道是万物存在的根源，如果背离了道，万物也就失去了自身的特性，变成另一番模样了。

总之，《文子》的"道论"非常丰富，包含道、物的区分，宇宙生成论，本体论三个层面，这些思想都是承接《老子》而来，对《老子》思想进一步深化的结果。

2. 德论

根据上文，"道"是万物的总根据、总根源，这是从根本上说的，在道家哲学中，"道"具体在万物中发挥作用，还需要一个关键的概念，那就是"德"。简本《文子》有 36 次"德"，是仅次于"道"的概念。[1] 今本《文子》12 篇，篇名涉及"德"的篇章有《道德》《上德》《下德》3 篇，表明了"德"的重要性。今本《文子》中"德"出现了 226 次，从哲学概念上看，也是仅次于"道"的存在。仅从概念出现的频率，就知道"德"绝不是可有可无的存在，在《文子》中具有举足轻重的地位。《文子》文本中的"德"包括形上、形下两个层面，形下之德又包括心性之德、政治之德，因此，我们将从形上之德、心性之德、政治之德三个方面讨论。

首先，是形上之德。《文子》关于形上之德的论述，是从《老子》而来的，《老子》"德"的功能是对万物"畜养"，是与"道生之"并列的序列。《老子》有"道生之，德畜之"（第 51 章），明确肯定了"德"与"道"同样具有形上地位，突出了其在"畜养"万物中的巨大作用，曹峰称之为《老子》生成论的两条序列，非常恰当。[2]《文子》同样继承了《老子》的思想，它是如何论述"德畜"的呢？"文子问德。老子曰：畜之养之，遂之长之，兼利无择，与天地合，此之谓德。……故物生者道也，长者德也……不畜不养，不能遂长"（《道德》）。《文子》对"德"下了定义，把"畜之""养之""遂之""长之"理解为"德"的功能，除"遂之"外，这些功能全部见于《老子》第 51 章的"畜之，长之，育之，亭之，毒之，养之，覆之"，"遂之"

---

① 参见［荷］叶波（Paul van Els）《释义以游说——古本〈文子〉的论说特点》，孔锐译，载杨国荣主编《思想与文化》第九辑《分析哲学与中西之学》，第 181—203 页。
② 参见曹峰《〈老子〉生成论的两条序列》，《文史哲》2017 年第 6 期。

与"亭之，毒之"类似，有完成、成就之意。① 除此之外，《道德》篇还有"夫道德者，所以相生养也，所以相蓄长也"，"生"属于"道"的功能，"养""蓄""长"则是"德"对万物的功能。

这就意味着，《文子》也有类似于《老子》的两条生成序列，"道"作为万物的根源，是万物产生的根据，"德"则在万物具体的形成、生长过程中起着"畜养"的作用。这是与《老子》"德畜之"相同的地方，但《文子》与《老子》仍有一些差异。《文子》不仅继承了"德畜"的功能在宇宙论层面的含义，还对"德畜之"作出了政治层面的发展，同时，又内含了"亲爱""敬贵"的伦理准则，将儒家的伦理内涵也纳入了其中。

其次，是心性之德。从这里开始，"德"就进入了形下的领域。在中国哲学的语境中，"德"如果仅仅悬置在形上的领域，无法落实在具体的万物、人类、政治层面，这样的"德"就会毫无意义。形上之德之所以能贯彻到形下的世界中，并不是一蹴而就的，需要有"德者，得也"的过程。这一点，在《老子》中已有所萌芽，《庄子》《管子》大大发挥了。② 《文子》多次出现"得道""道得"概念，"德"也具有了"德者，得也"的内涵。具体来讲，形上之德落实在万物上为物之德，"德"具体到人身上为人之德，也就是心性之德。③ 如果将人之德放在政治语境中，无疑具有政治哲学的内涵，表现为政治之德。考虑到《文子》主要是以"人"为中心的讨论，我们将形下之德区分为心性之德、政治之德两种。

《文子》虽没有"德性"连用的现象，但有多处"德""性"对举的情况。④ 如"故贤者尽其智，不肖者竭其力，近者安其性，远者怀其德，得用人之道也"（《上仁》），"静漠恬惔，所以养生也。和愉虚无，所以据德也"（《九守》），"生"就是"性"，"养生"就是"养性"，也算得上"德""性"

---

① 陈鼓应指出，"亭之，毒之"有两种解释：一种是安之，定之；另一种是成之，熟之。参见陈鼓应注译《老子今注今译》，商务印书馆 2003 年版，第 262 页。

② 关于《老子》《庄子》的论述，参见叶树勋《先秦道家"德"观念研究》，博士学位论文，清华大学，2013 年，第 55—58、95—98 页。《管子·心术上》有"德者，得也"的论述。

③ "德"得之于"道"，人得之于"道"或"德"的那部分，称为"性"，突出了"德"为人之性的含义。"德""性"才有相通的可能。参见叶树勋《先秦道家"德"观念研究》，第 105、110 页；郑开《试论老庄哲学中的"德"》，载《道家形而上学研究》（增订版），中国人民大学出版社 2018 年版，第 371—388 页。笔者同意这种观点，正如前文对"形上之德"的讨论，"德"不仅仅有"性"的内容，也包括了"形上之德""政治之德"的含义。

④ 据笔者粗略统计，先秦文献仅有《中庸》有"德性"连用，"故君子尊德性而道问学"。

对举。在《文子》中，"德"与"性"是从"人德"的角度，即对"人"是否能够保养本有的德性，因而"德""性"的内涵基本一致。这种情况，也见于《庄子》外杂篇。徐复观指出，《庄子》"外篇、杂篇却常常将'性'字、'德'字对举"，这与当时流行的"德""性"思潮的盛行密切相关。①

《文子》经常用"真"②来表示"德"性的完美无缺、不受杂染的样态，"真"的出现，与《庄子》密切相关。③与"真"相关的最重要的就是"真性"，《文子》关于"真性"有"夫人道者，全性保真，不亏其身"（《精诚》）。"保真"的讲法，暗示了"性"的本来状态是"真"，"全性保真""循性保真"都意味着人需要保持自己本有的天性。同时，这也意味着，人也很容易为外物所惑，"真"的本性丧失。一旦人不能好好保养，就会出现"失其真"的结果，《文子》从社会逐渐衰败的角度加以讨论，"下至夏殷之世，嗜欲达于物，聪明诱于外，性命失其真"（《上礼》）。要回归人的真性，就要有修养工夫，要超越耳目鼻口等视听官能，通过"无形""无声"的方法，"真人者，不视而明，不听而聪，不行而从，不言而公"（《微明》）。"故闭四关，即终身无患，四支九窍，莫死莫生，是谓真人。"（《下德》）"真人"正是修养后达到的理想状态，是指在体会了道之本性，同时认识到物我、身国之别，重视己身之修养，不为外物所动，才能达到至高的修养境界。

《文子》还有"抱德""含德"的说法表现"德"的修养工夫，如"养生以经世，抱德以终年，可谓能体道矣"（《九守》），"故至人之治，含德抱道，推诚乐施，无穷之智，寝说而不言，天下莫知贵其不言者"（《精诚》），"含德之所致也"（《道原》）。"含""抱"都是人的行为，是从"人德"而非"物德"的角度而言，都是强调人天性具有的醇厚之德，通过个人尤其是圣人修养意义的"含德""抱德"，固然强调个体生命保养意义上的"终年"，但更多地落实在"道德之治""至人之治"的语境中，这与《文子》对政治之

---

① 参见徐复观《两汉思想史》，九州出版社 2014 年版，第 339 页。

② 罗安宪称，道家秉之于道的人性为性之本真，老子突出的是性之本然、自然，庄子更强调的是性之本真、自由。参见罗安宪《虚静与逍遥——道家心性论研究》，人民出版社 2005 年版，第 105 页。陈静认为，道家的人性论与儒家从善恶谈人性不同，谁都眼于真伪而论，可以称为论人之真伪的人性论，参见陈静《自由与秩序的困惑：〈淮南子〉研究》，云南大学出版社 2004 年版，第 250—275 页。

③ 徐克谦认为，《庄子》"真"的观念，主要通过"真人""真知""真性"来进行形象化、具体化的表达，参见徐克谦《庄子哲学新探——道·言·自由与美》，中华书局 2005 年版，第 70 页。

道的强调密切相关。

最后，是政治之德。《文子》的形上之德不仅落实在具体的个人身上，表现为心性之德，还可以用于政治的治理，表现为政治之德，而后者才是作者最关心的内容。《文子》关于政治之德的论述，有着强烈的对现实政治秩序的追求，具体包括上德、下德、积德的方法三个方面。

本文在论述"形上之德"时，引用了《文子》对"德"的定义，如上文所说，"畜之""养之"的功能无疑具有宇宙生成论层面的含义，表现了"道生""德畜"的生成论序列。从"德"定义的后文"修其德则下从令"，"德者，民之所贵"，"君子无德则下怨"等语句，以及"四者既修，国家安宁"，"四经不立，谓之无道，无道不亡者，未之有也"来看，这里主要侧重的不仅是带有宇宙论色彩的形上之德，还涉及政治语境中君主如何修德的问题。《文子》的形上之德与政治之德，并非相互对立的，《文子》形上之德为政治之德，提供了基础和保证，具体体现为，"德"对万物普遍畜养的功能，体现在政治语境中，表现为君主对百姓的一视同仁、平等的姿态。

这种"德"其实就是"上德"，这种形上之德表现为，德对万物"与而不取"的姿态，落实在政治实践中，是君主对百姓"无为"的姿态，即对待百姓一视同仁、无所偏私的态度，也就是《老子》提出的"生而不有，为而不恃，长而不宰"的"玄德"。① 正因为此，君主或圣人"虽圣无所施其德"（《精诚》），君主的"不布施"、百姓的"不求德"（《道原》）才是道家最理想的统治境界，这正是"上德"的内涵。

此外，《文子》还提出了"下德"的概念。《上德》有"地载万物而长之，与而取之，故骨骸归焉。与而取者，下德也，下德不失德，是以无德。地承天，故定宁。地定宁，万物形。地广厚，万物聚。定宁无不载，广厚无不容。地势深厚，水泉入聚。地道方广，故能久长。圣人法之，德无不容"。这是解释《老子》第 38 章的内容，在《老子》中，刻意保有"德"、追求"德"的不丧失即"不失德"，恰恰是下德之举。这主要是反对从意识上有意求德，主张无为的方式。《文子》的理解与通常对"下德"的解释，不完全一致。"下德"被定义为"与而取之"，但也并非完全否定的评价，从后文以

---

① 关于这点，参见郑开《玄德论——关于老子政治哲学和伦理学的解读与阐释》，《商丘师范学院学报》2013 年第 1 期；曹峰《〈老子〉生成论的两条序列》，《文史哲》2017 年第 6 期。

大地为喻，用"深厚""方广"的德性形容，可以看出"下德"也是较高的境界。这也是君主面对百姓所应有的德性。这里的"下德"，不是"与而不取"的姿态，而是"与而取之"，即"布德""施德"后并不是无所欲求，或是想要个人的福报，或是国家治理的长治久安。《文子》关于"布德""施德"的论述，即君主所施行的政治之德，并不是完全相同的，有厚薄、大小之别。"厚德""广德"会带来福报、天下大治的积极效果，而"小德""德薄"甚至"无德"，就会带来"罪""怨"的问题，甚至导致政治治理的失败。

执道者要想获得"厚德""广德"，还需要一定的修养方法，《文子》提出了"积德"的方法。政治之德并不是一蹴而就的，而是不断积累而成，《文子》有"积德成王，积怨成亡，积石成山，积水成海，不积而能成者，未之有也。积道德者，天与之，地助之，鬼神辅之，凤皇翔其庭，麒麟游其郊，蛟龙宿其沼。故以道莅天下，天下之德也；无道莅天下，天下之贼也"①。如何在淫暴之世治理国家，是平王咨询文子的问题，文子提出君王要有不断积累"道德"的过程。《文子》以自然现象为喻，从小石到高山、小河到大海，从小到大的渐进过程。人也一样，对人来说，"德""怨"的不断积累，不仅可以成王，而且会导致灭亡。由于君主在政治统治中的决定地位，如果君主能不断积德，就可以实现"德流四方"（《精诚》），"德泽流"（《上德》），最终达到"远方怀德"（《自然》），"泽施于下，万民怀德"（《上礼》）的效果。

综上所述，《文子》所言"德"分为形上之德、心性之德、政治之德三个方面。其中，形上之德为心性之德、政治之德提供基础，是二者的前提和保障。《文子》的"形上之德"，主要是承接《老子》而来，"德"的功能是对万物畜养，是与"道生之"并列的序列。《文子》的"形上之德"落实在个人层面是"心性之德"，表现为"德""性"的关联、"真"的凸显，以此建立了从个人的心性修养到国家治理，即养生到治国的思路。《文子》的"形

---

① 对应简本《文子》为"积怨成亡，积德成王，积……天之道也，不积而成者寡矣"。类似的还有："老子曰：江河之大溢，不过三日；飘风暴雨，日中不出须臾止。德无所积而不忧者，亡其及也。夫忧者所以昌也，喜者所以亡也。故善者以弱为强，转祸为福。道冲而用之，又不满也。"（《文子·微明》）"故善为政者积其德，善用兵者畜其怒。德积而民可用也，怒畜而威可立也。"（《文子·下德》）"故父子兄弟之寇，不可与之斗。是故义君内修其政，以积其德。外塞其邪，以明其势。察其劳佚，以知饥饱。战期有日，视死若归，恩之加也。"（《文子·上义》）

上之德"又内含了"亲爱""敬贵"的伦理准则，对"德畜之"作出了政治层面的发展，这就为"德"嫁接"仁义礼"提供了新的可能途径。

3. 仁义礼的政治建构

一般而言，道家对"仁义礼"为代表的伦理价值持否定态度，这与传统上将"道家"界定为老庄道家有密切的关联。[①] 但是，如果我们纵观道家思想史，就会发现道家的重要派别黄老道家，同样肯定"仁义礼"的政治建构，这一点可以从《管子》《文子》《淮南子》等文献看出。

首先，我们看"仁"。具体来讲，今本《文子》中，"仁"出现了 80 次[②]，是出现次数较多的概念，先秦其他儒家文献如《论语》110 次，《孟子》158 次，《荀子》134 次，墨家文献《墨子》116 次[③]，仅略少于标榜"仁义"的儒家文本，可见《文子》中"仁"具有重要的价值。

《文子》有对"仁"的定义，"何谓仁？曰：为上不矜其功，为下不羞其病；于大不矜，于小不偷；兼爱无私，久而不衰，此之谓仁也"。这与传统儒家对"仁"的定义有所不同，"不矜其功""不矜""兼爱无私"的内涵已经道家化了。从"为上""为下"、"于大""于小"可以看出，"仁"的主体不但面向君主，而且面向百官与百姓。《文子》中"仁"的主体分为"为上者""为下者"，即君臣之间、君主与百姓之间。为何政治中的各个主体都有获得"仁"的潜质呢？《文子》讲"人之性有仁义之资，其非圣人为之法度，不可使向方，因其所恶以禁奸，故刑罚不用，威行如神矣"（《自然》）。当然，《文子》并未像《孟子》一样，从道德实践、人人具有仁义之性的角度，推论出性善论的存在。相反，《文子》着眼于政治统治的立场，强调君主、臣下、万民的关系，君主应因顺万民的仁义资质，让政治统治中万民都能获得仁义的理论。

---

① 传统认为，《老子》对"仁义礼"的价值持否定态度，毕竟有"绝仁弃义"（《老子》第19章）直接否定性的论述。但随着出土《老子》文本，郭店楚简《老子》的发现，对应的内容为"绝伪弃诈"，学者开始重新反思《老子》关于"仁义"的论述，《老子》并非完全否定"仁义礼"，而是对于"仁义礼"的有限性提出了担忧，"大道废，有仁义"（《老子》第18章），与"道""德"相比，只是有限肯定的态度。参见王博《张岱年先生谈郭店竹简〈老子〉》，载陈鼓应主编《道家文化研究》第十七辑，生活·读书·新知三联书店1999年版，第23页。

② 参见刘殿爵、陈方正《文子逐字索引》，第387页。

③ 这里的统计字数，参见［日］佐藤将之《荀子礼治思想的渊源与战国诸子之研究》，台北：台大出版中心2013年版，第291页。

在政治语境中，为上者与为下者并非处于同等地位，为上者具有决定地位，而为下者处于被决定的地位，为上者"施仁"是原因，为下者"得仁"是结果，具有因果关系。君主之仁具有一定的自主性、主动性，而臣下、百姓则完全是被动的、相对的，他们"仁"的获得，是统治者施德的结果。但是，为上者与为下者并非毫无关联。君主一旦有了仁爱之心，通过君主的示范性，就使得诸侯、万民也会有仁爱之心。"人主者，民之师也，上者，下之仪也。上美之，则下食之。"（《道德》）君主、人主、上位者在政治统治中，无疑具有决定性的地位，会影响诸侯、万民的政治行为。君主要保持无为、谦逊的姿态，施行仁义，"欲上人者，必以其言下之；欲先人者，必以其身后之。天下必效其欢爱，进其仁义"（《道德》），天下百姓，就会效仿君主的行为。即使"绝国殊俗，蜎飞蠕动，莫不亲爱，无之而不通，无往而不遂"，万民就会怀有仁爱之心。这是"仁义"表现出的最理想的状态。

《文子》还提出了"兼爱"的概念，"仁"必须做到"兼爱无私"。① 通过君主的"爱人"，实现"积惠重货""积恩"，达到的效果是"使万民欣欣人乐其生者""无怨刑""无乱政""久而不衰"，这些都是极具现实功利性的政治效用。《文子》的"仁"以"道"为根据，表现为对万物无偏私的爱，暗含着君主是执道者，百姓是被统治者，君主对百姓无偏私的爱护，这是从政治层面讨论，与儒家更为广泛的人与人之间的相爱，具有道德意识的"仁"有所不同，我们称之为"政治功利性的仁"。

我们知道，《老子》并未将"仁"规定为特定的主体，《文子》则把"仁"规定为统治者、万民，这是对《老子》的突破。而且，《文子》虽然也强调人性有"仁义之资"，但并未从个体出发讨论问题，导向为儒家的道德实践为主的性善论，而是从君主的政治实践出发，把"仁"落实在具体的政治实践中，强调君主应当顺应（因循）万民之性，获得政治上的成功。

其次，我们看"义"的规范性。传世本《老子》中，"义"字仅出现5

---

① "兼爱无私"，很多学者认为是来自墨家，其实，兼爱的思想不是墨家的专利，而是先秦诸子的共识。参考向世陵《仁爱与博爱》，《哲学动态》2013 年第 9 期。道家"兼爱"的理论基础是道对万物的态度是平等、一视同仁、没有偏私，因此"兼爱"理论可以从道家道物理论直接推出，没必要说来自墨家。道家中的很多文献谈到"兼爱"，"兼爱无私，此仁义之情也"（《庄子·天道》），"兼爱无私，则民亲上"（《黄帝四经·经法·君正》），这是对《老子》"天地不仁，以万物为刍狗；圣人不仁，以百姓为刍狗"的进一步发展。

次，但都是与"仁"相关的概念，如"仁义"连言，"仁义"对举，"大道废，有仁义"（第 18 章），"绝仁弃义，民复孝慈"（第 19 章），《老子》中"道""德"是最主要的概念，"义"与"仁"在《老子》中处于相同地位，或是次一级的概念，无论"仁"还是"义"，都并非绝对的存在，而是大道消散后的结果。《老子》可能并非完全否定"义"的存在，郭店《老子》无"绝仁弃义"句，可能更符合《老子》原意，表明《老子》的"仁""义"还未到绝弃的地步，有着一定的存在价值。然而，相对于大道具有绝对性的价值，"仁""义"只是在某些层面有意义，是局限的、相对的、有条件的。然而，《老子》并未对"义"进行界定，也未将"义"纳入政治的范畴深入探讨，进一步发展《老子》"义"思想的是《文子》。

今本《文子》中，"义"出现了 130 次，比"仁""礼"出现的次数要多，是比较重要的概念之一。在先秦典籍中，"义"在《论语》中出现了 24 次，《孟子》107 次，《墨子》294 次，《管子》198 次，《荀子》315 次。[①] 从统计次数讲，《文子》居然比儒家典籍的《论语》《孟子》都多，《孟子》尤其对"义"非常强调，居然少于《文子》，这是个不可思议的现象。《文子》对"义"的定义，有"规矩""宜"两层含义，带有明显的制度性内涵，体现了《文子》带有制度性的政治秩序，具有当下的可操作性。

今本《文子》有对"义"的定义，"何谓义？曰：为上则辅弱，为下则守节，达不肆意，穷不易操，一度顺理，不私枉挠，此之谓义也"（《道德》），《文子》关于"辅弱""一度顺理""不私"等说法，带有道家意味，将"义"的内涵道家化了。与"仁"的定义一致，仍然包含了居于上位者、下位者，有典型的分位观念。上位者的职责是关爱弱者即"辅弱"，类似思想也见于其他道家文献。《老子》有"天之道，损有余而补不足"（第 77 章）。《老子》中的"天道"是辅助、帮助柔弱者，抑制、减损强大者，最终达到社会的公平公正。《太一生水》也有"天道贵弱。削成者以益生者，伐于强，积于 [弱]"，意为，天道专门扶持弱小的一方，有意识削弱有成者以帮助新生者，把从强大一方削减下来的部分，增加给 [弱小的一方]。[②]《文子》只是提到上位者要关爱弱小者，并且下位者能做好自己的职责，并没有抑制甚

---

① 参见 [日] 佐藤将之《荀子礼治思想的渊源与战国诸子之研究》，第 291 页。
② 参见曹峰《近年出土黄老思想文献研究》，中国社会科学出版社 2015 年版，第 381 页。

至削弱强者、成者的色彩，简本《文子》0584 简有"辅细弱，公正而不以私为己"，"循道宽缓"，《文子》采取的不是如《老子》《太一生水》那样特别强势的策略，而是相对比较宽容和缓的政策，以达到公平公正的效果。

"义"是君臣、上下都必须遵循的规范，但鉴于君臣、上下地位的高低之别，君主的"义"无疑具有决定性的作用。《文子》多次提出，君主要以"义"为统治策略，"修其义则下平正……四者既修，国家安宁……正者义也……不正不匡，不能久长"。"义"具有规则、标准的含义，文中用"正者""正""匡"解释"义"，都含有规矩之义，正体现了"义"的这层含义。需要指出的是，"义"在政治统治中具有重要地位，一旦君主无法把握"义"，就会产生"下暴""民不畏""不能久长"的后果。由于君主在政治统治中的绝对领导作用，《文子》指出"修其义"是针对君主而言的，是圣人统御万物的手段之一。"义者，非能尽利于天下之民也，利一人而天下从之。"（《上义》）"民有道所同道，有法所同守，义不能相固，威不能相必，故立君以一之。"（《道德》）"义"在这里有仪则之意，不仅有一定的规矩性，也有一定的示范性，供臣下、百姓效法。

虽然《文子》"义"是针对君主而言的，但并非不考虑臣下、百姓的"义"，君主只有做到因循臣下、百姓的利益、人情，才能实现国家的治理和安宁。《文子》指出，"义者、比于心而合于众适者也。……故君子非义无以活，失义则失其所以活"（《微明》），"义生于众适，众适合乎人心，此治之要也"（《上义》）。君主充分考虑百姓的要求、利益、情况，这里的万民之"义"就有"宜"的含义。《文子》多次用众人之"适""宜"来表达。"义"要合乎众人之心，众人之适，从这个角度讲"义"不再是规矩之意，而是"宜"之意。这里涉及的就是公私之别的问题，君主应当为公而非为私。"明主之赏罚，非以为己，以为国也。适于己而无功于国者，不施赏焉；逆于己而便于国者，不加罚焉"（《微明》）。君主作为万民之仪表，具有带头示范的效果，当从国之"宜"而不是个人私意出发，进行赏罚。

《文子》关于"义"的论述，仍然承接《老子》对"义"的有限肯定而来。《文子》上述对"义"的定义，确实包含准则性、规范性的特征，但是并非刚性、强制性的法律条文，而是柔性、软性的策略。

最后，我们讨论"礼"的制度性。《老子》有"夫礼者，忠信之薄，而乱之首"（第 38 章），似乎对"礼"完全持否定的态度。这与作为史官的老子以及《礼记·曾子问》《史记》中，老子对"礼"熟稔的记载不符。事实上，《老子》并非完全否定礼本身，而是看到了外在化的礼乐带来的一系列恶果，主张回归内在的忠信而非外在的装饰。《韩非子·解老》解释此章时，提出"文""礼"是外在的装饰，"情""质"则是内在的实质，"文""礼"是用来表现"情""质"的。"情""质"是更为根本、本质的东西，而外在的"文""礼"仅仅是一种文饰而已，不具有绝对性的含义。从这个意义上讲，《老子》对"礼"的评价，建立在周代礼崩乐坏的背景之下，即"礼""仪"之辨的基础之上。在《老子》看来，当时的人们仅是简单地停留在"礼"的外在文饰的层面，对此《老子》进行了严厉的批判，提出了"礼"的本质在于"质"即忠信。正如许春华指出的，"《老子》第 38 章透显出的并非简单的绝弃礼法、否定礼制，而是一种敦厚忠信、重塑礼之本义、归礼于道开拓形上本原、陶铸'大丈夫'品格的礼制思想"①。

《文子》明确指出了"礼"的定义，"何谓礼？曰：为上则恭严，为下则卑敬，退让守柔，为天下雌，立于不敢，设于不能，此之谓礼也。……修其礼则下尊敬"（《道德》）。其中，守柔、守雌、"立于不敢"、"设于不能"等概念，都源于《老子》。《文子》中的"礼"不但包含"礼"原本具有的恭敬内涵，还加入了"守柔""不争"等道家意义上的内容，大大扩大了"礼"的内涵，也将"礼"道家化了。同"仁""义"一样，"礼"的主体分为"为上者"和"为下者"，意为身居上位时能恭肃而有庄重，对身在下位的百官也能做到谦卑而恭敬。《文子》中"礼"的内涵，其实暗含着文子希望平王能够尊重贤能，能够用谦卑的态度对待贤臣。从平王与文子的对话"寡人敬闻命矣"看出，平王对文子也是极其尊重的。

虽然《文子》肯定"仁义"的地位，但仅仅是相对的肯定。"仁义"在《文子》中并不是最高的概念，是相对的、有条件的，大多数情况下，"仁义"是低于"道""德"的。"为仁者必以哀乐论之……四海之内，哀乐不能遍……故知不如修道而行德，因天地之性，万物自正而天下赡，仁义因附。"（《上仁》）"仁"有自身的局限性，"为仁者"用"哀乐"论述，是相对的、有条件的，不是绝对的、无条件的。那么，如何使用"仁义"才能获得最大的功用呢？人主应当采用"无为"的方式使用"仁义"。人主应怀有"仁诚

---

① 许春华：《"礼"之忧思：〈老子〉第 38 章礼制思想解读》，《哲学研究》2017 年第 3 期。

之心"，前文是"人主之思，神不驰于胸中，智不出于四域，怀其仁诚之心"，强调君主要"无为"，关注修身、养生而已，毋须过多地关注治国问题。后文的"不施而仁""不施"也强调无为，即通过"无为"的方式达到"仁"。

"礼"同样如此，"至德之世"没有礼义廉耻的形式规定，但礼义廉耻的实质内涵却都存在，"礼义廉耻不设，万民莫相侵暴虐，由在乎混冥之中也"。在《文子》看来，"礼"的产生恰恰是社会衰退的产物。"仁义礼"的产生是大道、朴消散之后，"朴散而为器矣。立仁义，修礼乐，即德迁而为伪矣"（《下德》），圣人为了防止人们的纷争，让社会和谐的结果。"及至世之衰，用多而财寡，事力劳而养不足，民贫苦而忿争生，是以贵仁。人鄙不齐，比周朋党，各推其与，怀机械巧诈之心，是以贵义。男女群居，杂而无别，是以贵礼。"（《下德》）"仁""义""礼"的实质内涵在"至德之世"已经存在，但并无"仁""义""礼"的名目，仁义礼名称的产生，是社会衰退后的产物。

《文子》明确指出，"仁义礼乐者，所以救败也，非通治之道也"，与"大道"相比，"仁""义""礼"仅仅是有限的而非全部的价值，《文子》用"深行""浅行""薄行"来论述。"古之为君者，深行之谓之道德，浅行之谓之仁义，薄行之谓之礼智，此六者，国家之纲维也，深行之则厚得福，浅行之则薄得福，尽行之天下服。"（《上仁》）在《文子》看来，"仁""义""礼"之所以仅仅是有限的价值，是因为"仁""义""礼"具有相对性，不像大道那样有绝对的价值。

与"仁义"一样，《文子》关于"礼"的论述，仍然是承接《老子》而来的，更加注重"礼之实"而非"礼之文"。《文子》对"礼"作了明确的定义，并且将"礼"当作道德仁义衰落的产物，具体论述了"重质轻文"的思想。

综上所述，《文子》的主要思想包括道论、德论、仁义礼三个层面，在道家思想的基础上，吸收了儒家的"仁义礼"，此外还吸收了其他诸子百家的思想，如"天道""法""名"等方面的论述，具备黄老道家兼综百家的特征，属于战国时期黄老道家的重要一派。

论杨朱及其"为我"学说[*]

高华平

摘 要 杨朱受学于老子,其学术思想在战国中期已为显学,其"为我""贵生"的思想与黄老学派既有联系,又有区别。他只继承了老子哲学中的"治身"或养生的一面,而将其中"治国"的部分扬弃了。杨朱的养生学之前有老子弟子庚桑楚及再传弟子南荣趎,之后发展为"纵性情"和"忍性情"两派。而孟子着眼于君臣大义对杨朱提出的道德伦理批评,是一种误读,完全没有顾及杨朱以养生为目的的学术宗旨。杨朱的养生学说,对于当今我们处理生命自身和物欲的关系,仍有重要的启示意义。

关 键 词 先秦道家;杨朱;养生;为我;纵性情;忍性情

作者简介 高华平,暨南大学文学院教授、博士生导师,研究方向主要为先秦诸子学、中国古典文献学及传统思想文化。

先秦道家是一个特别重视养生的学术流派,自老子以来即如此。老子认为,人要养生、"长生",当以"无身""无私"和"无欲"为前提,即所谓

---

[*] 本文发表于《河南师范大学学报》(哲学社会科学版)2018 年第 1 期,发表时题为《先秦道家的养生学说——杨朱的"为我"学说述论》。

"后其身而身先，外其身而身存"；"见素抱朴，少私寡欲"（《老子》第7、19章）。故老子又说，"治人事天莫若啬"，"是谓根深固柢，长生久视之道"。（《老子》第59章）"我有三宝，持而宝之。一曰啬，二曰俭，三曰不敢为天下先。"（《老子》第67章）其所论实际皆为养生学说。尽管如此，但就整个先秦道家思想的发展而言，若称先秦道家养生思想的专家，则仍非老子的弟子杨朱莫属。

对于杨朱及其思想，学术界以往的研究多将其视为先秦黄老学派的代表，而并未将他当成一位先秦道家的养生学家。有鉴于此，本文拟从道家养生思想形成和发展演变的角度，对杨朱其人和学说作一番考论，以期还杨朱之学的本来面目，并为先秦道家哲学思想的研究提供一些新的参考。

一 杨朱的生平及思想宗旨

杨朱，又作"阳子居"，或称"杨子"，其事迹载籍少见。司马迁《史记》一书不仅无其传，连《老子韩非子列传》和《孟子荀卿列传》这些文章中也没有提到他；《汉志》既无其书，《古今人表》亦无其名。其事迹仅散见于先秦及汉初的子书。

对于杨朱的籍贯与生活年代，向无定说。杨朱的籍贯有宋人、秦人、鲁人、卫人诸说，而其生活年代则多以为与孟子同时。《庄子·骈拇》成玄英《疏》注"杨、墨"曰："杨者，姓杨，名朱，字子居，宋人也。墨者，姓墨，名翟，亦宋人也……〔杨、墨〕二人并墨之徒，禀性多辩。"以杨朱为宋人。而《山木》篇成玄英《疏》注"阳子居"则曰："姓阳，名朱，字子居，秦人也。"又以为秦人。近人王遽常《诸子学派要诠》曰："杨朱行事不甚可考，或云'字子居'（张湛《列子注》），卫人，盖尝学于老子，或云后墨子，莫能详也，要承道家之学而稍变者。"[1] 这是以杨朱为卫人。而顾实《杨朱哲学》认为"孔子、杨朱同学于老聃"，而可"推定其当与孔子同为鲁国人"。[2]

---

[1] 王遽常：《诸子学派要诠》，中华书局、上海书店联合出版1987年版，第124页。

[2] 顾实：《杨朱哲学》，岳麓书社2011年版，第15、20页。案：顾实的这一观点，在其《杨朱哲学》第一章第4节"杨朱鲁人之推定"中多次出现。

笔者认为，如果杨朱原是卫国人，卫国后来变成了“魏国之东地”（《史记·卫康叔世家》司马贞《索隐》），杨朱便既可称为“卫人”，还可称为“魏人”。《庄子·应帝王》和《寓言》篇皆云“阳子居见老子”，且《寓言》篇曰：“阳子居南之沛，老聃西游秦，邀于郊，至于梁而遇老子。”成玄英《疏》：“杨朱南迈，老子西游，邂逅于梁宋之地，适于郊野而与之言。”阳子居“南下”方于梁宋之地遇到老聃，那么，他即使不是“秦人”或“卫人”，也一定是居于“河”之北而可以称为“北方士人”的；否则就不存在所谓“南之”或“南迈”的问题了。①

杨朱的生活年代，其上限可至公元前 630 年，下则可至公元前 440 年。②而近人多以为“杨朱行辈较孟轲惠施略同时而稍前”③。但《庄子》中《应帝王》《寓言》皆言杨朱（阳子居）见老聃而受教，且《孟子》《庄子》书皆称“杨、墨”，而从未言“墨、杨”。因此，杨朱生活的时代当在春秋末至战国初期，略与孔、墨同时。而又因墨子生年晚于孔子，“与七十子”之生活年代相当。④故杨朱之生年又当稍早于墨子。郭沫若曾说：“杨朱在《孟子》又作杨子取，《庄子》作杨子居，居与朱乃琚与珠之省，名珠字子琚，义正相应，取乃假借字。杨子是老聃弟子……老聃仍有其人，他是形而上的本体观的倡导者，孔子曾经向他请过教。杨朱是他的弟子，大抵略少于孔子而略长于墨子。”⑤这一说法应该是最为合理的。

杨朱的学术思想在战国中期已为“显学”。《孟子·滕文公下》曰：“杨朱、墨翟之言盈天下。天下之言，不归杨则归墨。”可见当时杨朱学说之盛。《孟子·滕文公下》将杨朱之学归结为“为我”，同书《尽心上》又曰：“杨子取为我，拔一毛而利天下不为也。”《吕氏春秋·不二》曰：“阳生贵己”。《淮南子·泛论训》曰：“全性保真，不以物累形，杨子之所立也，而孟子非之。”《孟子》中的“杨子为我”，应该就是《吕氏春秋》的“贵己”，也就是《淮南子》的“全性保真，不以物累形”。现代学者已认识到杨朱的“为我”或“贵己”之学并非利己主义学说，而是一种“人人不损一毫，人人不

---

① 参见高华平《由詹何看先秦道家思想的发展演变》，《哲学研究》2013 年第 9 期。
② 参见胡适撰《中国哲学史大纲》，上海古籍出版社 1997 年版，第 127 页。
③ 钱穆：《先秦诸子系年》，商务印书馆 2002 年版，第 284 页。
④ 据笔者考证，墨子生年约晚于孔子 30 年。
⑤ 郭沫若：《十批判书》，东方出版社 1996 年版，第 161 页。

利天下，则天下治也"的主张。如果照这样理解，杨朱的这种"为我"或"贵己"之学，似乎也可以视为一种治国平天下的政治哲学了。但笔者以为，这并不符合杨朱学说的本义。杨朱的"为我"或"贵己"固然不能等同于《列子·阳朱篇》中的纵欲主义和享乐主义，也不能简单视为自私自利；但它也不可视为一种由养生而推及的治平天下的学说。迄今为止的学者虽大都不将杨朱的"为我"或"贵己"看成纵欲或享乐主义，但却在无意间把它当成了一种由养生而推及的治平天下的学说，以至于有很多学者将杨朱与黄老等同起来①，以为杨朱之学与列子有渊源关系："列子先于杨朱，则杨氏之学，源于列御寇，而下开黄老。"② 恐怕是对杨朱学说和思想的另一种误解。

但如果更深入地考察，则会发现这种将杨朱与黄老等同的观点，虽然看到了杨朱之学与黄老二者的相同处或一致处，却未能准确把握二者的根本差别，也没能区分二者，特别是杨朱的"为我"或"贵己"之学的立论宗旨和目的之所在。

杨朱之学属先秦道家学派，与老子之学存在渊源关系。老子之学的特点，《史记·老子韩非列传》说："老子修道德，其学以自隐无名为务。"但此说只强调了老子学说中"无为"的一面，而忽视了其中"无不为"的一面。实际上，应该说以"无为"为手段，达到"无不为"的目的，才是老子之学的根本特点。也正因为如此，后来老子之学才与所谓黄帝之"术"结合，而形成作为"君人南面之术"的黄老之学。老子之学中固然有通过"无身""无私"和"无欲"等方式进行的养生或"长生"之学，但此养生或"长生"之学实只是"图难于其易，为大于其细"的手段或途径。故老子曰：圣人"非以其无私邪？故能成其私"（《老子》第 7 章）；"是以圣人终不为大，故能成其大"（《老子》第 63 章）。"故贵以身为天下，若可以寄天下；爱以身为天下，若可以托天下。"（《老子》第 13 章）但杨朱"为我"或"贵己"的养生学，则以保养自己的形体为归宿，根本无关于治天下国家；如果说持此学说的养生者客观上实现了治国平天下的效果，那也只能说是"无心插柳柳成荫"，与杨朱学说的立论目的和宗旨无关。《列子·说符》《淮南子·道应训》二篇都载有战国中期持杨朱学者詹何与楚庄王（顷襄王）的一段对话，詹何

---

① 案：崔述《崔东壁遗书（〈孟子事实录〉卷下）》、陈澧《东塾读书记》等皆有此说。
② 蒙文通：《杨朱学派考》，载蒙文通《古学甄微》，巴蜀书社 1987 年版，第 267 页。

之言颇能反映杨朱之学的立论目的和宗旨。《淮南子·道应训》曰：

> 楚庄王问詹何曰："治国奈何？"对曰："何明于治身，不明于治国。"楚王曰："寡人得立宗庙社稷，愿学所以守之。"詹何对曰："臣未尝闻身治而国乱者也，未尝闻身乱而国治者，故本任于身，不敢对以末。"楚王曰："善。"

詹何的"何明于治身，在不明于治国"，似正可说明杨朱"为我"或"贵己"之学，本来就是与老子学说的出发点是不同的，他的目的和宗旨只在"治身"而无关于"治国"。他只继承了老子哲学中的"治身"或养生的那一方面，而将其中"治国"的部分扬弃了。全面继承了老子哲学并强化了其中"治国"方面思想的，是发源于稷下学宫的黄老学派。产生于稷下学宫的黄老道家著作，如《管子》，一方面重视养生，"欲爱吾身，先知吾情"，"既知吾情，乃知养生"，"和以反中，形神相葆"（《白心》）；另一方面又强调"心治""身静"为"治国"的前提，由"心""形"的各"处其道"，"形神相葆"，而达到天下大治："心之为体，君位也。"（《心术上》）"心安，是国安也；心治，是国治也。"（《心术下》）"是圣人之治也，静身以待之，物至而名自治之。"（《白心》）

二　杨朱之学的流衍

《孟子·滕文公下》曰："杨朱、墨翟之言盈天下。天下之言，不归杨则归墨。"这表明杨朱以养生为宗旨的道家哲学，在孟子时代是最为兴盛的"显学"。但孟子之前，已有持类似杨朱养生学观点的道家学者，老子弟子庚桑楚及再传弟子南荣趎即其人。根据《庄子·庚桑楚》记载，庚桑楚及再传弟子南荣趎二人主要生活于鲁国，或可谓之鲁道家。庚桑楚，也作"亢桑子"或"亢仓子"。《史记·老庄申韩列传》称"《畏累虚》《亢桑子》之属"。《庄子·庚桑楚》曰，"老聃之役有庚桑楚者，偏得老聃之道，以北居畏累之山"云云，旧注引《史记索隐》以畏累虚为鲁地，亢桑子为老子弟子，亢桑子即庚桑楚。皇甫谧《高士传》则认为庚桑楚是"陈人"。从庚桑楚之弟子南荣趎与老子的问答来看，庚桑楚"偏得老聃之道"，远离一切世事荣利，其学说宗旨可归结为"全汝形，抱汝生，勿使汝思虑营营"的"卫生之经"（《庄子·庚桑楚》）。因此，可以说与杨朱的"为我"或"贵己"之学有近似之处。

但杨朱之后，其"为我"或"贵己"之学真正地兴盛，应该是孟子及其后的战国中后期。此时，杨朱"为我"或"贵己"的养生学说形成了两个不同的发展方向，一为"纵性情"，一为"忍性情"。① 《管子·立政九败解》曰："私议自贵之说胜，则民退静，隐伏窟穴，就山，非世间……"《荀子·非十二子》说："忍性情，綦利跂，苟以分异人为高，不足以合大众，明大分，是陈仲、史鳅也。"这里所说即由杨朱之学发展而出的"忍性情"一派。《吕氏春秋·本生》篇，学者认定其"所反复申论者"，"悉是杨朱'全性保真，不以物累形'之旨"。② 其言曰："富贵而不知道，适足以为患，不如贫贱。……出则以车，入则以辇，务以自佚，命之曰招蹷之机。肥肉厚酒，务以自强，命之曰烂肠之食。靡曼皓齿，务以自乐，命之曰伐性之斧。"实为"忍性情"一派主张。《韩非子·扬权》曰："夫香美脆味，厚酒肥肉，甘口而疾形；曼理皓齿，说情而捐精。故去甚去泰，身乃无害。"而西汉枚乘《七发》袭用其言，曰："故曰纵耳目之欲，恣支体之安者，伤血脉之和。且夫出舆入辇，命曰蹷痿之机；洞房清宫，命曰寒热之媒；皓齿娥眉，命曰伐性之斧；甘脆肥脓，命曰腐肠之药。"嵇康《养生论》亦有此说。可见汉魏以往持所谓节欲养生之论者，实皆杨朱"忍性情"派学说之余脉。而《管子·立政》说："全生之说胜，则廉耻不立。"《立政九败解》曰："人君为无好全生，则群臣皆全其生，而生又养生，养何也？曰滋味也，声色也，然后为养生。然则从欲妄行，男女无别，反于禽兽，然则礼义廉耻不立，人君无以自守也。"则是指"纵性情"一派。"纵性情"派的思想特点是把杨朱的养生、贵己之说推向极致，为了护养生命可以不顾一切。上文所言詹何，以及子华子、魏牟等都是这一派的代表。

子华子，《庄子·让王》成玄英疏称之为"魏之贤人也"。《庄子·则阳》成玄英疏则称之为"亦魏之贤臣也"。《庄子·让王》说："韩魏相与争地，

---

① 案：此种分派，始于蒙文通先生。蒙氏曰："是杨朱一家，显有'纵性情''忍性情'二派。"蒙文通：《古学甄微》，第247页。

② 顾实：《杨朱哲学》，第44页。

子华子见昭僖侯……曰：'甚善！自是观之，两臂重于天下也，身亦重于两臂。韩之轻于天下亦远矣，今之所争者，其轻于韩又远。君固愁身伤生以忧戚不得也。'"这是子华子极重生命的观点。故《吕氏春秋·贵生篇》叙子华子之论云："故所谓尊生者，全生之谓。所谓全生者，六欲皆得其宜也。所谓亏生者，六欲分得其宜也……所谓死者，无有所以知，复其未生也。所谓迫生者，六欲莫得其且也……故曰迫生不若死。"

魏牟，即魏公子牟。《汉书·艺文志》有"《公子牟》四篇"，班固原注："魏之公子也。先庄子（引者按：应为'后庄子'），《庄子》称之。"《庄子·让王》曰："中山公子牟谓瞻（詹何）子曰：'身在江海之外，心居乎魏阙之下，奈何？'瞻子曰：'重生。重生则轻利。'公子牟曰：'虽知之，未能自胜。'瞻子曰：'不能自胜则从……不能自胜而强不从，此之谓重伤。重伤之人无寿类矣。'"从文献记载来看，魏牟应该接受了詹何的学说，因为《荀子·非十二子》说，"纵情性，安恣睢，禽兽行，不足以合文通治，是它嚣、魏牟也"，是把魏牟作为"纵性情"派的代表人物的。

先秦之后，两汉以往，凡各种放荡言论，实皆为杨朱"纵性情"派学说的继续。《古诗十九首》中的《驱车上东门》曰："人生忽如寄，寿无金石固……不如饮美酒，被服纨与素。"向秀《难养生论》曰："有生则有情，称情则自然，若绝而外之，则与无生同，何贵于有生哉？且夫嗜欲，好荣恶辱，好逸恶劳，皆生于自然。""苟心识可欲，而不得从，性气困于防闲，情志郁而不通，而言养之以和，未之闻之也。"皆为其例。

三　孟子对杨朱的批评与误读

孟子对杨朱进行了激烈的批评。《孟子·滕文公下》曰：

> 圣人不作，诸侯放恣，处士横议，杨朱、墨翟之言盈天下。天下之言，不归杨，则归墨。杨朱为我，是无君也；墨氏兼爱，是无父也。无父无君，是禽兽也。

孟子在这里先称"杨朱"，既而称"杨"，最后又曰"杨朱"。《孟子》书中有时也称杨朱为"杨子"。《孟子·尽心上》载：

> 孟子曰："杨子取为我，拔一毛而利天下不为也……"

孟子此处所谓"杨子"，东汉赵岐注曰："杨子，杨朱也。为我，为己也。拔己一毛以利天下之民，不肯为也。"赵氏这条注释，说明孟子此处所谓"杨子"，即《滕文公下》所谓"杨"或"杨朱"。而赵氏之所以要注明此"杨子"即"杨朱"，殆因为"子"在上古乃尊称，通常表示晚辈对师长辈的尊敬；孟子在《滕文公下》既直称"杨朱"之名，且詈之为"无父无君"之"禽兽"，而此处敬称曰"子"（先生），前倨而后恭，令人不解，故赵氏特加注解。

对于杨朱的学术思想，孟子说："杨朱为我，是无君也。"又说："杨子取为我，拔一毛而利天下不为也。"孟子完全没有顾及其以养生为目的的学术宗旨，而是着眼于君臣大义对其提出了道德伦理的批评。针对杨朱"为我，拔一毛而利天下不为"的思想观点。孟子认为，杨朱的这种思想主张是有违君臣大义的，因而"是无君"的；而"无君"之人，也就忘记了君臣大义——最大的人伦原则，忘记了人之所以为人的最基本的道德，故孟子斥之为"禽兽"。显而易见，孟子对杨朱的这一批评，虽抓住了杨朱思想中最为关键的主张，而且十分准确地切中了杨朱思想主张可能产生的流弊，但却并未能"同情"地理解杨朱的"为我"或"贵己"之学养生论的立论目的和宗旨。因此，我们不能不说，孟子以儒家道德伦学的标准对一种养生学说进行批评，不仅是对杨朱之学的一种误读和误解，显得有几分滑稽和可笑，而且其对杨朱的漫骂与攻击也超出了正常学术批评的限度，不是学术批评所应有的一种正确的方式和态度。《老子》曰："故贵以身为天下，若可以寄天下；爱以身为天下，若可以托天下。"（第 13 章）《庄子·让王》曰："道之真以治身，其绪余以为国家，其土苴以治天下。"道家本有以自身贵（重）于国家天下的观点。① 杨朱"贵己""为我""拔一毛而利天下不为也"的思想观点，正是在

---

① 陈澧《东塾读书记》曰："《老子》云：'故贵以身为天下，收可以寄吞下爱以身为天下，则可以托天下。'吴草庐注云：'爱异贵重此身，不肯以之为天下。'杨朱为我之学原于此。"[（清）陈澧：《东塾读书记（外一种）》，生活·读书·新知三联书店 1998 年版，第 239 页]

这种思想背景下必然的结论。孟子既没能真正把握杨朱"为我"或"贵己"的思想主张提出的目的,实在于"修身"或"养生"——用《淮南子·氾论训》的话说,即"全性保真,不以物累形"——强调保持自己生命的本真("真性")的极其坚定的决心;不能因为外物(包括名利、富贵或贫穷)的拖累而使之受到丝毫的损失。而且更没有认识到杨朱的这种"贵己"或"为我"的思想,本质上也与孔子以来儒家哲学一样,也是一种"古之学者为己"的"为己之学"。它虽看似与儒家直接宣扬的修身、齐家、治国、平天下的思想主张有所不同,但它最终也如杨朱、詹何所说一样,可以达到由"身治"而"国治"的效果。不同的只是,杨朱是以"为我""贵己""重生"——"人人不损一毫"的方式来"修身"的;而包括孟子在内的儒家是通过"仁、义、礼、智"之"四善端"的扩充而"修身"的。在孟子对杨朱之学的批评中,他把二者间这种"修身"方法和途径上的不同,当成了二者在思想性质上的根本差异,仿佛杨朱的"为我,拔一毛而利天下不为也",就是完全"自私自利"的极端利己主义,是完全忘记了君国天下大义的"禽兽",以至于造成了在此后中国的学术史上对杨朱学术思想的长久的误解。这是很不应该的,也是非常可惜的事情。东汉赵岐注《孟子·尽心下》"杨子取为我"时说:"杨朱之道,为己爱身,虽违礼,尚得不敢毁伤之义。"虽似为杨朱辩解,但仍和孟子一样,同样存在着对杨朱之学出发点的误解。

四 杨朱养生学说的现代价值

杨朱"为我""贵己"的养生学说,在其后形成了"纵性情"和"忍性情"两个不同的发展方向。这可以说既是杨朱学说在后世的影响,在某种意义上也可以说,它预示了杨朱之学在今天可能具有的现代价值。

杨朱"为我""贵己"的养生学说,要求人为了"全性保真",要"重生轻利""不以物累形"。这对今天的已基本进入小康社会,而日益注重养生的中国人来说,是具有重要的启示的。这说明我们的养生,首先应该是"重生"和"尊生"的。如果说"人是目的"代表了西方的现代人文觉醒的话,那么"重生"或"尊生"主张,则可以说是将尚嫌抽象的"人"进一步具体化,代表了当今生命哲学应有的维度。只有以个体的生命本身为目的,为了"全性保真"——保持生命的本真，实现自然天道，而既不是为了以生命的形体为享受物质利益的工具，也不是以生命外在形式为获得物质利益的手段。这样的养生，才是现代生命哲学的应有之义。

养生必然涉及个体生命与外在物质利益的关系。杨朱的"为我""贵己"的养生学说认为："物也者，所以养性（生）也，非所以性（生）养也。今世之人惑者多以性（生）养物，则不知轻重也。"（《吕氏春秋·本生》）以至于杨朱得出了"富贵而不知道，适足以为患，不如贫贱"（因为"贫贱之致物也难"）的结论，最终形成了"忍性情"一派。过于贫贱，连基本的生活也不能保障，固然难以实现养生的目的。但对今天已实现初步富裕的中国人来说，更需要的当然应该是杨朱"全性保真"和"重生轻利"的观点。以生命本身为目的，不要过于追求外在物质利益的满足，这应该是杨朱"为我""贵己"的养生学说对我们的有益启示。

杨朱"为我""贵己"的养生学说，在另一方面也被人理解为应无条件地满足人的一切欲望，并由此发展形成了"纵性情"一派的观点。"纵性情"一派提倡的享乐主义、纵情声色，固然有其消极颓废的一面。它和老子所批评的"益生"或"生生之厚"一样，实际是"以物累形"的另一种表现形式。《管子》《荀子》等书反对它是必然的，也是应该的。但另一方面，即使由杨朱"为我""贵己"的养生学说发展而来的"纵性情"一派的观点，以"六欲皆得其宜"为"全生"，要求尽可能满足人的自然欲望，这样的观点实际上也有其合理性。今天我们发展社会生产，从根本上来讲，其目的也是满足人们生活的各种欲求。从这个意义上讲，即使是由杨朱"为我""贵己"的养生学说发展而来的"纵性情"一派的观点，对我们也未尝没有积极的启发意义。问题的关键，只在于如何把握好这个欲望的"度"。

江海之上与魏阙之下

——魏牟思想考辨兼论先秦道家的重生派

孙迎智

摘　要　《庄子·让王》中魏牟与詹何关于"江海之上"和"魏阙之下"的对话，后代多有引用发挥。这段对话表达的思想后人阐释不同。本文首先基于文本对读，分析这一对话在不同文献中多发的不同思想，并对旧注进行取舍。然后分析涉及魏牟、詹何的诸子文献，理解其重生思想在道家思想中的地位。

关 键 词　魏牟；詹何；道家

作者简介　孙迎智，北京化工大学马克思主义学院讲师，研究方向主要为道家哲学。

《庄子·让王》中有一段公子牟（魏牟）与瞻（詹何）的对话，公子牟说："身在江海之上，心居乎魏阙之下，奈何？"这则对话被《吕氏春秋》《淮南子》转述，成为一则典故。魏晋以降，老庄之学大昌，"身在江海之上、心在魏阙之下"这则典故广泛出现在诗文之中。以下试举数例：

> 古人云："形在江海之上，心存魏阙之下。"神思之谓也。文之思也，其神远矣。（《文心雕龙·神思第二十六》）

仲连轻齐组，子牟眷魏阙。（《文选·卷二十二·谢灵运 游赤石进帆海》）

游魏阙而不殊江海，入朝廷而靡异山林。（《艺文类聚·卷五十五·杂文部一 王僧孺詹事徐府君集序》）

翻从魏阙下，江海寄幽情。（《全唐诗·卷二百六十九·张南史 奉酬李舍人秋日寓直见寄》）

回首周南客，驱驰魏阙心。（《杜诗详注·卷十五 晴二首》）

第一例中，刘勰化用了这则典故，将其"形在江海"而"心存魏阙"视为一种神妙的文学创作中的精神活动，即想象。其余各例，都是依原样运用这则典故，表明作者身在外地或者民间，却心系朝廷或者国家。这句话可以看作范仲淹"居庙堂之高则忧其民，处江湖之远则忧其君"的先声。文中展现了"身—心"、"江海—魏阙"的形象的二重对立，体现了身与心、应当与实然的内在张力，这应当是其被后世文人反复使用的原因。后世注家在注释典故的时候，往往简单说明出处后就一带而过。

而这则对话的文本注释及其思想内涵则少为人们所注意。本文将从两个方面阐释这则典故：（1）文本对读，即对《庄子》原文和引述此典故的《吕氏春秋》《淮南子》的相关文字进行细读，分析不同文献中借此典故阐发的不同思想，并对旧注进行取舍；（2）比对涉及魏牟、詹何的诸子文献，理解其思想在道家思想中的地位。

一 相关文本分析

（一）《庄子》原文及诸家引文
《庄子》原文：

中山公子牟谓瞻子曰："身在江海之上，心居乎魏阙之下，奈何？"瞻子曰："重生。重生则利轻。"中山公子牟曰："虽知之，未能自胜也。"瞻子曰："不能自胜则从，神无恶乎？不能自胜而强不从者，此之谓重伤。重伤之人，无寿类矣。"魏牟，万乘之公子也，其隐岩穴也，难为于布衣之士，虽未至乎道，可谓有其意矣。

魏牟向詹何诉说他修道中的两难境遇：他有心远离俗世修道，可是心思往往还待在宫门的魏阙下面。詹何告诫他说，要重视生命，轻视荣利。魏牟表示他难以如此。詹何就劝告说，如果不能克服荣利之心，那就不妨放纵。否则就会对人心造成双重的伤害而影响寿命。

《吕氏春秋》和《淮南子》中的引文与《庄子》原文大体一致①：

> 中山公子牟谓詹子曰："身在江海之上，心居乎魏阙之下，奈何？"詹子曰："重生。重生则轻利。"中山公子牟曰："虽知之，犹不能自胜也。"詹子曰："不能自胜则纵之，神无恶乎？不能自胜而强不纵者，此之谓重伤。重伤之人无寿类矣。"（《开春论·审为》）
>
> 中山公子牟谓詹子曰："身处江海之上，心在魏阙之下，为之奈何？"詹子曰："重生。重生则轻利。"中山公子牟曰："虽知之，犹不能自胜。"詹子曰："不能自胜，则从之；从之，神无怨乎！不能自胜而强弗从者，此之谓重伤。重伤之人，无寿类矣。"故老子曰："知和曰常，知常曰明，益生曰祥，心使气曰强。"是故"用其光，复归其明也"（《淮南子·道应》）。

二书引述的故事大体相同，都略去了《庄子》中故事末尾点评的那句话。《淮南子·道应训》又添加了该书作者认为此故事可以印证的《老子》中的话。

传世本《文子·下德》也引述了类似的话，然而却经过了处理。将魏牟与詹何的对话全部改成了老子所说，文末也同《淮南子·道应训》相似，证明《老子》中的话：

---

① 本文以《庄子·让王》为原文，以《吕氏春秋》《淮南子》等书中的相似文字为引述，这就默认了《庄子》中的文字在先而《吕氏春秋》《淮南子》等书在后。虽然罗根泽、张恒寿等学者认为《让王》中的故事来自《吕氏春秋》，刘笑敢则以篇章结构、思想内容等方面说明，虽然《让王》一篇与《吕氏春秋》中《贵生》《离俗》中多有相似，但很大的可能是《吕氏春秋》的相关内容抄自《让王》。刘说较有说服力，相关讨论参见刘笑敢《庄子哲学及其演变（修订版）》，中国人民大学出版社 2010 年版，第 52—57 页。

> 老子曰：身处江海之上，心在魏阙之下，即重生，重生即轻利矣。
> 犹不能自胜即从之，神无所害也，不能自胜而强不从，是谓重伤，重伤
> 之人无寿类矣。故曰：知和曰常，知常曰明，益生曰祥，心使气曰强，
> 是谓玄同，用其光，复归其明。

看上去《文子》此处非常像是抄自《淮南子》。《文子》与《淮南子》之间大
量的相似文字，究竟谁抄自谁，还是二者有一个共同的祖本，学界聚讼不断，
尚无定论。而《下德》的改动，抹去了魏牟与詹何，也使得《文子》的相关
文字不在本文继续讨论的范围。

（二）注释中的分歧

对这则典故，《庄子》《吕氏春秋》与《淮南子》的相关注释大体类似，
然而有一处涉及文意理解的关键词"魏阙"一词，在《淮南子》中，高诱给
出了两种不同的解释，在此有必要进行讨论和分辨。

"魏阙"一词，在《经典释文·庄子音义》中，陆德明引用司马彪的说
法，魏阙就是"象魏观阙，人君门也"。又引许慎的说法："天子两观也。"[1]

而东汉高诱在注释《吕氏春秋》和《淮南子》时，对"魏阙"一词，给
出了两种解释：巨阙穴和象魏。

《吕氏春秋·审为》中，"身在江海之上，心居乎魏阙之下"一句高诱注为：

> 身在江海之上，言志放也。魏阙，心下巨阙也。心下巨阙，言神内
> 守也。一说：魏阙，象魏也。悬教象之法，浃日而收之，魏魏高大，故
> 曰魏阙。言身虽在江海之上，心存王室，故在天子门阙之下也。[2]

高诱前一说看来，"身在江海之上"是说魏牟情志放纵；"心居乎魏阙之下"
是说其精神内守在身体的巨阙穴的位置。第二说与《庄子》中的注释相合，
以魏阙指代朝廷。然而细审对话中的文意，如果"身在江海之上，心居乎魏
阙之下"是一种很高的修为境界的话，魏牟为什么还要求教于詹何，而且还

① （唐）陆德明撰，黄焯汇校，黄延祖重辑：《经典释文汇校》，中华书局 2006 年版，第 816
页。又见（清）郭庆藩撰《庄子集释》，王孝鱼点校，中华书局 2013 年版，第 858 页。
② （战国）吕不韦著，陈奇猷校释：《吕氏春秋新校释》，上海古籍出版社 2002 年版，第 1470 页。

表明希望克服这种状态的愿望呢？因此还是第二说符合文意。故清代毕沅注云："后一说得本意。"

《淮南子·道应训》中的许慎注云："江海之上，言志在于己身。心之魏阙也，言内守。"此处许注与《审为》高诱注相似。《经典释文》中注释《让王》中的"魏阙"，引许慎说为"天子两观"，也就是象魏，并无它解。许慎、高诱的《淮南子》注释在流传过程中互有混杂，现在一般认为《道应训》中的注释为许慎注。① 而许慎在几乎相同的文本中注释同一个词，为什么出现两种不同的说法？很可能是此处的许注为高注混入。② 此处"魏阙"应该仍作"象魏"解。

《淮南子·俶真》亦有"是故身处江海之上，而神游魏阙之下"一句：

> 夫贵贱之于身也，犹条风之时丽也；毁誉之于己，犹蚊虻之一过也。夫秉皓白而不黑，行纯粹而不糅，处玄冥而不暗，休于天钧而不伪，孟门、终隆之山不能禁，唯体道能不败。湍濑旋渊，吕梁之深不能留也；太行石涧，飞狐、句望之险不能难也。是故身处江海之上，而神游魏阙之下。非得一原，孰能至于此哉！

高诱注曰：

> 魏阙，王者门外阙，所以县教象之书于象魏也。巍巍高大，故曰"魏阙"。言真人虽在远方，心存王也。一曰：心下巨阙，神内守也。

从高诱的注文来看，此处他倾向于前一说。《俶真》此处"身处江海"而"神游魏阙"反而是一种得道真人的境界。那么如何抉择"魏阙"一词的两种解释？如果结合《道应训》来看，"身在江海"而"心居魏阙"并非得道的状态，如果将"魏阙"理解为前者，似乎与"非得一原，孰能至于此哉"相矛盾。而且《淮南子》中主张精神内守，如"精神内守形骸而不外越"（《精

---

① 《淮南子》的注释在宋代就已相互混杂。北宋苏颂根据各篇中注释的体例差别，分出高注十三篇、许注十八篇，但具体的注释仍有混杂的情况。参见《淮南许注异同诂陶方琦自序》，载何宁撰《淮南子集释》，中华书局1998年版，第1539—1544页。

② 向宗鲁曾有此怀疑。参见何宁撰《淮南子集释》，第113页。

神》）等。如果从思想整体反观注文的抉择，当以后一说为是。当代学者处理这一注释大体出于此种考虑。于大成认为："此文自是注文后一义，前一义不可通。"① 许匡一也是从"神内守"的角度，认为后一说为宜。②

审视《道应训》和《审为》的高诱注，可以看到《审为》中的注释更为详细一些。高诱在《吕氏春秋序》中说，他是在完成《淮南子》和《孝经》的注释后，着手注释此书的。这样来看，《审为》中的注释是后出，更详细也是很自然的。另外可以看到，高诱对"魏阙"一词的理解，始终分为两个含义。

巨阙一词的本意，就是巨大的宫阙，与"魏阙"的本意相同。先秦时期，提到"巨阙"，指的是名剑。巨阙作为身体穴位的名称出现，当在东汉末期。除了高诱注中提到了"巨阙"，还有张仲景的《伤寒论》。其中提到"尸厥"证"当刺期门、巨阙"的说法（《伤寒论·平脉法第二》）。稍晚的《三国志·魏书·方技传》中，介绍华佗弟子樊阿针灸技术高超，能"巨阙胸藏针下五六寸，而病辄皆瘳"。如果不考虑《俶真训》中"魏阙"一词的解释，那么"巨阙"的出现应当是在东汉后期。精神安守在巨阙处的想法，非常类似于意存丹田的说法，可能同道家的养生导引之术有关。

此处关键在于"神游"二字。《让王》《道应》等篇，都用"心居"，表示心念相对静止的状态；"神游"描绘的则是精神漂游、驰骋的动态。"神游"表明的，应该不是精神内守的状态，而是精神遨游到魏阙之下。结合上文的"不能禁""不能留""不能难"，可以将此句理解为真人精神上没有阻碍的、自由的精神状态，可以无视客观环境的束缚，而神游于外。可见从《淮南子·俶真》开始，"身在江海"而"神在魏阙"就脱离了原来詹何和魏牟对话的语境，从之前重视生命轻视名利而不得的纠结状态，变成了有道之士无视外物变化而精神内守的玄妙状态。

（三）典故阐发的不同取向

《庄子·让王》中的十五个故事，主旨即在"重生"：其中有尧让天下于子州支父而不受的故事、有子华子劝说韩昭侯"两臂重于天下"的譬喻。其核心思想表述为：

---

① 于大成：《淮南鸿烈论文集》，台北：里仁书局 2005 年版，第 198 页。

② 参见（汉）刘安等原著，许匡一译注《淮南子全译》，贵州人民出版社 1993 年版，第 69 页。

故曰：道之真以治身，其绪徐以为国家，其土苴以治天下。由此观之，帝王之功，圣人之馀事也，非所以完身养生也。今世俗之君子，多为身弃生以殉物，岂不悲哉！

而从魏牟与詹何的对话来看，詹何对魏牟的告诫也是要"重生"。在魏牟有心隐居修道，却无法克制荣利之心的两难情况下，詹何劝说他不要强行压抑自心，采用等而下之的"纵之"的办法。这种办法乍看上去有些奇怪，但是其核心的"重生"思想却是一贯的——如果不能达到最高的境界，那么为了生命，不妨退一步。

《吕氏春秋·审为》篇中，主旨也在阐发"重生"，但同《天下》相比，在内容上有所不同。"审为"的意思，就是要搞清"所为"和"所以为"，也就是目的和手段。开篇点明主旨：

身者所为也，天下者所以为也，审所以为而轻重得矣。

从这句来看，本篇的目的似乎有劝诫君主的意味，即自身生命才是目的，天下是保养生命的手段。篇中采用的三个故事与《让王》相同：太王亶父迁于岐山、子华子云"两臂重于天下"以及魏牟与詹何的对话。值得注意的是，前两个故事与本篇主旨贴切，而且故事的主人公都有君王的身份，能够认清"所为"。故事内部也展现了治国与养身之间的矛盾。第三则中，魏牟的身份不过是出身公族的"公子"而已，而且魏牟隐居修道，心系荣华，虽然也涉及重生，却与治国无关。前两则故事的结尾，都有点评文字，大体与《让王》相同，而最后一则却没有任何评述性文字。《让王》篇中，评说魏牟"其隐岩穴也，难为于布衣之士，虽未至乎道，可谓有其意矣"，并不合乎《审为》的主旨，被编著者略去了。

《淮南子·道应训》中，这则典故，是为了证明《老子》说法的正确。刘安等人在全书的总纲《要略》中，总说此书的撰写方式，就是将对大道的论说和具体的事例相结合，"故言道而不言事，则无以与世浮沉；言事而不言道，则无以与化游息"（《要略》）。《道应训》的主旨则是：

《道应》者，揽掇遂事之踪，追观往古之迹，察祸福利害之反，考验乎老庄之术，而以合得失之势者也。

在《道应训》中，作者将过往的史事的吉凶兴衰同老子、庄子的理论结合起来，并验证这些理论。"道应"这一篇名表明，本篇讨论的就是的"道"的应验。因此，篇题之下许慎注曰："道之所行，物动而应，考之祸福，以知验符也，故曰'道应'。"

这则典故，作者想要验证的是《老子》第55章和第52章的两句："知和曰常，知常曰明，益生曰祥，心使气曰强。"以及"用其光，复归其明也"。

王弼注"知和曰常"为："物以和为常，故知和则得常也。"然而本章未涉及"物"，将"和"与"物"联系起来，那么"和"就有和谐无事的意味。本章主要讲的是养生之道，王弼注与此不合。高明就指出，王注"恐未达老子本义"。他认为，"和"就是第42章中"万物负阴而抱阳，冲气以为和"体现的阴阳相互交通的对立面的统一。了解了"和"，才知道了常道。了解了常道，才称得上聪明。"祥"，意思是"不详"。如《左传》僖公十六年疏："恶事亦称为'祥'。""强"指强梁之强。这两句就是说"知和"的反面：过分保养身体反而会招致不祥；耗费精力，劳心费神，耗费精气，就属于强梁行事。

"用其光，复归其明"，即有和光同尘之意，《老子》中"明"指内在的智慧，如"自见不明"（第24章）；"光"，大概有光芒向外照射的特性，往往喻指向外认识的智慧。意即以向外的智慧回归向内，返照内在的聪明。

《道应训》中以此来点评这则典故，一方面表明魏牟强行压抑自心不符养生的常道，会导致不祥；另一方面，也可能强调修道中思想要反转向内，"复归其明"，就是说精神内守的重要性。

从同一个典故，在《庄子》《吕氏春秋》和《淮南子》中的不同阐发角度来看，《让王》中的评论是同故事直接相关的；《审为》中典故同该篇主旨有些游离；《道应训》中以此来印证《老子》中的说法，虽然相关，但有些曲为之说，不如《让王》中的直接。

二　魏牟、詹何及其思想

在分析了这则典故的文本之后，有必要了解魏牟与詹何二人的事迹与思想，这样才能在战国诸子学说的背景下，理解这则典故。

（一）魏牟与詹何的事迹与思想

《汉书·艺文志·诸子略·道家》录有《公子牟》四篇。班固在此篇题下自注："魏之公子也，先庄子，庄子称之。"高诱当承袭此说，他在《吕氏春秋·审为》的注中，说魏牟是："魏公子也，作书四篇。魏伐得中山，公以邑子牟，因曰中山公子牟也。"

这一说法看上去很合理，同时也交代了魏牟因何被称作"公子牟"或者"中山公子牟"。但是《庄子·秋水》中有魏牟与公孙龙的对话，《战国策·赵策三》有魏牟对应侯范雎的忠告，由是观之，魏牟当为战国末期人。① 而战国初年，魏文侯灭鲜虞之中山国，将其封给了次子挚，而非公子牟。可见高注有误。而其后中山复国，后灭国于赵武灵王。魏牟生活的年代，中山归属赵国很久了。

而涉及魏牟事迹或者思想的文献有《庄子》中的《秋水》《让王》《荀子·非十二子》《吕氏春秋·审为》《淮南子·道应》和《战国策·赵策》等。

《秋水》中记载，公孙龙问魏牟说，他自以为是通达各家学说的聪明人，为什么听到庄子的学说却不能理解茫然自失。魏牟则以坎井之蛙不能语东海之乐为喻，批评公孙龙"是直用管窥天，用锥指地也，不亦小乎！"

《战国策·赵策三》中记载了两则魏牟的故事。其一为平原君转述魏牟对应侯范雎的忠告：

> 夫贵不与富期，而富至；富不与梁肉期，而梁肉至；梁肉不与骄奢期，而骄奢至；骄奢不与死亡期，而死亡至。累世以前，坐此者多矣。

范雎当时在秦国掌权，既富且贵，魏牟告诫他骄奢富贵会带来祸害，劝其重生自省。这很符合道家从古今兴衰中总结出"清虚自守"之道的特点。

《赵策三》中还有一篇魏牟同赵王对话，魏牟批评赵王宠信近臣，不能用

---

① 对班固说法的怀疑古已有之。宋代王应麟即指出魏牟年代的问题："《荀子·非十二子》注：魏牟，魏公子，封于中山，今《庄子》有公子牟，称庄子之言，以折公孙龙。据即与庄子同时也。又《列子》称公子牟解公孙龙之言。龙，平原君之客，而张湛以为文侯子，据年代非也。《说苑》：公子牟东行，穰侯送之。未知何者为定。"（宋）王应麟著：《汉制考·汉艺文志考证》，张汐、杨毅点校，中华书局 2011 年版，第 222 页。

心治国。文中魏牟以尺帛和国家相比，"王能重王之国若此尺帛，则王之国大治矣"。魏牟的修辞之术虽然巧妙，但是本篇却没有思想性的意义。

荀子在《非十二子》一篇的开头，就抨击说：

> 纵情性，安恣睢，禽兽行，不足以合文通治；然而其持之有故，其言之成理，足以欺惑愚众；是它嚣①、魏牟也。

荀子给魏牟的学说安了很大的罪状，说他放纵人的情感欲望，使人不能合于礼义。更严重的是，魏牟的学说还能找出根据，用比较合理的方式表述，很能吸引徒众。从荀子的批评来看，魏牟的学说在当时很受欢迎，但著录其学说的《公子牟》四篇早已失传。从仅有的文献片段来看，魏牟的"纵情性"，很可能与詹何对他的教导有关。相关文字中并没有更深入涉及道的论说，他被归入道家一系，很大程度应当和他思想中重生的因素有关。

《庄子·让王》中提到詹何作"瞻子"。除了这则与魏牟的对话外，《吕氏春秋·执一》中提到詹何曾见过楚王：

> 楚王问为国于詹子。詹子对曰："何闻为身，不闻为国。"詹子岂以国可无为哉？以为为国之本在于为身，身为而家为，家为而国为，国为而天下为。故曰以身为家，以家为国，以国为天下。此四者，异位同本。

《淮南子·道应训》中也有这个故事，并将二人的对话详细化了：

> 楚庄王问詹何曰："治国奈何？"对曰："何明于治身，而不明于治国？"楚王曰："寡人得立宗庙社稷，愿学所以守之。"詹何对曰："臣未尝闻身治而国乱者也，未尝闻身乱而国治者也。故本任于身，不敢对以末。"楚王曰："善。"

---

① 它嚣，当为"范睢"之误。《韩诗外传》卷四引此篇，作"范睢、魏牟"。杨天海认为"范"与"它"形近，"嚣"为"睢"字墨迹漫漶而成。参见王天海《荀子校释》，上海古籍出版社2005年版，第203页。笔者认为，《韩诗外传》引述荀子《非十二子》中的大意，按照荀子篇章中的顺序，从范睢、魏牟，一直引到了邓析、惠施（略去了原文中的子思和孟子），其余九人的人名都同《荀子》中一致，那么"它嚣"必然为"范睢"之误。

可见詹何思想以重生为核心，在他看来，"治身"是本，而"治国"反而是末，这二者并非根本对立，而具有一致性。因此《执一》中，将重生置于"身—家—国—天下"的序列之中，只要身治，就可推而广之。这很类似于《大学》中修身、齐家、治国、平天下的说法。但是詹何这里没有内在的"致知、格物、正心、诚意"的内在修养的论说。

詹何的这种治国理念如何具体操作，今天不得而知。然而细读《执一》，全篇的主旨就在"执一"，这"一"就是贯穿于其中的"道"。篇中说"圣人之事"大则包裹宇宙，小则不出自身，而这种事也无法口耳相传，只有有才能的人才能接近——这些就是对道的描述。

典籍中提到詹何，没有提及其生平，只是说他是得道者，并称其"善钓"：

> 加之以詹何、娟嬛之数。高诱注："詹何、娟嬛，古善钓人名。"（《淮南子·原道训》）
> 故蒲且子之连鸟于百仞之上，而詹何之鹜鱼于大渊之中，此皆得清净之道，太浩之和也。高诱注：詹何，楚人，知道术者也。言其善钓，令鱼驰鹜来趋钩饵，故曰"鹜鱼"。得其精微，故曰"太浩之和"也。（《淮南子·览冥训》）
> 詹公之钓，千岁之鲤不能避。高诱注：詹公，詹何也，古得道善钓者。有精术，故能得千岁之鲤也。（《淮南子·说山训》）

詹何是一位得道的隐者，他通过钓鱼来得道。按照《览冥训》中的描述，他在钓鱼的时候，就将心神通于道，如此才能得到自然界的响应。也正因为他有这种修养，《韩非子·解老》中，提到他具有"前识"的本领，不出门，听到牛鸣，就能猜中门外的牛是"黑牛也，而白在其角"。应当由于这一缘故，《吕氏春秋·重言》在结尾说："故圣人听于无声，视于无形，詹何、田子方、老耽是也。"

（二）二人与杨朱一系的思想

魏牟、詹何的思想很明显与杨朱思想一致。杨朱的学说在当时应该影响很大，因此才能有孟子比较夸张的描述："杨朱、墨翟之言盈天下。天下之言，不归杨，则归墨。"（《孟子·滕文公下》）孟子还概括杨朱的思想为：

"杨子取为我，拔一毛而利天下，不为也。"（《孟子·尽心上》）从这段话看上去杨朱似乎是一个极端自私的个人主义者。对杨朱思想概括比较好的是《淮南子·氾论训》："全性保真，不以物累形，杨子之所立也，而孟子非之。"

《列子·杨朱》① 记载了杨朱两段关于"拔一毛而利天下不为"的话：

> 杨朱曰："伯成子高不以一毫利物，舍国而隐耕。大禹不以一身自利，一体偏枯。古之人，损一毫利天下，不与也，悉天下奉一身，不取也。人人不损一毫，人人不利天下，天下治矣。"
>
> 禽子问杨朱曰："去子体之一毛，以济一世，汝为之乎？"杨子曰："世固非一毛之所济。"禽子曰："假济，为之乎？"杨子弗应。禽子出，语孟孙阳。孟孙阳曰："子不达夫子之心，吾请言之。有侵若肌肤获万金者，若为之乎？"曰："为之。"孟孙阳曰："有断若一节得一国。子为之乎？"禽子默然有闲。孟孙阳曰："一毛微于肌肤，肌肤微于一节，省矣。然则积一毛以成肌肤，积肌肤以成一节。一毛固一体万分中之一物，奈何轻之乎？"②

可见，杨朱并非那种损人利己的个人主义者，他所主张的，是"人人不损一毫，人人不利天下，天下治矣"。"不损一毫"，就能够保全生命、"全性保真"；"不利天下"，就不会去兼爱、尚贤，人就不会"以物累形"。

由是观之，詹何、魏牟当是杨朱一派道家的人物，故蒙文通认为"詹何为杨朱之徒"③。

（三）与庄子思想的比较

蒙文通根据战国时代道家人物出身、学说的差异，将其划分为"北南二

---

① 传世本《列子》一书，成书于晋代张湛之手，他自叙自永嘉丧乱南渡之后，只有《杨朱》《说符》二篇，他的父辈汇集了数种残篇成书。书中有记载列子之后的人物，也有与《庄子》《穆天子传》相同的内容。然而其中也有源自先秦内容，不能一概抹杀，视之为杜撰。杨宽特别主张"《杨朱篇》确是杨朱主要学说"。杨宽：《战国史》，上海人民出版社2003年版，第480页。

② 这两段话中展现的思想内容符合《孟子》《韩非子》和《淮南子》中对杨朱思想的表述。焦国成据此主张，"这些记述当为信实的原始史料"。焦国成：《杨朱学派"为我主义"辨析》，《中国人民大学学报》1989年第6期。另外，对"拔一毛而利天下，不为也"有具体叙述的，只有《杨朱》一篇，笔者认为，这两段话不是抄撮自其他子书，有很大可能来自原本《列子》。

③ 蒙文通著，蒙默编：《蒙文通全集（二）》，巴蜀书社2015年版，第32页。

派"，杨朱、田骈等为北方道家人物，老子、庄子为南方道家人物。① 而杨朱一系的思想与庄子思想有显著的差异。冯友兰、钱穆等学者认为庄子学说为杨朱一系，王叔岷从思想和历史两个方面，认为庄子和杨朱有四点不同，其中思想性差异为两点：为我与忘我、齐生死与外生死。②

杨朱为我，前文已经提到了；庄子中有"今者吾丧我"（《齐物论》）、"忘乎物，忘乎天，其名为忘己"（《天地》）等。

杨朱主张"万物所异者生也，所同者死也"，死亡面前人人平等，"生则尧舜，死则腐骨；生则桀纣，死则腐骨"，因此人要好好地生存，"且趣当生，奚遑死后?"（《列子·杨朱》）庄子则看轻生死，如"安时而处顺，哀乐不能入也"（《养生主》），"死生，命也，其有夜旦之常，天也"（《大宗师》）等。特别是"古之真人，不知说生，不知恶死"（《大宗师》）与杨朱重生的态度相反。《至乐》中髑髅对庄子描述死后的快乐，以为"南面王乐，不能过也"，如果将这个故事同杨朱的说法相比，则更形象地展示了庄子"外死生"的主张。

如果说魏牟、詹何的思想与庄子不是同一派别，那么为何《庄子》一书记载了魏牟和詹何的言行?《庄子》内篇、外篇和杂篇确实存在着一些思想上的差异。如蒙文通就指出《庄子》"以外死生为主……然则以全角保生为义者，非庄子之说也"③。《庄子》成书过程中，编纂者收入了不少道家其他派别的篇章。又因为魏牟曾经称赞过庄子，因此庄子一派的后学就收入了魏牟的事迹，詹何则是因为和魏牟的对话，被附带收入。

《秋水》中魏牟称赞庄子的话，说明魏牟同庄子一派有关联，至少魏牟是了解庄子思想的。郭沫若根据魏牟对庄子的极端称颂，认为魏牟当是庄子的弟子④，《让王》中评价他"虽未至乎道，可谓有其意矣"的话，郭沫若认为有同门师兄勉励后辈的意味。但细读相关文字，我们却发现，他们的主张更近乎杨朱一系的重生派。

---

① 参见蒙文通著，蒙默编《蒙文通全集（二）》，第 110 页。
② 参见王叔岷撰《先秦道法思想讲稿》，中华书局 2007 年版，第 83—87 页。
③ 蒙文通著，蒙默编：《蒙文通全集（二）》，第 35 页。
④ 参见郭沫若《十批判书》，东方出版社 1996 年版，第 193 页。

三　结语

本文从"江海之上"和"魏阙之下"的典故出发，梳理注释，展示了同一个典故在不同文献中的阐释面向。典故原意，还是强调"重生"，不能强行压抑自己，否则导致"重伤"。将"心居乎魏阙之下"理解为"精神内守"当是晚出的解释，不合本意。但在比较过程中，我们可以看到这样一句话如何脱离原有的语境，从一种求清心寡欲而不得的纠结状态演变为精神内守、无视外物的玄妙状态。

典故涉及的魏牟和詹何，在传世文献中属于边缘人物。通过对相关文献的整理比较发现，虽然二人似乎是"南方道家"（詹何楚人，魏牟思想与之相近），但实际上却更近于北方杨朱一系。道家人物的地域与思想的差异，是值得后续研究的课题。

诸子时代的"思想配角"

——论子华子

李 彬

摘 要 子华子无疑属于中国思想史上的"边际人物",与先秦很多"文献不足征"的诸子一样,其人其学其书皆有诸多疑点。受疑古思潮和古史辨派影响,被视为"伪书"的今本《子华子》,无法承担起作为研究子华子思想的基本文本,导致学界对子华子的研究和关注较为缺乏。本文从文本、学派、思想三个维度,以《吕氏春秋》所引"子华子"文本为主,勾勒子华子的思想之大旨,一方面,丰富和深化对先秦杨朱学派或黄老道家乃至整个先秦朱子思想谱系的认识;另一方面,通过对子华子思想主旨的梳理和重构,为今后对子华子的研究打下一定基础。

关 键 词 子华子;杨朱学派;吕氏春秋;全生;重生

作者简介 李彬,郑州大学哲学学院讲师、河南省道教中国化研究中心研究员,硕士生导师,研究方向主要为宋明理学、先秦诸子。

引 言

近代以来,随着经学的瓦解以及西学的传入,先秦诸子之学呈现复兴之势。沉寂千年之后，诸子中那些"异端"思想家纷纷重新粉墨登场。杨朱即其中的佼佼者。一方面，曾被孟子激烈抨击的杨朱，因其思想中所含有的"个体主义"倾向，在思想史的意义上得到重视。① 另一方面，也有学者从学术史角度，勾勒或建构出了杨朱学派的人物谱系，并将之与黄老道家联系起来。②

近年来随着出土文献的问世，黄老学研究也日渐成为显学，激发了学界对学派属性不明显的诸子传世文献的重视。③ 对先秦诸子中"边际人物"的讨论和研究亦提上了日程。④ 在这一背景下，杨朱及其学派的哲学得到了广泛而深入的阐发和建构。⑤ 略显不足的是，杨朱学派往往被视为一个集合，其学派内部的思想差异并未得到应有的呈现，这表现为通常被视为杨朱学派后学的詹何、子华子等往往只是被顺带提及，几乎无独立的学术和思想地位。⑥ 但问题在于杨朱学派内部是铁板一块吗？在百家争鸣，"道术将为天下裂"的时代大背景下，学派分裂分化是常态⑦，学派内部之间互相攻讦亦是常事，并无

---

① 关于近代以来学界对杨朱（学派）思想的研究现状可参见何爱国《清季民初杨朱思想的活化》，《安徽史学》2015 年第 1 期；何爱国《从"禽兽"到"权利哲学家"：论杨朱学派新形象的近代构建》，《历史教学问题》2015 年第 5 期。两文亦收入何爱国《近代性的本土回响：近代杨墨思潮研究》，世界图书出版广东有限公司 2015 年版。

② 曹峰指出了近代以来对杨朱的两条不同的研究路径：一为学术史，一为思想史。前者以蒙文通、郭沫若为代表；后者以侯外庐、刘泽华为代表。前者通过对相关文献的勾陈，将杨朱学派与黄老道家联系起来。"为我们今后进一步的研究开辟了道路、提供了资源、展示了方向，尤其是在黄老道家研究方面，离开杨朱一脉，恐怕难以完善"。（参见曹峰《20 世纪关于杨朱的研究：以蒙文通、郭沫若、侯外庐、刘泽华等人为中心》，《社会科学》2019 年第 9 期）

③ 参见曹峰《出土文献视野下的黄老道家研究》，《中国社会科学》2013 年第 2 期。

④ 本次论坛的主题即为"从前子学时代到子学时代：边际人物、文本和思想与黄河文明"。邀请函中指出：对诸子中"边际人物"的探讨，有助于"丰富中国早期思想和文化图像"。

⑤ 参见匡钊《必死者的养生抉择——杨朱思想逻辑结构及其学派归属》，《江汉论坛》2018 年第 10 期；王中江《杨朱的"人本主义"伦理学》，《道德与文明》2021 年第 2 期；陈少明《经典世界的思想配角——论杨朱》，《中国哲学史》2020 年第 1 期；刘黛《"取"与"皆弃"的杨朱生命哲学——从文本、哲学到思想史》，《文史哲》2020 年第 6 期等。

⑥ 如康有为认为杨学"全生"与西学的共同之处就是"重生不重死"，因此，"西人亦近杨朱"。［参见（清）康有为《万木草堂口说》，中国人民大学出版社 2010 年版，第 74 页］事实上，讲"全生"的是子华子而非杨朱，当然康子在此乃以"全生"为"杨学""重生"思想的一个表达，是没问题的，但从中亦可以看出子华子为杨朱或"杨学"所掩，其思想独立性不彰。根据我们的考察，杨朱与子华子之间既有同，又有异，换言之，杨朱学派内部并非铁板一块，而是有着不同的思想倾向。

⑦ 《韩非子·显学》："儒分为八，墨离为三。"描述的就是这种学派分化的状态。

后世那种强烈的门户意识。① 因此，我们很难相信偏偏到了杨朱学派那里就成了众口一词，整齐划一了。② 为了深化对杨朱学派，以及黄老道家和整个先秦诸子的认识和理解，我们必须回归文本，辨析材料，考察其思想之同异离合。③ 本文拟以杨朱学派代表之一的子华子为个案，进行尝试分析。④

子华子无疑属于中国思想史上的"边际人物"或所谓的"思想配角"⑤，与先秦很多"文献不足征"的诸子一样，其人其学其书皆有诸多疑点。受疑古思潮和古史辨派影响，被屡屡证明为伪书的今本《子华子》，无法承担起作为研究子华子思想的文本依据，导致学界对子华子思想的研究和关注极为缺乏。如晁福林指出："由于《子华子》一书为宋代伪撰，所以学者多对子华子弃而不顾，所以子华子其人及其思想都处于若明若暗之间。"⑥

因此，本文拟从文本、学派、思想三个维度，勾勒子华子的思想之大旨，一方面，借以丰富和深化对先秦杨朱学派或黄老道家乃至整个先秦朱子思想谱系的认识；另一方面，通过对子华子思想主旨的梳理和重构，为今后对子华子的研究进一步开拓视野，打下基础。

---

① 《论语》中孔子门人之间已经在互相批评，如子张、子夏、曾子等。《荀子·非十二子》攻击了各种"贱儒"。墨子后学之间也相互批评，《庄子·天下》："相里勤之弟子，五侯之徒，南方之墨者，苦获、己齿、邓陵子之属，俱诵《墨经》，而倍谲不同，相谓别墨。"

② 也有学者如赵逵夫发现了子华子（学派）与杨朱（学派）思想的差异。但他认为杨朱思想与老子一致，而子华子一派乃方向纵欲方向发展，似乎有误。如他说："子华子有可能为杨朱后学，他对杨朱养生、重生的思想向消极的方面发展了。"又说"《列子·杨朱篇》中保存有杨朱的言论，但被子华子一派改窜过，未必合于杨朱的本意"。［参见赵逵夫《论老子重生思想的源流与道教思想的孕育》，《兰州大学学报》（社会科学版）2007年第7期］

③ 胡适"大胆假设，小心求证"的方法论原则，对我们今天的子学研究已然具有指导意义。具体而言，我们要"尊重文献本身、回归思想本身，不做过度诠释"，避免"观念先行、让材料为观念服务"所造成的"牵强附会、削足适履、简单化、机械化"等研究弊端。（参见曹峰《20世纪关于杨朱的研究：以蒙文通、郭沫若、侯外庐、刘泽华等人为中心》，《社会科学》2019年第9期）

④ 除了因为子华子是杨朱后学的重要代表，还因为子华子所讲的"全生"思想乃中国传统哲学的一个重点，这从近年来甚嚣尘上的对"生生"的讨论中可以窥见一斑。蒙培元指出，"中国哲学是生的哲学"，"生是中国哲学的核心观念"。［蒙培元：《生的哲学——中国哲学的基本特征》，《北京大学学报》（哲学社会科学版）2010年第6期］另可参见丁耘、吴飞、杨立华、杨泽波等人对"生生"的讨论。

⑤ "思想配角"一语借自陈少明，其撰文称杨朱为"经典世界的思想配角"，在这个意义上说，通常被视为杨朱后学的子华子无疑更是"配角"的"配角"，本文标题亦袭自陈先生。（参见陈少明《经典世界的思想配角——论杨朱》，《中国哲学史》2020年第1期）

⑥ 晁福林：《子华子考析》，《史学月刊》2002年第1期。

一　文本

与先秦的诸多"边际人物"一样，子华子之生平故实难以详察，但其言论、事迹则散见于《吕氏春秋》《庄子》等书之中，据之略可考见其生平思想之概略。①

今本《子华子》自宋室南渡之后，始刊布流传，在当时信之者颇众。②但自朱子辨其为伪之后，除少数学者外③，多以之为伪书④。但往往又多称其文辞理致，以为不可便废。⑤近年亦来有翻案之势。⑥限于篇幅，今不暇详辨。

《四库全书总目提要》曰："《子华子》二卷，旧本题晋人程本撰。按程本之名，见于《家语》；子华子之名，见于《列子》，本非一人。**《吕氏春秋》引子华子者凡三见**，高诱以为古体道人，是秦以前原有《子华子》书，然

---

① 钱穆《先秦诸子系年》根据《吕氏春秋·审为》篇（按：钱穆误作《贵生》）、《庄子·让王》所载子华子见韩昭侯，考证子华子约与韩昭侯、魏惠王同时。又因《吕氏春秋·去宥》篇载，"荆威王学书于沈尹华，昭厘恶之"，疑沈尹华即子华子，考证其生于楚肃王之初年。"相其年代，当较杨朱、季梁稍后，较惠施、庄周稍前，而皆为并世"，而"其言论实承杨朱一派，为后来道家宗"。（钱穆：《先秦诸子系年》，九州出版社 2011 年版，第 283—284 页）

② 如朱熹指出"近岁以来，老成该洽之士亦或信之"，"至引其说以自证其姓氏之所从出"。明胡应麟亦说"至宋世，一时盛传"〔（清）阮元、（晋）程本著，王承略、聂济冬总主编，陈锦春、宁登国校注《子海精华编曾子注释子华子》，凤凰出版社 2022 年版，第 40、43 页〕。

③ 南宋叶适、黄震，清代卢文弨皆以其书为真。元吴师道《题子华子后》指出"永嘉叶适最尊信之"。黄震认为其"虽本老子虚无之说而能自攻其徒欺诞之语，且尊孔氏，而其文亦蔚乎可观，贤于诸子远矣"。卢文弨甚至认为黄震"于其书盖未深观"，故其所取者特辨"黄帝无鼎成上升"之事，而此则应劭、王通之辈皆能知而辨之者，不足以"重《子华子》"。〔（清）阮元、（晋）程本著，王承略、聂济冬总主编，陈锦春、宁登国校注《子海精华编曾子注释子华子》，第 41、43、44 页〕

④ 参见刘硕《〈子华子〉斠疏》，硕士学位论文，东北师范大学，2017 年。〔（清）阮元、（晋）程本著，王承略、聂济冬总主编，陈锦春、宁登国校注《子海精华编曾子注释子华子》，第 39—45 页。〕

⑤ 朱熹最早辨其为伪，然称"计必一能文之士所作，其言精丽过《麻衣易》远甚"，而论《河图》之数"巧亦甚矣"，因此始疑作伪者为越中二士，但旋即认为"恐非其所能及"。陈振孙《直斋书录解题》亦曰："其文不古，然亦有可观者，当出近世能言之流。"宋濂《诸子辨》虽辨其为伪，但指出"然其文辞极春容，而议论焕发，略无窘涩之态"。胡应麟亦认为"其理致肤近，而持论不甚诡于道，文字亦春容雅则"。《四库全书总目提要》虽亦以其为伪，但持论较为平正，"其文虽稍涉漫衍，而纵横博辨，亦往往可喜，殆能文之士，发愤著书，托其名于古人者"，又曰"诸子之书，伪本不一，然此最有理致文采，辨其赝则可，以其赝而废之则不可"〔（清）阮元、（晋）程本著，王承略、聂济冬总主编，陈锦春、宁登国校注《子海精平编曾子注释子华子》，第 39、41、43、45 页〕。

⑥ 参见刘建国《先秦伪书辨正》，陕西人民出版社 2004 年版，第 265—275 页。

《汉志》已不著录，则刘向时其书亡矣。此本自宋南渡后始刊板于会稽。"①
严可均从《吕氏春秋》中辑出《子华子》佚文五段，严氏曰："《子华子》伪
书。《汉志》《隋唐志》所不载。姑录之。**至《吕氏春秋》引有五事**。则先秦
古书也。"② 汪中指出："《先己》《诬徒》《知度》《明理》诸篇并引子华子
语。《审为篇》载子华子与韩昭厘侯同时。"③ 综合以上诸家考证，《吕氏春秋》
之《贵生》《先己》《诬徒》《明理》《知度》五篇所引子华子之"言"，与《审
为》所载子华子之"行"，可视为先秦古书《子华子》之残篇，作为我们研究
子华子思想的文本依据。

我们按照其在《吕氏春秋》中出现的顺序，将子华子之"言"征引如
下，以利参考引用。

1. 子华子曰："全生为上，亏生次之，死次之，迫生为下。"（《贵
生》）④

2. 子华子曰："丘陵成而穴者安矣，大水深渊成而鱼鳖安矣。松柏
成而涂之人已荫矣。"（《先己》）⑤

3. 子华子曰："王者乐其所以亡，亡者亦乐其所以亡。故烹兽不足
以尽兽，嗜其脯则几矣。然则王者有嗜乎理义也，亡者有嗜乎暴慢也。
所嗜不同，故其祸福亦不同。"（《诬徒》）⑥

4. 子华子曰："夫乱世之民，长短颉牾百疾，民多疾疠，道多福祾，
盲秃伛尪，万怪皆生。故乱世之主。乌闻至乐？不闻至乐，其乐不乐。"
（《明理》）⑦

5. 子华子曰："厚而不博，敬守一事，正性是喜，群众不周而务成

---

① （清）阮元、（晋）程本著，王承略、聂济冬总主编，陈锦春、宁登国校注《子海精华编曾子
注释子华子》，第45页。

② （清）严可均校辑：《全上古三代秦汉三国六朝文·全上古三代文卷七》，中华书局1958年
版，第114页。

③ 转引自陈奇猷校释《吕氏春秋校释》，学林出版社1984年版，第81页。

④ 陈奇猷校释：《吕氏春秋校释》，第75页。陈奇猷曰："本篇乃子华子学派之言。篇中所引子
华子曰：'全生为上，亏生次之，死次之，迫生为下。'即是全篇骨干，亦是子华子学派之要旨。"（陈
奇猷校释：《吕氏春秋校释》，第76页）

⑤ 陈奇猷校释：《吕氏春秋校释》，第145页。

⑥ 陈奇猷校释：《吕氏春秋校释》，第220页。标点有改动。

⑦ 陈奇猷校释：《吕氏春秋校释》，第359页。标点有改动。

一能。尽能既成，四夷乃平，唯彼天符，不周而周，此神农之所以长，而尧舜之所以章也。"（《知度》）①

6. 韩魏相与争侵地。子华子见昭厘侯，昭厘侯有忧色。子华子曰："今使天下书铭于君之前，书之言曰：'左手攫之则右手废，右手攫之则左手废，然而攫之者必有天下。'君能攫之乎？"昭僖侯曰："寡人不攫也。"子华子曰："甚善！自是观之，两臂重于天下也，身又重于两臂。韩之轻于天下远，今之所争者，其轻于韩又远，君固愁身伤生以忧戚不得也？"昭厘侯曰："善。教寡人者众矣，未尝得闻此言也。"子华子可谓知轻重矣。（《审为》）②

因此，本文即以《吕氏春秋》诸篇所引子华子之断简残篇为主，试图勾勒出子华子的哲学之主旨与面貌，抛砖引玉，以期引起学界对先秦诸子中"边缘人物"及其思想的重视。

二　学派

但在进入对子华子思想考察之前，我们还是先回过头来看看《四库全书总目提要》对今本《子华子》思想内容的评价，以期获得一定的考察入手处。其曰："今观其书，多采掇黄老之言，而参以术数之说：《吕氏春秋·贵生》篇一条，今在《阳城胥渠问》篇中；《知度》篇一条，今在《虎会》篇中；《审为》一条，则故佚不载，以掩剽剟之迹，颇巧于作伪。然商榷治道，大旨不诡于圣贤；其论'黄帝铸鼎'一条，以为古人之寓言，足正方士之谬；其论'唐尧土阶'一条，谓圣人不徒贵俭，而贵有礼，尤足砭墨家之偏。"③ 此中要点有如下几点：（1）今本《子华子》多有"黄老之言"；（2）今本《子华子》对"治道"的讨论"不诡于圣贤"，即近于儒家；（3）今本《子华

---

① 陈奇猷校释：《吕氏春秋校释》，第 1092 页。

② 陈奇猷校释：《吕氏春秋校释》，第 1454 页。亦参见《庄子·让王》，"昭厘侯"作"昭僖侯"，其余文小异，参见（清）郭庆藩撰《庄子集释》，中华书局 1985 年版，第 969—970 页。

③ 参见（清）阮元、（晋）程本著，王承略、聂济冬总主编，陈锦春、宁登国校注《子海精平编曾子注释子华子》，第 45 页。

子》所载言论思想有针砭墨家之处。

《四库全书总目提要》对今本《子华子》的上述几点评价，与目前学界对子华子的学术定位大致相当。

目前学界一般将子华子视为杨朱学派人物。但此中问题尚在于：杨朱学派与道家的关系如何？杨朱学派与黄老道家关系如何？关于这两个问题，学界观点并未达成一致。

1. 认为杨朱乃道家前驱。（1）钱穆认为杨朱包括其后的子华子，皆为"道家思想展衍中人物"，先于庄周，而"为后来道家宗"。其一，"《吕氏春秋·贵生篇》又引子华子曰：'全生为上，亏生次之，死次之，迫生斯为下。'其言论实承杨朱一派，为后来道家宗。故高诱注《吕览》，以为古体道人也。"其二，"此等皆在杨朱后，庄周前，俱道家思想展衍中人物也"。其三，"相其年代，当较杨朱、季梁稍后，较惠施、庄周稍前，而皆为并世"。①

（2）冯友兰将道家发展分为三个阶段，认为杨朱一派（含子华子）属于道家第一阶段。冯友兰在《中国哲学简史》中指出"先秦道家哲学的发展，一共有三个主要阶段"，而"属于杨朱的那些观念（引者按：即'为我'与'轻物重生'），代表第一阶段"。换言之，杨朱是"道家第一阶段"的代表人物。而"道家哲学的出发点是全生避害"。而为了"全生避害"，杨朱的方法是"避"。《淮南子·氾论训》曰："夫弦歌鼓舞以为乐，盘旋揖让以修礼，厚葬久丧以送死，孔子之所立也，而墨子非之。兼爱尚贤，右鬼非命，墨子之所立也，而杨子非之。全性保真，不以物累形，杨子之所立也，而孟子非也。趋舍人异，各有晓心。"② 冯友兰据此认为杨朱乃介于墨、孟之间："《淮南子》所说，尤可见孔、墨、杨、孟四人学说发生之次序。盖自孔子至孟子，中间已插入墨、杨二家之学说。在孟子时儒墨杨已成为鼎足三分之势力。孟子欲上继孔子，故致力于'距杨墨'也。"③ （3）朱自清接受了冯友兰的看法，亦认为"道家出于隐士"，杨朱将隐士消极避世的态度理论化而建立了"全生保真，不以物累形"的"为我学说"，以"避世"为"全生保真"之

① 钱穆：《先秦诸子系年》，九州出版社2011年版，第283、284页。
② 按：冯友兰所引缺"兼爱尚贤，右鬼非命，墨子之所立也，而杨子非之"一句，且"全性"引作"全生"。参见冯友兰《三松堂全集》第二卷，河南人民出版社2001年版，第370页。
③ 冯友兰：《中国哲学简史》，涂又光译，北京大学出版社2013年版，第57页。

路，故杨朱可以看作"道家的先锋"。①

2. 认为杨朱乃道家后学。（1）刘咸炘认为杨朱、子华子皆出于道家，乃"老裔之离宗者"，故其道与庄子不同。②（2）郭沫若认为杨朱乃老子的弟子，"大抵略少于孔子而略长于墨子"③。（3）侯外庐学派根据《淮南子·氾论训》所言"兼爱、尚贤、右鬼、非命，墨子之所立也，而杨朱非之；全性保真，不以物累形，杨子之所立也，而孟子非之"一段话，断定杨朱派学说之发生，在"墨子与孟子之间"，而子华子、詹何则属于"杨朱派后期"，其言论散见于《吕氏春秋》与《庄子》外、杂诸篇，但就其思想主旨而言，其"虽然属于杨朱的一派系，但他们与老、庄后学的道家思想，有混合为一的趋势，因而其派别性就难以严格地规定出来"。侯外庐学派认为子华子属于杨朱学派后期的人物，"由贵生而取养生之道，几近于庄子之徒"。《吕氏春秋·审为》所载子华子见昭厘侯一段，其持论取譬，完全是"天下不若身之贵"的老命题，反对愁身伤生，也是"杨朱贵生重己的本义"，但《贵生篇》所载一段"全生"的议论，可以发现其"未严守家法而倾向于庄子"。④（4）王遽常则认为杨朱"尝学于老子"，乃"承道家之学而稍变者"，以其非墨子故"后于墨子"。⑤

3. 以杨朱学派为"黄老前辈"，与老庄道家有异。此一观点以蒙文通为代表。一曰"杨朱之徒"乃"黄老前辈"。再曰"子华子之重生贵义，实为杨朱之徒，而非庄、老之徒也"。区别在于，与老庄不同，杨朱、子华子并不非毁仁义。⑥王海成亦认为杨朱至少可以说是"黄老学的先驱之一"，其后学有不少演变成黄老学派的学者。⑦

---

① 参见朱自清《经典常谈·诸子第十》，生活·读书·新知三联书店 2008 年版，第 93—94 页。

② "朱固老门之传……按今《列子》杨朱语已不尽与庄同，《庄子·骈拇》又并斥杨、墨为无用之言，则其道固不同也。""道家贵生之旨固老者所常有……世多不解杨朱何以出于道家。""《审为》义与《春纪·贵生》诸篇同，引子华子、詹何，皆道家也。"但其"子疏定本目录"中并未将杨朱等人列入"老徒裔"之中，而是将其单列为"杨慎弟四"，其成员为"杨朱、它嚣、詹何、魏牟、慎到、彭蒙、田骈"，并注明"杨、慎，老裔之离宗者也"。[参见刘咸炘著，黄曙辉编校《刘咸炘学术论集（子学编）》，广西师范大学出版社 2007 年版，第 68、314、3 页。

③ 郭沫若：《十批判书》，人民出版社 1976 年版，第 138 页。

④ 侯外庐、赵纪彬、杜国庠：《中国思想通史》第一卷，人民出版社 2011 年版，第 304—305、311 页。

⑤ 转引自陈奇猷校释《吕氏春秋校释》，第 1128 页。

⑥ 蒙文通：《略论黄老学》，《古学甄微》，巴蜀书社 1987 年版，第 283、245 页。

⑦ 王海成：《黄老学派的政治哲学研究》，北京师范大学出版社 2021 年版，第 43—44 页。

在此须略论道家之黄老派与老庄派之别。将先秦道家区分为黄老与老庄二派，而非一脉相承之发展流衍，是极为重要的学术见解。对于我们认识先秦道家，乃至先秦诸子之哲学的复杂性和丰富性有重要的方法论意义。清代学者魏源已指出道家有老庄、黄老二派："有黄老之学，有老庄之学。"[①] 吕思勉也指出道家分二派，一以老子为宗，而《管》《韩》承其流；一以庄、列为代表。且指出汉人"多以黄、老连称，罕以老、庄并举"[②]。蒙文通则将道家分为南北二派，认为"北派源出杨朱，主静因之道而不反对仁义"，而"汉世所谓黄老，概当为杨朱者流而于庄周无与"。[③] 冯友兰亦指出："春秋时期的重要各家，到战国时期都起了分化……道家也一分为二，分化为晋人所说的老庄和汉人所说的黄老。"[④] 黄老又被称为道德家或道法家，其思想特点，即将老子之玄虚之道与黄帝之具体的帝王之法结合起来。如果说老庄道家所重在形而上学，那么黄老道家所重则在于政治哲学。[⑤]

综上所述，目前学界一般将子华子归于杨朱学派，而杨朱学派属于道家。杨朱、子华子应该后于孔、墨，而先于庄、孟。至于子华子是否是杨朱的后学，则并无证据。但至少子华子的思想确实于黄老道家为近，而不同于老庄道家。

---

① （清）魏源：《老子本义序》，《魏源集》，中华书局 1976 年版，第 253 页。

② 吕思勉：《经子解题》，华东师范大学出版社 1996 年版，第 99、109 页。

③ 龚谨述指出："以阳生贵生为准则，考论詹何、子华、它嚣、魏牟、陈仲、史鰌、田骈、慎到等辈皆承杨朱学派；先生遂以先秦道家当分南北二派：北派源出杨朱，主静因之道而不反对仁义；南派以庄周为宗，主虚无为本而反对仁义；汉世所谓黄老，概当为杨朱者流而于庄周无与。"（龚谨述：《蒙文通先生学略》，载蒙文通《〈老子〉征文》，台北：万卷楼图书有限公司 1999 年版，第 12 页）

④ 冯友兰：《中国哲学史新编（上）》，人民出版社 2007 年版，第 366—367 页。另外吴光亦指出："司马谈所谓的'道家'或'道德家'，实际上并不是指老聃、庄周那样的早期道家，而是指西汉初期的黄老道家。"（吴光：《黄老之学通论》，浙江人民出版社 1985 年版，第 1 页）

⑤ 如白奚指出："黄老之学是道家学派在战国时期出现的一个分支，它肇始于黄帝，本宗老子，以热衷于探讨治国之道的鲜明特色而有别于约略同时出现的以庄子为代表的另一个道家分支。"（白奚：《学术发展史视野下的先秦黄老之学》，《人文杂志》2005 年第 1 期）王中江先生更进一步指出："如果说《老子》的思想在《庄子》中主要是向人的'个体化'和'个人性'方向发展，那么与之不同，在黄老学中它则主要是向社会化、政治化方向发展。""向个体和个人发展，个人的自由、逍遥、内面性的自觉、生命的尊严和精神境界就成了思考的重点……向社会化、政治化发展，政治秩序的建立，社会的动员和功效，个人利益的实现和国家的强大就成为思想史关注的重心。"总而言之，"庄子的哲学是个人主义式的和'精神性'的，它是个人心灵的良师益友；黄老学是社会性和政治性的，是帝王的高级助手"[王中江：《早期道家的"德性论"和"人情论"——从老子到庄子和黄老》，《江南大学学报》（人文社会科学版）2012 年第 4 期]。当然这并不是说老庄道家没有政治或外王追求，或者说黄老道家没有形而上学或道论关怀，只是说理论的侧重点有所不同。

可见，诸家对子华子之学派归属的考证，实际上是比较粗疏的。问题可能在于，从哲学史的角度考察学术思想，容易重思想的流变发展，而轻特殊性和差异性。因此，需要从文本入手，考察其学术思想，方能明确其学派归属，并辨析其间之异同。换言之，对文本真伪的辨别以及对学派归属的认定，终究也是为了更好地了解其思想。而为了厘清子华子的思想特性及其学派属性，尤其需要重点考察的是子华子与杨朱学派思想的异同。

三　思想

在这一部分，笔者致力于从思想的角度出发对子华子哲学进行勾勒。一方面，从子华子"全生"与杨朱"重生"的比较入手，考察子华子的思想主旨，另一方面，并在此基础上，尝试进一步衡定子华子的思想倾向和学派属性。

虽然孟子曾说："杨朱、墨翟之言盈天下，天下之言不贵阳，则归墨。"[1]但与墨翟开宗立派且有著作传世不同，历史上的杨朱几乎可以说神龙见首不见尾，钱穆指出："至于杨朱，其事少可考见。先秦诸子无其徒，后世六家九流无其宗，《汉志》无其书，《人表》无其名，则又乌可见其为盈天下者？"[2]陈荣捷甚至认为其"不成一家"："杨朱没有学徒，没有著作，没有思想系统，不成一家。"[3]虽然当前学界对杨朱思想研究的成果颇为丰硕，但实际上，对杨朱而言，可供讨论的材料并不多，主要包括三个部分："诸子的评论，《庄子》和《吕氏春秋》中的若干篇章，以及《列子·杨朱》篇。"[4]

其中"诸子的评论"主要包括《孟子》《韩非子》《吕氏春秋》《淮南子》等中对杨朱（阳生）的评价。《庄子·让王》和《吕氏春秋》《重己》《本生》《贵生》《情欲》《审为》等一些篇章被认为属于杨朱学派的思想材料，但实际上其中并未直接引用杨朱的言论，反而引用詹何、子华子的言论。

---

① （宋）朱熹撰：《四书章句集注》，中华书局 2011 年版，第 256 页。
② 钱穆：《先秦诸子系年》，第 256 页。
③ 陈荣捷：《战国道家》，载陈荣捷著，朱荣贵编《中国哲学论集》，华东师范大学出版社 2021 年版，第 132 页。
④ 陈少明：《经典世界的思想配角——论杨朱》，《中国哲学史》2020 年第 1 期。

因此,《列子·杨朱篇》成为可供使用的主要材料①,但一方面其中涉及《列子》真伪的问题②,另一方面涉及《杨朱篇》是杨朱自作还是杨朱后学所作的问题③。

不仅如此,上述《庄子·让王》和《吕氏春秋》诸篇是否能代表杨朱之说也并非没有疑问,因为上述诸篇中屡屡称引子华子之言,对杨朱之言则未曾一引。④ 无怪乎陈奇猷认为《吕氏春秋》诸篇属于"子华子学派"。⑤

因此,目前学界对杨朱思想主旨的衡定只能依靠"诸子的评价"。根据诸子对杨朱的评论,学界一般认为杨朱的基本思想主张即"为我""贵己""轻物重生"和"全性保真",而这几个概念之间又具有共通性。《孟子》曰"杨氏为我",《吕氏春秋》曰"阳生贵己",毕沅云"阳、杨古多通用"。"阳生"即"杨朱"也。故孟子所说"为我",即《吕氏春秋》所谓"贵己",亦即《淮南子》所说"全性保真"、《韩非子》所云"轻物重生"。⑥

我们固然可以将杨朱思想的主旨概括为"为我""贵己""轻物重生"和"全性保真",但事实上,其思想的核心或曰落脚点实在于"重生",即重视和保全个体的生命。因为所谓的"为我""贵己"和"全性保真",实则即"重生",因为"重生"故"拔一毛而利天下,不为也","不以天下之大利易

① 前文提到的王中江、陈少明、匡钊、刘黛等人研究杨朱思想的论文皆以《列子·杨朱篇》为主要文本依据。

② 历来《列子》为张湛伪作,但近年来随着出土文献和对古史辨派的反思,学界逐渐认为《列子》非伪。王中江先生认为根据严灵峰、马达等人的研究,"《列子·杨朱》中记载的有关杨朱的言论,同《列子》其他篇章一样,基本上保存了《汉书·艺文志》所记载的先秦《列子》一书的内容"。(严灵峰:《列子辩诬及其中心思想》,台北:文史哲出版社1994年版;马达:《〈列子〉真伪考辨》,北京出版社2000年版;王中江:《杨朱的"人本主义"伦理学》,《道德与文明》2021年第2期)

③ 陈鼓应先生认为杨朱的思想主旨为"轻物重生",《列子·杨朱篇》是战国末或秦汉之间杨朱学派对杨朱原始思想所作的"完全不同的发展"。(参见陈鼓应《杨朱轻物重生的思想——兼论〈杨朱篇〉非魏晋时代伪托》,《江西社会科学》1990年第6期)

④ 戴卡琳注意到了这一点,因此,在其讨论这些篇章的时候,她着重强调"因为杨朱并未在这些材料中登场,所以我避免使用'杨朱学派'这样的概念"。([比]戴卡琳:《轻重肢体:中国古籍中的权衡隐喻》,载陈明、朱汉民主编《原道》第41辑,湖南大学出版社2021年版,第99页)事实上在《吕氏春秋》全书中杨朱皆未登场,只有《不二》篇有"阳生贵己"之语,称其为"生"而非"子",令人怀疑杨朱是否是先于子华子、詹何并为前者的老师。《庄子》中则不仅未称引杨朱,且屡屡批评"杨墨"。

⑤ 陈奇猷校释:《吕氏春秋校释》,第76页。

⑥ 进一步参见冯友兰《三松堂全集》第二卷,第369—370页;王威威《为我、重生、贵己——先秦思想界对杨朱思想主旨的理解》,《人文杂志》2018年第3期。

胫之一毛"，即能够轻视那些被世人汲汲追求，但实际上只是身外之物的名位财富。所以杨朱的思想理论的核心在于以"轻重肢体"这种"权衡隐喻"作为思想方法来论证自己的理论主张，或者说将之作为一种"劝诫""说服"的工具。① 实际上是一个重内轻外的方法。以我为主，而轻视外物。这也是为何近代以来杨朱一反常态地被视为中国古代"个体主义"思想家或"权利哲学家"而得到了宣扬和重视。②

但子华子的思想是否亦属于杨朱学派呢？对此学者们意见并不统一。蒙文通认为詹何与子华子皆为"杨朱之徒"或所谓"'贵己'之徒"，而子华子"所谓全生之义，殆与杨氏之说不殊"。③ 冯友兰指出《吕氏春秋》之《重己》《本生》《贵生》《情欲》诸篇对杨朱"轻物重生"之传统学说多有记述，其中《贵生》所引子华子"全生为上，亏生次之，死次之，迫生为下"一段④，"亦杨朱一派之说"。并且根据《吕氏春秋·审为》所引子华子与昭厘侯之言"两臂重于天下也，身又重于两臂"，认为其亦詹子所谓"重生则轻利"之义。⑤

陈奇猷则指出："本篇（引者按，即《吕氏春秋·贵生》）乃子华子学派之言。篇中所引子华子曰，'全生为上，亏上次之，死次之，迫生为下'，即全篇骨干，亦是子华子学派之要旨。"⑥ 可以确定的是，"全生"四句为子华子之言，至于后面的进一步解释，既可能是子华子自己的阐发⑦，也可能是子

---

① 参见［比］戴卡琳《轻重肢体：中国古籍中的权衡隐喻》，载陈明、朱汉民主编《原道》第 41 辑，第 106 页。

② 参见何爱国《从"禽兽"到"权利哲学家"：论杨朱学派新形象的近代构建》，《历史教学问题》2015 年第 5 期。

③ 蒙文通：《杨朱学派考》，《古学甄微》，第 243、245 页。

④ 冯氏认为，"全生为上"以下直到"尊生者，非迫生之谓也"此段结束，皆为子华子之说。陈奇猷曰："本篇（引者按即《吕氏春秋·贵生》）乃子华子学派之言。篇中所引子华子曰：'全生为上，亏上次之，死次之，迫生为下。'即是全篇骨干，亦是子华子学派之要旨。"（陈奇猷校释：《吕氏春秋校释》，第 76 页。）今本《子华子》与《贵生》此段全同而文小异。（《〈子华子〉汇评》，宁登国点校《子华子》，第 2—3 页）可以确定的是，"全生"四句为子华子之言，至于后面的进一步解释，可能是子华子自己的阐发（冯友兰与今本《子华子》持此种观点），也可能是子华子后学对子华子"全生"理论的诠释发挥（陈奇猷之说）。

⑤ 冯友兰：《三松堂全集》第二卷，第 375—376 页。

⑥ 陈奇猷校释：《吕氏春秋校释》，第 76 页。今本《子华子》与《贵生》此段全同而文小异。（参见《〈子华子〉汇评》，宁登国点校《子华子》，第 2—3 页）

⑦ 冯友兰与今本《子华子》持此种观点。参见冯友兰《三松堂全集》第二卷，第 375—376 页；《〈子华子〉汇评》，宁登国点校《子华子》，第 2—3 页。

华子后学对子华子"全生"理论的诠释发挥。①

但问题在于，子华子的"全生"与杨朱学派以"轻物重生"为核心的"为我""贵己"和"全性保真"等思想之间是否完全一致？还是说，表面的相似实际上掩盖了前者与后者之间事实上存在的思想倾向的差异？换言之，由于先入为主地将子华子视为"杨朱学派"的一员，导致他们以他们心目中的"杨朱学派"成员去看待和概括子华子，从而有意无意地忽视了后者思想的特殊之处，也错失了正确理解子华子思想的契机。因此，我们需要将子华子的"全生"与杨朱学派的"重生"思想进行一番异同的比较，以辨析二者之间的微妙差异，并借此重新衡定子华子的思想倾向。

首先，如果我们只根据"全生"四句来考察子华子的思想，那么对"全生""亏生""迫生"之生，实际上是有不同的理解和诠释向度的。或者说，对子华子的"全生"理论，其后学其实可以有取向各异的发挥。而相比之下，《贵生》所论可以视作子华子学派一种比较权威的引申发挥，其所谓"全生"即"六欲皆得其宜"，即"六欲"都得到了合理或适宜的满足。高诱以"六欲"为"生、死、耳、目、口、鼻"。②范耕研认为以"死"为"欲"不通。陈奇猷则指出："当在'迫生'之下而生时，欲死而不可得，故'死'亦是一欲，则高氏必有所本。"陈说甚精。在"迫生不若死"的情况下，能够从容赴死，反而确实是一种欲望合宜的满足。但陈奇猷又说，"范氏不明此子华子学说，徒以儒家之言为解，宜其不可通也"，似乎认为子华子和高诱之说与儒家之言相扞格。此则未达一间。子华子之"迫生不若死"，高诱之以"死"为"欲"，非即"儒家士可杀而不可辱"，"杀身成仁"，"舍生取义"，"视死如归"之义乎？我们同意陈奇猷的观点，即高氏以"死"亦是一欲之说"必有所本"，但此说与儒家之说不仅不冲突，甚至若合符节。高诱之注解《吕氏春秋》本就是"依先师旧训……以述古儒之旨"，故其所"本"本即与儒家之旨不异。《四库全书总目提要》亦谓《吕氏春秋》"大抵皆儒家言"。故吕思勉认为："此书虽称杂家，然其中儒家言实最多。"刘咸炘亦指出："其所主者则儒、道二家之大旨，以生生为本，己身为主，诚感为用，此三旨者，道、

儒之所同而大异于权势、法术之说者也。"《吕氏春秋》中即有专论"士节"之一篇，有"遗生行义，视死如归"之说，无疑代表儒家之旨。①

然则生、利、义三者，孰重孰轻？简言之，杨氏"为我"，故"重生"；墨氏"兼爱"，故"重利"②；儒家言"舍生取义"，然非不重生③。故孟子曰"逃墨必归于杨，逃杨必归于儒"，虽皆为"异端"，而"杨近墨远"。④ 子华子之"全生"，乃"六欲皆得其宜"，宜者，义也。故"迫生不若死"者，亦可谓之"舍生取义"。只不过其所谓"义"，非儒家所倡导的仁义礼智信之天理之宜，乃以人生而有之欲为衡量判别之标准。

其次，子华子言"全生"而不言"全性保真"。虽然子华子亦有"正性"之言，但显然是在"生之谓性"的老传统之下，并没有对"生"与"性"进行区分。但"全性保真"之说则有浓厚的老庄道家色彩。"全性保真"之"性"乃被"真"规定了的"性"，不再是"生之谓性"意义上的"性"。换言之，子华子那里的"生"乃包含人的肉体生命（身/形）及其情感欲望（情/欲）等在内而一体无分的。此时尚只有物我之别，而无内外之分。尤其没有于一己之身上再区分出身心或形神。但"全性保真"之说，已将"生"与"性"作出区别，则"性"即可以往心/神的方向发展，而"生"隶属于身/形，则内外之分即成为形神之分，神为内，形为外，内为本而外为末。但仅凭现存子华子文本，子华子的"全生"思想中尚无此种内外之分的道家色彩。

最后，子华子之"全生""正性"，并非"轻物重生"或"重生轻利"之

---

① 参见陈奇猷校释《吕氏春秋校释》，第622页；高诱《吕氏春秋序》，第2页；吕思勉《经子解题》，第180页；刘咸炘《吕氏春秋发微》，载刘咸炘著，黄曙辉编校《刘咸炘学术论集（子学编）》，第287页。

② 墨子尚"利"，其言"兼相爱"，亦言"交相利"，并言"爱利天下"，"兼爱天下也从而利之"。（《墨子·天志下》）故葛瑞汉指出"墨的'爱'是利民远害的不动感情的愿望"，不宜与英文的"love"相对应。（参见［英］葛瑞汉《论道者：中国古代哲学论辩》，张海晏译，中国社会科学出版社2003年版，第53页）墨子所谓"爱"实为"利"，"兼爱"实为"兼利"，"自爱"则为"自利"。故《兼爱上》曰："子自爱不爱父，故亏父而自利。弟自爱不爱兄，故亏兄而自利。臣自爱不爱君，故亏君而自利。"（参见王威威《为我、重生、贵己——先秦思想界对杨朱思想主旨的理解》，《人文杂志》2018年第3期）

③ 《易传》曰，"天地之大德曰生"，"生生之谓易"。孔孟所重之"仁"实则具有"生生"之义。宋儒尤其是程明道、朱子等对此义有相当精湛的发挥。参见陈来《仁学本体论》，生活·读书·新知三联书店2014年版。

④ 参见秦晖《"杨近墨远"与"为父绝君"：古儒的国—家观及其演变》，《人文杂志》2006年第5期。

义。子华子并未像西方近代政治哲学家那样将人视作一味追求"趋利避害"的"自我保存"的动物。或者说在子华子看来,"全生"并非只是"当今之世仅免刑耳",或者"苟全性命于乱世",甚至出于"对暴死的恐惧"而将自己的一切自由和权力都让与一个"利维坦"只换得一个苟延残喘般的"生命权"。按照子华子的理论,"苟活"是"不如死"的"迫生",是对人之生命、人之欲望的摧残和迫害。真正的"全生"乃"六欲皆得其宜",即要满足并且是高层次地满足人之"六欲",而要达成这一目的,则必然不能"轻物"。不管这里的"物"是作为"大物"的"天下",还是各种具体的物质享受:声色犬马、锦衣玉食,或者精神享受:"良辰、美景、赏心、乐事"①。

按照子华子的"全生"理论,可以合理地推论,人亦应该和可以追求其他更高的满足,比如艺术上的、哲学上的、华育上的、精神上的、审美上的等全方位的发展。换言之,"全生"即意味着人的全方位发展,而非仅仅维持生命,而是要活得精彩,追求卓越(arete)。我们此处可以借用马斯洛的"自我实现(self-actualized)"概念来理解子华子的"全生"理论。按照马斯洛的"需求层次理论",人作为一个有机整体,具有多种动机和需要,包括生理需要(physiological needs)、安全需要(security needs)、归属与爱的需要(love and belonging needs)、自尊需要(respect & esteem needs)和自我实现需要(self-actualization needs),当人的低层次需求被满足之后,会转而寻求实现更高层次的需要。其中"自我实现"的需要是超越性的,追求真、善、美,将最终导向完美人格的塑造,"高峰体验"代表了人的这种最佳状态。按照这一理论,我们可以合理地推论,真正的"全生""正性",并非低层次的满足,而是人能够"自我实现",甚至"高峰体验"。②

余　论

吕思勉指出:"道家之言养生,其意原欲以治天下。"他主张"儒杨相

---

① 谢灵运《拟魏太子邺中集诗序》曰:"天下良辰、美景、赏心、乐事,四者难并。"参见(清)严可均校辑:《全上古三代秦汉三国六朝文》,中华书局1958年版。

② 参见 [美] 亚伯拉罕·马斯洛《动机与人格(第三版)》,许金声等译,中国人民大学出版社2007年版。

通"说，其言曰："杨朱之学，盖仍原出道家。道家有养生之论，其本旨，实与儒家修齐治平，一以贯之之理想相通。"杨朱的自然主义与儒家其实有共同之处。杨朱学切实可行，而非晚清陈澧所谓"治计最疏"，以杨学治国确实无甚弊乱，有利于天下治理，不仅不会自私自利，而且无许多救急方案的将来之弊。① 根据上述考察，相比杨朱，可能子华子思想中的政治哲学意蕴更浓。

目前学界一般根据《审为》所载子华子与韩昭侯的对话中所言之"两臂重于天下，身又重于两臂"，来证明子华子亦倡导"轻物重生"，乃杨朱之徒。并以此为证据，证明其活跃之时代。② 但这一判定需要从文本与义理两方面进一步辨析。

从文本上讲，此段还见于《庄子·让王》，但不见于今本《子华子》，《四库全书总目提要》据此认为今本《子华子》乃"则故佚不载，以掩剽剟之迹，颇巧于作伪"③。但首先，由于子书乃"言志""明义理"之书，往往"重其义而轻其事"④，所记事实并不具有信史的价值，因此此段记载并不排除是"寓言"的可能。极有可能是子华子后学（甚至不排除是杨朱本人或杨朱后学）所作而托名子华子。⑤ 因此，其次，不排除今本《子华子》作（编）者有鉴于此段，故不采信。当然也不排除此段乃子华子后学所作，而托名子华子，其后学可能已经与杨朱后学、庄子后学交互影响，逐渐趋同，汇入所谓的道家养生派。

从义理上讲，首先，"两臂"和"身"固然"重于天下"、重于国家，但若天下大乱，民不聊生，"覆巢之下无完卵"，则此两臂、此身未必能够保得住，更遑论"全生"。其次，"殉物丧生"固然非子华子之追求，但其理论无疑并不排斥外物，甚至离不开外物："丘陵成而穴者安矣；大水深渊成而鱼鳖

① 参见吕思勉《先秦学术概论》，岳麓书社 2010 年版，第 41、40、43 页。
② 参见前引钱穆、冯友兰、王中江等诸文。
③ 《〈子华子〉汇评》，宁登国点校《子华子》，第 45 页。
④ 参见吕思勉《先秦学术概论》，第 19 页。
⑤ 李秋红博士敏锐地发现这段材料所传达的思想与子华子之间有差距，因此得出这段材料应为后世托名所作，"这个故事传达出的重生轻物的态度与子华子'全生为上'的思想相通，然而它将养生与政治放在对立的位置上却与《吕氏春秋》中所引子华子之言透露出地以养生为政治之基础与起点的立场相悖"，因此"这个故事应该是道家养生派托子华子之名创作的"。（李秋红：《"从前子学时代到子学时代：边际人物、文本和思想与黄河文明"论坛会议论文集》，2022 年 8 月）

安矣；松柏成而涂之人已荫矣。"① 可见，子华子绝非"重生轻物"或"贵己"而轻天下国家的个人主义者，相反，子华子对外部环境对于人之重要性有深刻的认识。"丘陵""大水深渊"和"松柏"象征着人生存于其中的宇宙自然和社会政治环境，后者构成人生存的条件，也是"全生"得以可能的前提。

根据我们对子华子与杨朱思想异同的考察，可以得出如下结论，即子华子固然可以属于广义的杨朱学派，但事实上其"全生"思想与杨朱学派"重生轻物"思想有较大的差异。前者与儒家"重义"思想可以相通，而后者则易与老庄道家合流。

首先，根据上文的考察，我们可以看到，子华子并非一味追求个体生命的满足和享受，而有着更为广阔的社会政治关怀。因此，子华子的"全生"哲学可以说是一种政治伦理学，而非个人主义的人生或生命伦理学。

其次，子华子并未谈到太多的"以物累形"或"重生轻物"，因此，其思想与杨朱学派之间有不小的差距，与黄老道家更近，而与老庄道家更远。当然子华子后学的发展亦有与庄子后学合流的可能性，《庄子·让王》即一证。

最后，我们不能以《庄子·让王》来推论子华子所属的时代，甚至以"轻物重生"为其思想主旨。总之，子华子固然可以属于广义的杨朱学派，但事实上其"全生"思想与杨朱学派"重生轻物"思想有较大的差异。前者与儒家"重义"思想可以相通，而后者易与老庄道家合流。从文本与思想互动的角度来说，我们应该以《吕氏春秋·贵生》中所引子华子"全生"四句来衡定子华子的思想主旨，并利用《吕氏春秋》所引其他几则子华子言论来重构子华子的哲学思想，最后通过以"义理定训诂"或"以思想定真伪"的方式，努力恢复对今本《子华子》的使用。

---

① 《吕氏春秋·先己》，见陈奇猷校释《吕氏春秋校释》，第145页。又参见《子华子·孔子赠》："夫丘陵崇而穴成于上，狐狸藏矣；溪谷深而渊成于下，鱼鳖安矣；松柏茂而阴成于林，涂之人则荫矣。"（参见刘硕《〈子华子〉斠疏》，第65页）

《吕氏春秋》所见子华子的"全生"思想*

李秋红

摘　要　相对于《庄子》等道家文本中的"全生"观念而言,《吕氏春秋》记载的子华子的"全生"思想有其独特之处,即子华子以"欲"为线索,既要求"欲"的合理满足,也要求对"欲"的否定与超越。这一方面避免了潜藏在"全生"主张中的纵欲主义与避世主义两种倾向,一方面为养形与养神两种路线的结合提供了契机。同时,政治思想也是子华子"全生"思想的重要方面,"全生"包含着"全己之生"与"全民之生"两个向度。在理想层面,统治者"全己之生"能够收获无为而治的效果;在现实层面,统治者节制欲望,也能避免因欲求失度而伤害国家、人民。

关 键 词　子华子;《吕氏春秋》;全生;欲

作者简介　李秋红,女,哲学博士,北京大学哲学系助理研究员,研究方向主要为先秦两汉哲学。

---

* 本文原载《中国道教》2023 年第 1 期。刊文略有删节。

引 言

两宋之际《子华子》甫一刊行，证其为伪的说法便层出不穷。① 研究越是深入，伪书说越是流行。宋时尚有不少信《子华子》为先秦古籍的学者，到了清代持此说者就已经大为减少。疑古思潮之后，几乎没有学者继续坚持《子华子》为先秦古书的观点了。② 是故，讨论子华子的思想，最好搁置今本《子华子》一书，以先秦两汉古籍中的记载为主。先秦两汉的古籍中，只有《庄子》和《吕氏春秋》提到了子华子，两书加起来共 7 条材料，其中有 1 条重出。③ 然而，在材料如此匮乏的情况之下，学者仍有意或无意地作了进一步的拣选——几乎所有学者在讨论子华子思想时都只引用"子华子见昭僖侯"与"全生为上"两条材料。④ 据此得出的结论是，子华子是杨朱学派的后人，是道家养生派的主要人物之一。

不应忽视，《吕氏春秋》中的 6 条子华子材料，3 条与养生相关，3 条与政治相关，可见养生与政治都是子华子思想的重要侧面。然而以往的研究完全倒向了养生论，对子华子的政治思想及其与养生思想的联系缺乏重视。⑤ 是

---

① 《子华子》最早于两宋时期刊行于会稽，而南宋学者晁公武、朱熹等都已指出《子华子》为伪书。晁公武认为《子华子》是"元丰以后举子所为"，朱熹则肯定地说"决非先秦古书"。二说分别见于（宋）晁公武撰，孙猛校证《郡斋读书志校证》，上海古籍出版社 1990 年版，第 511 页；（宋）朱熹撰，朱杰人、严佐之、刘永翔主编《朱子全书》，上海古籍出版社 2002 年版，第 3415 页。

② 王献松于 2018 年对宋元之际开始，至其时为止的有关《子华子》真伪问题的研究作了全面梳理，该文之后学界尚无更新的讨论。参见王献松《〈子华子〉辨伪》，载司马朝军主编《文献辨伪新探》，武汉大学出版社 2018 年版，第 71—78 页。

③ 《庄子·让王》篇有"子华子见昭僖侯"的故事，文字几乎全同的故事亦见于《吕氏春秋·审为》篇。

④ 如顾颉刚《从〈吕氏春秋〉推测〈老子〉之成书年代》，《史学年报》1932 年第 4 期，第 34—35 页；钱穆《钱宾四先生全集 5·先秦诸子系年》，台北：联经出版事业公司 1998 年版，第 314 页；冯友兰、邵汉明编《冯友兰文集》第三卷《中国哲学史（上）》，长春出版社 2017 年版，第 104 页；杨宽《战国史（增订本）》，上海人民出版社 1998 年版，第 479—480 页；孙以楷《道家哲学研究：附录三种》，安徽大学出版社 2010 年版，第 149 页；管敏义《论子华子》，载陕西历史博物馆馆刊编辑部编《陕西历史博物馆馆刊》第三辑，西北大学出版社 1996 年版，第 62 页；丁四新《"贵生""重己"与"形神"——论〈吕氏春秋〉的生命哲学》，《文史哲》2020 年第 4 期。

⑤ 只有极少数学者全面分析了《吕氏春秋》中有关子华子的材料，如张裕在王卡主编的《道教三百题》中指出子华子学说的核心是"全生"，它在杨朱的"贵己""重生"思想基础上进一步表现为对人生的要求。所谓"对人生的要求"即指子华子对伦理价值、行动原则的思考，但其论述比较简略，且未专门讨论子华子的政治思想。参见王卡主编《道教三百题》，上海古籍出版社 2000 年版，第 176—177 页。

故，本文将着重于此，并尝试说明，子华子的"全生"思想是以"全己之生"为核心，要求统治者节欲养生并实现"全民之生"。子华子的思想兼有道家养形派与养神派的某些特征，整体上接近以治身为本，从养生到治国的黄老道家。子华子思想的独特之处在于：（1）通过"欲"与"生"的紧密结合，在"全生"的追求中为价值原则留下空间；（2）既重视"欲"的获得与满足，也重视"欲"的否定与超越；（3）重视统治者的个人欲求在政治中可能产生的影响。

一 道家的"全生"观念及其问题

"全生"是一个在道家文本中比较常见的概念，《庄子·养生主》《文子·微明》《淮南子·氾论训》《列子·杨朱》等都有"全生"的说法。"生"主要指人的生命，"全生"的对立面是"名""刑"所带来的早亡和形体的伤残。"全生"一方面是对社会上轻死以求利、殉名的反思，一方面也寄寓着道家重视生命、保全纯朴天性的理想。然而，在现实的实践中，"全生"却演变为避世、纵欲等，带来种种社会问题，因此招致了学者的批评。

"全生"的说法最早见于《庄子·养生主》，其文曰"为善无近名，为恶无近刑，缘督以为经，可以保身，可以全生，可以养亲，可以尽年"。历代研究者对这段话的理解莫衷一是，"全生"也有"全生"与"全性"两种解读①，但这里"生"与"身"相对应，且本篇开头就说"吾生也有涯"，可见"生"应当理解为生命的意思。值得注意的是，虽然"生"并非纯然内在的"性"，但也并非实体性的"形"②。"全生"是养生之"主"的结果，并因此在境界上高于以延寿为目的的"道引""养形"。《庄子》认为"全生"之法在于以"督"为"经"。"督"即"中"，"缘督以为经"意为顺中道而行③，

---

① 有关各家注说的研究和评议可参见雍繁星《"为善无近名，为恶无近刑"诸家注平议——兼谈庄子的养生思想》，《国学研究辑刊》2003 年第 12 期。

② 参见［美］司马黛兰《〈庄子〉中关于身体的诸概念》，蒋政、沈瑞译，《中国哲学史》2013 年第 1 期。

③ "缘督以为经"，郭象注为"顺中以为常也"。（清）郭庆藩撰：《庄子集释》，中华书局 2004 年版，第 117 页。

避开"名"与"刑"、"善"与"恶"的两端。"督"又有"虚"之义①，这可以从下文"庖丁解牛"的寓言中得到确证，庖丁"批大郤，导大窾"，使刀依乎筋脉骨骼游走而不与之发生碰撞，是为缘"虚"而行。如学者所言，"刀"喻指生命，而"牛"则喻指纷纭复杂的人间社会。② 可见，"全生"在《庄子》中是一种处世哲学。

在《庄子》看来，不能"全生"既有主观方面的原因，也有客观方面的原因。《庄子》中列举了大量轻死以求利、殉名之人，如《养生主》中的狐不偕、务光、伯夷、叔齐、箕子胥馀、纪他、申徒狄，《骈拇》中的曾参、史鱼等，他们为了坚守忠、信、廉等伦理价值而甘愿失去生命，这在《庄子》看来是不懂得"全生"之理，"离名轻死，不念本养寿命"的表现。客观方面的原因则主要是指人受外在因素制约，没有选择的权利或者无论如何选择都会导致不能"全生"的两难处境。前者如《德充符》中的王骀、申徒嘉、叔山无趾等形残之人，他们懂得"全生"的道理，却不能逃过"事之变，命之行"而惨遭刑戮。后者如《至乐》篇中的伍子胥就处于"争之以残其形，不争，名亦不成"的两难境地，没有两全其美的、绝对"善"的选择。总之，《庄子》认为人处于由人伦关系编织的巨网之中而"无所逃于天地间"，能够摆脱名利荣辱的束缚已是难得，然而即便如此也不一定能够保证"形全"。故要获得"全生"就如在"枝经肯綮"中寻找"郤""窾"，需要"近乎道"的高超智慧。

《庄子》之后的道家文献中的"全生"意义比较稳定，也都与处世哲学紧密相关。如《文子·微明》说"人皆知治乱之机，而莫知全生之具"，所谓"全生之具"是指"能阴能阳，能柔能刚，能弱能强，随时动静，因资而立功"并且还要了解事物"动""萌""化""运"的发展并恰当地应对。《淮南子·氾论训》还用具体事例来说明"莫知全生之具"的后果。③ 如苌弘，《氾论训》说他对于"天地之气，日月之行，风雨之变，律历之数"等

---

① 王夫之说"缘督者，以清微纤妙之气，循虚而行"。（清）王夫之：《庄子解》，王孝鱼点校，中华书局 1964 年版，第 30—31 页。

② 参见王威威《论〈养生主〉在〈庄子〉内篇中的作用——兼论〈养生主〉篇题及内篇之逻辑》，《江淮论坛》2016 年第 3 期。

③ 《文子·微明》中的"全生之具"在《淮南子·氾论训》中写作"全性之具"，不过这里"性"即"生"，因为它批判的"未知全性之具"是指苌弘"车裂而死"，苏秦"不自免于车裂之患"，徐偃王"身死国亡"等。

自然知识达到了"无所不通"的程度，然而他"不知人事"，最终"车裂而死"。同样，苏秦、徐偃王、大夫种也都是"知权谋""知仁义"的有"知"之人，也同样罹难而死。这是因为他们的"知"都有所弊、有所偏，不能真正做到顺物而动。可见，《文子》《淮南子》将《庄子》略带消极意味的"全生"之法变为了积极地顺应万物，它们不再否认求"名"，甚至明确地主张"因资而立功"。但它们与《庄子》一样，认为导致不能"全生"的主要是道德、政治等社会性因素，并期望用因循之道来应对人类社会中的种种分判和对立并达到"全生"的目的。

《列子·杨朱》篇的"全生"思想相对于上述诸书来说具有更明显的身体性特征，其文曰"然身非我有也，既生不得不全之……身固生之主，物亦养之主。虽全生，不可有其身"。"生"是自然赋予"我""身"之后而产生的，没有"身"就没有"生"，所以"身"为"生"之主。最终，"身"还会随着自然运化而离开"我"，因此"我"虽然可以在有"身"之时尽力保全它，但却不可能真正地拥有它。因此，所谓"全生"并不是指任何保养生命的手段，而是顺任"身"的来去，"既生，则废而任之，究其所欲，以俟于死。将死则废而任之，究其所之，以放于尽"。朱熹说杨朱"自要其身界限齐整，不相侵越"①，以往大多注意到杨朱思想中"我"与"天下"的界限，即"损一毫利天下"亦不"悉天下奉一身"，但却较少论及"我"与"身"之间的界限。杨朱试图剥离人对"身""生"的执迷，问题是这就仅仅留下了一个抽象甚至可以说空洞的"我"，可以说是极端的"为我"之学了。再者，《杨朱》篇将"身"作为"生"之主，相对于《庄子·养生主》将"道"作为"生"之主的思想而言，无疑是一种境界的下落。

杨朱的"废而任之"又包含着不压制生理欲求、放任其自然发展的倾向，潜藏了纵欲主义的因素。《庄子》《文子》《淮南子》中的"全生"思想虽然与道论紧密联系，但它们对伦理道德和政治事务疏离、警惕的态度也很容易导出消极避世的态度。正是因此，"全生"在战国时期就遭到了诸子的批判。《管子·立政》说"全生之说胜，则廉耻不立"，《立政九败解》进一步解释此说云"滋味也，声色也，然后为养生，然则从欲妄行，男女无别，反于禽兽，然则礼义廉耻不立"。可见，《管子》学派对"全生"之说的理解以尽量

① （宋）黎靖德编：《朱子语类》，王星贤点校，中华书局 1986 年版，第 1321 页。

满足欲望为上，这应该是对杨朱后学"不能自胜则从（从，即'纵'）"的批判（见《庄子·让王》《吕氏春秋·审为》等）。此外，《吕氏春秋·必己》记载了单豹为追求"全生"而"离俗弃尘"、弃绝欲望的故事。《韩非子·显学》批判"轻物重生之士"都是一些"义不入危城，不处军旅"之人，或许与单豹这类人物有关。韩非子认为主张"重生"的人不追求世俗的名誉，所以不能为上所用，故而提出批判。

有意思的是，上述两种"全生"的策略分别近于《荀子·非十二子》"纵情性"和"忍情性"两派。但无论是哪种"全生"的策略，都与社会治理的需求和社会价值体系格格不入，并因此遭到了诸子的反对。

二　从"全生"到"迫生"："欲"的得宜与获恶

《吕氏春秋·贵生》篇不仅记载了子华子"全生为上"的思想，还逐句作了解说，可见这是子华子思想的重要内容，值得专门讨论。与上文提到的《庄子》等道家文本相比，子华子的"全生"思想有其独特之处，表现在：(1) 将"生"的状态作了细分；(2)"生"与"欲"直接关联在一起；(3)"全生"与价值追求并不互斥。

《贵生》篇与《本生》《重己》《情欲》《审为》等篇同属《吕氏春秋》专论的养生篇章。《吕氏春秋》养生论的基本原则之一是了解"欲"的限度，使其完全被满足，又丝毫不过度。① 这是一种高超的智慧，只有圣人才能掌握"欲"的微妙限度，所以《情欲》说"圣人修节以止欲，故不过行其情也"。以此为背景，《贵生》篇提出了"贵生之术"，特别强调制欲的问题。《贵生》篇说"耳目鼻口，不得擅行，必有所制。譬之若官职，不得擅为，必有所制"，可见，耳目鼻口本身并没有了解欲求的合理限度（"节"），防止"过行其情"的能力，而必须有赖于"所制"者。《贵生》没有交代能够"制"四官之欲的主体是什么，不过这段话与《管子·心术上》"心之在体，君之位也。九窍之有职，官之分也"以及《荀子·天论》"心居中虚，以治五官，

---

① 相关研究请参见丁四新《"贵生""重己"与"形神"——论〈吕氏春秋〉的生命哲学》，《文史哲》2020 年第 4 期。

夫是之谓天君"一类的表述非常接近。而且《吕氏春秋·适音》篇也有"心必乐然后耳目鼻口有以欲之"，与《贵生》篇的这段内容有很强的可比性。因此，《贵生》篇很有可能也是以心与四官的主宰与被主宰关系为思想背景的。

《贵生》篇的末段引用了子华子之言："全生为上，亏生次之，死次之，迫生为下。"根据《吕氏春秋》作者的解释，这四种"生"的区别在于"六欲"在何种程度上得到满足。① "六欲"恰当地被满足，就是"全生"；部分地被满足，就是"亏生"；没有感知外界的途径，回到未生之时的状态就是"死"；"迫生"是指"六欲""皆获其所甚恶者"且"服是也，辱是也"，即欲求发出之后所接之物是它厌恶的，但又不得不屈服于、受辱于所恶之物。例如，酒肉为口之所欲，但若所获者为"腐鼠""败酒"，且"必不得免"就可称之为"迫生"了。《贵生》篇强调，"辱莫大于不义"，认为受到"不义"之"辱"是所有"迫生"的情境中最坏的一种。这里同样没有说明"义"是何种官能的欲求对象，但是耳目鼻口所欲的都是具体的、经验的事物，而"义"是抽象的、一般感官无法感知的东西，所以它显然应该是《贵生》篇首所说的具有辖制、主宰作用的官能所欲求的对象。

以"六欲皆得其宜"为规定的"全生为上"与《吕氏春秋》养生论既要求满足欲望，又要防止欲望过度的立场一致，也与《列子·杨朱》的"全生"之说相同，应当是道家养生派的共同的主张。然而，将"义"的问题放在突出的位置，认为"不义"是"迫生"的观念在《吕氏春秋》及其他道家文本中是绝无仅有的。学者一般认为子华子"不义"为"迫生"的思想与孟子"舍生取义"的立场一致，按照这种理解，"义"就是内心对伦理道德的坚守。② 这是一种可能的理解，但应当注意到，《吕氏春秋》的"义"除了代表伦理价值，还是代表着天地秩序及人事行动的普遍准则。③ 而从《吕氏春

---

① 根据 C-text 和汉达文库等数据库的检索结果，"六欲"在先秦两汉时期的典籍中仅见于此篇。《吕氏春秋》没有解释"六欲"指哪六种欲望，书中其他篇章中与"欲"联系起来的通常也是耳目口鼻四者。

② 蒙文通就认为"辱莫大于不义"的"义"与孟子"舍生取义"相通，"生全寿长之方，归于理胜……而义终于孟子所谓'舍生取义'"。蒙文通：《杨朱学派考》，《先秦诸子与理学》，广西师范大学出版社 2006 年版，第 109 页。持相似观点的还有周桂钿，参见周桂钿《秦汉思想研究（上）》，福建教育出版社 2015 年版，第 29 页。

③ 参见［日］佐藤将之《〈吕氏春秋〉的"理"与"理义"概念探析》，《东亚观念史集刊》2013 年第 5 期。

秋》所引其他子华子之言来看,子华子似乎并没有特别讨论伦理价值问题,却不乏对普遍原理的关注。这将在下文进一步说明。

总之,子华子认为"欲"是"生"的内在规定,依据"六欲"的满足情况可对"生"的状态作出区分。因此,"生"的价值不是笼统地被认可,而是形成了以"全生"为顶点,逐次下落为"亏生""死""迫生"的序列,"迫生"是一种消极的、不被认可的生存状态。从"全生"到"迫生"这一降序的价值序列表面上看来与"六欲"的状态紧密相关,然而,由于耳目口鼻既不能自我辖制,也没有认识抽象原则(如"义")的能力,所以从根本上来说,这一序列是由内在的、能够权衡是非利害的、对耳目感官起主宰作用的官能决定的。换言之,当耳目口鼻不受"制",欲求失度,可能造成"亏生"甚至"死";当"所制者"本身都欲求失度的话,则会导致有甚于死的"迫生"的情况。与上文提到的《庄子》等文本中的"全生"观念相比较而言,子华子的"全生"思想一方面划定了"欲"的合理范围从而避免养生流于纵欲,一方面由于道德原则、社会秩序等也可以成为"欲"的对象,所以养生能够与事功追求、政治教化等道家养生派不重视甚至严格对立的东西更好地兼容起来。

三 从"全生"到"全天":"欲"的否定与超越

除了从"全生"到"迫生"的降序排列,子华子还指出了一个上升的价值序列,即从"全生"到"全天",而这有赖于对欲望的否定与超越。

如上所述,子华子养生思想的关键在于权衡和管理欲求,避免"欲"的失度对生命造成损害,"子华子见昭厘侯"的故事就说明了这一点:

> 韩、魏相与争侵地。子华子见昭厘侯,昭厘侯有忧色。子华子曰:"今使天下书铭于君之前,书之曰:'左手攫之则右手废,右手攫之则左手废,然而攫之必有天下。'君将攫之乎?亡其不与?"昭厘侯曰:"寡人不攫也。"子华子曰:"甚善。自是观之,两臂重于天下也,身又重于两臂。韩之轻于天下远,今之所争者,其轻于韩又远,君固愁身伤生以忧之戚不得也?"(《审为》)

子华子没有抽象地讨论养生的道理，而是采取了权衡利害的方法，将"天下"描述为可与"两臂""身"比较轻重的经验事物。既然"天下"也不过是物的一种，那么就应该按照身物关系的一般原则来对待，"害于生则止""利于生者则为"。"侵地"使韩昭僖侯"愁身伤生"，那么他就应当懂得放弃，而不能任由物欲损害生命。可见，与欲望"必不得免"于所恶之物并因此遭受"迫生"的情形不同，这里子华子强调主体发挥权衡、决断的能力，提高自己生命状态的价值。

除了节欲以养生，子华子还提出了超越感官欲求，追求"正性""天符"的理想：

> 故子华子曰："（1）厚而不博，敬守一事，正性是喜。（2）群众不周，而务成一能。（3）尽能既成，四夷乃平。（4）唯彼天符，不周而周。（5）此神农之所以长，而尧、舜之所以章也。"（《知度》）

第（1）（2）句应为一组，说的是修养方面的问题。"厚而不博""群众不周"指修养的方法，"群众"是众多的意思，因此这句话就是要人"守一事""成一能"，不求博、不求多。这是道家"一""多"关系在心灵境界问题上面的应用，与之相类的还有《管子·心术下》的"能专［抟］乎？能一乎"及《庄子·刻意》的"纯粹而不杂，静一而不变"等。若是如此，"博""周"指的就是耳目等感官对外物的接触以及由此而形成的经验知识等，与之相对的就是作为内在本质的"性"，故而（1）中有"正性是喜"的说法。

（3）（4）句说的是"性""能"达到完成状态之后所能发挥的效用。具体来说，"四夷乃平"主要指向政治效用，而"不周而周"（周，遍也）则指对万事万物的普遍效用。比较值得注意的是第（4）句中的"天符"，这一概念在先秦两汉文献中比较少见，于省吾认为"天符"即《庄子·齐物论》中的"天府"，"府"为"府藏"之意①，陈奇猷则认为"符"即"符节"之

---

① 成玄英云："可谓合于自然之府藏也。"王叔岷撰：《庄子校诠》，中华书局2007年版，第77页。

"符","天符"是"与天道相同"的意思。① "天符"一词又见于《吕氏春秋·精谕》篇，该篇以圣人精神相通，能不待言而知为主题，其中有"见其人而心与志皆见，天符同也"。据此看来，"天"指向超越性，于省吾说的"天府"的"天"即具有这样的功能；"符"正如陈奇猷所言是"符合"的意思，但是"符"的对象不应该是"天道"，而是"万物"。这句话的意思就是人能"尽能"、获得"天符"，即可与万物相通。"天符"与前面的"一事""一能""正性"一样，指向人的内在性、本根性的东西，也是养生论中人能够发挥自身权衡、主宰能力的基础。②

人的从对"欲"的肯定到对"欲"的否定甚至超越，从《贵生》篇的"全生"到上引《知度》篇的"正性""天符"，子华子的养生思想似乎发生了跳跃。如上所言，"全生"的表现是"六欲皆得其宜"，这很容易使人以为子华子是以全生、延寿为追求的养形之人，近于庄子说的"彭祖寿考者"（《庄子·刻意》）。然而，《知度》篇的"尽能""天符"及其效用又近于黄老道家"抱德推诚"的"神化"思想（《淮南子·主术》）③，这又近于养神一派的道家。一般认为，养形与养神是道家养生论的两条路线，然而在子华子思想中却未必如此，我们看《本生》篇的这段话：

> 故圣人之制万物也，以全其天也。天全则神和矣，目明矣，耳聪矣，鼻臭矣，口敏矣，三百六十节皆通利矣。若此人者：不言而信，不谋而当，不虑而得；精通乎天地，神覆乎宇宙；其于物无不受也，无不裹也，若天地然；上为天子而不骄，下为匹夫而不惽；此之谓全德之人。

"全德"的表现是"若天地然"，具体表现为毋须具体的行为就能获得特定的效果，精神能够与天地宇宙相感通，能够包容和承受所有的事物。这正与《知度》篇中子华子所言"唯彼天符，不周而周"的立场相一致。更重要的

---

① 参见陈奇猷校释《吕氏春秋新校释》，上海古籍出版社 2002 年版，第 1110 页。

② 《吕氏春秋》中"天""生""性""德"的意义是可以互通的，王范之就说《吕氏春秋》中的"天、生、性，完全是属于一个同一的概念"。徐复观也说，《吕氏春秋》的"全德即是全性，全性即是全生"。王范之：《〈吕氏春秋〉研究》，内蒙古大学出版社 1993 年版，第 128 页；徐复观：《中国人性论史·先秦篇》，九州出版社 2014 年版，第 404 页。

③ 相关讨论请参见 ［美］安乐哲《中国古代的统治艺术：〈淮南子·主术〉研究》，滕复译，江苏凤凰文艺出版社 2018 年版，第 93—94 页。

是，虽然"全德"主要表现为精神的超越境界，但它却与形体养生密不可分，"天全"，即耳、目、口、鼻、关节处于舒适、完善的状态，这是"全德"的必要前提。这或许就是子华子思想中既有对身物关系的正向论述又有逆向论述，既追求"六欲皆得其宜"又追求"厚而不博""群众不周"的原因。

当然，仅凭《吕氏春秋》直接引用的子华子之言我们还不能直接将这两方面联系起来，必须借助书中其他论述才可以，这有可能是因为《吕氏春秋》进一步发展了子华子的养生思想，从而使养形与养神的结合更为直接和密切了。

四　从"全己之生"到"全民之生"：子华子的政治思想

在先秦两汉典籍中，"全生"一般出现在养生语境中。然而，《吕氏春秋》所引 5 条子华子之言中，除了《贵生》篇的"全生为上"，其余都与政治思想相关，可见政治思想是子华子思想的重要构成。是故，有必要进一步说明养生与政治的关系。

从《吕氏春秋·本生》篇可以看出"全生"本身是一个兼有"全己之生"和"全民之生"两个方面的概念。"本生"即推原生之本的意思，故此篇一开始就提出了"生"的生成和发展问题：

> 始生之者，天也；养成之者，人也。能养天之所生而勿撄之谓天子。天子之动也，以全天为故者也。此官之所自立也，立官者以全生也。

注家对于"官之所自立"的"官"是指"耳目鼻口"等感官还是指"官职"，进言之，对这段话是专指养生而言还是兼及政事的问题多有争议。[①] 结合《吕氏春秋》的政治思想来看，后一种理解或许更为恰切。首先，《吕氏春秋》从本质上来说是一部政治理论著作，它始终围绕着统治者应当如何治理国家的问题展开，养生同样是为治国服务。[②] 再者，在《吕氏春秋》中，作为政治

---

① 请参见陈奇猷校释《吕氏春秋新校释》，第 24 页。

② 潘俊杰认为，以"王治"为思想主旨，各种思想理论皆为"王治"服务，是杂家区别于其余各家的主要特征。参见潘俊杰《先秦杂家的特征》，《西北大学学报》（哲学社会科学版）2008 年第 1 期。

角色的"民"是无知的群氓①，无法通过自己的努力达到全生，只能由统治者实现"民"的全生，所以"立官者以全生"正是《吕氏春秋》政治思想的题中之义。最后，《恃君》篇有与此十分相近的表述，即"故君道立则利出于群，而人备可完矣"，其中"君道立"是指"置天子""置君""置官长"，"人备可完"则与"全民之生"相对应。正是因此，胡适和贺凌虚都认为《吕氏春秋》的政治思想的核心内容之一就是"全生"。贺凌虚更明确地指出"全生"具有"全己之生"与"全民之生"两个方面，他说"《吕氏春秋》贵生的个人主义……肯定全生为生活中最高的理想，亦系政治的最终目的"②。

从"全己之生"到"全民之生"的逻辑推进，在上文提到的《知度》篇引用的子华子之言中已经有所展现。另外，《先己》篇中记载的子华子之言与《知度》篇的立场十分相近："丘陵成而穴者安矣，大水深渊成而鱼鳖安矣，松柏成而涂之人已荫矣。"这段话的语义比较清楚，它没有谈修养方面的问题，而是直接谈成身而后成天下的问题。这里的"丘陵""大水深渊""松柏"喻指统治者，"穴者""鱼鳖""涂之人"则喻指人民。"成"与《知度》篇的"尽能既成"的"成"意义相近，都是指通过养生达到体道、得道的境界。子华子的这段话也与《先己》篇"凡事之本，必先治身"的核心思想一致。以治身为本，身治则国治是黄老道家政治思想的主要特点之一。③

《诬徒》篇中子华子从"欲"的角度说明了"全己之生"与"全民之生"的关系，其言曰，"王者乐其所以王，亡者亦乐其所以亡，故烹兽不足以尽兽，嗜其脯则几矣"。这句话的意思是王者喜好使他成为王的东西，亡者则喜好导致他灭亡的东西，所以烹食动物不能杀死所有动物，如果嗜好熟肉则接近这一结果了。《吕氏春秋》常用"嗜"表明超过人合理限度的欲望，《论人》《大乐》《侈乐》等篇则都强调"嗜欲"是"节""制"的对象，必须使其恢复到合理的限度，否则就会对身体产生负面影响。④ 故而，这里的"嗜其

---

① 庞慧提出，"《吕氏春秋》所理解的民，是与天同气的群氓。一方面，民愚昧无知，只知逐欲求利；另一方面，民又是与天同气的，民心反映着天心"。笔者也赞同这种见解。庞慧：《〈吕氏春秋〉中的民与君民关系》，《南京大学学报》（哲学·人文科学·社会科学）2006 年第 4 期。

② 参见胡适《胡适谈读书》，百花洲文艺出版社 2016 年版，第 188 页；贺凌虚《〈吕氏春秋〉的政治理论》，台北：台湾商务印书馆股份有限公司 1970 年版，第 46—47 页。

③ 参见曹峰《关于黄老道家的一些新认识》，《诸子学刊》2015 年第 2 期。

④ 《吕氏春秋》中有关"嗜欲"的论述，请参见丁四新《"贵生""重己"与"形神"——论〈吕氏春秋〉的生命哲学》，《文史哲》2020 年第 4 期。

脯"造成"迫生"的不合理的欲望，但它与韩昭僖侯的"争地"一样，是可以自主选择的。然而，"亡者"对此不加节制，反而以此为乐，沉沦物欲，因此就会走向灭亡。

统治者的地位异于常人，所以他的欲望不仅关乎个人的生存状态，也影响着天下万民。这种观念在《黄帝四经》中也有所体现，《黄帝四经·经法·六分》篇说，"知王［术］者，驱骋驰猎而不禽荒，饮食喜乐而不湎康，玩好嬛好而不惑心……［故福生于内，则］国富而民［昌］"。相反，"［不］知王术者，驱骋驰猎则禽荒，饮食喜乐则湎康，玩好嬛好则惑心……则国贫而民荒"①。懂得王术的人，"驱骋驰猎""饮食喜乐""玩好嬛好"都不会过度，所以能够国家富强、人民昌盛。相反，"不知王术"的人则会不加节制地跟随自己的欲望，耽于享乐，最终导致"国贫而民荒"的后果。此外，《韩非子·解老》也认为"有欲甚，则邪心胜"，最终将会导致"上侵弱君，而下伤人民"的结果，并且还用连锁推理的形式说"欲利甚于忧，忧则疾生，疾生而智慧衰，智慧衰则失度量，失度量则妄举动，妄举动则祸害至"，这同样是强调统治者欲望过度的后果不仅是伤害自身，还会伤害国家。

子华子还认为政治的好坏会表现在人民的生存状态上，《明理》篇记载子华子之言曰，"夫乱世之民，长短颉诘，百疾，民多疾疠，道多裸裎，盲秃伛尪，万怪皆生"。即说君主昏乱，会造成人民畸形、生病、疫疾等各种生理上的怪病。《明理》篇引用子华子之言是为了证明自己"故众正之所积，其福无不及也；众邪之所积，其祸无不逮也"的观点。《明理》篇从天人感应的角度出发，认为天地之气是普遍存在于所有事物之中的基质，而统治者的政治举措会影响天地之气并进而影响自然事物和人民的生成长养。这一观念显然是以战国中后期关联性宇宙论的兴起为思想背景的，不过子华子只言及政治对人民的影响，尚未涉及自然事物。再一次，我们看到《吕氏春秋》对子华子思想的延伸和拓展。

总之，子华子继承了黄老身治则国治的立场，认为治身为治国之本，所以统治者"全己之生"就能"全民之生"；相反，如果统治者沉沦物欲、不加节制，就会招致身灭国亡的后果。

---

① 魏启鹏：《马王堆汉墓帛书〈黄帝书〉笺证》，中华书局 2004 年版，第 36 页。

结　论

　　上文的分析说明，《吕氏春秋》对子华子思想十分重视和推崇，它不仅记载、保留了许多子华子之言，还对子华子思想作了解释和发展，因此，通过《吕氏春秋》我们不仅能够了解子华子思想的本来面貌，还能够了解其源流和演进。分析来看，子华子的思想以养生为本，兼及养形与养神两个向度，以"全生"为中心，既可能下落为"亏生""死""迫生"，也可能上升至"正性""天符"的境界。前者主要关涉生理的、形下的、具体的身物关系，后者则主要关涉精神的、形上的、抽象的身物关系。前者是通过满足生理欲求达到保养形体的目的，后者是通过超越生理欲求并发挥自身内在超越主体的作用。子华子的政治理想是统治者发挥自己的精神能力实现无为而治，通过"全己之生"实现"全民之生"。然而，他也注意到现实政治中的问题，因此强调统治者必须节制自己的欲望，避免因自己的欲求失度导致身亡国灭的结果。

《鬼谷子》佚文一则考

李 锐

摘 要　《鬼谷子》一书有一些散见的佚文，许富宏先生已经收集了不少，但有一则遗漏。司马贞《史记索隐》在论述《田敬仲完世家》时，指出"庄周及鬼谷子亦云'田成子杀齐君，十二代而有齐国'"，此处"而"字不见于今存《鬼谷子》，今本《庄子·胠箧》也没有。这个"而"字对于我们考证"十二世有齐国"所指哪十二世有帮助，而此又牵涉郭店楚墓竹简的年代，以及郭店楚墓竹简《语丛四》中"窃钩者诛，窃邦者为诸侯。诸侯之门，义士之所存"一语和《庄子》的关系问题，可谓一字千金。很多著名学者都参加了有关的讨论。在这些学者的研究基础上，我们认为根据《鬼谷子》和《庄子》佚文，"十二代而有齐国"，当从李学勤先生的意见，指从陈完开始，到太公和。而《语丛四》中"窃钩者诛，窃邦者为诸侯。诸侯之门，义士之所存"一语属于格言警句，和《庄子》没有直接的关系，可能是《庄子》引用之，但未必是直接引用郭店楚墓竹简《语丛四》，可能有同源异流的来源。

关 键 词　鬼谷子；佚文；一则

作者简介　李锐，北京师范大学历史学院史学研究所教授，研究方向主要为出土文献与学术思想史。

友人许富宏先生有《鬼谷子集校集注》一书，2008 年在中华书局出版，集前贤之美而后来居上，是当前研究《鬼谷子》案头必备的参考书，洵为鬼谷子功臣。

其中《鬼谷子佚文》，搜罗详备，然似略有遗漏。而且，此佚文对于讨论《庄子·胠箧》一处文义还相当关键。

一

《庄子·胠箧》中说："然而田成子一旦杀齐君而盗其国。所盗者岂独其国邪？并与其圣知之法而盗之。故田成子有乎盗贼之名，而身处尧舜之安；小国不敢非，大国不敢诛，十二世有齐国。则是不乃窃齐国，并与其圣知之法以守其盗贼之身乎？"[①]

《胠箧》在这里对于大盗进行了无情的讽刺。我们知道，司马迁提到过庄子"作《渔父》、《盗跖》、《胠箧》"，但是后人或多信庄子仅作《庄子》内篇。因此，对于"十二世有齐国"，以及《胠箧》的年代，就有了不同的意见。关于"十二世"之所指，主要有三类意见，一是从陈（田）敬仲完算起，一是从田成子算起，一是认为"十二世"有文字问题。从文脉来看，上引《胠箧》文，似乎都是围绕田成子而言，则"十二世有齐国"也应该与之有关。但是根据旧有文献，这种看法可能存在难题。

陆德明《经典释文》指出："自敬仲至庄子，九世知齐政；自太公和至威王，三世为齐侯，故云十二世也。"《经典释文》的解释，成玄英从之："田成子，齐大夫陈恒也，是敬仲七世孙……自敬仲至庄公，凡九世知齐政，自太公至威王，三世为齐侯，通记为十二世。庄子，宣王时人，今不数宣王，故言十二世也。"[②]

---

① （清）郭庆藩辑，王孝鱼整理：《庄子集释》，中华书局 1961 年版，第 343 页。按：（清）王先谦、刘武撰《庄子集解·庄子集解内篇补正》（中华书局 1987 年版，第 85 页）作"尧、舜之安"；王叔岷《庄子校诠》（台北："中央研究院"历史语言研究所专刊之八十八，1986 年，第 346 页）作"尧、舜之安"。这个标点与此句文意的理解有关。

② （清）郭庆藩辑，王孝鱼整理：《庄子集释》，第 344—345 页。

按照陆德明、成玄英的解释，他们是相信《胠箧》为庄子所作的，因此所数十二世，照顾到了庄子的生活年代。

司马贞《史记索隐》在论述《田敬仲完世家》时，指出："庄周及鬼谷子亦云'田成子杀齐君，十二代而有齐国'。今据《系本》、系家，自成子至王建之灭，唯只十代；若如纪年，则悼子及侯剡即有十二代，乃与庄子、鬼谷说同，明《纪年》亦非妄。"① 这里说的"代"字、"系"字，显然都是避唐太宗的讳而改；而今存《鬼谷子》未见"十二世有齐国"之语。②

司马贞称述庄周之名，但是并不考虑庄子的生活年代，他引述《庄子》只在于说明《竹书纪年》的合理性。司马贞对十二代的解释，是从田成子算起的。猜想陆德明之所以没有选从田成子算起，大概就是因为根据《史记》《世本》，田成子之后只有十代。后来王先谦在《庄子集解》中引姚鼐说，根据《史记》所说田常（即陈恒）至齐王建十世，再上合桓子、釐子，显然不可信。③ 但是博学如陆德明、王先谦，应该是知道《竹书纪年》的。他们不从之的原因，大概是将这里的"世"理解成了儿孙辈次（参后文李学勤先生意见）。

司马贞根据《竹书纪年》校正《史记》，影响很大。后来钱穆考订庄子的年代，在《先秦诸子系年》中专门有"田齐为十二世非十世辨"一章，从司马贞之说，而其新意在于指出《胠箧》为战国晚期作品："敬仲奔齐，岂得遽谓有齐国？且《庄子》文明自成子起算，岂得远引敬仲？《胠箧》为战国晚世作品，殆已无疑，亦不应舍宣、湣以下，而以威王为断。即谓是庄子原书，庄子亦下逮齐宣、湣，何勿之及？陆氏之说，盖存心回护而自陷者也。"他还据此批评前人："朱右曾《纪年存真》谓：'庄周当齐威、宣时，《鬼谷》书苏秦所述，不应预知湣、襄、王建。'因谓：'田之称侯自田剡始，则有齐国者亦当指剡。自剡以前有十二世也。'信如其说，当曰：田成子弑齐君，五世而有齐国，乃为近是耳。不然，自敬仲至剡，则十二世而始有齐，不得谓田成子弑君，十二世有齐也。此亦由不知《胠箧》为晚周伪品，《鬼谷》尤

---

① （汉）司马迁撰：《史记》，中华书局 1959 年版，第 1886 页。

② 按：王叔岷云"《长短经》引《鬼谷子》亦讳作代"（王叔岷：《庄子校诠》，第 349 页），《鬼谷子》当为《庄子》，见《长短经》卷三。

③ 参见（清）王先谦、刘武撰《庄子集解·庄子集解内篇补正》，第 85 页。

非真苏秦作，故乃强为之说。"①

但是田氏称侯实自太公和起（田剡为太公和子），上距田成子有四世，这大概是钟泰以为"十二世"当为"四世"之讹的原因所在。② 而认为此处"十二世"有文字问题的意见，肇自俞樾。俞樾认为此处"十二世有齐国"为"世世有齐国"之误，"世世"古人作"世＝"，误乙为"二世"，于是从田成子追溯至敬仲，得十二世，遂臆加十字于其上。③ 古书中有可为俞樾之说佐证之处，如《贾子·益壤》，"此世世之利也"，《汉书·贾谊传》作"二世"④。但是俞樾所说"从田成子追数至敬仲"，却只有八世，不足十二世，故于鬯、泷川资言、王叔岷等皆以为其说迂曲。⑤

严灵峰则认为"十二世"是"专（專）"字之误："上明言：'田成子一旦杀齐君而盗其国。'彼既于'一旦'得之，则简公被弑之日，即陈恒窃国之时；奚必待'十二世'之久耶？《列子·杨朱篇》（引者按：当是《列子·力命》篇）'田恒专有齐国'，当是此文所本。疑《庄子》原文本亦作'专'，因漫漶残缺分而为三；校者不察，以其形近，遂改作'十二世'，驯致讹误。且作'十二世'既乖史实，当以《列子》文为正。"⑥

"田恒专有齐国"的上下文作"季札无爵于吴，田恒专有齐国。夷、齐饿于首阳，季氏富于展禽"，和《胠箧》有明显不同；而且司马贞云《胠箧》《鬼谷子》皆有"十二世"，严说难以凭信。

---

① 钱穆：《先秦诸子系年》，商务印书馆 2001 年版，第 188—189 页。按：年轻时的钱穆先生，可能对于陆德明缺乏了解之同情，很有锋芒。钱先生弟子余英时曾作《〈十批判书〉与〈先秦诸子系年〉互校记》，批评郭沫若"抄袭"钱穆的《先秦诸子系年》，也为"少作"。而白寿彝先生则指出钱穆"剽窃"了雷学淇《竹书纪年义证》。关于钱穆此说与前人及梁启超之关系的问题，可以参考路新生《〈互校记〉与〈先秦诸子系年〉之史源发覆》，《史学月刊》2006 年第 5 期。其实民国时期，我国学界尚无明确的知识产权意识，学术著作引用他人成果时，往往并不作说明，而只是作为一种学养。譬如明人焦竑早已经指出此篇为"秦末汉初之言也"［（明）焦竑撰：《焦氏笔乘》卷二《外篇杂篇多假托》，李剑雄点校，上海古籍出版社 1986 年版，第 41 页］。

② 参见钟泰《庄子发微》，上海古籍出版社 1988 年版，第 205—206 页。

③ 参见（清）俞樾等：《古书疑义举例》卷五，中华书局 2005 年版，第 105—106 页。

④ 参见洪颐煊、马叙伦说，转引自杨柳桥撰《庄子译诂》，上海古籍出版社 1991 年版，第 180 页。

⑤ 参见（清）于鬯《香草续校书》，中华书局 1963 年版，张华民点校，第 275—276 页；（汉）司马迁撰，［日］泷川资言考证，［日］水泽利忠校补《史记会注考证附校补》，上海古籍出版社 1986 年版，第 1128 页；王叔岷《庄子校诠》，第 348—349 页。

⑥ 严灵峰：《无求备斋诸子读记》，台北：成文出版社 1977 年版，第 310 页。按：引文中标点不全依原文。

二

1995 年出版发行的《郭店楚墓竹简》中，有命名为《语丛》的一些简文，按简制分为四组，内容体例与《说苑·谈丛》《淮南子·说林》类似。有一些简文内容，与《论语》中的话接近。在《语丛四》中，简 8、9 说："窃钩者诛，窃邦者为诸侯。诸侯之门，义士之所存。"裘锡圭先生在按语中指出："此段内容与见于《庄子·胠箧》的下引文字基本相同：'彼窃钩者诛，窃国者为诸侯。诸侯之门，而仁义存焉。'"①

不少学者都发现《语丛四》此文又近似于《庄子》杂篇《盗跖》所记满苟得答子张之语："小盗者拘，大盗者为诸侯。诸侯之门，义士存焉。"

此处讨论的《语丛四》和《庄子·胠箧》的关系，很明显属于"重文"（或者也可称为"异文"）。很多学者都清楚"重文"之间有三种可能的关系，如王葆玹先生曾指出：一是《语丛四》来自《胠箧》，二是《语丛四》与《胠箧》来自一部佚失的著作，三是《胠箧》来自《语丛四》。② 应该说，这种考虑到来自一部佚失著作的视角，比起过去辨伪书时对于"重文"仅仅认为不是甲抄乙就是乙抄甲的视角，要通达得多，合理得多。因此，今天的学者们讨论《语丛四》和《胠箧》的关系以及"十二世有齐国"的时候，就主要有三种观点。

王葆玹先生根据《语丛四》与《胠箧》《盗跖》，认为《胠箧》的"仁义存焉"四字应校订为"义士存焉"；并进而"排除了《庄子》抄录楚简的可能性"，于是"在楚简抄录《庄子》和两者抄录他书两种可能性之间进行选择"；其结论是"可以肯定，历史的真相是楚简《语丛四》抄录了《庄子·胠箧篇》，而不可能是相反的"。之后再讨论《胠箧》篇中"十二世有齐国"的问题，根据《史记索隐》引《纪年》有"齐田午弑其君及孺子喜而为公"，而古代有称幼年君主为"孺子"的习惯，认为在田侯剡和桓公午之间还

---

① 荆门市博物馆编：《郭店楚墓竹简》，文物出版社 1998 年版，第 217、218 页。
② 参见王葆玹《试论郭店楚简的抄写时间与庄子的撰作年代——兼论郭店与包山楚简的时代问题》，《哲学研究》1999 年第 4 期。

有田孺子，因此认为十二世是田成子至齐襄王，遂推定《胠箧》篇的完成年代在齐襄王五年（前279）齐国光复之后，那么抄录了《胠箧》篇的郭店楚墓竹简，时代当更晚，"一定不会早于白起拔郢之年"。①

根据考古工作者对于大量楚地墓葬年代的研究，郭店楚墓的年代是公元前4世纪中期至公元前3世纪初，不会晚于白起拔郢之年（白起拔郢后，楚国迁都，郭店所属的故郢地一带的墓葬，有明显变化）。如果考虑到竹简有一个抄写、流传到楚地的过程，竹简篇章的时代当更早。王葆玹先生的结论，将此年代推后了几十年，和考古工作者的结论针锋相对。但是刘彬徽先生指出了王先生对于楚墓葬的理解方面的一些问题②，尤其是混同了白起拔郢之后楚地存在墓葬和楚地存在贵族墓的重大区别，因此王先生之说不可信。

李学勤先生指出这里的"世"指继位者，不是辈次。他也认为《语丛四》录引了《胠箧》，但是和王葆玹先生相反，李先生认为《胠箧》的成篇一定早于公元前300年。李先生认为"十二世有齐国"是说"田氏自入齐之后，十二世始有齐国。由陈完起算，第十二世正是始立为诸侯的太公和。田和列于诸侯，是公元前386年，所以《胠箧》这句话与其写成年代并没有什么矛盾"。李先生还根据《胠箧》篇中一些可供判别年代的文句，如战国中期事件"鲁酒薄而邯郸围"，以及《胠箧》提到曾、史、杨、墨，坚白、同异，认为"尽管不能确证《胠箧》是《庄子》本人的作品，也只能是其及门弟子所撰，为庄子所及见"③。

李先生讲"世"指继位者，不是辈次，比较重要。古书多有其例，如《大戴礼记·少闲》记孔子之语有"成汤卒崩，殷德小破，二十有二世，乃有武丁即位"。商人多有兄终弟及的情况，因此这里孔子用的"世"就只是继位者而不是儿孙辈次。

但是王葆玹先生和李学勤先生都回避了《语丛四》和《胠箧》两者来自一部佚失著作的可能性。倒是饶宗颐先生很早就指出："由《语丛》所记，知

---

① 王葆玹：《试论郭店楚简的抄写时间与庄子的撰作年代——兼论郭店与包山楚简的时代问题》，《哲学研究》1999年第4期。

② 参见刘彬徽《关于郭店楚简年代及相关问题的讨论》，载李学勤、谢桂华主编《简帛研究二○○一》，广西师范大学出版社2001年版。

③ 李学勤：《从郭店简〈语丛四〉看〈庄子·胠箧〉》，载武汉大学简帛研究中心编《简帛》第一辑，上海古籍出版社2006年版，第73—76页。

此数句乃战国以来楚人流行之重言，庄子作《胠箧》时借用之，并不是他自己所写的东西。"① 而且，饶宗颐先生等还指出《史记·游侠列传》中有"窃钩者诛，窃国者侯。侯之门，仁义存"②。

和王葆玹先生以郭店楚墓竹简、《盗跖》作"义士"为依据，要校订《胠箧》的"仁义"相反；刘师培曾根据《胠箧》和《史记》，认为《盗跖》篇的"义士"当作"仁义"。现在结合郭店楚墓竹简来看，《语丛四》和《盗跖》作"义士"，《胠箧》和《史记》作"仁义"。因此刘彬徽先生认为"两者的文字互有出入，当各有所本"③。则《语丛四》和《胠箧》之间，未必有所谓"抄袭"关系，而《胠箧》很有可能是在引用古代的智者之语。

实际上，除非"重文"之间的因袭关系非常明显（比如某一文献有错漏现象，另一文献跟着错漏，或者如史书之采用文集等），否则很难排除二者来自同源异流文献的可能性。我们可以利用"重文"进行校勘、训诂工作，但是超出了校勘、训诂而进行年代分析、辨伪等工作，是很危险的。④ 因此，当前恐怕不足以讨论《语丛四》和《胠箧》的早晚问题，而由《语丛四》和《胠箧》的关系来讨论"十二世有齐国"的问题，恐怕是误入歧途。

三

当然，不考虑《语丛四》和《胠箧》，我们仍可以讨论"十二世有齐国"的问题。关于"十二世有齐国"的"有齐国"，《吕氏春秋·长见》有一段话或许已经被许多研究者暗地里拿来作为参考了（《韩诗外传》卷十第二十五章、《淮南子·齐俗》略同）：

① 饶宗颐：《从新资料追溯先代耆老的"重言"——儒道学派试论》，《中原文物》1999 年第 4 期。
② 参见饶宗颐《从新资料追溯先代耆老的"重言"——儒道学派试论》，《中原文物》1999 年第 4 期；刘彬徽《关于郭店楚简年代及相关问题的讨论》；许学仁《战国楚简文字研究的几个问题——读战国楚简〈语丛四〉所录〈庄子〉语暨汉墓出土〈庄子〉残简琐记》，载中国古文字研究会、安徽大学古文字研究室编《古文字研究》第二十三辑，中华书局 2002 年版。按：《长短经·是非》篇引《史记》作"窃钩者诛，窃国者为诸侯。诸侯之门，仁义存焉"。周斌：《〈长短经〉校证与研究》，巴蜀书社 2003 年版，第 188 页。
③ 刘彬徽：《关于郭店楚简年代及相关问题的讨论》，载李学勤、谢桂华主编《简帛研究二〇〇一》，第 47 页。
④ 参见李锐《"重文"分析法评析》，《清华大学学报》（哲学社会科学版）2008 年第 1 期。

> 吕太公望封于齐，周公旦封于鲁，二君者甚相善也。相谓曰："何以治国？"太公望曰："尊贤上功。"周公旦曰："亲亲上恩。"太公望曰："鲁自此削矣。"周公旦曰："鲁虽削，有齐者亦必非吕氏也。"其后齐日以大，至于霸，二十四世而田成子有齐国；鲁日以削，至于觐存，三十四世而亡。

"二十四世而田成子有齐国"，说明在战国晚期的学术界，已经认同田齐是从田成子开始专有齐国。陈其猷先生指出："古者以国势乱弱，大权旁落，人主不能行其制为亡国。"[1] 这似乎很能表明，"十二世有齐国"，当指田成子至齐王建。

王葆玹先生因为加入了"田孺子"，所以认为"十二世"是田成子至齐襄王法章。虽然法章比齐王建提早了一世，但是据此说不难推测《胠箧》的作者一定是目睹了秦灭齐（前221年）的结果，才能说出"十二世有齐国"这样的话（即不算齐王建这一代，如同田成子之后姜齐还有诸侯之名，但是战国学术界不计算之）。可是这样一来，《胠箧》的时代就到了秦汉时期了，那么要说郭店楚墓竹简《语丛四》抄录《胠箧》，从字体上就讲不过去（楚简的古文字和马王堆楚帛书古隶书的文字相比，差别比较大）。而王葆玹先生认为《胠箧》作于齐襄王五年齐国光复之后，也恐怕有问题。此时既然田齐还存在，《胠箧》似乎不应该说"十二世有齐国"；如果说作于乐毅破齐之时，其时齐湣王出亡而死，王葆玹先生说"莒城以外的人们并未承认法章的王的名分，列国君臣都以为齐国濒于灭亡"，这样一来，又只能说十一世有齐国了（除非认为《胠箧》这里的"二"为"一"之讹，但是缺乏版本证据）。

因此，如果《胠箧》并不存在讹字误字等情况，根据司马贞、钱穆、王葆玹等十二世从田成子开始之说，《胠箧》应该是作于田齐被秦灭之后。但是考虑到秦始皇三十四年（前213）颁布"挟书律"，只到汉惠帝四年（前191）才废除，而汉文帝前元七年（前173）至前元十三年（前167）下葬的

① 《艺文类聚》五十一引"田成子有齐国"作"田氏有齐国"，陈奇猷以为"《类聚》改'田成子'为'田氏'，非也"，见陈奇猷校释《吕氏春秋校释》，学林出版社1984年版，第610页。按：《韩诗外传》卷十第二十五章、《淮南子·齐俗训》作"二十四世而田氏代之"，《艺文类聚》或未必是误改。

汉墓中出土了《盗跖》篇；汉文帝前元十五年（前 165）下葬的阜阳汉墓中有《庄子》中的《逍遥游》《人间世》《大宗师》《应帝王》《骈拇》《在宥》《天地》《至乐》《达生》《田子方》《知北游》《徐无鬼》《则阳》《渔父》《盗跖》《天下》等的残简①；褚少孙补《史记·日者列传》记司马季主答宋忠、贾谊之言，已经引有《庄子》（虽然不见于今存本《庄子》），淮南王刘安曾经整理过《庄子》，而司马迁在《史记》中明确提到《胠箧》，如果再考虑竹简流传的情况，则《胠箧》的年代很可能在战国时期，最晚也在秦焚书之前——但是如果要认定《胠箧》的写作就在齐亡和秦焚书之间这样寥寥数年间的可能性，恐怕过于大胆。退而求其次，或还可以考虑《胠箧》是逐渐形成的文本，认为"十二世有齐国"是后来添加的，《胠箧》的主体部分可能较早形成。但是，这只是一种假设，如果滥用之，将会引发灾难性的后果。我们更应该考虑的是，除此之外，还有没有其他好的意见。

李学勤先生关于"十二世"数陈完至太公和的意见，初看似乎和文脉有些不协调。然而，笔者以为李先生的意见是可取的。

司马贞《索隐》引他所见的《庄子》以及《鬼谷子》，撮引作"田成子杀齐君，十二代而有齐国"；唐代赵蕤《长短经》卷三引《胠箧》，也作"十二代而有齐国"②，均多出一个"而"字。则唐人所见的《庄子·胠箧》篇，很可能有一个"而"字（泷川资言《史记会注考证》在《考证》中引《胠箧》也作"十二世而有齐国"，或只是本于司马贞），这一处"重文"（"异文"）非常重要，而且若非司马贞并引《庄子》和《鬼谷子》为据，不同意见的学者或许会将"而"字视为衍文。现在有两种证据，还有《长短经》的引文，则此处可以确证有"而"字。而有"而"字显然和没有"而"字意思不同，"而"之义为乃。

我们可以根据《国语·楚语》申叔时论傅太子提到"教之《世》"，以及《世本》《帝系姓》等文献，推测在当时的文化氛围中，知识分子、贵族对于

---

① 参见韩自强、韩朝《阜阳出土的〈庄子·杂篇〉汉简》，载陈鼓应主编《道家文化研究》第十八辑，生活·读书·新知三联书店 2000 年版；胡平生《阜阳双古堆汉简〈庄子〉》，载中国文化遗产研究院编《出土文献研究》第十二辑，中西书局 2013 年版。按：韩自强、韩朝曾认为阜阳汉简有《让王》《外物》，胡平生则从字体分析《外物》残简，认为不是《庄子》残篇，韩自强、韩朝之说或非。但胡文没有涉及《让王》，则此或是《庄子》残简。

② 参见周斌《〈长短经〉校证与研究》，第 158 页。

自身及他国的世系比较熟悉。说"十二世〔而〕有齐国",就指从陈完开始,到太公和才完全拥有齐国,表明田氏代齐经历了一个长期的过程乃得以成功。从《左传》所述的预言"有妫之后,将育于姜。五世其昌,并于正卿。八世之后,莫之与京",以及散见的晏子论田氏将有齐国的话等来看,可能很多人都知道田氏代齐有"必然性"①,关键只在于哪一代将代齐罢了。那么这里的"有齐国",就不是前引《吕氏春秋》所说专国政的"有齐国"了,而是有名有实地作为诸侯,统治齐国。

而且,《胠箧》这一段上下文似乎应该这样标点:"然而田成子一旦杀齐君而盗其国。所盗者岂独其国邪?并与其圣知之法而盗之。故田成子有乎盗贼之名,而身处尧舜之安,小国不敢非,大国不敢诛。十二世〔而〕有齐国,则是不乃窃齐国,并与其圣知之法,以守其盗贼之身乎?"

将"十二世〔而〕有齐国"前文作句号,表明前文论田成子已经结束,后文是论田氏。"田成子一旦杀齐君而盗其国。所盗者岂独其国邪?并与其圣知之法而盗之",和"十二世〔而〕有齐国,则是不乃窃齐国,并与其圣知之法,以守其盗贼之身乎",文句相近("杀齐君而盗其国"对应"有齐国","所盗者岂独其国邪"对应"则是不乃窃齐国","并与其圣知之法"对应"并与其圣知之法"),正好说明主语有不同,其意思是递进的(由讥讽田成子一人,到讽刺田完一族);而且"田成子一旦"之行为,对应"〔田氏〕十二世"的举动,文脉也有转换,中间以句号区分开更合适。

这样的话,《胠箧》的创作时间就在太公和之后了,具体的时间虽然还有待讨论,但是和郭店楚墓竹简《语丛四》可能并没有因袭关系。

许富宏先生已经指出《北堂书钞》卷 148 引《鬼谷子》有"鲁酒薄而邯郸围",这也是《胠箧》中的话。看来,《鬼谷子》很可能也有《胠箧》篇。古书单篇别行,被附入它书是很常见的。司马迁见过《庄子》中的《胠箧》,但是对于《鬼谷子》没有专门作传,他见过《鬼谷子》的概率大概非常小。虽然司马迁可能有校书活动,但此书《汉书·艺文志》也不存,司马迁恐怕无缘见到《鬼谷子》中的《胠箧》。但到底是《胠箧》本属于《庄子》还是

_____

① 《史记·田完世家赞》也说:"太史公曰:盖孔子晚而喜易。易之为术,幽明远矣,非通人达才孰能注意焉!故周太史之卦田敬仲完,占至十世之后;及完奔齐,懿仲卜之亦云。田乞及常所以比犯二君,专齐国之政,非必事势之渐然也,盖若遵厌兆祥云。"

《鬼谷子》，抑或有共同来源，还不好判断。不过《胠箧》记载了"鲁酒薄而邯郸围"，它的年代应该在战国中期之后，晚期之前，这对于我们思考《庄子》或《鬼谷子》的篇章年代，或许不无辅助作用。

附：田世系表

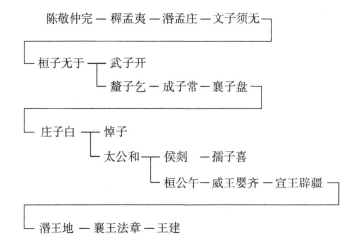

职、势、位和德

——《尸子》品评历史人物的视角和图景

李晓英

摘　　要　《尸子》对"职""位""势""德"给予了较多关注。以"职""位"及"时势"的形式表现出来的当下性和历史性，既与社会领域"类"的存在形态相联系，又体现于个体人物的具体存在过程。在个体层面，《尸子》通过对具体历史人物的具体评判，对其"时""位""德"等问题的考察，着重突出了个体人物的客观境遇性和主观的积极主动性。"位""时"所体现的历史性，通过化为历史人物的在世和治世原则而获得本体论与价值论的具体内涵。按《尸子》的理解，具体历史人物在存在过程中，无法疏离"德"，又需要借助"位"，根据"时"（特定境遇）而作出变通和选择。

关 键 词　《尸子》；孔子；尧舜；禹；汤；桀纣

作者简介　李晓英，周口师范学院老子暨中原文化研究中心教授、博士，研究方向主要为早期道家思想。

《尸子》作为战国时期的诸子著作，其思想融合儒、墨、道、法各家，在早期中国思想史上是个重要环节，和孟轲、荀卿、商鞅、韩非等人的思想有相通处。身处变更时代，《尸子》"知人论世"，以对历史人物的分类评判隐喻政治、人生和伦理，体现中国哲学"生活与思想一致的传统"。首先，《尸子》对人物作出丰富多彩的图景描画，对人进行位阶、层阶、职阶、家庭角色和价值等第的分疏和划分；其次，通过对"势"的考量，《尸子》将人物置于历史境域或过程的变动性考察之中，赋予人物一种以变顺势的、随势而为的深沉的历史意识，同时交错着正名和无为的倡扬；再次，《尸子》以人的地位和权位的解读，讨论了位与德匹配所产生的积极影响；最后，《尸子》对人物之"德"的讨论，强调了人物的主动性、主观性和积极性。《尸子》在人物的"类"存在分析中横向展开由阶层、职业、家庭角色的生活现状和价值角色的评判分疏，以生活现状、职业特点、属性品格和伦理诉求，揭示众生生活其间的社会领域或生活世界，也为圣哲等个体积极施展智慧才性提供了舞台和背景。在个体的人物评价中，包括黄帝、神农伏羲和尧舜汤武周公等：既对无为而治保持颂赞，又倡导无为而治形成的根据诸如正名、守分等。尸子对孔子的直接评价不多，借助孔子对历史人物的评价以及与孔门弟子的对谈，阐发治道治术。《尸子》将类人物的评价和个体的圣哲人物评价交织一起，在人物臧否中品评为政、修德、善刑、尚贤、爱民。前者（社会领域中类的存在）和后者（个体的圣贤）的存在表现呼应，既体现出时势选造圣贤的历史客观性，也凸显圣贤造就时势的主观性力量。

一　职分：社会领域中类人物的多重图像

《尸子》对人物类的分析从阶层、职业、家庭角色和价值等第的分疏评判几个方面展开，描摹人物广泛的生活图景和图像，揭示人的类的属性、规定和职分要求，为具体的个人的人物分析提供了背景和舞台的勾勒。

《尸子》对人的阶层身份的划分，依次为君主、臣僚、百姓，在这幅图景中，君主在上，百姓在下，臣僚居中。

指代人君身份的有天子、明王、君天下者、一天下者、君人者、人君、上、君、万乘之君、人主等称呼，在这些描述中尸子强调了人君兼天下、求贤能、导民众的职分和权力。

天子兼天下而爱之大也。(《广泽》)①

天子忘民则灭,诸侯忘民则亡。(《卷下》)

天子以天下受令于心,心不当,则天下祸。(《贵言》)

尸子和其他思想家一样,认为君权神授中的"神"与"天"彼此相通,政治权力来自神授,同时这种权力得自天。君主常被称为"天子",不仅涉及语言称谓或政治地位的表述,从实质的层面看,也肯定了君主的政治权力源于超验之"天",其职能在于"代表"天这一超验存在而治理天下、统驭万民。

古者明王之求贤也,不避远近,不论贵贱,卑爵以下贤,轻身以先士。(《明堂》)

君人者苟能正名,愚智尽情,执一以静。令名自正,令事自定。赏罚随名,民莫不敬。(《分》)

君者,盂也;民者,水也。盂方则水方,盂圆则水圆。(《处道》)

明君之立也正,其貌庄,其心虚,其视不躁,其听不淫,审分应辞,以立于廷,则隐匿疏远,虽有非焉,必不多矣。(《发蒙》)

天下、百姓、操守是国君政务过程中的主题词,治理、引导、正心是国君的职责。尸子通过强调国君的职分,明确国君对百姓的引导教化,君王恪尽职守,才能规范百姓,维系社会有序运转。

臣僚身份则表现为诸侯、王公、将军、大夫、臣、士大夫、治官临众者、任事进贤者、议国亲事者、使等,作为治理阶层,其位处于君王之下、百姓之上,各有义务,分工明确。

为人臣者,以进贤为功;为人君者,以用贤为功。(《发蒙》)

诸治官临众者,上比度以观其贤,案法以观其罪,吏虽有邪僻,无所逃之,所以观胜任也。(《分》)

若夫临官治事者,案其法则民敬事;任士进贤者,保其后则民慎举。

① 本文所引引文均出自(周)尸佼撰,(清)汪继培辑,黄曙辉点校《尸子》,华东师范大学出版社 2009 年版。以后引文出处不再赘述《尸子》,直接点名章节。

（《发蒙》）

士人、世士、士充当智库，"凡治之道，莫如因智，智之道，莫如因贤"，国君任用贤能，"以贤革新"是顺应天道的表现。士具有自尊的特点，坚守理想主义，而不愿与现实同流合污。

> 夫士不可妄致也。覆巢破卵，则凤凰不至焉；刳胎焚夭，则麒麟不往焉；竭泽漉渔，则神龙不下焉。（《明堂》）
>
> 待士不敬，举士不信，则善士不往焉。听言，耳目不瞿，视听不深，则善言不往焉。（《明堂》）
>
> 夫求士，不遵其道而能致士者，未之尝见也。（《明堂》）

百姓、匹夫、民、兆人、国人、火食之民是对民众的称呼。百姓首先是君主关心的对象。（《卷下》）

> 天雨雪，楚庄王披裘当户曰："我犹寒，彼百姓宾客甚矣！"乃遣使巡国中，求百姓宾客之无居宿、绝粮者，赈之，国人大悦。（《卷下》）

其次，民众虽然处于社会底层，但他们的联合作用能决定君主的权位，也能决定天下的安稳。

> 天子忘民则灭，诸侯忘民则亡。（《卷下》）
>
> 故曰："君诚服之，百姓自然；卿大夫服之，百姓若逸；官长服之，百姓若流。"夫民之可教者众，故曰"犹水"也。（《处道》）

民众力量巨大，但其属性如水，需要引导定形塑造，民的这种属性要求君的自然顺势引导，君主如果不以如水的习性疏导，民众必然冲决一切障碍。此为"忘民则亡"的形象说明。处于社会底层的入于囹圄者、解于患难者、丧其子者、饥者、寒者、疏贱者、宾客等。他们生活艰难、流离失所。

> 夫饥者易食，寒者易衣，此乱而后易为德也。（《神明》）

尸子以此呼吁明王改革社会造福百姓，改变底层人民生活的艰难。

《尸子》列举了众多的职业身份：商贾、烈士、农夫、女工、大君、监门、逆旅、陶人、舟人、造父、造历者、造冶者、造车者、昆吾、封人、司城子罕、良工、仆人、弓人、屠者、雕人、伯乐、驵（马市中介人）、猗顿、贾人、盗、师、良医、秦医（能看病）、许史、巫、将军、大吏、吏、弦歌鼓舞者、公敛皮者、耳目、间谍等。以上从业者职业、来历和生活诉求不同，但遵循的标准相同，这种标准又是与自己的职业结合在一起的。

> 农夫比粟，商贾比财，烈士比义。是故监门、逆旅、农夫、陶人皆得与焉。(《劝学》)
> 屠者割肉则知牛长少，弓人蓻筋则知牛长少，雕人裁骨则知牛长少，各有辨焉。(《卷下》)
> 农夫之耨，去害苗者也；贤者之治，去害义者也。(《恕》)

职业虽有不同，但作为职业身份的操守和德行的衡量却一样，都有职分的要求和定形。尸子还强调通过教育和学习可以实现阶层的流动和职业的变更。

> 是故子路，卞之野人；子贡，卫之贾人；颜涿聚，盗也；颛孙师，驵也。孔子教之，皆为显士。(《劝学》)

对人进行价值的等第分疏，是尸子评判社会领域类存在的又一标准。如圣人、神人、君子、贤者、众贤、仁者、善士、显士、良人、贵人、聋者、盲人、美人、辨士、明目者、聪耳者、可教者、大善者、知事者、知人者、胜任者、下士者、下敌者、下众者、能官者、知事者、乱人、无告、辜人、木之枉者、地之险者、君臣之不审者、近者、远者、明者、微者、大过者、不肖者、愚人、暴者、障贤者、邪人等称呼，表现出不同层次人的价值判断和道德水准。尸子根据其智力、德性、社会贡献表现将其归位分类。

> 故曰"圣人治于神，愚人争于明"也。(《贵言》)
> 众以亏刑为辱，君子以亏义为辱。(《卷下》)

夫骥惟伯乐独知之，不害其为良马也。行亦然，惟贤者独知之，不害其为善士也。（《恕》）

古之所谓良人者，良其行也；贵人者，贵其心也。（《劝学》）

圣愚有别，众贤不同。俗众以肉体受刑为辱，君子则以亏对仁义为耻。（《发蒙》）

使进贤者必有赏，进不肖者必有罪，无敢进也者为无能之人，若此则必多进贤矣。（《发蒙》）

下士者得贤，下敌者得友，下众者得誉。（《明堂》）

提出以被进者的实绩，评判贤者的才能，必使贤者云集，不肖者难以滥竽充数，使变革社会的事业得到发展。在不肖者、愚人、暴者、障贤者、邪人等的论述中，"障贤者死"（《卷下》），重视自我修养，注重自我省思，强调对贤能的任用，变革社会，主张积极入世，以修身、齐家、治国、平天下为宗旨。

《尸子》从家国同构的视角出发，对人的家庭身份予以总结，以父子、长幼、亲、君、友、丈人、亲戚、臣妾、子侄、子、丈夫、妇人、弱子、慈母，标出各自的伦理要求和角色义务、家庭成员各职责要求和义务。

君臣、父子、上下、长幼、贵贱、亲疏皆得其分曰治，爱得分曰仁，施得分曰义，虑得分曰智，动得分曰适，言得分曰信，皆得其分，而后为成人。（《分》）

修先王之术，除祸难之本，使天下丈夫耕而食，妇人织而衣，皆得戴其首，父子相保，此其分万物以生，益天下以财，不可胜计也。（《贵言》）

君主为政善修国政，重农劝耕，百姓力农则丰衣足食，社会稳定。君臣上下恪尽本分，家和国兴。

亲言其孝，君言其忠，友言其信，天下弗能废也。（《分》）

家人、子侄和，臣妾力，则家富，丈人虽厚衣食无伤也；子侄不和，臣妾不力，则家贫，丈人虽薄衣食无益也，而况于万乘之君乎？（《发蒙》）

家人"和",则家兴国旺,反之,家贫国乱。

尸子对人的类进行了阶层、职业、价值的分疏和家庭角色的界定,对广泛的众生进行了描述,不仅界定出不同人物的生活现状和伦理诉求,也揭示出他们的职分、术业、诉求和价值等第之别,从职分层面为尸子对具体的个体人物评价提供了大的背景和舞台。

二 势:历史过程的变动性

在展示自身价值立场的同时,《尸子》表现出对历史过程的关注。对《尸子》而言,尽管社会演进似乎一再疏离理想形态,但历史性本身却又始终内含于其中。修身重德原则与历史意识相互交错,构成了《尸子》考察社会变迁的基本视域。在社会政治文化领域,历史性具体地表现为历史过程或历史境域的特殊性。在谈到古今之异与社会形态之别时与对象世界的变易一样,历史过程也以变动性为其实质的规定;历史过程的变动性,使历史中的存在超越了同样化而获得了多样的形态。以"礼义法度"而言,历史的变迁,使之难以始终如一,而其历史作用的显示,同样并不以同样的状况为前提:在对齐桓公君臣的评价中,强调"桓公之举管仲,穆公之举百里,比其德也","桓公之奉管仲也……身至秽污而为正于天下也",虽然齐桓公有以诈谋杀兄,争立君主等不洁行为,但因有管仲辅佐,仍然能够施政于天下。

《尸子》将历史进程中的"至治"和"至乱"放在一起对比,既表达对汤武的颂赞,更体现出对尧舜时代的向往,揭示出时势不同及由此产生的治理等级和治理难度的评判。

> 夫尧舜所起,至治也;汤武所起,至乱也。问其成功孰治,则尧舜治;问其孰难,则汤武难。(《卷下》)

尸子看到:尧舜兴起于"至治",至治造就尧舜,尧舜以前是黄帝,尧舜以后是大禹,尧舜时期是用道、法和道德等综合的力量和方法建立起来的理想化的天下,它是以高度福祉和伟大功绩("成功")为目标的,它是立足于当下并对未来产生深远影响的人间乐土,尧舜的"至治"没有经过政权的更迭和嬗变；汤武兴起于至乱，桀纣的"至乱"成就了汤武革命。尧舜驾驭了成功至治，汤武经历了革命的艰难。"至治""至乱"既蕴含着治理等级和政权产生背景的不同，也意味着二者难以通过人自身的活动获得沟通。与之相应，合理的态度，便是话分两头，问"治"问"难"。不执着于往世的至治，已逝的生活世界并非追怀的对象；也不疏离尚未到来的来世，而是更看重当世，关注当下的存在境域。

> 桀纣之有天下也，四海之内皆乱，而关龙逢、王子比干不与焉，而谓之皆乱，其乱者众也；尧舜之有天下也，四海之内皆治，而丹朱、商均不与焉，而谓之皆治，其治者众也。（《处道》）

尧舜之"治"、桀纣之"乱"表征不同的历史时代的价值定位："治"体现了最为完美的理想，象征社会领域的秩序；"乱"与冲突争战相联系，意味无序或失序。比干不参与乱世，但改变不了乱世，因为"乱者众也"；丹朱不参与治世，但改变不了治世，因为"治者众也"。在尸子看来，关龙逢、比干和丹朱、商均都是生不逢时的代表，其二人的差异对应于桀纣和尧舜时代的差异，显示四人游离于时代的某种悲剧性，也显示桀纣和尧舜鲜明的治乱对比，并在这种对比中揭示某种历史必然，又以综合形式展示一定时代的历史特点。相对于人对世界的认识状况，历史过程中的"时势"表现为一种更重要的力量。桀纣统治是个"乱"的底色，尧舜的治理是个"治"的底色，在这样的大背景下，一两个人物的行为实在不足以改变大趋势①，甚至这一两个人物的背离行为还会加重这种背景和底色。

> 正名以御之，则尧舜之智必尽矣；明分以示之，则桀纣之暴必止矣。（《发蒙》）

---

① 王夫之提出了"势"的明确界说："凡言势者，皆顺而不逆之谓也，从高趋卑，从大包小，不容违阻之谓也。"（明）王夫之：《船山全书》，岳麓书社1996年版，第六册，第992页。王夫之还论述理和势的相待相成。他说："顺逆者，理也，理所制者，道也；可否者，事也，事所成者，势也。以其顺成其可，以其逆成其否，理成势也。循其可则顺，用其否则逆，势成理者也。"（明）王夫之：《船山全书》，第三册，第421页。

尸子的法家底色使他极为推崇正名，一方面正名降低了对统治者能力的要求，个人的能力再大都是有限的。在名的面前，治理者的才智和能动性是有限的，只要能证明，则"尧舜之智必尽"，正名是普遍的治理的最简单、最容易的操作。另一方面，正名作为客观治理，可以最大限度地避免主观性，避免君主情绪和个人偏私的影响，避免不公正性，"桀纣之暴必止"。名、分能够适用于所有的人和事，适用于不同的时代，它为尧舜和桀纣的言行提供了统一的标准。

历史的演化在不同的背景中，呈现不同的势态和趋向，这种势态和趋向，《尸子》称之为时势。不同历史时代人的生存状态，受制于特定的时势。

> 有虞之君天下也，使天下贡善；殷周之君天下也，使天下贡才。夫至众贤而能用之，此有虞之盛德也。（《分》）

舜、桀纣表征着不同的历史时代，"天下贡善""天下贡才"涉及不同的时代环境和现实境遇，可谓"三代不同礼而王，五霸不同法而霸"（《商君书·更书》）。在《尸子》看来，舜与桀纣时代的人们所以有"天下贡善""天下贡才"的差异，主要根源于相关的时势。相对于人对世界的认识状况，历史过程中的时势表现为一种更重要的力量。由此尸子盛赞舜之德。

甚至于同一历史时代的人，由于价值观念的不同，也表现出特定的时势。尸子论证汤取代桀之合法性，否定了世袭制对于政治权力独占的资格。汤武革命顺应历史形势，百姓欣然接受。

> 桀为璇室、瑶台、象廊、玉床，权天下，虐百姓。于是汤以革车三百乘伐于南巢，收之夏宫，天下宁定，百姓和辑。（《卷下》）

但当时的名士却不能理解：

> 伯夷、叔齐饥死首阳，无地故也；桀放于历山，纣杀与鄗宫，无道故也。有道无地则饿，有地无道则亡。（《卷下》）
>
> 申徒狄，夏贤也。汤以天下让，狄以不义闻己，自投于河。（《存疑》）

伯夷、叔齐和申徒狄作为贤士名流，对曾寄寓的旧政权念念不忘，革新后的形势作为新的肌肤，令他们难以适应。他们不仅是遗民，更有着对政权、政权转移的迷茫失望。更重要的是，尸子将伯夷、叔齐和桀纣对比，将"有道无地"和"有地无道"作为失去存在必然性的原因，在这方面等量齐观，可以看出尸子对伯夷、叔齐的降格处理和反儒家的精神。

人的生存状态为时势所制约，并不意味着人对历史境域或历史趋向完全无能为力。按《尸子》之见，以不同的方式对待外在的历史境域，将使人成为不同形态的存在者。就人与时势的关系而言，《尸子》首先区分了"穷"与"达"两种不同的在世方式：尸子认为理想君主的特点便在于虽处境艰难，仍能从容面对艰难处境，为此他多次赞颂文王、桓公不争礼貌、勇而能怯、不爱资财的特性，甚至用母亲对待子女的态度进行比喻。

> 弱子有疾，慈母之见秦医也不争礼貌；在图圄，其走大吏也不爱资财。视天下若子，是故其见医者不争礼貌，其奉养也不爱资财。故文王之见太公望也，一日五反；桓公之奉管仲也，列城有数。（《治天下》）
>
> 圣人畜仁而不主仁，畜知而不主知，畜勇而不主勇。昔齐桓公胁于鲁君，而献地百里；句践胁于会稽，而身官之三年；赵襄子胁于智伯，而以颜为愧。其卒桓公臣鲁君，句践灭吴，襄子以智伯为戮。此谓勇而能怯者也。（《卷下》）

"主仁""争礼貌"，亦即人物无视特定时代境域、背离历史的演化趋向；与之相对，"畜仁而不主仁"则以一定的时代条件为依据，顺乎历史的时势。以上分别虽然是就政治实践领域而言的，但意义不限于此。时势所表征的历史境域与时代状况，涉及人的存在及其活动的各个方面，"争礼貌""主仁"与"不争礼貌"相应地表现为人们应对历史境域与时代状况的两种相对但又具有普遍意义的方式。

由肯定对象世界的变易，《尸子》进一步将历史变迁的观念引入社会领域，后者首先突出了社会演化的过程性。《尸子》的看法与"无为"和"有分"之辩的立场似乎存在某种张力。尸子多处赞颂无为而治的神农、尧舜。

> 神农氏治天下，欲雨则雨。……正四时之制，万物咸利，故谓之神。

（《卷下》）

> 神农氏夫负妻戴，以治天下。尧曰："朕之比神农，犹旦与昏也。"神农氏七十世有天下，岂每世贤哉！牧民易也。（《卷下》）

神农以简易的方式进行治理，其"牧民易"即下文的"至简而易行"。

> 明王之道，易行也。劳不进一步，听狱不后皋陶；食不损一味，富民不后虞舜；乐不损一日，用兵不后汤武。（《分》）
>
> 舜一徙成邑，再徙成都，三徙成国，其致四方之士。尧闻其贤，征之草矛之中，与之语礼乐而不逆；与之语政，至简而易行；与之语道，广大而不穷。于是妻之以媓，媵之以娥，九子事之，而讬天下焉。（《卷下》）

至简是政治的最高方式和最好方式，操作运行简单。人君如能"审分""用贤"，就能"身逸而国治""自为而民富"。后者类似黑格尔的理性的机巧，"理性是有机巧的，同时也是有威力的。理性的机巧，一般来讲，表现在一种利用工具的活动里，这种理性的活动，一方面让事物按照它们自己的本性，彼此互相影响、互相削弱，而它自己并不直接干预其过程，但同时却正好实现了它自己的目的"[1]。舜为政"至简而易行"印证了"君逸臣劳"和"君无为臣有为"的说法。

褒扬无为而治的同时，尸子在对周公的评价上显示了两重性，对周公的评价，交织着无为和有分的矛盾，尸子首先褒扬沿袭舜无为而治的周公：

> 赏罚随名，民莫不敬。周公之治天下也，酒肉不徹于前，钟鼓不解于悬。听乐而国治，劳无事焉。饮酒而贤举，智无事焉；自为而民富，仁无事焉。（《分》）

接下来尸子认为周公所处时代并不适合无为而治，借孔子之口微词周公返政：

> 周公其不圣乎？以天下让，不为兆人也。（《卷下》）

---

① ［德］黑格尔：《小逻辑》，贺麟译，商务印书馆 1980 年版，第 394 页。

尸子没有执着于普遍之道，而是考虑复杂多样的存在处境，借孔子从教化百姓、实施抱负的立场出发，强调权位和分的重要。

三 位的突显

"位"的层次既涉及人物所面临的客观性，也谈到人物所应该发挥的主动性和主体性。"位"给予人物框架、地位、权力。尸子从生活角度强调如果给予贤者一定地位，人民就能获得幸福，社会发展就能顺畅。

> 日之能烛远，势高也；使日在井中，则不能烛十步矣。……目在足下，则不可以视矣。天高明，然后能烛临万物；地广大，然后能载任群体。（《明堂》）

用舜的地位的变化谈及舜造福天下来论证自己的观点：

> 舜之方陶也，不能利其巷下，南面而君天下，蛮夷戎狄皆被其福。（《明堂》）

尸子首先强调了位置的价值，如果贤德之人处于君主的高位，就能像太阳一样，照耀远方，如果贤德之人不能获得位置，再有贤德也不能发挥作用。反过来也是同样道理，处于君位之人应努力成为贤德人主，否则对国家来说，就是"其本不美，则其枝叶茎心不得美矣"，所以古代君王皆"修其身以君天下"，并通过修身来招揽贤才。

除了权位，尸子还谈到由于所处位置的不同，不仅影响人们对事物的认识，而且决定了人们不同的价值取向，他以在井中和山丘上观看星星来形容：

> 因井中视星，所视不过数星；自丘上以视，则见其始出，又见其入。非明益也，势使然也。夫私心，井中也；公心，丘上也。故智载于私，则所知少；载于公，则所知多也。（《广泽》）

所以尸子主张判断是非的标准一定要出于公心，以公心获得一种势位：

> 是故夫论贵贱、辨是非者，必且自公心言之，自公心听之，而后可知也。（《广泽》）

借助权位赋予的刑名，治世中君主的才智能发挥殆尽，乱世中悍威也能停止。

> 正名以御之，则尧舜之智必尽矣；明分以示之，则桀纣之暴必止矣。（《发蒙》）

由此引申到对刑名的看重，提出听狱"善刑"的说法：

> 秦穆公明于听狱，断刑之日，揖士大夫曰："寡人不敏，教不至，使民入于刑，寡人与有戾焉。二三子各据尔官，无使民困于刑。"缪公非乐刑民，不得已也。此其所以善刑也。（《卷下》）

秦穆公"非乐刑民"，实属"不得已"，有其必然性，有其不得不用刑名的正当性。尸子称其"善刑"，可见尸子的法家底色——"撮名法之要"。尸子看到在于"名正法备，则圣人无事"。尸子相信，法治是最简单、最容易又最有效率的治理。"善"是副词，善于、擅长之意，修饰后面的动词"刑"。此"善刑"力求一般刑法之效而避免一般刑罚之害，力争把行为的阻力和代价减少到最小限度。这样的治理方式和刑罚制度才能为社会中的臣民生活留下相对宽松的空间。善于、擅长和工巧、高明意思近似。为此，赞颂皋陶、秦穆公的听狱善刑：

> 明王之道，易行也。劳不进一步，听狱不后皋陶；食不损一味，富民不后虞舜；乐不损一日，用兵不后汤武。（《分》）
> 治水潦者禹也，播五种者后稷也，听狱折衷者皋陶也。（《仁意》）

在古今关系上，《尸子》赋予当下以理想的性质，流露出历史性的趋向：

"听狱善刑"应时而变的观念，从正面肯定了历史演化的意义。历史的演化既涉及"天运之变"，也关联着"治乱之数"，"明王之道"既是把握变迁中的特定形态（"易行"），也意味着了解其中的脉络（"听狱折衷者"），这一过程所指向的，则是合乎特定历史境域的存在形态。

> 舜受天下，颜色不变；尧以天下与舜，颜色不变。知天下无能损益于己也。（《卷下》）

尧舜面对权力的转移和局势的变迁都能保持淡定超脱，"颜色不变"可谓"波澜不惊"，意味着其内在规定和属性品格的不变、不遗、不迁，即尧舜保持自身内在规定的恒定，无论外部世界如何，虽至天翻地覆，也不能失去自己的属性和特性。

> 尧曰："朕之比神农，犹旦与昏也。"（《卷下》）

尸子高度赞颂尧的建功立业、开疆拓土、丰功伟绩、自谦谦虚、自知明智和素朴节俭，但是尸子还是借尧之口赞颂了神农高妙的无为而治，"旦与昏"。前者意味无为而治的清新明朗，后者则是对有为政治聊胜于无的无奈评判，这就是无为和有为之间的区别。

四 德：个体主观的选择

《尸子》的人物评价体现了其法家的底色。前面"职"提供了人物评价中所面临的大的社会背景，"势"和"时"的层次突出了尸子评价人物的实用性，是为了解决治理中的实际问题。另一方面，尸子也强调内圣和修德问题，而且把内圣和修德问题服务于其治理的面向。如何将合道的价值原则与具体的生存情景的关注结合起来？这是个体"在"世过程中难以回避的问题。在个体的层面，《尸子》通过对势、位等问题的考察，着重突出了其存在的境遇性，讨论了历史人物的德。

> 人君贵于一国而不达于天下，天子贵于一世而不达于后世，惟德行
> 与天地相弊也。(《劝学》)

历史的演化在不同的背景中，呈现不同的趋势。受制于特定的时势，历史人物在不同境遇下的德也有不同的表现。"德"更充分地发挥了人物的主体性，具有"我命由我不由天"的洒脱和豪迈。

> 为令尹而不喜，退耕而不忧，此孙叔敖之德也。(《卷下》)

境遇虽因时势而变迁，但德行应始终保持恒定：一方面是外在时命所构成的存在背景，另一方面则是安时而处顺的人生态度，二者既表现为内(精神超越)与外(现实情景)的互动，又展开为特定历史境域与个体自我选择之间的统一。通过境遇变化与德行的对照，表达出如下观念：境遇(穷达)虽因势而变迁，但德行应始终保持恒定。可谓"穷达以时，德行一也"①，涉及道德原则与具体境遇的关系，如何将普遍的道德原则运用于多样的情景，是尸子主要的关注之点。无论如何变化，尸子都强调了人物的主动性、主观性、积极性的选择。

> 是故爱恶、亲疏、废兴、穷达皆可以成义，有其器也。桓公之举管
> 仲，穆公之举百里，比其德也。此所以国甚僻小，身至秽污，而为政于
> 天下也。(《劝学》)

穷达、贫富对于成就德行都没有什么影响和区别。尸子对存在的历史性、境域性的确认，内在地渗入伦理的关切；时势的意义，体现于成就自我或道德践行的过程。"中国古典哲学有一个显著的倾向，就是着重生活与思想的一致。生活与思想的一致，用旧有的名词来说，就是'言行'的相顾，或'知行'的相互为用……中国古典哲学家所讲的言行或者知行的统一关系，主要包括三方面：(1)学说应该以生活中的实际情况为依据；(2)学说应该有提

---

① 荆门市博物馆编：《郭店楚墓竹简》，文物出版社1998年版，第145页。

672 / 从前子学时代到子学时代：边际人物、文本和思想（下册）

高生活、改善行为的作用；（3）生活行为应该是学说信念的体现。"① "爱恶、亲疏、废兴、穷达皆可以成义"体现了生活与思想的一致，既是指通过修行、修养达到更适合具体情景的存在形态，也意味着以道德涵养为与时变迁的具体内容，而在上述两种情况下，人物之"举"都有其伦理的向度。

> 汤问伊尹曰："寿可为耶？"伊尹曰："王欲之，则可为；弗欲，则不可为也。"（《卷下》）

人的生存状态为时势所制约，并不意味着人对历史趋向完全无能为力。在"寿可为"的问题上，有两种彼此相对但又具有普遍意义的方式："弗欲，则不可为也"，无视特定时代境域，不想做不想为、背离历史的演化趋向；与之相对，"欲之，则可为"则以一定的时代条件为依据，顺乎历史时势，成就一番伟业。以上分别虽就政治实践领域而言，但意义并不限于此。事实上，"欲之"与"弗欲"反映出不同的历史境遇与时代状况，涉及人的存在及其活动的各个方面，也折射出人不同的主观选择。

> 范献子游于河，大夫皆在。君曰："孰知栾氏之子？"大夫莫答。舟人清涓舍楫而答曰："君奚问栾氏之子为？"君曰："自吾亡，栾氏也，其老者未死，而少者壮矣，吾是以问之。"清涓曰："君善修晋国之政，内得大夫而外不失百姓，虽栾氏之子，其若君何？君若不修晋国之政，内不得大夫而外失百姓，则舟中之人皆栾氏之子也。"君曰："善哉言！"（《贵言》）

尸子区分了善修国政和不善修国政所导致的两种截然不同的结果：民心的向背。

> 是故尧为善而众美至焉，桀为非而众恶至焉。（《仁意》）

尸子批判桀纣因心灵怠惰而作践"天子"之位，丧失天下的治理，视之为"弗欲"的案例。

---

① 张岱年：《中国古典哲学的几个特点》，《北京大学学报》（哲学社会科学版）1957 年第 3 期。

　　天子诸侯，人之所以贵也，桀纣处之则贱矣。（《劝学》）

　　臣天下，一天下也。一天下者，令于天下则行，禁焉则止。桀纣令天下而不行，禁焉而不止，故不得臣也。（《贵言》）

　　民者，譬之马也。尧舜御之，则天下端正；桀纣御之，则天下奔于历山。（《卷下》

　　桀纣失天下的案例促使尸子看重成就自我或道德践行的过程，指通过道德的修行，达到更适合具体情景的存在形态，意味着以道德涵养为应变时势的具体内容，以德行感染和引导民众。

　　夫德义也者，视之弗见，听之弗闻，天地以正，万物以遍，无爵而贵，不禄而尊也。（《劝学》）

　　平地而注水，水流湿；均薪而施火，火从燥，召之类也。是故尧为善而众美至焉，桀为非而众恶至焉。（《仁意》）

　　要而言之，《尸子》的人物评价特点由实用性、功利性到超越功利性、实用性，由客观性到主体性，由普遍性、世俗性到个体性、内在性。《尸子》在评价历史人物中对"职""位""势""德"给予了较多关注。从历史人物的职分、时势、位置出发，谈论历史人物的具体存在境遇，着重突出了客观存在的境遇性和主观的积极主动性。"位""时"所体现的历史性，通过化为历史人物的在世和治世原则即"德"而获得了本体论与价值论的具体内涵。

"兵胜于朝廷"：《尉缭子》兵学中的制度与权衡

孙雨东

摘　　要　《尉缭子》在《汉志》中的两次著录可能与汉代以来兵学文献单独成系统的校理工作有关，是篇次和文字稍有差异的同一部著作。《尉缭子》在一些具体的表述、主张，乃至对制度和民心等的理解上，都与《管子》所见早期齐法家存在一定交涉，银雀山汉简进一步提示了该书与齐国的关联。其兵学思想将什伍制在军队中的运用进一步发展，建立了一套有助于将吏士卒同心共济的军中之制。军中士气的提振，不仅依靠赏罚等制度的保证，也要通过其他的治理举措、礼俗风尚以及将帅品行意志等方面共同促进。对制度本身及其内外各环节动态运作方式的反思，进一步体现于对"权"的关注，这是一种在相互关联制约的两端之间，对变动中的形势进行把握的方式。

关 键 词　《尉缭子》；什伍制；权衡；齐国

作者简介　孙雨东，北京大学哲学系博士研究生，主要研究方向为道家哲学。

一 《尉缭子》的著录与学派

有关尉缭子其人与其书的资料现在只留下了较有限的内容。《汉书·艺文志》有可见最早对于《尉缭子》的著录，分别是位于《诸子略》中的杂家《尉缭》二十九篇，班固自注"六国时"，与《兵书略》中的兵形势家《尉缭》三十一篇。同名书目重复见于《汉志》在一定程度上造成其后历代目录著录情况的不同，如《隋志》将《尉缭子》五卷录于杂家，至宋代《崇文总目》及以后才将其录于兵家类。《尉缭子》一书以综合、兼采诸家的方式论兵，"吾用天下之用为用，吾制天下之制为制"（《制谈》），也使得对其学派归属以及流传情况的讨论更为复杂，比如《汉志》的两次著录是一部还是两部书，其间关系为何，这类问题历来存在着不同意见。①

《尉缭子》在《汉志》的两次出现及其学派归属问题，可以将其与《汉志》重复收录的其他同名书目放在一起来考察，这包括也是分别录于杂家和兵技巧的《伍子胥》，以及录于纵横家和兵权谋的《庞煖》、录于小说家和兵阴阳的《师旷》等。在《汉志》所收同名书目中，有一部分书亦在《兵书略》中得到收录。这类情况上推到刘歆《七略》则有更多，《兵书略》兵权谋家之后班固自注"省《伊尹》、《太公》、《管子》、《孙卿子》、《鹖冠子》、《苏子》、《蒯通》、《陆贾》、《淮南王》二百五十九种"，这几部书在《七略》中有《兵书略》和其他类别的重复著录，班固或是考虑到它们在《兵书略》中的篇次内容已包含在《诸子略》等里面，于是省去重复。诸子书中常有在自身思想系统内对其兵学主张的单独论述，这部分篇章被节取出来，在《诸子略》等对全本的著录之外又以同样的名称录于《兵书略》，这是《七略》出现同名书的一种典型情况。②包含论兵部分的诸子书有两次著录的原因，与

---

① 对以往研究相关问题比较详细的述评，可以参考郑良树《诸子著作年代考》，北京图书馆出版社 2001 年版，第 195—218 页；赵逵夫《尉缭与〈尉缭子〉考论》，载教育部人文社会科学重点研究基地、复旦大学中国古代文学研究中心主办《中国文学研究》第三十一辑，复旦大学出版社 2018 年版，第 1—39 页。

② 参见（清）章学诚著，王重民通解，傅杰导读，田映曦补注《校雠通义通解》，上海古籍出版社 2009 年版，第 18—19 页；杨新勋《〈七略〉"互著"、"别裁"辨正》，《史学史研究》2001 年第 4 期。

汉代以来对兵学文献搜集、整理和保存的单独系统有关。和其他文献不同，兵学文献在刘向校书前已有两次与官方有关的整理和编订，即高帝时"张良、韩信序次兵法"和武帝时杨仆"纪奏《兵录》"（《汉书·艺文志》），而成帝时兵书的校理也由任宏专门负责。应当是考虑到兵书在自身系统中过去已有相对成熟的整理保存乃至使用和传授，刘歆在《七略》中仍沿用了这一自有整理谱系并经任宏论次而来的兵书目录。《尉缭子》在《汉志》中的重出可能就属于这种情况，是两种不同意图下校理的整合。①

对《七略》中兵书的重复，班固在《汉志》中对其兵学别裁本的著录多有简省，并通过自注加以说明，因为这部分别裁本可以较完整地包含在全本之中。而包括《尉缭子》在内的几部书，其重复收录的情况仍然可见于《汉志》，即保留了两个不同系统中的传本。这可能是因为两个版本还不是简单的包含关系，所以它们的两次著录仍然得以保留。考虑到诸子文本在汉代所形成的更加确定的形态，往往会受到其校理过程比较大的影响，那么从高帝时开始的单独着眼于兵学文献的序次以及此后的整理、传授，与成帝时刘向更为一般性的校书，所得到同一书名两个本子之间有所出入也是可以理解的。

今本《尉缭子》在篇数上与《汉志》等的记载有别，不过从银雀山汉简六篇与今本总体相符来看，今本所见内容保留了其在先秦时期的一些大致面貌。现存二十三篇以兵学为主旨，关注如何为用兵提供一种制度化的综合安排。对涉及兵战诸多要素的综合与协调，使《尉缭子》不免在表面上有兼采各家的倾向，但实质上这种兼综仍然来自贯通性的思考，因此将其归入兵家较为合理。

判断《尉缭子》成书时代的依据主要有两种，其一是该书首篇有"梁惠王问尉缭子曰"的说法，其二是《史记·秦始皇本纪》记载有大梁人尉缭对秦王嬴政的游说。两种论据指向对《尉缭子》时代的不同判定，本文更倾向于认为该书是梁惠王时期的作品，即战国中期②，其作者与《史记》中见秦

---

① 何法周注意到传世本《尉缭子》也可分为两种类型，其一以《武经七书》本为代表，其二以《群书治要》本为代表，后者稍多铺陈和申发，并与银雀山汉简本更为接近。两个传本的差别可能部分呈现分列兵家和杂家《尉缭子》的版本情况，即它们只是篇名、篇数稍有不同，内容与文字风格稍有差异。（参见何法周《〈尉缭子〉与互著法——三论〈尉缭子〉》，《史学月刊》1986 年第 2 期）

② 对于《尉缭子》是梁惠王时期著作的相关考证，参见李桂生《诸子文化与先秦兵家》，岳麓书社 2009 年版；张申《〈尉缭子〉作者及成书年代考》，《咸阳师范学院学报》2015 年第 3 期。

王的尉缭并非一人。在现有研究以外，从思想史的角度也能对《尉缭子》的时代提供一些说明。该书后十二篇有关兵令的详细设计与构想，特别是对军中什伍制在组织和动员军事力量方面的规划，应当反映了相近时期在兵权更加向中央集中后，对国、鄙及近郊以外更广阔土地范围上的民众及兵力进行直接管辖、有效控制的诉求，这伴随着原先卿大夫在采邑中对居民相对独立的控制逐渐转变为中央集权的过程。《尉缭子》有关军队规模、国中有着不同位置和职能的军队之间相互配合等说法，比如"兵有什伍，有分有合，豫为之职，守要塞关梁而分居之，战合表起，即皆会也"（《踵军令》），可能就包含在面对封建秩序更彻底崩解时，对更合理有效的军队组织方式的探寻。从类似思想动机所处时代来看，这应当与商鞅在秦国变法和推行郡县制，以及在《管子》中延续了管仲精神但更主要反映战国早中期时代关切的经言和外言诸篇，不会相距太远。这也说明《尉缭子》的成书近于其开篇显示的梁惠王时。

不过从地域上，仅仅依据尉缭子与梁惠王有过对话和他对吴起的称述，或是《史记》中时代不相合的"大梁人尉缭"，而直接将《尉缭子》看作代表魏国兵学思想的著作，理由尚不充分。下文会说明，《尉缭子》的思想与齐学特别是早期齐法家有所交涉，其对制度的崇奉和对制度有效运作方式的探寻多带有齐地色彩。本文的这种比较并不意在对尉缭其人的地域进行明确的划定，而是为其思想上的定位提供可能的参照。①

二　与早期齐法家思想的关联

《尉缭子》对于各家思想都有吸收和综合，但与《吕览》《淮南》等首先由众宾客撰写的著作有较明显的区别。后者在某种统一的规划与意图之下仍留存有一些异质的主张，这或是编撰工作对整全的诉求而对思想的差异相对宽容，或是参与撰著宾客对个人思想倾向表达的动机等各种原因使然。相比

①　尉缭是齐人的主张，见于施子美《施氏七书讲义》："尉缭子，齐人也。史不纪其传，而其所著之书乃有三代之遗风。其论《天官》也则取于人事，其论《战威》也则取于道胜，生战国之际而不权谲之尚，亦深可取也。"（《中国兵书集成》编委会编：《中国兵书集成》，解放军出版社1992年版，第八册，第515页）

之下《尉缭子》所吸取的各种主张都由其更为中心的关切所引领，从而能够得到更好的协调与转化。这种关切乃是以制度化的方式为兵战这一国家目的提供综合有效的安排。这不仅使得这部书杂家的意味较淡，其论兵的角度放在兵学文献中也相对独特：不主要关注兵战过程本身及其中各类情境的权谋策略，而是在制度和政治等方面为举兵提供预先的统筹安排，寻求在"刑未加，兵未接"（《战威》）之时就能夺敌制胜的方式。因此《尉缭子》论兵的内在旨趣也更近于法家。

在法家将君臣间的张力和君主"潜御群臣"之术作为一个重要论题以前，国家更多呈现为一种总体意志或目的，法家所寻求的，即如何在合理的制度安排下，使个别的民众、分散的民力能够共同指向这一富国强兵的总体目标。因而法家不只关注禁限意义上的法，也关注更为积极地"使民""用民力"的有效方式，兵战便是最直接体现这一关切的领域。这使法家与兵家之间有着广泛的交涉，也是《尉缭子》的兵学思想与法家关系密切的原因。

在相近时期的法家思想中，《尉缭子》与《商君书》的思想之间还有一些区别，而与《管子》中经言、外言等篇所代表的早期齐法家更为接近。这在一些具体的方面，诸如赏罚相对平衡、法治与教化结合、肯定市场的意义、重视器用的准备等，都有所体现。不仅如此，《尉缭子》还与《管子》所反映的早期齐法家一些更为内在的精神有所关联，这包括，在政治、制度各方面之间探寻更为合理的划分、组织与配合，在治理中保持动态的调节和均衡，以及对制度本身的限度有充分的认识。这与《商君书》更集中强调赏罚的意义、充分利用趋利避害的人性等特点，有一定的不同。下文将要分析的《尉缭子》对什伍制和"战权"的论述，就带有近于齐法家的对制度之限度、有效性及其动态运作方式的反思。在这之前可以先对《尉缭子》与齐法家之间在文本上的关联稍作说明。在一组对用兵之效验的描述上，二者有很类似的说法：

> 鼓之前如雷霆，动如风雨，莫敢当其前，莫敢蹑其后，言有经也。（《尉缭子·经卒令》）
>
> 莫当其前，莫随其后，而能独出独入焉。独出独入者，王霸之兵也。……便吾器用，养吾武勇，发之如鸟击，如赴千仞之谿。（《尉缭子·制谈》）
>
> 发若雷霆，动若风雨，独出独入，莫之能围。（《管子·轻重甲》）

故聚天下之精财，论百工之锐器，……收天下之豪杰，有天下之骏雄，故举之如飞鸟，动之如雷电，发之如风雨，莫当其前，莫害其后，独出独入，莫敢禁圉。（《管子·七法》）

以上几则材料的相关性已有学者注意，并由此说明《尉缭子》与齐地的关系。① 这种对出兵之势迅猛齐同、无往不胜的形容，并不仅仅是战国的"军事家常用语"②，而是有较明显齐国地域色彩的表达。事实上在《管子》书中，诸如"发若雷霆，动若风雨"，"莫当其前，莫害其后，独出独入"，以及其他一些短句，具备一定的格言体特征并多次出现，《管子》诸多篇章都在围绕这些格言进行不断的阐释，或是发明揭示其内在逻辑。不同篇章的解释进路可能有所差别，但从这类格言在思想表达中占据的重要位置来看，它们应当是一些在齐国所共喻的政治方针或经验。因此这样一些格言在《尉缭子》中的运用和解释，也反映出《尉缭子》与齐学在一些核心观念上的相似。二者文本上的类同亦见于：

赏如日月，信如四时，令如斧钺，制如干将，士卒不用命者，未之闻也。（《尉缭子·兵令下》）

故圣君失度量，置仪法，如天地之坚，如列星之固，如日月之明，如四时之信，然故令往而民从之。（《管子·任法》）

民非乐死而恶生也，号令明，法制审，故能使之前。明赏于前，决罚于后，是以发能中利，动则有功。（《尉缭子·制谈》）

宪律制度必法道，号令必著明，赏罚必信密，此正民之经也。（《管子·法法》）

这是对制度应当恒定严明的要求，法制、号令与赏罚是具体的三个方面。在一般性的法律或制度以外，《尉缭子》多次提及"号令"，像"发号出令，信行国内"（《制谈》），"号令明信"（《兵令下》）等。"令"相比于"法"的禁限、约束意味，能够更直接地实现"用民力"的要求，并使人民有组织的

---

① 参见史党社《〈墨子〉城守诸篇研究》，中华书局 2011 年版，第 246—247 页。
② 马非百撰：《管子轻重篇新诠》，中华书局 1979 年版，第 187 页。

统一行动成为可能。在《管子》经言、外言诸篇中，"令"是比"法"更为凸显的主题，如《八观》篇言"置法出令，临众用民"，《重令》篇言"凡民之用也，必待令之行也"，号令的运用意味着个人相当一部分的生活和行动都要服从于国家的总体安排和目的，以作战为主，并包括徭役、农业和诸多时效性的管理举措，而《尉缭子》有关军制军规的设计，就是以《重刑令》《伍制令》等令的形式出现的，并主张："军无二令，二令者诛，留令者诛，失令者诛。"（《将令》）而《管子·重令》亦有"亏令者死，益令者死，不行令者死，留令者死，不从令者死"的说法。

对于有关作战各个环节的准备，比如积蓄充足、赏罚严明、器械善巧、勇士拣选等①，《尉缭子》注重这些方面的综合运用②。特别是其中完善武器装备、训练选拔士卒这两点，书中多次提到"程工人，备器用"（《原官》），"便器用"（《战威》），士卒和军队的教练有《兵教》上下两篇专门论述。这种对兵力综合提升的主张，以及对教、器的强调，也与《管子》有相通之处：

> 委积不多则士不行，赏禄不厚则民不劝，武士不选则众不强，器用不便则力不壮，刑罚不中则众不畏。务此五者，静能守其所固，动能成其所欲。（《尉缭子·战威》）
>
> 为兵之数，存乎聚财，而财无敌。存乎论工，而工无敌。存乎制器，而器无敌。存乎选士，而士无敌。存乎政教，而政教无敌。（《管子·七法》）

教与器两方面的意义，《管子》的不同篇章有反复论述，"胜而不死者，教器备利而敌不敢校也"，"利适，器之至也。用适，教之尽也。不能致器者，不能利适。不能尽教者，不能用敌"（《兵法》），"缮器械，选练士，为教服"（《地图》），这种对器械的重视或与齐国发达的手工业有关。

上述文本关联意味着早期齐法家对《尉缭子》有所影响，其影响的途径

---

① 有关土地、城邑和居民的关系，《管子·权修》曰："地之守在城，城之守在兵，兵之守在人，人之守在粟。"《尉缭子·兵谈》也有相关的说法："量土地肥硗而立邑，建城称地，以城称人，以人称粟。三相称，则内可以固守，外可以战胜。"

② 《孙子兵法》已经涉及对战争形势的综合考虑，以此作为胜败的预判，《计篇》言："故校之以计，而索其情。曰：主孰有道，将孰有能，天地孰得，法令孰行，兵众孰强，士卒孰练，赏罚孰明，吾以此知胜负矣。"《孙子兵法》中它们大多只是要去计议和运算的对象。在为综合国力各方面的提升提供制度化安排上，《管子》与《尉缭子》则有更丰富的论述。

或是来自《管子》和类似的篇章，或是来自齐地的思想氛围本身。此外，《尉缭子》与齐学的交涉，也在山东临沂出土的银雀山汉简中有所体现。汉简包括《尉缭子》五篇，而见于汉简、今天有传本的其他著作也多与齐国特别是齐国的兵家、法家相关。

这批竹简中的一组文章，被整理者统称为《守法》、《守令》十三篇，其中有与《管子》论兵诸篇、《墨子》城守诸篇①、《尉缭子·兵谈》互见的段落，并录有与传世《尉缭子·兵令》上下篇基本相同的一篇，可能也以《兵令》为篇题。这十三篇竹简的性质和价值，学者意见不一，尉缭的作品位于其中说明了他与齐国的密切联系。② 这部分竹简仍有较明显的汇编性质，其中各篇之间的呼应及其总体性应当来自它们的撰写以及编选，贯穿着某些特定关切和思想动机，也就是以制度化的方式使诸多与作战相关的行政要求，得到均衡合理的统筹、划分和组织。从这一角度看，在竹简中明确言兵的论文以外，诸如《库法》《市法》《李法》《田法》等类似法令法规构建的文献，也是从各个层面比如器械的试验与保存、土地分配和赋税制度、官吏的管理处罚等，利用制度安排服务于作战这一根本目标。这些法令制度层面的举措，大多能对应上文所引《管子》《尉缭子》共同重视的有关作战的各准备环节。在《守法》、《守令》十三篇之外，《尉缭子》也与竹简另一部分"论政论兵之类"的一些篇章，如第 2 篇《将失》、第 44 篇《德在民利》等，可以在表述和思想上相参照。

三　军中什伍制的发展

《尉缭子》与相近时期的齐法家一样，都有较明显的崇尚制度的倾向。这

---

① 《守法》、《守令》十三篇与《墨子》城守诸篇的关系相对复杂，参见史党社《〈墨子〉城守诸篇研究》，第 220—243 页。

② 李学勤指出"《守法守令等十三篇》一书的性质颇似《尉缭子》，以论兵为主，兼及治政"，简书整体而言具有齐国色彩。（李学勤：《论银雀山简〈守法〉、〈守令〉》，《文物》1989 年第 5 期）杨善群认为十三篇竹书不是当时的齐国法律，而是齐稷下学者有关各个专题的论文，尉缭的论著《兵令》夹在其中，《尉缭子》与齐国许多军政书籍一起出土，说明尉缭与齐国的关系非常密切。（杨善群：《战国时期齐稷下学者的论文汇编——银雀山竹书〈守法〉等十三篇辨析》，《史林》2010 年第 1 期）徐勇认为《守法》、《守令》十三篇是可以互相呼应的战国言兵著作，总体与尉缭子有关并有可能是其遗作。（徐勇：《〈尉缭子〉逸文蠡测》，《历史研究》1997 年第 2 期）

种对制度的尊崇，并不仅仅着眼于以赏罚等措施使法令得到严格推行，更重要的，是对制度本身的自觉和对其合理性、组织架构、有效运作方式的考量。因此《尉缭子》一方面以什伍制为中心为军队的编排和训练提供了一套切实可行的设计，将其与军队的组织训练、指挥队形、营地警戒、防止逃兵等各方面相结合，并起到积极的作用，另一方面也讨论了这些法令所依据的制度的精神。

什伍制是当时已经出现乃至部分实行的政策，春秋时期随着步兵增多已形成了五人一组作为基本作战单位的士兵编制，春秋后期至战国在国野界限消失、政权向基层转化的过程中，出现了关于什伍制多样的记载与设想，并以编户齐民和基层治理为主要目标①，如商鞅在秦国颁布的法令："令民为什伍，而相牧司连坐。不告奸者腰斩，告奸者与斩敌首同赏，匿奸者与降敌同罚。"（《史记·商君列传》）《尉缭子》将这类制度在军队的组织训练上进一步发展②，设计出一套细致周密的"军中之制"。类似于商鞅推行的连坐和使什伍内相互检举的法律，《尉缭子》的法令仍带有一定严苛的成分，"伍有干令犯禁者，揭之免于罪，知而弗揭，全伍有诛"（《伍制令》），伍、什以及五十人的属、百人的闾都是如此。《尉缭子》对什伍制更进一步的发展可见于：

> 束伍之令曰：五人为伍，共一符，收于将吏之所。亡伍而得伍，当之；得伍而不亡，有赏；亡伍不得伍，身死家残。亡长得长，当之；得长不亡，有赏；亡长不得长，身死家残。复战得首长，除之。亡将得将，当之；得将不亡，有赏；亡将不得将，坐离地遁逃之法。（《束伍令》）

一伍之中的伤亡会为其中所有士兵带来处罚，或是与其功绩相抵。《兵令下》亦言："战亡伍人，及伍人战死不得其尸，同伍尽夺其功；得其尸，罪皆赦。"这使得一伍之人在战时可以相为照护。这种保护救济不只限于士卒之间，也在士卒对将领的关系中。如果伤亡了将领而士卒不能得敌方之将，士卒也可能面临身死家残的处罚，只有在下次战争中立功才能免除。反过来，将领也

---

① 关于什伍制的形成过程及春秋战国时期的社会结构变动，参见臧知非《战国秦汉行政、兵制与边防》，苏州大学出版社 2017 年版，第 23—33 页。

② 《商君书·境内》也有伍制在战时的运用，"其战也，五人束薄为伍，一人羽而轻其四人，能人得一首则复"，但还未发展出一套建立在什伍之上系统的军制。

对于士卒有训练的责任："凡伍临陈，若一人有不进死于敌，则教者如犯法者之罪。凡什保什，若亡一人，而九人不尽死于敌，则教者如犯法者之罪。"（《兵教上》）在《尉缭子》对什伍制的运用中，军中士卒之间和上下级之间都紧密地联系成教导和救济的整体，使原先消极意义上的检举揭发机制转而有了更明显的伦理意味，"使什伍如亲戚，卒伯如朋友"（《战威》）。进一步地，《尉缭子》注意到士卒之死战无法单纯通过什伍和赏罚制度来实现，而是有待此种制度与政治的其他方面乃至将领的个人品质等之间的配合：

> 　　未有不信其心而能得其力者，未有不得其力而能致其死战者也。故国必有礼信亲爱之义，则可以饥易饱；国必有孝慈廉耻之俗，则可以死易生。古者率民，必先礼信而后爵禄，先廉耻而后刑罚，先亲爱而后律其身。故战者必本乎率身以励众士，如心之使四肢也。志不励则士不死节，士不死节则众不战。（《战威》）
>
> 　　将帅者心也，群下者支节也。其心动以诚，则支节必力；其心动以疑，则支节必背。夫将不心制，卒不节动，虽胜幸胜也，非攻权也。（《攻权》）①

可以看到，什伍制全部效用的发挥并不仅仅诉诸趋利避害的独立个体、精细严密的赏罚规定。这种制度还应当有助于士卒的团结与凝聚、士气的提振，并且在将帅与士卒之间形成"心之使四肢也"（《战威》）一般的协调关系。这在《淮南子·兵略训》中也得到利用和整合。有关心身关系及其在君臣、君民等问题上的对应，相近时期已经出现了丰富的讨论，而此处无论是从内心信实或疑虑对四肢的不同影响，还是从其对应的将士关系来看，这一在《尉缭子》书中反复出现的类比，放在当时各种心身理论中，仍然是独到而深刻的。"心动以诚，则支节必力"的心身关系表明将帅与群下之间并非单纯借助制度法规的机械控制，而是能够达到有机协同的状态。

《尉缭子》多次提到军中士气鼓舞、斗志高昂对于取胜的意义，"夫将之

---

① 《说苑·指武》中的一章记述有齐将田单攻狄久攻不下，听仲连子之言后亲临前线、使士卒同心而制胜的经过，对此的评论是："故将者，士之心也；士者，将之枝体也。心犹与则枝体不用，田将军之谓乎。"

所以战者民也，民之所以战者气也。气实则斗，气夺则走"（《战威》），"战在于治气"（《十二陵》），这一目标是通过包括什伍制相关法令的设置、用兵用将方法的考量、其他治理环节的规划等各方面综合实现的。有关什伍制的法令层面，有前述使什伍卒伯相救济的规章，比如金鼓旗章的使用"三鼓同，则将、帅、伯，其心一也"（《勒卒令》），踵军、兴军的部队开进方式"踵军飨士，使为之战势"（《踵军令》）等，都含有激励士气的考虑。而在军制军规之外，诸如"故国必有礼信亲爱之义，则可以饥易饱；国必有孝慈廉耻之俗，则可以死易生"，"田禄之实，饮食之亲，乡里相劝，死丧相救，兵役相从，此民之所励也"（《战威》）等又从习俗风气的层面构建起"励士"的保障。专就将帅方面来说，"以身先之"的德行同样值得重视：

> 夫勤劳之师，将必先己。暑不张盖，寒不重衣，险必下步，军井成而后饮，军食熟而后饭，军垒成而后舍，劳佚必以身同之。如此，则师虽久而不老不弊。（《战威》）

> 吴起与秦战，舍不平陇亩，朴樕盖之，以蔽霜露。如此何也？不自高人故也。乞人之死不索尊，竭人之力不责礼。故古者甲胄之士不拜，示人无已烦也。（《武议》）

相比于完全借助赏罚和利害关系对民众的控制，将领身先士卒"劳佚必以身同之"对属下的感化与激励，使部队达到"什伍如亲戚，卒伯如朋友"的团结状态，这对于用兵同样重要，并能够与单纯的赏罚制度相互促进，发挥更大的效用。这与早期齐法家将法制与德教结合的旨趣有相近之处，不过类似的思想形态也许并非直接来自儒家的影响，而是源自法家内部在用民的关切下对于法令限度及有效性的自觉反思，并由此在制度的理解中包含一种节制与均衡。①《尉缭子》正是在认识到赏罚生杀本身的限度，以及制度和其他治理原则之间均衡运作的基础上，对什伍制进行发展的。

---

① 其他齐地兵学文献中也提到了得众、合民心对作战的意义，银雀山汉简《孙膑兵法·八阵》有"内得其民之心"的说法。汉简"论政论兵之类"第三篇《兵之恒失》曰："兵不能胜大患，不合民心者也。"此外第三十八篇《民之情》，"士卒共甘苦，赴坚难，冒白刃，蒙矢石，民难敝，民之情也"，表现出在用民的关切下对民之情更丰富的发掘。

四 庙胜与战权

《尉缭子》的兵学注重如何在"刑未加，兵未接"的未战之时，就通过制度与政治的适当举措，取得夺敌制胜的有利条件，"战不必胜，不可以言战；攻不必拔，不可以言攻"（《攻权》）。这就是其所说的"兵胜于朝廷"，并使国家能够"土广而任则国富，民众而制则国治。富治者，民不发轫，甲不出暴，而威制天下"（《兵谈》）。与"兵胜于朝廷"相关的"庙胜之论"，对于备战来说有首要意义：

> 刑未加，兵未接，而所以夺敌者五：一曰庙胜之论，二曰受命之论，三曰逾垠之论，四曰深沟高垒之论，五曰举陈加刑之论。此五者，先料敌而后动，是以击虚夺之也。（《战威》）
>
> 高之以廊庙之论，重之以受命之论，锐之以逾垠之论，则敌国可不战而服。（《战权》）

"庙胜之论"指在朝廷之中以部署决策胜敌。《淮南子·兵略训》："凡用兵者，必先自庙战。主孰贤？将孰能？民孰附？国孰治？蓄积孰多？士卒孰精？甲兵孰利？器备孰便？故运筹于庙堂之上，而决胜乎千里之外矣。"《孙子兵法·计篇》曹操注："计者，选将、量敌、度地、料卒、远近、险易，计于庙堂也"。"庙胜"即来自孙子的"庙算"："夫未战而庙算胜者，得算多也；未战而庙算不胜者，得算少也。多算胜，少算不胜，而况于无算乎？"（《计篇》）《尉缭子》中与"庙胜之论"相配合的还有"受命之论""逾垠之论"等，根据施子美《讲义》，这些都是起兵前以时间次序进行的各个阶段，从庙堂上有关敌我情况的判断，到将领受命，"合兵以越境"，"欲战未战之间，深沟高垒以待敌"诸阶段，最后到"称兵问罪之时"①，对它们都应当有所论议而后动，采用"击虚"的方式夺敌。与此前讨论《尉缭子》军中什伍制类似，在这些"先料敌而后动"的环节中，既有合理周详的制度作为基础，更

---

① 《中国兵书集成》编委会编：《中国兵书集成》，第八册，第558—559页。

重要的，则是对制度之外军队无形的战斗力，诸如斗志、气势和信心等方面，以及它们在出兵时的相互配合、敌我关系中的即时变化，有清晰敏锐的把握。以此来举兵，方能在不同层面上使军力"高之""重之""锐之"，提振军队士气，"意往而不疑则从之，夺敌而无败则加之，明视而高居则威之，兵道极矣"（《战权》）。

起始于庙胜的各方面论议，在制胜的三个层次道胜、威胜、力胜之中，属于道胜的层面："讲武料敌，使敌之气失而师散，虽形全而不为之用，此道胜也。"（《战威》）"讲武"以及《武议》一篇，都与用武的宗旨相关。《尉缭子》对用兵、用武的内在精神，或兵道，有一些总体描述，如"兵者所以诛暴乱禁不义也"（《武议》），"兵者以武为植，以文为种。武为表，文为里"（《兵令上》），等等，但其论述用兵之道，最为突出的方面是"战权"，即一种在变动中权度衡量的精神。事实上，"庙胜之论"等使"敌国可不战而服"的决策及其依据，并非任何现成的规章，而正是在"凡我往则彼来，彼来则我往，相为胜败"的变动形势中展开的，无论是庙堂之中的筹划，还是出兵在外的决断，其实质都来自权度，《尉缭子》对此有明确的反思。

《战权》篇说"夫精诚在乎神明，战权在乎道之所极"，"权"因而也是道的体现，"故知道者，必先图不知止之败，恶在乎必往有功"。此外，《攻权》《守权》也都以"权"为篇名。这里的"权"既有一般而言权谋、权变的意味，同时也包含权衡、称量之义，是在相互关联制约且不断变动的两端之间进行衡量，以寻求应变之机的方法。《攻权》篇看到，决定胜败的重要因素，是士卒在己方将领和敌军之间畏侮的不同倾向，二者始终相互制约："夫民无两畏也，畏我侮敌，畏敌侮我。见侮者败，立威者胜。凡将能其道者，吏畏其将也；吏畏其将者，民畏其吏也；民畏其吏者，敌畏其民也。是故知胜败之道者，必先知畏侮之权。"与之类似，《兵令上》言"卒畏将甚于敌者胜，卒畏敌甚于将者败。所以知胜败者，称将于敌也，敌与将犹权衡焉"。要对将领威信和军队士气在敌我之间进行权度，"权敌审将，而后举兵"（《攻权》）。《守权》也有诸如"期年之城，守余于攻者，救余于守者"的说法，指出守城要在内部防御和外部救援之间合理调拨兵力并相互配合。不只是这些方面，"权"也意味着对于兵战相关条件的综合考量："凡兴师，必审内外之权，以计其去。兵有备阙，粮食有馀不足，校所出入之路，然后兴师伐乱，必能入之。"（《兵教下》）

兵学和一些相近文献中有关权的论述，与儒家所说的经权、执中用权相比，仍有一定区别。在儒家语境下，权始终是相对经、常而言的。常道有着更根本的意义和更普遍的适用性，权往往只作为经的补充出现。而在《尉缭子》等的论述中，就一些对象的把握方式而言，权衡本身构成了理解它们真实存在的模式和进行抉择的依据，是洞悉和辨识形势的尺度。这类用法侧重对变动中的形势进行衡量以获得内在把握。权衡连接着升降消长的两极，而非提供一个既定不变的标准。

与《尉缭子》关于战权的论述类似的文本如《司马法·定爵》："大小，坚柔，参伍，众寡，凡两，是谓战权。"《文子·微明》言"习于行阵之事者，不知庙战之权"，指出庙战诉诸权度的能力。《鬼谷子》更是充分认识到以权衡把握事变之于纵横之术的重要意义，其言"古之善用天下者，必量天下之权"，"量权不审，不知强弱轻重之称"，"何谓量权？曰：度于大小，谋于众寡，称货财有无之数，料人民多少、饶乏、有余不足几何；辨地形之险易，孰利孰害；谋虑孰长孰短；揆君臣之亲疏，孰贤孰不肖；与宾客之智慧，孰少孰多；观天时之祸福，孰吉孰凶"（《鬼谷子·揣篇》）。此外，《管子·轻重》诸篇等有一定官方档案痕迹的文献，进一步体现出相近思想在齐地的滋育：

> 桓公问于管子曰："衡有数乎？"管子对曰："衡无数也，衡者使物一高一下，不得常固。"桓公曰："然则衡数不可调耶？"管子对曰："不可调，调则澄，澄则常，常则高下不贰，高下不贰，则万物不可得而使固。"（《管子·轻重乙》）

《管子》这段对话虽然直接在讲经济政策，但仍能够很好地反映《管子》书中以《轻重》诸篇为代表的部分篇章所包含的权衡的精神。在经济或兵战等领域中以权衡作为认识现实形势的模型，说明在这些地方，对现实的把握和抉择始终介于消长变化的两端之间。这种权衡显示出固定不变的制度的有限性，延伸于政治的领域则为一切法制的施设带来一种分寸感。或许也是秉持着相近的理念，《尉缭子》发挥了"战权"的思想，在为兵战提供法令制度的同时，也使得制度、武事及刑罚可以在权衡的运用中有所限制。同时因为认识到军队的协调性和凝聚力等是对战争胜败进行权度衡量的重要尺度，其围绕什伍制对军制军规的设计从而不会陷于单纯的赏罚生杀。贯穿在制度内外并使其间各种要素相互协调配合的权衡的精神，提供了一种有意义的看待制度的视角：制度是在其内部与外部的动态关系中得以运作并发挥效用的。这种现实而又理性的思考或许构成了《尉缭子》所说"圣人所贵，人事而已"（《战威》）的主要内容，并使其对于以早期齐法家为主的各家思想，尽管是以"吾用天下之用为用，吾制天下之制为制"的方式进行利用，却能予以有机的综合与创发。

附录 "从前子学时代到子学时代：边际人物、文本和思想与黄河文明"论坛综述[*]

刘　欢

　　2022 年 8 月 9—11 日，由郑州大学哲学学院及老子学院、老子学研究会、河北美术学院老庄文化研究中心、洛阳老子学会、张岱年学术研究会共同举办的"从前子学时代到子学时代：边际人物、文本和思想与黄河文明"高端论坛在洛阳新友谊大酒店举行。本次论坛采取线上、线下相结合的方式，来自北京大学、清华大学、中国人民大学、中国社会科学院、中山大学、武汉大学、厦门大学等高校和科研机构的 60 余名专家学者就"从前子学时代到子学时代"的"思想转变"与"边际人物、文本和思想"问题进行了广泛而深刻的讨论。

　　东周子学之兴起乃"三代"历史、文化和思想长期积累之结果。殷周之变颇大。郑州大学哲学学院院长、北京大学哲学系王中江教授在致辞中指出，纵观历史，通常有比较大的转变常为学界所关注，除了殷周之变，从"前子学时代"到"子学时代"，或者说，从"三代"到东周的转变，尤其是从西周到东周的转变，亦是一个非常具有创造性的、伟大的转变——士人流动天下，子学兴起即一革命之实。同时，历史上还有一些人物在现在可能是边缘人物，但当时其实是核心人物，只是因为历史的选择与遗忘导致了其成为后来历史的"支流"。如今，汇聚不同方向的学者共同讨论这一主题，正是为了重新唤醒和塑造我们的记忆，恢复历史的丰富性、多样性，展现历史和思想的细节，克服历史的遗忘。

---

　　[*] 本文系河南省哲学社会科学规划项目"《庄子》物论思想研究"（2020CZX022）的阶段性成果。

一　溯源子学思想发展线索

老、孔以来的诸子百家并非空穴来风，春秋战国之交与殷周之际两条历史分界线之间，正是诸子百家思考的深刻背景。北京大学哲学系郑开教授在其早年著作《德礼之间——前诸子时期的思想史》的基础上，从宏观和整体的立场出发，将前诸子时期思想史概括为"德的时代"，而将老子以降、诸子百家蜂起活跃的时期归结为"道的时代"，指出"由德而道"，正是从前诸子时期到诸子时期思想发展的一条线索，并作了深入证明。中国社会科学院任蜜林研究员则聚焦于前孔子时期的人性论思想，认为"性"观念在西周初年才开始真正出现，到了春秋时期，"民性"观念开始流行，说明春秋时期对于人性的讨论主要是在君民关系的政治视野下进行的，缺乏人性讨论的普遍性，这是孔子提出人性论思想的基础。清华大学哲学系丁四新教授以人类文化史上的天人感应论为背景，对《尚书·洪范》"庶征"畴进行了解读，揭示了"念用庶征"与"敬用五事"之间的因果关联，并谈及了其在汉以后尤其是宋代的发展演变，最终给出经过重新解释和定义的"天人感应"的继续使用方向。西南大学哲学系李凯副教授致力于探讨庄子思想的前源，他发现《庄子》内篇的"仰天而嘘""听之以气""真人之息以踵""吸风饮露"等文字可证庄子熟谙行气，进而在蒙文通先生所提出的"庄生所论为行气而主王乔"说的基础上，探讨庄子与神仙家的关系，希冀以"庄生所论为行气而主彭祖"说补足和修正蒙先生的观点。河北大学哲学系许春华教授从春秋时代鲁国的文明传统和春秋时代引诗、赋诗的传统出发，探寻《鲁颂》在"诗三百"中的地位和"思无邪"在《鲁颂·駉》篇中的意义，以此梳理孔子确立"思无邪"作为"诗三百"价值判断的致思进路。河南大学哲学系冯鹏博士从《国语·周语》所记"虢文公谏宣王不藉千亩"一事出发，指出该篇之中蕴含的"阴阳"与"气"结合的观念，占据了先秦阴阳思想发展历程的关键一环，经由对阴阳观念发展早期状况的梳理，他认为春秋晚期到战国早中期已经开始使用抽象的阴阳观念来解释自然，这种阴阳思想即战国中后期阴阳思想的萌芽。北京师范大学哲学系崔晓娇博士以早期道家思想中的重要观念"一"为研究对象，以《老子》与黄老道家文献为主要研究材料，考察了"一"以及与之相关的"抱一""执一"等概念在老子与黄老派文献中的不同理论内涵及其发展演变的脉络特征。

二　出土文献带来的"新知"

20世纪70年代特别是90年代以来，马王堆汉墓帛书、郭店楚简、上博简、睡虎地秦简、清华简等大量简帛文献的陆续出土和公布，不仅为我们认识古代思想世界提供了新的材料，而且同时激活了对《管子》《吕氏春秋》《淮南子》《鹖冠子》《文子》《列子》等一大批传世子学文献的重新解读，由此给新的视野和见解的出现带来了新的刺激和契机。中国人民大学哲学院曹峰教授以"伊尹"和"小臣"两个关键词为主，对先秦两汉的传世文献（主要见于经史子集的记载）和出土文献（主要见于马王堆帛书《九主》和清华简五篇）中所见的伊尹材料以及近现代对伊尹研究的论文进行了详细的检索、整理和初步分析，指出无论是前诸子时代，还是诸子时代，伊尹都是占据思想舞台的中心，成为后世反复消费的话语对象，这种消费本身，应该成为先秦两汉思想史研究的重要一环。中国人民大学国学院李若晖教授以清华简《系年》第九章晋灵公君位失而复得的故事为引子，围绕古典"君位观"的问题进行了翔实而细致的哲学分析，以对诸大夫主立"强君"是以称职为君于君位之必要条件为基础，指出"君位"是与"职责"相对应的，进而从历史的角度分析了禅让制、世袭制、族内尚贤制、传子制的发展、成立条件、弊端和问题，得出将传子制发展到极致的嫡长子继承制使"民本"变成了幻象。北京师范大学历史学院刘亮副教授借助马王堆汉墓帛书《春秋事语》中士匄的评论，在归纳、分析前贤对《左传》中"泓之战"对宋襄公评价问题的基础上，试图以士匄之论重新评价"泓之战"，认为宋襄公不仅在宏观上违背了先以善政达成内部的团结而后对外的次序，而且在具体作战中又以存在与否尚有争议的"不鼓""不禽"为辞，违背了"亲亲""暱近"的基本伦理，由此给我们带来了关于"泓之战"的新见解。中南财经政法大学哲学院夏世华副教授依托新近公布的清华简《四告》首篇的文献，在重新释读、梳理、解释简文的基础上，探讨《四告》篇的主旨，认为简文记载的是周公旦祭告皋陶并与成王共同推动周初刑法典律创立的历史，正佐证了《左传》中记载的"先君周公""作誓命曰""在九刑不忘"所反映的周公制刑的问题。北京师范大学历史学院李锐教授依托司马贞《史记索隐》在论述《田敬仲完世家》时指出的"庄周及鬼谷子亦云'田成子杀齐君，十二代而有齐国'"文献中有"而"字，而此"而"字不见于今存《鬼谷子》和今本《庄子·胠箧》的情况，认为此"而"字至关重要，据此而得出"十二世而有齐国"，指的是从陈完开始到太公和。而《郭店楚墓竹简·语丛四》中"窃钩者诛，窃邦者为诸侯。诸侯之门，义士之所存"一语和《庄子》并没有直接关系，可能有同源异流的来源。中山大学哲学系袁青副教授综合传世文献和出土文献研究早期文献中的彭祖形象，认为马王堆竹简《十问》、张家山汉简《引书》描述了作为养生家形象的彭祖，上博简《彭祖》、清华简《殷高宗问于三寿》主要阐述彭祖的治国理念，并且遵循从天道到人道、从养身到治国的黄老学思维方式，由此可知，有关彭祖的文献表明了彭祖实际上应是道家的代言人。中山大学哲学系邓联合教授在其《〈庄子〉与〈诗〉的关联》一文的基础上，继续着眼于从形式和文本上去探讨《老子》与《诗经》的关联，他认为应该将《老子》看作一个不断演变的文本，从郭店楚简《老子》开始就已经受到了《诗经》的影响，到汉简和王弼本老子呈现出越往后越加深的特征，并从文体、修辞、语汇三个方面出发给予了详细论证。

三　新方法、新视角、新眼光带来的"新知"

出土文献固然为我们提供了大量崭新的材料，有些甚至是连司马迁都没见过的新材料，有利于我们发现"新知"。但对于哲学史的考察而言，显然不能仅仅依赖于"可遇而不可求"的新材料，更何况出土文献究竟能在多大程度上改变我们的认知，还是要打一个问号的。所以，借助于新方法、新眼光，努力从旧有的传世文献中发现新的论述角度和阐释空间，才是更加理性、平和的学术态度。北京大学哲学系王中江教授关注的是《天下》篇"接万物以别宥为始"这句话的解释，今人多将其解释为"去除隔蔽或偏见"，并常援引《吕氏春秋》的"去宥"以为证，但通过字义、文义的细致分疏以及求证于宋钘和尹文的名辩、名分的政治学思想，他认为以往的解释是有问题的，应该根据《尹文子·大道上》中的"接万物使分，别海内使不杂"以及成疏

"置立名教，应接人间，而区别万有"的注释，将"别宥"解释为"辨别界域或界限"，后者正体现了宋、尹确定万物的界限和事物各自名分的名辩学特征。中国社会科学院匡钊副研究员从《尹文子》"名有三科"的说法出发，来重新审视先秦哲学之名实观问题，他认为通行看法将"实"视为客观之物或其存在性的统一，将"名"视为物之名的说法比较狭隘，主张应在更广义的视域下将名实问题还原为基本的形而上学问题。并且在正确命名之外，还存在如何对其加以合理描述的问题。后者则体现为物之实表现在方方面面，如此才可以兼容客观事物之实、主观态度之实和行为反应之实，这种诠释才更符合名辩思潮与先秦哲学的真实状况。武汉大学哲学学院李巍教授经由对早期中国"心"的概念的分析，发现古人常常凭借空间经验来构造精神修辞，比如以"胸中""居中""在中"描述心的位置，以"容""藏""虚"等形容心的结构，以具有中空结构的实物，如水渊、房间，充当心的表象。以对这些修辞的分析为进路研究"心"的概念，要比诉诸主体性之类的抽象概念更利于把握心的概念在中国思想中的实质意涵。南开大学哲学院叶树勋副教授认为"心"的构造和现象学说是《管子》四篇心学思想的基础理论，是我们把握其"心术"主张的前提，而在以往的研究中却是被淡化的，基于此，他展开了对《管子》四篇中以精气学说为背景的"心"的构造理论的详细分析，认为以此为基础的"心术"理解才更能系统把握作为四篇核心的心学思想。中山大学哲学系陈乔见教授的论文主要推敲的是孟子不许陈仲子为"廉"的背后原因，他在认真分析孟子对陈仲子叙事的基础上，结合孟子性命理论和群居生活之于儒家的基底性，指出孟子一方面在人伦价值的立场上批评陈仲子于人伦大义有亏，一方面在"小大之辩"的立场上，揭示陈仲子与其说是"好廉"，毋宁说是"好名"，因而不可因其小义而信其大义。最后，他还在结语中铺陈了秦汉乃至魏晋对陈仲子评价的流变。厦门大学哲学系谢晓东教授主要围绕《孟子·滕文公上》第五章记载的墨者夷之和孟子之间的一桩公案来讨论夷之的道德哲学思想，他认为墨家功利主义伦理学有两个版本：墨子原版和夷之修正版。进而以赵岐、朱熹和汉学家对"一本""二本"的分析为基础，进入对夷之"二本"的讨论，在此基础上，将夷之放在现代道德哲学的视域下去看夷之的可能回应以及作为实践理性的二元论困境问题。北京大学哲学系孟庆楠副教授的论文主要关注的是在秩序与道德之外，儒家还期待达成怎样的为政目标，为此他选取了"人口财货"这样一种不同于以往的"小"的角度进入。经由对早期儒家文本的分析，可以发现儒家在为政目标上呈现一种从人口众多到财货富足再到人伦秩序与道德的建构之阶次，进而以孟荀的"物欲"理论解释了人口财货居于基础性地位以及在前序目标完成之后儒家还要坚持道德教化的更高目标的原因。山东大学王玉彬教授主要着眼于作为稷下道家代表人物的慎到的"齐万物以为首"的主张与《庄子》"齐物论"之间的不同。他从"道则无遗"与"道通为一"以及"去己"与"丧我"两对对比说明二者的根本差异，指出庄子致力于在万物"自然之分"的基础上"休乎天钧"而汇为天籁之境。这种尊重物之差异与多元的齐物观，与"强不齐以为齐"的以"道"来"齐物之不齐"的慎到之齐物主张大相径庭。

四　围绕边际人物、文本和思想的微观和局部研究

　　近些年出土文献的大量问世，在使得黄老学研究日渐升温的同时，也带动了学界对传世子学文献的重新重视，诸子学亦再度成为"显学"，人们由此得以窥见早期中国思想百家争鸣、多元交融的盛况。一些学者就老子、庄子、孟子、惠施、公孙龙、荀子等"典型诸子"进行了新的研究，如从"秩序"尤其是政治秩序的建构与"命名"的关系角度探讨惠施、公孙龙，从民、人关系看《老子》的年代和思想，探讨《老子》天下观的多重意蕴、探讨《孟子》与《庄子》中的平等与差异的张力与调和的思想，探讨老子大道情感与时代价值、讨论荀子明分使群的思想等。与此同时，一些当时可能是历史的中心，但后来由于历史的选择与遗忘而逐渐边缘化的人物开始进入学者们的视野，就本次会议而言，涉及的人物就有伊尹、周公、管子、祭公谋父、虢文公、子华子、鬼谷子、尸子、彭祖、申不害、慎到、杨朱、管仲、师旷、夷之、陈仲子、魏牟、詹何、范蠡、文子、颜回、尉缭子等20多位。除此之外，还有一些学者围绕哲学史上不那么主流和核心的边缘问题展开了深入讨论，如对战国纵横家修辞术的关注，对《尉缭子》兵学中的制度与权衡的关注，对"越女论剑"背后的哲学思维的挖掘，对周公之于华夏文明突破的贡献的关注，对颜渊"好学"的研究等，都给人们带来眼前一亮、焕然一新的感觉，对于恢复和丰富早期中国思想和文化图像皆有助益之功。另外，值得

一提的是，本次会议除了涉及先秦子学人物之多、思想之广，还有对于某些历史人物的集中讨论，如对杨朱及其学派的讨论就有四篇，对文子和慎到的讨论各三篇，其中既有对于其人、其文、其学宏观、整体上的通论（如子华子哲学略论、论杨朱及其为我学说、魏牟思想与先秦道家重生派的讨论、文子其人其书及其思想、《庄子·天下》篇中的慎到黄老思想），也有对于某些细节性问题（如对慎到"弃知"说的辨析，对《文子》中对老子"自然""无为"观念的转进，对子华子"全生"思想的内在构造的研究）的辨析，还有为我们现存研究指明方向的文章（如《〈文子〉研究的新方向》）。前者有利于我们从整体上了解这些子学人物及其思想，后者不仅为我们具体进入其学之思提供了门路，亦展现出思想的复杂与多元面貌，有利于改变之前因为中国哲学史的忽视或笼统对待而陷入的单一式、固定式、标签式的看待的思维方式。

通常，思路的转换，带来的是材料的活跃和视角的扩展，如此，编连前子学时代思想之残片拼为不同图片，疏通子学时代思想支流进入河流网，丰富早期中国思想和文化图像，实在是一次有意义的思考和尝试。